首都博物館藏北京地區經濟史資料整理與研究

窑契與經濟合同文書

首都博物館 編

中華書局

圖書在版編目(CIP)數據

窑契與經濟合同文書/首都博物館編. —北京:中華書局,2014.9
ISBN 978-7-101-10192-8

Ⅰ.窑… Ⅱ.首… Ⅲ.經濟合同-法律文書-研究-北京市-古代 Ⅳ.D929.2

中國版本圖書館CIP數據核字(2014)第122009號

責任編輯:王傳龍

窑契與經濟合同文書
首都博物館 編
*
中華書局出版發行
(北京市豐臺區太平橋西里38號 100073)
http://www.zhbc.com.cn
E-mail:zhbc@zhbc.com.cn
北京市白帆印務有限公司印刷
*
787×1092毫米 1/8 · 36½印張 · 100千字
2014年9月第1版 2014年9月北京第1次印刷
印數:1-2000冊 定價:480.00元

ISBN 978-7-101-10192-8

出版說明

首都博物館作爲北京地區綜合性博物館，承擔保存、研究和展示北京歷史文化遺産的工作，對整理、研究、出版館藏的契約文書負有不可推卸的責任。我館收藏有兩萬餘件套契約文書資料，包括地契、房契、析産書和其他各種合同、票證等。其中以買賣契居多，其他還有租佃契、典當契、借貸契、賠償契、贈與字據、立嗣字據以及訴狀、鄉規民約等等。1992年我館開始派專人對這批契約文書進行初步整理，2000年又進行了系統的清理登記。這些契約文書的立契時間，最早的是清順治元年（1644），最晚的是1965年，歷時三百餘年。涵蓋了清朝、民國和新中國初期。其中清代的有五千餘件套；民國時期的有一萬兩千餘件套；新中國成立後的有一千五百餘件套；其餘的年代不詳。這批契約文書是研究北京經濟史乃至中國經濟史珍貴的第一手資料。因此，我館爭取將這批契約文書陸續分類出版，供學界研究使用，以推動北京史尤其是北京經濟史的研究，從而爲加快建設「人文北京」和「世界城市」盡一份力量。

本書作爲上述出版項目的第一卷（窑契與經濟合同文書），得到了北京市社科基金、北京市文物局出版基金和首都博物館配套資金以及門頭溝博物館和中華書局的支持。爲了做好這項出版工作，我館專門成立了編輯委員會，其分工如下：由郭小淩、高凱軍任主編，負責項目管理和書稿審定工作；黄雪寅、杜翔、朱楷承擔課題申報和聯絡協調工作；武俊玲、劉樹林、杜欣、樓朋竹、祁普實、范勝利、馬燕、郭玢、李楊承擔庫房調閱和契約文書的修復工作；喬紅、張燕、杜翔、祁普實承擔煤窑契約和經濟類契約錄文；殷晟、梁剛、樸實、苑雯、白琳承擔拍照、掃描工作；張燕與喬紅承擔概述撰寫工作；門頭溝博物館譚勇、沈國良、賈秋芳承擔該館的三十八件契約文書的提供工作。

郭小淩　高凱軍

2011年7月12日

概述

一、京畿煤窰契約文書

本書收錄的京畿煤窰契約文書，來自首都博物館館藏一百一十一件，門頭溝博物館館藏三十八件，共一百四十九件。門頭溝博物館藏品來自鄧拓先生收集。這批煤窰契約文書的發現地區主要集中在清代京師順天府宛平縣，民國時期京兆地方宛平縣（民國十七年改隸河北省）所轄區內，即今天的北京門頭溝區。窰業合同涉及古村落四十餘個，窰名一百四十餘種。

中國自周秦以降，就出現了合夥形式的經營，歷史上的「合同契」出現很早，今天所見最早的合同契是曹魏後期寫在簡牘上的遺物。在股份制發展的過程中，經歷了不同的社會歷史階段。從門頭溝煤窰契約可知，從明末清初到解放前夕，在將近三百年的時間內，門頭溝煤業經營的主要形式是股份合夥制。股份合夥制的主要特點是資本劃分爲均等的股份，煤礦所有權者與入股的投資者共同經營。門頭溝煤業的夥窰合同制度，其股份意識、集資方法、債務原則、股權轉讓，凡此種種，皆給人留下深刻印象。

這批煤業合同文書除煤業夥窰合同外，還有抵押契、賣窰業文約、憑據、送窰業字據、割藤字據、墊錢收煤字據、出租窰及退窰合同、禁止開採煤礦憑據、賣煤礦地契（紅契）、採礦執照、煤礦委任狀等等契約文書。

北京門頭溝煤礦的開採，據考古發掘資料記錄，始于遼、金時期。至明、清時期，門頭溝已經發展成京城供煤的主要礦區。清朝鼓勵民間開窰，門頭溝窰業發達，合夥股份制度流行，並出現雇傭工人。清朝末期，帝國主義列強覬覦京西煤炭資源，開始與中方合資創辦機械化煤礦公司，小煤窰被兼併搶掠，煤窰的發展轉向公司股份制。至解放後，京西煤窰從私營走向國營，土地、礦產經營所有權的國有制化，爲私營煤窰股份制的發展暫時畫上了一個句號。

這批資料反映了北京地區早期礦業的發展歷程，集中且典型地反映了明末到解放初期門頭溝民窰煤業發展的脈絡，其股份制流行演變隨著社會的發展，由簡而繁，逐漸完善的過程非常明晰，是研究我國民族工業發展史的珍貴檔案。

二、京畿其他經濟契約文書

這裡的其他經濟契約，是指除了土地買賣租賃、房屋買賣和有關煤業契約以外的其他經濟契約文書。由於篇幅所限，這裡只刊出了五十一件。其中清代的有二十三件，民國以後的有二十八件。立約時間最早的是乾隆十年（1745），最晚的是民國三十八年（1949），時間跨度長達二百餘年。這類經濟契約種類不少，內容比較豐富。其中有以物易物、借貸銀錢、買賣貨物、退股售股、租賃房屋等文約字據；有購物、開設商鋪、飯莊的夥資合同；還有官方發放的收稅由單等等。

在這五十一件契約文書中，涉及糧店、飯莊、當鋪、洋貨店、南貨店、錢莊等各種字號多家。涉及的貨幣名稱，則有銀、錢、洋、國幣、法幣、金圓券、人民券、人民幣等等，從中既可看到清代實際實行的銀錢平行的貨幣制度，以及清末民初這一貨幣制度的延續，又可觀察到民國後期幣制的混亂。從有限的幾件借貸契約中能瞭解到當時民間借貸的些許情況，有親戚間無期無息的，有年息三分的，也有月息二分、六分或更高的高利貸。稅收由單則反映了當時的商業稅收政策。

清代，前門大街成爲北京最爲繁華的商業區。坐落在前門大街的福聚德商號自清代創建直到新中國成立初期都存在，是一個具有相當規模的夥營股份制商號，不僅有支店，而且有連號，經營山珍海產、南北雜貨、洋酒罐頭，兼營批發零售。爲了大家研究方便，我們選擇了三十件有關福聚德和其連號商鋪新泰號的契約文書，其中立約時間最早的在清光緒三十年（1904），最晚的在民國三十八年（1949）。這些契約中有不少是人身股的退股字據，從中我們可以瞭解當時人身股的退出形式；還有一些股票買賣契約，可以知道當時股票買賣以及過戶的方式等。新泰號作爲福聚德的四個連號商鋪之一，不僅要「聽從指揮」，且互爲鋪保。其股東和資本金也互有交叉。福聚德有的股東退股，是因爲新泰號在庚子事變中「傷損太鉅」，可見福聚德、新泰號兩商號在股東、資金上的密切關聯。

總之，這些經濟類契約文書是京畿地區在這段歷史時期留下的原始文字資料，對研究京畿地區社會經濟發展有很高的學術價值。這些資料的刊出將有助於學界對京畿地區經濟史及相關學科的研究。

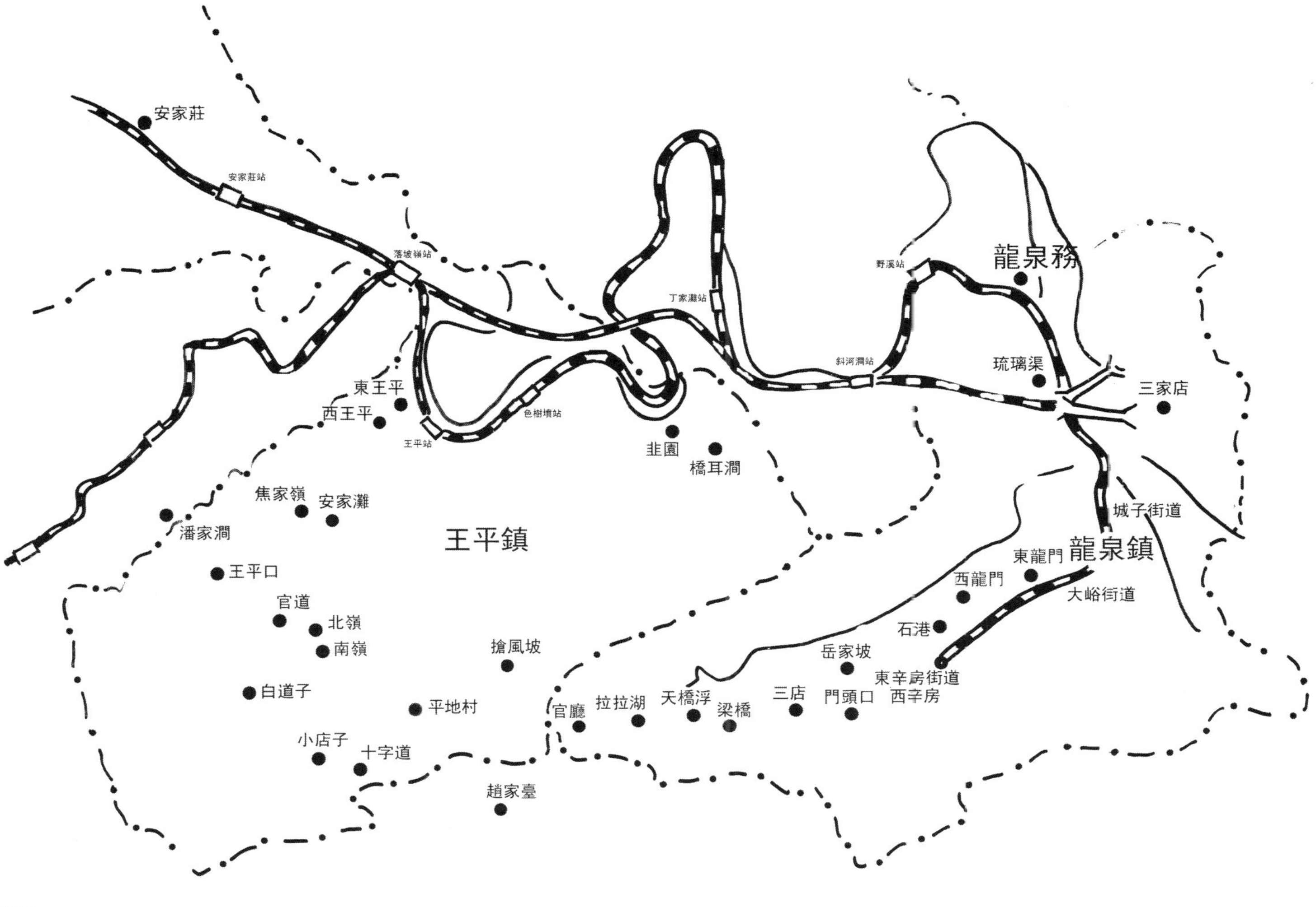

附圖一
門頭溝窑契窑址在龍泉鎮、王平鎮地區分佈示意圖

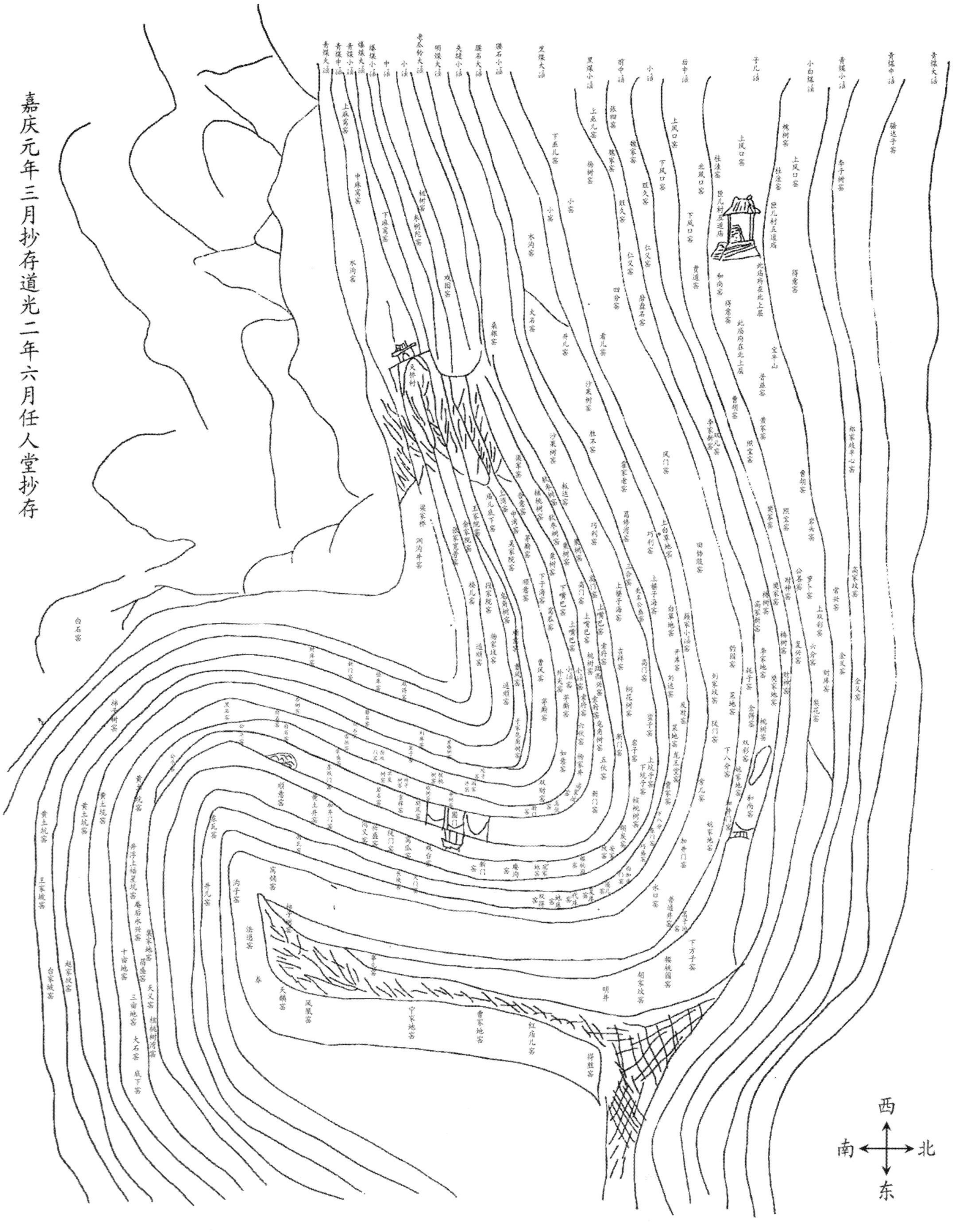

附圖二—1 《清代窑契窑址示意圖》原圖
引自門頭溝區博物館編《門頭溝博物館館藏文物圖錄（一）——從歷史走來的門頭溝》2007年，插頁。（内部刊物）

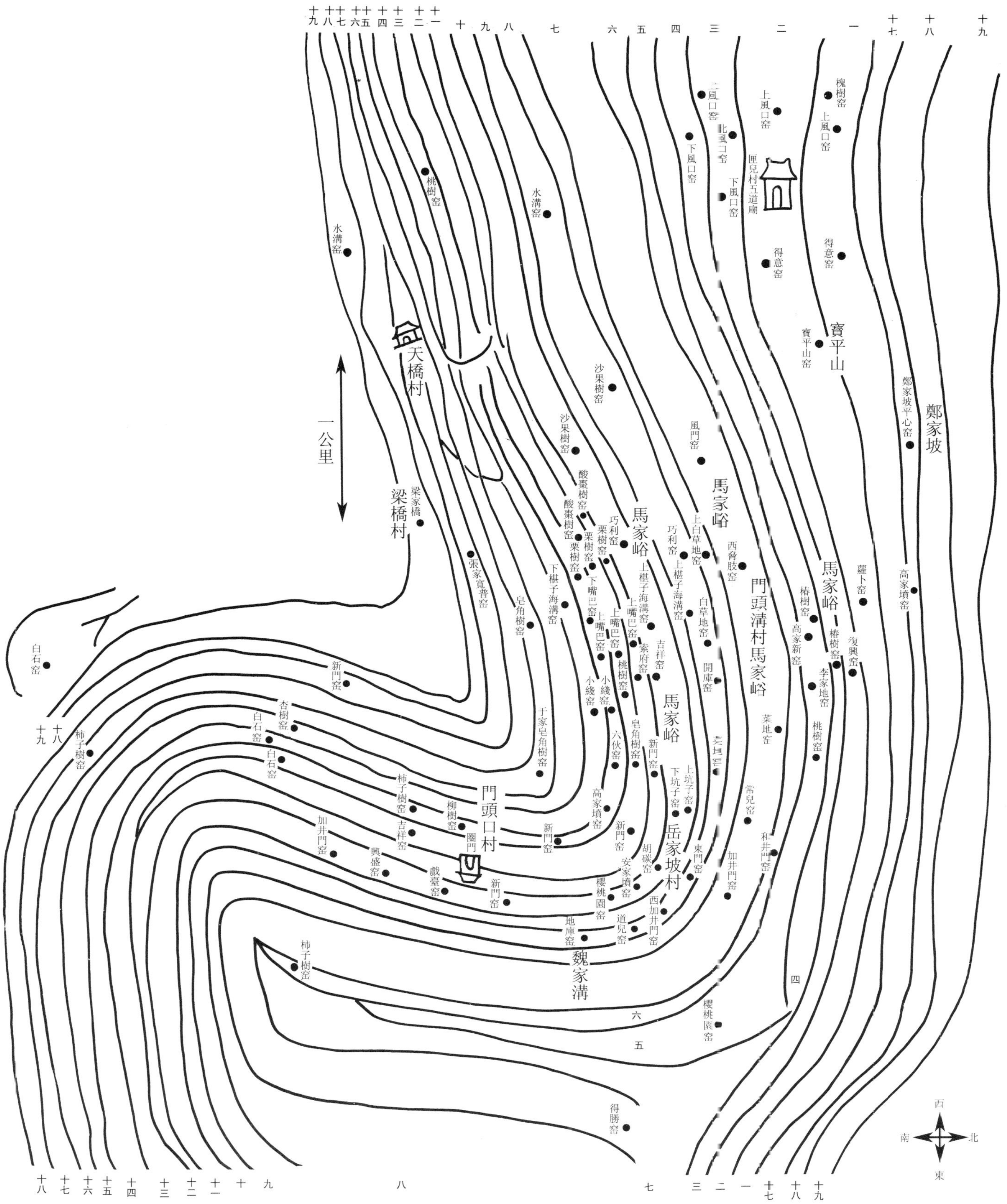

附圖二—2 《清代窑契窑址示意圖》新繪圖

凡例

一、本書圖錄共收入契約文書二百件。時間上起清順治元年，下至1951年，時間跨越三百餘年。每件契約文書均標有名稱、立契時間、規格、收藏單位及編號，凡有立契地點的也予標出。圖錄之後附有錄文。

二、本書所收契約文書以原件爲主。主要收入了京西煤窰契約文書及部分館藏京畿其他經濟類契約文書。故本書圖錄分爲兩大部分，第一部分有煤窰契約文書一百四十九件；第二部分有其他經濟契約文書五十一件。第二部分又分三個專題，一是清代經濟契約文書二十一件，二是有關福聚德契約文書二十三件，三是有關新泰號契約文書七件。每部分和專題內再按時序編次。

三、契約命名內容包括立約年代、立約人姓名、契約性質和類別諸要素，煤業契約含有煤窰名稱，商業契約一般含有商號名稱。立約人姓名及煤窰名稱，有二人或二人以上時均取第一人，其他則省略，以「等」字概括。

四、錄文中殘泐字用囗表示，錯別字、缺字、衍字和異體字均在錄文後注明。原契中已塗之廢字不錄。約定俗成的通假字一般不注。原件繁簡字混用，有的同一字時而繁體，時而簡體，這是民間契約隨意性的反映，均照原文錄入，不作更改，忠實原件。錄文爲豎排。

五、契約後多有數張合疊在一起寫出來的對縫字跡，根據殘存的字跡位置，在左側的爲「左側對縫字」、在右側的爲「右側對縫字」、位於中間的稱「中間對縫字」。

目錄

圖錄

第一部分　京畿煤窑契約文書

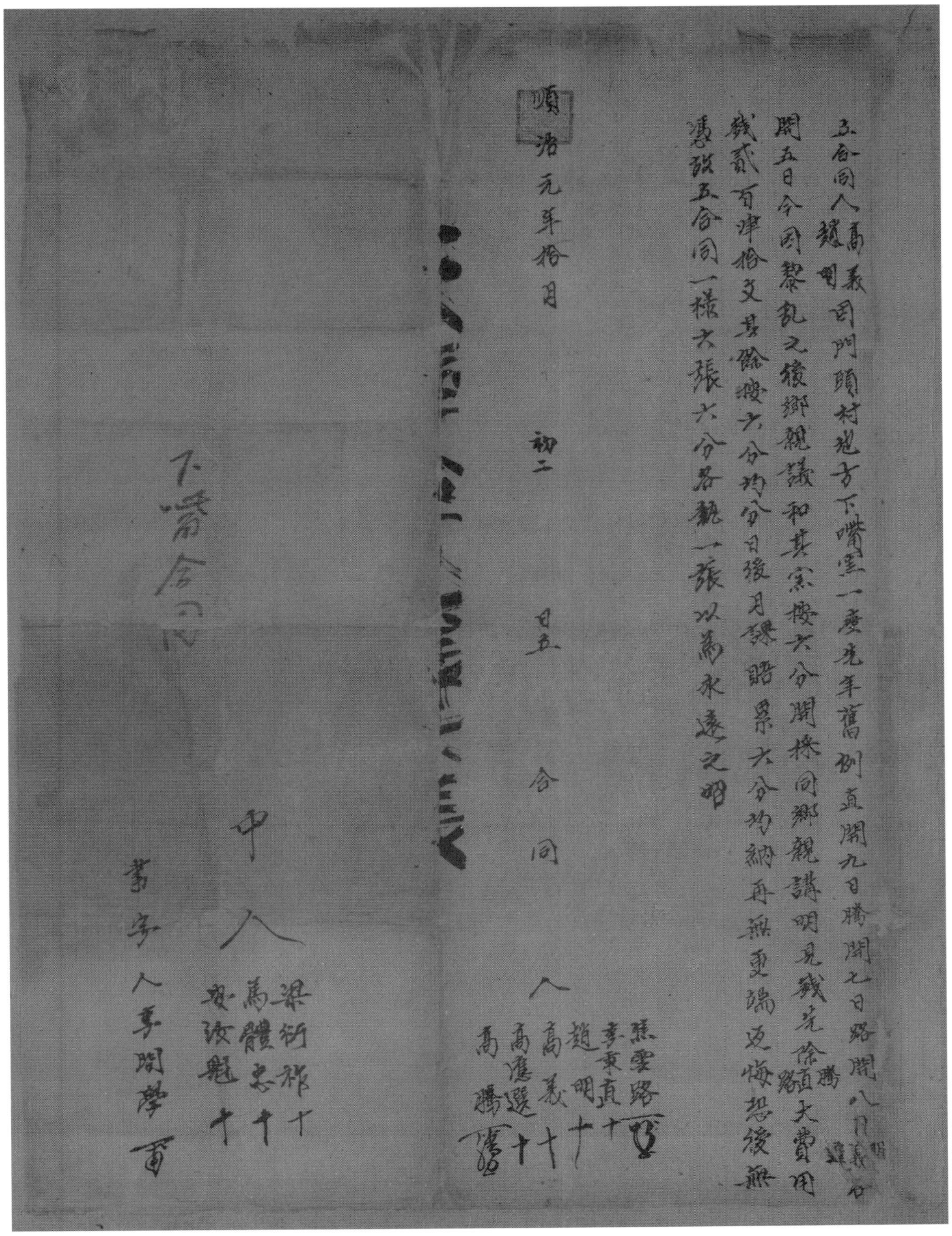
立合同人趙明高義同門頭村地方下嘴窯一座先年舊例直開九日勝開七日路開八日義也
開五日今因黎亂之後鄉親議和其窯按六分開採同鄉親講明見錢先除路勝大費用
錢貳百肆拾文其餘按六分均分日後月課照票六分均納再無更端返悔恐後無
憑故立合同一樣六張六分各執一張以爲永遠之昭

順治元年拾月 初二 日立 合同 人 張雲路 李東直 趙明 高義 高遷選 高勝

中人 梁衍祿 萬體忠 安汝魁

書字人李開學

下嘴合同

〇〇一 順治元年（1644）高義等復開下嘴窯合同

地點：門頭村

尺寸：縱53.5釐米、横41釐米

門頭溝博物館藏

編號：830042

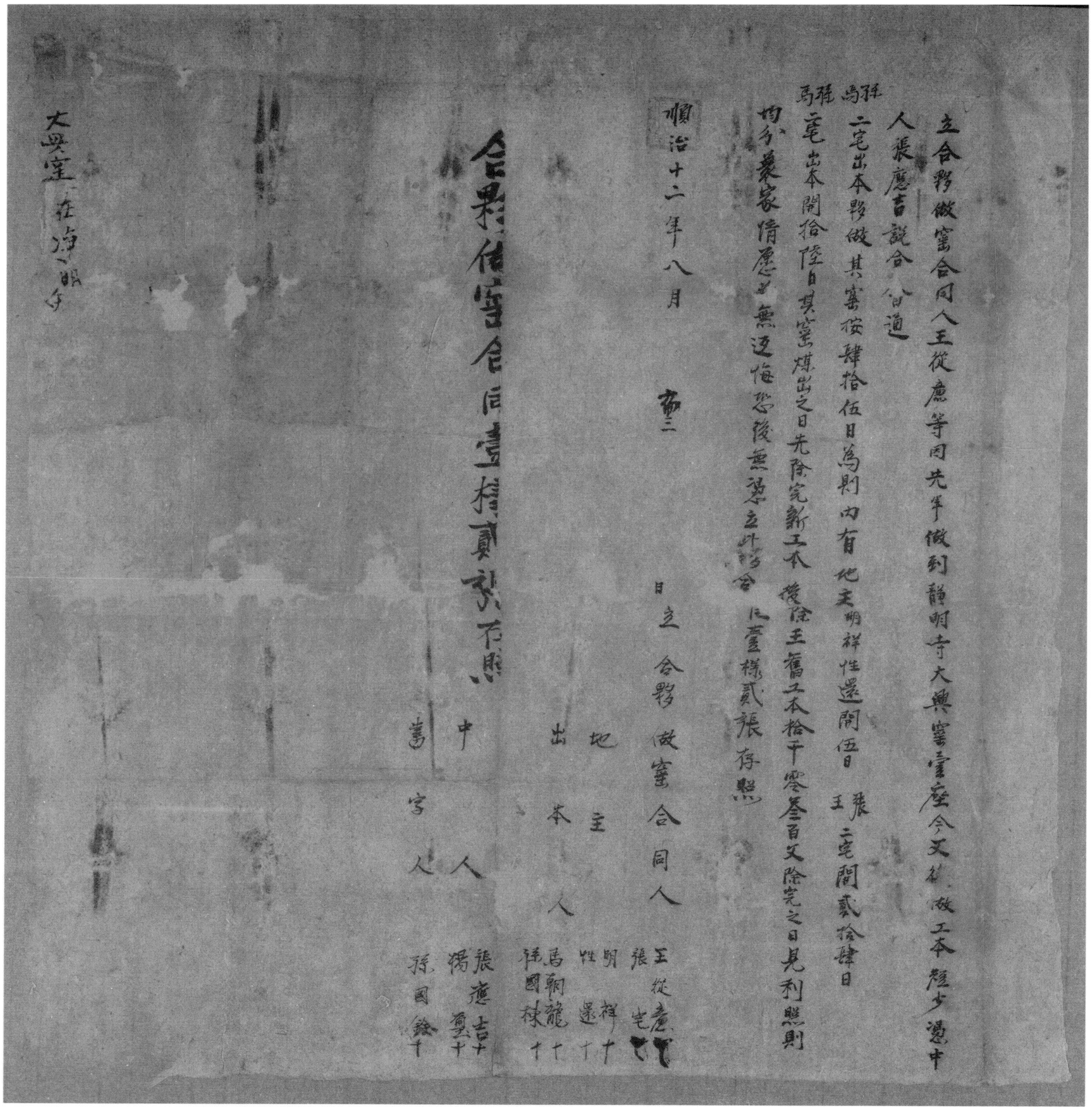
立合夥做窑合同人王從慶等同先年做到靜明寺大興窑壹座，今又合夥做工本經步憑中
人張應吉說合，合道
二宅出本夥做。其窑按肆拾伍日為則，內有地主明祥、性還開伍日，王、張二宅開貳拾肆日，
孫尚、孫馬二宅出本開拾陸日。其窑煤出之日，先除完新工本，後除王舊工本拾千零叁百文，除完之日見利照則
均分。兩家情愿，各無返悔，恐後無憑，立此合同壹樣貳張存照。
順治十二年八月初三日立合夥做窑合同人 王從慶 張宅
地主 明祥 性還
出本人 馬朝龍 孫國棟
中人 張應吉 湯顯
寫字人 孫國銓
合夥做窑合同壹樣貳張存照
大興窑 在淨明寺

〇〇二 順治十二年（1655）王從廉等合夥復做大興窑合同

地點：靜（淨）明寺

尺寸：縱50釐米、横48.5釐米

門頭溝博物館藏

編號：830041

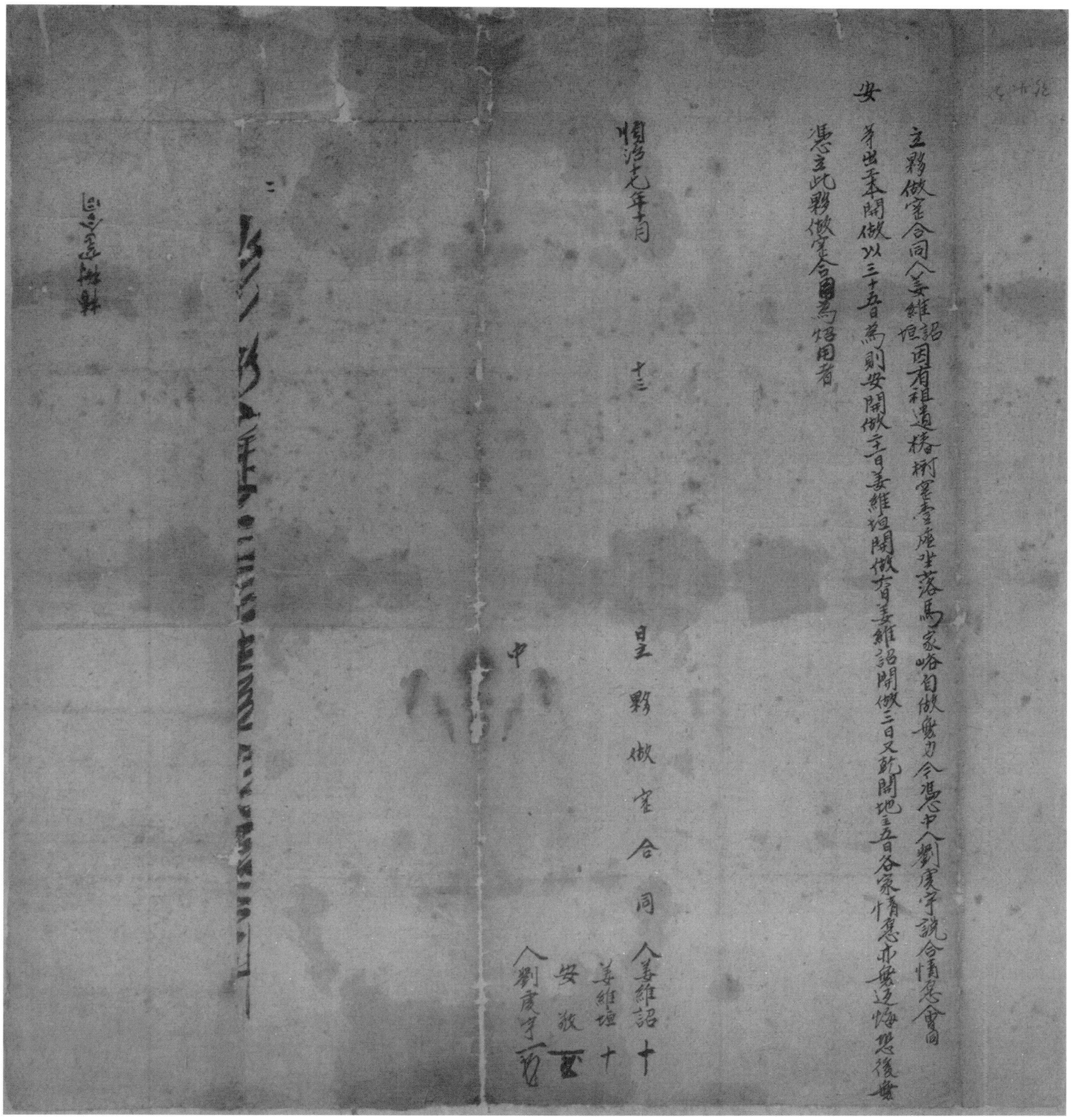
立夥做窑合同人姜維詔、姜維垣，因有祖遺椿樹窑壹座，坐落馬家峪，自做無力，今憑中人劉虞宇說合，情愿會同安等出本開做，以三十五日為則，安開做十五日，姜維垣開做十日，姜維詔開做三日，又就開地主五日，各家情愿，亦無返悔，恐後無憑，立此夥做窑合同為照用者。

順治十七年十月　十三日

立夥做窑合同人姜維詔　十
姜維垣　十
安
中人劉虞宇

〇〇三　順治十七年（1660）姜維詔等夥做椿樹窑合同

地點：馬家峪
尺寸：縱50釐米、横42釐米
首都博物館藏
編號：35.4.003

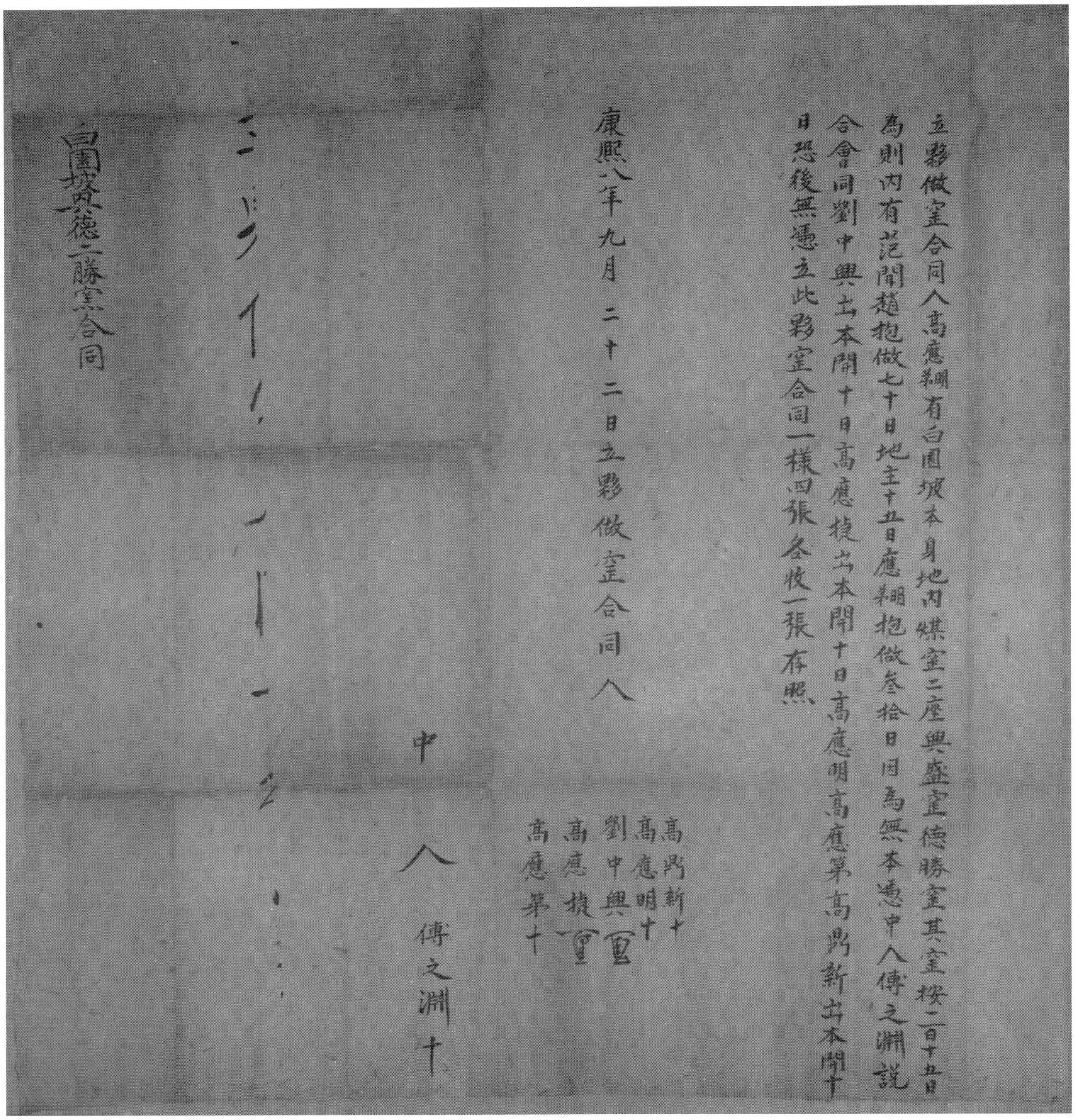

立夥做窯合同人高應翔有白園坡本身地内煤窯二座興盛窯德勝窯其窯按二百十五日為則内有范聞趙抱做七十日地主十五日應翔抱做叁拾日因為無本憑中人傅之淵説合會同劉中興出本開十日高應模出本開十日高應明高應第高興新出本開十日恐後無憑立此夥窯合同一樣四張各收一張存照

康熙八年九月二十二日立夥做窯合同人
高興新十
高應明十
劉中興（押）
高應模（押）
高應第十

中人 傅之淵十

白園坡興德二勝窯合同

〇〇四 康熙八年（1669）高應明等夥做興盛窑、德勝窑合同

地點：白園坡
尺寸：縱46釐米、橫37釐米
首都博物館藏
編號：35.4.004

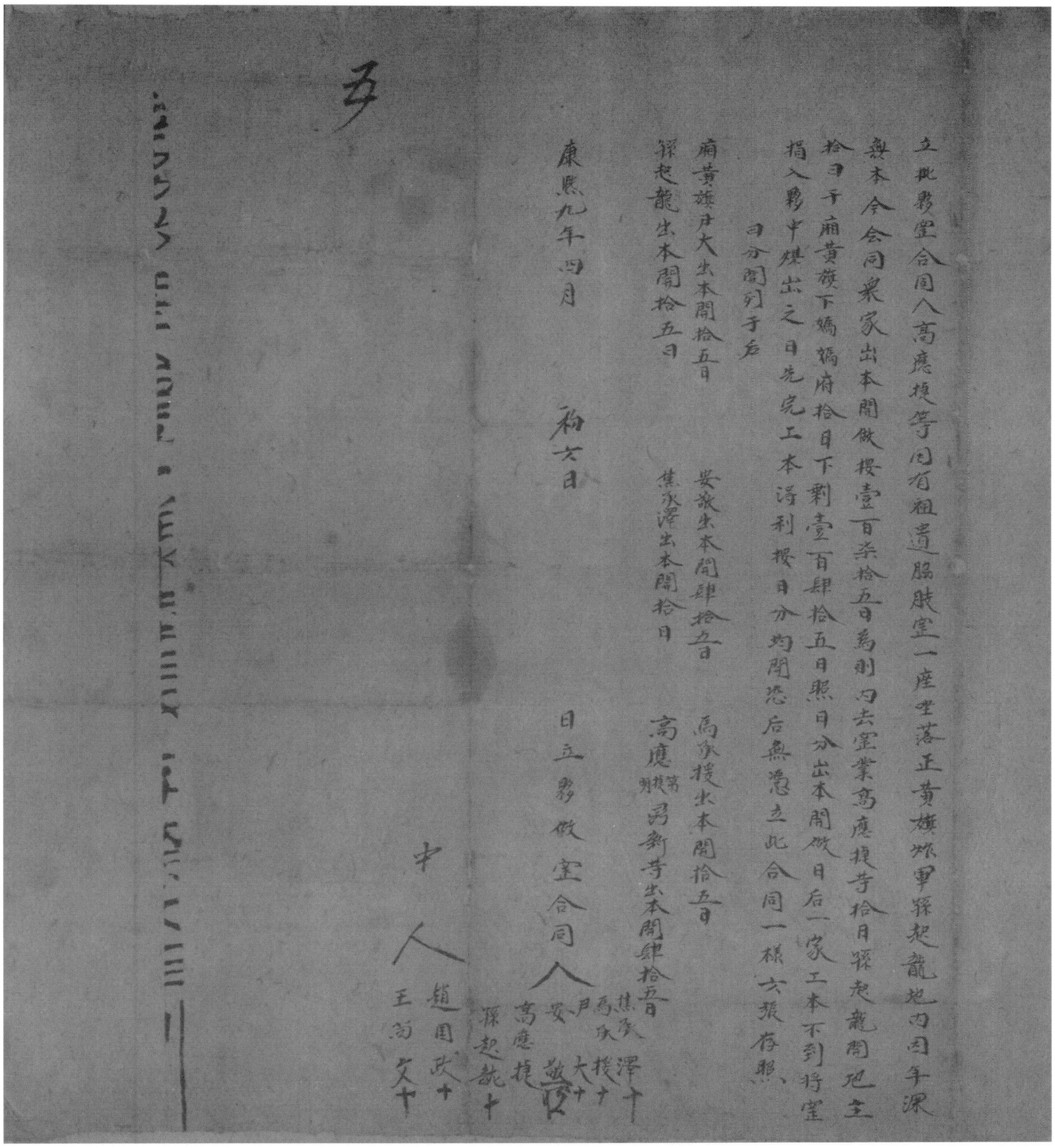
立批夥窑合同人高應捷等，因有祖遺脇肢窑一座，坐落正黃旗炸軍孫起龍地内，因乏手深
無本，今会会同衆家出本開做，按壹百柒拾五日為利，内去窑業高應捷等拾日，孫起龍開地主
拾日，于厢黃旗下媽媽府拾日，下剩壹百肆拾五日，照日分出本開做，日后一家工本不到，將窑
損入夥中，煤出之日，先完工本，得利按日分均開。恐后無憑，立此合同一樣六張存照。
日分開列于后
厢黃旗尹大出本開拾五日
孫起龍出本開拾五日
安敬出本開肆拾五日
焦承澤出本開拾日
馮承援出本開拾五日
高應捷第弟高新等出本開肆拾五日
康熙九年四月初六日
日立夥做窑合同人　焦承澤十　馮承援十　尹大十　安敬　高應捷　孫起龍十
中人　趙国政十　王尚文十
孖

〇〇五　康熙九年（1670）高應捷等批夥做脇肢窑合同

尺寸：縱52釐米、横45釐米
首都博物館藏
編號：35.4.005

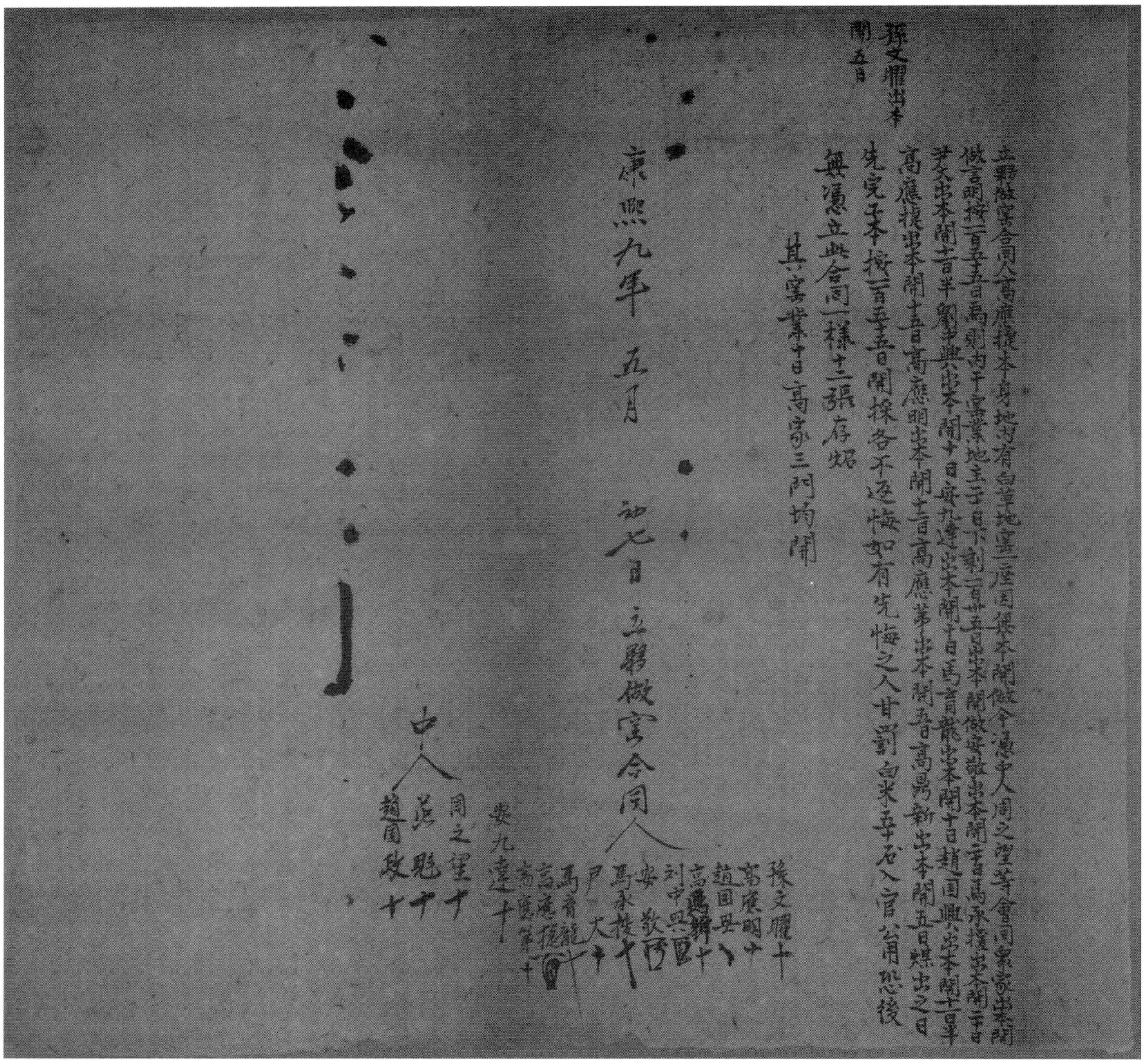
立夥做窰合同人高應捷本身地內有白草地窰一座，因無本開做，今憑中人周之望等會同衆家出本開做。言明按二百五十五日爲則，內于窰業地主二十日，下剩二百卅五日出本開做。安敬出本開二十日，馬承援出本開二十日，尹文出本開十二日半，劉□興出本開十日，安九達出本開十日，馬育龍出本開十日，趙国興出本開十二日半，高應捷出本開十五日，高應明出本開十二日，高應第出本開五日，高鼎新出本開五日，煤出之日先完工本，按二百五十五日開採，各不返悔。如有先悔之人，甘罰白米五石入官公用。恐後無憑，立此合同一樣十二張存炤。

其窰業十日高家三門均開

孫文耀出本開五日

康熙九年五月初七日 立夥做窰合同人 孫文耀十 高應明中 趙国興 高鼎新十 刘中興 安敬 馬承援十 尹文十 馬育龍 高應捷 高應第十

安九達十

中人 周之望十 范魁十 趙国政十

〇〇六 康熙九年（1670）高應捷等夥做白草地窑合同

尺寸：縱40釐米、橫41釐米

首都博物館藏

編號：35.4.010

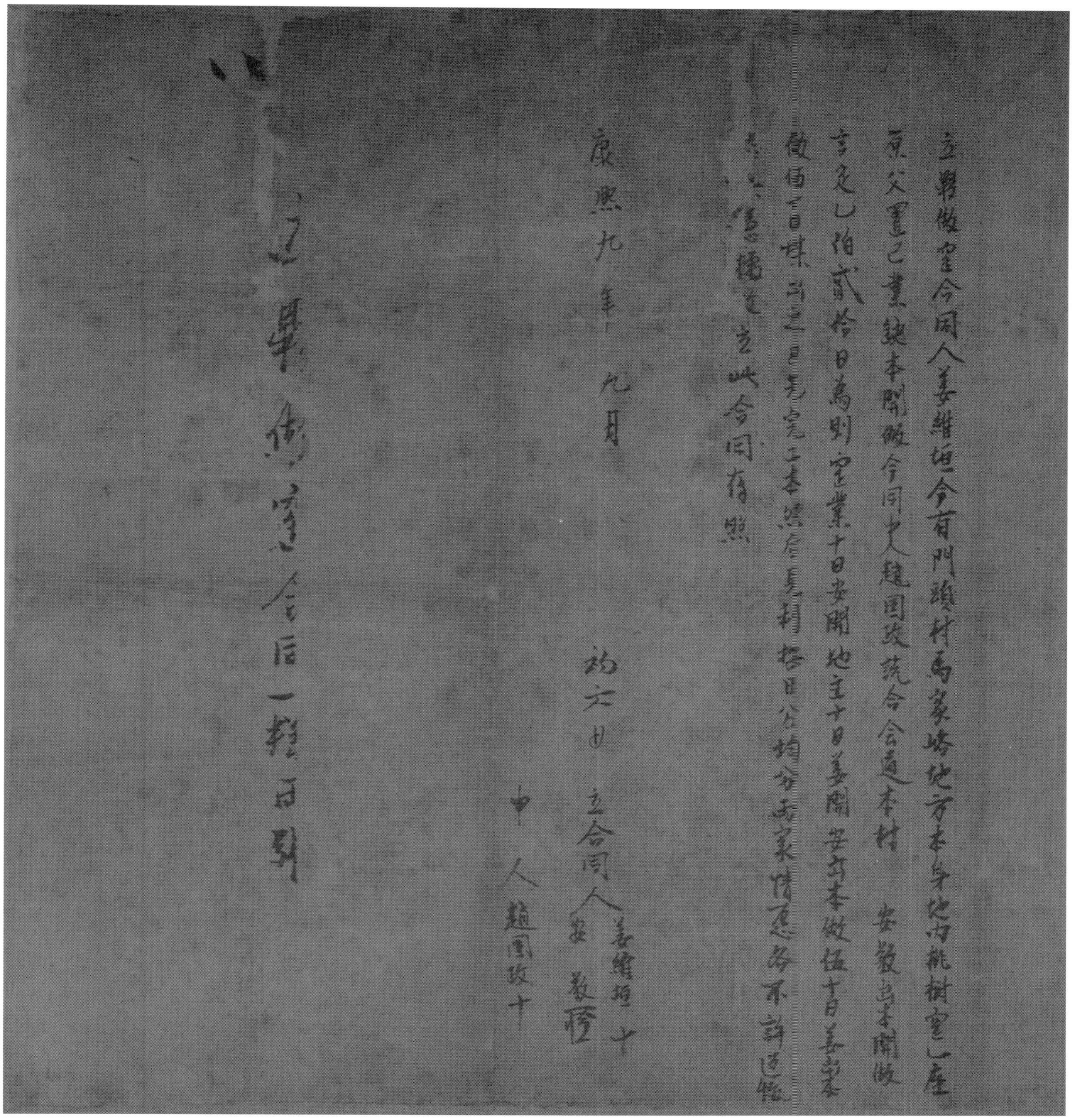

立夥做窯合同人姜維垣今有門頭村馬家峪地方本身地內桃樹窯一座
原父置已業煤本開做合同中人趙國政說合会通本村 安毅出本開做
言定一伯貳拾日為則 窯業十日安開 地主十日姜開 安出本做伍十日姜出本
做伍十日 煤出之日先完工本照合見利 按日分 均分兩家情愿各不許返悔
恐後無憑 立此合同存照

康熙九年 九月 初六日 立合同人 姜維垣 十
安 毅 [押]
中 人 趙國政 十

立夥做窯合同一樣兩張

○○七 康熙九年（1670）姜維垣等夥做桃樹窑合同

地點：門頭村馬家峪
尺寸：縱45釐米、橫37釐米
首都博物館藏
編號：35.4.020

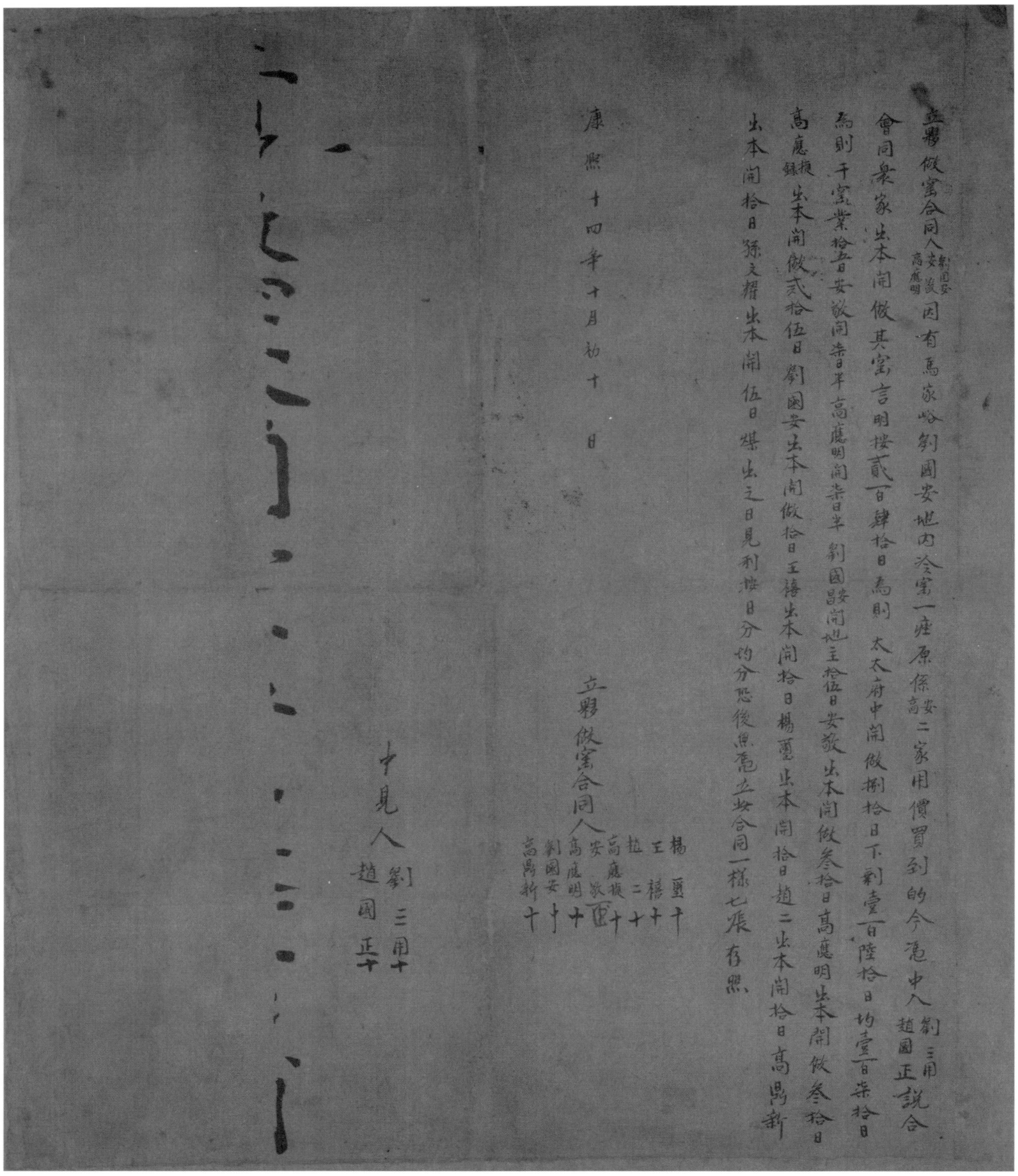

立夥做窑合同人劉國安、安發、高應明，因有馬家峪劉國安地内冷窑一座，原係高、安二家用價買到的，今憑中人劉三用、趙國正説合，

會同衆家出本開做，其窑言明摟貳百肆拾日爲則，太太府中開做捌拾日，下剩壹百陸拾日，均壹百柒拾日

爲則，干窑業拾吾安發開壹日半，高應明開壹日半，劉國安開地主拾伍日，安發出本開做叁拾日，高應明出本開做叁拾日，

高應蘋録出本開做貳拾伍日，劉國安出本開做拾日，王禧出本開拾日，楊璽出本開拾日，趙二出本開拾日，高禺新

出本開拾日，孫文耀出本開伍日，煤出之日見利摟日分均分。恐後無憑，立此合同一樣七張存照。

康熙十四年十月初十日

立夥做窑合同人 楊璽十 王禧十 趙二十 高應蘋十 安發十 高應明十 劉國安十 高禺新十

中見人 劉三用十 趙國正十

〇〇八　康熙十四年（1675）劉國安等夥做馬家峪冷窑合同

地點：門頭村馬家峪

尺寸：縱52釐米、橫43釐米

首都博物館藏

編號：35.4.006

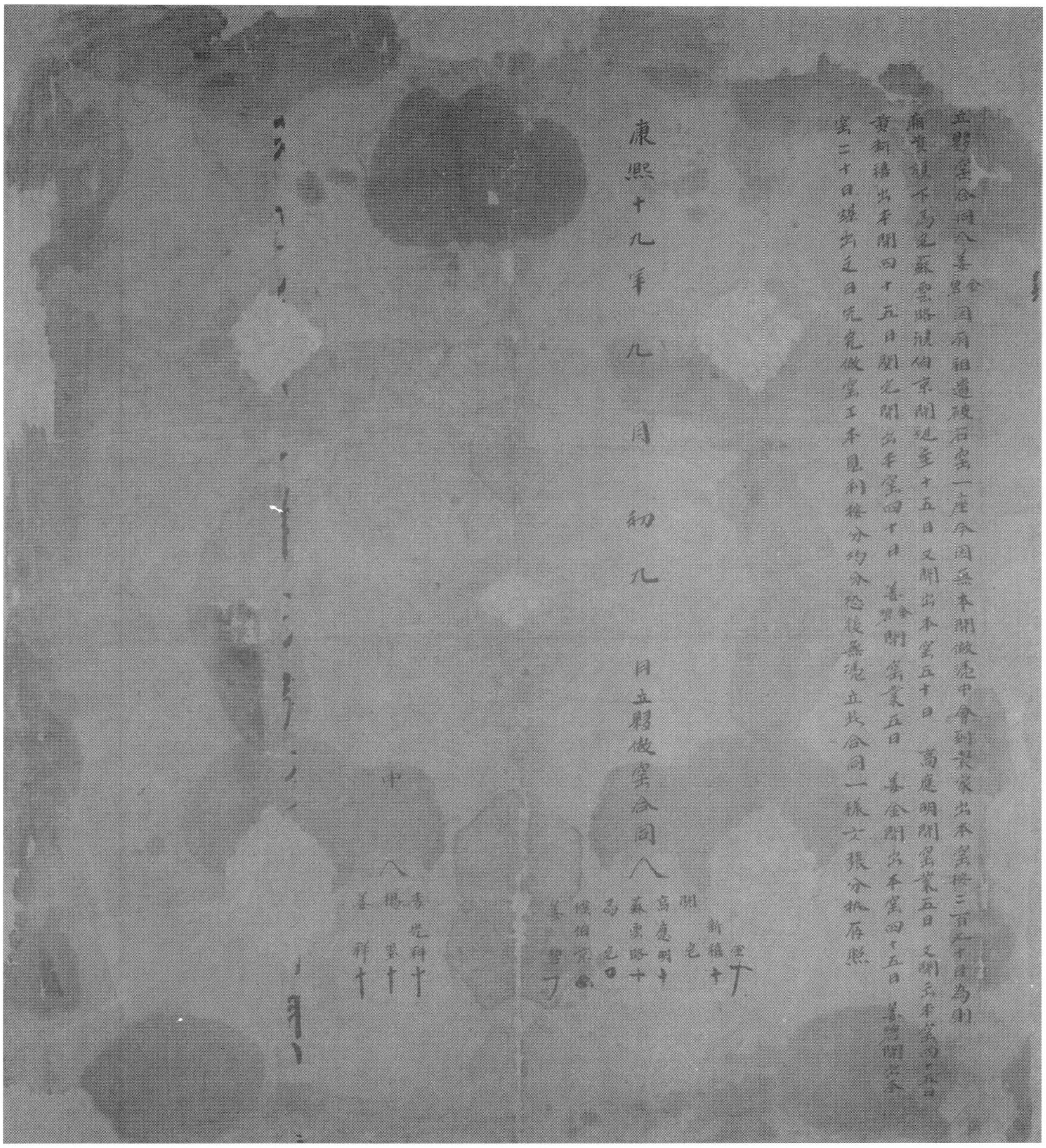
立夥窑合同人姜金智因有祖遺破石窑一座今因無本開做憑中會到梨家出本窑㨾二百五十日為則
廟貴旗下馬定蘇雲路謝伯京開使窑十五日　又開出本窑五十日　高應明開窑業五日　又開出本窑四十五日
黄新禧出本開四十五日閻光開出本窑四十日　姜智金開窑業五日　姜金開出本窑四十五日　姜智開出本
窑二十日錢出之日先完做窑工本見利按分均分恐後無憑立此合同一樣六張分執存照
康熙十九年九月初九日立夥做窑合同人
金十　黄新禧十　閻光色　高應明十　蘇雲路十　馬定色　謝伯京　姜智
中人　李光科十　楊坚十　姜祥十

○○九　康熙十九年（1680）姜金等夥做破石窑合同

尺寸：縱48釐米、横40釐米

首都博物館藏

編號：35.4.017

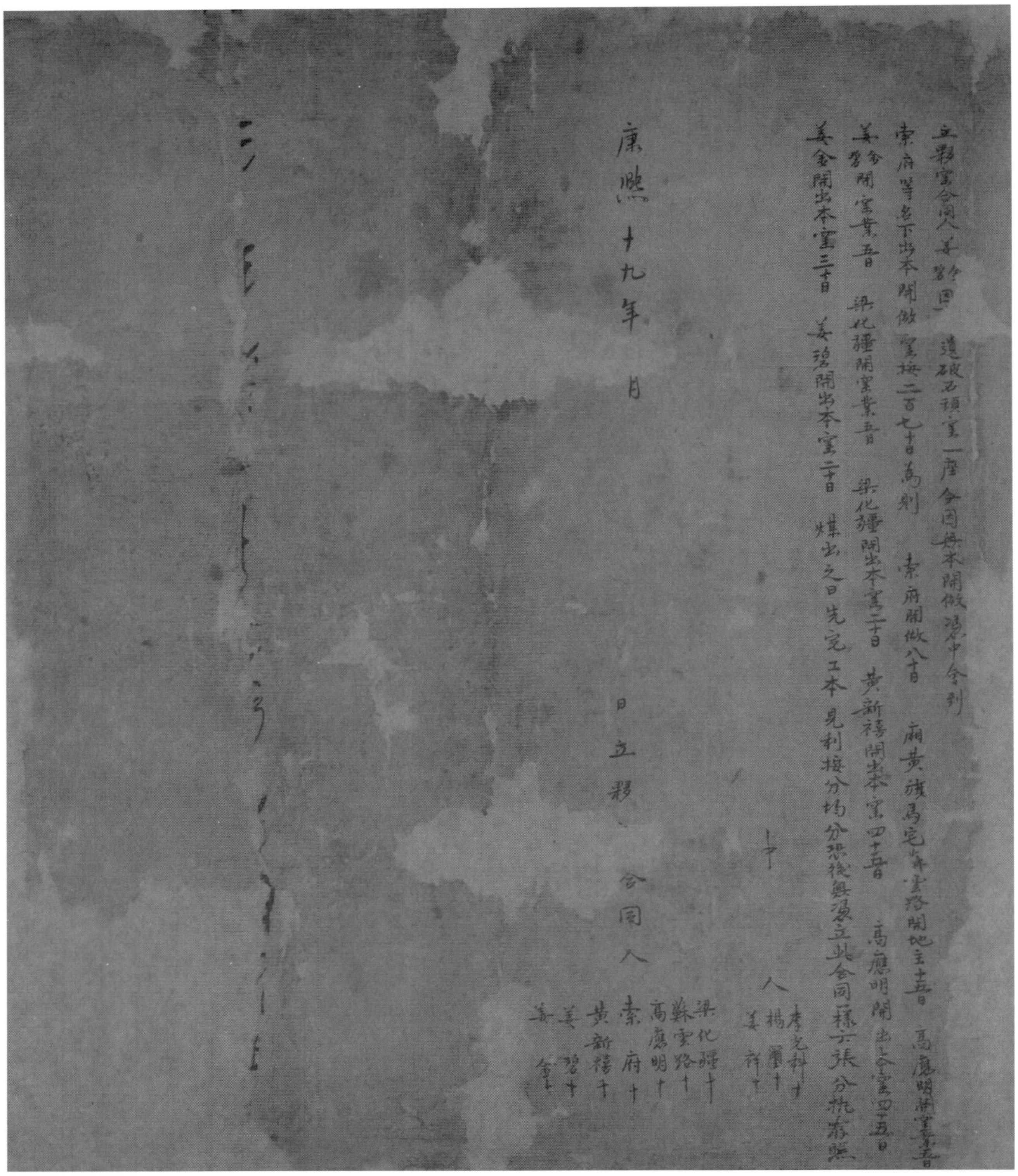

立夥窑合同人姜金、姜碧，今因邊破石頭窑一座，今因無本開做，憑中合到
索府等名下出本開做，窑按二百七十日爲則，索府開做八十日，廟黃殘、高宅、蘇雲路開地主十五日，高應明開窑十五日，
姜碧開窑業五日，梁化疆開窑業五日，梁化疆開出本窑二十日，黃新禧開出本窑四十五日，高應明開出本窑四十五日，
姜金開出本窑三十日，姜碧開出本窑二十日。煤出之日，先完工本，見利按分均分。恐後無憑，立此合同一樣六張，分執存照。

康熙十九年　月　日立夥合同人　姜金十　姜碧十　黃新禧十　索府十　高應明十　蘇雲路十　梁化疆十

中人　李光科十　楊璽十　姜祥十

〇一〇　康熙十九年（1680）姜金等夥做破石頭窑合同

尺寸：縱41釐米、橫39釐米

首都博物館藏

編號：35.4.018

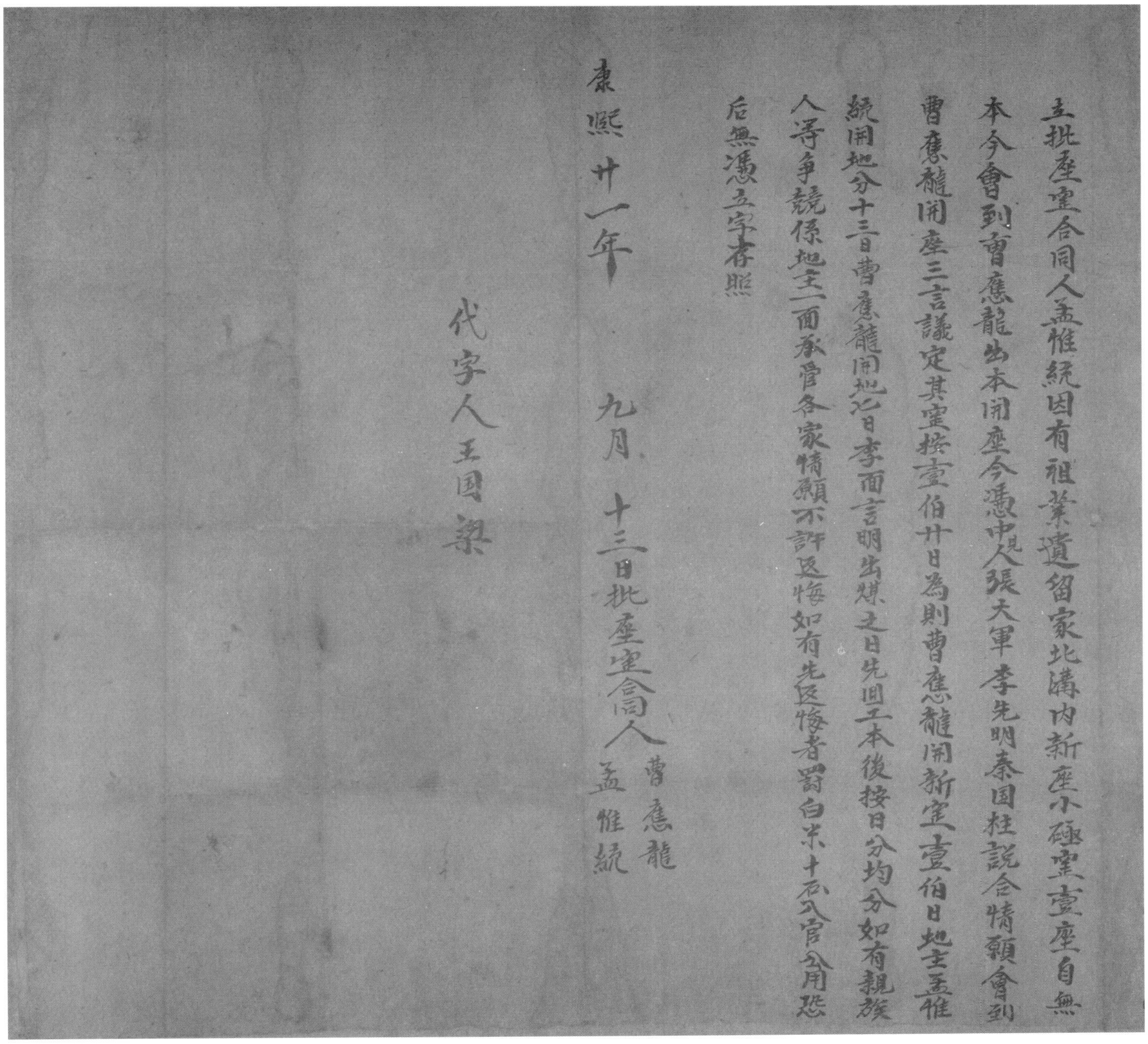
立批座窯合同人孟惟統因有祖業遺留家北溝內新座小磁窯壹座自無
本今會到曹應龍出本開座今憑中見人張天軍李先明秦国柱說合情願會到
曹應龍開座三言議定其窯按壹佰廿日為則曹應龍開新窯壹佰日地主孟惟
統開地分十三日曹應龍開地七日李面言明出煤之日先回工本後按日分均分如有親族
人等爭競係地主一面承管各家情願不許返悔如有先返悔者罰白米十石入官公用恐
后無憑立字存照
康熙廿一年　九月　十三日批座窯合同人　曹應龍　孟惟統
代字人王国樑

〇一一　康熙二十一年（1682）孟惟統等批做小磁窑合同

尺寸：縱40釐米、横42釐米
首都博物館藏
編號：35.4.096

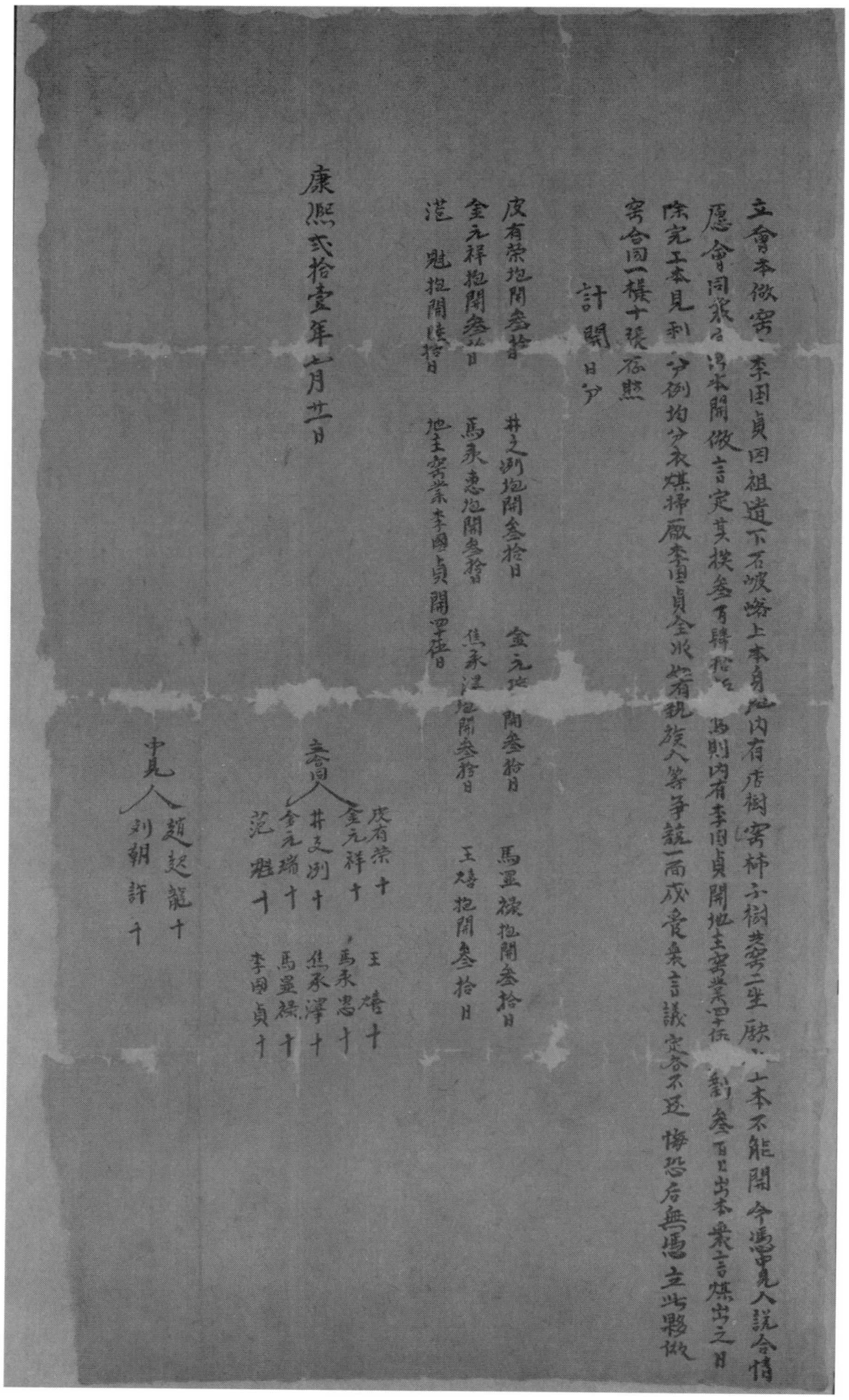

〇一二 康熙二十一年（1682）李國貞等會做店樹窰、柿子樹窰合同

地點：石坡峪

尺寸：縱54釐米、橫30釐米

首都博物館藏

編號：35.4.097

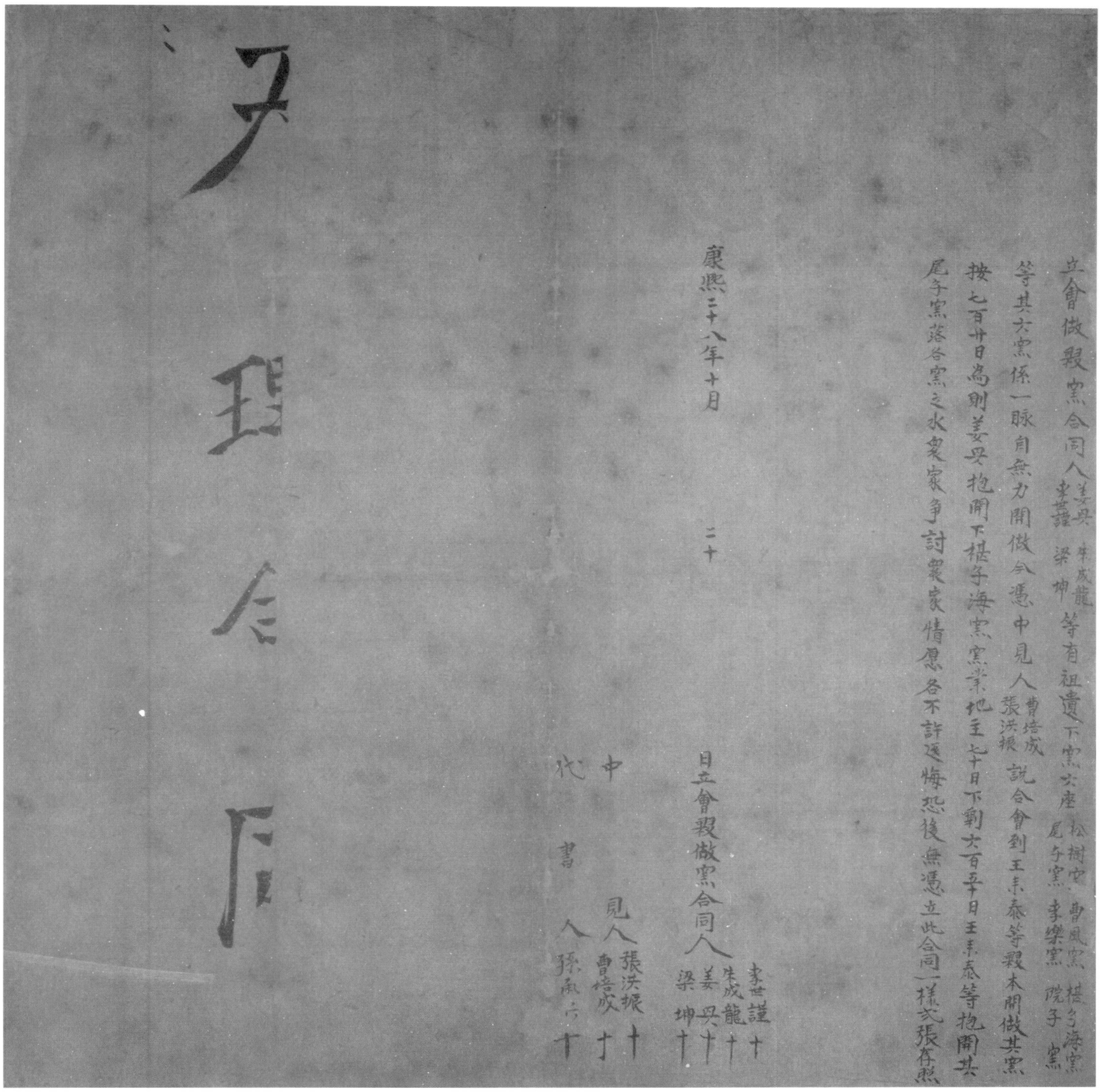

立會做煤窑合同人姜興 李世謹 朱成龍 梁坤 等有祖遺下窑六座 松樹窑 曹風窑 楂子海窑 尾子窑 李樂窑 院子窑
等其六窑係一脉自無力開做今憑中見人曹培成 張洪振 説合會到王永泰等煤本開做其窑
按七百廿日爲則姜興抱開下楂子海窑窑業地主七十日下剩六百五十日王永泰等抱開其
尾子窑落各窑之水衆家爭討衆家情願各不許返悔恐後無憑立此合同一樣式張存照

康熙二十八年十月　　二十　　日立會煤做窑合同人 李世謹 朱成龍 姜興 梁坤

中　見人 張洪振 曹培成

代　書　人 孫承六

〇一三　康熙二十八年（1689）姜興等會做松樹窑等六窑合同

尺寸：縱48釐米、横46釐米

首都博物館藏

編號：35.4.021

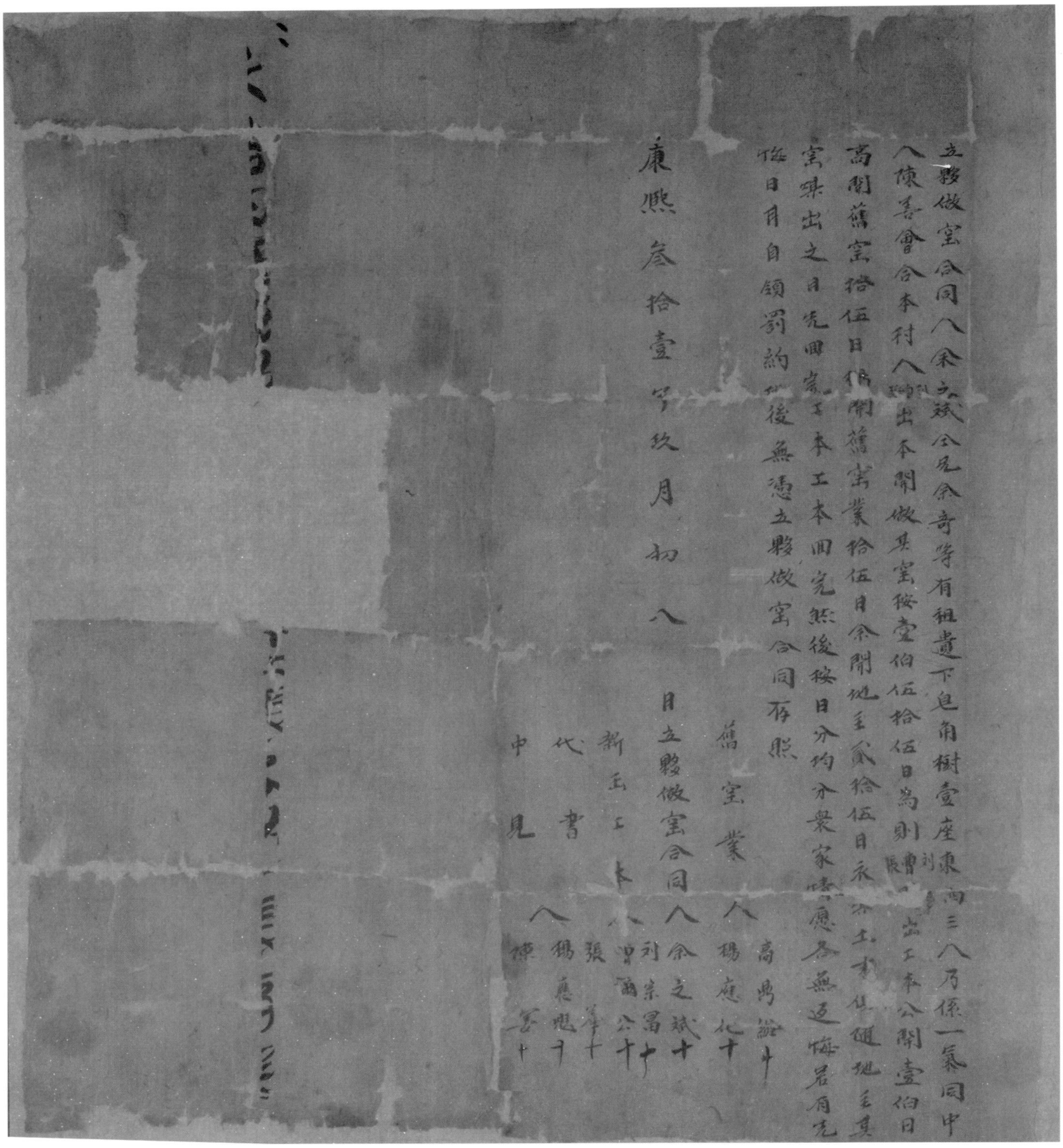
立夥做窑合同人余之斌仝兄余奇等有祖遺下皂角樹壹座東西三人乃係一氣同中
人陳善會合本村人[illegible]出本開做其窑按壹伯伍拾伍日為則[illegible]出工本公開壹伯日
高開舊窑拾伍日[illegible]開舊窑業拾伍日余開[illegible]貳拾伍日永[illegible]
窑煤出之日先回窑[illegible]本工本回完然後按日分均分衆家情愿各無返悔君有先
悔日自領罰約以後無憑立夥做窑合同存照
舊窑業人 錫庭化十 高禹[illegible]十
康熙叁拾壹年玖月初八日立夥做窑合同人 余之斌十 劉宗富十 曹爾公十
新主工本人 張[illegible]十
代書人 錫應魁十
中見人 陳[illegible]十

〇一四 康熙三十一年（1692）余之斌等夥做皂角樹窑合同

尺寸：縱42釐米、橫40釐米

首都博物館藏

編號：35.4.101

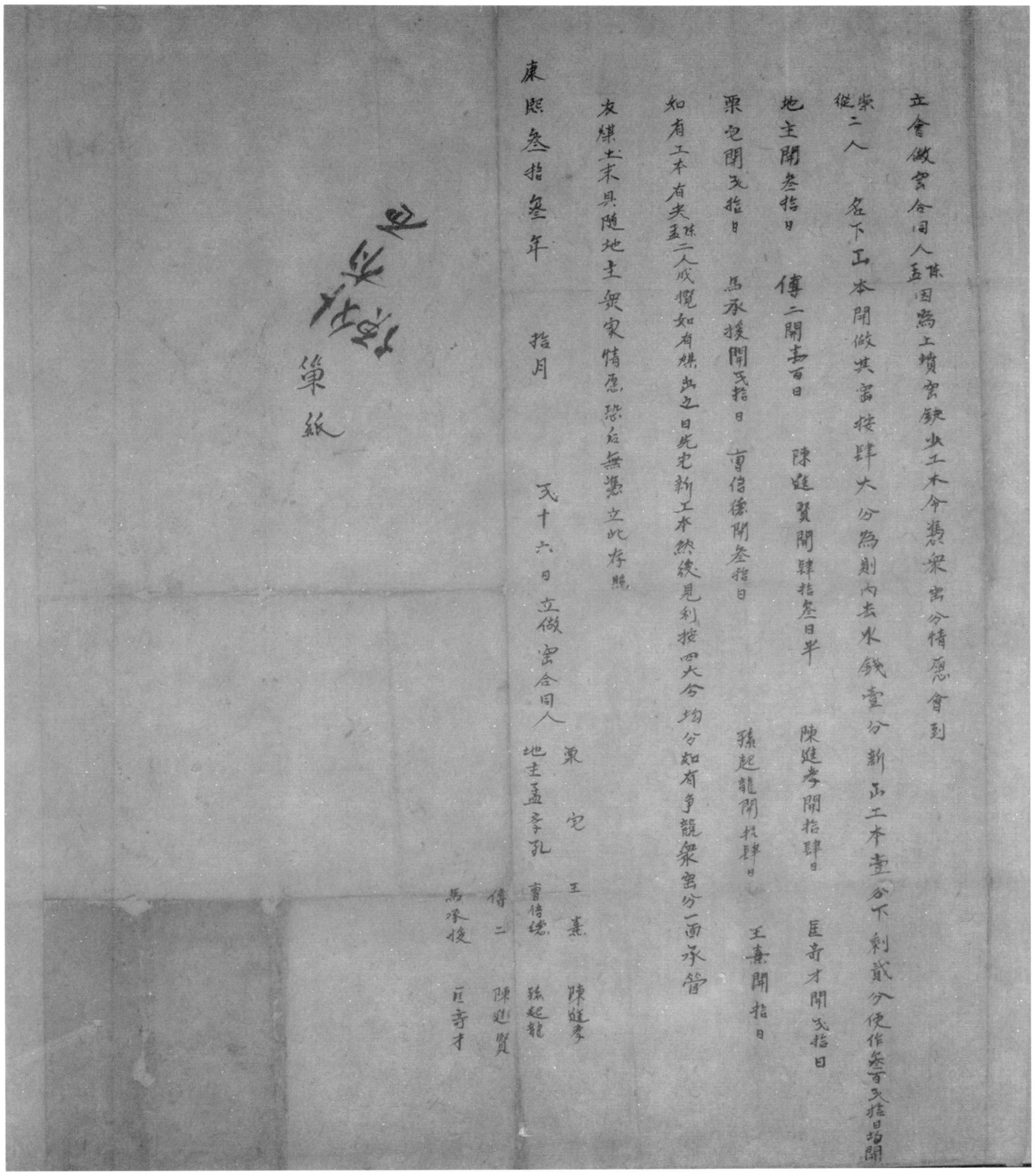

立會做窯合同人孟珠因爲上墳窯缺少工本今憑衆窯分情愿會到
衆二人名下工本開做其窯按肆大分爲則内去水錢壹分新正工本壹分下剩貳分使作叁百文指日均開
地主開叁指日　傅二開壹百日　陳進賢開肆指叁日半　陳進孝開指肆日　匡奇才開弍指日
栗宅開弍指日　馬承援開弍指日　曹信德開叁指日　孫起龍開拾肆日　王熹開指日
如有工本有失孟珠二人成攬如有煤出之日先完新工本然後見利按四大分均分如有爭競衆窯分一面承管
衣煤土末具隨地主與家情愿恐后無憑立此存照
康熙叁拾叁年　指月　弍十六日　立做窯合同人　栗宅　王熹　陳進孝
地主孟季孔　曹信德　孫起龍
傅二　陳進賢
馬承援　匡奇才
陳進孝
策紙

〇一五　康熙三十三年（1694）陳進孝等會做上墳窯合同

尺寸：縱57釐米、横44釐米

首都博物館藏

編號：35.4.095

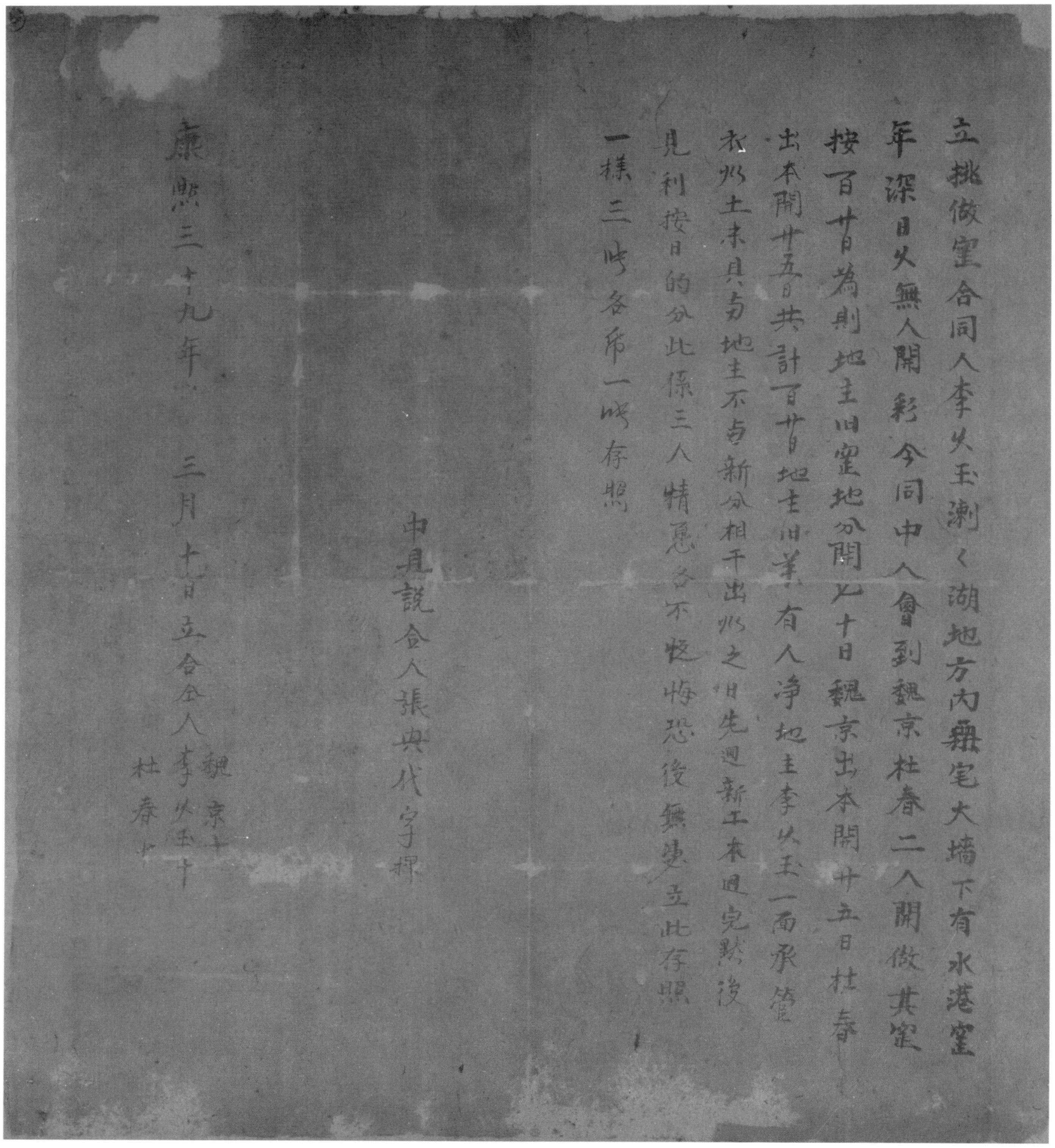

立挑做窑合同人李久玉涮涮湖地方内舜宅大墙下有水港窑
年深日久無人開彩今同中人會到魏京杜春二人開做其窑
按百廿日為則地主旧窑地分開七十日魏京出本開廿五日杜春
出本開廿五日共計百廿日地主旧業有人净地主李久玉一面承管
衣水土木具另地主不与新分相干出水之日先迴新工本迴完然後
見利按日的分此係三人情愿各不悔恐後無憑立此存照
一樣三張各存一張存照

中見說合人張興代字押

康熙三十九年三月十日立合同人李久玉十 魏京十 杜春十

〇一六 康熙三十九年（1700）李久玉等批做水港窑合同

地點：涮涮湖

尺寸：縱53.3釐米、橫47.8釐米

門頭溝博物館藏

編號：830052

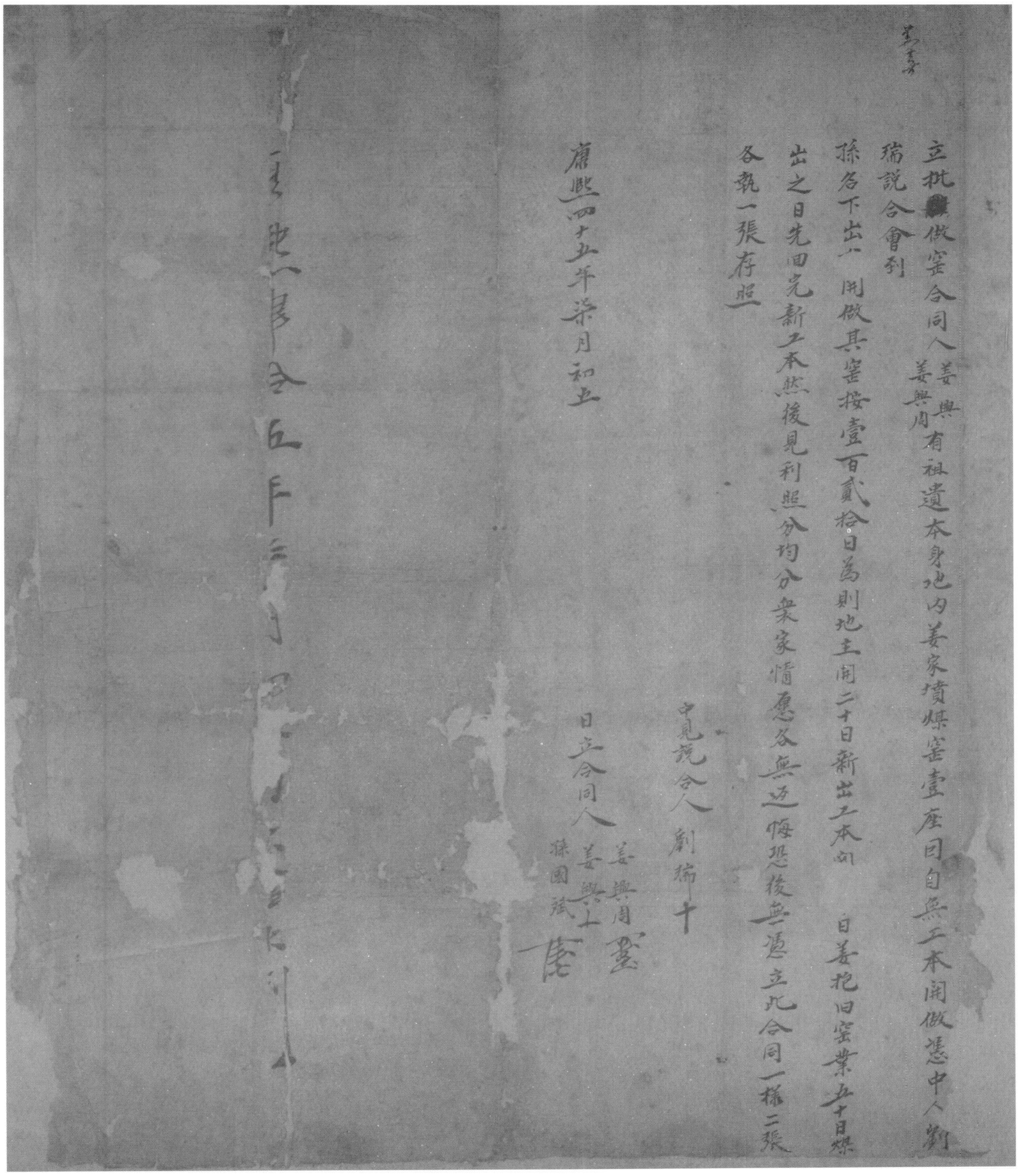
立批[illegible]做窑合同人姜興 姜興周 有祖遺本身地内姜家墳煤窑壹座，因自無工本開做，憑中人劉
瑞説合會到
孫名下出人開做，其窑按壹百貳拾日爲則，地主用二十日，新出工本的　白姜抱旧窑業五十日煤
出之日先回完新工本，然後見利照分均分，衆家情愿，各無返悔，恐後無憑，立此合同一樣二張
各執一張存照
康熙四十五年柒月初五
中見説合人　劉瑞十
日立合同人　姜興周　姜興士　孫國[illegible]

○一七　康熙四十五年（1706）姜興等批做姜家墳窑合同

尺寸：縱51釐米、横46釐米
首都博物館藏
編號：35.4.019

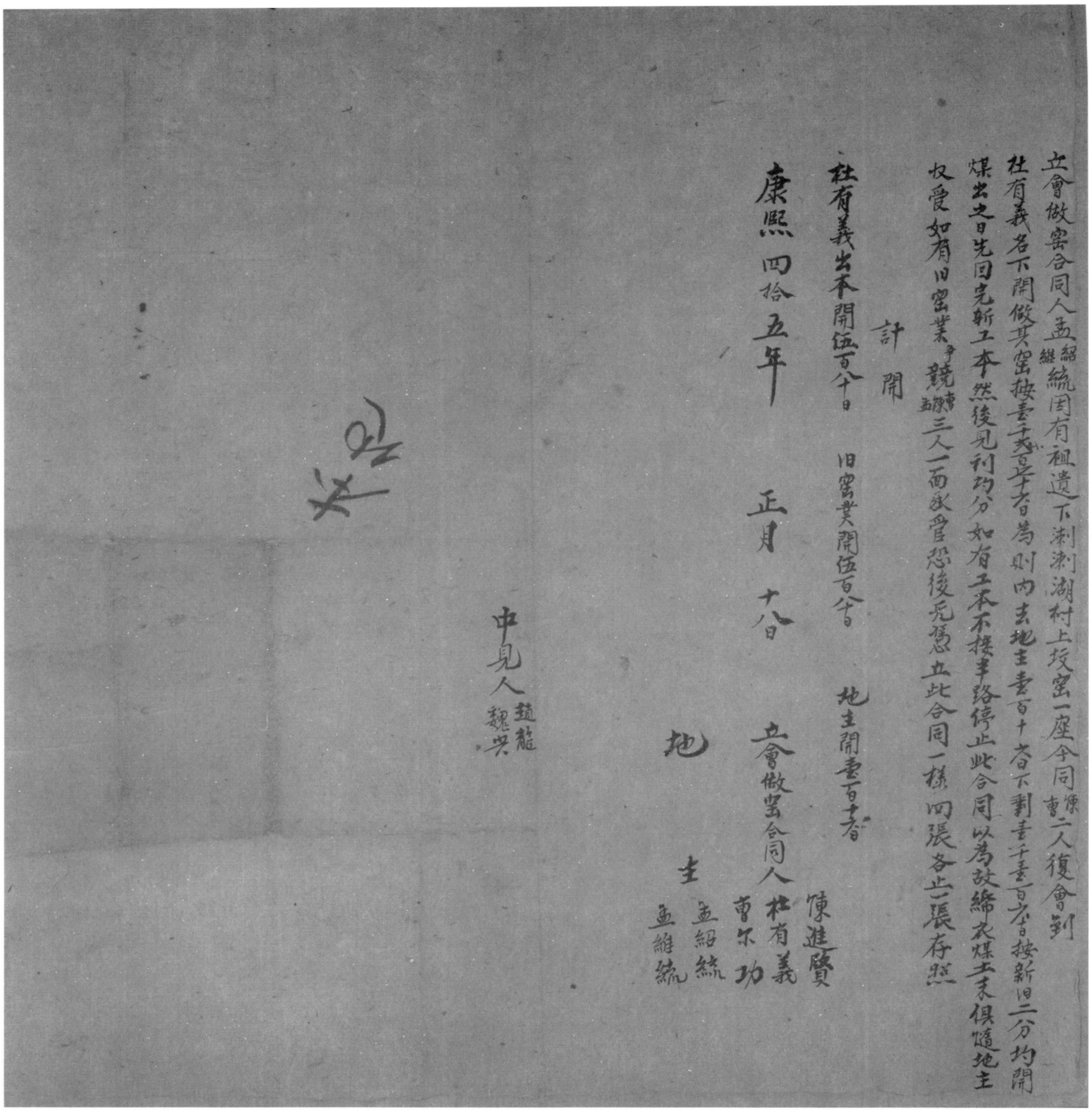
立會做窯合同人孟紹繼統因有祖遺下渊渊湖村上坟窯一座今同陳曹二人復會到
杜有義名下開做其窯按壹千五百五十吊為則內去地主壹百十吊下剩壹千壹百五十吊按新旧二分均開
煤出之日先回完新工本然後見利均分如有工本不接半路停止此合同以為故絶衣煤土末俱隨地主
収受如有旧窯業爭競陳曹孟三人一面承管恐後無憑立此合同一樣四張各出一張存照
計開
杜有義出本開伍百八十吊
旧窯業開伍百吊
地主開壹百十吊
康熙四拾五年 正月 十八日
立會做窯合同人 陳進賢 杜有義 曹尔功
地 主 孟紹統 孟維統
中見人 趙龍 魏興

〇一八　康熙四十五年（1706）孟紹統等會做上墳窑合同

地點：渊渊湖村

尺寸：縱49釐米、橫46釐米

首都博物館藏

編號：35.4.099

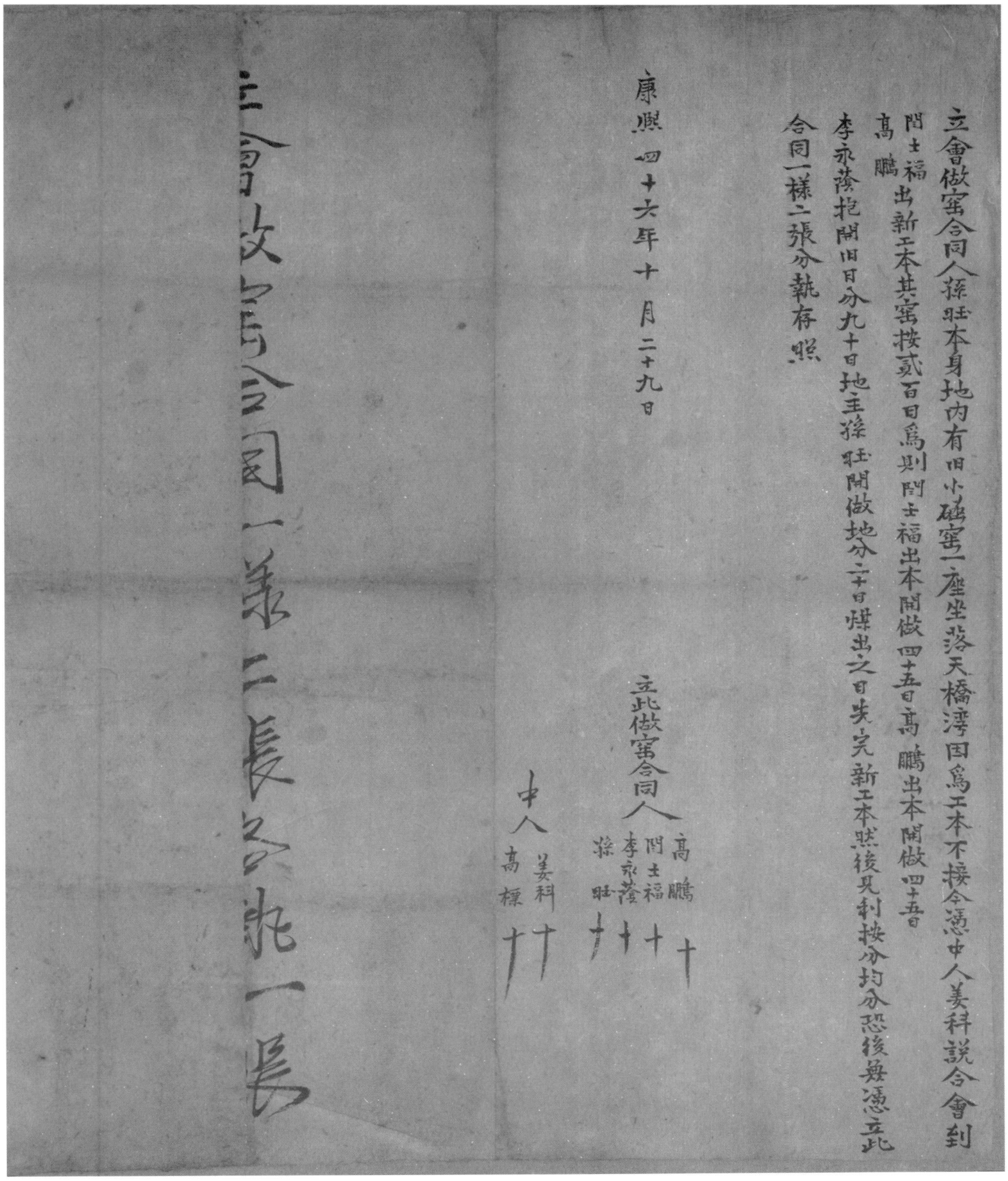
立會做窑合同人孫旺本身地内有旧小硜窑一座坐落天橋灣因爲工本不接今憑中人姜科説合會到
閆士福出新工本其窑按貳百日爲則閆士福出本開做四十五日高鵬出本開做四十五日
高鵬
李永蔭抱開旧日分九十日地主孫旺開做地分二十日煤出之日其完新工本然後見利按分均分恐後無憑立此
合同一樣二張分執存照

康熙四十六年十月二十九日

立此做窑合同人　高鵬十　閆士福十　李永蔭十　孫旺十

中人　姜科十　高標十

立會做窑合同一樣二張各執一張

〇一九　康熙四十六年（1707）孫旺等會做小硜窑合同

地點：天橋灣
尺寸：縱52釐米、橫44釐米
首都博物館藏
編號：35.4.022

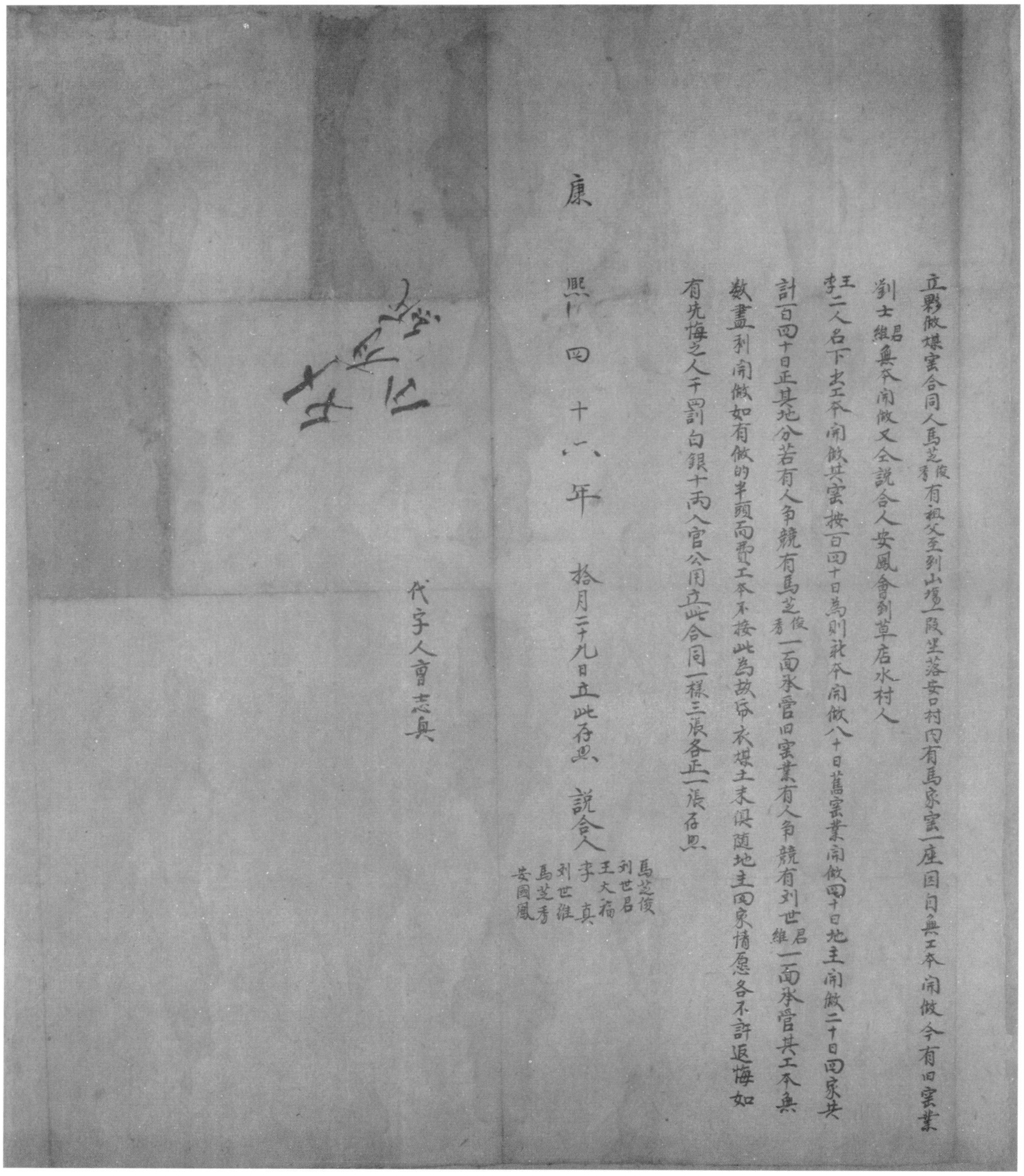

立夥做煤窑合同人馬芝俊秀有祖父至到山場一段坐落安口村內有馬家窑一座因自無工本開做今有旧窑業
劉士維昌無本開做又仝說合人安鳳會到草店水村人
王李二人名下出工本開做其窑按一百四十日為則我本開做八十日舊窑業開做四十日地主開做二十日四家共
計一百四十日正其地分若有人爭競有馬芝俊秀一面承管旧窑業有人爭競有刘世維居一面承管其工本無
數盡利開做如有做的串頭而費工本不接此為故𠃧衣煤土末俱隨地主四家情愿各不許返悔如
有先悔之人干罰白銀十兩入官公用立此合同一樣三張各正一張存照

康熙四十六年拾月二十九日立此存照　說合人　馬芝俊　刘世昌　王大福　李真　刘世維　馬芝秀　安國鳳

代字人曾志真

〇二〇　康熙四十六年（1707）馬芝俊等夥做馬家窑合同

地點：安口村
尺寸：縱56釐米、橫46釐米
首都博物館藏
編號：35.4.094

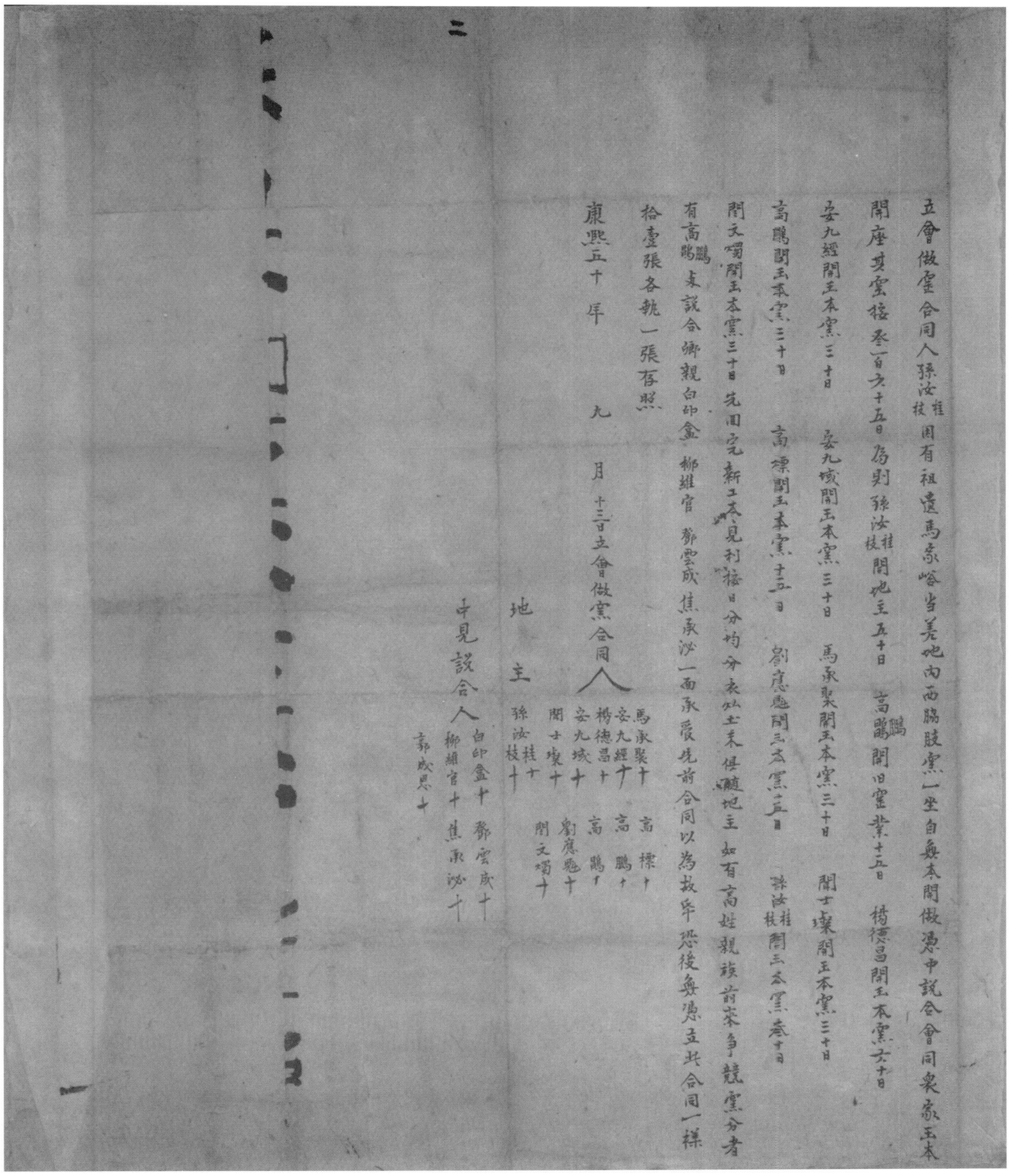
二

立會做窰合同人孫汝桂枝因有祖遺馬家峪当善地内西脇肢窯一坐自無本開做憑中説合會同衆家玉本
開座支窰搭叁百六十五日爲則孫汝桂枝開地主五十日　高鵬鷴開旧窰業十五日　楊德昌開玉本窯六十日
安九經開玉本窯三十日　安九域開玉本窯三十日　馬承聚開玉本窯三十日　閻士璩開玉本窯三十日
高鵬開玉本窯三十日　高標開玉本窯十五日　劉應魁開玉本窯十五日　孫汝桂枝開玉本窯叁十日
閻文燭開玉本窯三十日　先因完新工本見利按日分均分衣灶土木俱隨地主　如有高姓親族前來争競窯分者
有高鵬鷴支説合鄉親白印金　柳維官　鄧雲成　焦承沙一面承管先前合同以為故帋恐後無憑立此合同一樣
拾壹張各執一張存照

康熙五十年　九　月　十三日立會做窯合同人　馬承聚十　高標十　安九經十　高鵬十　楊德昌十　高鷴十　安九域十　劉應魁十　閻士璩十　閻文燭十

地　主　孫汝桂枝十

中見説合人　白印金十　鄧雲成十　柳維官十　焦承沙十　郭成恩十

〇二一　康熙五十年（1711）孫汝桂等會做脇肢窑合同

地點：馬家峪
尺寸：縱51釐米、橫43釐米
首都博物館藏
編號：35.4.087

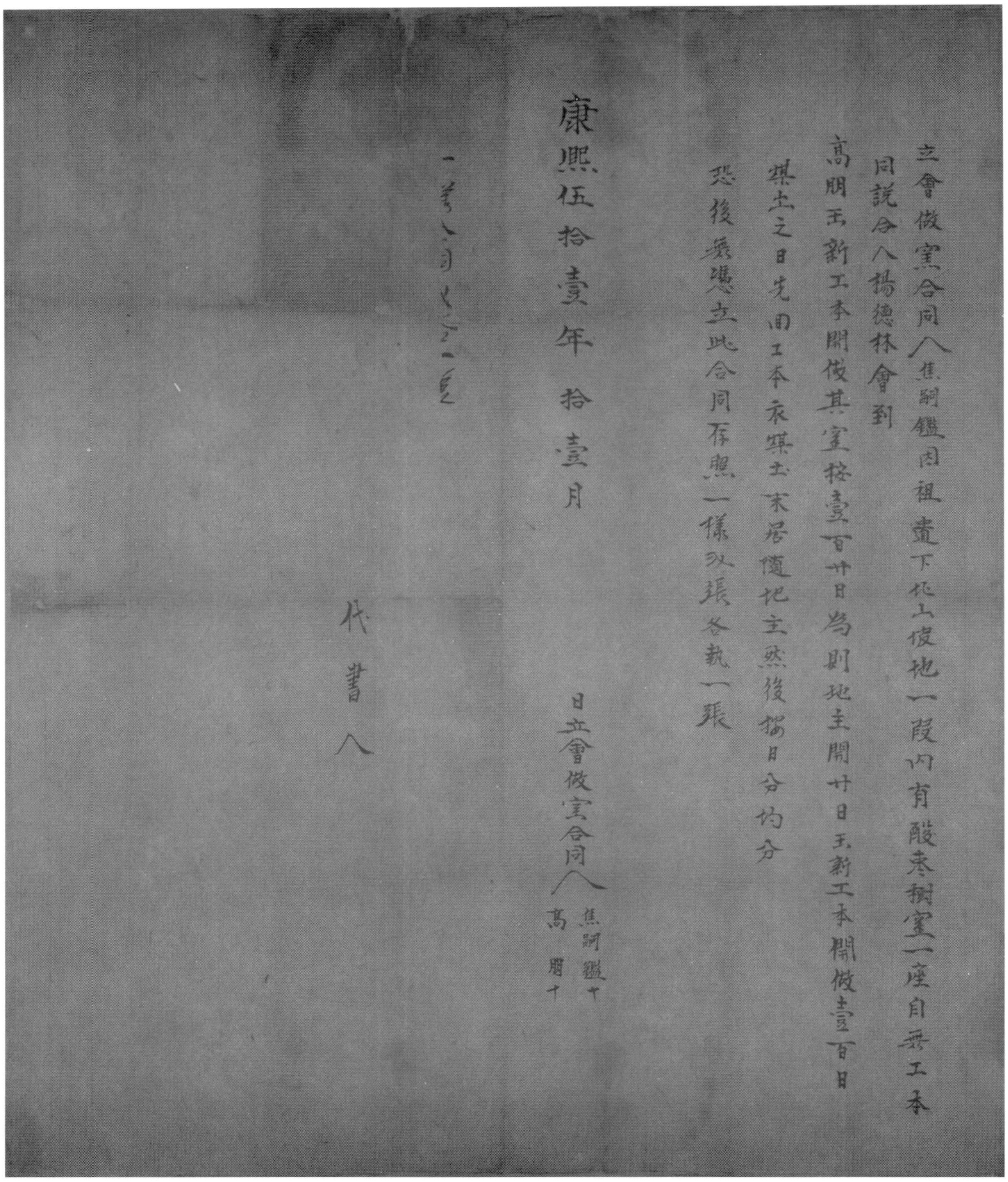

立會做窰合同人焦嗣鑑因祖遺下花山後地一段內有酸棗樹窰一座自無工本
同說合人楊德林會到
高朋玉新工本開做其窰拾壹百廿日為則地主開廿日玉新工本開做壹百日
揉土之日先用工本承煤土末居隨地主然後按日分均分
恐後無憑立此合同存照一樣兩張各執一張

康熙伍拾壹年拾壹月　日立會做窰合同人　焦嗣鑑十
高朋十

代書人

〇二二　康熙五十一年（1712）焦嗣鑒等會做酸棗樹窑合同

尺寸：縱52釐米、横43釐米
首都博物館藏
編號：35.4.008

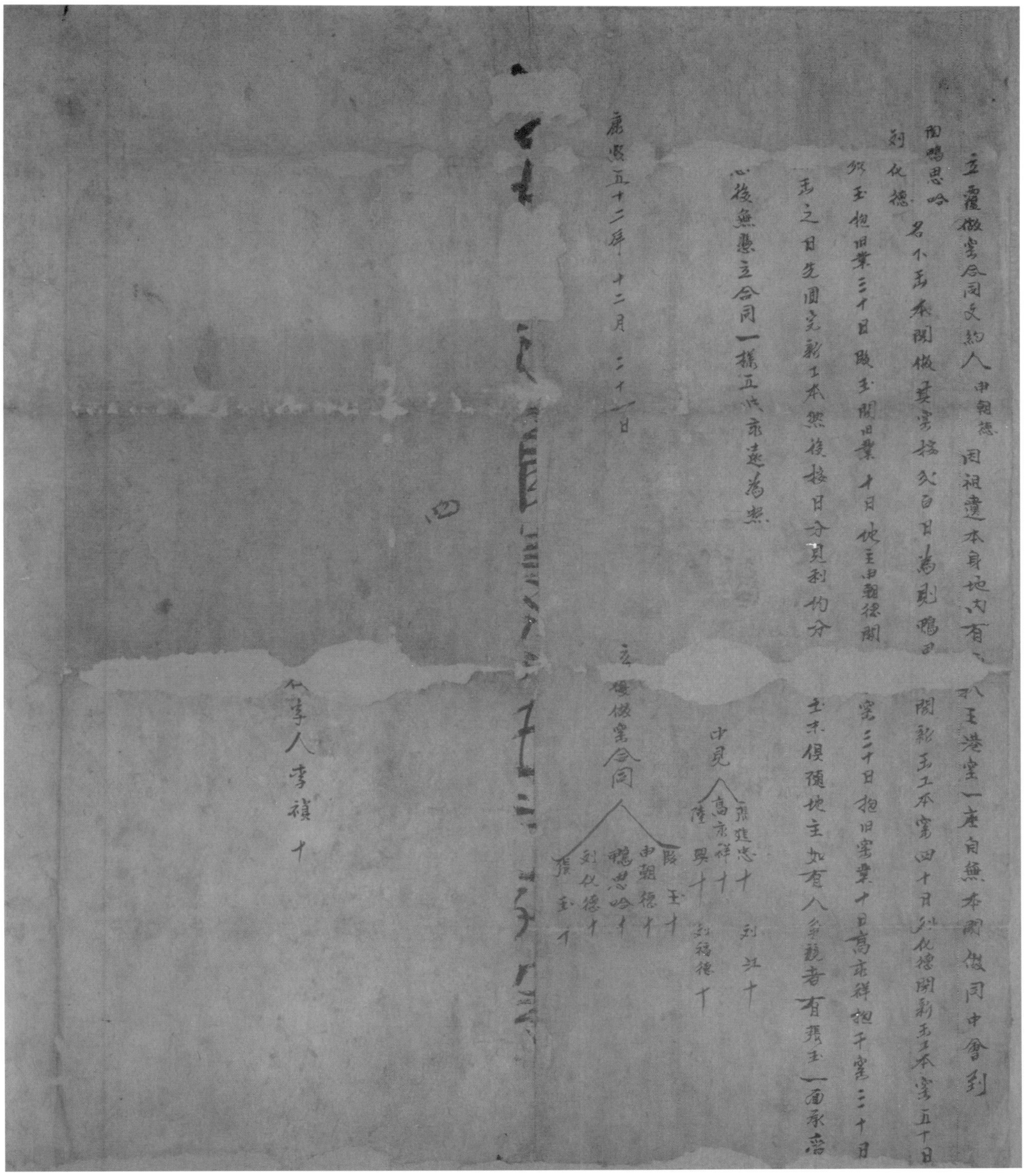
立復做窑合同文約人申朝德　因祖遺本身地內有扒王港窑一座自無本開做同中會到
閻鳴思吟　名下出本開做其窑按久日為則鳴思開新出工本窑四十日孙化德開新出工本窑五十日
刘化德
孙玉抱旧業三十日殷玉開旧業十日地主申朝德開窑二十日抱旧窑業十日高京祥抱干窑二十日
出之日先圓完新工本然後按日分見利均分土木俱随地主如有人爭競者有孫玉一面承當
恐後無憑立合同一樣五紙永遠為照
康熙五十二年十二月二十一日
立復做窑合同　申朝德十　閻鳴思吟十　刘化德十　孙玉十　殷玉十
中見　張進忠十　高京祥十　陸興十　刘江十　孙福德十
代字人李禎十

〇二三　康熙五十二年（1713）申朝德等復做扒王港窑合同

尺寸：縱53釐米、横49釐米

首都博物館藏

編號：35.4.098

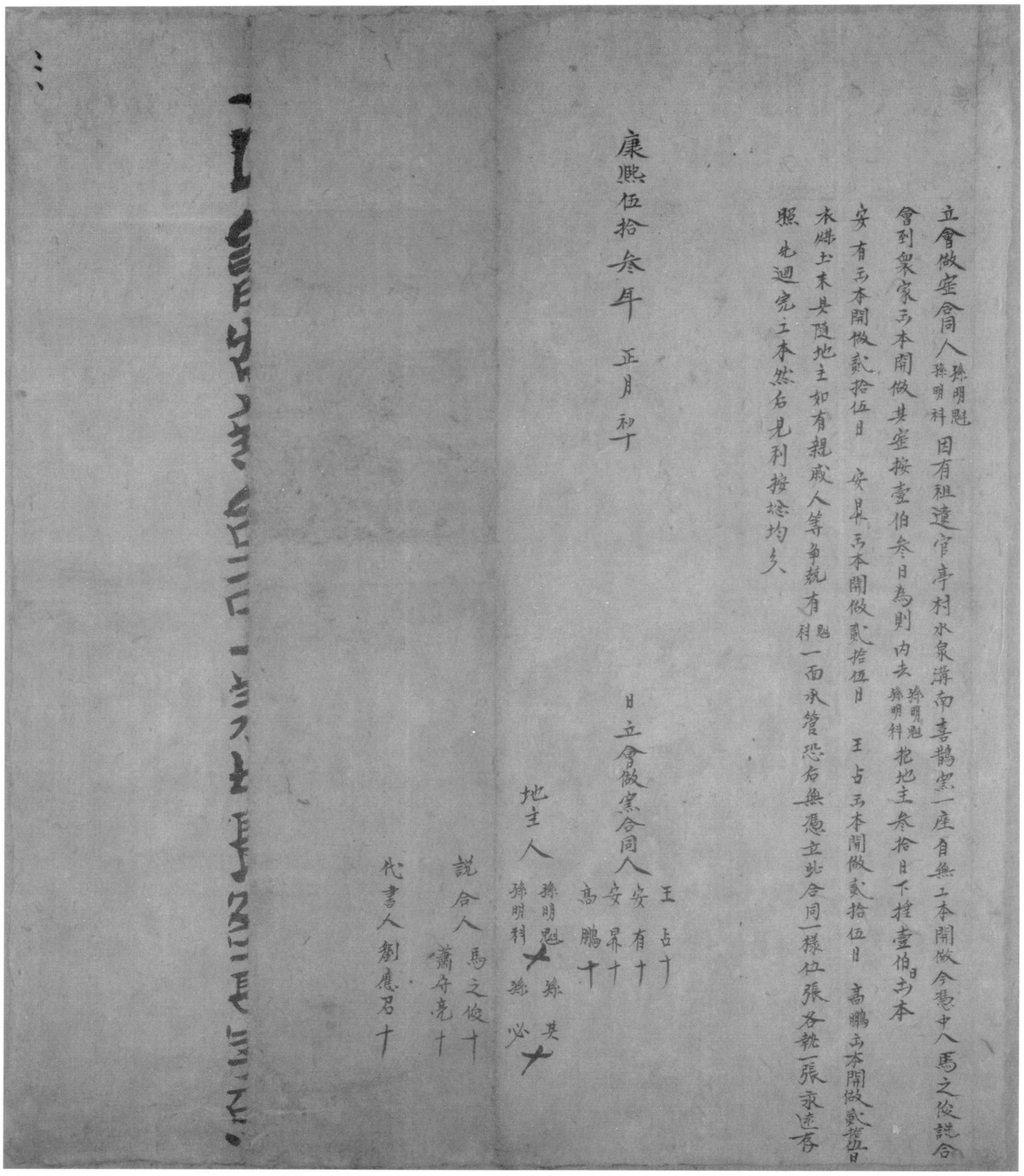

立會做窑合同人孫明魁 孫明科因有祖遺官亭村水泉溝南喜鵲窑一座自無工本開做今憑中人馬之俊説合
會到衆家工本開做其窑按壹伯叁日為則内去孫明魁 孫明科抱地主叁拾日下推壹伯日工本
安有工本開做貳拾伍日 安昇工本開做貳拾伍日 王占工本開做貳拾伍日 高鵬工本開做貳拾伍日
窑煤土末具隨地主如有親戚人等爭競有魁 科一面承管恐后無憑立此合同一樣伍張各執一張永遠存
照先週完工本然后見利按股均分

康熙伍拾叁年 正月初十 日立會做窑合同人 王占十 安有十 安昇十 高鵬十

地主人 孫明魁十 孫明科 孫其十 孫必

説合人 馬之俊十 蕭守亮十

代書人 劉應召十

〇二四 康熙五十三年（1714）孫明魁等會做喜鵲窑合同

地點：官亭村水泉溝

尺寸：縱53釐米、橫40釐米

首都博物館藏

編號：35.4.093

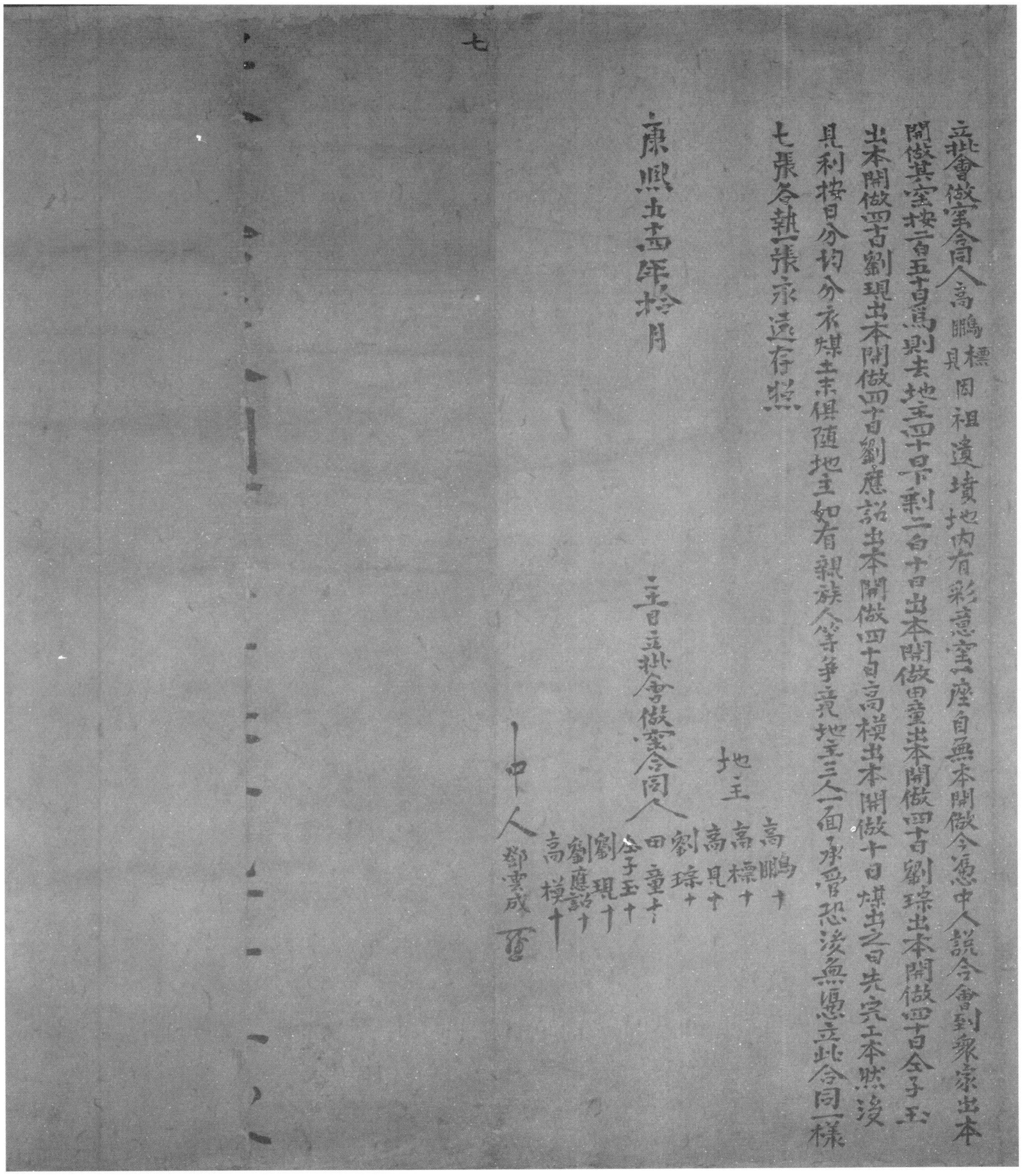

七

立批會做窯合同人高鵬標見因祖遺墳地內有彩意窯一座自無本開做今憑中人說合會到衆家出本
開做其窯按二百五十日爲則去地主四十日下剩二百十日出本開做田童出本開做四十日劉琮出本開做四十日仝子玉
出本開做四十日劉現出本開做四十日劉應詔出本開做四十日高樸出本開做十日煤出之日先完工本然後
見利按日分均分衣煤土末俱隨地主如有親族人等爭竞地主三人一面承管恐後無憑立此合同一樣
七張各執一張永遠存照

康熙五十四年拾月

二十二日立批會做窯合同人

地主
高鵬十
高標十
高見十
劉琮十
田童十
仝子玉十
劉現十
劉應詔十
高樸十

中人
鄧雲成

〇二五　康熙五十四年（1715）高鵬等批會做彩意窑合同

尺寸：縱52釐米、横43釐米

首都博物館藏

編號：35.4.009

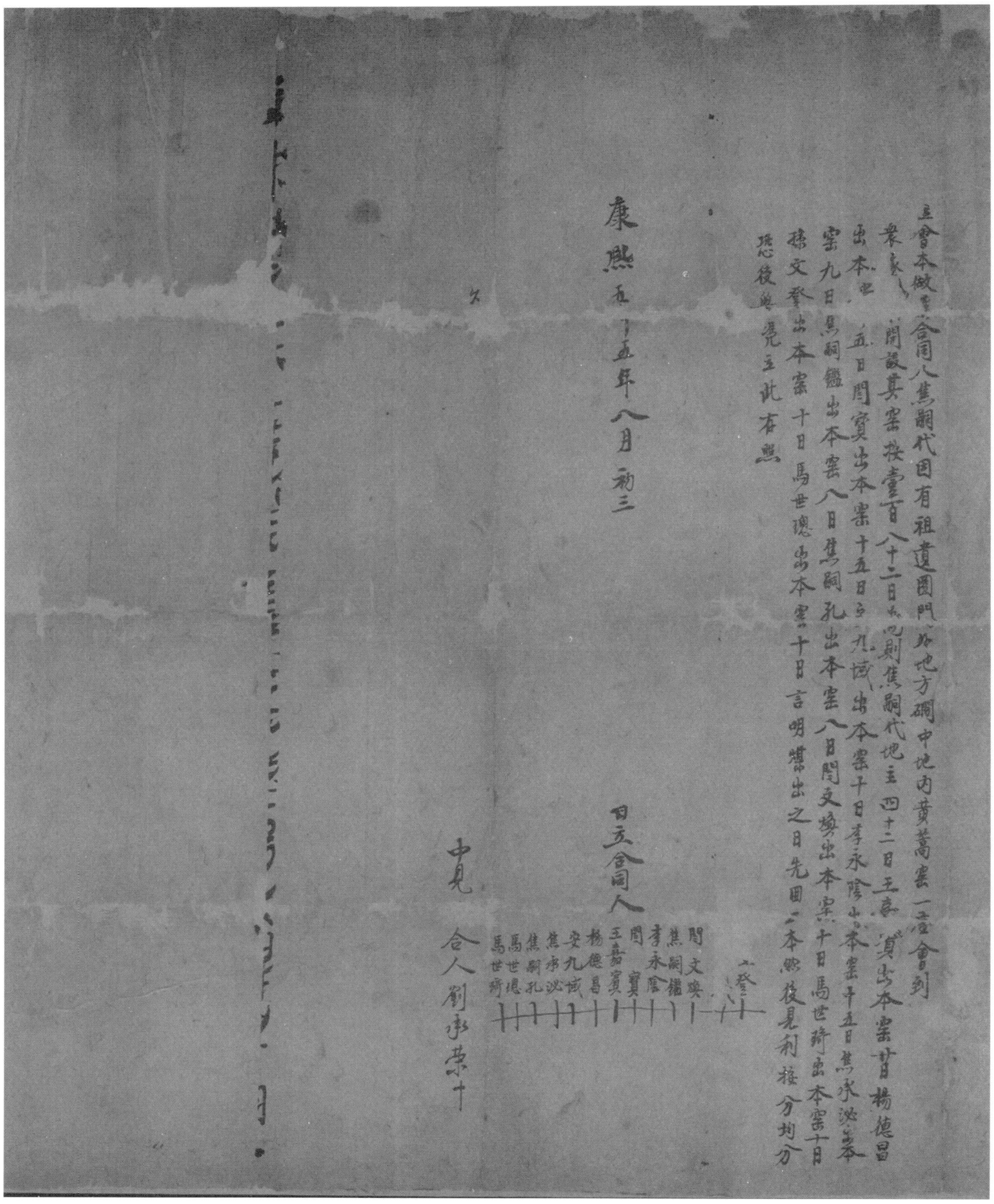
立會本做窰合同人焦嗣代因有祖遺圈門外地方碉中地内黄蒿窰一座會到衆東人開設其窰按壹百八十二日本地則焦嗣代地主四十二日王嘉賓出本窰廿日楊德昌出本窰五日閆寶出本窰十五日安九成出本窰十日李永陰出本窰十五日焦承泌出本窰九日焦嗣鑑出本窰八日焦嗣孔出本窰八日閆文煥出本窰十日馬世琦出本窰十日孫文登出本窰十日馬世璁出本窰十日言明窰出之日先回之本然後見利按分均分恐後無憑立此存照

康熙五十五年八月初三

日立合同人 孫文登十 閆文煥十 焦嗣鑑十 李永陰十 閆寶十 王嘉賓十 楊德昌十 安九成十 焦承泌十 焦嗣孔十 馬世璁十 馬世琦十

中見合人劉永榮十

〇二六　康熙五十五年（1716）焦嗣代等會做黄蒿窑合同

地點：圈門外

尺寸：縱50釐米、横41釐米

首都博物館藏

編號：35.4.100

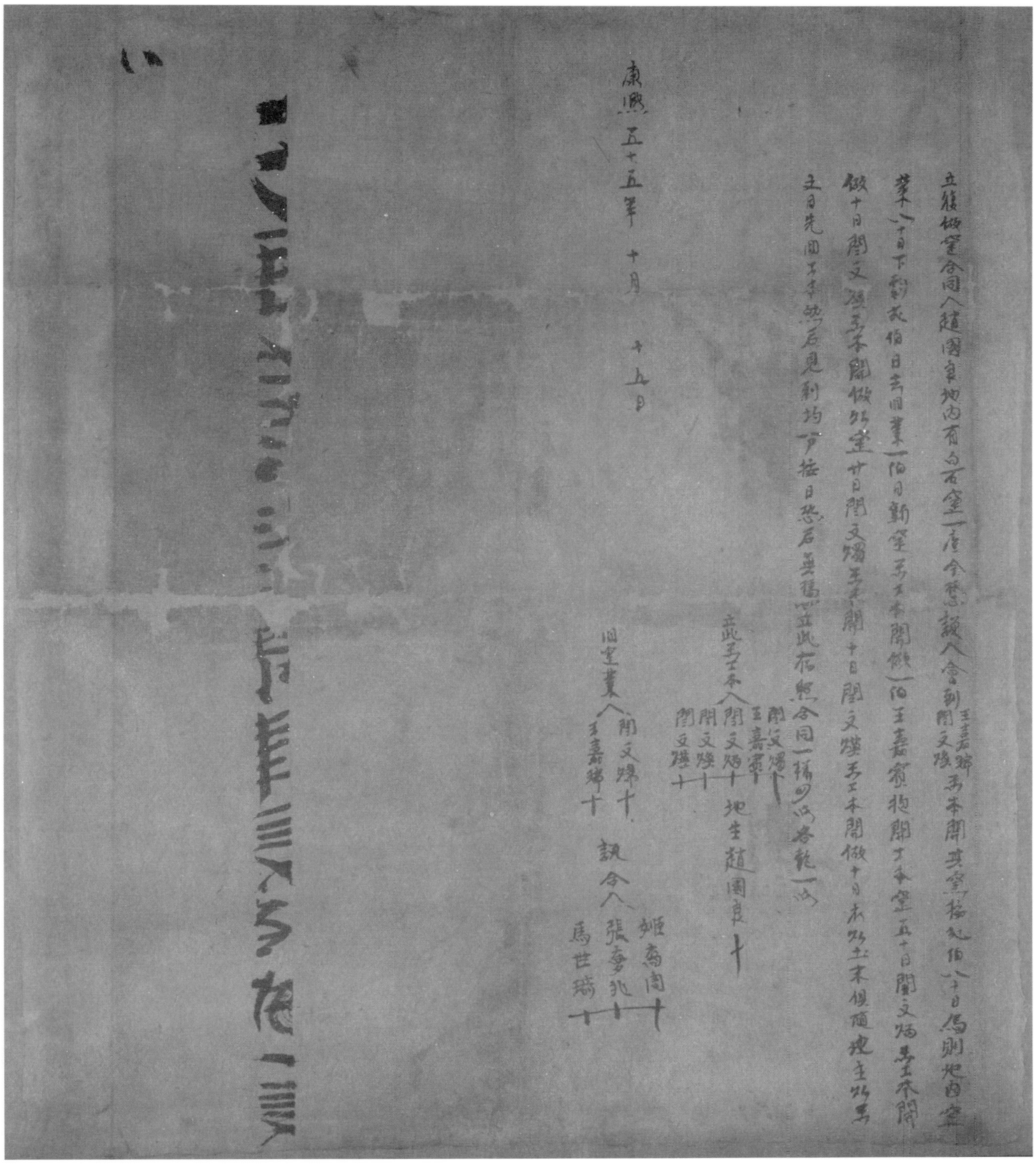

立復做窰合同人趙國良地內有白石窰一座今憑説合人會到閻文煥王嘉瑞名下承開其窰除去伯八十日爲則地內窰
業人八十日下剩貳伯日舊日業一伯日新窰户十本閣做一伯王嘉賓抱閣十本窰五十日閻文炳名下本開
做十日閻文煥名下本開做外窰廿日閻文煽名下本開十日閻文煥名下本開做十日承外土木俱隨地主外其
五日先開本年然後見利均分按日恐後無憑立此存照合同一樣四紙各執一紙

立出窰本人　閻文煥十　王嘉寶十　閻文炳十　閻文煥十　閻文煥十
地主　趙國良十
舊業人　閻文煥十　王嘉瑞十
説合人　姬爲周十　張夢兆十　馬世瑞十

康熙五十五年　十月　十五日

〇二七　康熙五十五年（1716）趙國良等復做白石窰合同

尺寸：縱51釐米、橫43釐米

首都博物館藏

編號：35.4.102

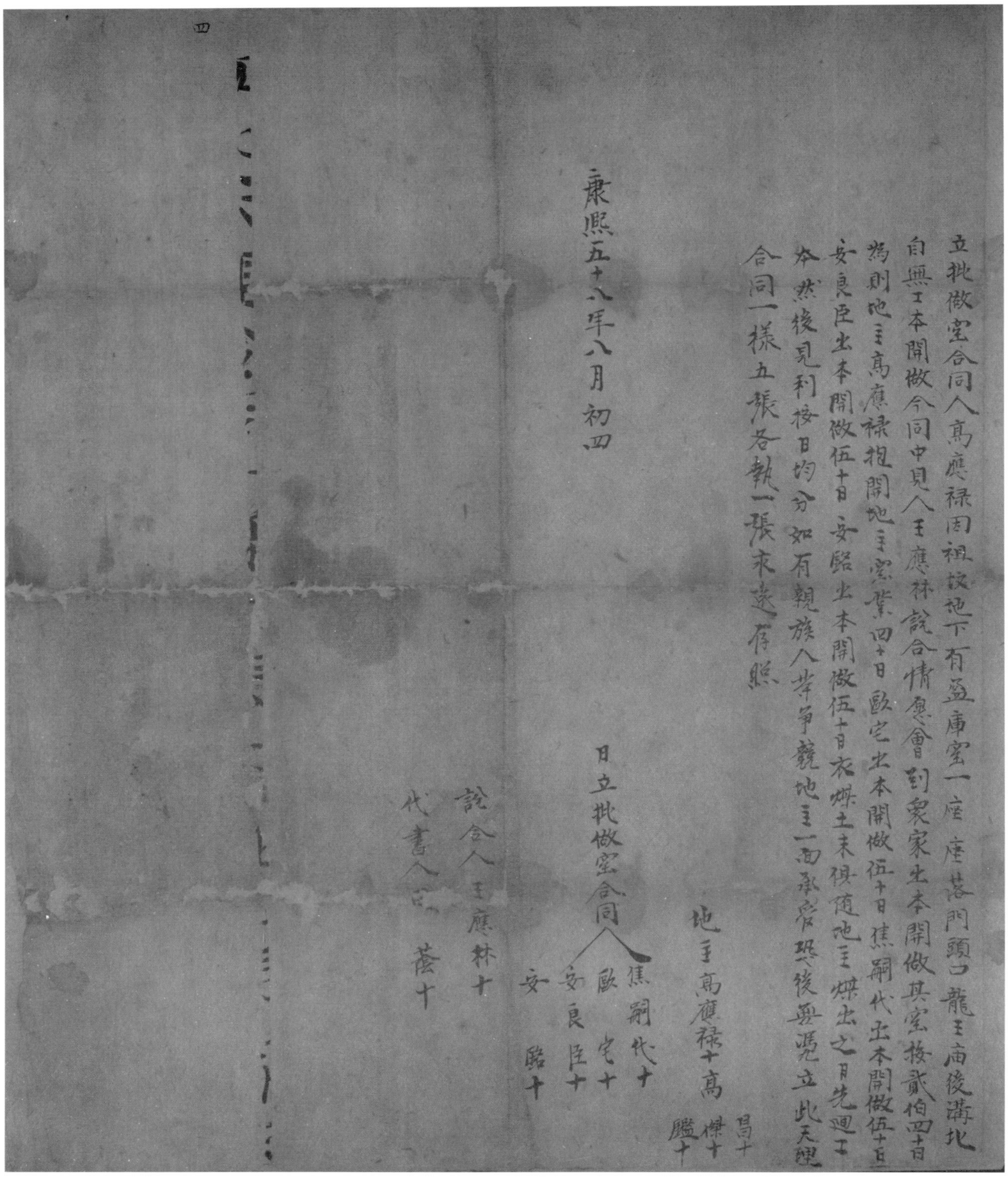

立批做窑合同人高應祿因祖故地下有盈庫窑一座 座落門頭口龍王庙後溝北
自興工本開做合同中見人王應林說合情愿會到衆家出本開做其窑按貳伯四十日
為則地主高應祿抱開地主窑業四十日 歐宅出本開做伍十日 焦嗣代出本開做伍十日
安良臣出本開做伍十日 安路出本開做伍十日 衣煤土末俱随地主煤出之日先週工
本然後見利按日均分 如有親族人等爭競 地主一面承管 恐後無憑 立此天理
合同一樣五張各執一張永遠存照

康熙五十八年八月初四

日立批做窑合同人 地主高應祿十 高傑十 高昌十 高臘十
焦嗣代十 歐宅十 安良臣十 安路十

說合人王應林十

代書人呂蔭十

○二八 康熙五十八年（1719）高應祿等批做盈庫窑合同

地點：門頭口龍王廟
尺寸：縱50釐米、橫40釐米
首都博物館藏
編號：35.4.007

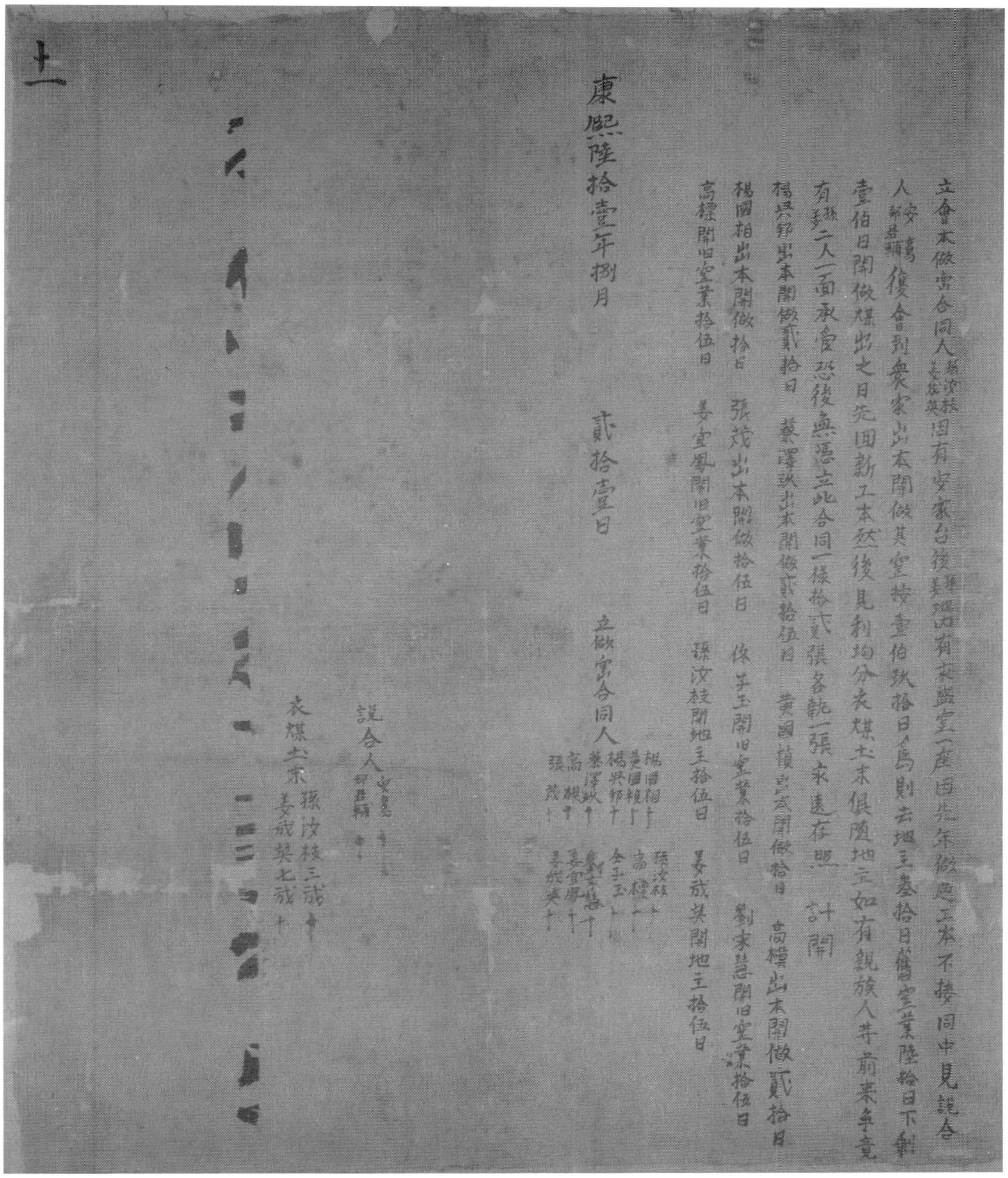
十一
立會本做窑合同人孫汝枝姜成英因有安家台後姜琴地内有永盛窑一座因先年做過工本不接同中見說合
人安萬邱君輔復會到衆家出本開做其窑按壹伯玖拾日爲則去地主叁拾日舊窑業陸拾日下剩
壹伯日開做煤出之日先回新工本然後見利均分衣煤土末俱隨地主如有親族人等前來爭竟
有孫姜二人一面承管恐後無憑立此合同一樣拾貳張各執一張永遠存照 計開
楊與卯出本開做貳拾日 蔡澤玖出本開做貳拾伍日 黄國禎出本開做拾日 高標出本開做貳拾日
楊國相出本開做拾日 張茂出本開做拾伍日 佟子玉開旧窑業拾伍日 劉家慧開旧窑業拾伍日
高標開旧窑業拾伍日 姜宜學開旧窑業拾伍日 孫汝枝開地主拾伍日 姜成英開地主拾伍日
康熙陸拾壹年捌月 貳拾壹日 立做窑合同人 楊國相十 黄國禎十 楊與卯十 蔡澤玖十 高標十 張茂十 孫汝枝十 高標十 佟子玉十 劉家慧十 姜宜學十 姜成英十
說合人 安萬十 邱君輔十
衣煤土末 孫汝枝三成十 姜成英七成十

〇二九 康熙六十一年（1722）孫汝枝等會做永盛窑合同

地點：安家臺
尺寸：縱48釐米、横38釐米
首都博物館藏
編號：35.4.016

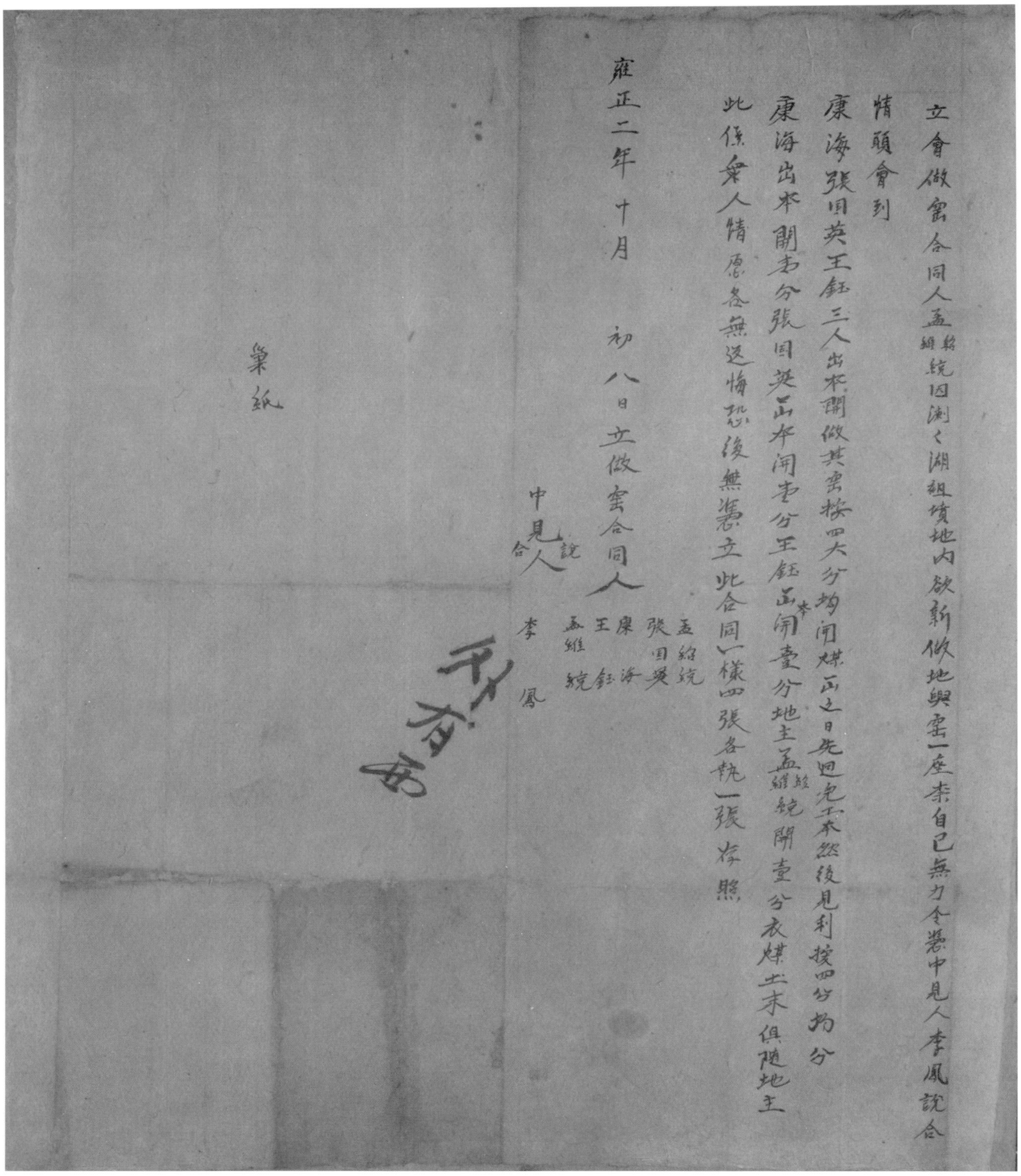

立會做窑合同人孟紹統維統因瀏瀏湖祖墳地內欲新做地興窑一座奈自己無力今煩中見人李鳳說合
情願會到
康海張同英王鈺三人出本開做其窑按四大分均開煤出之日先回完工本然後見利按四分均分
康海出本開壹分張同英出本開壹分王鈺出本開壹分地主孟紹統維統開壹分衣煤土末俱隨地主
此係衆人情愿各無返悔恐後無憑立此合同一樣四張各執一張存照

雍正二年十月初八日立做窑合同人 孟紹統 張同英 康海 王鈺 孟維統

中見說合人 李鳳

衆紙

〇三〇 雍正二年（1724）孟紹統等會做地興窑合同

地點：瀏瀏湖
尺寸：縱57釐米、橫43釐米
首都博物館藏
編號：35.4.103

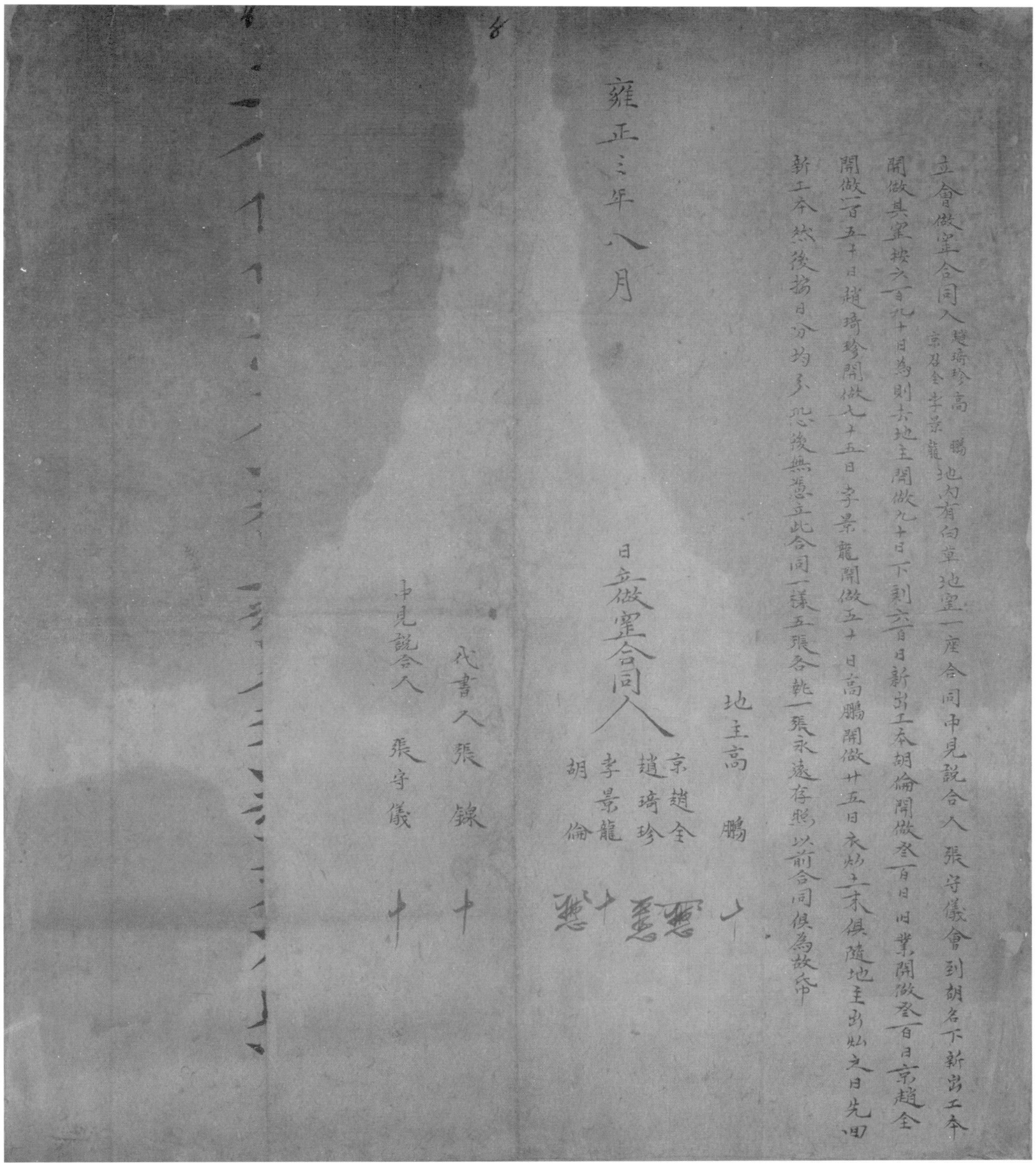
立會做窰合同人趙琦珍 京趙全 李景龍 高鵬地内有白草地窰一座合同中見説合人張守儀會到胡名下新出工本
開做其窰按六百九十日爲則去地主開做九十日下剩六百日新出工本胡倫開做叁百日旧業開做叁百日京趙全
開做一百五十日趙琦珍開做九十五日李景龍開做五十日高鵬開做廿五日衣炒之本俱隨地主出炒之日先回
新工本然後按日分均多恐後無憑立此合同一樣五張各執一張永遠存照以前合同俱爲故紙

地主高鵬 十
京趙全 趙琦珍 李景龍 胡倫
雍正三年八月　日立做窰合同人
代書人張錄 十
中見説合人張守儀 十

〇三一　雍正三年（1725）趙琦珍等會做白草地窑合同

尺寸：縱52釐米、横43釐米

首都博物館藏

編號：35.4.105

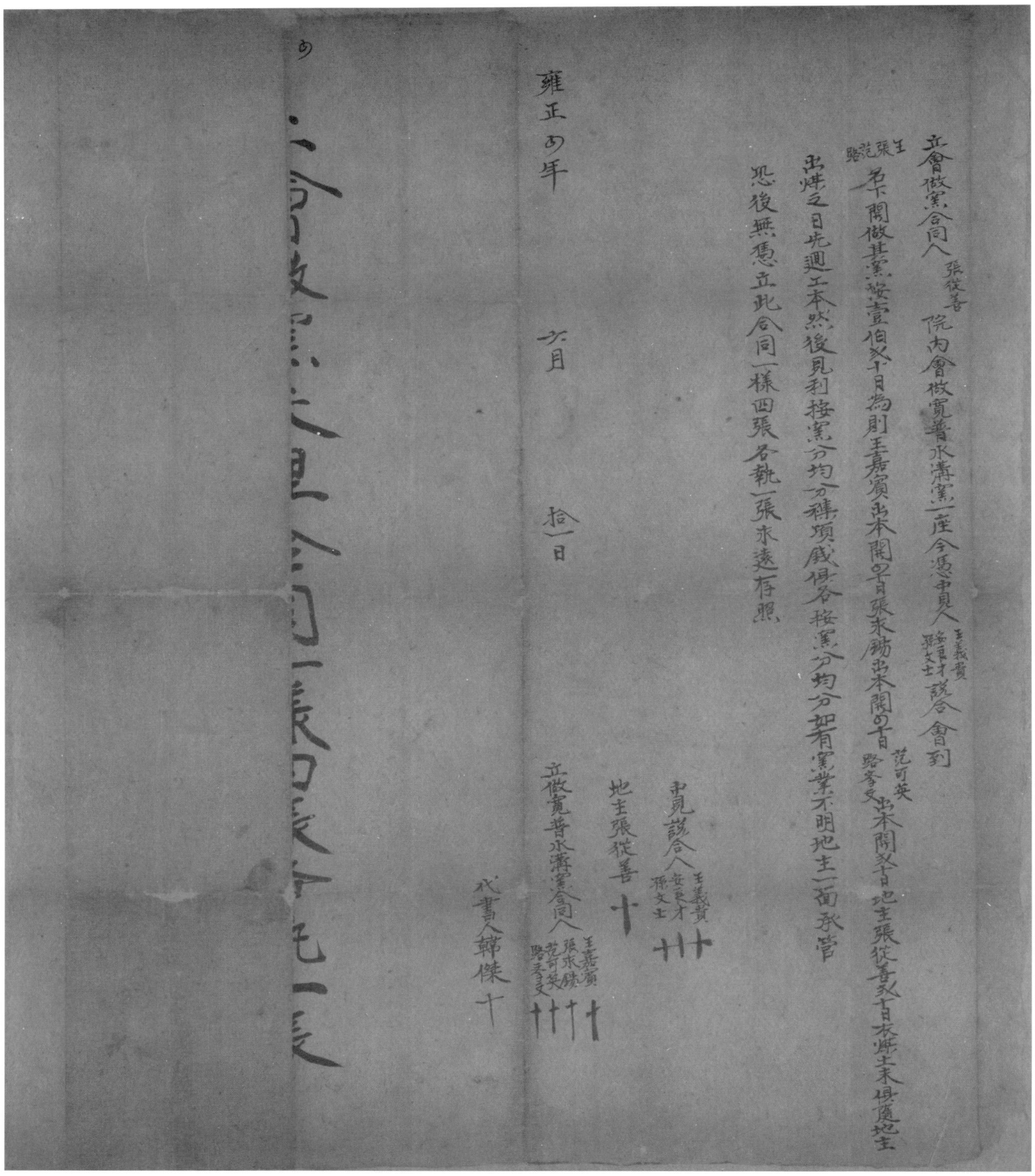

立會做窰合同人張從善，院內會做寬普水溝窰一座，今憑中見人王義貴、路玉才、孫文士說合，會到
王張范路名下開做其窰，按壹伯六十日為則，王嘉賓出本開四十日，張永錫出本開四十日，范可英、路孝文出本開叁十日，地主張從善叁十日，衣無土末，俱隨地主。
出煤之日，先還工本，然後見利，按窰分均分，稞頂歲俱各按窰分均分。如有窰業不明，地主一面承管。
恐後無憑，立此合同一樣四張，各執一張，永遠存照。

雍正四年　六月　拾一日

中見說合人　王義貴　路玉才　孫文士　十十十
地主張從善　十
立做寬普水溝窰合同人　王嘉賓　張永錫　范可英　路孝文　十十十十
代書人韓傑　十

〇三二　雍正四年（1726）張從善等會做寬普水溝窰合同

尺寸：縱52釐米、橫39釐米

首都博物館藏

編號：35.4.104

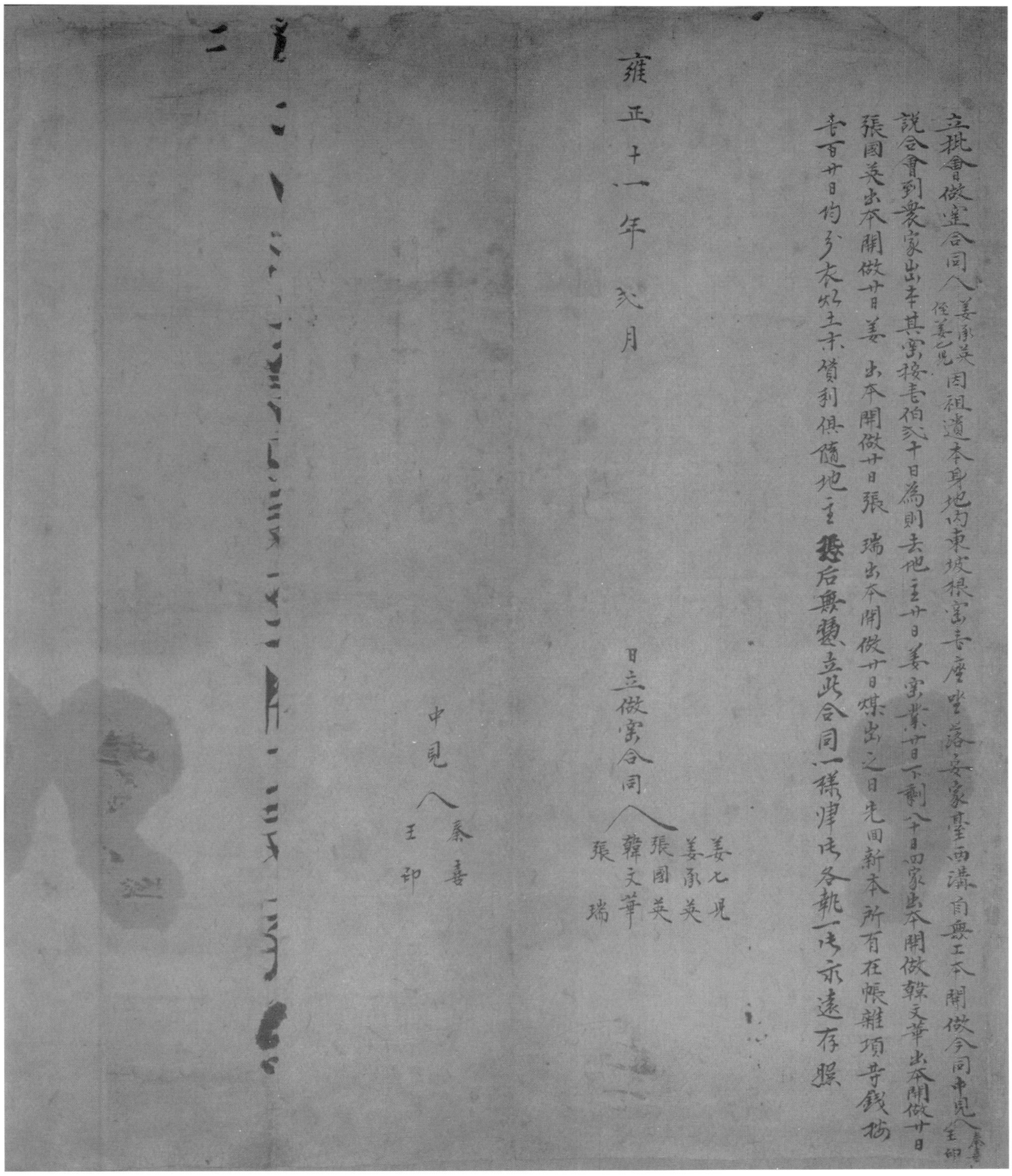
立批會做窯合同人姜承英、侄姜乙兒，因祖遺本身地內東坡根窯壹座，坐落安家臺西溝，自與工本開做，合同中見人秦喜、王印，
說合會到衆家出本。其窯按壹伯弍十日爲則，去地主廿日，姜窯業廿日，下剩八十日四家出本開做。韓文華出本開做廿日，
張國英出本開做廿日，姜　出本開做廿日，張　瑞出本開做廿日。煤出之日，先回新本，所有在帳雜項并錢按
壹百廿日均分，衣紅土木貸利俱隨地主。恐后無憑，立此合同一樣肆紙，各執一紙，永遠存照。

雍正十一年弍月　日立做窯合同人　姜乙兒　姜承英　張國英　韓文華　張　瑞

中見人　秦喜　王印

〇三三　雍正十一年（1733）姜承英等批會做東坡根窑合同

地點：安家臺

尺寸：縱49釐米、橫42釐米

首都博物館藏

編號：35.4.106

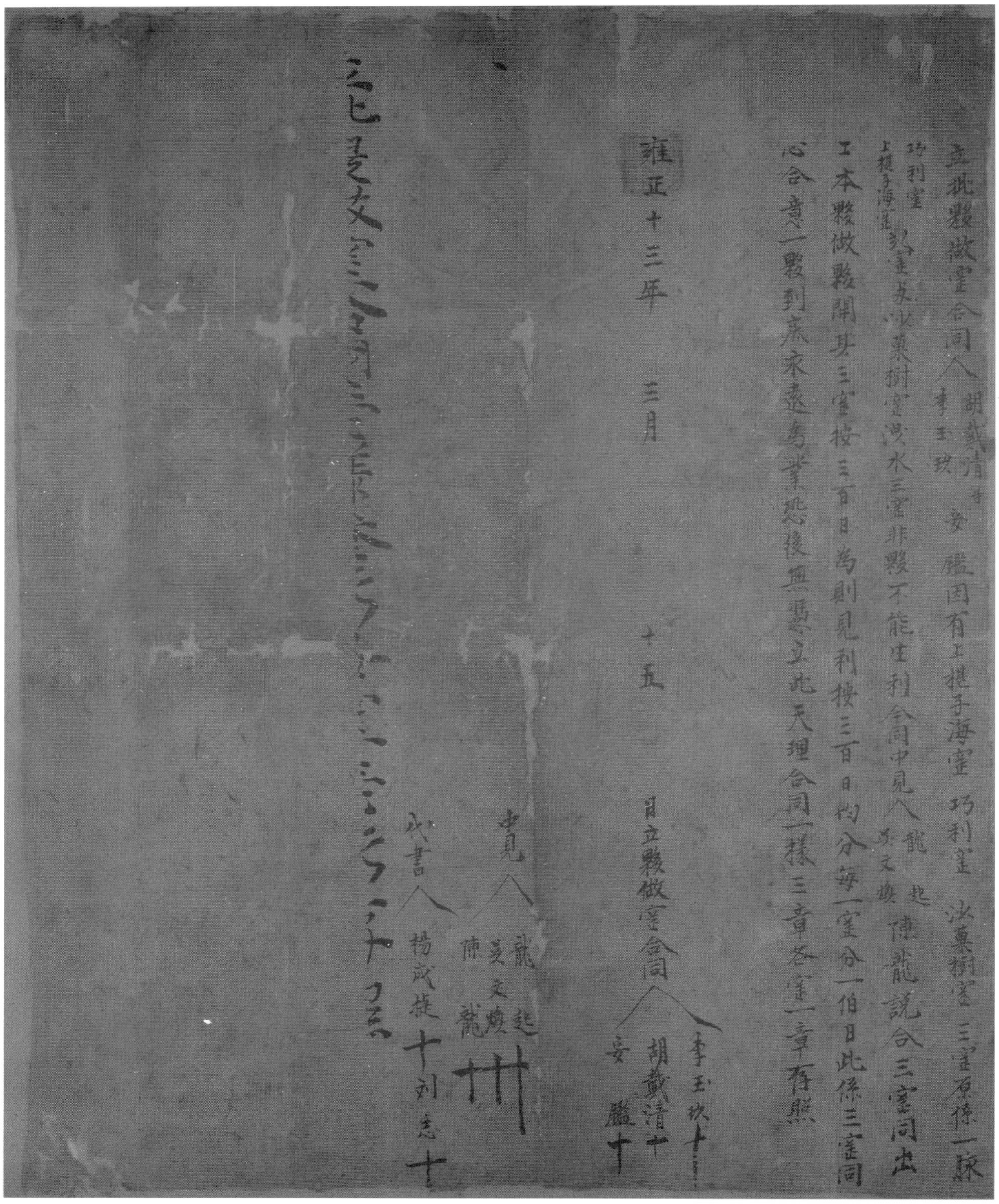
立批夥做窰合同人胡戴清、李玉玖、安鑑，因有上堪子海窰、巧利窰、汝菓樹窰三窰原係一脉，

上堪子海窰、巧利窰、玖窰及汝菓樹窰淤水三窰非夥不能生利，合同中見人龍起、吳文煥、陳龍說合，三窰同出

工本夥做夥開，其三窰按三百日為則，見利按三百日均分，每一窰分一伯日，此係三窰同

心合意，一夥到底，永遠為業，恐後無憑，立此天理合同一樣三章，各窰一章存照。

雍正十三年三月十五日立夥做窰合同人 李玉玖十 胡戴清十 安鑑十

中見人 龍起十 吳文煥十 陳龍十

代書人 楊成捷十 刘志十

〇三四 雍正十三年（1735）胡戴清等批夥做上堪子海等三窑合同

尺寸：縱50釐米、橫40釐米

門頭溝博物館藏

編號：830048

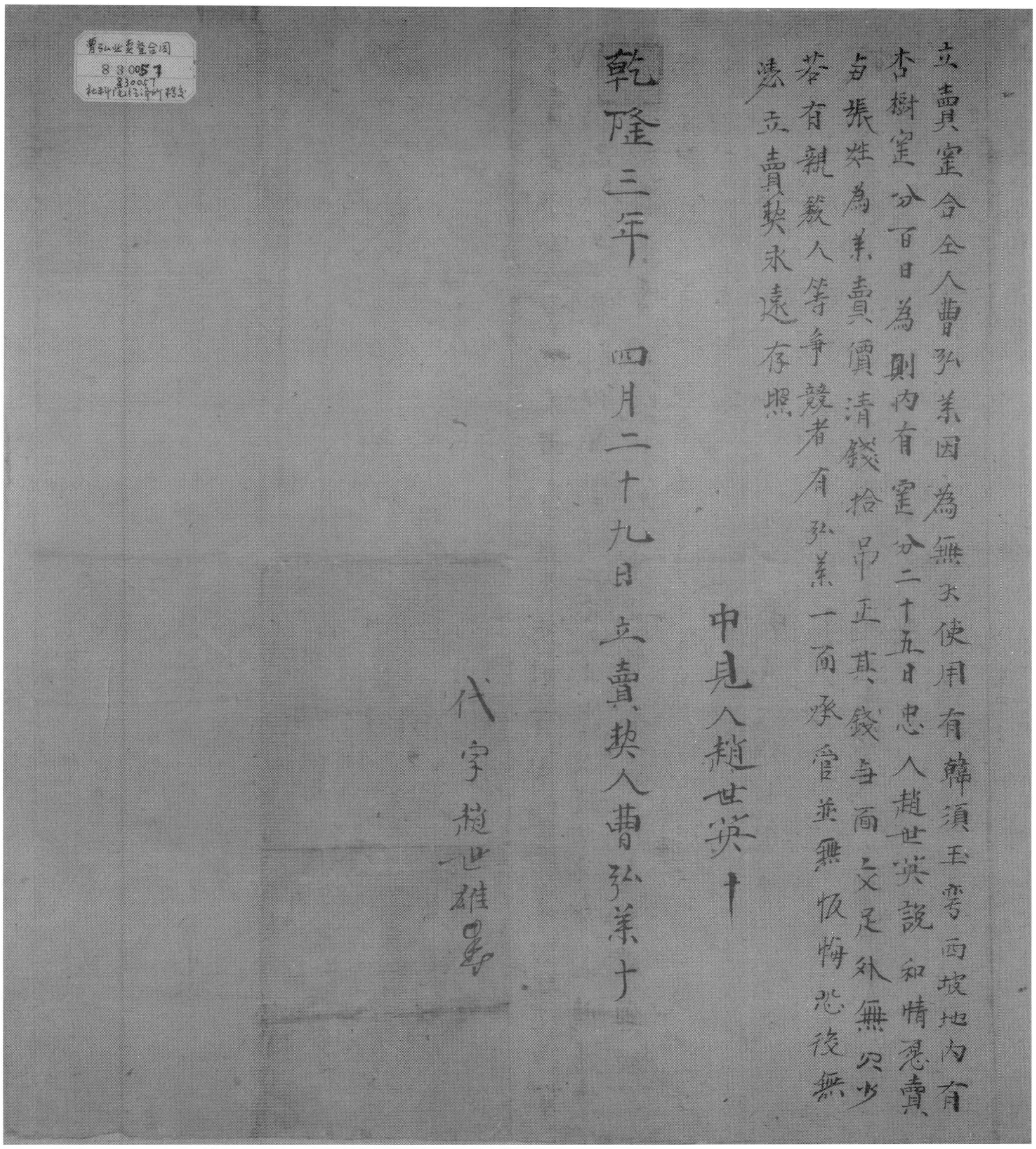

立賣窰合仝人曹弘業因為無錢使用有韓須玉雾西坡地內有
杏樹窰分百日為則內有窰分二十五日忠人趙世英說和情愿賣
與張姓為業賣價清錢拾吊正其錢當面交足外無欠少
若有親族人等爭競者有弘業一面承管並無反悔恐後無
憑立賣契永遠存照

中見人趙世英十

乾隆三年　四月二十九日　立賣契人曹弘業十

代字趙世雄書

〇三五　乾隆三年（1738）曹弘業賣杏樹窰業合同

尺寸：縱45釐米、橫39.6釐米
門頭溝博物館藏
編號：830057

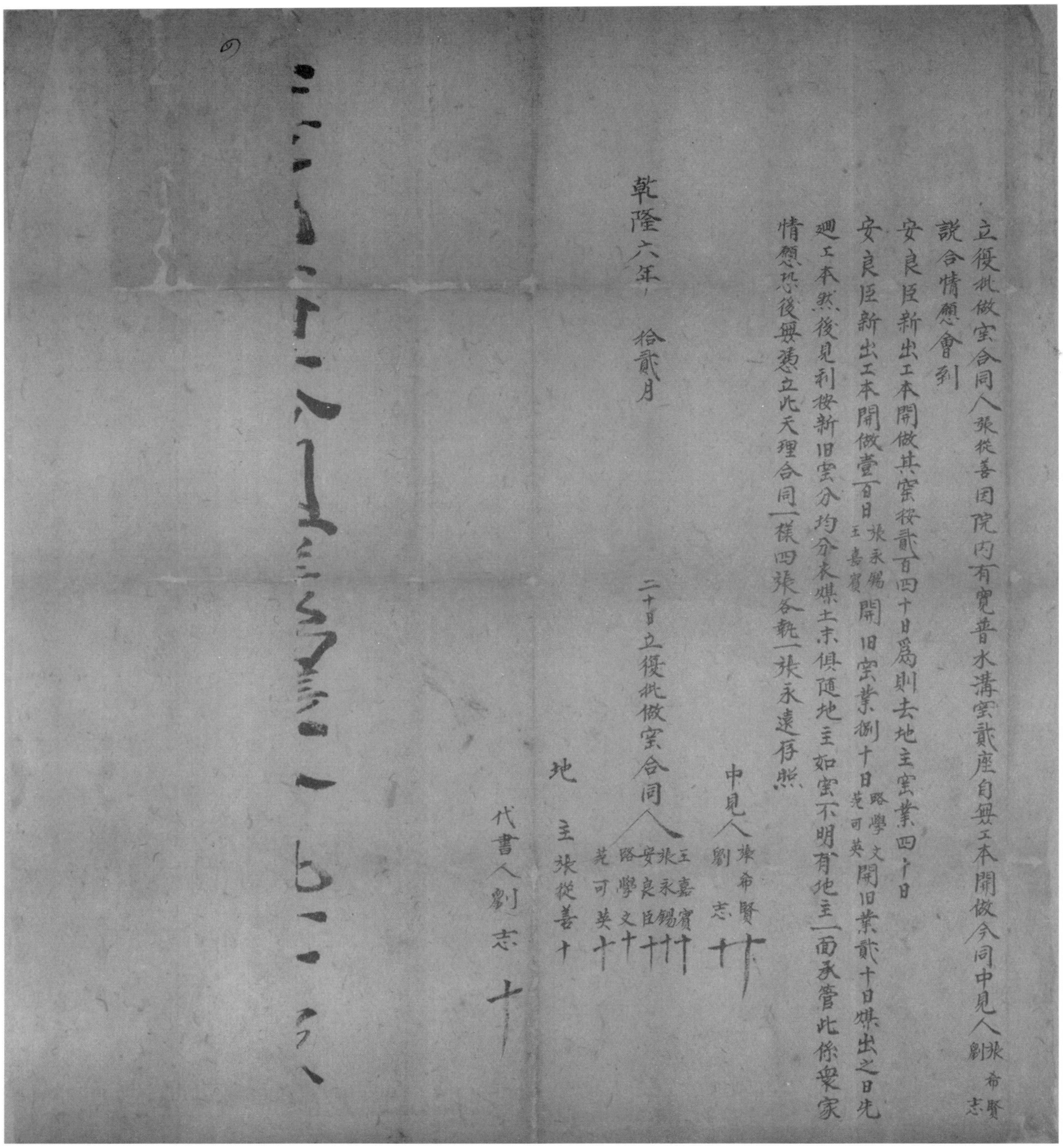

立復批做窑合同人張從善因院內有寬普水溝窑貳座自無工本開做今同中見人張希賢 劉志
說合情愿會到
安良臣新出工本開做其窑按貳百四十日爲則去地主窑業四十日
安良臣新出工本開做壹百日張永錫 王嘉賓開旧窑業捌十日路學文 苑可英開旧業貳十日媒出之日先
廻工本然後見利按新旧窑分均分本媒土末俱随地主如窑不明有地主一面承管此係衆家
情愿恐後無憑立此天理合同一樣四張各執一張永遠存照

中見人 張希賢 十 劉志 十

二十日立復批做窑合同人 張永錫 十 王嘉賓 十 安良臣 十 路學文 十 苑可英 十

地主 張從善 十

代書人 劉志 十

乾隆六年 拾貳月

○三六　乾隆六年（1741）張從善等復批做寬普水溝窑合同

尺寸：縱55釐米、横43釐米
首都博物館藏
編號：35.4.122

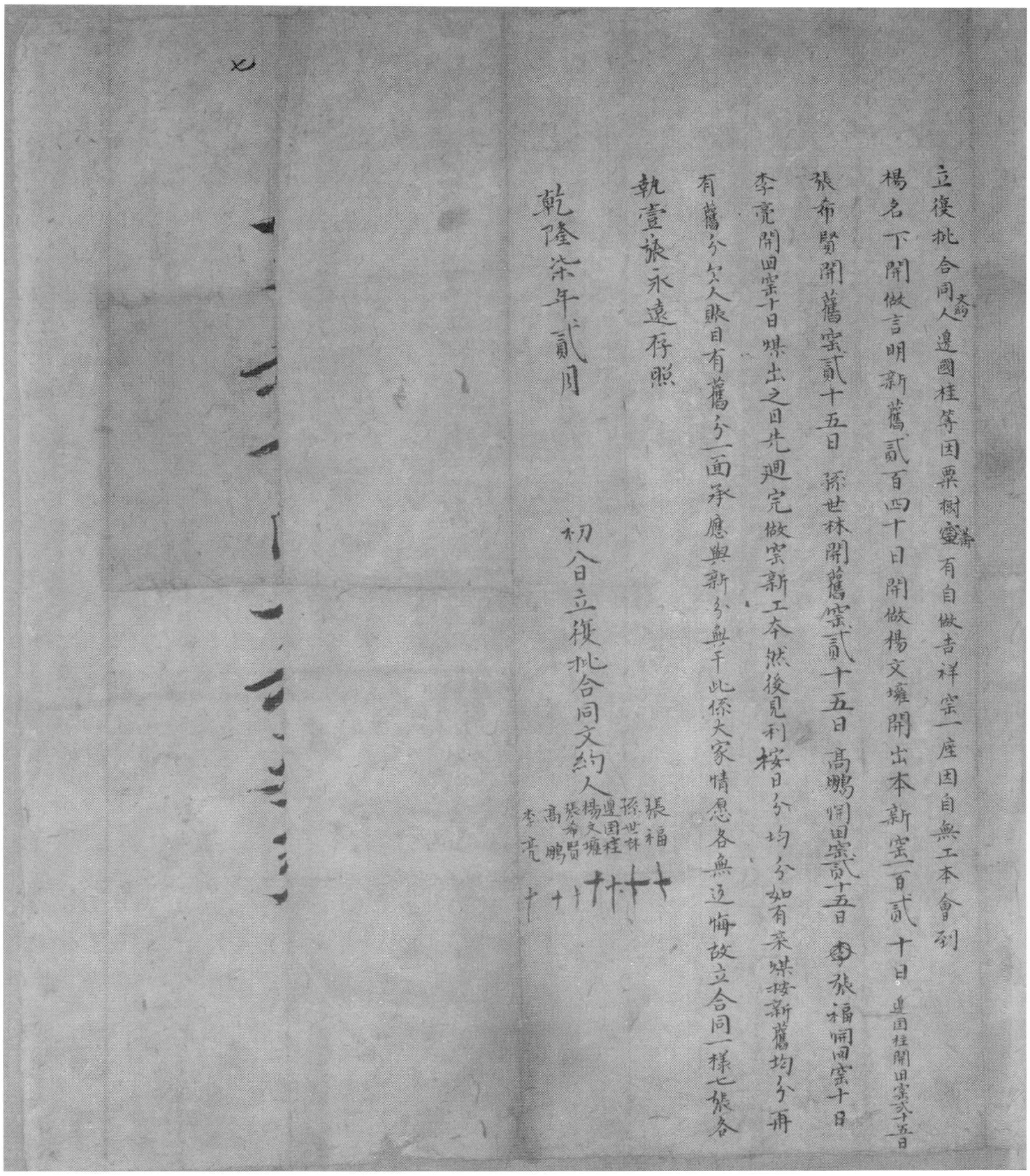

立復批合同文約人邊國桂等因粟樹溝窑有自做吉祥窑一座因自無工本會到
楊名下開做言明新舊貳百四十日開做楊文壎開出本新窑一百貳十日 邊国桂開田窑弍十五日
張布賢開舊窑貳十五日 孫世林開舊窑貳十五日 高鵬開田窑貳十五日 張福開田窑十日
李亮開田窑十日煤出之日先廻完做窑新工本然後見利按日分均分如有采煤按新舊均分再
有舊分欠人賬目有舊分一面承應與新分無干此係大家情愿各無返悔故立合同一樣七張各
執壹張永遠存照
乾隆柒年貳月 初八日立復批合同文約人 張福 孫世林 邊国桂 楊文壎 張布賢 高鵬 李亮 十 十 十 十 十 十 十

〇三七 乾隆七年（1742）邊國桂等七人復批做吉祥窑合同

地點：粟樹溝
尺寸：縱49釐米、橫41釐米
首都博物館藏
編號：35.4.127

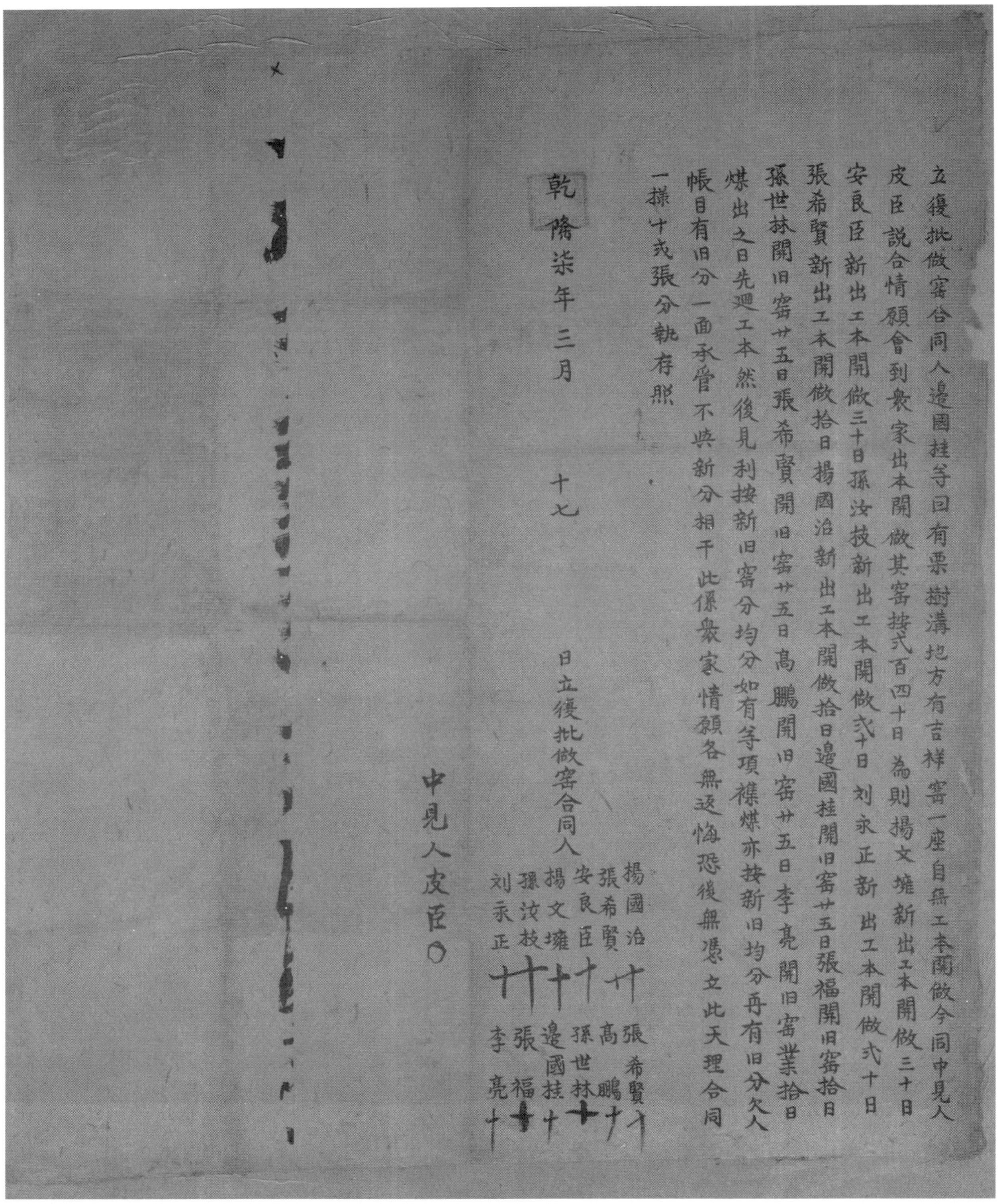
立復批做窑合同人邊國桂等曰有栗樹溝地方有吉祥窑一座自無工本闌做今同中見人皮臣說合情願會到衆家出本開做其窑按弍百四十日為則揚文壅新出工本開做三十日安良臣新出工本開做三十日孫汝技新出工本開做弍十日刘永正新出工本開做弍十日張希賢新出工本開做拾日揚國治新出工本開做拾日邊國桂開旧窑廿五日張福開旧窑拾日孫世林開旧窑廿五日張希賢開旧窑廿五日高鵬開旧窑廿五日李亮開旧窑業拾日煤出之日先迴工本然後見利按新旧窑分均分如有等項襍煤亦按新旧均分再有旧分欠人帳目有旧分一面承管不與新分相干此係衆家情願各無返悔恐後無憑立此天理合同一樣十弍張分執存照

乾隆柒年　三月　十七　日立復批做窑合同人

揚國治十
張希賢十
安良臣十
揚文壅十
孫汝技十
刘永正十
張希賢十
高鵬十
孫世林十
邊國桂十
張福十
李亮十

中見人皮臣○

〇三八　乾隆七年（1742）邊國桂等十一人復批做吉祥窑合同

地點：栗樹溝

尺寸：縱49.5釐米、横41.7釐米

門頭溝博物館藏

編號：830054

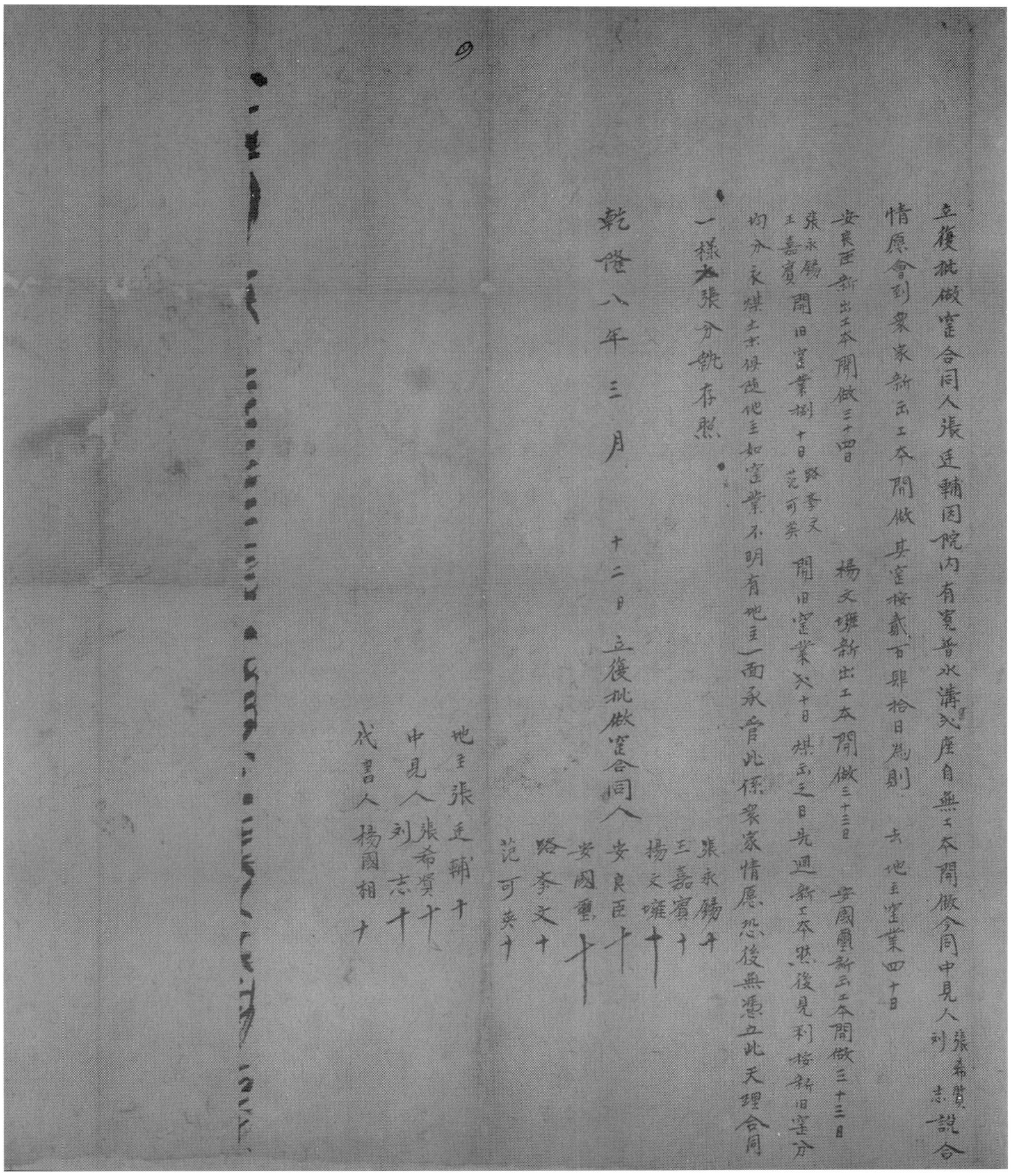

立復批做窰合同人張廷輔因院内有寬普水溝窰一座自無工本開做今同中見人刘志張希賢說合
情愿會到衆家新出工本開做其窰按貳百肆拾日為則 去地主窰業四十日
安良臣新出工本開做三十四日 楊文壢新出工本開做三十三日 安國璽新出工本開做三十三日
張永錫 王嘉賓 開旧窰業捌十日 路季文 范可英 開旧窰業六十日 煤出之日先週新工本然後見利按新旧窰分
均分永煤出者俱随地主如窰業不明有地主一面承管此係衆家情愿恐後無憑立此天理合同
一樣六張分執存照
乾隆八年三月十二日 立復批做窰合同人 張永錫十 王嘉賓十 楊文壢十 安良臣十 安國璽十 路季文十 范可英十
地主 張廷輔十
中見人 張希賢十 刘志十
代書人 楊國相十

〇三九 乾隆八年（1743）張廷輔等復批做寬普水溝窰合同

尺寸：縱49釐米、橫41釐米
首都博物館藏
編號：35.4.117

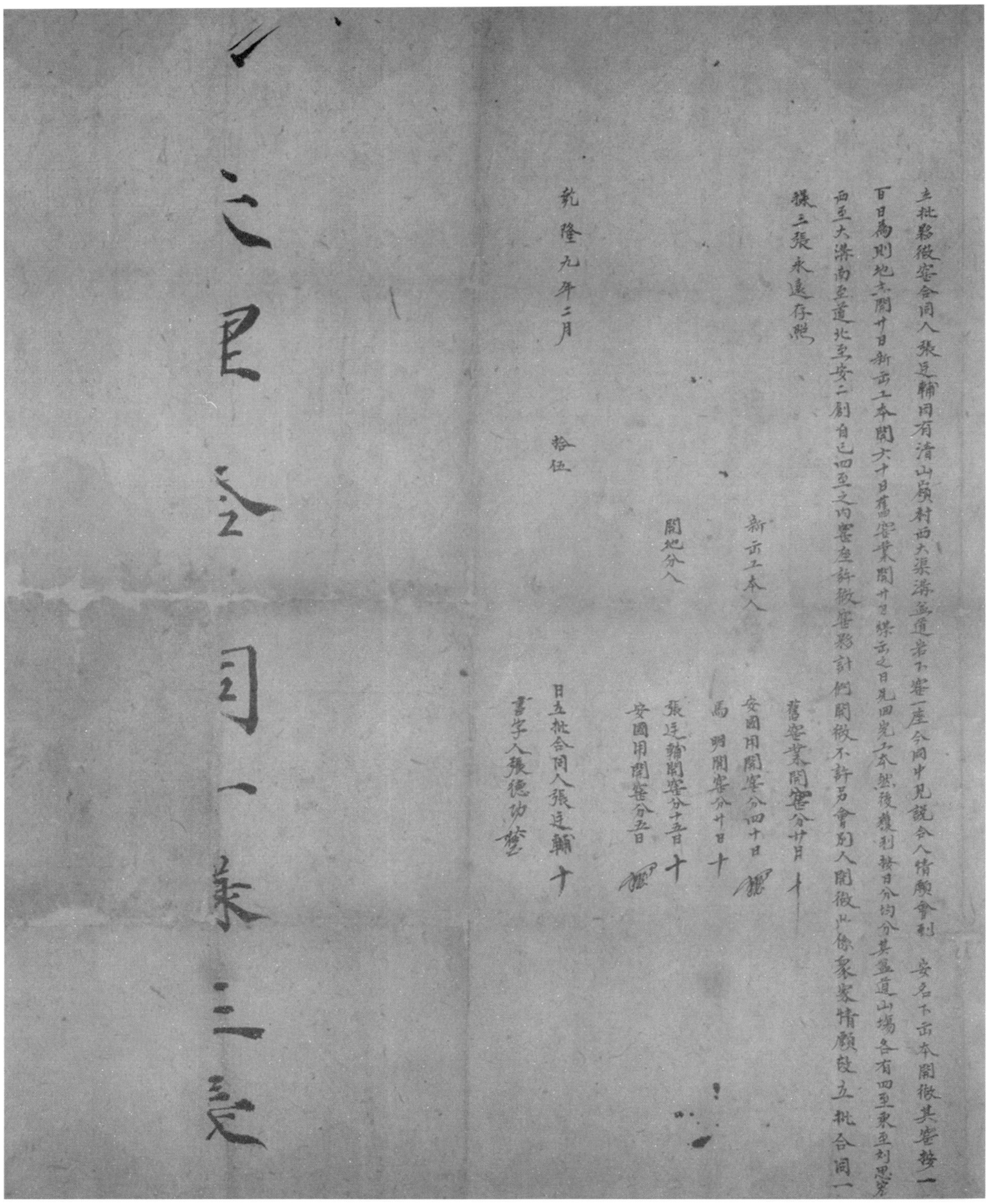

立批夥做窑合同人張廷輔因有清山嶺村西大渠涿盈道岩下窑一座今同中見說合人情願會到　安名下出本開做其窑按一百日爲則地主開廿日新出工本開六十日舊窑業開廿日［繰］出之日見田先工本然後按日分均分其盈道山場各有四至東至刘思男西至大溝南至道北至安二創自己四至之內窑座許做窑夥計們開做不許另會別人開做此係衆家情願故立批合同一樣三張永遠存照

舊窑業開窑分廿日　十

新出工本人

安國用開窑分四十日　押

馬　明開窑分廿日　十

地分人

張廷輔開窑分十五日　十

安國用開窑分五日　押

乾隆九年二月　拾伍　日立批合同人張廷輔　十

書字人張德功　押

〇四〇　乾隆九年（1744）張廷輔批夥做岩下窑合同

地點：青山嶺村

尺寸：縱50釐米、橫46釐米

首都博物館藏

編號：35.4.112

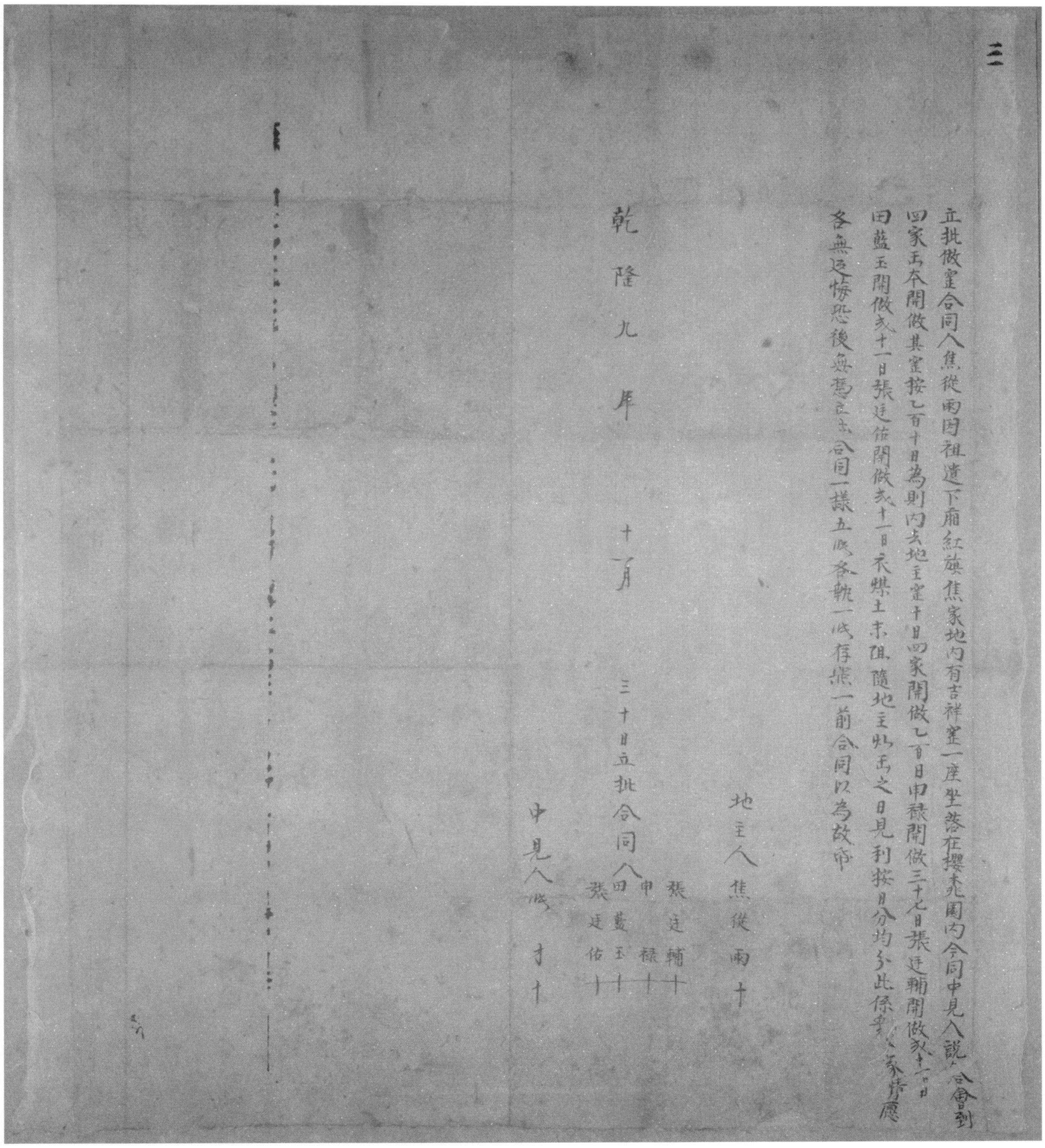
三二

立批做窰合同人焦從雨因祖遺下厢紅旗焦家地內有吉祥窰一座坐落在櫻桃園內今同中見人說合會到
四家出本開做其窰按一百十日為則內去地主窰十日四家開做一百日申祿開做三十七日張廷輔開做叁十一日
田藍玉開做叁十一日張廷佑開做叁十一日衣煤土未阻隨地主外出之日見利按日分均分此係兩家情愿
各無返悔恐後無憑立此合同一樣五紙各執一紙存照一前合同以為故紙

地主人焦從雨十

乾隆九年十一月三十日立批合同人張廷輔十　申祿十　田藍玉十　張廷佑十

中見人[illegible]才十

〇四一　乾隆九年（1744）焦從雨等批做吉祥窰合同

地點：櫻桃園

尺寸：縱45釐米、橫39釐米

首都博物館藏

編號：35.4.113

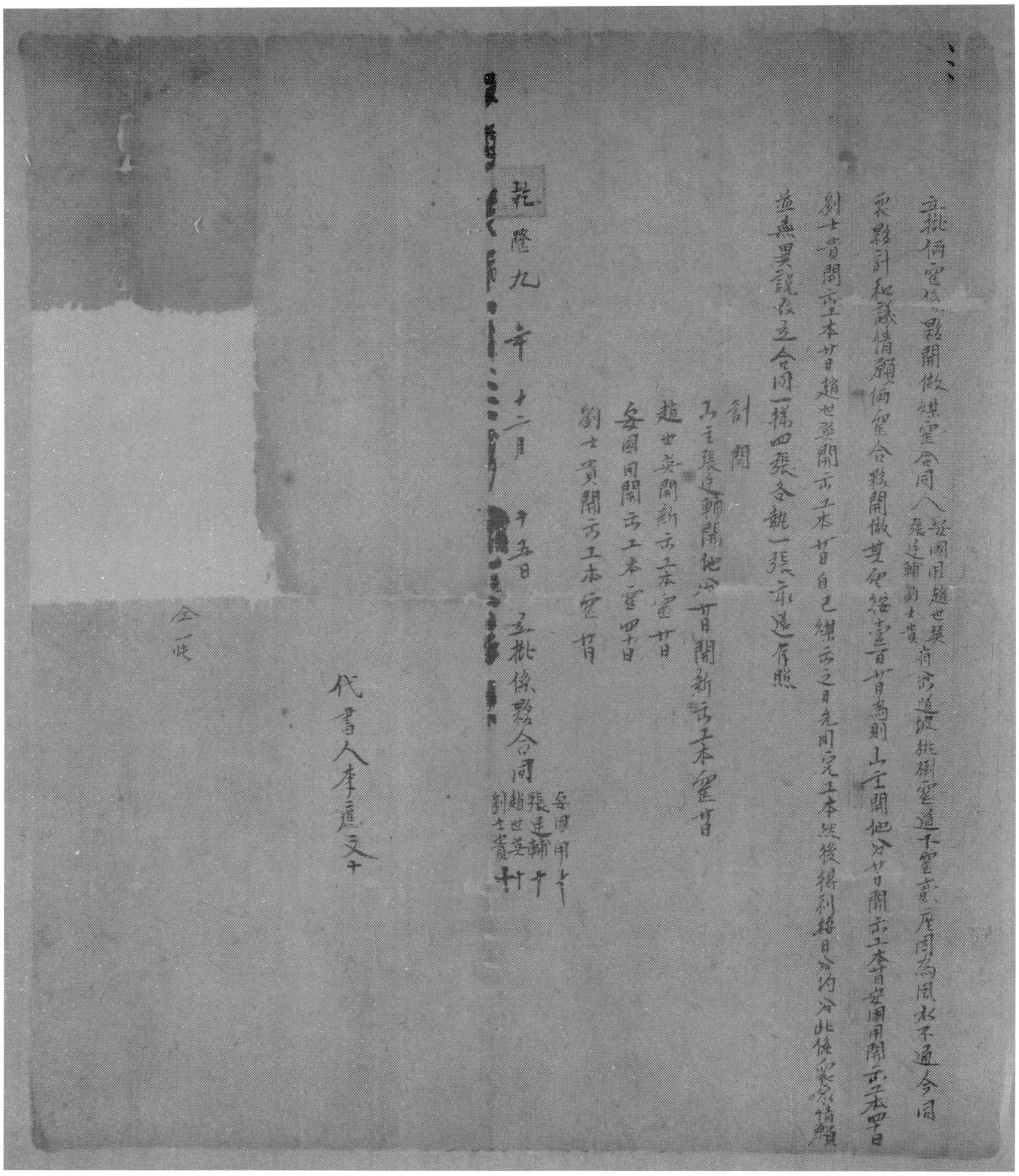

立批倆窑夥開做煤窑合同人安國用、趙世英、張廷輔、劉士貴，有岔道坡桃樹窑、道下窑貳座，因為風水不通，今同
衆夥計和議，情願倆窑合夥開做，其窑壹百廿日為則，山主開地分廿日，開六工本廿日，安國用開六工本四十日，
劉士貴開六工本廿日，趙世英開六工本廿日，自己煤六之日先用完工本，然後得利按日分均分，此係衆家情願，
並無異說，故立合同一樣四張，各執一張，永遠存照。

計開

山主張廷輔開地分廿日，開新六工本窑廿日

趙世英開新六工本窑廿日

安國用開六工本窑四十日

劉士貴開六工本窑廿日

乾隆九年十二月十五日　立批倆夥合同　安國用十　張廷輔十　趙世英十　劉士貴十

代書人李進文十

仝一紙

〇四二　乾隆九年（1744）安國用等批夥做桃樹窑、道下窑合同

地點：岔道坡

尺寸：縱51.5釐米、橫44釐米

門頭溝博物館藏

編號：830046

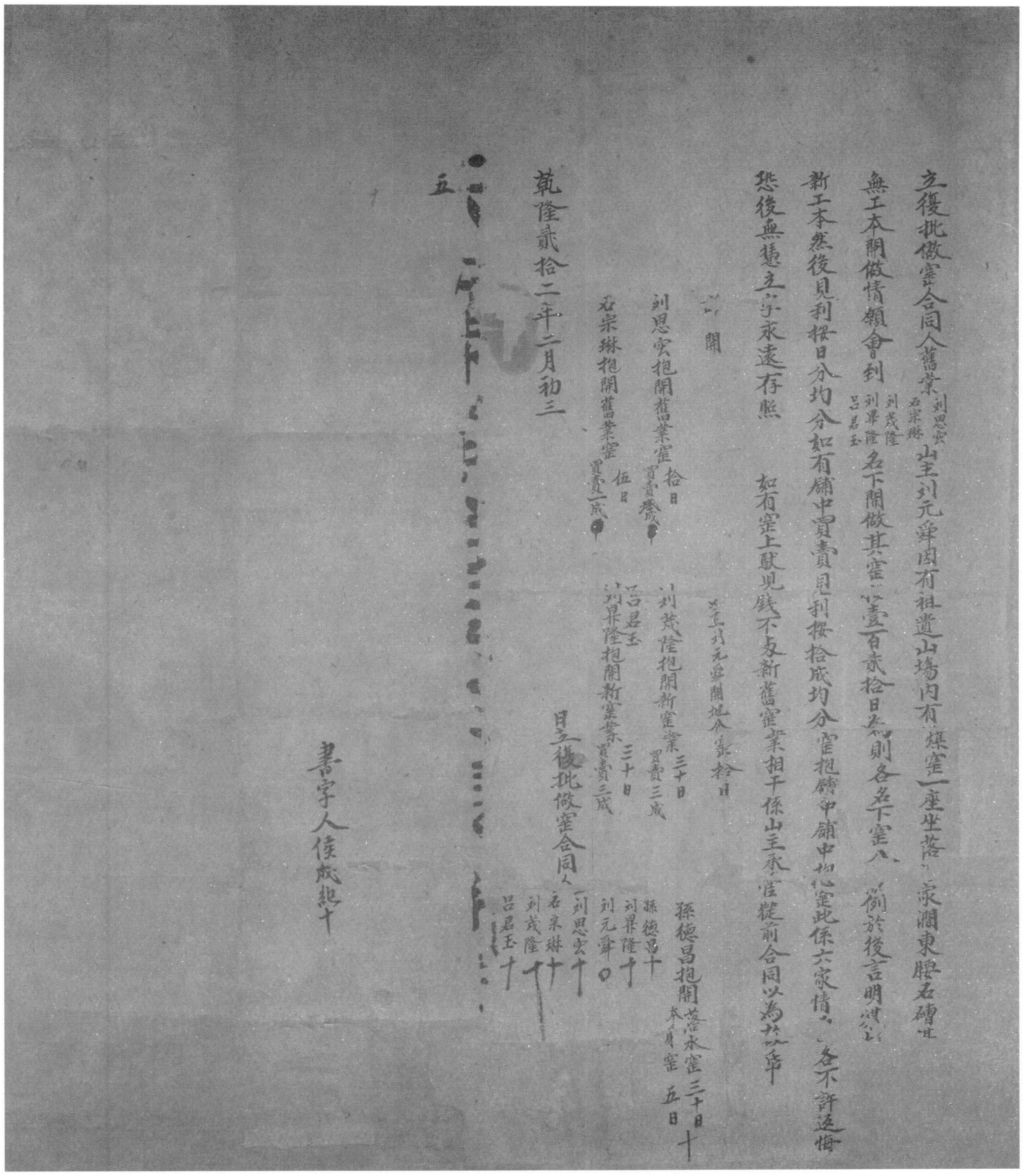
立復批做窰合同人舊業劉思宏 石宗琳 山主劉元舜因有祖遺山場內有煤窰一座坐落潘家潤東腰石磚[illegible]
無工本開做情願會到劉茂隆 劉昇隆 呂君玉名下開做其窰以壹百貳拾日爲則各名下窰八[illegible]於後言明[illegible]
新工本然後見利按日分均分如有舖中買賣見利按拾成均分窰抱舖中舖中抱窰此係六家情願各不許返悔
恐後無憑立字永遠存照　如有窰上默見錢不与新舊窰業相干係山主承管從前合同以爲故紙

[illegible]開
劉思宏抱開舊業窰拾日　買賣壹成
石宗琳抱開舊業窰伍日　買賣一成
山主劉元舜開地分窰拾日
劉茂隆抱開新窰業三十日　買賣三成
呂君玉
劉昇隆抱開新窰業三十日　買賣三成
孫德昌抱開落水窰三十日　本身窰五日　十

乾隆貳拾二年二月初三　立復批做窰合同人
孫德昌十
劉昇隆十
劉元舜〇
劉思宏十
石宗琳十
劉茂隆十
呂君玉十
書字人侯成[illegible]十

〇四三　乾隆二十二年（1757）劉思宏等復批做窑合同

地點：潘家潤

尺寸：縱55釐米、横44釐米

首都博物館藏

編號：35.4.130

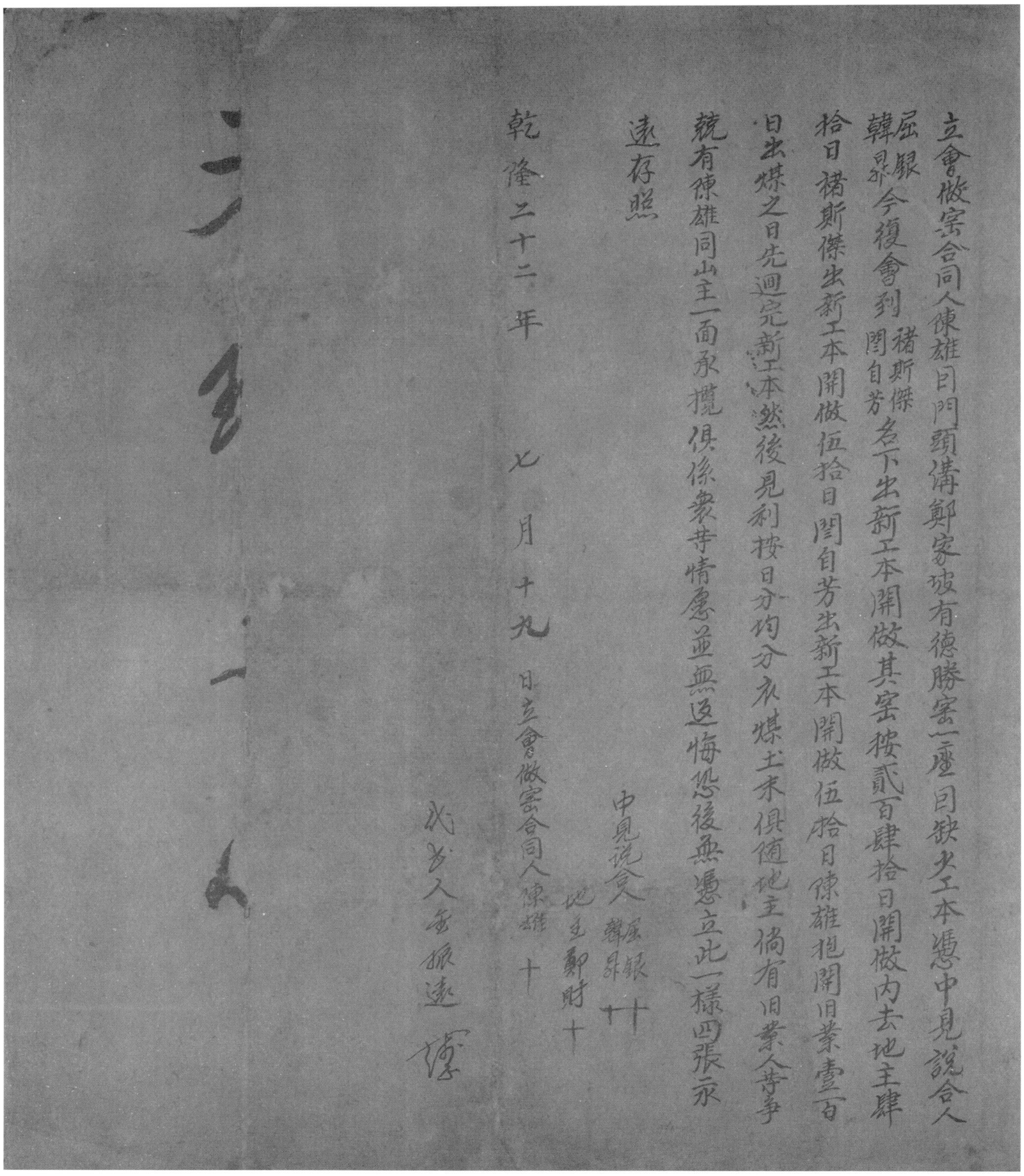
立會做窰合同人陳雄因門頭溝鄭家坡有德勝窰一座因缺少工本憑中見説合人屈服韓昇今復會到褚斯傑閆自芳名下出新工本開做其窰按貳百肆拾日開做內去地主肆拾日褚斯傑出新工本開做伍拾日閆自芳出新工本開做伍拾日陳雄抱開旧業壹百日出煤之日先迴完新工本然後見利按日分均分衣煤土末俱随地主倘有旧業人等爭競有陳雄同山主一面承攬俱係衆等情愿並無返悔恐後無憑立此一樣四張永遠存照

中見説合人　屈服　韓昇　十十

地主　鄭財　十

乾隆二十二年　七月十九日立會做窰合同人陳雄　十

代書人金振遠

○四四　乾隆二十二年（1757）陳雄會做德勝窰合同

地點：門頭溝鄭家坡

尺寸：縱48釐米、橫40釐米

首都博物館藏

編號：35.4.115

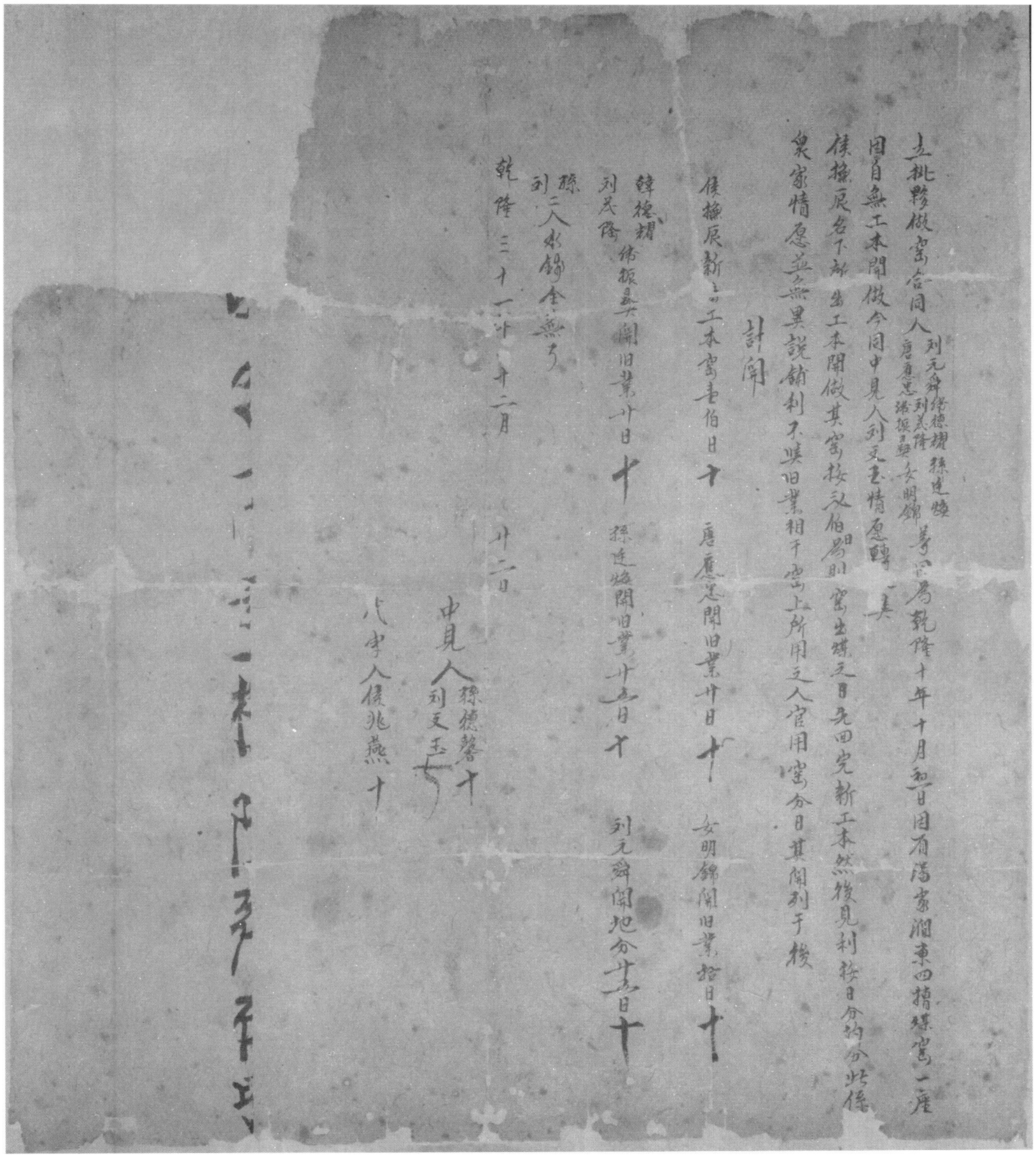

立批夥做窰合同人刘元舜 徐德耀 孫廷[illegible] 唐應忠 刘茂隆 徐振魁 女明錦 等，因乾隆十年十月初五日因有潘家澗東四槽煤窰一座，
因自無工本開做，今同中見人刘文玉情愿轉與
侯據辰名下，承出工本開做，其窰按拾伯個日，窰出煤之日先回完新工本，然後見利按日分均分。此係
兩家情愿，並無異說，餘利不與旧業相干。窰上所用之人官用，窰分日期開列于後。
計開
侯據辰新出工本窰壹伯日 十　唐應忠開旧業廿日 十　女明錦開旧業拾日 十
韓德耀　徐振魁開旧業廿日 十　孫廷[illegible]開旧業廿五日 十　刘元舜開地分廿五日 十
刘茂隆
孫二人水鍋全無分
乾隆三十一年十二月 廿二日
中見人 孫德馨 十　刘文玉 十
代字人侯兆燕 十

〇四五　乾隆三十一年（1766）劉元舜等批夥做四槽煤窑合同

地點：潘家澗
尺寸：縱54釐米、橫43釐米
首都博物館藏
編號：35.4.108

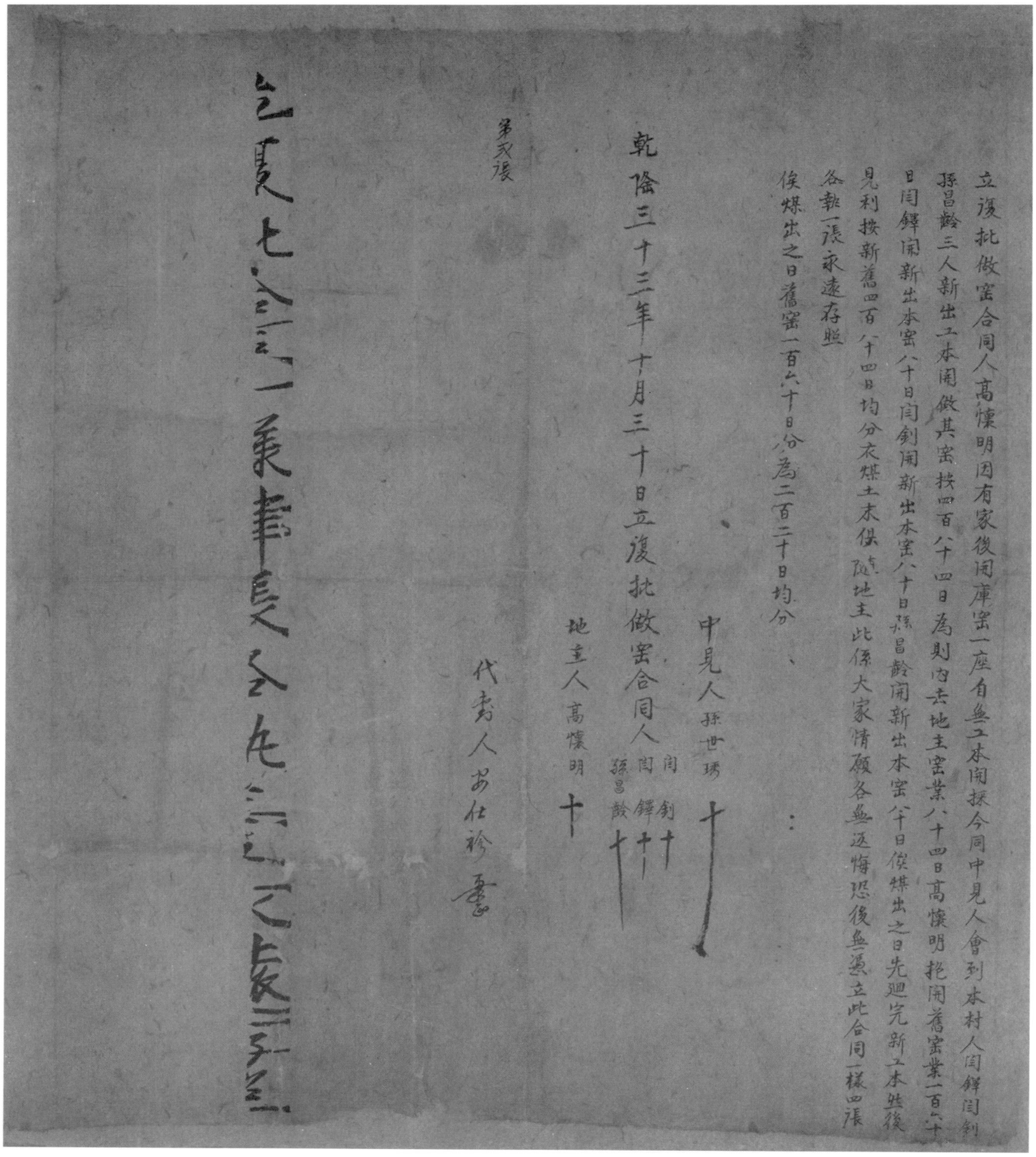

立復批做窑合同人高懷明因有家後閑庫窑一座自無工本開採今同中見人會到本村人閆鐸閆釗孫昌齡三人新出工本開做其窑按四百八十四日爲則内去地主窑業八十四日高懷明抱開舊窑業一百六十日閆鐸開新出本窑八十日閆釗開新出本窑八十日孫昌齡開新出本窑八十日俟煤出之日先迴完新工本然後見利按新舊四百八十四日均分衣煤土木俱隨地主此係大家情願各無返悔恐後無憑立此合同一樣四張各執一張永遠存照

俟煤出之日舊窑一百六十日分爲二百二十日均分

乾隆三十三年十月三十日立復批做窑合同人 閆釗 十 閆鐸 十 孫昌齡 十

中見人 孫世璟 十

地主人 高懷明 十

代書人 安仕衿

第貳張

〇四六　乾隆三十三年（1768）高懷明等復批做開庫窑合同

尺寸：縱54釐米、橫43釐米

首都博物館藏

編號：35.4.124

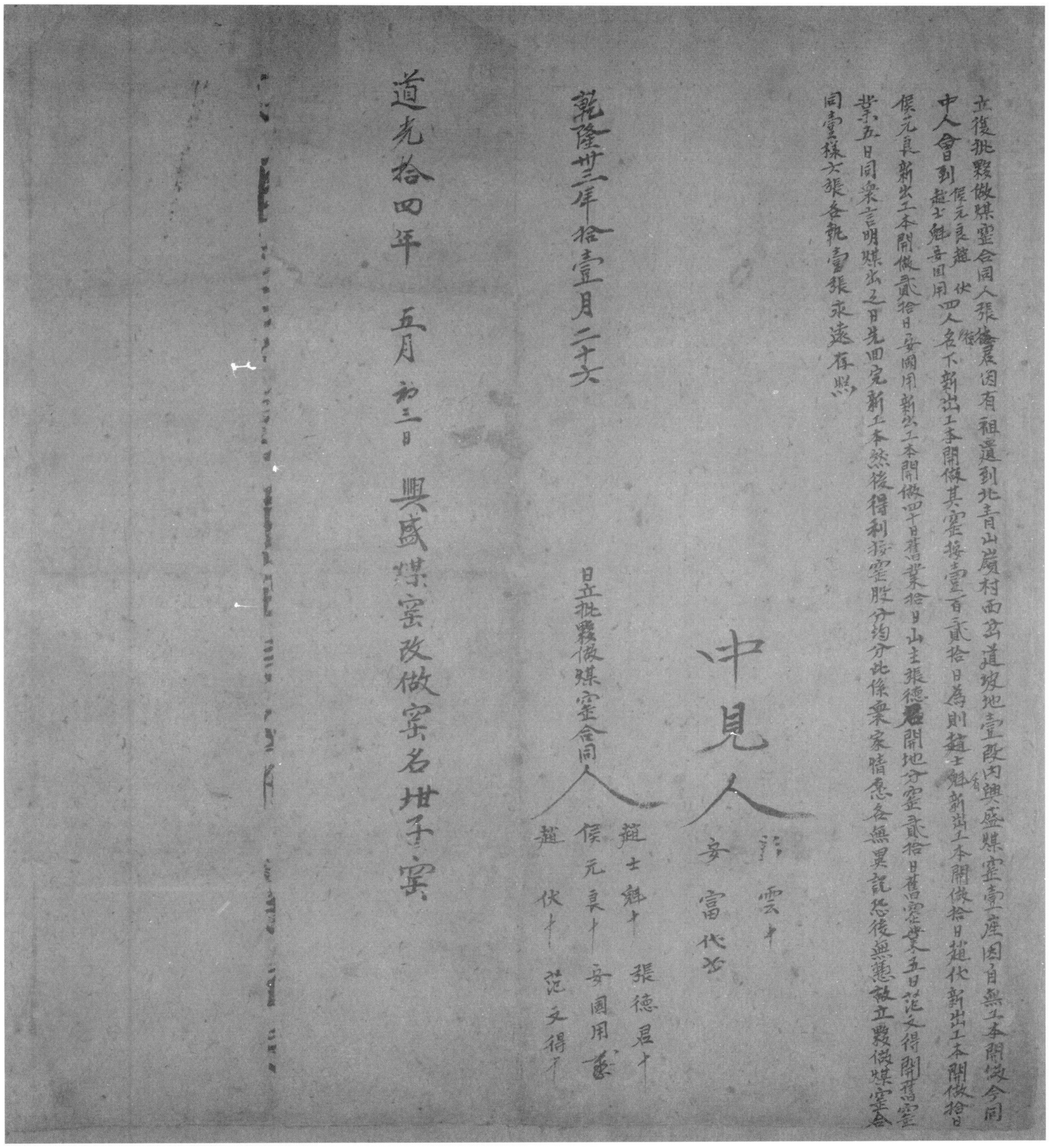

立復批夥做煤窰合同人張德君因有祖遺到北青山嶺村西窑道坡地壹段內興盛煤窰壹座因自無工本開做今同
中人會到侯元良趙伏趙士魁安國用四人名下新出工本開做其窰按壹百貳拾日爲則趙士魁新出工本開做拾日趙伏新出工本開做拾日
侯元良新出工本開做貳拾日安國用新出工本開做四十日舊業拾日山主張德君開地分窰貳拾日舊窰業五日范文得開舊窰
業五日同衆言明煤出之日先回完新工本然後得利按窰股分均分此係衆家情愿各無異說恐後無憑故立夥做煤窰合
同壹樣六張各執壹張永遠存照

中見人 張雲十 安富代书

立批夥做煤窰合同人 趙士魁十 張德君十 侯元良十 安國用 趙伏十 范文得十

乾隆卅三年拾壹月二十六

道光拾四年 五月 初三日 興盛煤窑改做窑名廿子窑

○四七 乾隆三十三年（1768）張德君等
復批夥做興盛窑合同
地點：北青山嶺村
尺寸：縱52釐米、横45釐米
首都博物館藏
編號：35.4.110

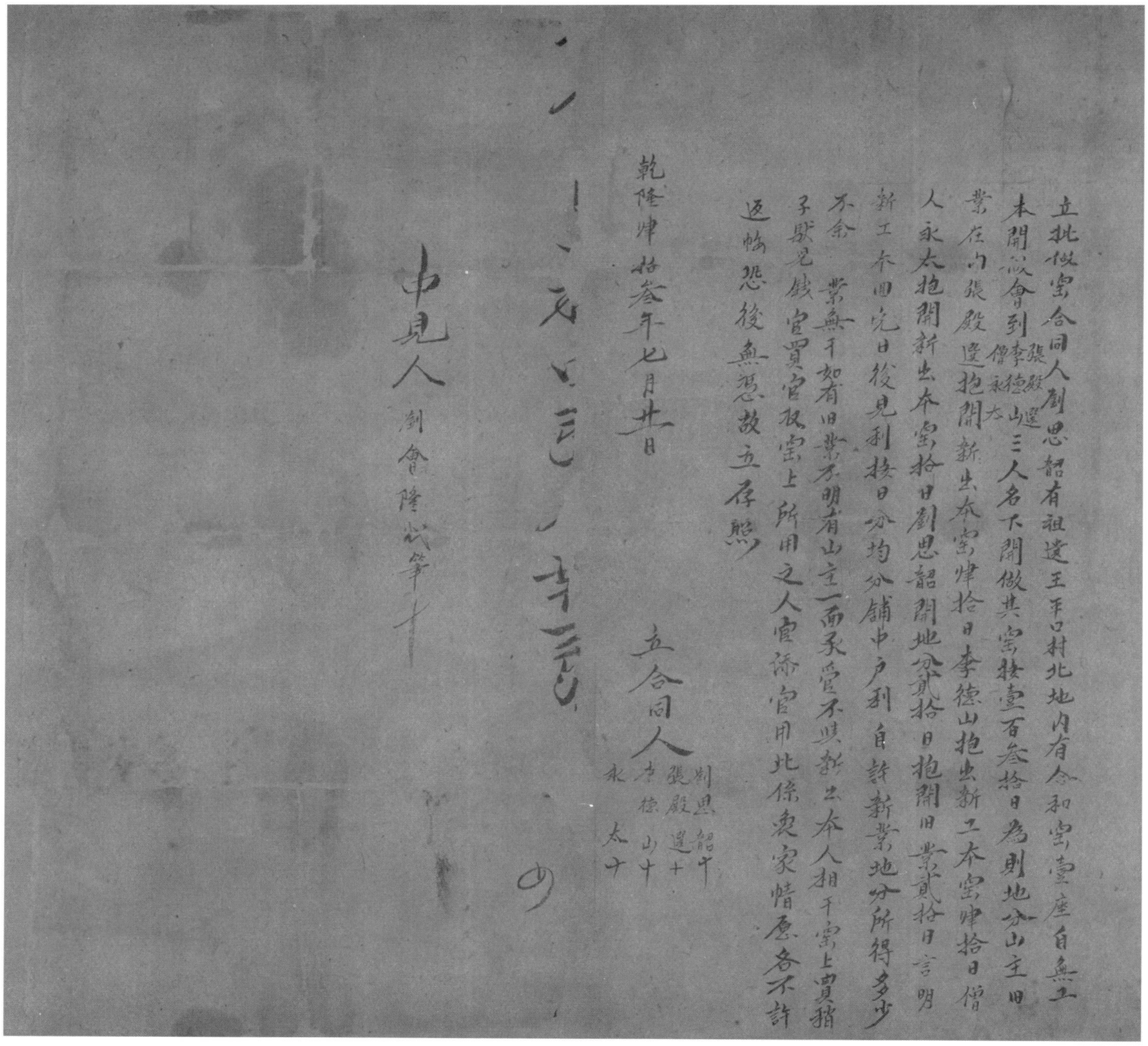

立批做窑合同人劉思韶有祖遺王平口村北地內有合和窑壹座自無工
本開做會到張殿選李德山僧永太三人名下開做共窑按壹百叁拾日爲則地分山主田
業在內張殿選抱開新出本窑肆拾日李德山抱出新工本窑肆拾日僧
人永太抱開新出本窑拾日劉思韶開地分貳拾日抱開田業貳拾日言明
新工本田完日後見利按日分均分鋪中户利自許新業地分所得多少
不余　業無干如有旧業不明有山主一面承管不與做出本人相干窑上貫猪
子獸見錢官買官权窑上所用之人官许官用此係兩家情愿各不許
返悔恐後無憑故立存照

乾隆肆拾叁年七月廿日

立合同人　劉思韶十　張殿選十　李德山十　永太十

中見人　劉會隆代筆十

〇四八　乾隆四十三年（1778）劉思韶等四人批做合和窑合同

地點：王平口村

尺寸：縱50釐米、橫53釐米

首都博物館藏

編號：35.4.128

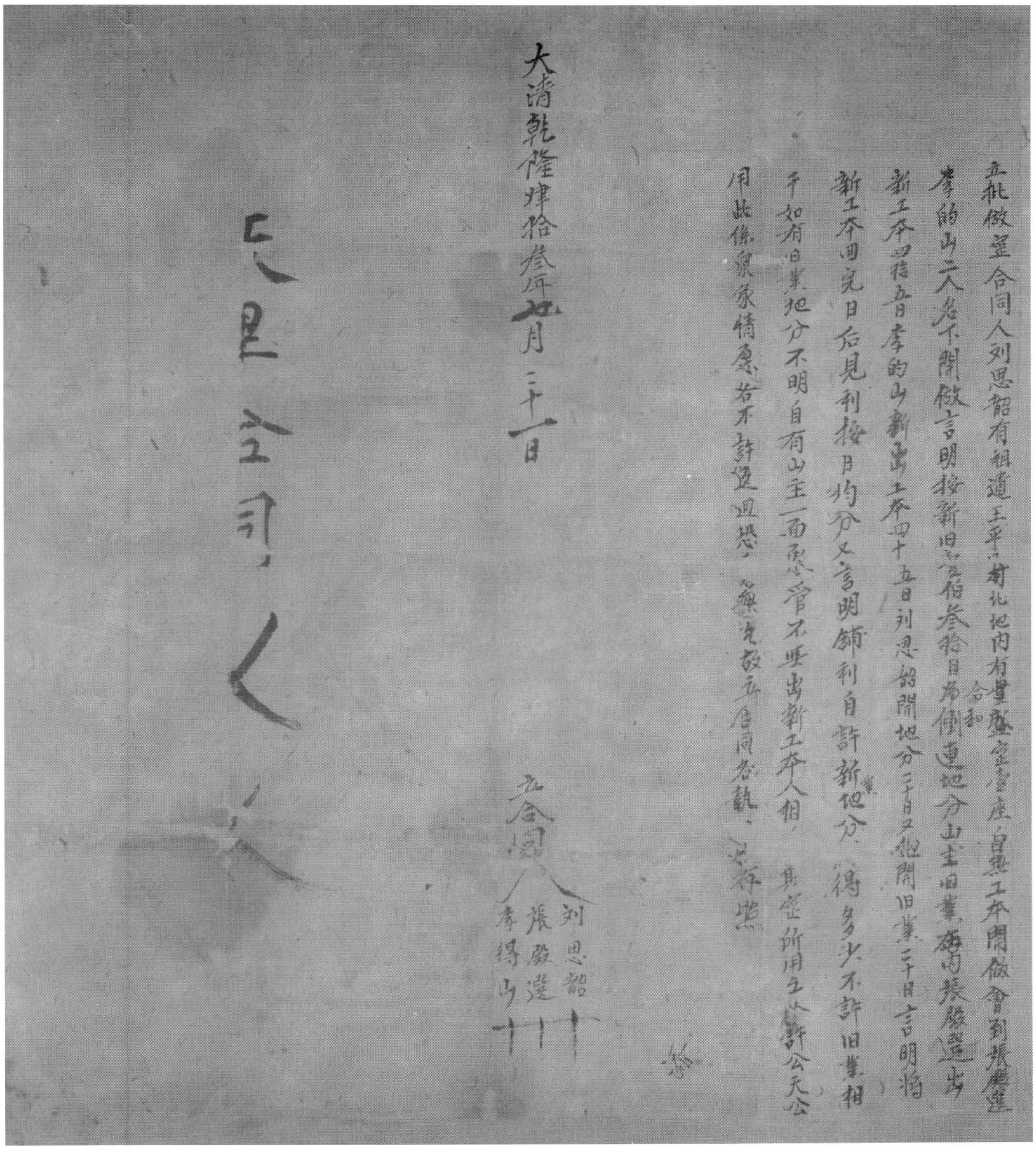

立批做窑合同人刘思韶有祖遗王平口村北地内有豐盛窑壹座，自無工本開做，會到張殿選
李的山二人名下開做。言明按新旧業伍佰叁拾日，帮側連地分山主旧業，西內張殿選出
新工本四佰五日，李的山新出工本四十五日，刘思韶開地分二十日，又抛開旧業二十日。言明將
新工本回完日后，見利按月均分。又言明舖利自許新地分，得多少不許旧業相
干。如有旧業地分不明，自有山主一面承管，不與出新工本人相干。其窑所用土又許公夫公
用。此係兩家情愿，若不許返回。恐口無凭，故立合同各執一紙存照。

大清乾隆肆拾叁年九月二十日

立合同人　刘思韶　十
　　　　　張殿選　十
　　　　　李得山　十

〇四九　乾隆四十三年（1778）劉思韶等三人批做合和窑合同

地點：王平口村
尺寸：縱52釐米、橫48釐米
首都博物館藏
編號：35.4.129

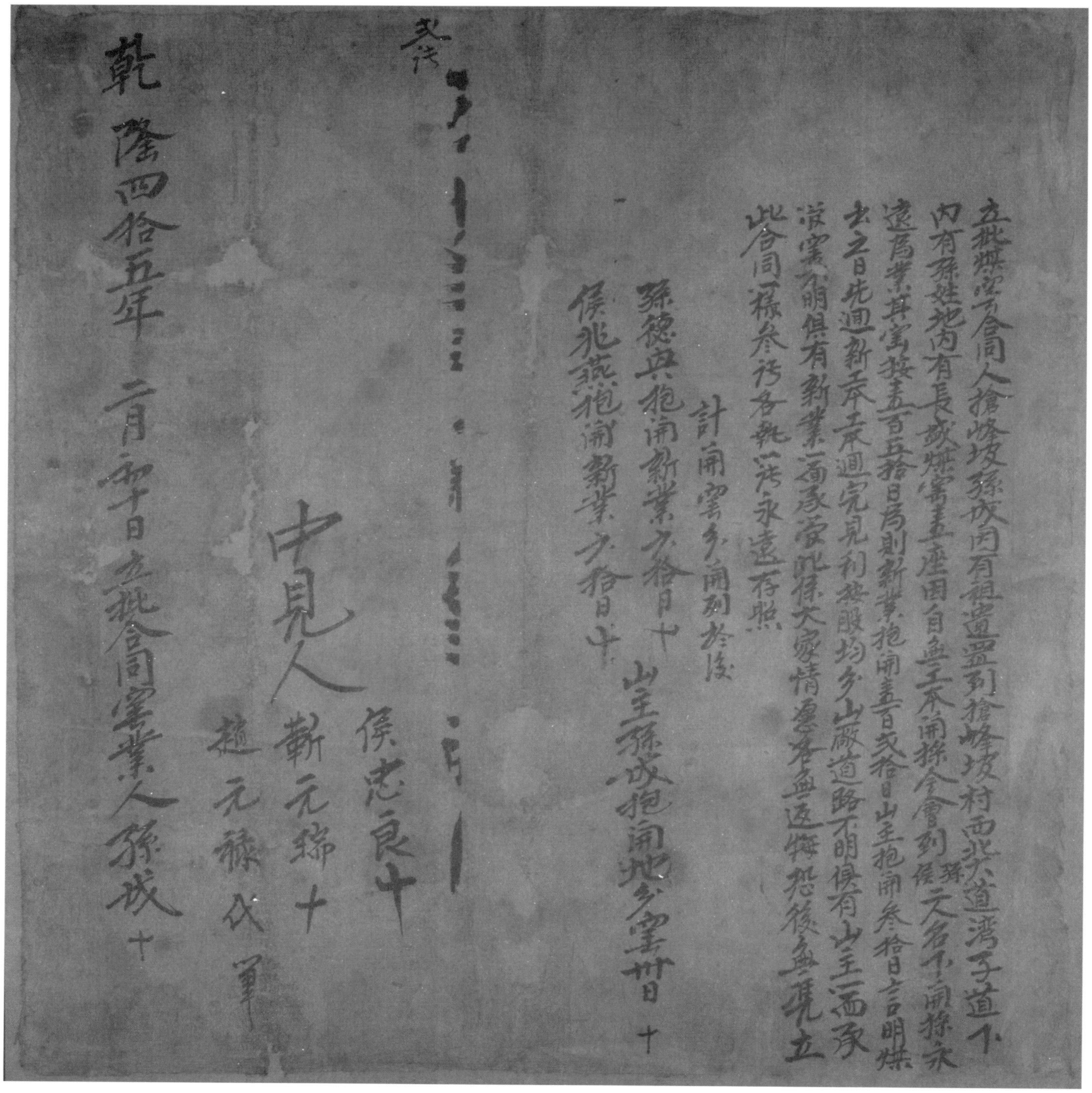

立批煤窑合同人搶峰坡孫成因有祖遺置到搶峰坡村西北六道湾子道下
内有孫姓地内有長盛煤窑壹座因自無工本開採今會到侯孫二名下開採永
遠爲業其窑按壹百五拾日爲則新業抱開壹百弍拾日山主抱開叁拾日言明煤
出之日先過新工本過完見利按股均分山廠道路不明侯有山主一面承
當滾窑不明俱有新業一面承當此係大家情愿各無返悔恐後無憑立
此合同一樣叁張各執一張永遠存照

計開窑分開列於後

孫德興抱開新業六拾日 十

侯兆燕抱開新業六拾日 十

山主孫成抱開地分窑卅日 十

中見人 侯忠良 十 靳元禄 十 趙元禄代筆

乾隆四拾五年 二月初十日 立批合同窑業人孫成 十

〇五〇 乾隆四十五年（1780）孫成批做長盛煤窑合同

地點：搶峰坡村六道灣子

尺寸：縱38釐米、橫37釐米

首都博物館藏

編號：35.4.109

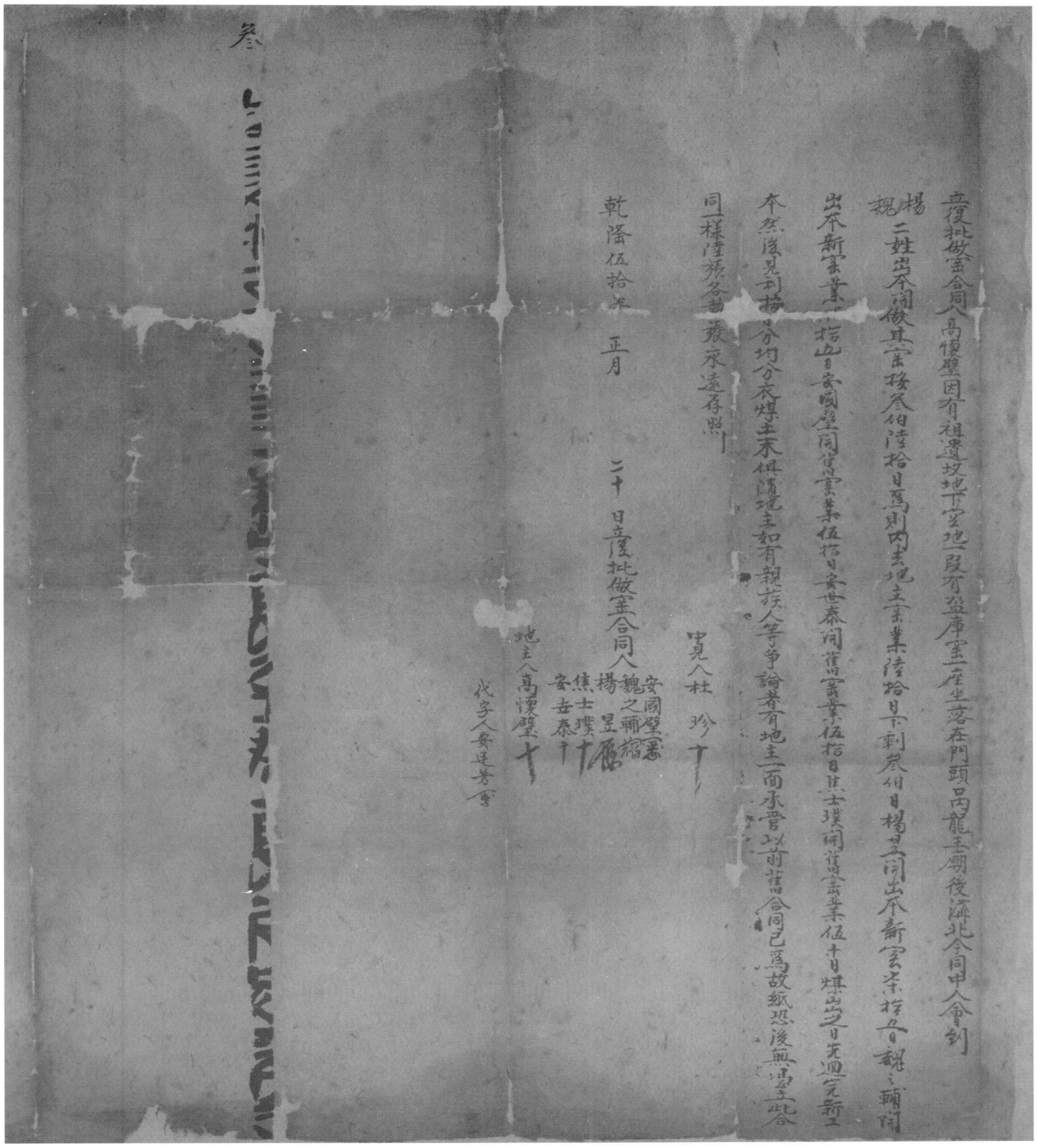

立復批做窑合同人高懷璧因有祖遺坟地下窑地一段有盈庫窑一座坐落在門頭口龍王廟後溝北今同中人會到
楊魏二姓出本開做其窑按叁伯陸拾日爲則內出地主窑業陸拾日下剩叁伯日楊呈同出本新窑叁拾日魏之補同
出本新窑業□拾日內有安國璧同舊窑業伍拾日安世泰同舊窑業伍拾日焦士璞同舊窑業伍十日煤出之日先還完新工
本然後見利按分均分衣煤土末俱隨地主如有親族人等爭論者有地主一面承管以前舊合同已爲故紙恐後無憑立此合
同一樣陸張各執一張永遠存照
中見人杜　珍　十
乾隆伍拾年　正月　二十　日立復批做窑合同人　安國璧　魏之補　楊呈　焦士璞　安世泰
地主人高懷璧　十
代字人安廷芳

○五一　乾隆五十年（1785）高懷璧等復批做盈庫窑合同

地點：門頭口內龍王廟
尺寸：縱55釐米、橫43釐米
首都博物館藏
編號：35.4.125

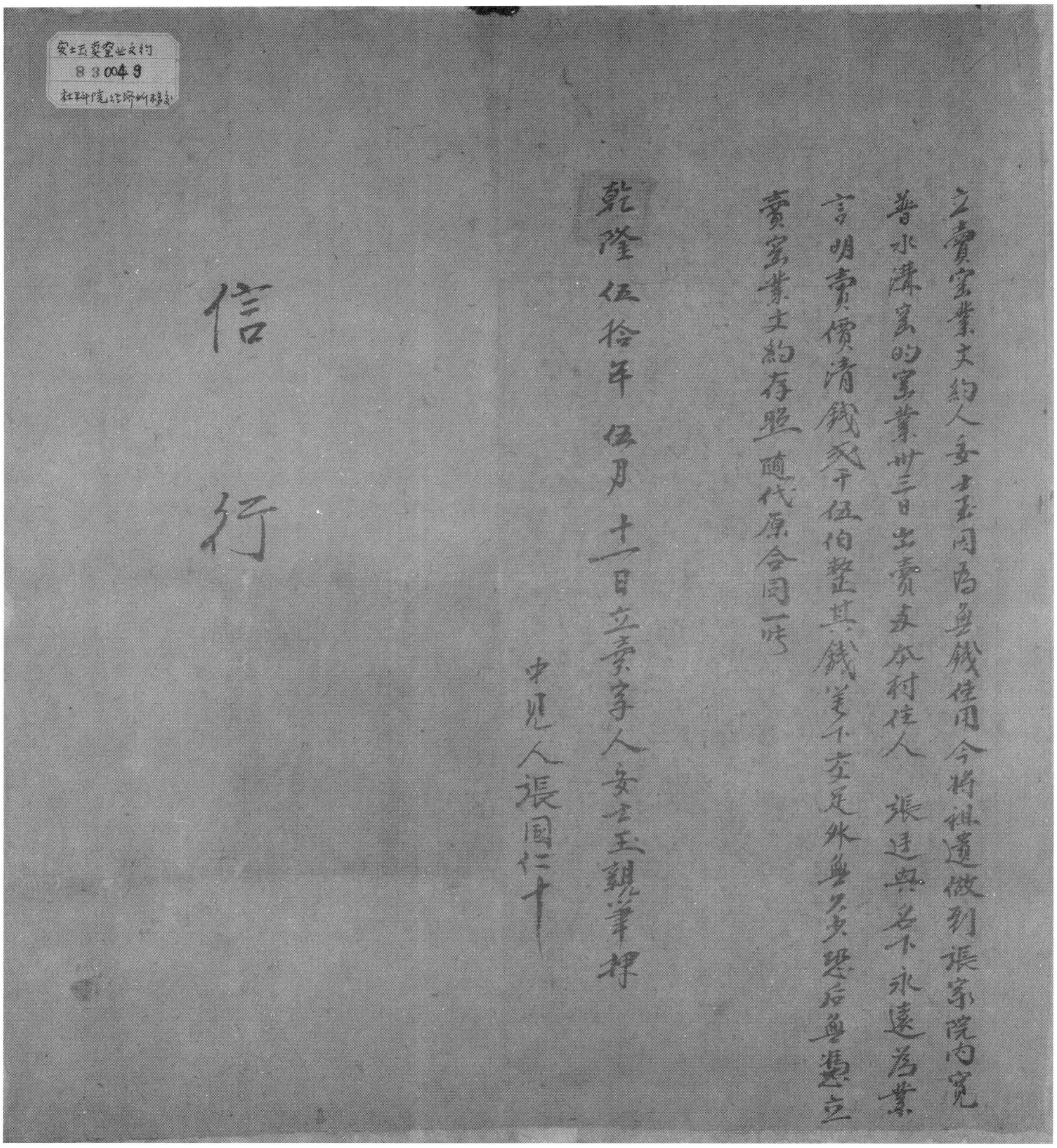
立賣窑業文約人安士玉因爲無錢使用今將祖遺做到張家院內寬
普水溝窑的窑業卅三日出賣與本村住人 張廷與名下永遠爲業
言明賣價清錢叁千伍伯整其錢筆下交足外無欠少恐后無憑立
賣窑業文約存照 隨代原合同一張
乾隆伍拾年 伍月 十一日立賣字人安士玉親筆押
中見人張国仁十
信行

〇五二 乾隆五十年（1785）安士玉賣寬普水溝窑窑業文約

尺寸：縱41.3釐米、橫37釐米

門頭溝博物館藏

編號：830049

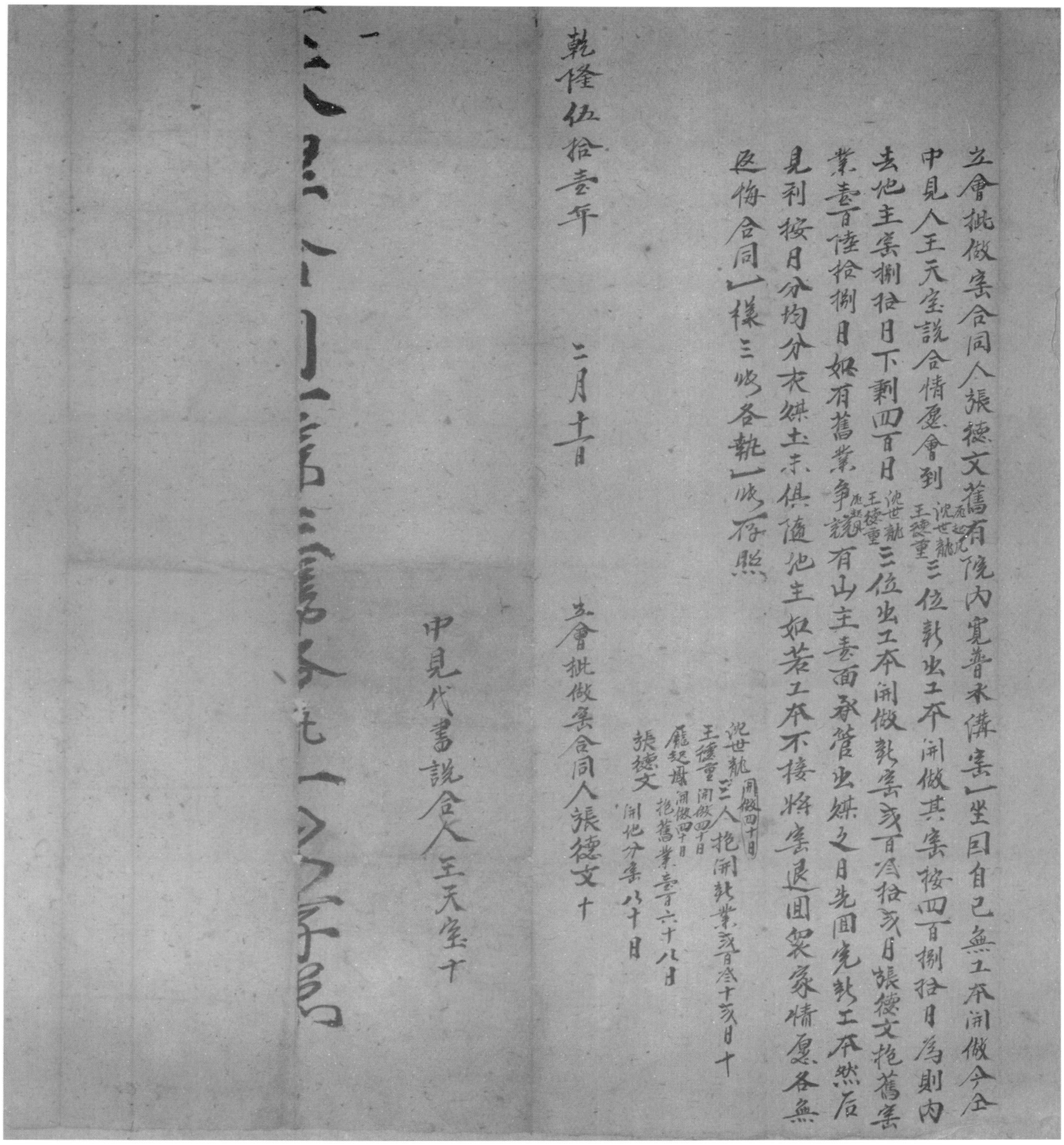
立會批做窑合同人張德文舊有院內寬普水溝窑一坐因自己無工本開做今仝
中見人王天室說合情愿會到沈世熱王德重扈起揚三位新出工本開做其窑按四百捌拾日為則內
去地主窑捌拾日下剩四百日沈世熱王德重扈起揚三位出工本開做新窑貳百叁拾貳日張德文抱舊窑
業壹百陸拾捌日如有舊業爭競有山主壹面承管出煤之日先回完新工本然后
見利按日分均分衣煤土末俱隨地主如若工本不接將窑退回眾家情愿各無
反悔合同一樣三紙各執一紙存照

乾隆伍拾壹年　二月十一日　立會批做窑合同人張德文十

沈世熱（開做四十日）王德重（開做四十日）扈起揚（開做四十日）三人抱開新業貳百叁十貳日十
張德文抱舊業壹百六十八日　開地分窑八十日

中見代書說合人王天室十

〇五三　乾隆五十一年（1786）張德文會批做寬普水溝窑合同

尺寸：縱53釐米、横43釐米
首都博物館藏
編號：35.4.121

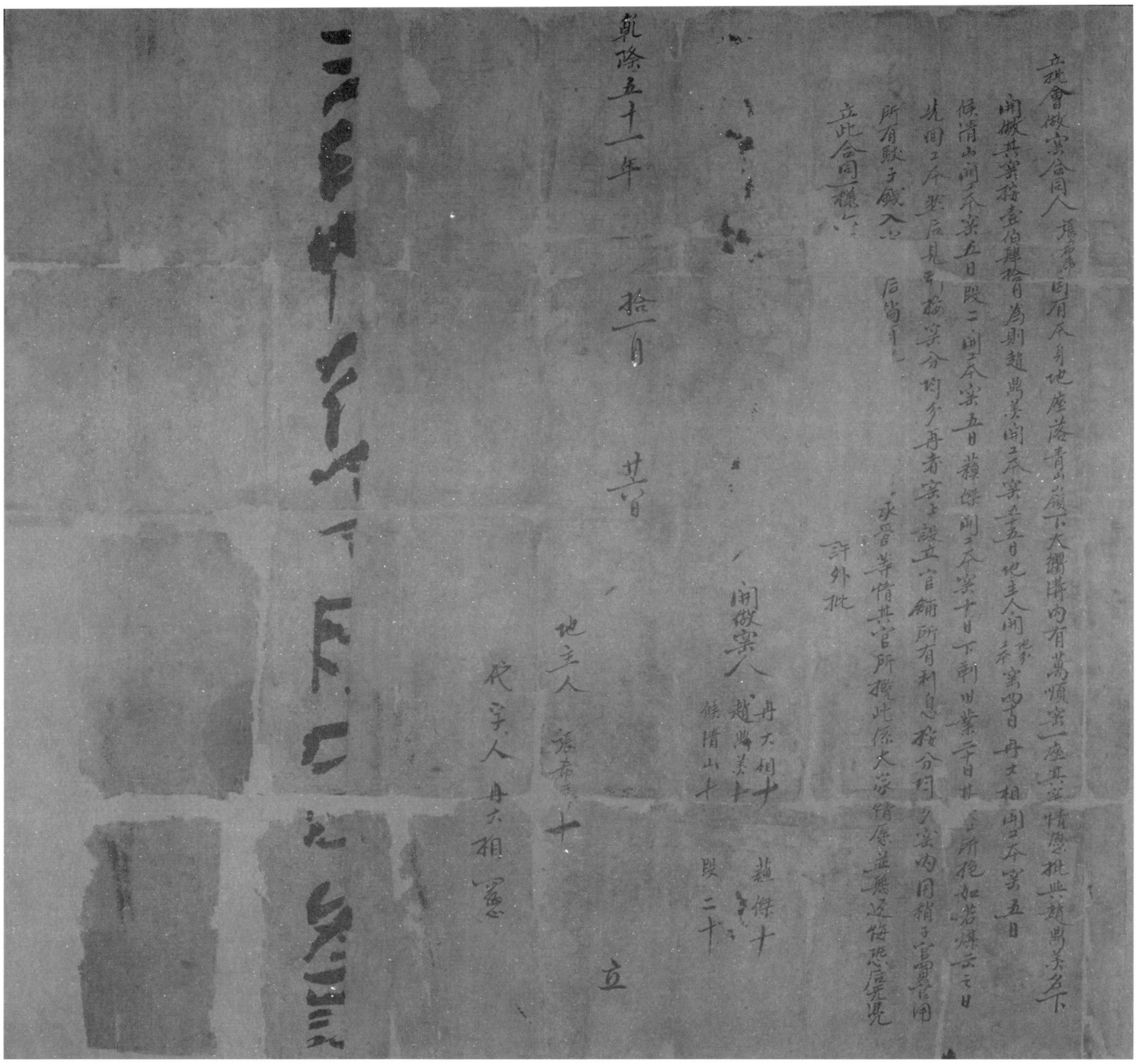

〇五四　乾隆五十一年（1786）張希虎批會做萬順窑合同

地點：青山嶺下大衢溝
尺寸：縱47釐米，橫55釐米
首都博物館藏
編號：35.4.116

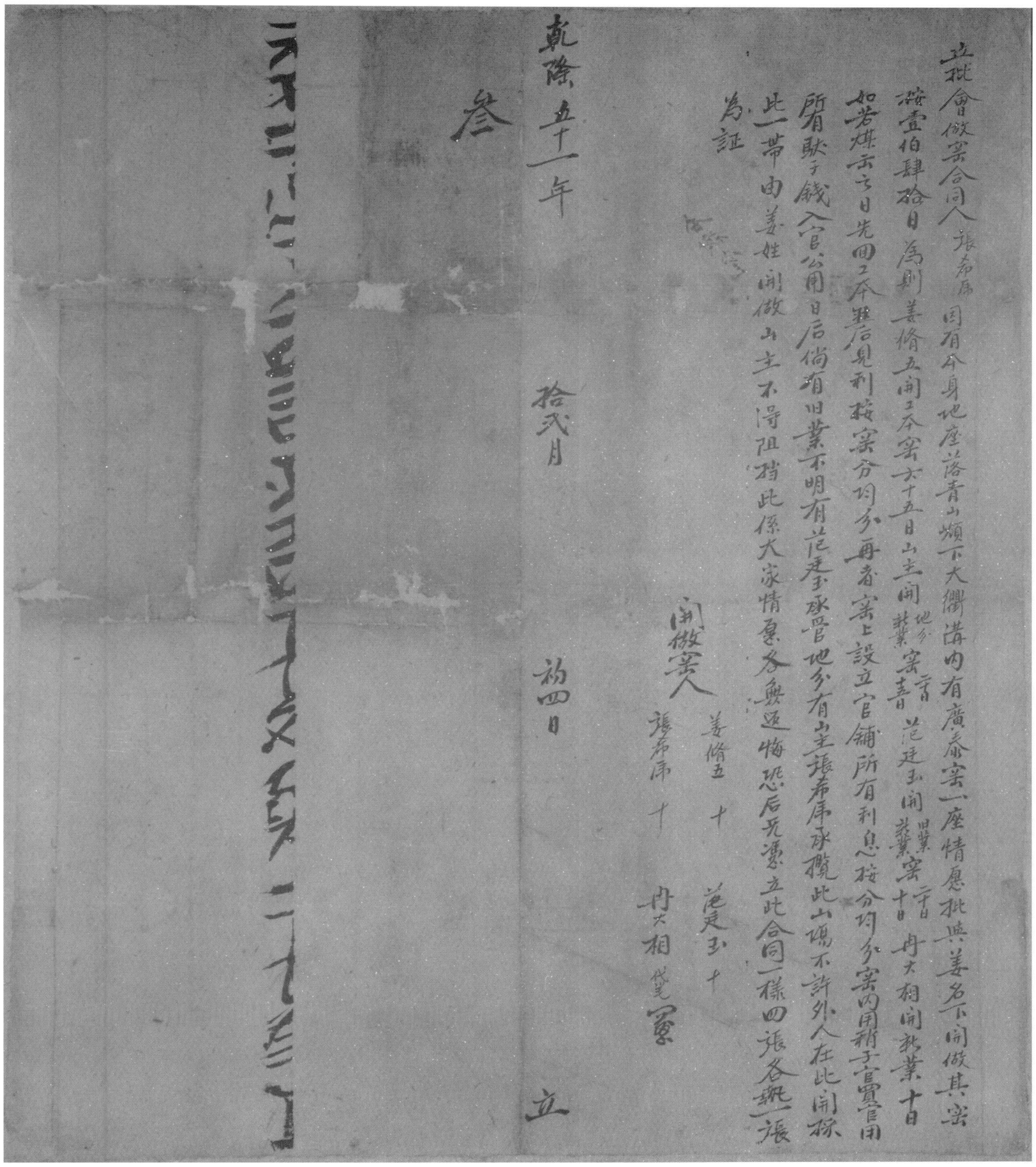

立批會做窯合同人張希虎因有本身地座落青山嶺下大衢溝內有廣泰窯一座情愿批與姜名下開做其窯
按壹伯肆拾日爲則姜脩五開工本窯六十五日山主開地分煤業窯二十日范廷玉開田業煤業窯二十日丹大相開煤業十日
如若煤六六日先回工本再后見利按窯分均分再者窯上設立官舖所有利息按分均分窯內用稍子買官用
所有駄子錢入官公用日后倘有舊業不明有范廷玉承管地分有山主張希虎承攬此山場不許外人在此開採
此一帶由姜姓開做山主不得阻擋此係大家情愿各無返悔恐后無憑立此合同一樣四張各執一張
爲証

開做窯人 姜脩五 十 范廷玉 十
張希虎 十 丹大相 代筆

乾隆五十一年 拾貳月 初四日 立

參

○五五 乾隆五十一年（1786）張希虎批會做廣泰窯合同

地點：青山嶺下大衢溝
尺寸：縱62釐米、橫54釐米
首都博物館藏
編號：35.4.111

〇五六　乾隆五十四年（1789）梁永成賣南井眼加井門窑窑業文約

尺寸：縱40釐米、橫44.4釐米

門頭溝博物館藏

編號：830040

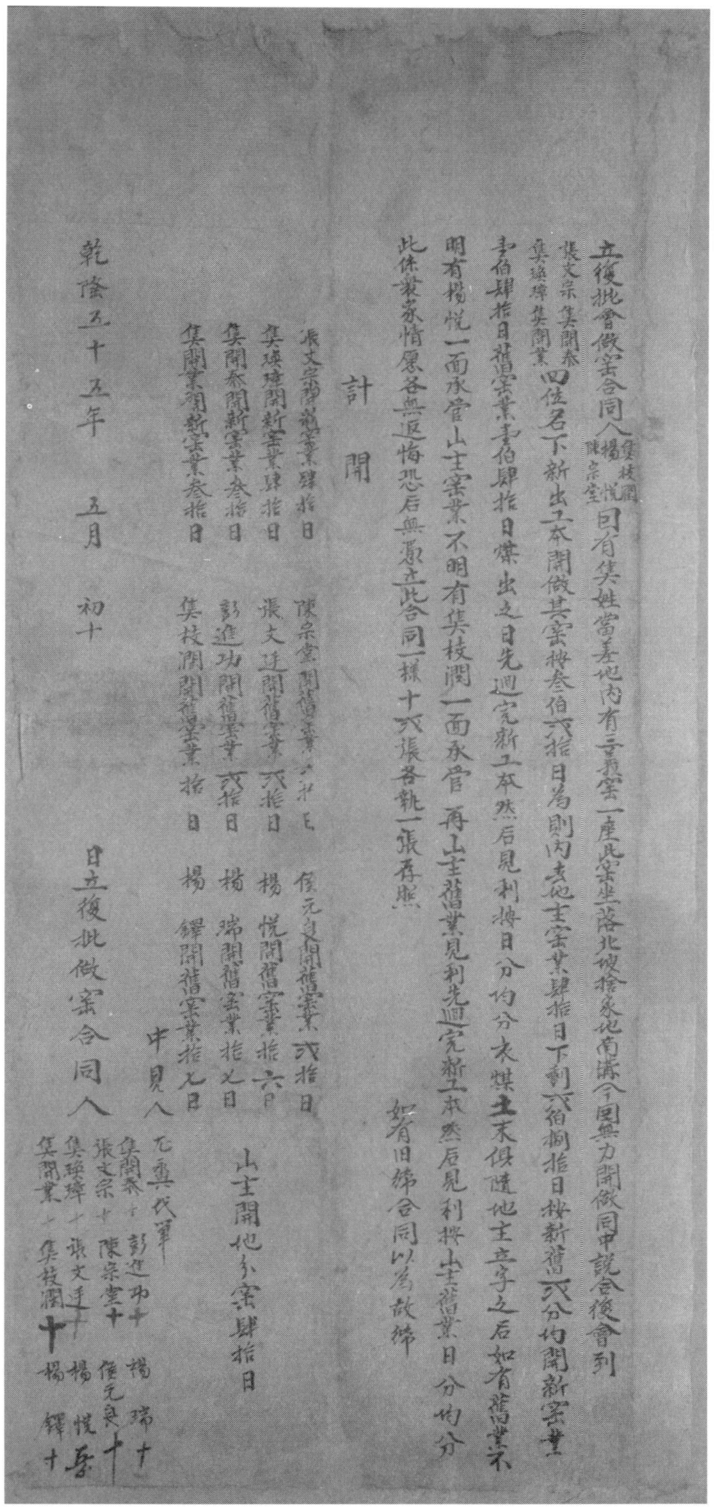

立復批會做窑合同人焦枝潤 楊悅 陳宗堂同有焦姓當差地內有三義窑一座，此窑坐落北坡捨永地南溝，今因無力開做，同中說合，復會到張文宗 焦開泰 焦瑛璋 焦開業四位名下新出工本開做。其窑按叁伯六拾日爲則，內去地主窑業肆拾日，下剩六伯捌拾日，按新舊六分均開新窑業壹伯肆拾日，舊窑業壹伯肆拾日。煤出之日，先迴完新工本，然后見利，按日分均分。衣煤土末，俱隨地主。立字之后，如有舊業不明，有楊悅一面承當；山主窑業不明，有焦枝潤一面承當。再山主舊業見利，先迴完新工本，然后見利，按山主舊業日分均分。此係兩家情愿，各無返悔。恐后無憑，立此合同一樣十六張，各執一張存照。

如有旧篩合同以爲故紙

計開

張文宗開新窑業肆拾日　陳宗堂開舊窑業六拾日　侯元良開舊窑業六拾日
焦瑛璋開新窑業肆拾日　張文廷開舊窑業六拾日　楊悅開舊窑業拾六日
焦開泰開新窑業叁拾日　彭進功開舊窑業六拾日　楊瑞開舊窑業拾九日
焦開業開新窑業叁拾日　焦枝潤開舊窑業拾日　楊鐸開舊窑業拾九日

山主開地分窑肆拾日

乾隆五十五年　五月　初十　日立復批做窑合同人

中見人　乞眞代筆

焦開泰十　彭進功十　楊瑞十
張文宗十　陳宗堂十　侯元良十
焦瑛璋十　張文廷十　楊悅押
焦開業十　焦枝潤十　楊鐸十

○五七　乾隆五十五年（1790）焦枝潤等復批會做三義窑合同

尺寸：縱55釐米、橫23釐米

首都博物館

編號：35.4.126

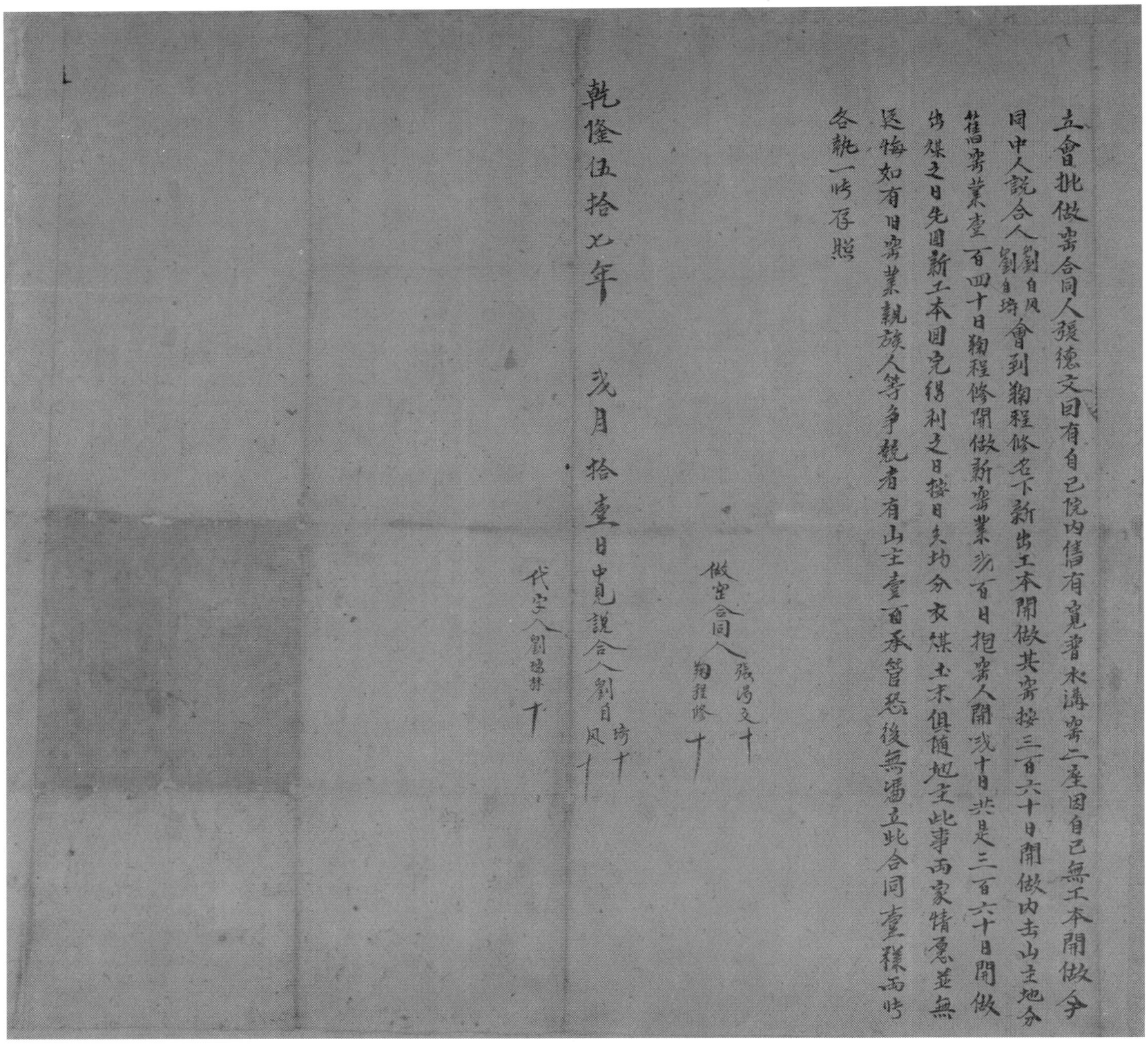

立會批做窑合同人張德文，因有自己院内舊有寬普水溝窑二座，因自己無工本開做，今
同中人説合人劉自凤、劉自琦會到鞠程修名下，新出工本開做。其窑按三百六十日開做，内去山主地分
舊窑業壹百四十日，鞠程修開做新窑業貳百日，抱窑人開戊十日，共是三百六十日開做。
出煤之日，先回新工本，回完得利之日，按日支均分。衣煤土末俱隨地主。此事兩家情愿，並無
返悔。如有日窑業親族人等爭競者，有山主壹面承管。恐後無憑，立此合同壹樣兩張，
各執一張存照。

乾隆伍拾七年 戊月 拾壹日

做窑合同人 張德文 十
鞠程修 十
中見説合人 劉自琦 十
劉自凤 十
代字人 劉瑞林 十

○五八　乾隆五十七年（1792）張德文等會批做寬普水溝窑合同

尺寸：縱49釐米、横52釐米

首都博物館藏

編號：35.4.120

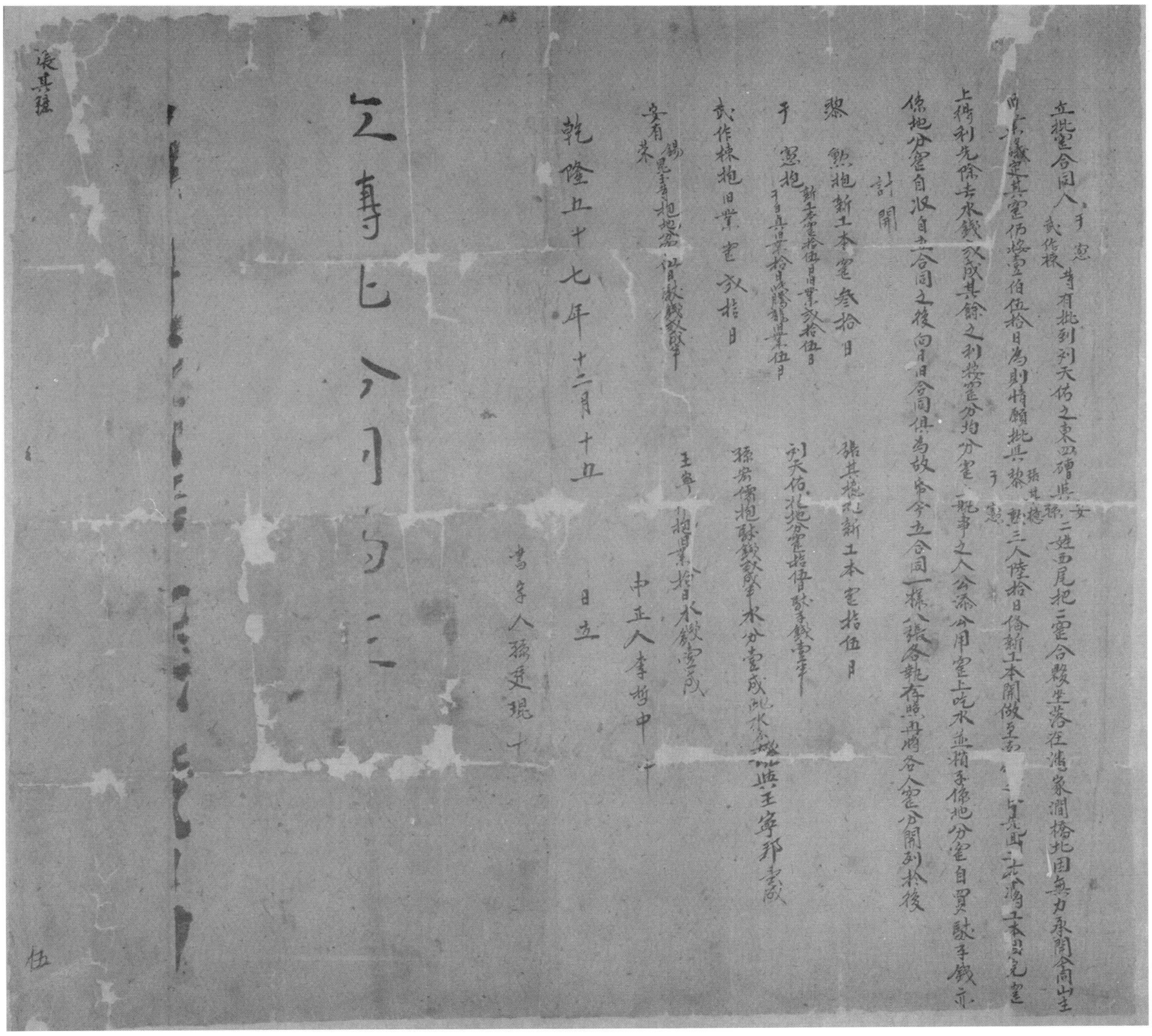

立批窰合同人于憲、武作棟，今有批到劉天佑之東四硐與孫、安二姓西尾把二窰合數，坐落在潘家澗橋北，因無力承開，今同山主
面同議定，其窰仍照壹佰伍拾日為則，情願批與黎魁、張其德、于憲三人，陸拾日係新工本開做，至[illegible]為工本[illegible]窰
上得利先除去水錢，次成其餘之利按窰分均分，窰上一概事之人公添公用，窰上吃水並樁手係地分窰自買，馱手錢亦
係地分窰自收。自立合同之後，向日日合同俱為故紙，今立合同一樣八張，各執存照，再將各人窰分開列於後
計開
黎魁　抱新工本窰叁拾日　張其德　抱新工本窰拾伍日
于憲抱　新工本窰拾伍日　[illegible]　劉天佑　北地分窰[illegible]
武作棟　抱日業窰玖拾日　孫安[illegible]　[illegible]　王寧邦[illegible]
安有茱　錫[illegible]　王寧[illegible]
乾隆五十七年十二月十五日立
中正人李哲中　十
書字人孫廷琨　十
合同大吉
張其德
伍

〇五九　乾隆五十七年（1792）于憲等批做西尾巴等窰合同

地點：潘家澗橋北
尺寸：縱45釐米、橫50釐米
首都博物館藏
編號：35.4.107

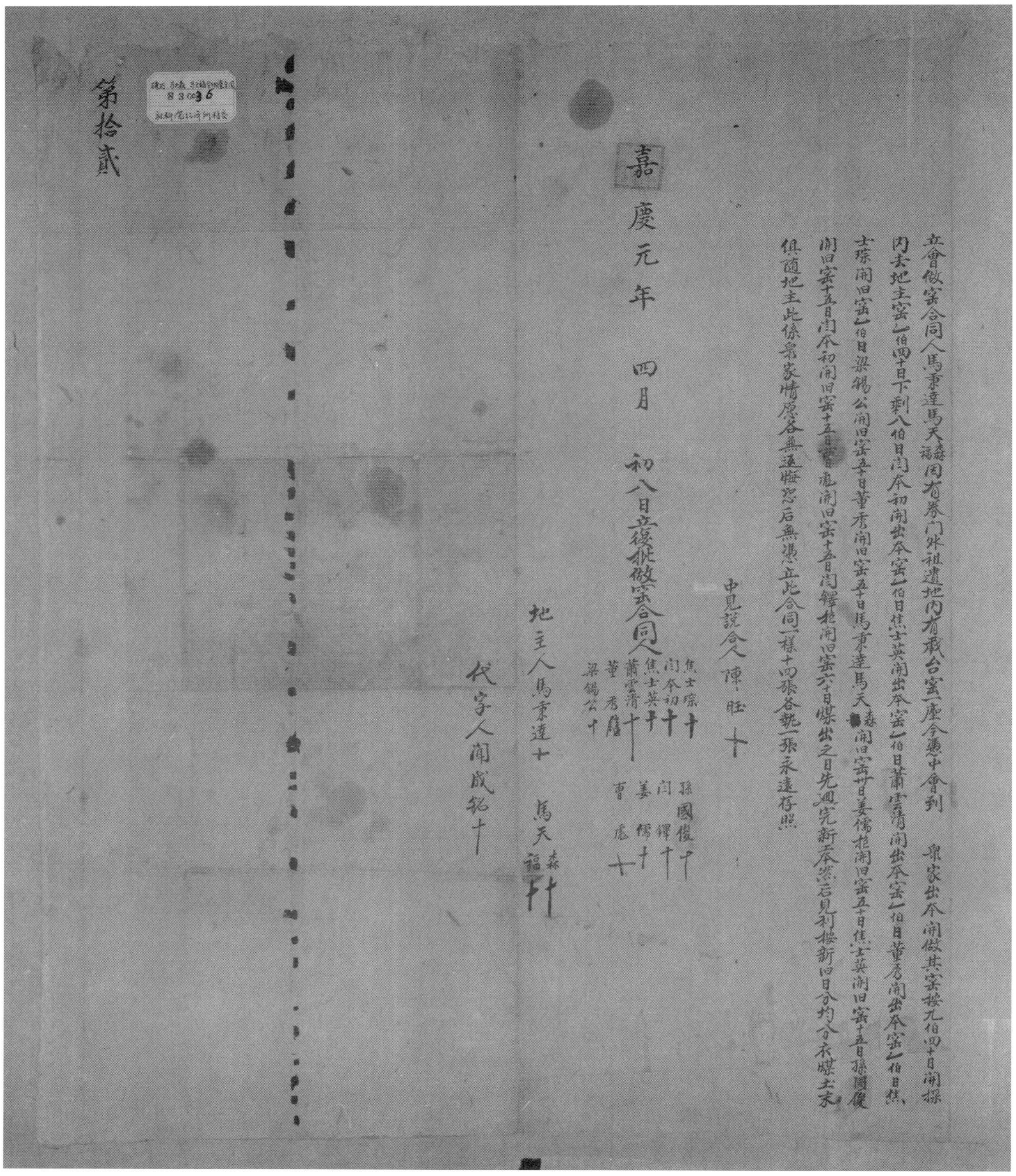

第拾貳

立會做窑合同人馬秉達馬天森福因有券门外祖遺地內有戲台窑一座今憑中會到　衆家出本開做其窑按九伯四十日開採內去地主窑一伯四十日下剩八伯日閆本初開出本窑一伯日焦士英開出本窑一伯日蕭雲清開出本窑一伯日董秀開出本窑一伯日焦士琮開旧窑一伯日梁錫公開旧窑五十日董秀開旧窑五十日馬秉達馬天森開旧窑廿日姜儒推開旧窑五十日焦士英開旧窑十五日孫國俊開旧窑十五日閆本初開旧窑十五日曹虎開旧窑十五日閆鐸推開旧窑六十日煤出之日先週完新本然后見利按新旧日分均分衣煤土末俱随地主此係衆家情愿各無返悔恐后無憑立此合同一樣十四張各執一張永遠存照

嘉慶元年　四月　初八日立復推做窑合同人

中見説合人　陳旺十

焦士琮十　閆本初十　焦士英十　蕭雲清十　董秀廣　梁錫公十

孫國俊十　閆鐸十　姜儒十　曹虎十

地主人馬秉達十　馬天森福十十

代字人閆成銘十

〇六〇　嘉慶元年（1796）馬秉達等做戲臺窑合同

地點：券門外

尺寸：縱59.5釐米、橫50釐米

門頭溝博物館藏

編號：830036

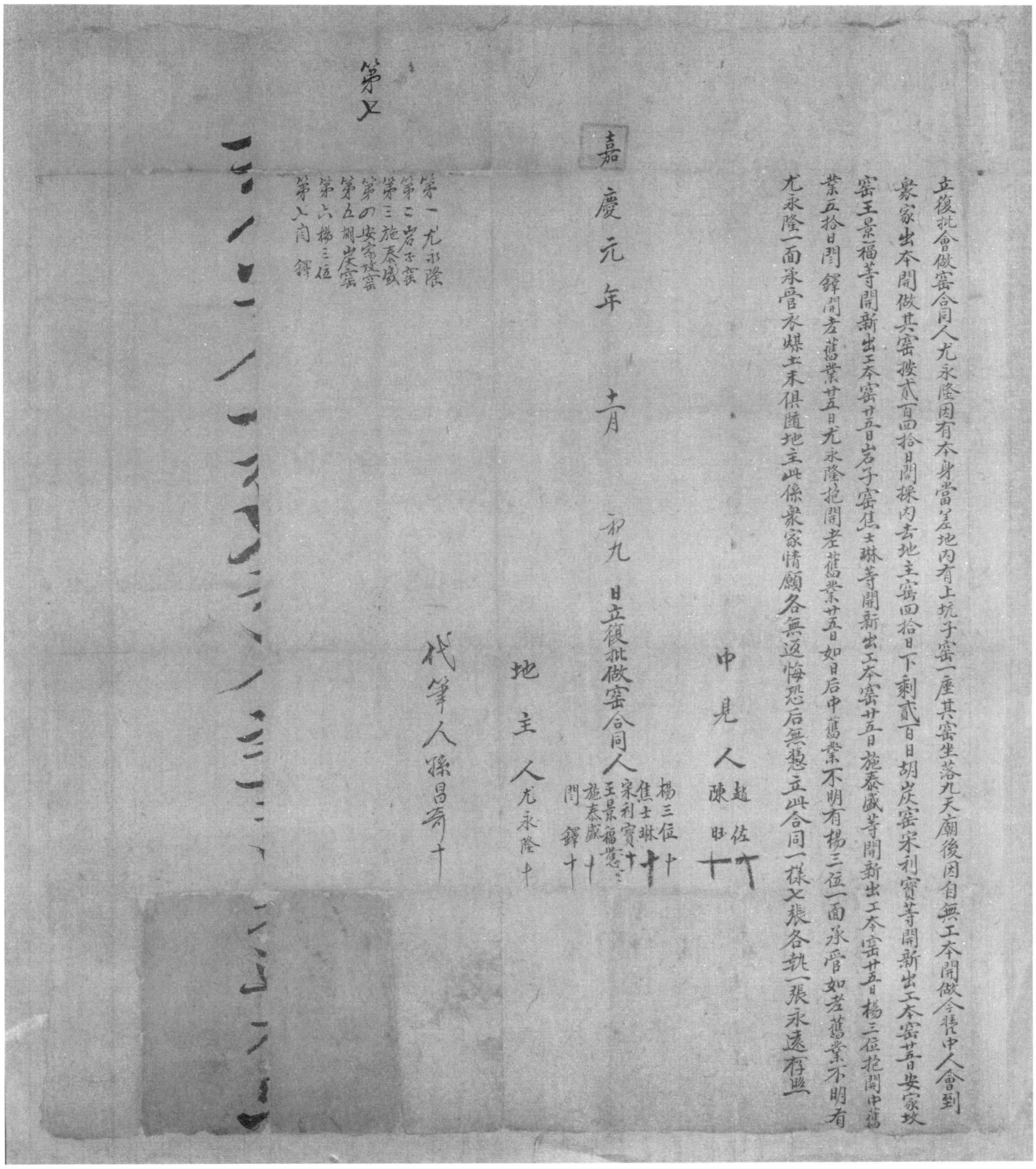

立復批會做窑合同人尤永隆因有本身當差地内有上坑子窑一座其窑坐落九天廟後因自無工本開做今憑中人會到
衆家出本開做其窑撥貳百四拾日開採内去地主窑四拾日下剩貳百日胡炭窑宋利寶等開新出工本窑廿五日安家坟
窑王景福等開新出工本窑廿五日岩子窑焦士琳等開新出工本窑廿五日施泰盛等開新出工本窑廿五日楊三位抱開中舊
業五拾日閆鐸開左舊業廿五日尤永隆抱開老舊業廿五日如日后中舊業不明有楊三位一面承管如老舊業不明有
尤永隆一面承管衣煤土末俱隨地主此係衆家情願各無返悔恐后無憑立此合同一樣七張各執一張永遠存照
中見人　趙佐十　陳明十
嘉慶元年十月初九日立復批做窑合同人　楊三位十　焦士琳十　宋利寶十　王景福憲　施泰盛十　閆鐸十
地主人　尤永隆十
代筆人　孫昌齊十
第七
第一　尤永隆
第二　岩子窑
第三　施泰盛
第四　安家坟窑
第五　胡炭窑
第六　楊三位
第七　閆鐸

○六一　嘉慶元年（1796）尤永隆等復批會做上坑子窑合同

地點：九天廟

尺寸：縱59釐米、横49釐米

門頭溝博物館藏

編號：830035

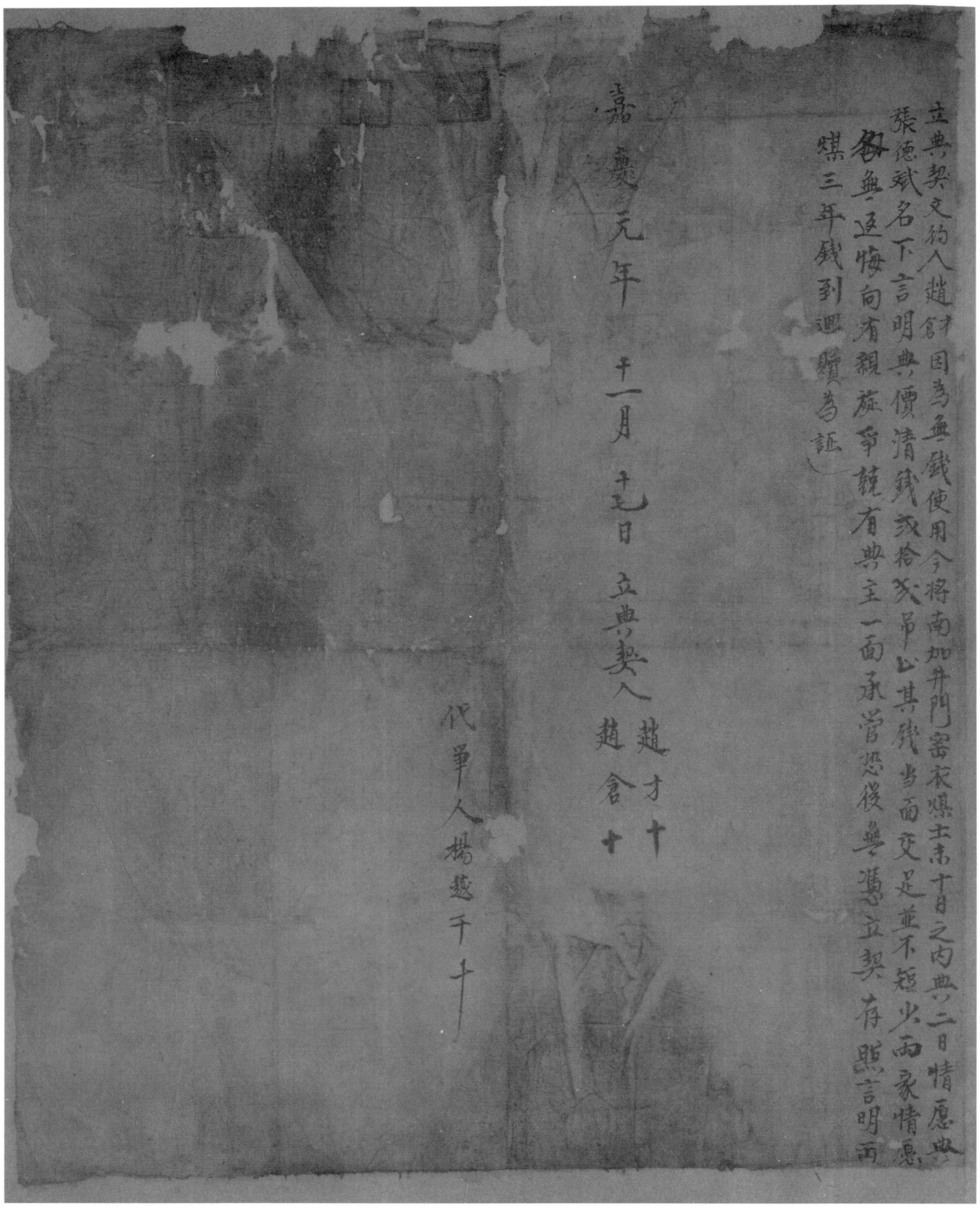
立典契文約人趙倉才因為無錢使用今將南加井門窑衣煤土未十日之内典二日情愿出典
張德斌名下言明典價清錢貳拾伍吊正其錢当面交足並不短少两家情愿
各無返悔向有親族爭競有典主一面承當恐後無憑立契存照言明两
煤三年錢到迴贖為証

嘉慶元年 十一月 十九日 立典契人 趙才十 趙倉十

代筆人 楊[illegible]千十

〇六二 嘉慶元年（1796）趙才等出典南加井門窑窑業文約

尺寸：縱56.5釐米、橫47.5釐米

門頭溝博物館藏

編號：830038

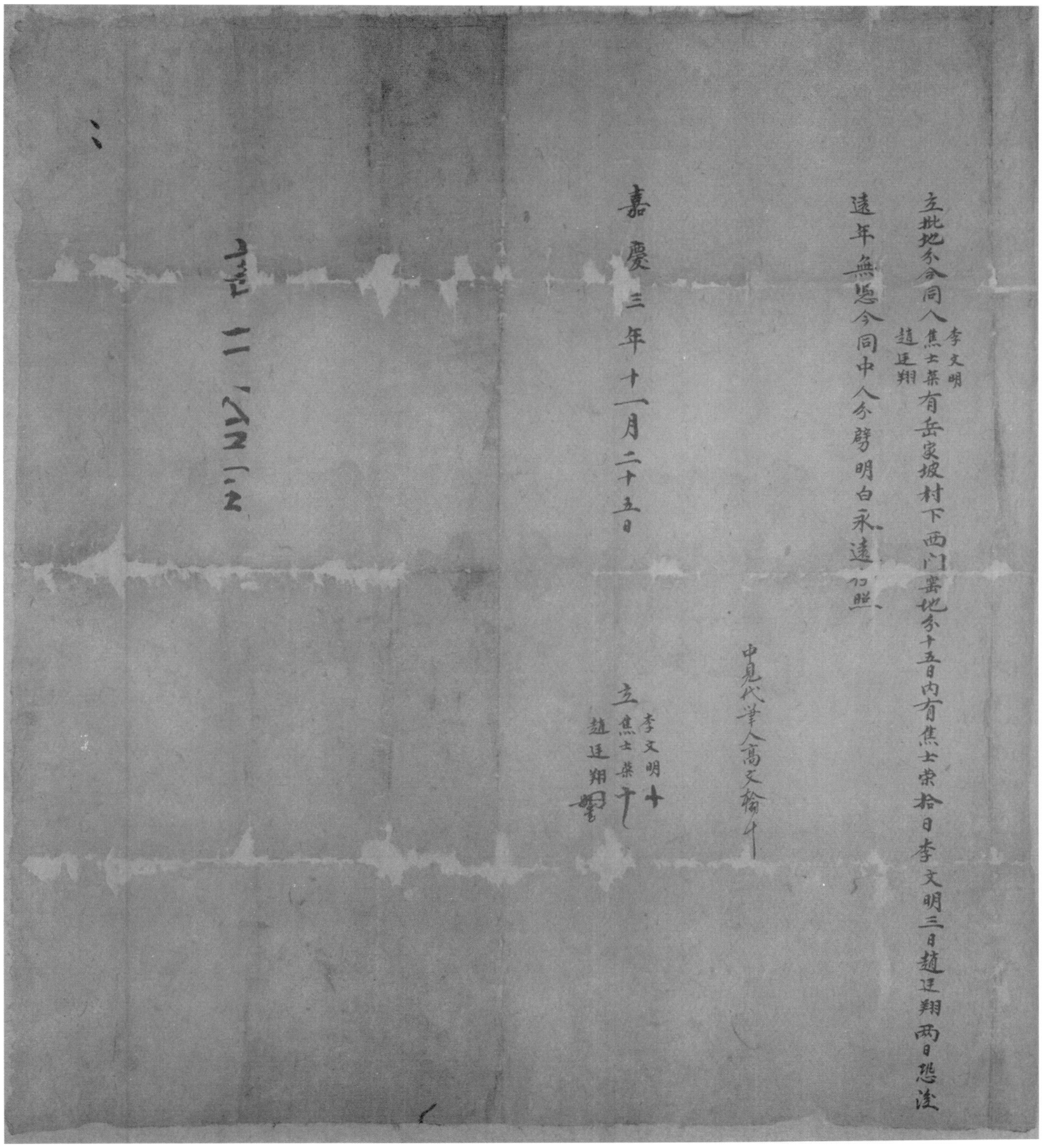
立批地分合同人李文明 焦士榮 趙廷翔有岳家坡村下西门窑地分十五日内有焦士榮拾日李文明三日趙廷翔兩日恐後
遠年無憑今同中人分劈明白永遠存照
嘉慶三年十一月二十五日
中見代筆人高文榆十
立李文明十 焦士榮十 趙廷翔

〇六三　嘉慶三年（1798）李文明等批西門窑地分合同

地點：岳家坡村
尺寸：縱56釐米、橫43釐米
首都博物館藏
編號：35.4.139

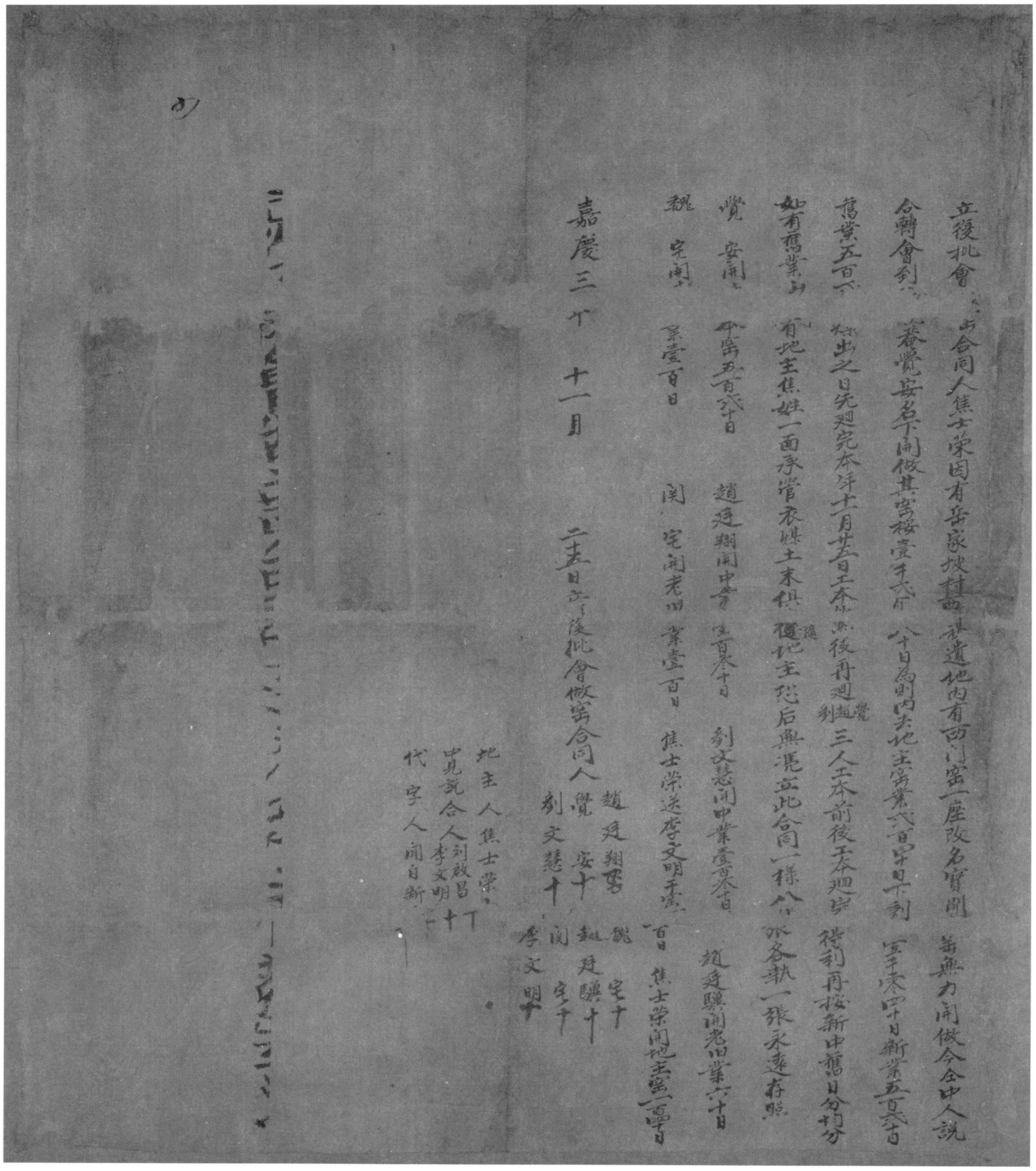
87

立後批會合同人焦士榮因有岳家坡村西北道地內有西门窑一座改名寶開 無力開做今仝中人說
合轉會到 荅覺安名下開做其窑按壹年六個八十日為則內去地主窑業六百零五日下剩 窑年零四十日新業五百六十日
舊業五百六十日 出之日先週完本年十一月廿五日工本 後再週劉趙覺三人工本前後工本週完 得利再按新中舊日分均分
如有舊業 有地主焦姓一面承當衣粮土末俱 地主認后無混立此合同一樣八張各執一張永遠存照
覺 安開窑五百六十日 趙廷翔開中業貳百六十日 劉文慧開中業壹百六十日 趙廷驥開老田業六十日
魏 宗開業壹百日 閆 宗開老田業壹百日 焦士榮送李文明窑一百日 焦士榮開地主窑一百二十日
嘉慶三年 十一月 二十五日立後批會做窑合同人 趙廷翔 覺 安十 魏 宗十
劉文慧十 趙廷驥十 閆 宗十 李文明十
地主人焦士榮 中見說合人劉啟昌十 李文明十 代字人閆自新十

〇六四　嘉慶三年（1798）焦士榮等批會做寶開窑合同

地點：岳家坡村
尺寸：縱56釐米、橫45釐米
首都博物館藏
編號：35.4.142

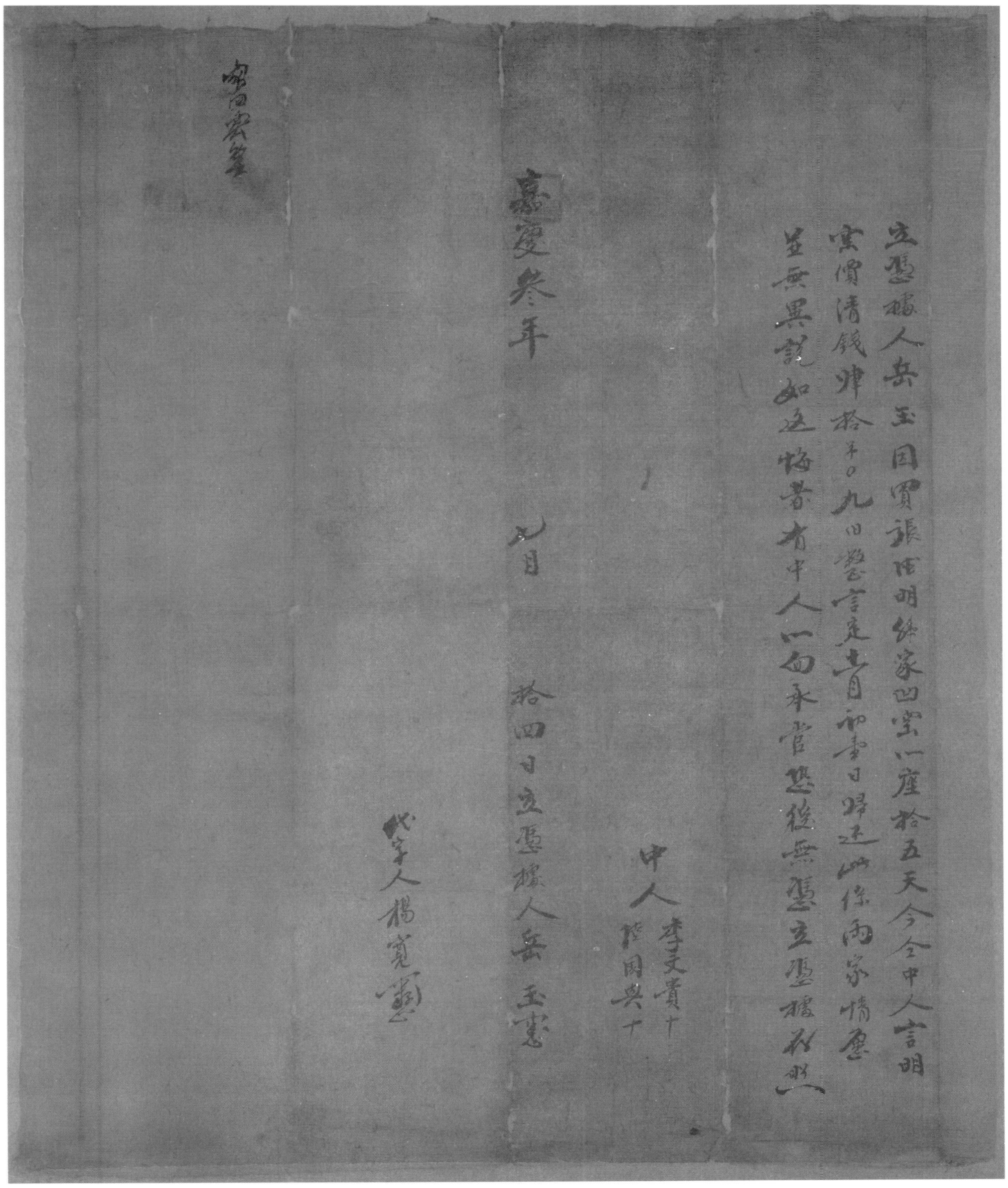

立憑據人岳玉因買張明韓家凹窑一座拾五天今仝中人言明
實價清錢肆拾千〇九佰整言定當日和書日歸還此係兩家情愿
並無異説如迭悔者有中人一面承當恐後無憑立憑據存照

中人　李文貴十
　　　陰同興十

嘉慶叁年　九月　拾四日立憑據人岳玉畫

代字人楊寬畫

〇六五　嘉慶三年（1798）岳玉買韓家凹窑窑業憑據

尺寸：縱58.5釐米、横48.5釐米

門頭溝博物館藏

編號：830037

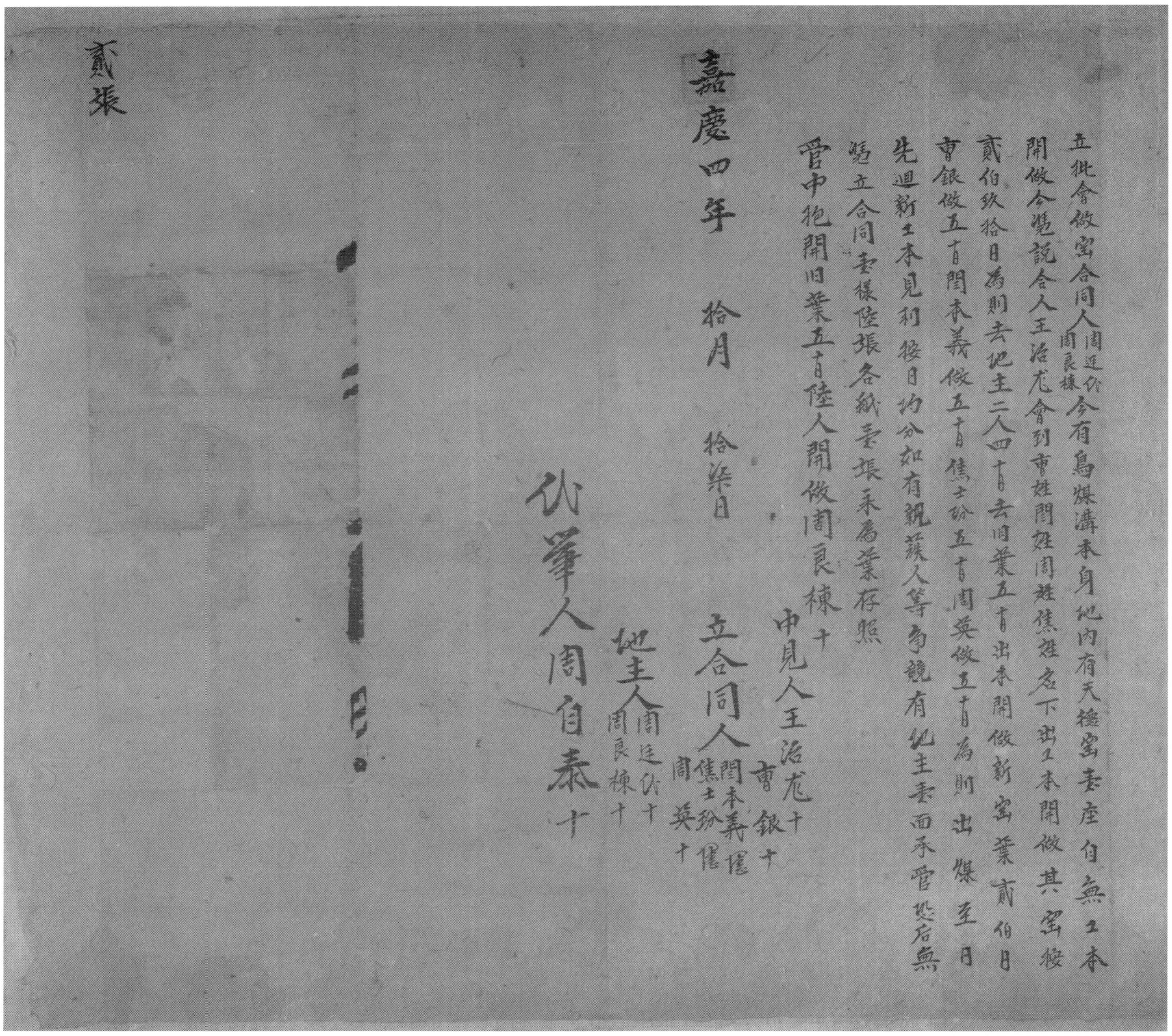

立批會做窯合同人周廷代 周良棟 今有烏煤溝本身地内有天德窯壹座自無工本
開做今憑説合人王治龙會到曾姓閆姓周姓焦姓名下出工本開做其窯按
貳伯玖拾日爲則去地主二人四十日去旧業五十日出本開做新窯業貳伯日
曾銀做五十日閆本義做五十日焦士珍五十日周英做五十日爲則出煤至日
先迴新工本見利按日均分如有親族人等爭競有地主壹面承管恐后無
憑立合同壹樣陸張各執壹張永爲葉存照
晋中抱開旧業五十日陸人開做周良棟十

中見人王治龙十
曾銀十

立合同人閆本義押
焦士珍押
周英十

地主人周廷代十
周良棟十

代筆人周自泰十

嘉慶四年 拾月 拾柒日

貳張

○六六　嘉慶四年（1799）周廷代等批會做天德窯合同

尺寸：縱50釐米、横55.5釐米
門頭溝博物館藏
編號：830056

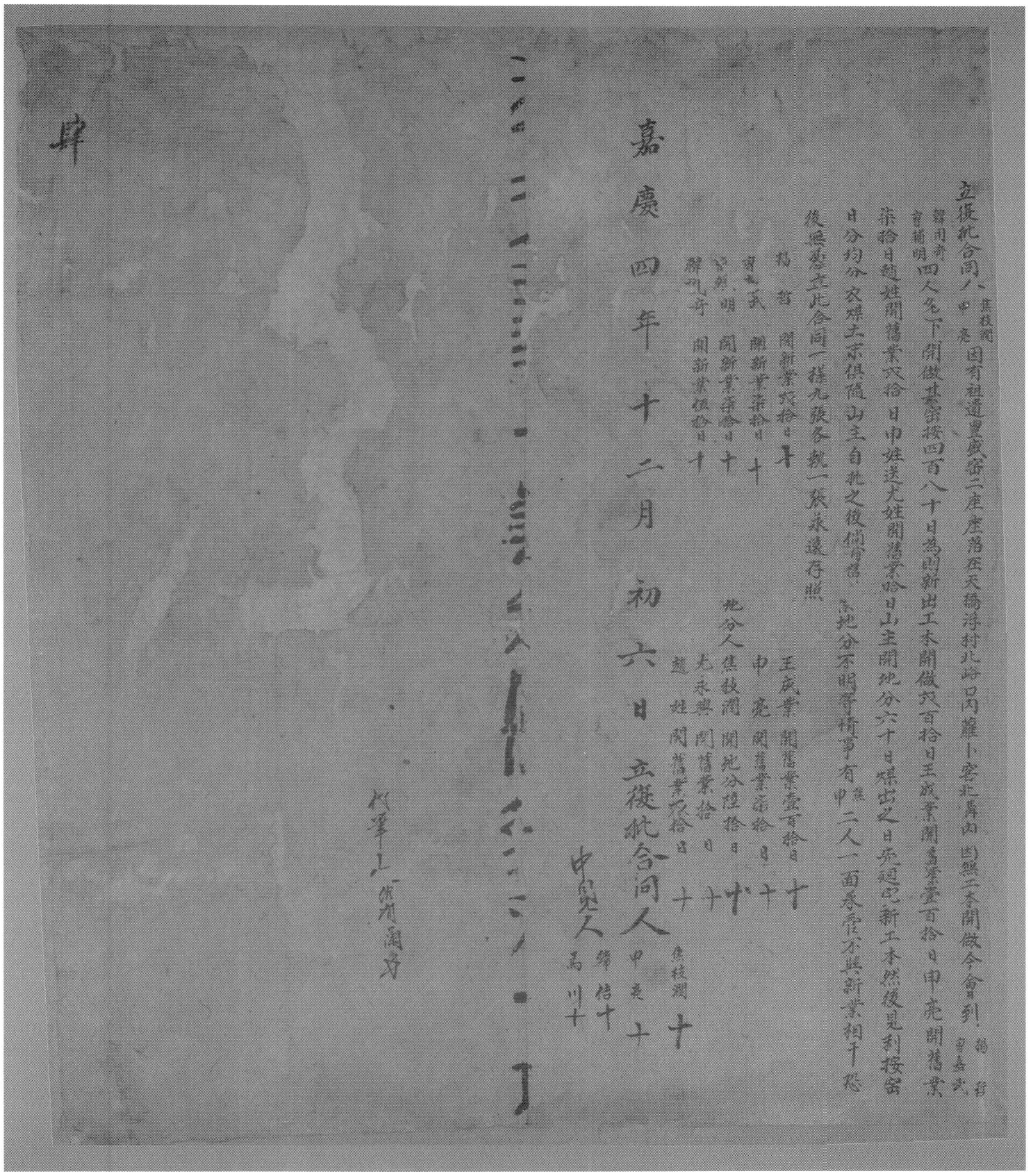

立復批合同人焦枝潤、申亮，因有祖遺豐盛窰二座，座落在天橋浮村北峪口內蘿卜窰北溝內，因無工本開做，今會到楊存、曹嘉武、韓爾奇、曹補明四人名下開做。其窰按四百八十日爲則，新出工本開做貳百拾日，王成業開舊業壹百拾日，申亮開舊業柒拾日，趙姓開舊業貳拾日，申姓送尤姓開舊業拾日，山主開地分六十日。煤出之日，先廻新工本，然後見利按窰日分均分。衣煤土末俱隨山主。自批之後，倘有舊業地分不明等情，事有焦、申二人一面承管，不與新業相干。恐後無憑，立此合同一樣九張，各執一張，永遠存照。

楊存　開新業貳拾日　十
曹嘉武　開新業柒拾日　十
曹補明　開新業柒拾日　十
韓爾奇　開新業伍拾日　十
王成業　開舊業壹百拾日　十
申亮　開舊業柒拾日　十
地分人焦枝潤　開地分陸拾日　十
尤永興　開舊業拾日　十
趙姓　開舊業貳拾日　十

嘉慶四年十二月初六日　立復批合同人　焦枝潤　十　申亮　十
中見人　韓信　十　高川　十
代筆人　傅有蘭　押

肆

○六七　嘉慶四年（1799）焦枝潤等復批做豐盛窰合同

地點：天橋浮村北峪口蘿蔔窰北溝內
尺寸：縱50釐米、橫42釐米
首都博物館藏
編號：35.4.138

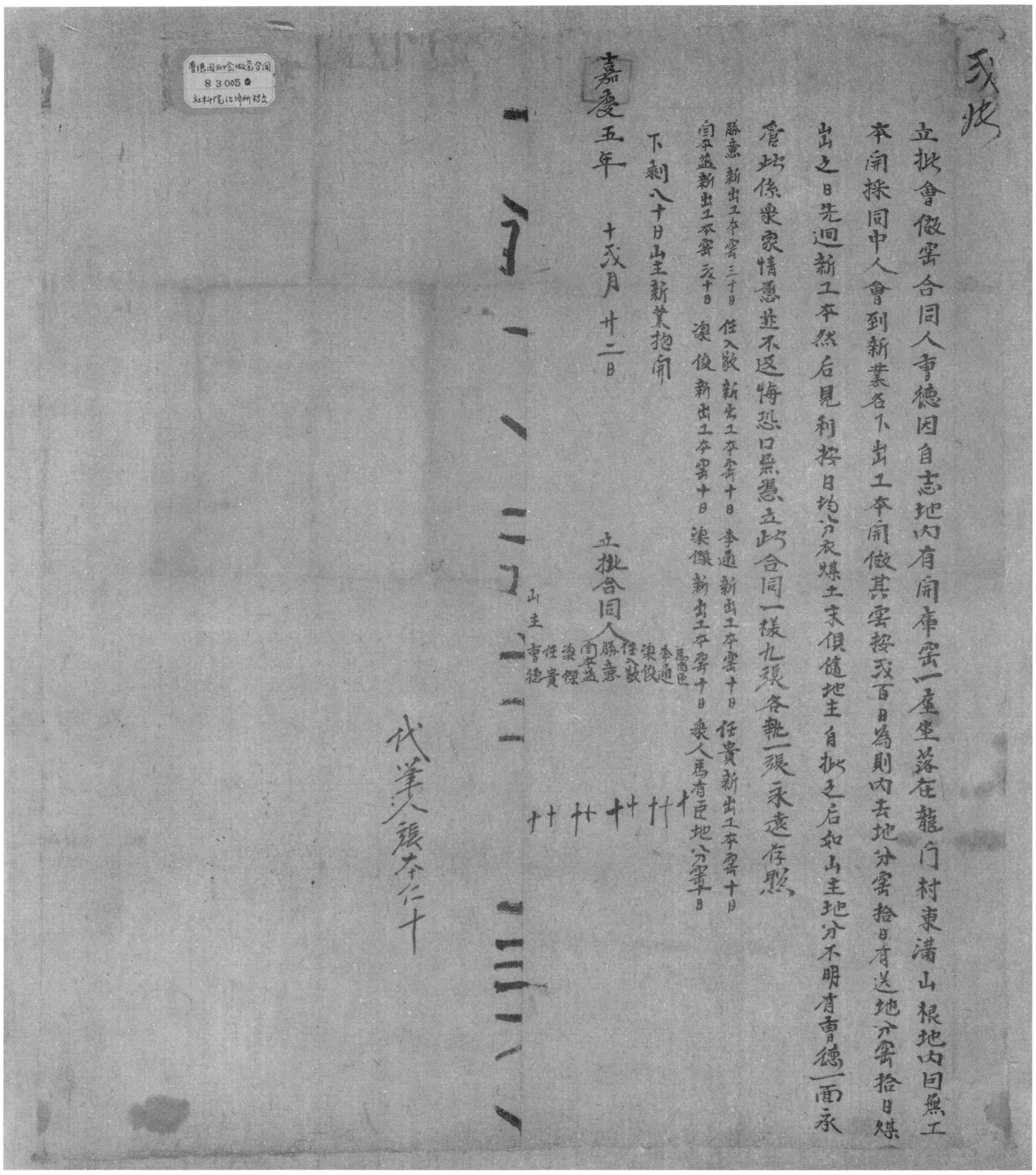
戊批

立批會做窑合同人曹德因自志地内有開庫窑一座坐落在龍門村東溝山根地内因無工本開採同中人會到新業名下出工本開做其窑按戊百日為則内去地分窑拾日有送地分窑拾日煤出之日先迴新工本然后見利按日均分衣煤土末俱隨地主自批之后如山主地分不明有曹德一面承當此係衆家情愿並不返悔恐口無憑立此合同一樣九張各執一張永遠存照

勝意新出工本窑三十日　任入啟新出工本窑十日　李通新出工本窑十日　任貴新出工本窑十日

閆本益新出工本窑戊十日　梁俊新出工本窑十日　梁傑新出工本窑十日　衆人馬有臣地分窑十日

下剩八十日山主新業抱開

嘉慶五年　十戊月　廿二日

立批合同人　馬有臣　李通　梁俊　任入啟　勝意　閆本益　梁傑　任貴　山主曹德　十

代筆人張本仁十

〇六八　嘉慶五年（1800）曹德等批會做開庫窑合同

地點：龍門村

尺寸：縱59.5釐米、橫49釐米

門頭溝博物館藏

編號：830050

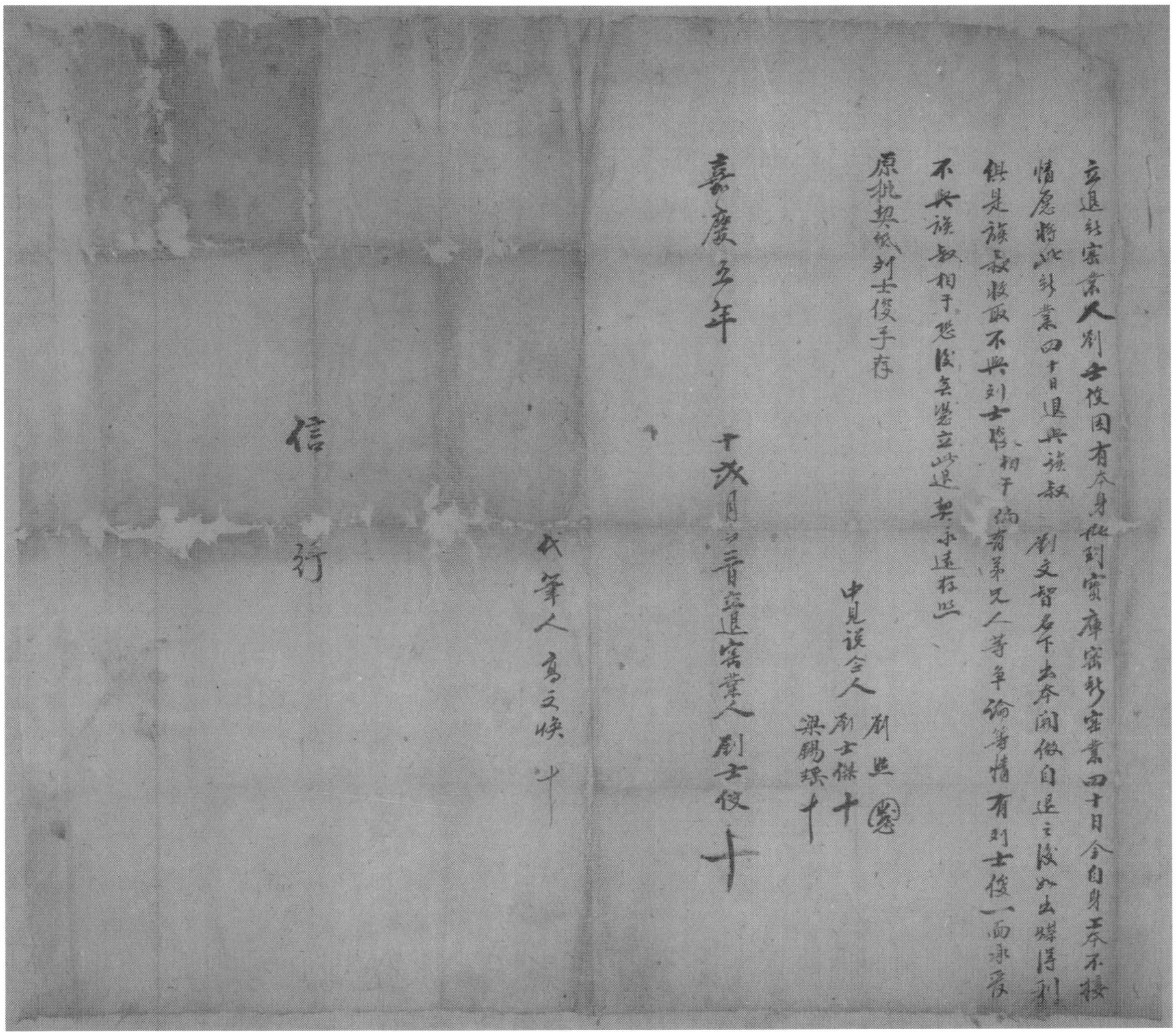
立退批窑業人劉士俊因有本身批到寶庫窑批窑業四十日今自身工本不接
情愿將此批業四十日退與族叔　劉文智名下出本開做自退之後如出煤得利
俱是族叔收取不與劉士俊相干倘有弟兄人等爭論等情有劉士俊一面承擋
不與族叔相干恐後無憑立此退契永遠存照
原批契紙劉士俊手存

中見説合人　劉照　劉士傑　十　梁錫琛　十

嘉慶五年　十弍月初二日立退窑業人劉士俊　十

代筆人　高文煥　十

信　行

〇六九　嘉慶五年（1800）劉士俊退寶庫窑業字據

尺寸：縱45釐米、橫47釐米
首都博物館藏
編號：35.4.141

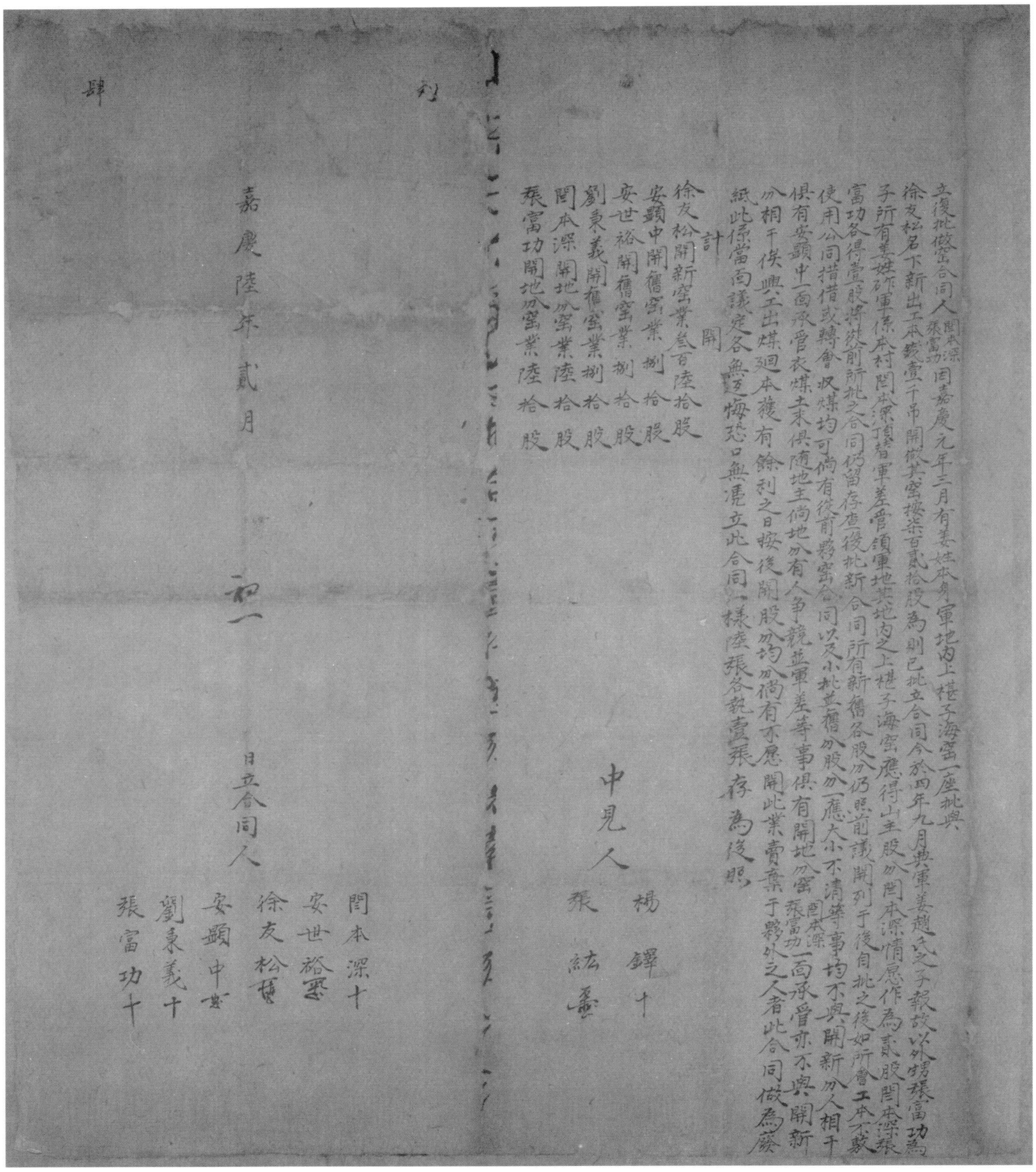

立復批做窰合同人（閆本深 張富功）同嘉慶元年三月有姜姓本身軍地內上楂子海窰一座批與徐友松名下新出工本錢壹千吊開做其窰按柒百貳拾股為則已批立合同今於四年九月與軍姜趙氏之子報故以外甥張富功為子所有姜姓所軍係本村閆本深頂替軍差管領軍地其地內之上楂子海窰應得山主股分閆本深情愿作為貳股閆本深張富功各得壹股將從前所批之合同仍留存查後批新合同所有新舊各股分仍照前議開列于後自批之後如所需工本不敷使用公同措借或轉會收煤均可倘有從前夥窰合同以及小批並舊分股分一應大小不清等事均不與開新分人相干俱有安顯中一面承管衣煤去末俱隨地主倘地分有人爭競並軍差等事俱有開地分窰（閆本深 張富功）一面承管亦不與開新分相干俟興工出煤廻本獲有餘利之日按後開股分均分倘有不愿開此業賣棄于夥外之人者此合同做為廢紙此係當面議定各無返悔恐口無憑立此合同一樣陸張各執壹張存為後照

計開

徐友松開新窰業叁百陸拾股
安顯中開舊窰業捌拾股
安世裕開舊窰業捌拾股
劉秉義開舊窰業捌拾股
閆本深開地分窰業陸拾股
張富功開地分窰業陸拾股

中見人 楊鐸十 張紘（押）

嘉慶陸年貳月初一日立合同人 閆本深十 安世裕（押） 徐友松（押） 安顯中（押） 劉秉義十 張富功十

肆

〇七〇　嘉慶六年（1801）閆本深等復批做上楂子海窰合同

尺寸：縱55釐米、橫45釐米
首都博物館藏
編號：35.4.144

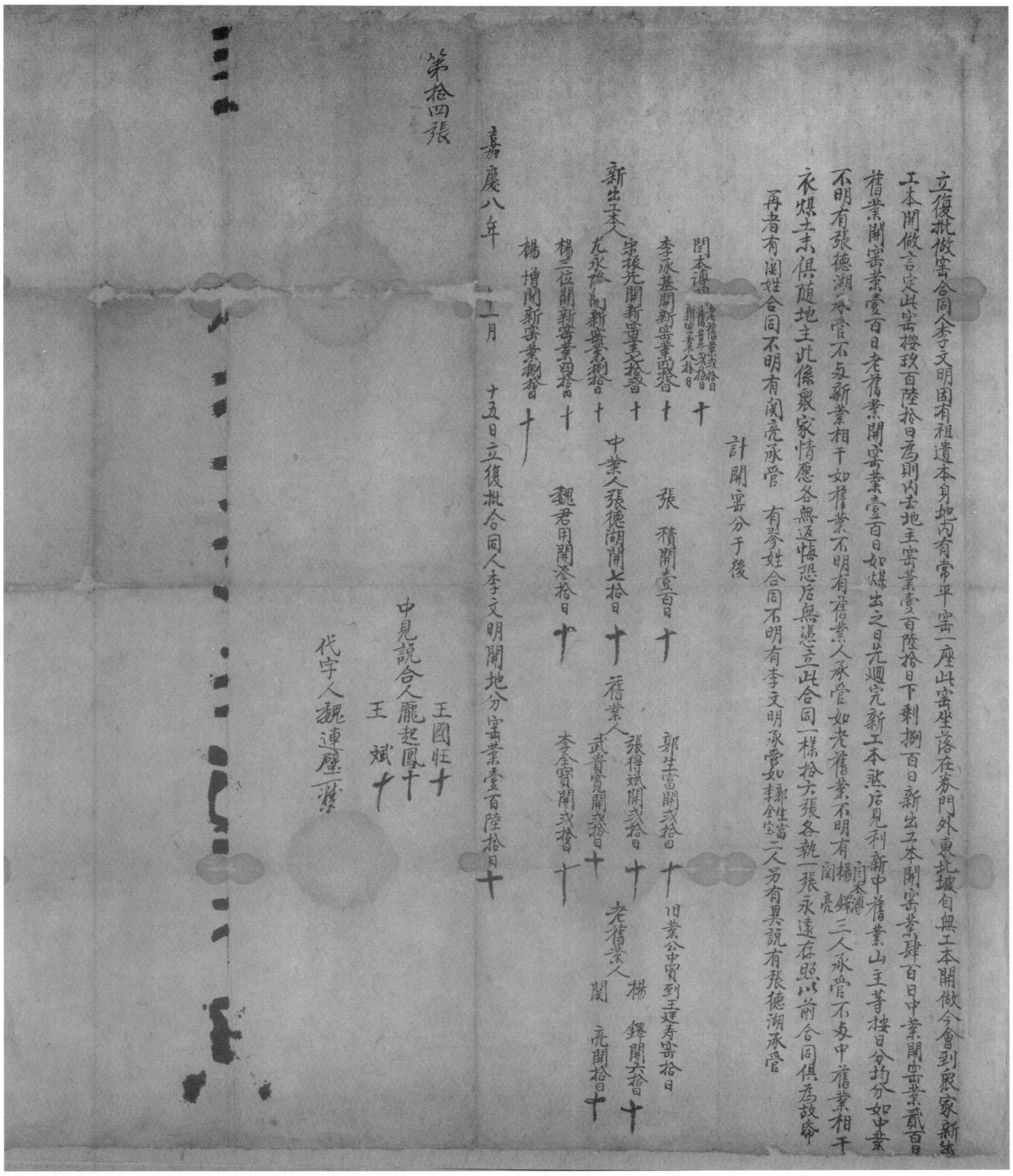
立復批做窑合同人李文明因有祖遺本身地内有常平窑一座此窑坐落在券門外東北坡自無工本開做今會到衆家新出
工本開做言定此窑按玖百陸拾日為則内去地主窑業壹百陸拾日下剩捌百日新出工本開窑業肆百日中業開窑業貳百日
舊業開窑業壹百日老舊業開窑業壹百日如煤出之日先週完新工本然后見利新中舊業山主等按日分均分如中業
不明有張德湖承管不與新業相干如舊業不明有舊業人承管如老舊業不明有楊鐸閻亮閆本源三人承管不與中舊業相干
衣煤未俱随地主此係衆家情愿各無返悔恐后無憑立此合同一樣拾六張各執一張永遠存照以前合同俱為故帋
再者有閻姓合同不明有閻亮承管　有李姓合同不明有李文明承管如郭生富李全宝二人另有異説有張德湖承管
計開窑分于後
閆本源 老舊業貳拾日 舊業貳拾日 新窑業八拾日 十
張　積開壹百日 十
郭生富開貳拾日 十 旧業公中買到王連寿窑拾日
李永基開新窑業四拾 十
新出工本人 宋振先開新窑業六拾 十
中業人張德湖開七拾日 十
舊業人 張得斌開貳拾日 十
尤永除開新窑業捌拾 十
武貴寛開貳拾日 十
老舊業人 楊　鐸開六拾 十
楊三位開新窑業四拾日 十
魏君用開叁拾日 十
李全宝開貳拾 十
閻　亮開拾日 十
楊　增開新窑業捌拾 十
嘉慶八年　二月　十五日立復批合同人李文明開地分窑業壹百陸拾日 十
中見説合人龐起鳳 十
王國旺 十
王　斌 十
代字人魏連壁
第拾四張

○七一　嘉慶八年（1803）李文明復批做常平窑合同

地點：券門外

尺寸：縱57釐米、横48釐米

首都博物館藏

編號：35.4.136

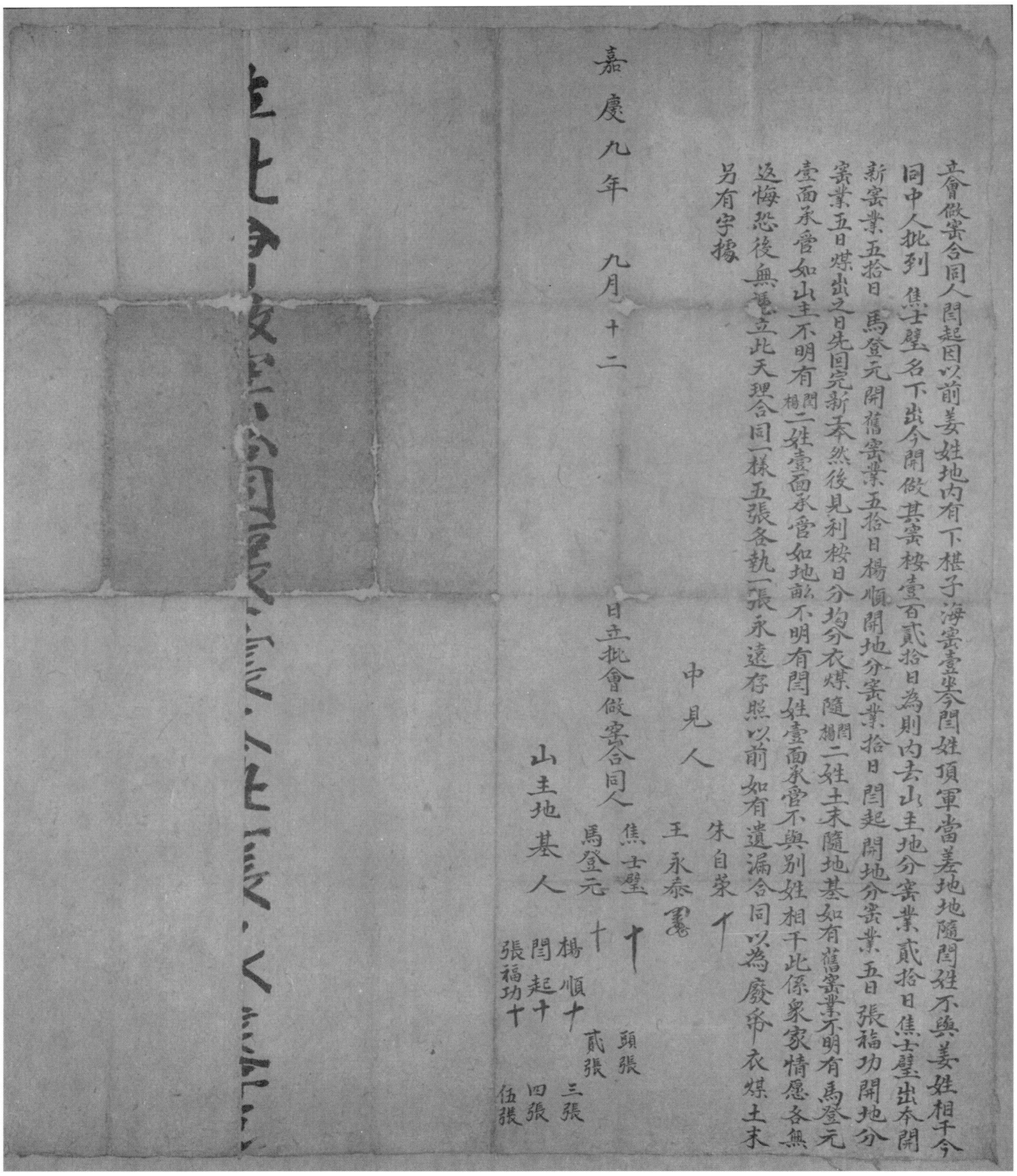
立會做窰合同人閆起因以前姜姓地內有下椹子海窰壹座今閆姓項軍當姜地地隨閆姓不與姜姓相干今
同中人批列 焦士璧名下出夲開做其窰校壹百貳拾日為則內去山主地分窰業貳拾日焦士璧出夲開
新窰業五拾日 馬登元開舊窰業五拾日楊順開地分窰業拾日 閆起開地分窰業五日 張福功開地分
窰業五日煤出之日先回完新夲然後見利按日分均分衣煤隨閆楊二姓土末隨地基如有舊窰業不明有馬登元
壹面承當如山主不明有閆楊二姓壹面承當如地畝不明有閆姓壹面承當不與別姓相干此係衆家情愿各無
返悔恐後無憑立此天理合同一樣五張各執一張永遠存照以前如有遺漏合同以為廢紙衣煤土末
另有字據

中見人 朱自榮十 王永泰

嘉慶九年 九月十二 日立批會做窰合同人 焦士璧十 馬登元十 楊順十 閆起十 張福功十

山主地基人

頭張 貳張 三張 四張 伍張

〇七二 嘉慶九年（1804）閆起等會做下椹子海窑合同

尺寸：縱56釐米、横49釐米
首都博物館藏
編號：35.4.135

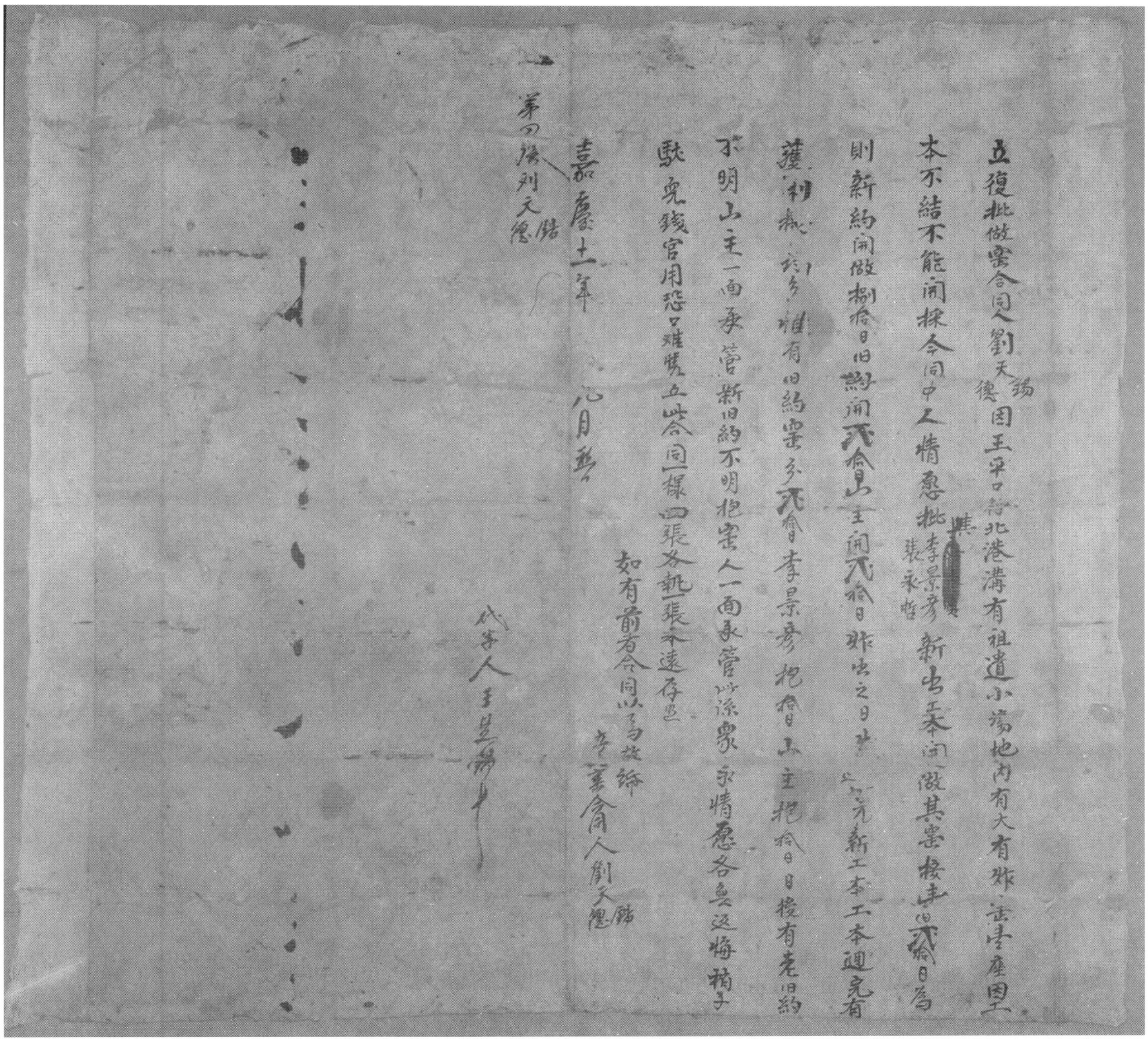

立復批做窑合同人劉天錫、德
因王平口村北港溝有祖遺小窑地內有大有煤窑壹座因
本不結不能開採今同中人情愿批與李景彦、裴永哲新出工本開做其窑按[illegible]貳拾日為
則新約開做捌拾日舊約開貳拾日山主開貳拾日煤出之日[illegible]新工本工本週完有
獲利[illegible]僅有舊約窑分貳拾日李景彦把拾日山主把拾日日後有老舊約
不明山主一面承管新舊約不明抱窑人一面承管此係眾家情愿各無返悔稍子
馱兌錢官用恐口難憑立此合同一樣四張各執一張永遠存照
如有前有合同以為故紙
立合同人劉天錫、德
嘉慶十一年九月　日
[illegible]劉天德、錫
代字人王[illegible]

〇七三　嘉慶十一年（1806）劉天錫等復批做大有煤窑合同

地點：王平口村北港溝
尺寸：縱40釐米、横40釐米
首都博物館藏
編號：35.4.133

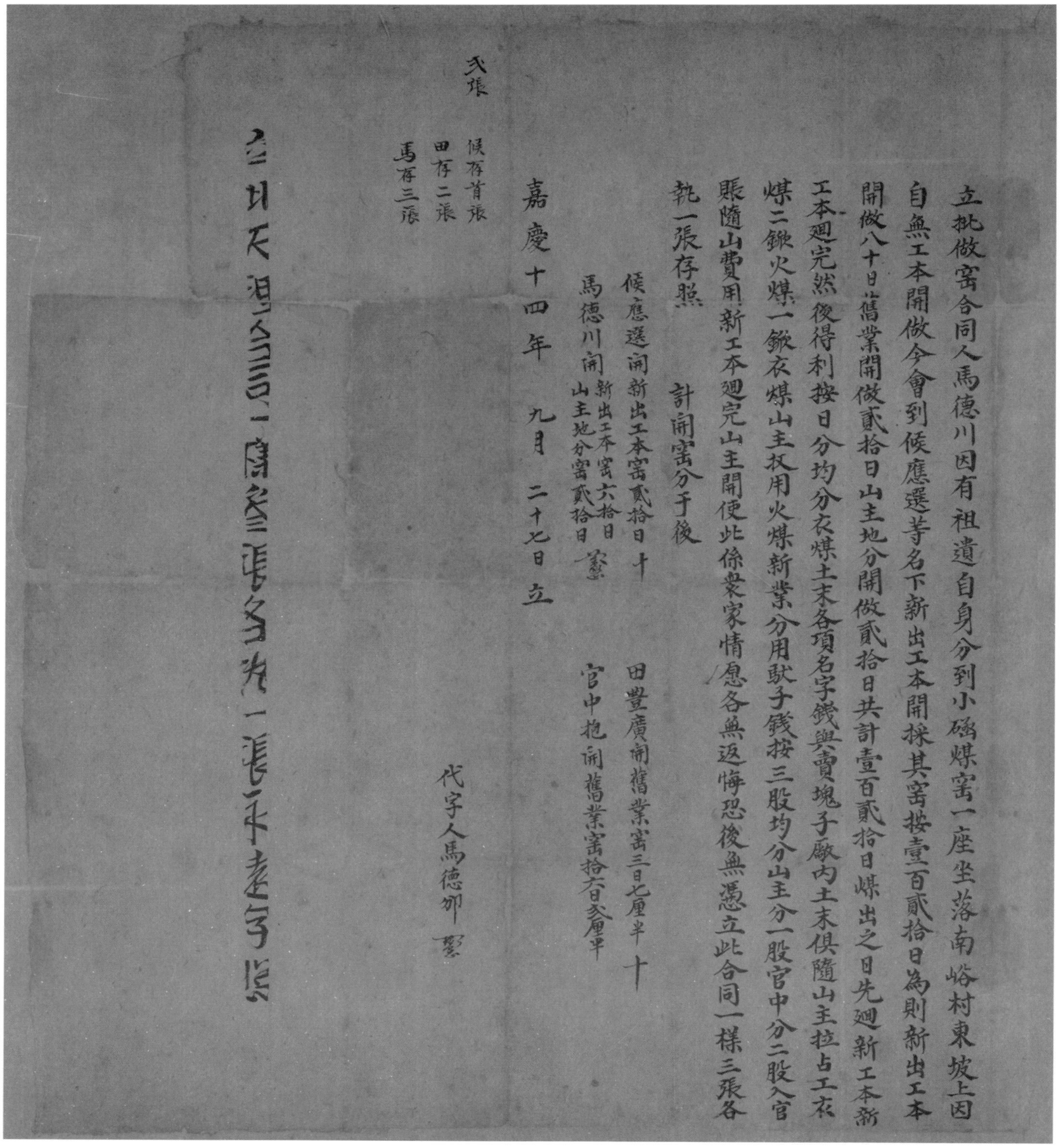

立批做窑合同人馬德川因有祖遺自身分到小硴煤窑一座坐落南峪村東坡上因自無工本開做今會到候應選等名下新出工本開採其窑按壹百貳拾日為則新出工本開做八十日舊業開做貳拾日山主地分開做貳拾日共計壹百貳拾日煤出之日先迴新工本新工本迴完然後得利按日分均分衣煤土末各項名字錢與賣塊子廠内土末俱隨山主拉占工衣煤二鍬火煤一鍬衣煤山主杈用火煤新業分用駄子錢按三股均分山主分一股官中分二股入官賬隨山費用新工本迴完山主開便此係衆家情愿各無返悔恐後無憑立此合同一樣三張各執一張存照

計開窑分于後

候應選開新出工本窑貳拾日 十

田豐廣開舊業窑三日七厘半 十

馬德川開新出工本窑六拾日 山主地分窑貳拾日 𢑥

官中抱開舊業窑拾六日叁厘半

嘉慶十四年 九月 二十七日 立

代字人馬德卯 𢑥

貳張

候存首張

田存二張

馬存三張

〇七四 嘉慶十四年（1809）馬德川批做小硴煤窑合同

地點：南峪村

尺寸：縱53釐米、橫42釐米

首都博物館藏

編號：35.4.131

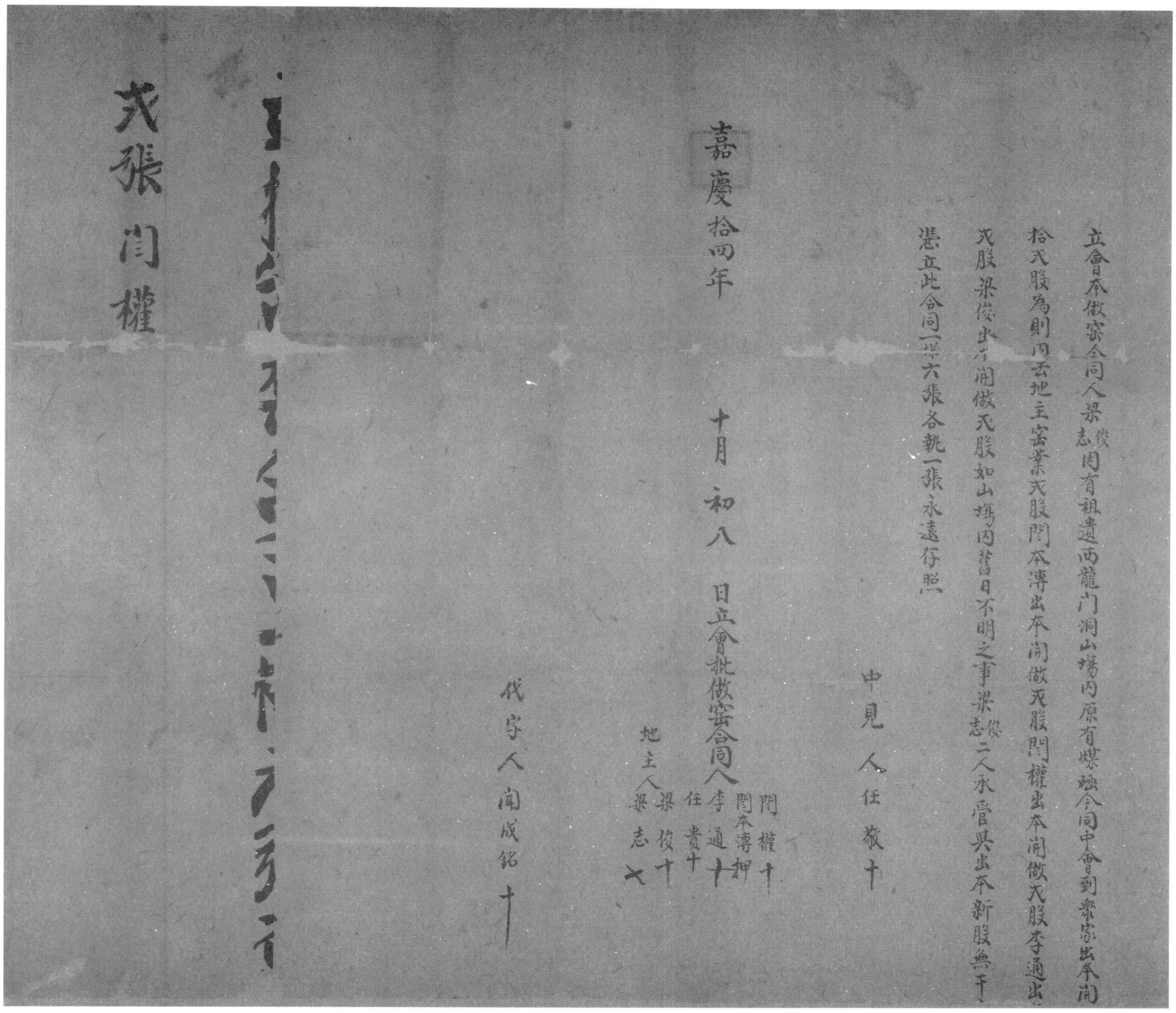
立會本做窑合同人梁志俊因有祖遺西龍门洞山場內原有煤窑今同中會到衆窑出本閘拾弍股為則內去地主窑業弍股閆本溥出本閘做弍股閆權出本閘做弍股李通出弍股梁俊出本閘做弍股如山場內舊日不明之事梁志俊二人承管與出本新股無干恐立此合同一樣六張各執一張永遠存照

中見人　任敬十

嘉慶拾四年　十月　初八　日立會批做窑合同人　閆權十　閆本溥押　李通十　任貴十

地主人　梁俊十　梁志七

代字人　閆成銘十

弍張　閆權

〇七五　嘉慶十四年（1809）梁俊等會批做窑合同

地點：西龍門洞

尺寸：縱42.8釐米、橫48釐米

門頭溝博物館藏

編號：830039

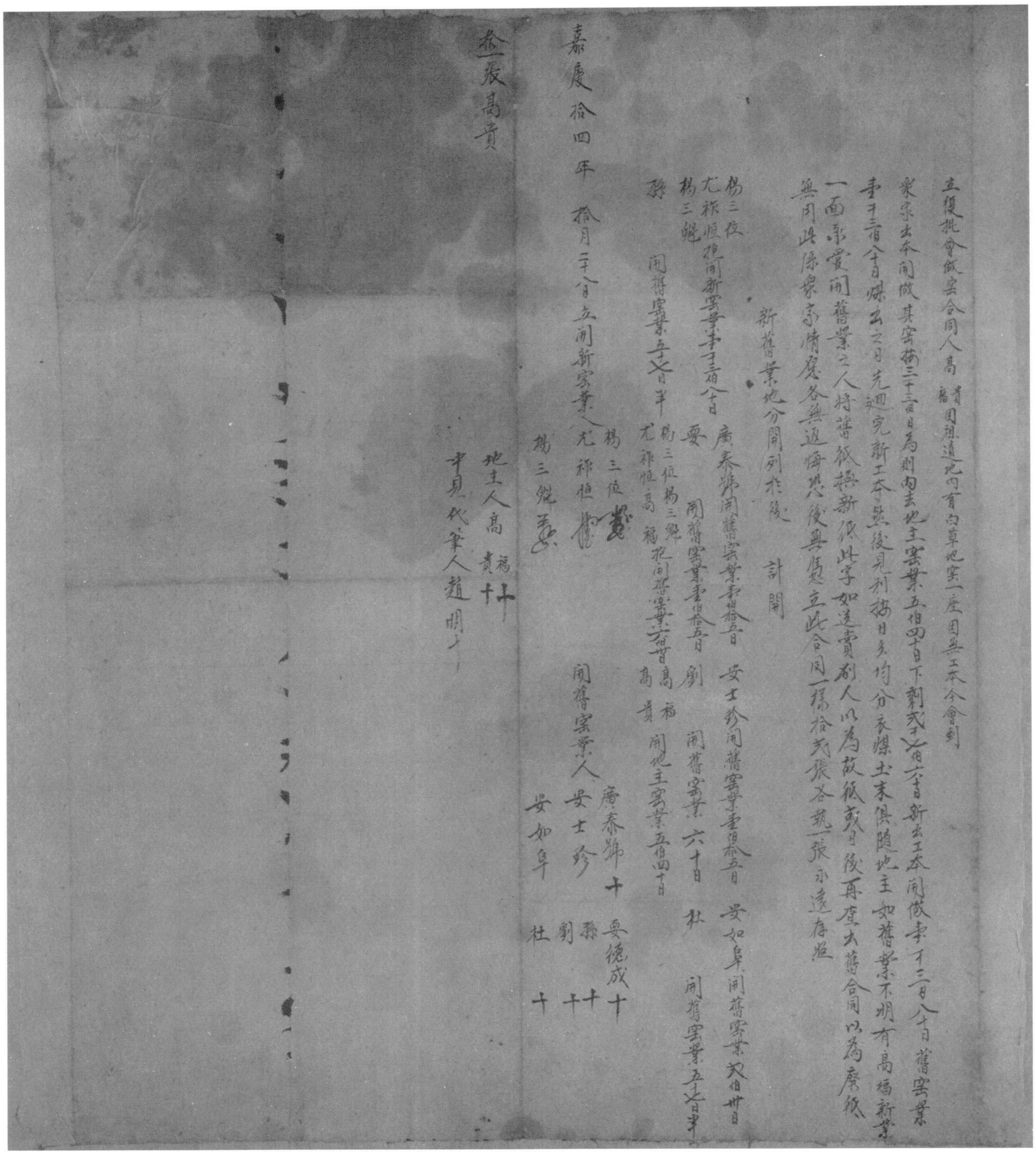

〇七六 嘉慶十四年（1809）高貴等復批會做白草地窑合同

尺寸：縱59釐米，橫46釐米

首都博物館藏

編號：35.4.145

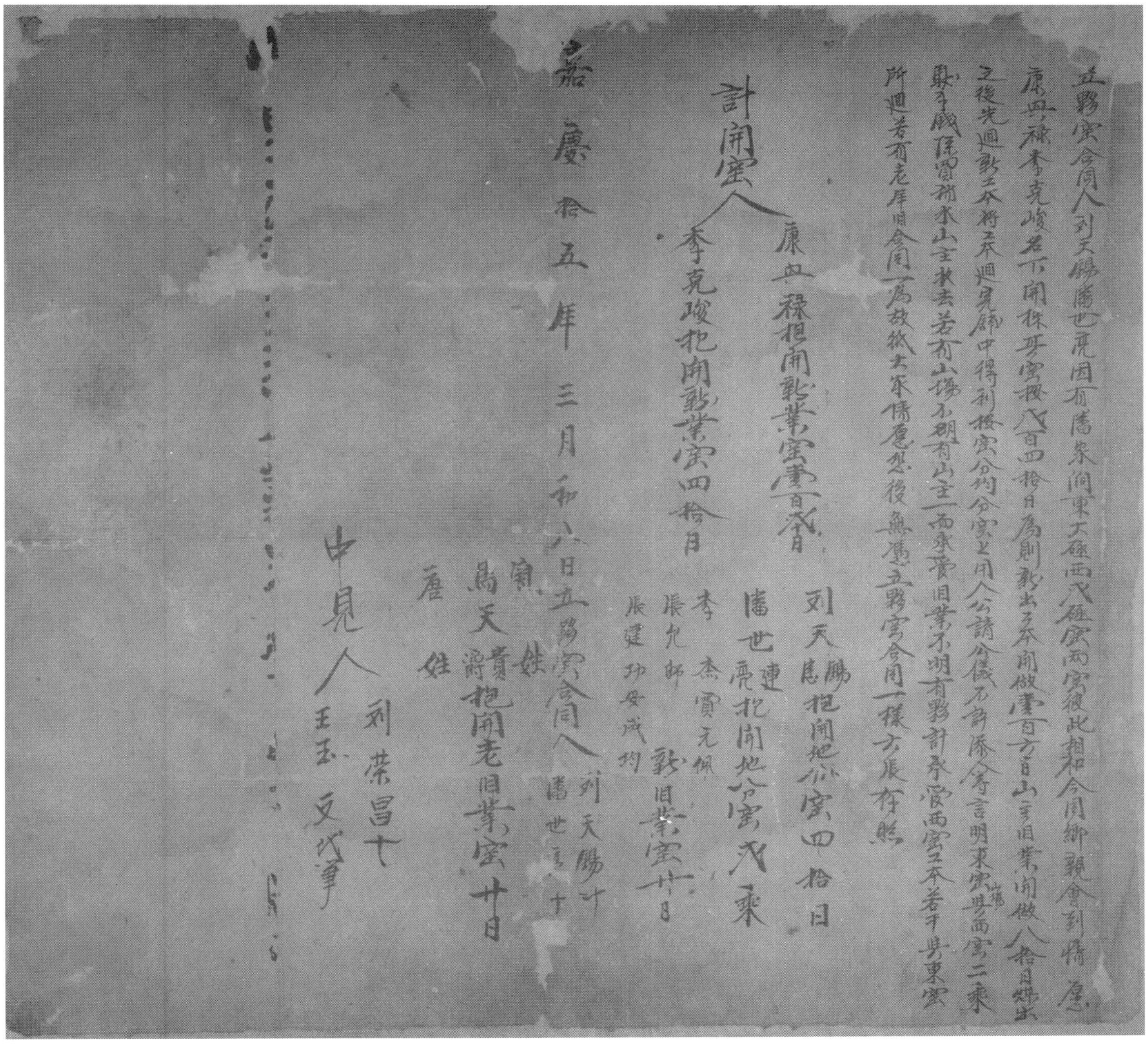

〇七七　嘉慶十五年（1810）劉天錫等夥做東窑、西窑合同

地點：潘家澗

尺寸：縱39釐米、橫42釐米

首都博物館藏

編號：35.4.134

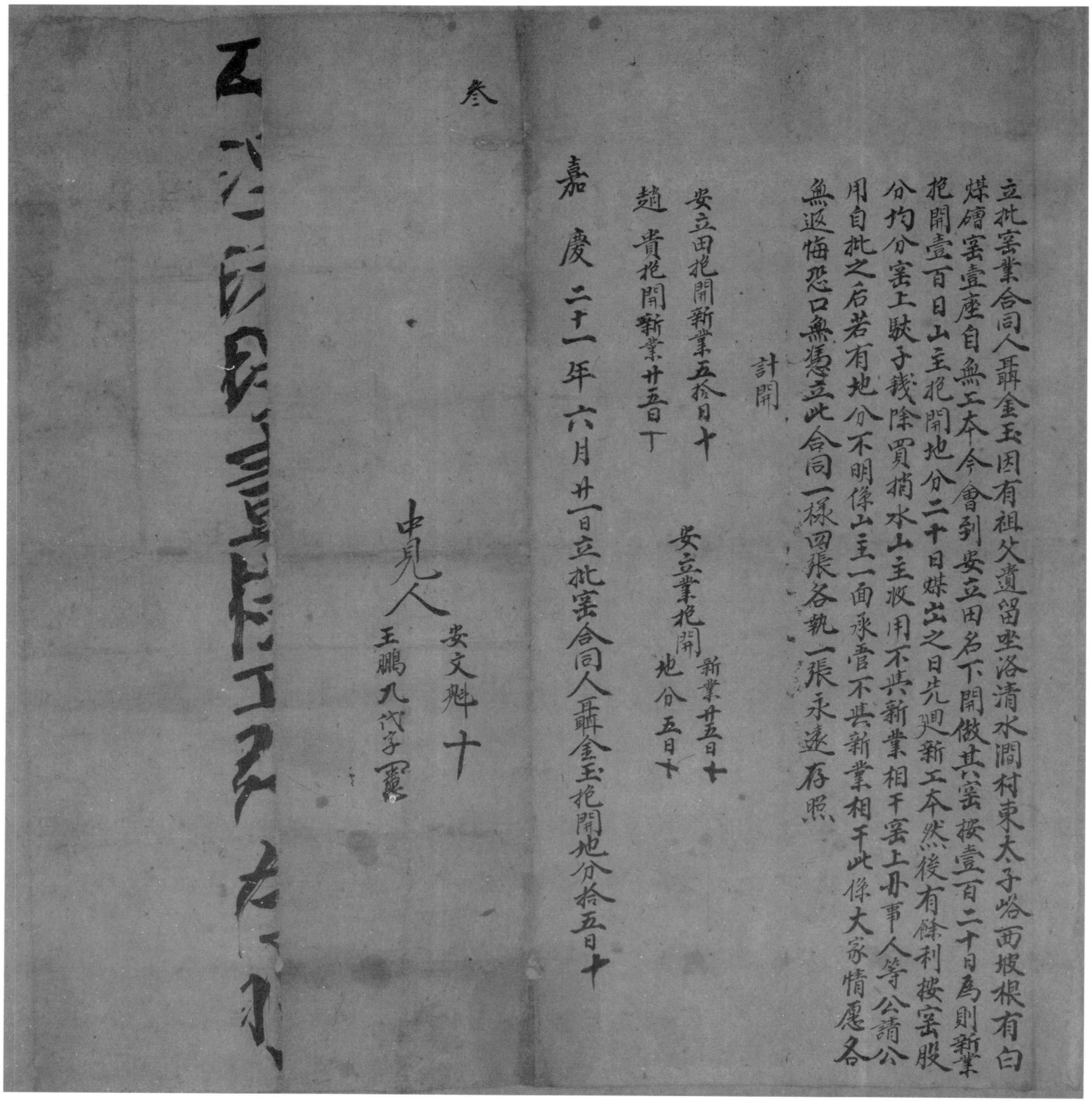

立批窑業合同人聶金玉因有祖父遺留坐洛清水澗村東太子峪西坡根有白
煤礶窑壹座自無工本今會到安立田名下開做其窑按壹百二十日爲則新業
抱開壹百日山主抱開地分二十日煤出之日先廻新工本然後有餘利按窑股
分均分窑上駄子錢除買捎水山主收用不與新業相干窑上丹事人等公請公
用自批之后若有地分不明係山主一面承當不與新業相干此係大家情願各
無返悔恐口無憑立此合同一樣四張各執一張永遠存照

計開

安立業抱開 新業廿五日十
地分五日十

安立田抱開新業五拾日十

趙貴抱開新業廿五日丁

嘉慶二十一年六月廿一日立批窑合同人聶金玉抱開地分拾五日十

中見人 安文魁十
王鵬九代字

叁

〇七八 嘉慶二十一年（1816）聶金玉批做白煤礶窑合同

地點：清水澗村東太子峪

尺寸：縱52釐米、横48釐米

首都博物館藏

編號：35.4.132

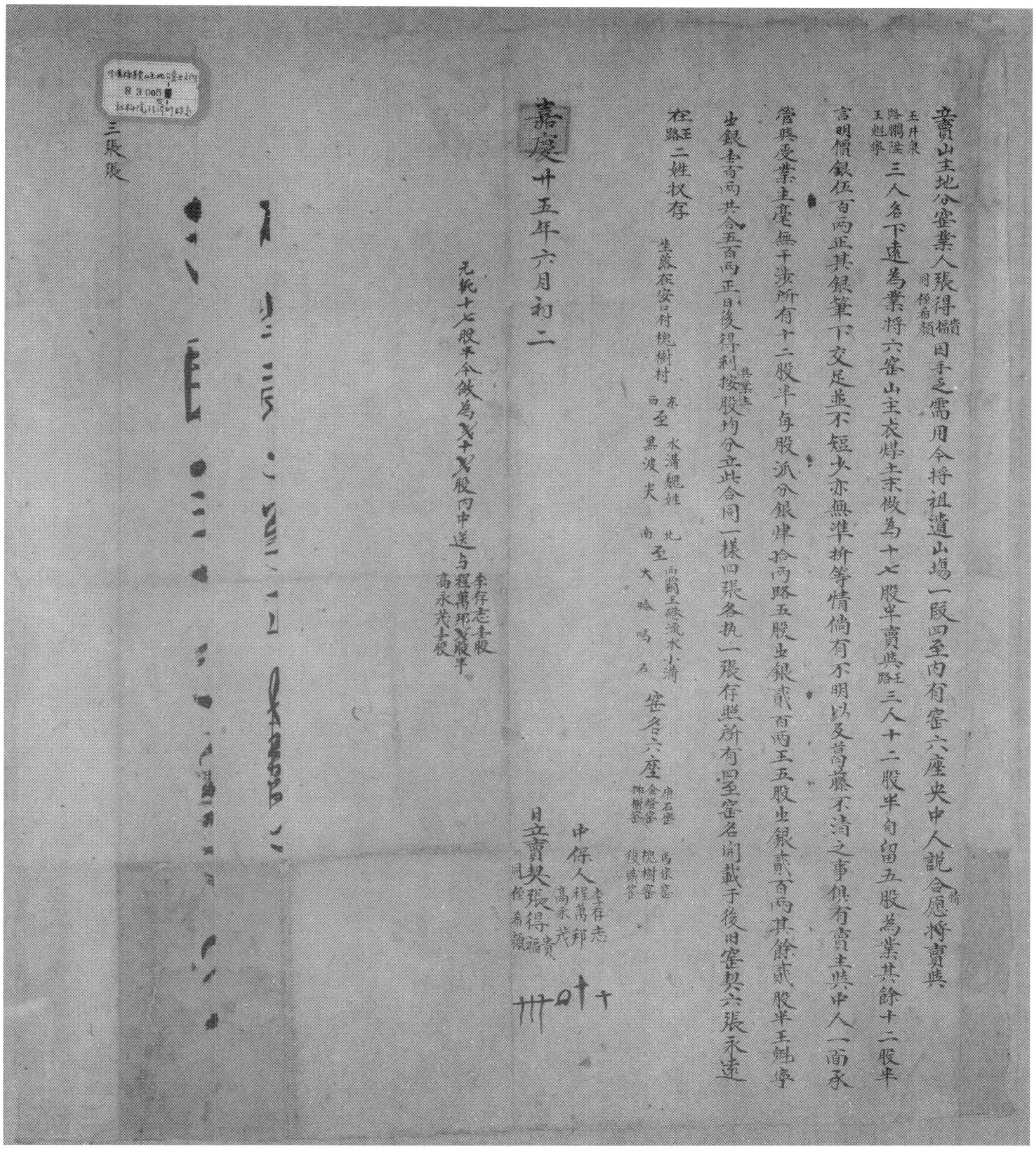

立賣山主地分窑業人張得福貴 同侄希顏 因手乏需用，今将祖遺山場一段，四至内有窑六座，央中人說合，情愿将賣與
王井泉 路鵬陞 王魁學 三人名下，遠為業。将六窑山主衣𤇯土末做為十七股半，賣與路王三人十二股半，自留五股為業。其餘十二股半
言明價銀伍百兩正，其銀筆下交足，並不短少，亦無準折等情。倘有不明以及葛藤不清之事，俱有賣主與中人一面承
管，與受業主毫無干涉。所有十二股半，每股派分銀肆拾兩，路五股出銀貳百兩，王五股出銀貳百兩，其餘貳股半王魁學
出銀壹百兩，共合五百兩正。日後得利，與業主按股均分。立此合同一樣四張，各執一張存照。所有四至窑名開載于後。旧窑契六張，永遠
在王路二姓収存。
坐落在安口村槐樹村
東至水溝魏姓　西至黒波尖
北至西霸王硙流水小溝　南至大哈嗎石
窑名六座：唐石窑、金燈窑、槐樹窑、馬家窑、槐樹窑、復盛窑
嘉慶廿五年六月初二日
立賣契 張得福貴 同侄希顏
中保人 李存志 程萬邦 高永茂
元紙十七股半，今做為〆十〆股，内中送与程萬邦〆股半、李存志壹股、高永茂壹股
三張張

〇七九　嘉慶二十五年（1820）張得福等賣金燈窑等窑業文約

地點：安口村　槐樹村

尺寸：縱56釐米、橫49釐米

門頭溝博物館藏

編號：830051

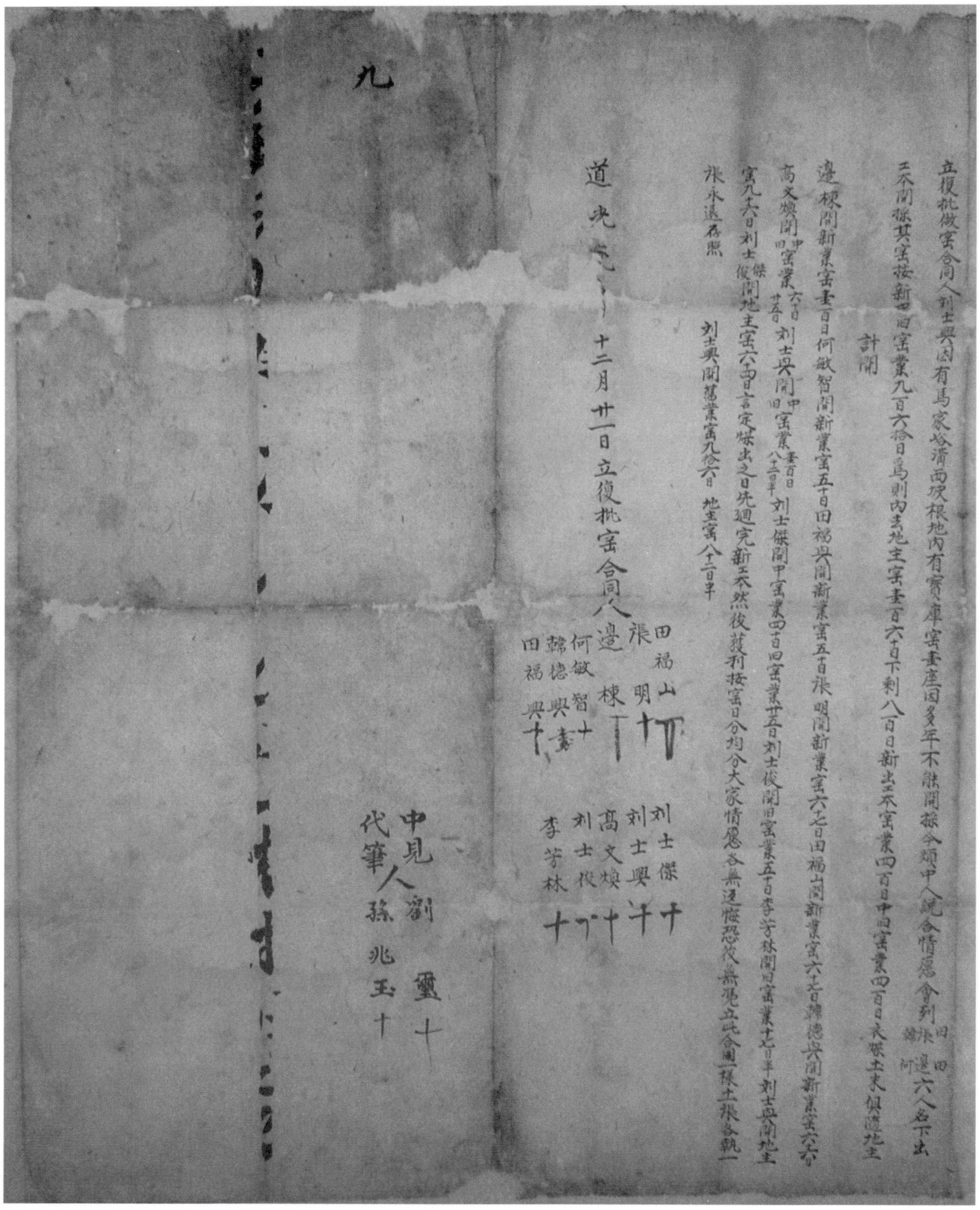
九

立復批做窑合同人刘士興因有馬家峪清西坡根地内有寶庫窑壹座因多年不能開採今煩中人説合情愿會列田張韓何田邊六人名下出
工本開採其窑按新舊窑業九百六拾日爲則内支地主窑壹百六十日下剩八百日新出工本窑業四百日中舊窑業四百日衣眾出工人俱照地主
計開
邊棟開新業窑壹百日何敏智開新業窑五十日田福興開新業窑五百日張明開新業窑六十七日田福山開新業窑六十七日韓德興開新業窑六十七日
高文煥開中舊窑業六十日十五日刘士興開中舊窑業壹百日八十三日半刘士傑開中窑業四百日舊窑業廿五日刘士俊開舊窑業五十日李芳林開舊窑業十七日半刘士興開地主
窑九十六日刘士俊開地主窑六十四日言定挖出之日先週完新工本然後獲利按窑日分均分大家情愿各無返悔恐後無憑立此合同一樣七張各執一
張永遠存照　刘士興開舊業窑九拾六日　地主窑八十三日半

道光元年十二月廿一日立復批窑合同人　邊棟　田福山　張明　何敏智　韓德興　田福興　刘士傑　刘士興　高文煥　刘士俊　李芳林

中見人　劉璽
代筆人　孫兆玉

〇八〇　道光元年（1821）劉士興等復批做寶庫窑合同

地點：馬家峪溝
尺寸：縱58釐米、橫40釐米
首都博物館藏
編號：35.4.157

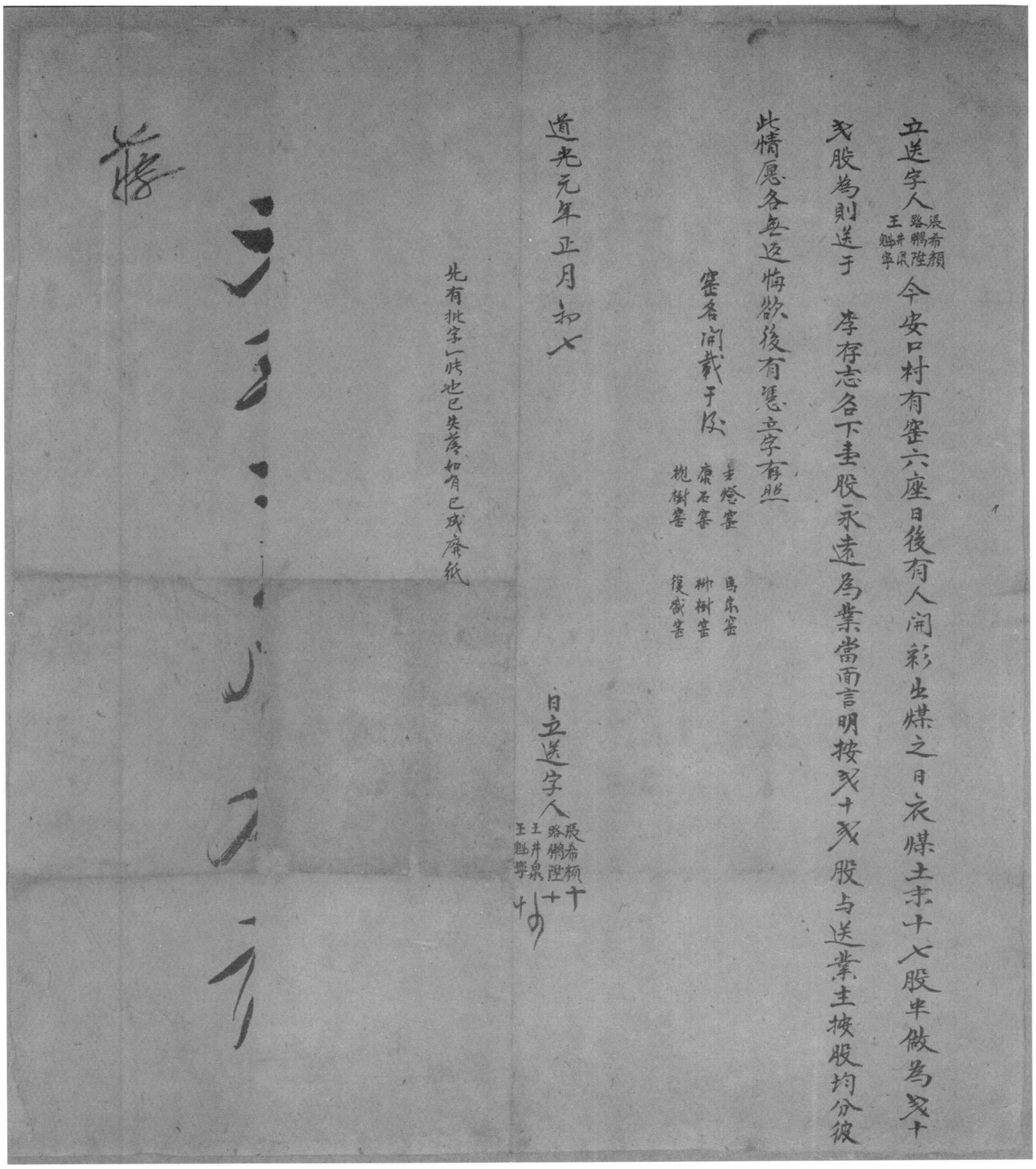
立送字人張希顔、路鵬陞、王井泉、王魁學今安口村有窰六座日後有人開彩出煤之日衣煤土作十七股半做為弍十弍股為則送于李存志名下壹股永遠為業當面言明按弍十弍股与送業主按股均分彼此情愿各無返悔欲後有憑立字存照

窰名開載于后

金燈窰　馬家窰

康石窰　柳樹窰

槐樹窰　復盛窰

道光元年正月初七日立送字人張希顔十　路鵬陞十　王井泉十　王魁學十

先有批字一紙也已失落如有已成廢紙

據

〇八一　道光元年（1821）張希顏等送金燈窑窑業字據

地點：安口村

尺寸：縱57釐米、橫48釐米

首都博物館藏

編號：35.4.158

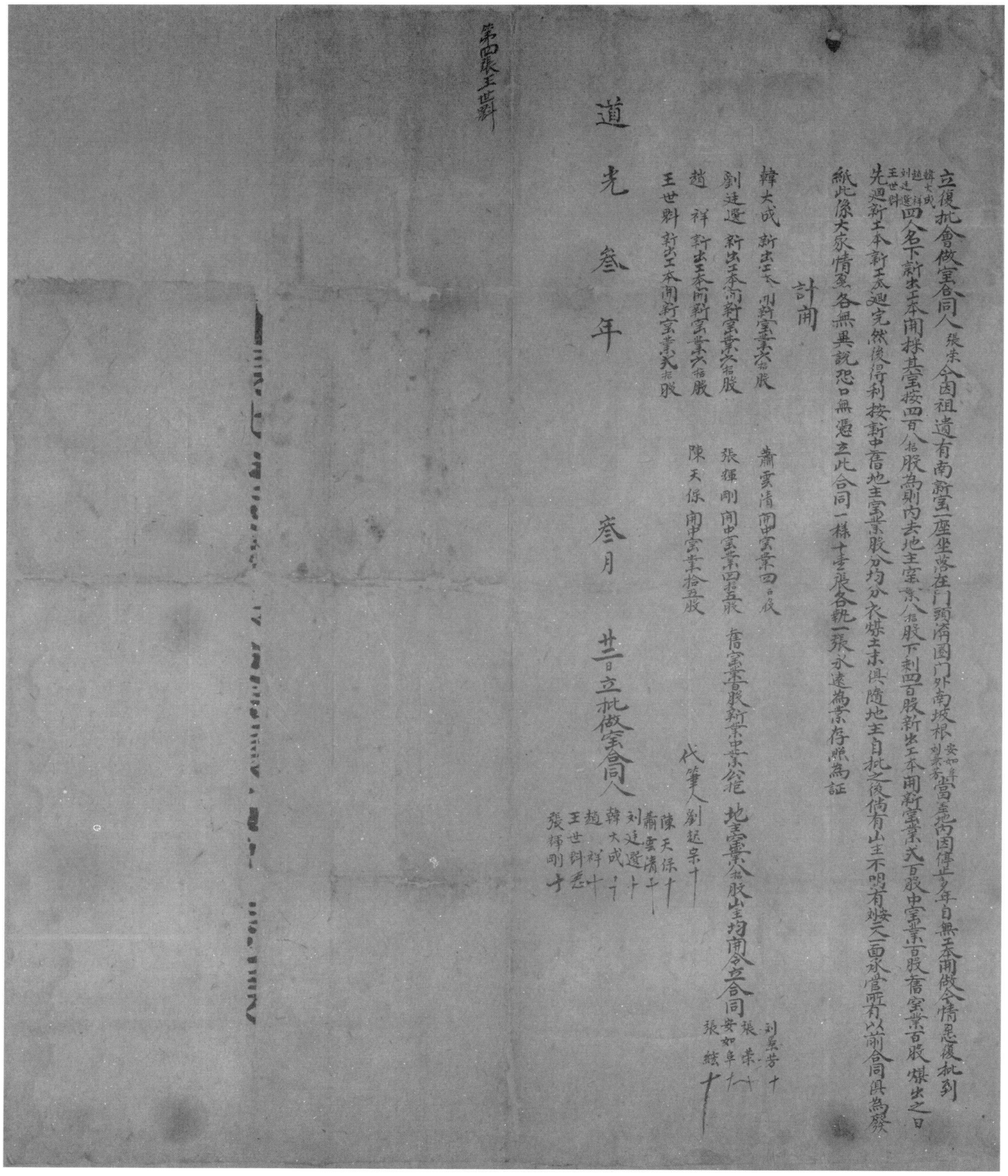

第四張王世斟

立復批會做窑合同人張榮仝因祖遺有南新窑一座坐落在門頭溝圈門外南坡根安如卓、刘景芳當差，向因停廿多年自無工本開做，今情愿復批到韓大成、趙祥、刘廷選、王世斟四人名下新出工本開採。其窑按四百八十股為則，内去地主窑業八十股，下剩四百股，新出工本開新窑業[illegible]百股，中窑業一百股，舊窑業一百股。煤出之日先迴新工本，新工本迴完然後得利，按新中舊地主窑業股分均分，衣煤工末俱隨地主自批之後，倘有山主不明，有[illegible]之人一面承當，所有以前合同俱為廢紙。此係大家情愿，各無異説，恐口無憑，立此合同一樣十壹張，各執一張，永遠為業存照為証。

計開

韓大成 新出工本開新窑業[illegible]股

劉廷選 新出工本開新窑業[illegible]股

趙祥 新出工本開新窑業[illegible]股

王世斟 新出工本開新窑業[illegible]股

蕭雲清 開中窑業[illegible]股

張輝剛 開中窑業[illegible]股

陳天保 開中窑業拾五股

舊窑業一百股新業中業[illegible] 地主窑業八十股山主均開合立合同

道光叁年叁月廿一日立批做窑合同人 刘景芳十 張榮十 安如卓十 張鉉十

代筆人劉延宗十

陳天保十 蕭雲清十 刘廷選十 韓大成十 趙祥十 王世斟十 張輝剛十

○八二　道光三年（1823）張榮等復批會做南新窑合同

地點：門頭溝圈門外

尺寸：縱58釐米，橫46釐米

首都博物館藏

編號：35.4.155

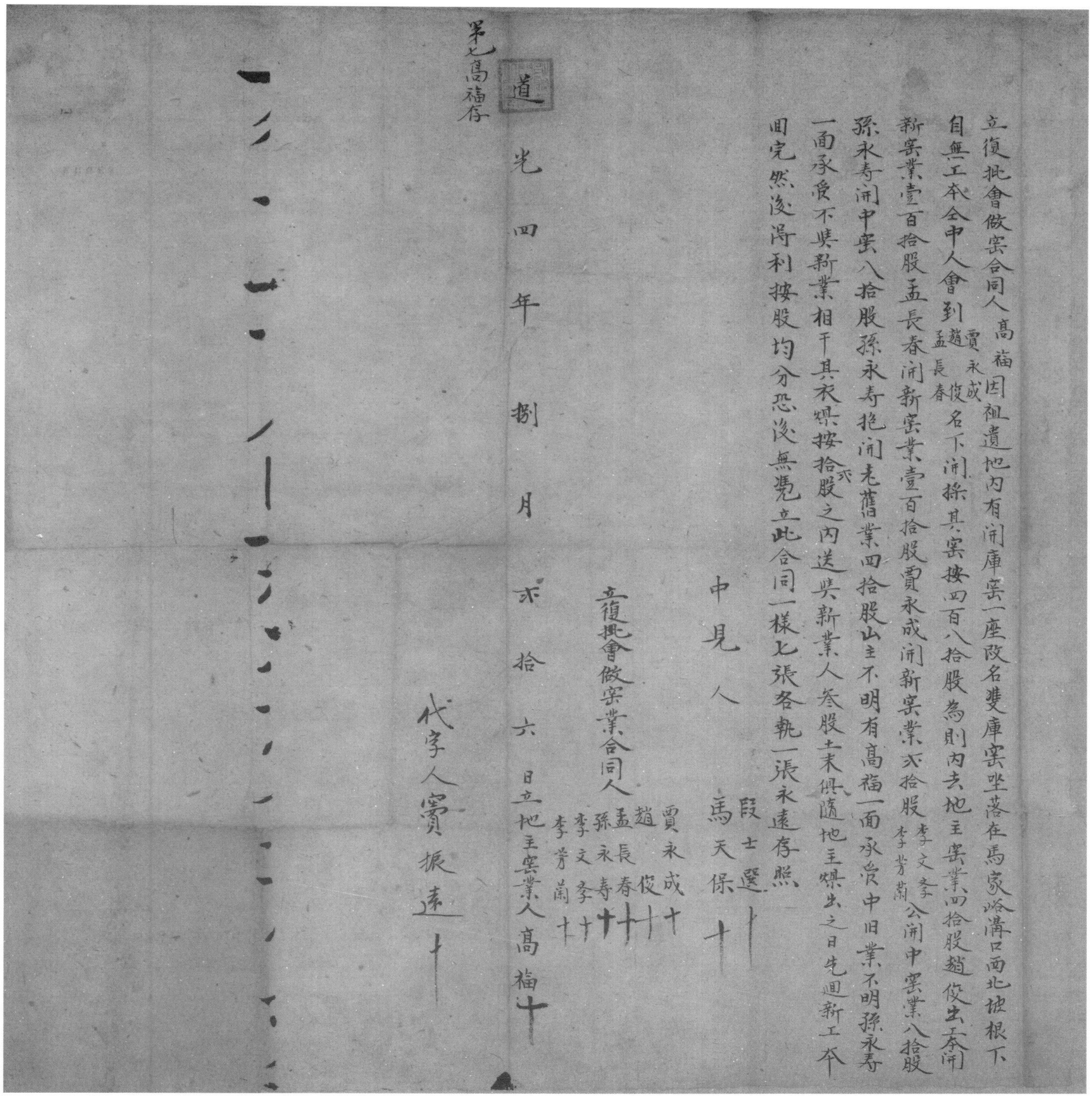
立復批會做窑合同人高福因祖遺地內有開庫窑一座改名雙庫窑坐落在馬家峪溝口西北坡根下
自無工本仝中人會到賈永成、趙俊、孟長春名下開採其窑按四百八拾股為則內去地主窑業四拾股趙俊出本開
新窑業壹百拾股孟長春開新窑業壹百拾股賈永成開新窑業弍拾股李文李、李芳蘭公開中窑業八拾股
孫永寿開中窑八拾股孫永寿抱開老舊業四拾股山主不明有高福一面承管中旧業不明孫永寿
一面承管不與新業相干其衣綵按拾弍股之內送與新業人叁股土末俱隨地主綵出之日先週新工本
回完然後得利按股均分恐後無凴立此合同一樣七張各執一張永遠存照

中見人 段士選 十 馬天保 十

立復批會做窑業合同人 賈永成 十 趙俊 十 孫永寿 十 孟長春 十 李文李 十 李芳蘭 十

道光四年捌月弍拾六日立 地主窑業人高福 十

代字人賈振遠 十

第七 高福存

〇八三 道光四年（1824）高福等復批會做雙庫窑合同

地點：馬家峪溝口

尺寸：縱50釐米、橫48.2釐米

門頭溝博物館藏

編號：830030

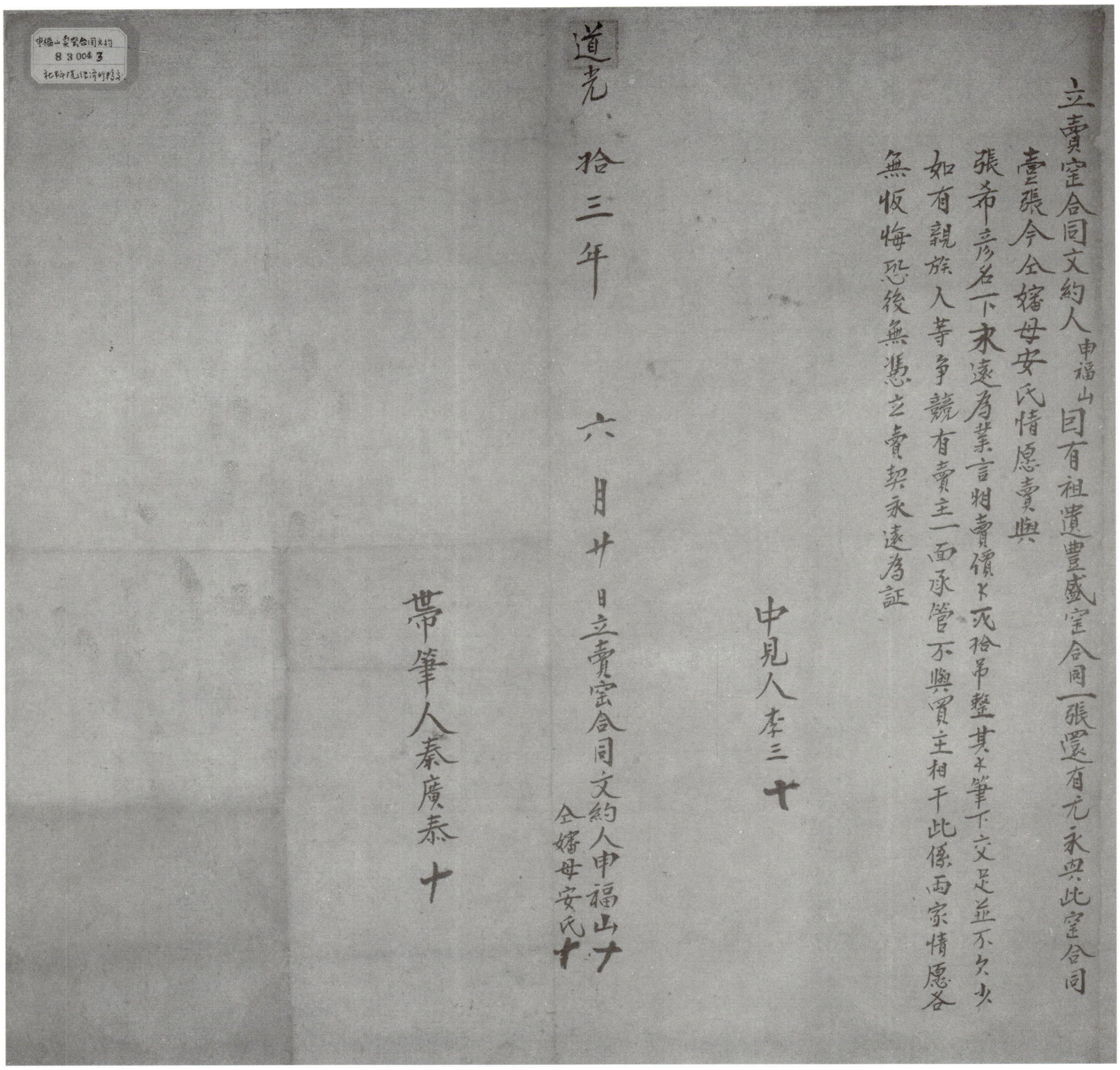
立賣窑合同文約人申福山因有祖遺豐盛窑合同一張還有先永與此窑合同
壹張今仝孀母安氏情愿賣與
張希彥名下永遠為業言明賣價大錢拾吊整其錢筆下交足並不欠少
如有親族人等爭競有賣主一面承管不與買主相干此係兩家情愿各
無反悔恐後無憑立賣契永遠為証
中見人李三 十
道光拾三年 六月廿日立賣窑合同文約人申福山 十
仝孀母安氏 十
帶筆人秦廣泰 十

〇八四　道光十三年（1833）申福山等賣豐盛窑合同

尺寸：縱53.9釐米、橫54釐米

門頭溝博物館藏

編號：830043

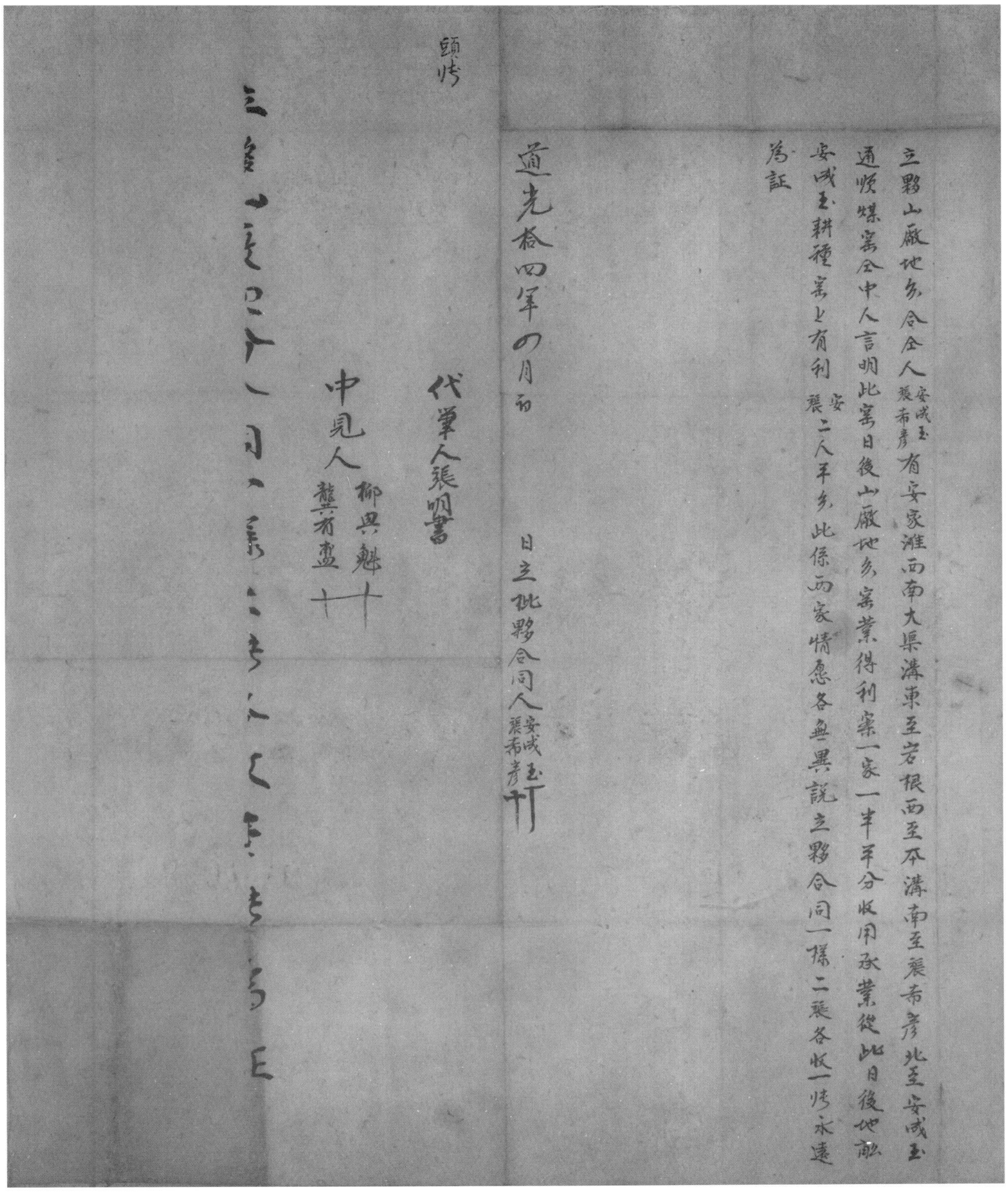

立夥山廠地分合仝人安成玉張布彥有安家灘西南大渠溝東至岩根西至本溝南至張布彥北至安成玉
通順煤窯仝中人言明此窯日後山廠地分窯業得利案一家一半平分收用承業從此日後地畝
安成玉耕種窯上有利安張二人平分此係兩家情愿各無異說立夥合同一樣二紙各收一紙永遠
為証

道光拾四年四月　日　立此夥合同人安成玉張布彥　十

代筆人張明書

中見人柳興魁　龔有盡　十

頭紙

〇八五　道光十四年（1834）安成玉等夥通順窑山廠地分合同

地點：安家灘

尺寸：縱58釐米、橫48釐米

首都博物館藏

編號：35.4.162

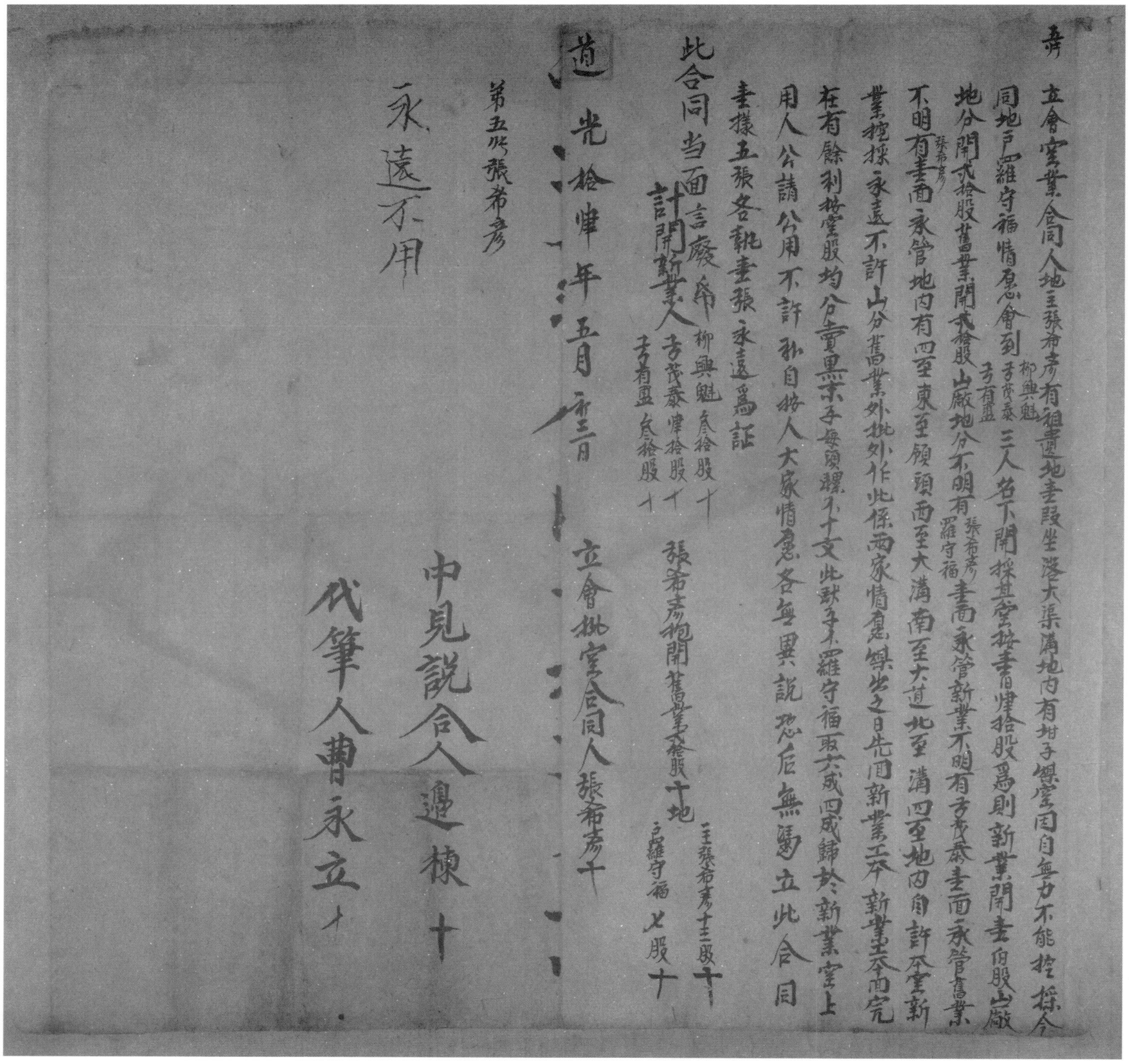
立會窯業合同人地主張希彥有祖遺地壹段坐落大渠溝地内有坩子煤窯因自無力不能控採今
同地戶羅守福情愿會到柳興魁、李茂泰、李有盈三人名下開採其窯按壹百肆拾股爲則新業開壹佰股山廠
地分開貳拾股舊業開貳拾股山廠地分不明有張希彥、羅守福壹面承管新業不明有李茂泰壹面承管舊業
不明有壹面承管地内有四至東至領頭西至大溝南至大道北至溝四至地内自許各窯新
業控採永遠不許山分舊業外批外作此係兩家情愿出之日先同新業工本新業工本而完
在有餘利按窯股均分壹黑某子每頭鍵不十文此欵手木羅守福取六成四成歸於新業窯上
用人公請公用不許私自招人大家情愿各無異說恐后無憑立此合同
壹樣五張各執壹張永遠爲証
此合同当面言廢
計開新業人柳興魁叁拾股十
李茂泰肆拾股十
李有盈叁拾股十
張希彥抱開舊業貳拾股十
地主張希彥十三股十
戶羅守福七股十
道光拾肆年五月十三日 立會控窯合同人張希彥十
第五 張希彥
中見說合人邊棟十
永遠不用
代筆人曹永立十

〇八六　道光十四年（1834）張希彦會坩子煤窑窑業合同

地點：大渠溝

尺寸：縱48.7釐米、横50.6釐米

門頭溝博物館藏

編號：830032

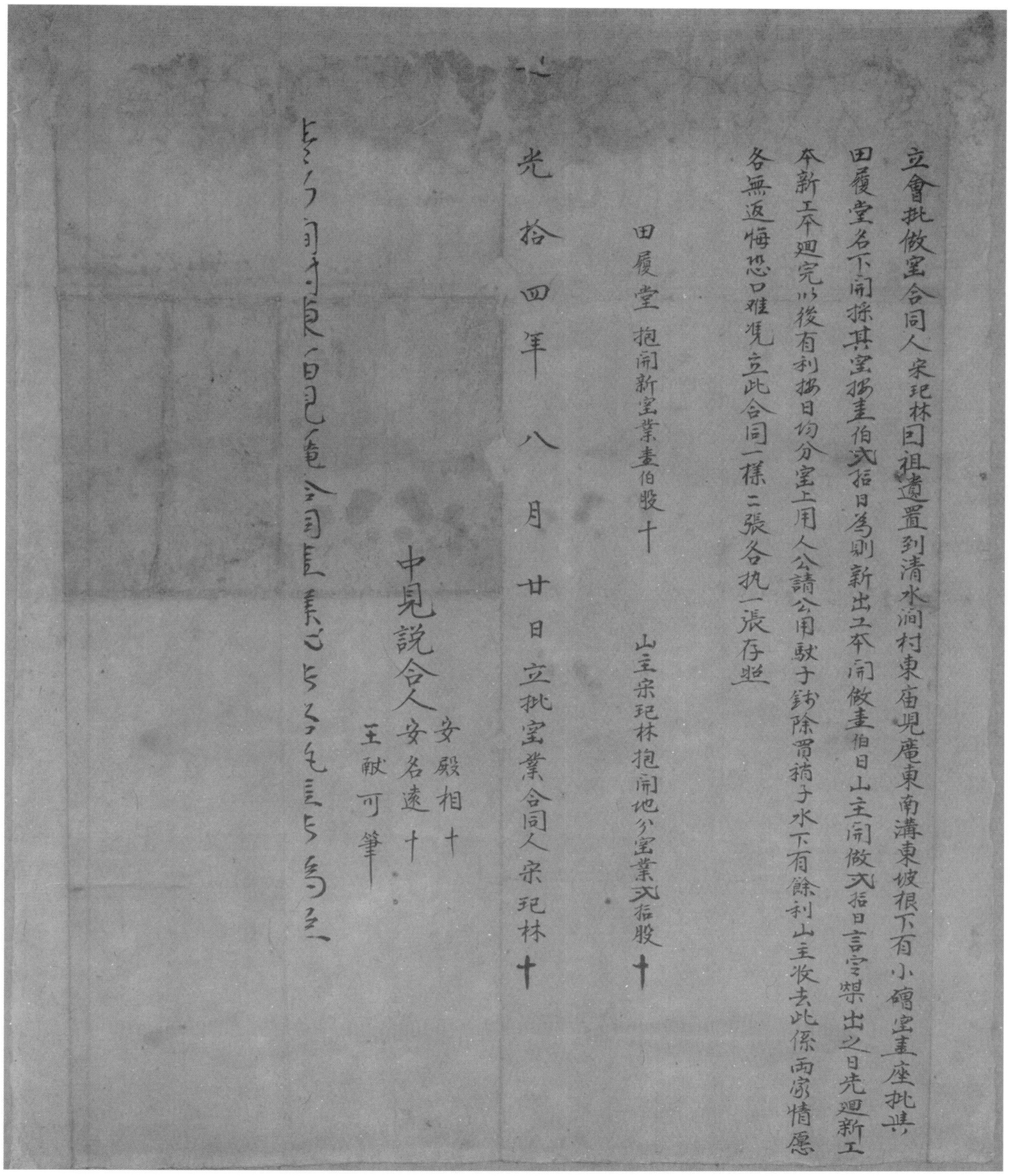
立會批做窰合同人宋玘林因祖遺置到清水澗村東廟兒庵東南溝東坡根下有小礦窰壹座批與
田履堂名下開採其窰按壹伯貳拾日為則新出工本開做壹伯日山主開做貳拾日言定煤出之日先迴新工
本新工本迴完以後有利按日均分窰上用人公請公用馱子錢除買稍子水下有餘利山主收去此係兩家情愿
各無返悔恐口難憑立此合同一樣二張各執一張存照
田履堂　抱開新窰業壹伯股　十
山主宋玘林抱開地分窰業貳拾股　十
道光拾四年八月廿日立批窰業合同人宋玘林　十
中見說合人　安殿相　十
安名遠　十
王畝可筆

○八七　道光十四年（1834）宋玘林會批做小礦窰合同

地點：清水澗村東廟兒庵
尺寸：縱57釐米、橫42釐米
首都博物館藏
編號：35.4.148

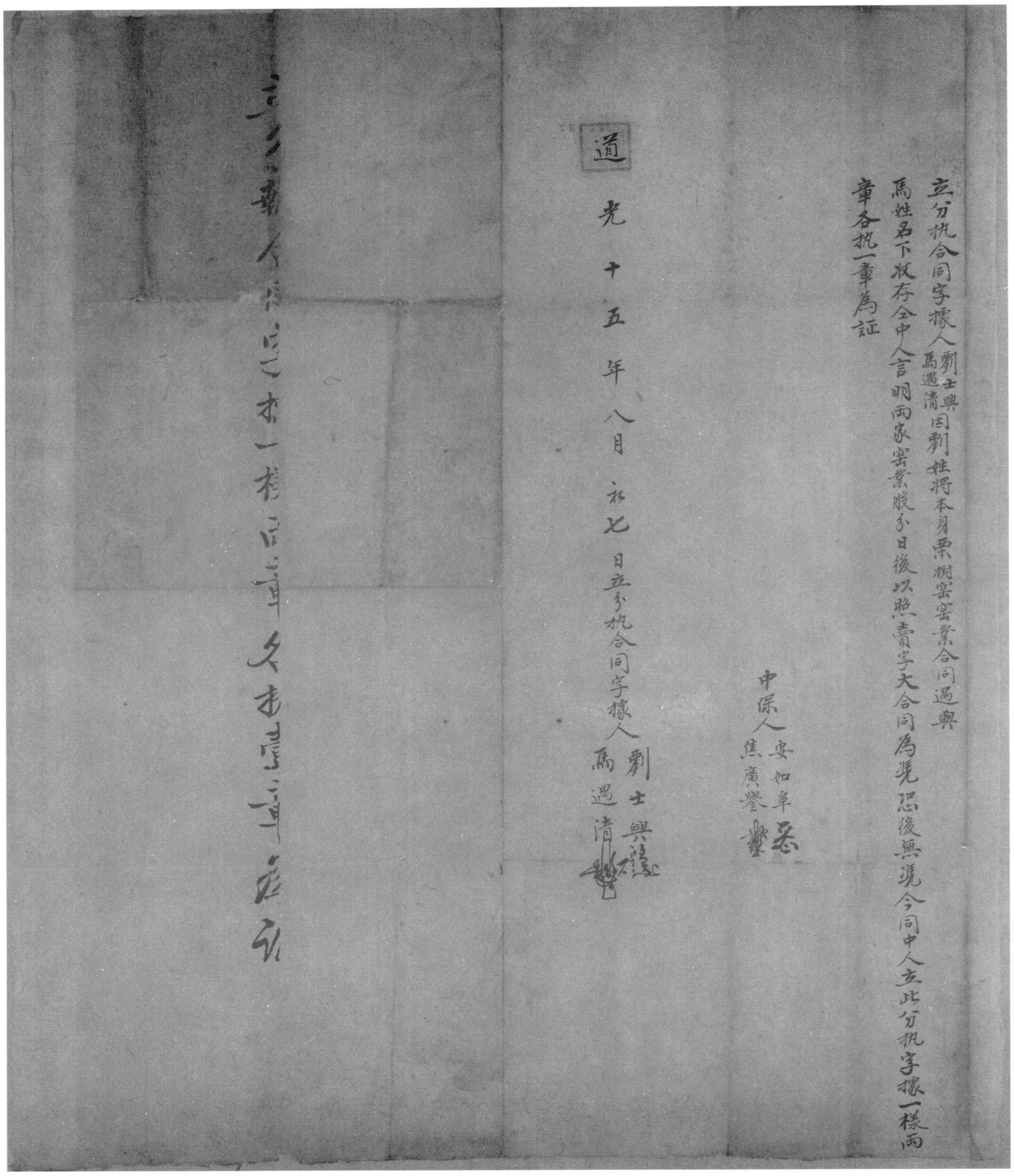

立分執合同字據人劉士興、馬遇清，因劉姓將本身栗樹窑窑業合同過與馬姓名下收存，仝中人言明，兩家窑業股分日後以照壹字大合同為憑。恐後無憑，仝同中人立此分執字據一樣兩章，各執一章為証。

中保人 安如阜 焦廣鑾

道光十五年八月初七日立分執合同字據人 劉士興 馬遇清

〇八八 道光十五年（1835）劉士興等栗樹窑分執合同字據

尺寸：縱58.5釐米、橫48.5釐米

門頭溝博物館藏

編號：830031

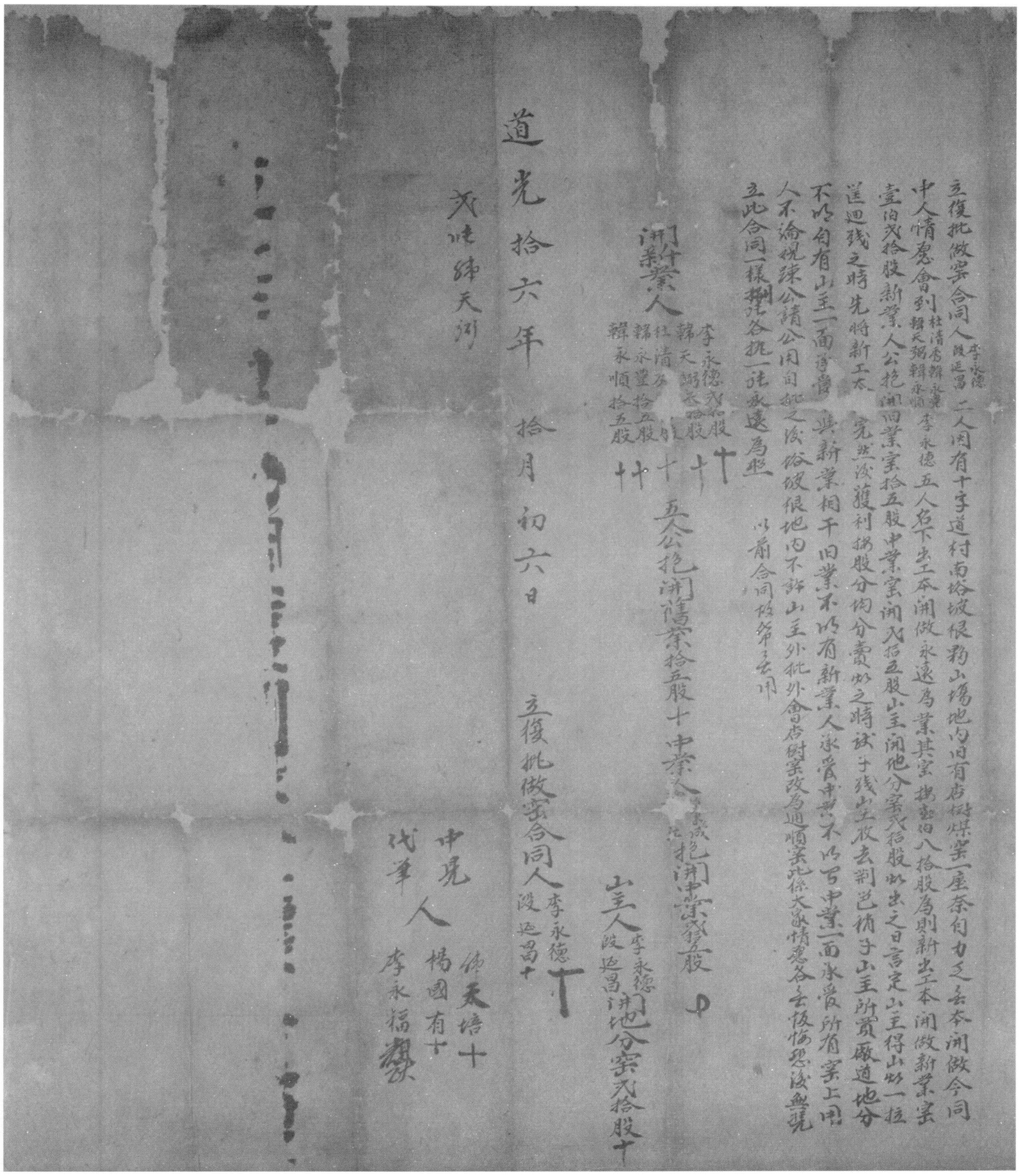
立復批做窑合同人李永德、段延昌二人因有十字道村南峪坡根鞍山場地內旧有店樹煤窑一座，奈自力乏無本開做，今同中人情愿會到杜清秀、韓永豐、韓天錫、韓永順、李永德五人名下出工本開做，永遠為業。其窑撥作八拾股為則，新出工本開做新業窑壹伯貳拾股，新業人公抱開旧業窑拾五股，中業窑開貳拾五股，山主開他分窑貳拾股。日後出炭之日言定山主得山炭一拉，送過残之時，先將新工本[illegible]完，然後獲利按股分均分。賣炭之時，[illegible]子残出炭，[illegible]去剩[illegible]積子，山主所買廠道地分不修，自有山主一面承當，與新業相干。旧業不修，有新業人承當。中業不修，有中業一面承當。所有窑上周人不論親疎，公請公閑。自批之後，峪坡根地內不許山主外批，外會店樹窑改為通順窑。此係大家情愿，各無反悔。恐後無憑，立此合同一樣捌張，各執一張，永遠為照。

以前合同作為無用

開新業人 李永德貳拾股十 韓天錫貳拾股十 杜清秀[illegible]股十 韓永豐拾五股十 韓永順拾五股十

五人公抱開舊業拾五股十

中業人 李永德 段延昌 抱開中業貳拾五股

山主人 李永德 段延昌 開他分窑貳拾股十

道光拾六年拾月初六日 立復批做窑合同人 李永德十 段延昌十

中見人 侯天培十 楊國有十

代筆人 李永福

[illegible]

○八九 道光十六年（1836）李永德等復批做通順窑合同

地點：十字道村

尺寸：縱52釐米、橫43釐米

首都博物館藏

編號：35.4.152

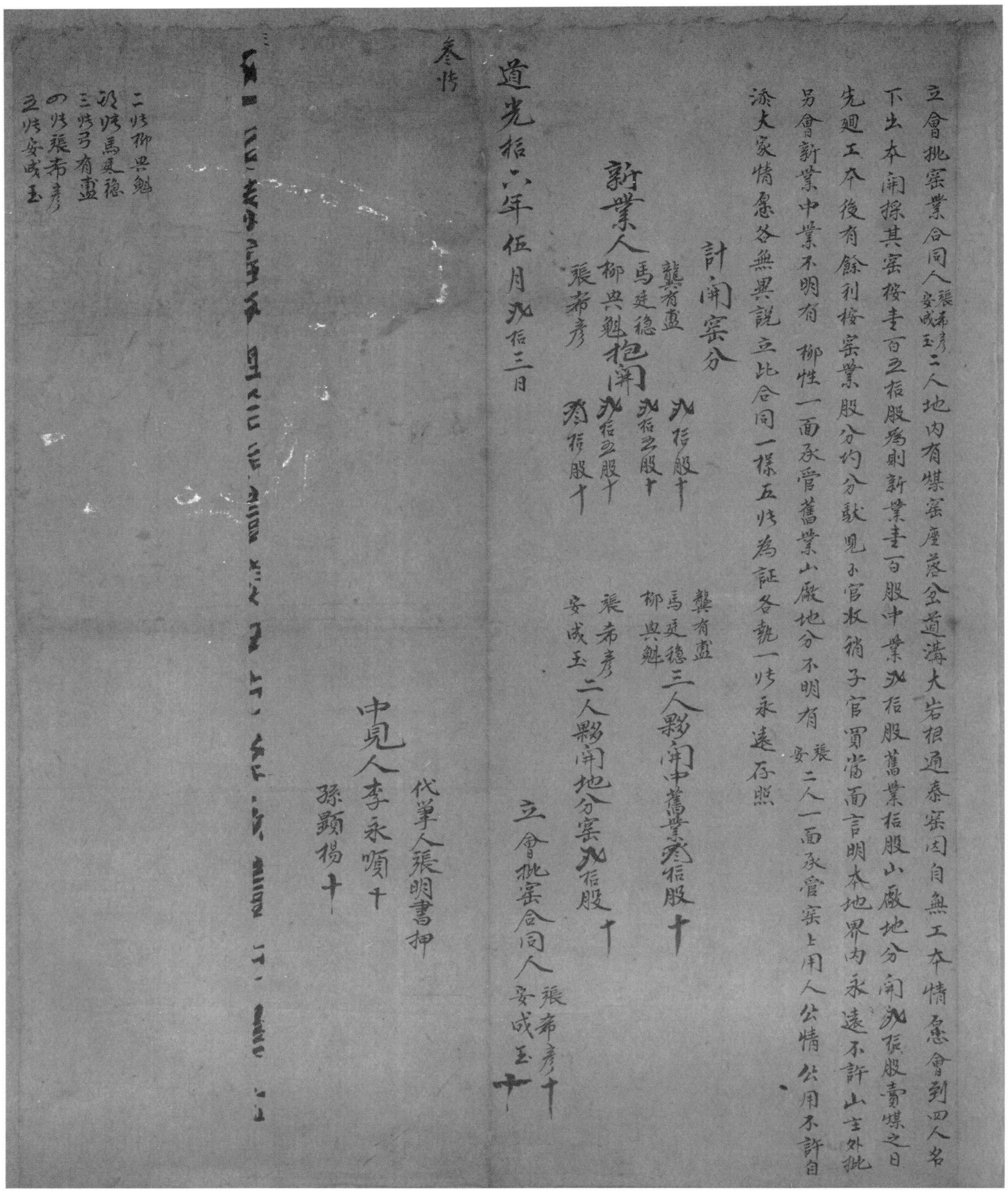
立會批窑業合同人張希彥/安成玉二人地内有煤窑座落岔道溝大岩根通泰窑因自無工本情愿會到四人名
下出本開採其窑按壹百五拾股爲則新業壹百股中業肆拾股舊業拾股山廠地分開肆拾股賣煤之日
先週工本後有餘利按窑業股分均分歀見小官收稍子官買當面言明本地界内永遠不許山主外批
另會新業中業不明有 柳姓一面承管舊業山廠地分不明有張/安二人一面承管窑上用人公情公用不許自
添大家情愿各無異説立此合同一様五紙爲証各執一紙永遠存照

計開窑分
龔有盡 肆拾股十
馬廷穩 肆拾五股十
新業人柳興魁抱開 肆拾五股十
張希彥 叁拾股十

龔有盡/馬廷穩/柳興魁三人夥開中舊業叁拾股十
張希彥/安成玉二人夥開地分窑肆拾股十

立會批窑合同人張希彥十/安成玉十

代筆人張明書押
中見人李永順十
孫顯揚十

道光拾六年伍月肆拾三日

參紙

二紙柳興魁
頭紙馬廷穩
三紙龔有盡
四紙張希彥
五紙安成玉

〇九〇 道光十六年（1836）張希彥等會批通泰窑合同

地點：岔道溝
尺寸：縱52釐米、橫43釐米
首都博物館藏
編號：35.4.154

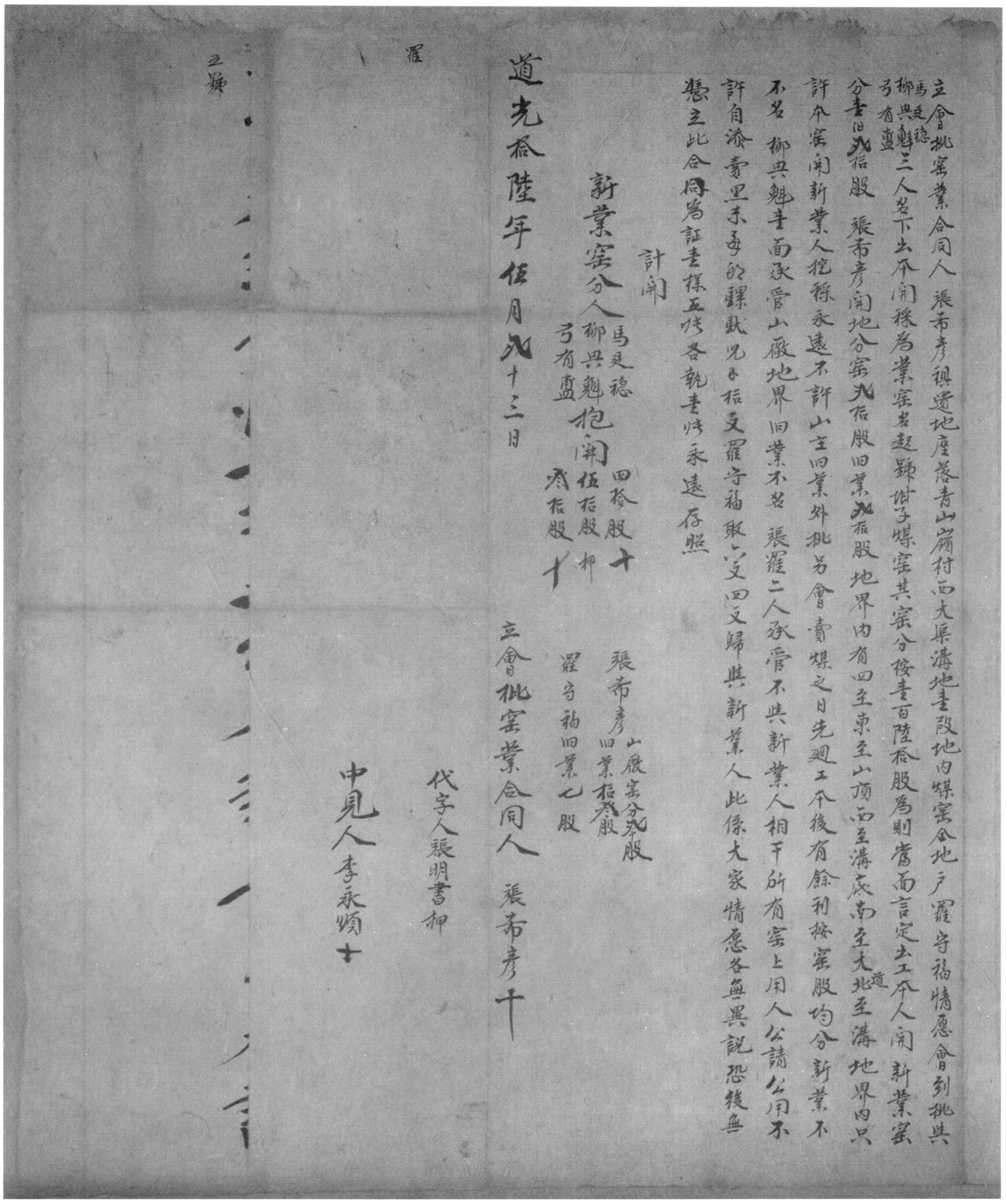
立會批窑業合同人張希彥祖遺地座落青山嶺村西大渠溝地壹段地内煤窑係地户羅守福情愿會到批與
馬廷穩
柳興魁三人名下出本開採爲業窑名趙縣坩子煤窑其窑分按壹百陸拾股爲則當面言定出工本人開新業窑
弓有盡
分壹旧九拾股　張希彥開地分窑九拾股旧業九拾股地界内有四至東至山頂西至溝底南至大道北至溝地界内只
許本窑開新業人挖採永遠不許山主旧業外批另會賣煤之日先週工本後有餘利按窑股均分新業不
不名　柳興魁壹面承管山廠地界旧業不名　張羅二人承管不與新業人相干所有窑上用人公請公用不
許自添賣里木每的課款兄千拾文羅守福取六文四文歸與新業人此係大家情愿各無異説恐後無
憑立此合同爲証壹樣五紙各執壹紙永遠存照

計開

新業窑分人
馬廷穩 四拾股 十
柳興魁 抱開 伍拾股 押
弓有盡 叁拾股 十

張希彥 山廠窑分九股 旧業拾叁股
羅守福旧業七股

道光拾陸年伍月九十三日

立會批窑業合同人　張希彥 十
代字人張明書 押
中見人李永順 十

羅
立縣

〇九一　道光十六年（1836）張希彥會批坩子窑合同

地點：青山嶺村西大渠溝
尺寸：縱58釐米、横48釐米
首都博物館藏
編號：35.4.160

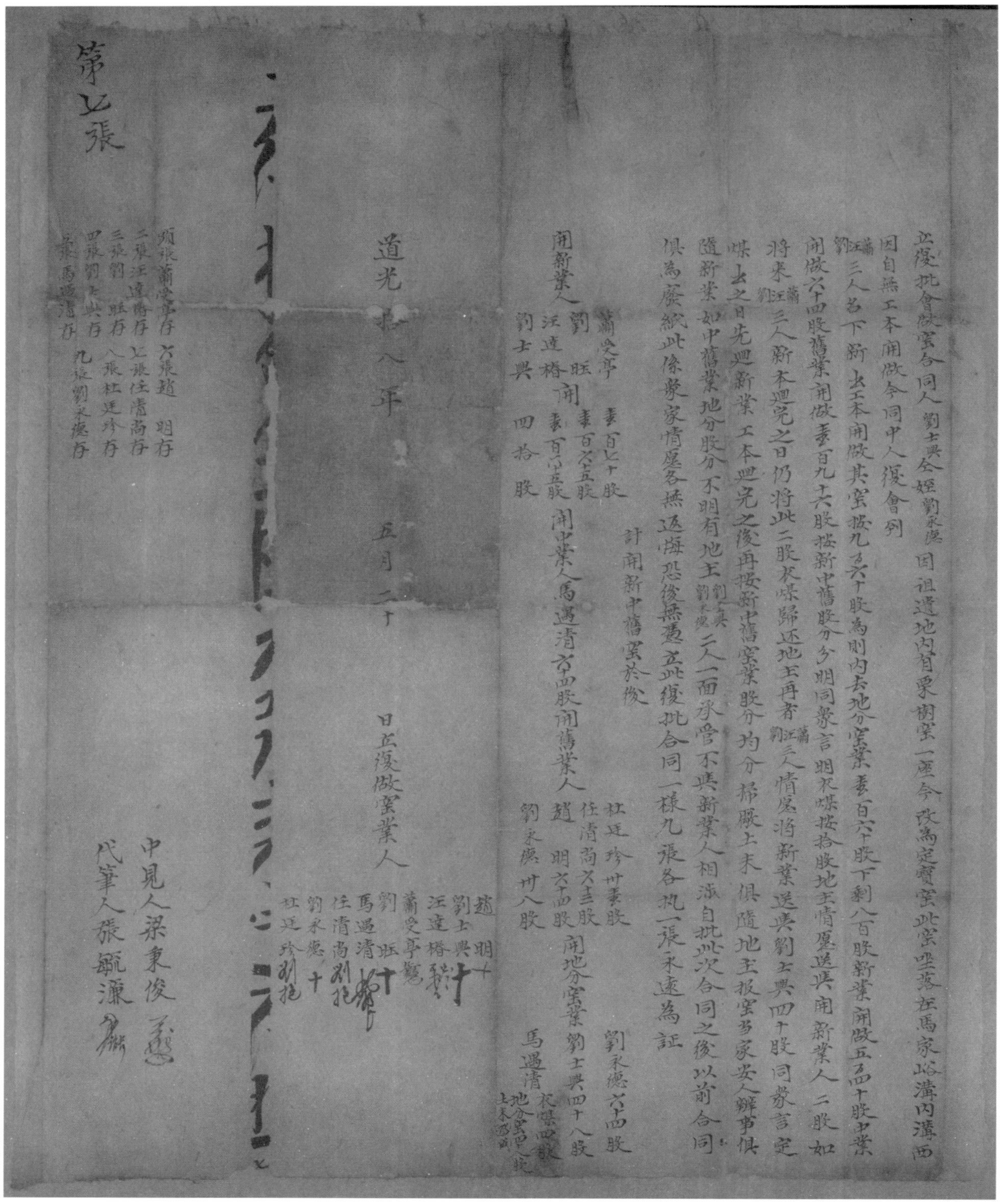

立復批會做窑合同人劉士興仝姪劉永德因祖遺地內有栗樹窑一座今改為定寶窑此窑坐落在馬家峪溝內溝西
因自無工本開做今同中人復會列
蕭汪劉三人名下新出工本開做其窑按九百六十股為則內去地分窑業壹百六十股下剩八百股新業開做五百四十股中業
開做六十四股舊業開做壹百九十六股按新中舊股分分明同衆言明衣碟按拾股地主情愿送與開新業人二股如
將來蕭汪劉三人新本廻完之日仍將此二股衣碟歸还地主再者蕭汪劉三人情愿將新業送與劉士興四十股同衆言定
碟出之日先廻新業工本廻完之後再按新中舊窑業股分均分掃廠土末俱隨地主报窑当家安人辦事俱
隨新業如中舊業地分股分不明有地主劉士興劉永德二人一面承管不與新業人相涉自批此次合同之後以前合同
俱為廢紙此係衆家情愿各無返悔恐後無憑立此復批合同一樣九張各執一張永遠為証

計開新中舊窑於後

開新業人 蕭受亭 壹百七十股
劉旺 壹百六十五股
汪連椿 壹百□五股
劉士興 四拾股

開中業人馬遇清六十四股

開舊業人 杜廷珍卅壹股
任清尚六十三股
趙明六十四股
劉永德卅八股

開地分窑業 劉永德六十四股
劉士興四十八股
馬遇清 衣碟四股

道光十八年五月二十日立復做窑業人 趙明十 劉士興十 汪連椿 蕭受亭 劉旺十 馬遇清 任清尚 劉永德十 杜廷珍

中見人梁秉俊
代筆人張毓濂

頭張蕭受亭存 二張汪連椿存 三張劉旺存 四張劉士興存 五張馬遇清存 六張趙明存 七張任清尚存 八張杜廷珍存 九張劉永德存

第七張

〇九二 道光十八年（1838）劉士興等復批會做定寶窑合同

地點：馬家峪溝
尺寸：縱60釐米、橫43釐米
首都博物館藏
編號：35.4.153

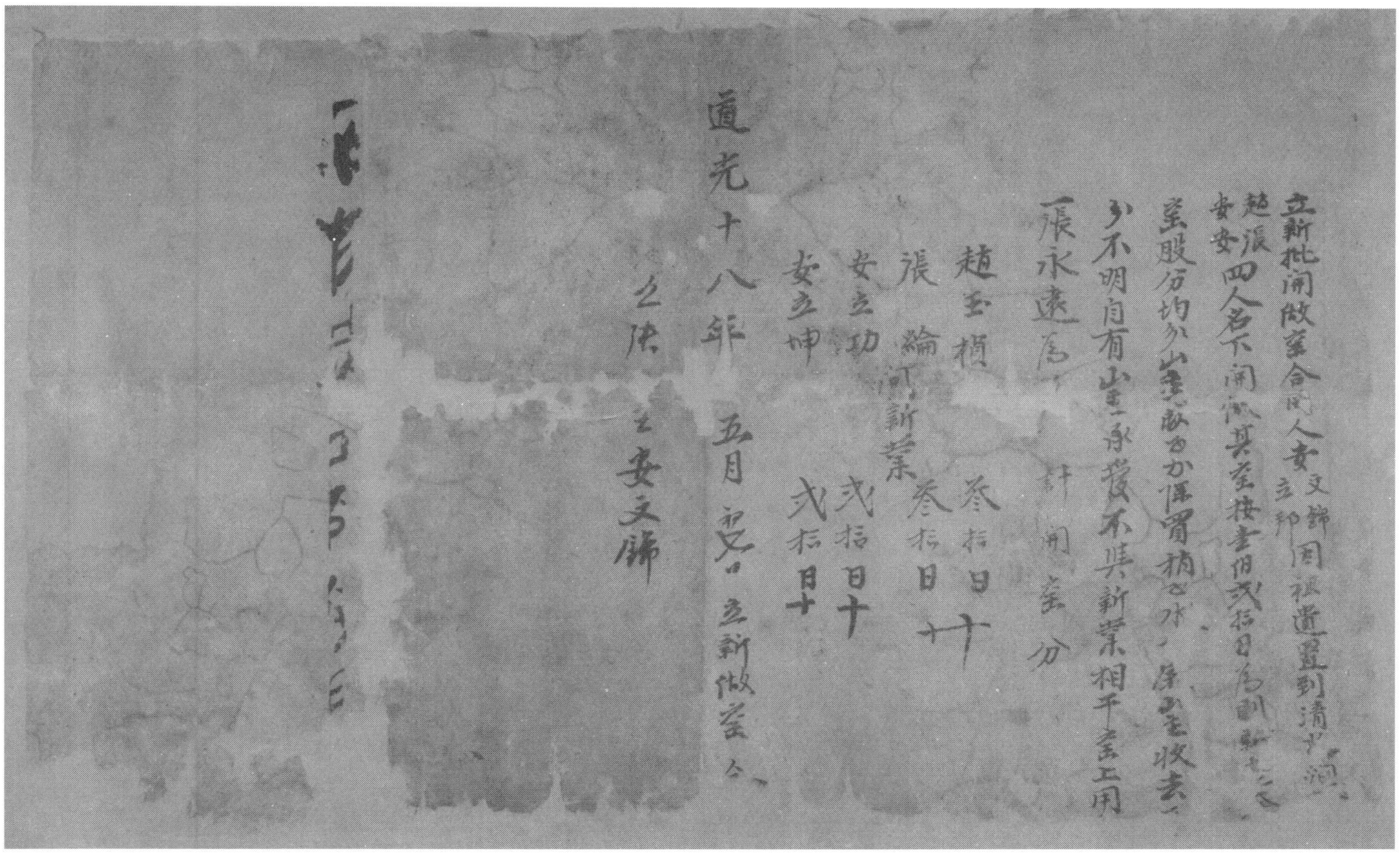
立新批開做窯合同人安文錦 立卯 同祖遺置到清水澗 [illegible]
趙 張 安 安 四人名下開做其窯按壹佰貳拾日爲 [illegible]
窯股分均分山主 [illegible] 保買 [illegible] 收去 [illegible]
少不明自有山主承擋不與新業相干窯工用
張永遠爲 [illegible] 開窯分

趙玉楨 叁拾日 十
張綸 同新業 叁拾日 十
安立功 貳拾日 十
安立坤 貳拾日 十

道光十八年 五月 初一日 立新做窯合同
立 安文錦

〇九三 道光十八年（1838）安文錦等新批開做窯業合同

地點：清水澗南口
尺寸：縱30釐米、橫40釐米
首都博物館藏
編號：35.4.149

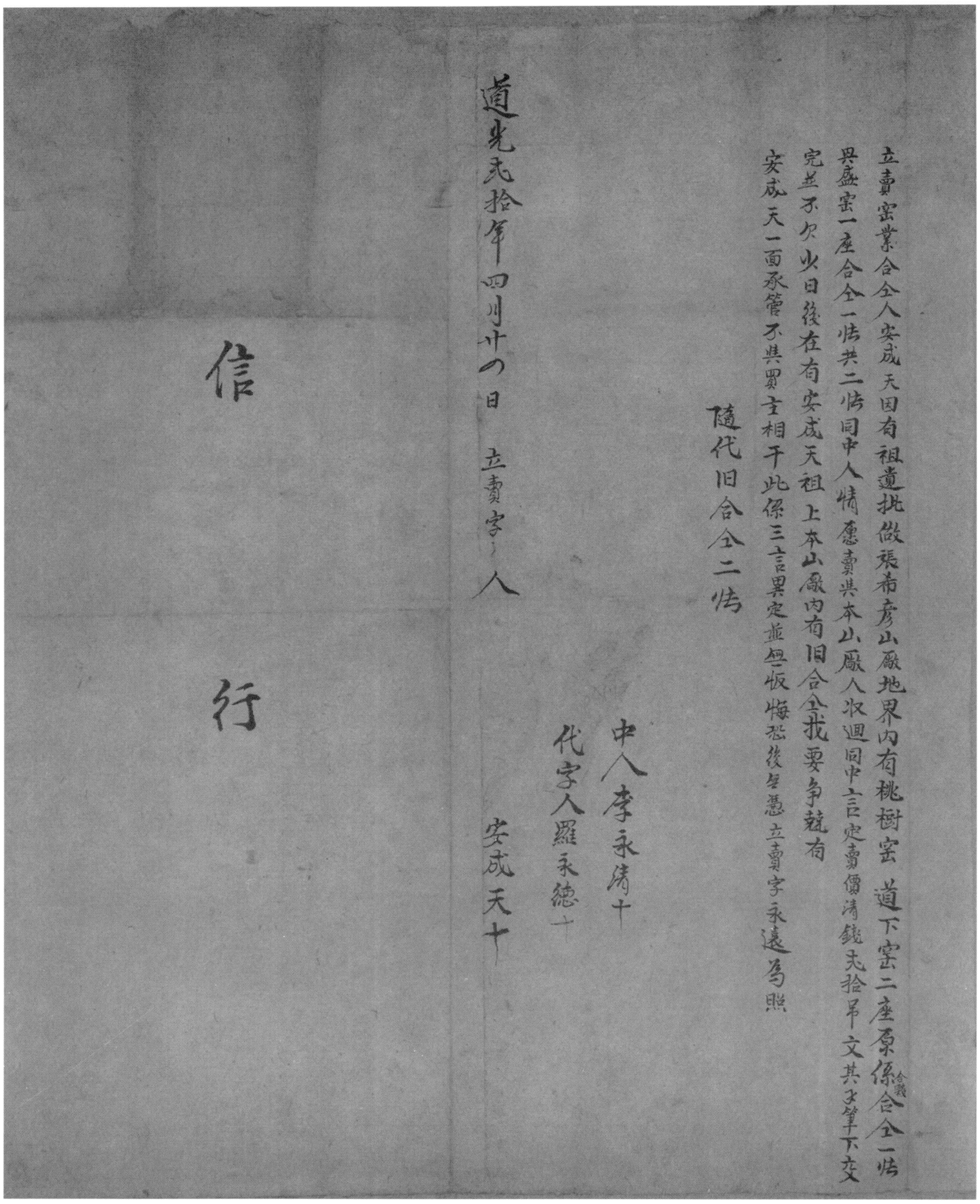

立賣窑業合仝人安成天因有祖遺批做張希彥山廠地界内有桃樹窑 道下窑二座原係合義合仝一怯
㒷盛窑一座合仝一怯共二怯同中人情愿賣與本山廠人收迴同中言定賣價清錢弍拾吊文其字筆下交
完並不欠少日後在有安成天祖上本山廠内有旧合仝我要争競有
安成天一面承管不與買主相干此係三言異定並無仮悔恐後無憑立賣字永遠為照
隨代旧合仝二怯

中人李永清十
代字人羅永總十
安成天十

道光弍拾年四月廿四日 立賣字人

信行

○九四 道光二十年（1840）安成天賣桃樹窑等窑業合同

尺寸：縱60釐米、橫44釐米
首都博物館藏
編號：35.4.159

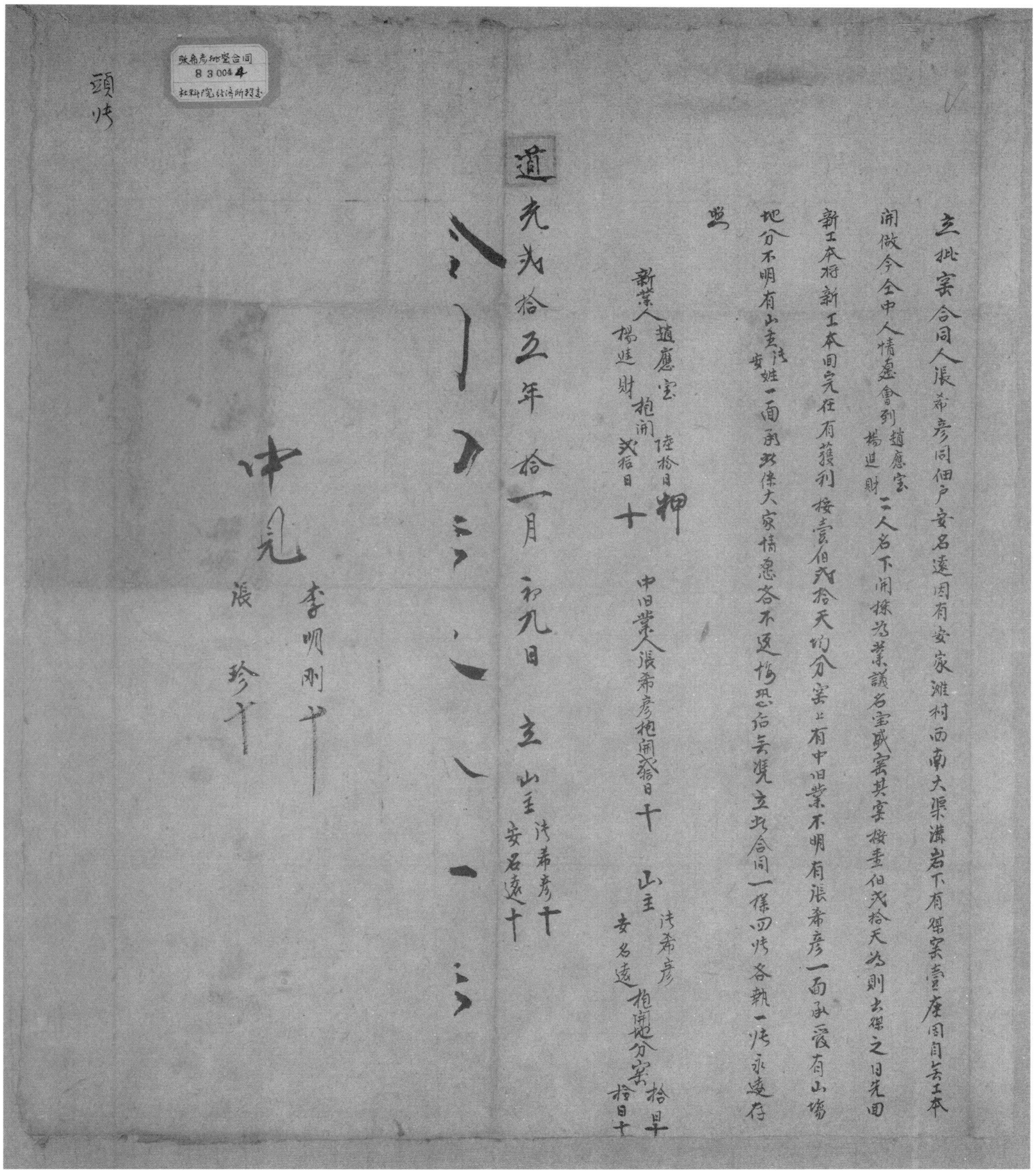
頭張

立批窑合同人張希彥同佃戶安名遠因有安家灘村西南大渠溝岩下有煤窑壹座因自無工本開做今仝中人情愿會到趙應宝 楊廷財二人名下開採兆業議名宝盛窑其窑按壹佰弍拾天為則出煤之日先回新工本將新工本回完任有獲利按壹佰弍拾天均分窑上有中旧業不明有張希彥一面承管有山場地分不明有山主張 安姓一面承管係大家情愿各不返悔恐后無憑立此合同一樣四張各執一張永遠存照

新業人 趙應宝 抱開陸拾日 押
楊廷財 抱開弍拾日 十

中旧業人張希彥抱開叁拾日 十

山主 張希彥 安名遠 抱開地分窑拾日 拾日 十

道光弍拾五年拾一月初九日 立 山主 張希彥十 安名遠十

中見 李明剛十 張珍十

○九五 道光二十五年（1845）張希彥等批做寶盛窑合同

地點：安家灘村

尺寸：縱55.5釐米、橫47.5釐米

門頭溝博物館藏

編號：830044

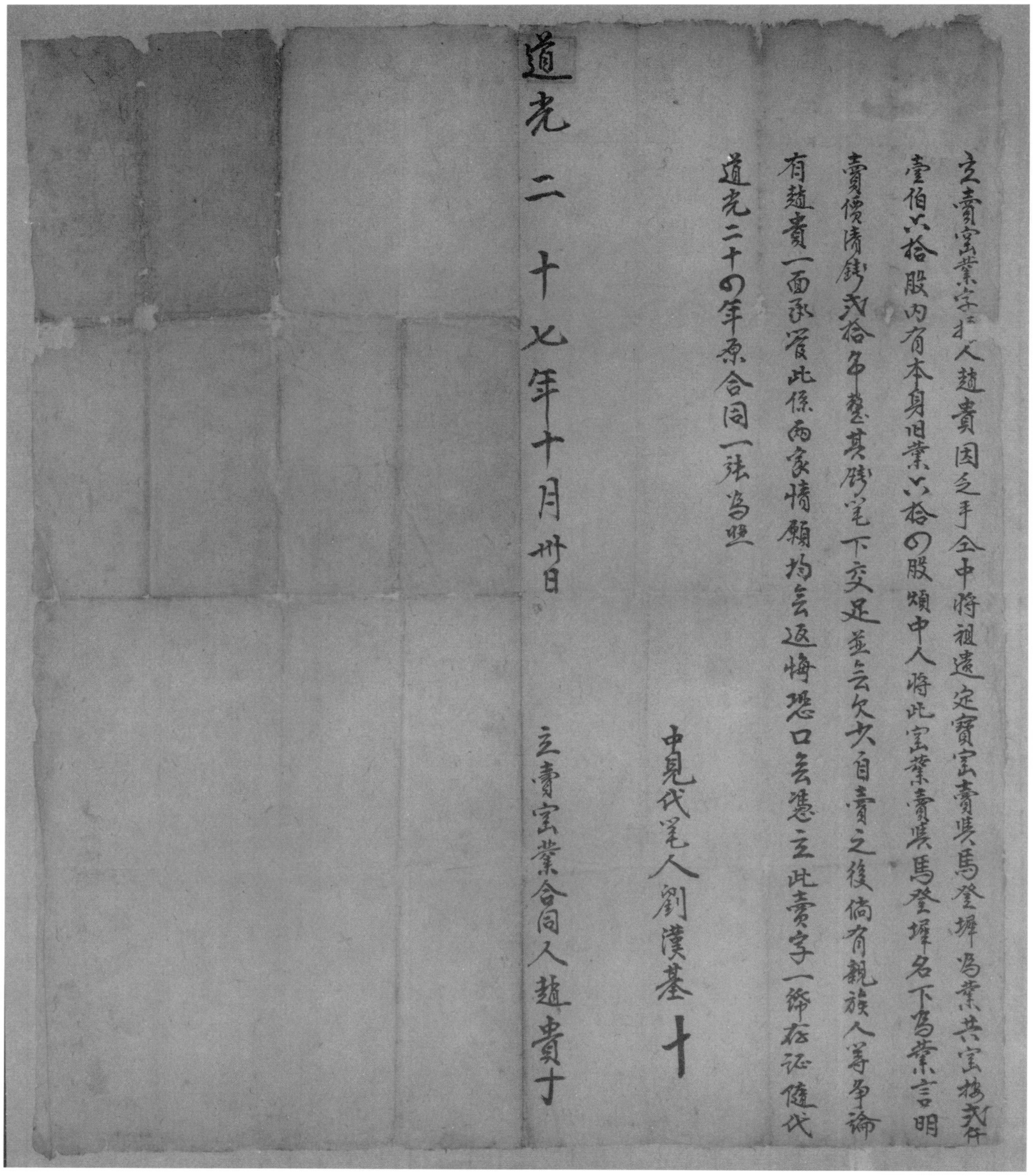

立賣窯業字約人趙貴因乏手今中將祖遺定寶窯賣與馬登墀爲業共窯構弍仟壹伯六拾股內有本身旧業六拾四股傾中人將此窯業賣與馬登墀名下爲業言明賣價清錢弍拾弔整其錢筆下交足並無欠少自賣之後倘有親族人等爭論有趙貴一面承管此係兩家情願均無返悔恐口無憑立此賣字一紙存証隨代道光二十四年原合同一張爲照

中見代筆人劉漢基 十

道光二十七年十月卅日

立賣窯業合同人趙貴 十

○九六　道光二十七年（1847）趙貴賣定寶窯窯業字據

尺寸：縱58釐米、橫48.5釐米

門頭溝博物館藏

編號：830034

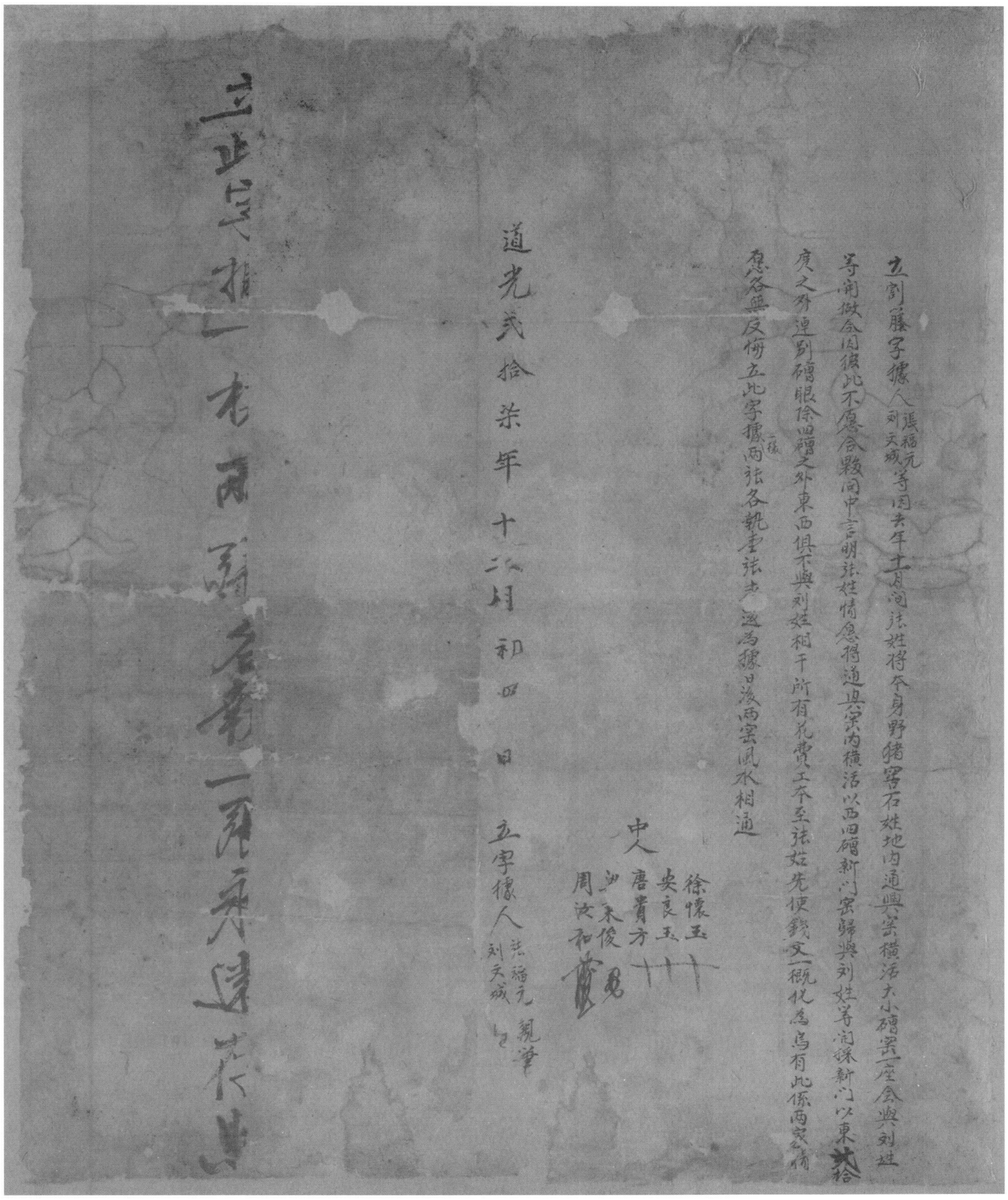
立割藤字據人張福元刘天戚等因去年十一月間張姓將本身野猪窑石姓地内通興窑横活大小礲窑一座合與刘姓等開做今因彼此不愿合夥同中言明張姓情愿將通興窑内横活以西四礲新门窑歸與刘姓等開採新门以東貳拾庹之外連刘礲眼除四礲之外東西俱不與刘姓相干所有花費工本至張姓先使錢文一概化為烏有此係两家情愿各無反悔立此字據一樣两張各執壹張並為據日後两窑風水相通

中人 徐懷玉 安良玉 唐貴方 沙永俊 周汝和

道光貳拾柒年十二月初四日 立字據人張福元 刘天戚 親筆

〇九七　道光二十七年（1847）張福元等通興窑割藤字據

地點：野豬窑

尺寸：縱56釐米、橫42釐米

首都博物館藏

編號：35.4.151

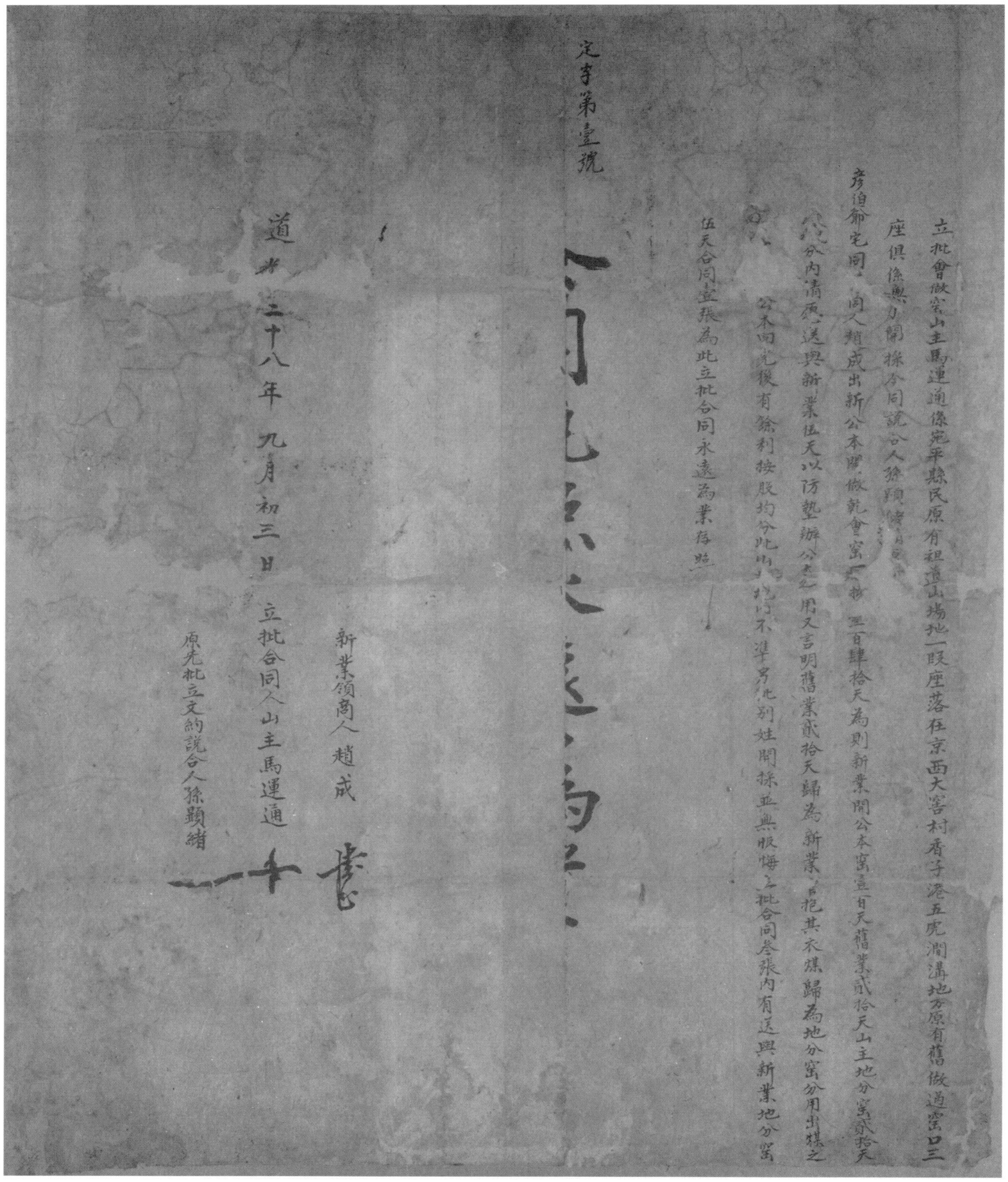
立批會做窑山主馬運通係宛平縣民原有祖遺山場地一段座落在京西大窑村香子港五虎澗溝地方原有舊做過窑口三
座俱係無力開採今同說合人孫顯緒[illegible]
彥伯爺宅同中人趙成出新公本開做乾會窑一□ 三百肆拾天為則新業開公本窑壹百天舊業貳拾天山主地分窑貳拾天
共分內清底一送與新業伍天以防墊辦公之用又言明舊業貳拾天歸為新業一抱其衣煤歸為地分窑分用出煤之
公本回完後有餘利按股均分此山[illegible]不準另批別姓開採並無反悔立批合同叁張內有送與新業地分窑
伍天合同壹張為此立批合同永遠為業存照

定字第壹號

道光二十八年九月初三日　立批合同人山主馬運通

新業領商人趙成

原先批立文約說合人孫顯緒

○九八　道光二十八年（1848）馬運通批會做乾會窑合同

地點：大窰村香子港五虎澗溝

尺寸：縱57釐米、橫44釐米

首都博物館藏

編號：35.4.150

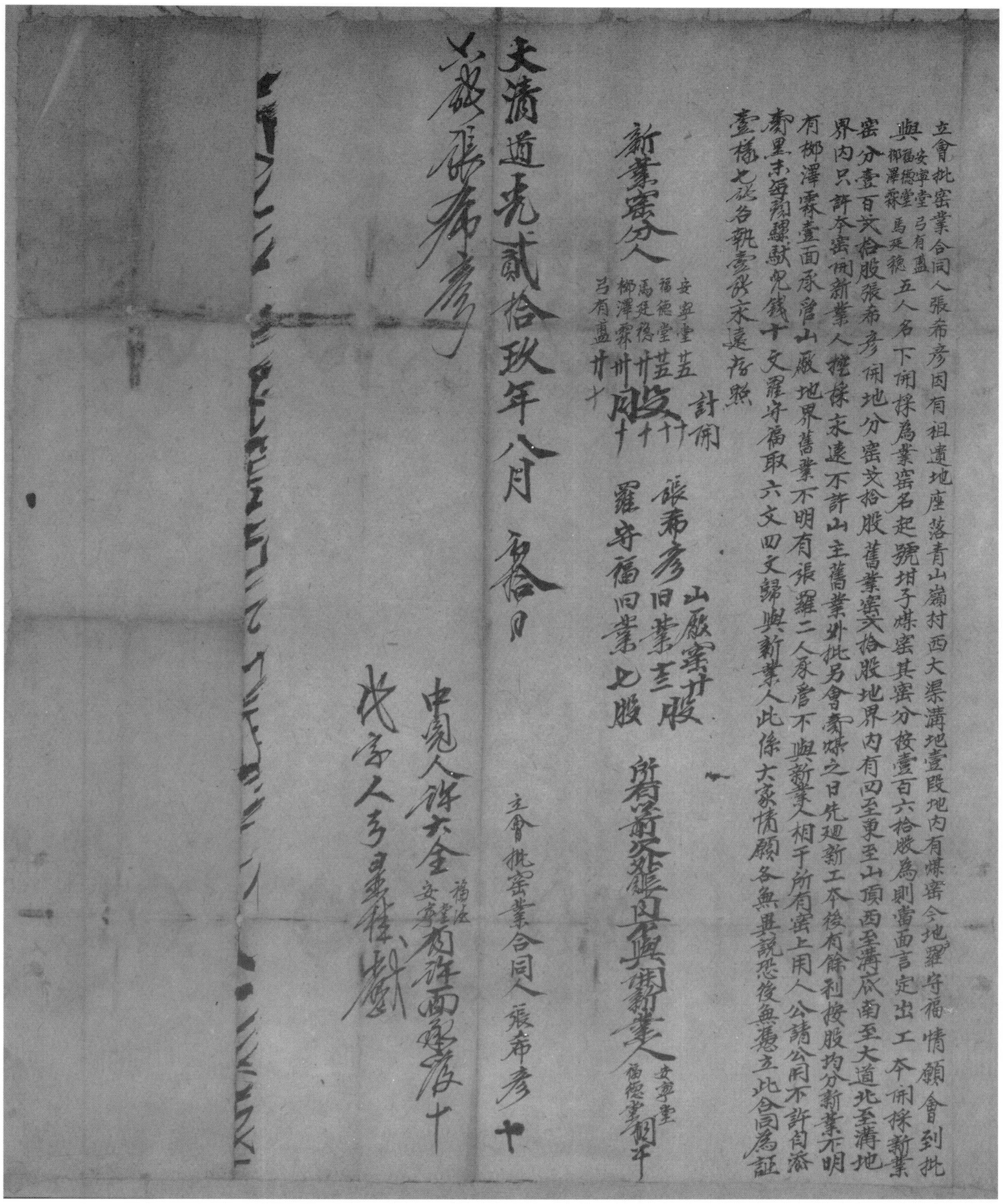
立會批窑業合同人張希彦因有祖遺地座落青山嶺村西大渠溝地壹段地內有煤窑今地羅守福情願會到批
與安寧堂 弓有盡 福德堂 柳澤霖 馬廷德 五人名下開採為業窑名起號坩子煤窑其窑分按壹百六拾股為則當面言定出工本開採新業
窑分壹百六拾股張希彦開地分窑艾拾股舊業窑六拾股地界內有四至東至山頂西至溝底南至大道北至溝地
界內只許本窑開新業人推採永遠不許山主舊業外批另會賣煤之日先迴新工本後有餘利按股均分新業不明
有柳澤霖壹面承管山廠地界舊業不明有張羅二人承管不與新業人相干所有窑上用人公請公用不許自添
賣煤每窑騾馱兜錢十文羅守福取六文四文歸與新業人此係大家情願各無異說恐後無憑立此合同為証
壹樣七紙各執壹紙永遠存照

新業窑分人 安寧堂 福德堂 馬廷德 柳澤霖 弓有盡

計開

張希彦 山廠窑廿股 舊業

羅守福 舊業 七股

大清道光貳拾玖年八月 吉日

立會批窑業合同人 張希彦 十

中見人 許大全

代字人

○九九　道光二十九年（1849）張希彦批會做坩子窑合同

地點：青山嶺村西大渠

尺寸：縱58釐米、橫46釐米

首都博物館藏

編號：35.4.164

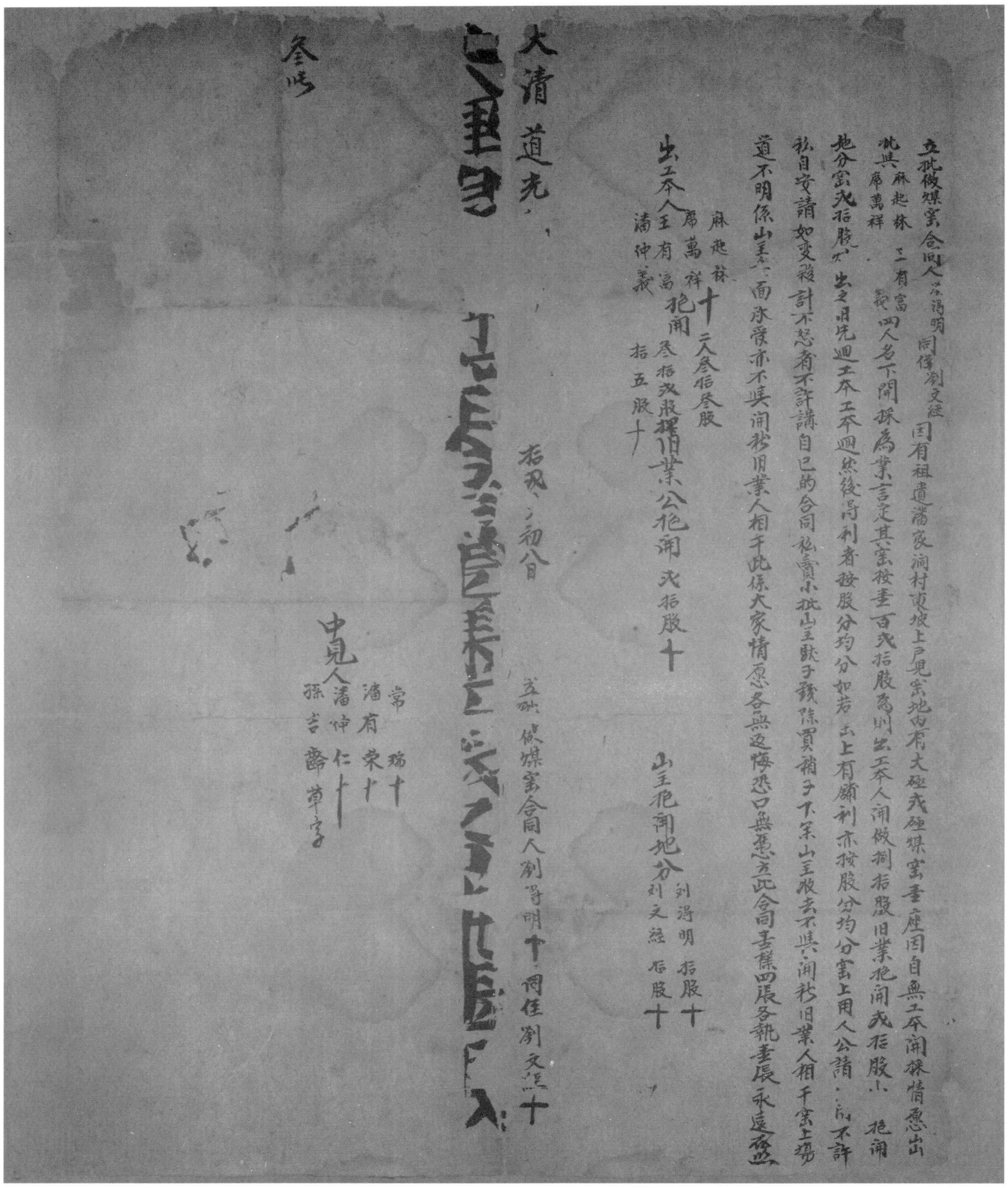

立批做煤窑合同人劉得明同侄劉文經，因有祖遺潘家澗村東坡上戶見窑地內有大砸、弍砸煤窑壹座，因自無工本開採，情愿出批與麻起林、王有富、席萬祥、潘仲義四人名下開採為業。言定其窑按壹百弍拾股為則，出工本人開做捌拾股，旧業把閘弍拾股，地分窑弍拾股。出工日先迴工本，工本迴然後得利者，按股分均分。如若山上有嫌利，亦按股分均分。窑上用人公請，不許私自安請。如变後討不怒，有不許講自己的合同私賣小批山主䞉子錢，除買補子下系山主股去不與闲杂旧業人相干。窑上碍道不明，係山主一面承當，亦不與闲杂旧業人相干。此係大家情愿，各無返悔。恐口無憑，立此合同壹樣四張，各執壹張，永遠存照。

出工本人　麻起林　席萬祥十　二人叁拾叁股　王有富　潘仲義　把閘　叁拾弍股　捌拾五股十

旧業公把閘弍拾股十

山主把閘地分　劉得明拾股十　劉文經拾股十

大清道光　年　　月初八日　立批做煤窑合同人劉得明十、同侄劉文經十

中見人　常瑞十　潘有榮十　潘仲仁十　孫吉齡草字

叁帋

一〇〇　道光年間（1821–1850）劉得明等批做大砸、弍砸煤窑合同

地點：潘家澗村

尺寸：縱58釐米、橫40釐米

首都博物館藏

編號：35.4.147

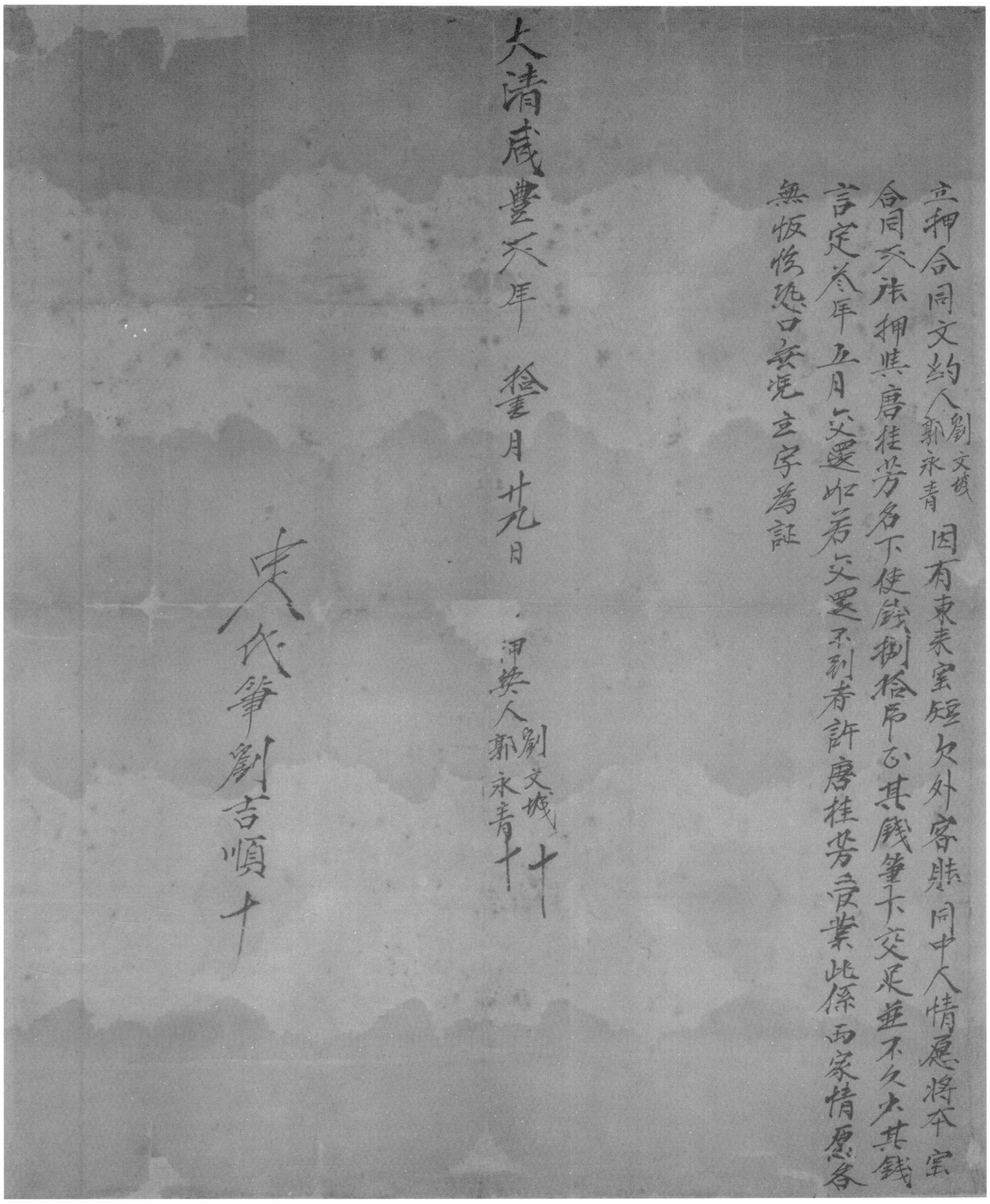

立抻合同文約人劉文城、郭永青，因有東來窑短欠外客賬，同中人情愿將本窑合同兩張抻與唐桂芳名下使錢捌拾吊正，其錢筆下交足，並不欠少。其錢言定叁年五月交還，如若交還不到者，許唐桂芳承業。此係兩家情愿，各無反悔，恐口無憑，立字為証。

大清咸豐二年 叁月廿九日

抻契人 劉文城 十
郭永青 十

中代筆 劉吉順 十

一〇一 咸豐二年（1852）劉文城等抵押東來窑借錢合同

尺寸：縱56釐米、橫45釐米

首都博物館藏

編號：35.4.170

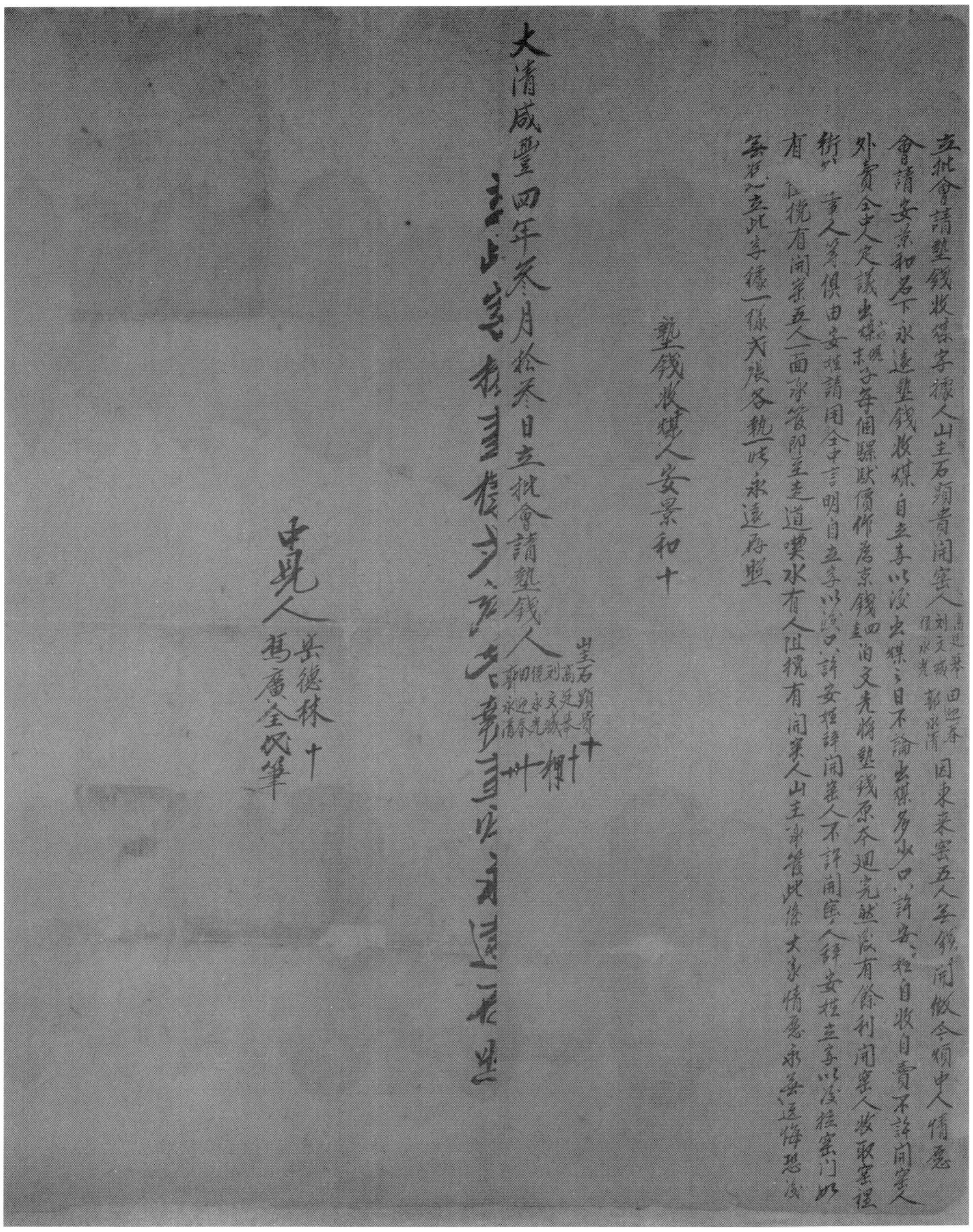

立批會請墊錢收煤字據人山主石顯貴開窑人高廷琴 刘文成 侯永光 田迎春 郭永清 因東來窑五人無錢開做，今煩中人情愿會請安景和名下永遠墊錢收煤。自立字以後，出煤之日不論出煤多少，只許安姓自收自賣，不許開窑人外賣。仝中人定議，出煤末子每個騾馱價作爲京錢四百文，先將墊錢原本廻完，然後有餘利開窑人收取。窑裡街外事人等俱由安姓請開，仝中言明自立字以後，只許安姓辭開窑人，不許開窑人辭安姓。立字以後，往窑门外有私攪，有開窑五人一面承管，即至走道、漏水、有人阻攪，有開窑人、山主承管。此係大家情愿，永無返悔。恐後無憑，立此字據一樣六張，各執一張，永遠存照。

墊錢收煤人安景和 十

大清咸豐四年冬月拾叁日立批會請墊錢人 山主石顯貴十 高廷琴 刘文成 侯永光 田迎春 郭永清 十 押 十 十

立此字據永遠存照

中見人 安德林十 馬廣全代筆

一〇二　咸豐四年（1854）石顯貴等東來窑會請墊錢收煤字據

尺寸：縱57釐米、橫46釐米

首都博物館藏

編號：35.4.165

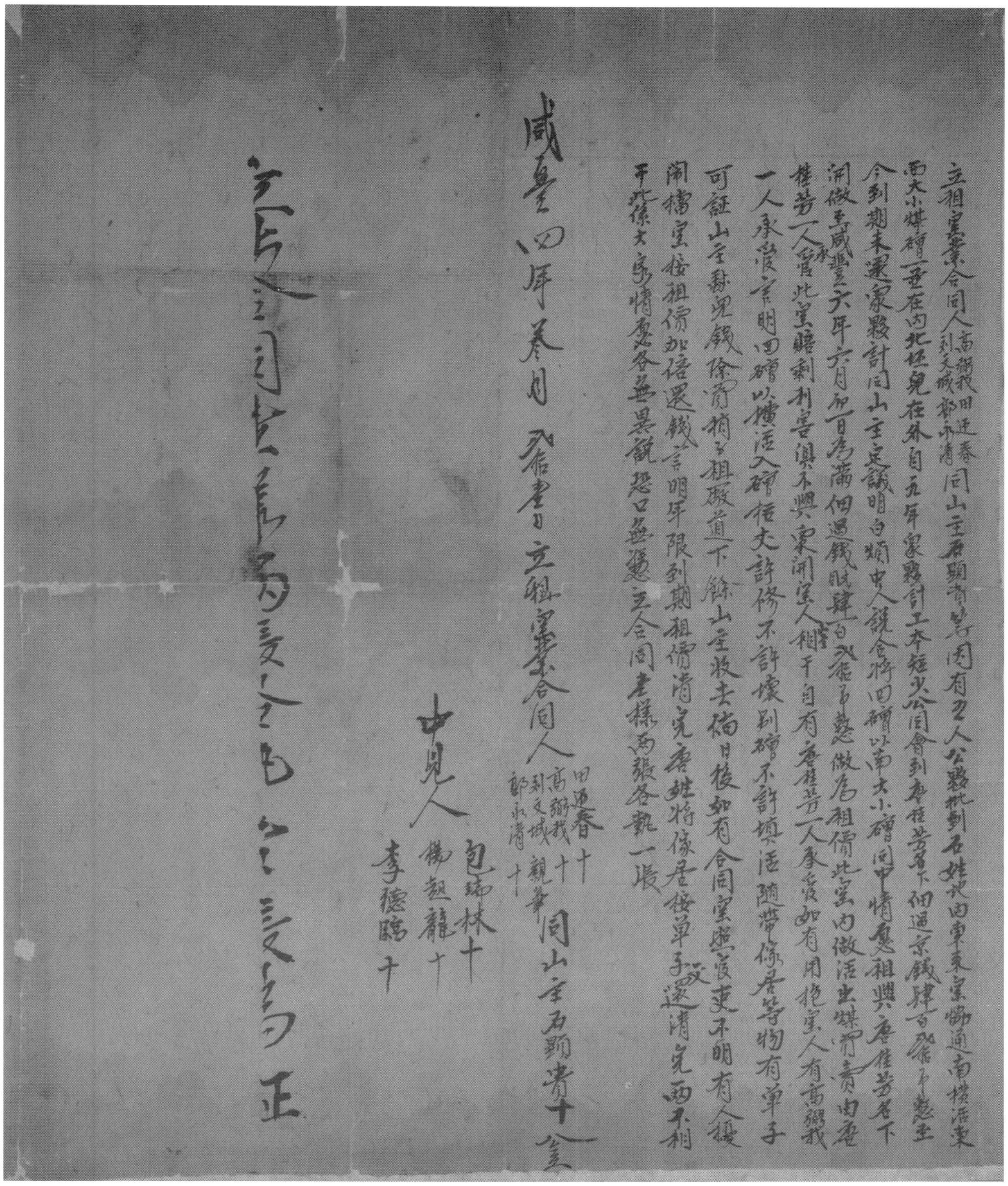

一〇三　咸豐四年（1854）高弼我等出租東來窑合同

尺寸：縱57釐米、橫46釐米

首都博物館藏

編號：35.4.171

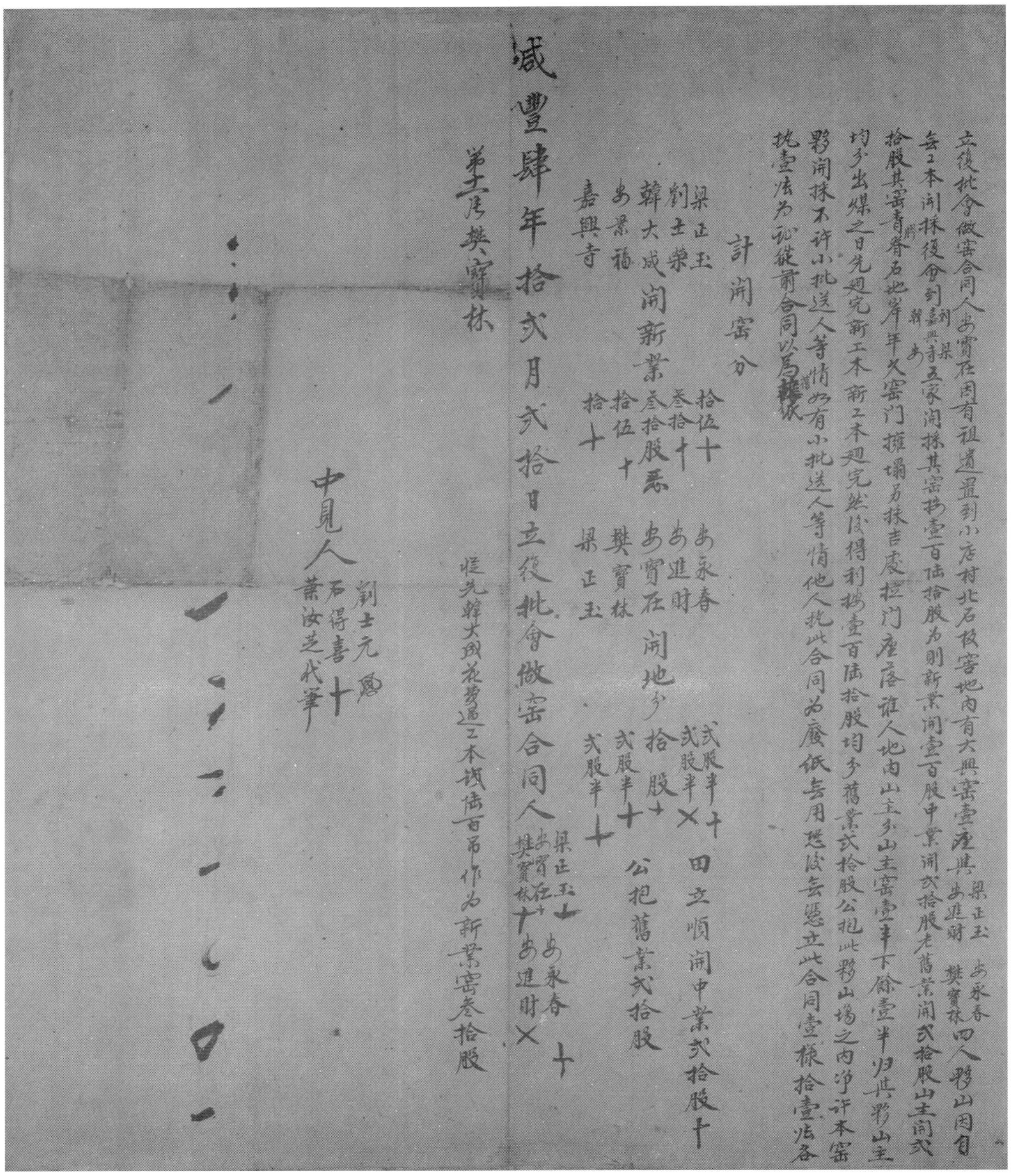
立復批會做窑合同人安寶在因有祖遺置到小店村北石板窑地內有大興窑壹座，共梁正玉、安進財、樊寶林、安永春四人夥山因自去工本開採，後會到劉士榮、韓大成、安福、嘉興寺五家開採，其窑按壹百陆拾股，為明新業開壹百股，中業開弍拾股，老舊業開弍拾股，山主開弍拾股。其窑青脊石地岸年久窑門攤塌，另抹吉慶拴門，座落誰人地內，山主分山主窑壹半，下餘壹半归其夥山主均分。出煤之日先廻完新工本，新工本廻完然後得利，按壹百陆拾股均分，舊業弍拾股公抱此夥山場之內，淨許本窑夥開採，不許小批送人等情，如有小批送人等情，他人執此合同為廢紙無用。恐後無憑，立此合同壹樣拾壹張，各執壹張為証，從前合同以為廢紙。

計開窑分
梁正玉、劉士榮、韓大成、安福、嘉興寺開新業：拾伍十、叁拾十、叁拾股悉、拾伍十、拾十
安永春、安進財、安寶在、樊寶林、梁正玉開地分：弍股半十、弍股半×、拾股十、弍股半十、弍股半十
田立順開中業弍拾股十
公抱舊業弍拾股
咸豐肆年拾弍月弍拾日立復批會做窑合同人梁正玉十、安寶在十、樊寶林十、安永春十、安進財×
惟先韓大成花費過工本錢陆百吊作為新業窑叁拾股
第十八股樊寶林
中見人劉士元、石得喜十、葉汝芝代筆

一〇四　咸豐四年（1854）安寶在等復批會做大興窑合同

地點：小店村北石板窑
尺寸：縱58釐米、橫49釐米
首都博物館藏
編號：35.4.174

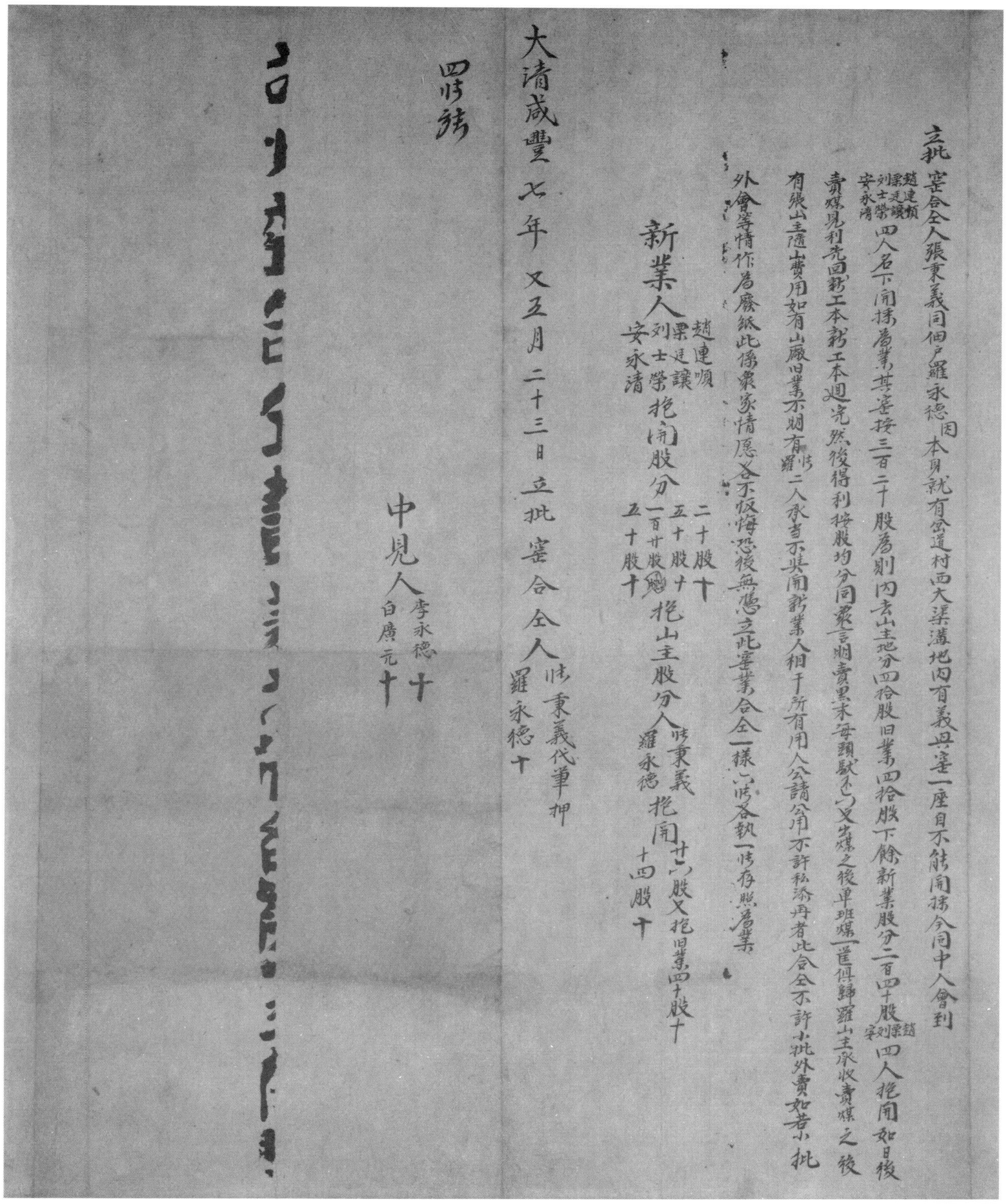
立批窑合仝人張秉義同佃户羅永德因本身就有岔道村西大渠溝地内有義興窑一座自不能開採今同中人會到
趙連順 栗廷讓 刘士榮 安永清 四人名下開採為業其窑按三百二十股為則内去山主地分四拾股旧業四拾股下餘新業股分二百四十股趙栗刘安四人拖開如日後
賣煤見利先回新工本新工本週完然後得利按股均分同衆言明賣黑末每頭馱[illegible]又出煤之後单班煤一筐俱歸羅山主承收賣煤之後
有張山主隨山費用如有山廠旧業不明有張羅二人承当不與開新業人相干所有用人公請公用不許私添再者此合仝不許小批外賣如若小批
外會等情作為廢紙此係衆家情愿各不反悔恐後無憑立此窑業合仝一樣二張各執一張存照為業
新業人 趙連順 二十股十 栗廷讓 五十股十 刘士榮 拖開股分一百廿股 安永清 五十股十
拖山主股分人 張秉義 拖開廿六股又拖旧業四十股十 羅永德 十四股十
大清咸豐七年又五月二十三日立批窑合仝人 張秉義代筆押 羅永德十
中見人 李永德十 白廣元十
四張

一〇五　咸豐七年（1857）張秉義等批做義興窑合同

地點：岔道村西大渠溝
尺寸：縱60釐米、橫43釐米
首都博物館藏
編號：35.4.177

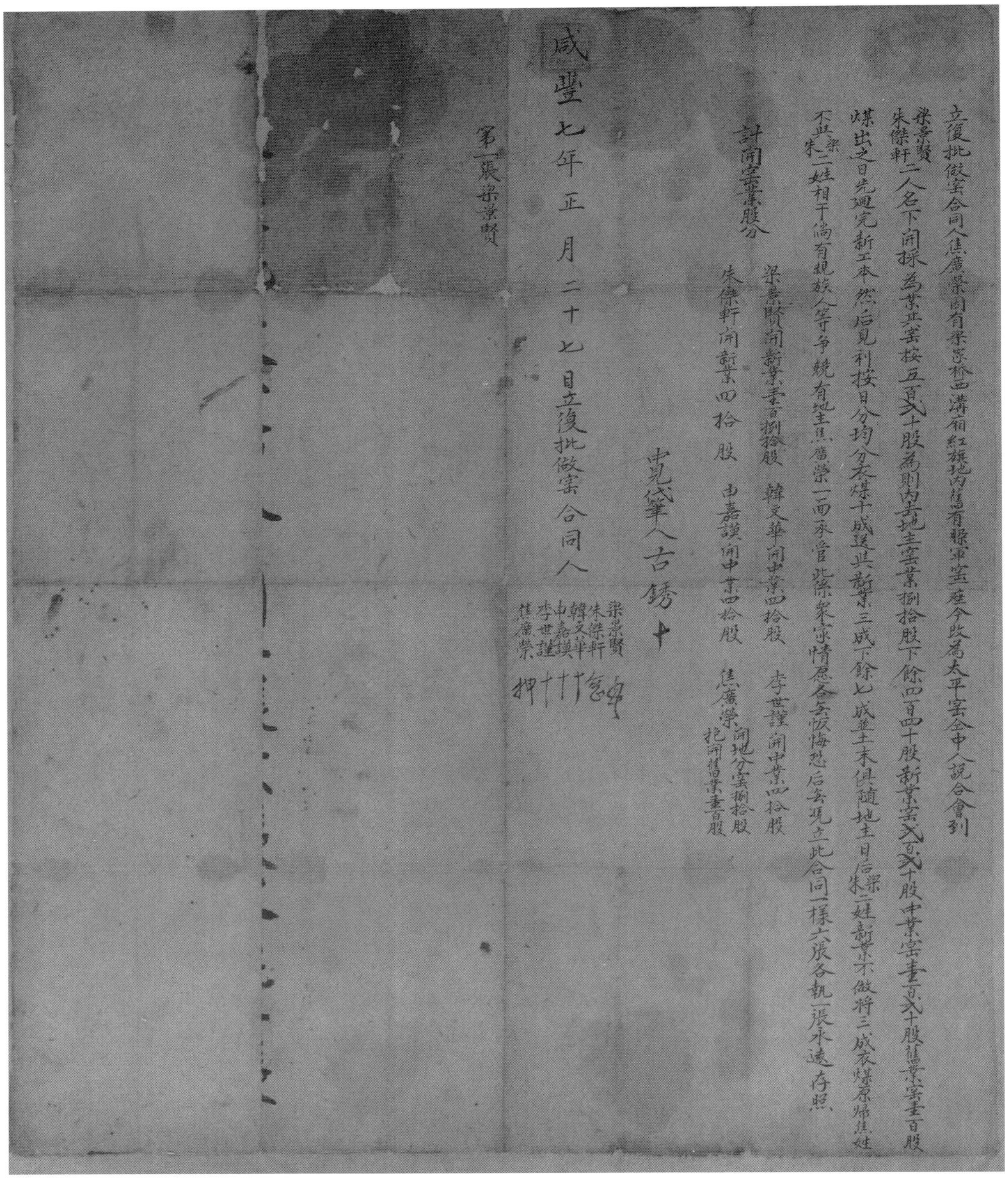

立復批做窑合同人焦廣榮因有梁家桥西溝箱紅旗地内舊有躲軍窑一座今改爲太平窑全中人説合會到
梁景賢
朱傑軒二人名下開採爲業共窑按五百弍十股爲則内去地主窑業捌拾股下餘四百四十股新業窑弍百弍十股中業窑壹百弍十股舊業窑壹百股
煤出之日先廻完新工本然后見利按日分均分衣煤十成送與新業三成下餘七成並土末俱随地主日后梁朱二姓新業不做將三成衣煤原歸焦姓
不與梁朱二姓相干倘有親族人等争競有地主焦廣榮一面承当此係衆家情愿各無反悔恐后無憑立此合同一樣六張各執一張永遠存照

計開窑業股分

梁景賢開新業壹百捌拾股　韓文華開中業四拾股　李世謹開中業四拾股
朱傑軒開新業四拾股　申嘉謨開中業四拾股　焦廣榮開地分窑捌拾股　抱開舊業壹百股

寬筆人古錺十

咸豐七年正月二十七日立復批做窑合同人　梁景賢　朱傑軒　韓文華　申嘉謨　李世謹　焦廣榮　押十十十

第一張梁景賢

一〇六　咸豐七年（1857）焦廣榮等復批做躲軍窑（太平窑）合同

地點：梁家橋

尺寸：縱58.5釐米、横48.5釐米

門頭溝博物館藏

編號：830029

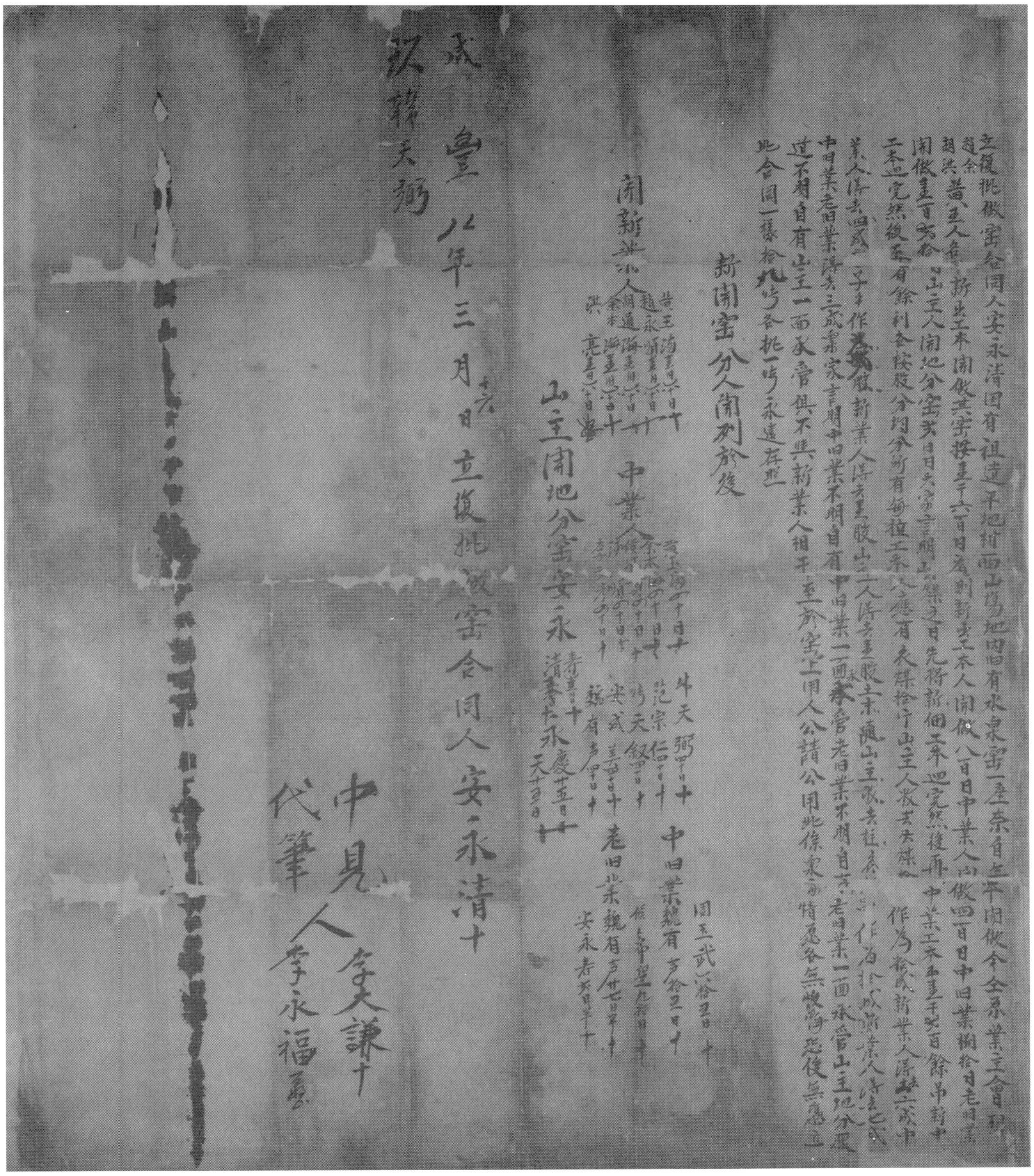
立復批做窑合同人安永清因有祖遺平地村西山場地內舊有水泉窑一座奈自己平開做今全衆業主會[illegible]
趙余　胡洪　黄王人各新出工本開做共窑按畫千六百日爲則新出工本人開做八百日中業人開做四百日中舊業捌拾日老舊業
開做畫百六拾日山主人開地分窑[illegible]言明出煤之日先將新佃工本迴完然後再中業工本畫千[illegible]百餘吊新中
工本迴完然後再有餘利令按股分均分所有每拉工本應有衣煤拾斤山主人收去[illegible]作爲拾成新業人得去六成中
業人得去四成[illegible]作爲[illegible]新業人得去壹股山主人得去壹股土末[illegible]山主收去[illegible]作爲拾成新業人得去乙成
中舊業老舊業得去三成衆家言明中舊業不明自有中舊業一面承管老舊業不明自有老舊業一面承管山主地分窑
道不明自有山主一面承管俱不與新業人相干至於窑上用人公請公用此係衆[illegible]情愿各無[illegible]悔恐後無憑立
此合同一樣拾九張各批一張永遠存照
新開窑分人開列於後
開新業人　黄王海　趙永順　閻通海　全本　洪亮　[illegible]
中業人　[illegible]
山主開地分窑安永清
中舊業　魏有[illegible]
老舊業　[illegible]　安永壽
咸豐八年三月十六日立復批做窑合同人安永清十
以裕天爵
中見人　李大謙十
代筆人　李永福

一〇七　咸豐八年（1858）安永清復批做水泉窑合同

地點：平地村
尺寸：縱69釐米、橫59釐米
首都博物館藏
編號：35.4.175

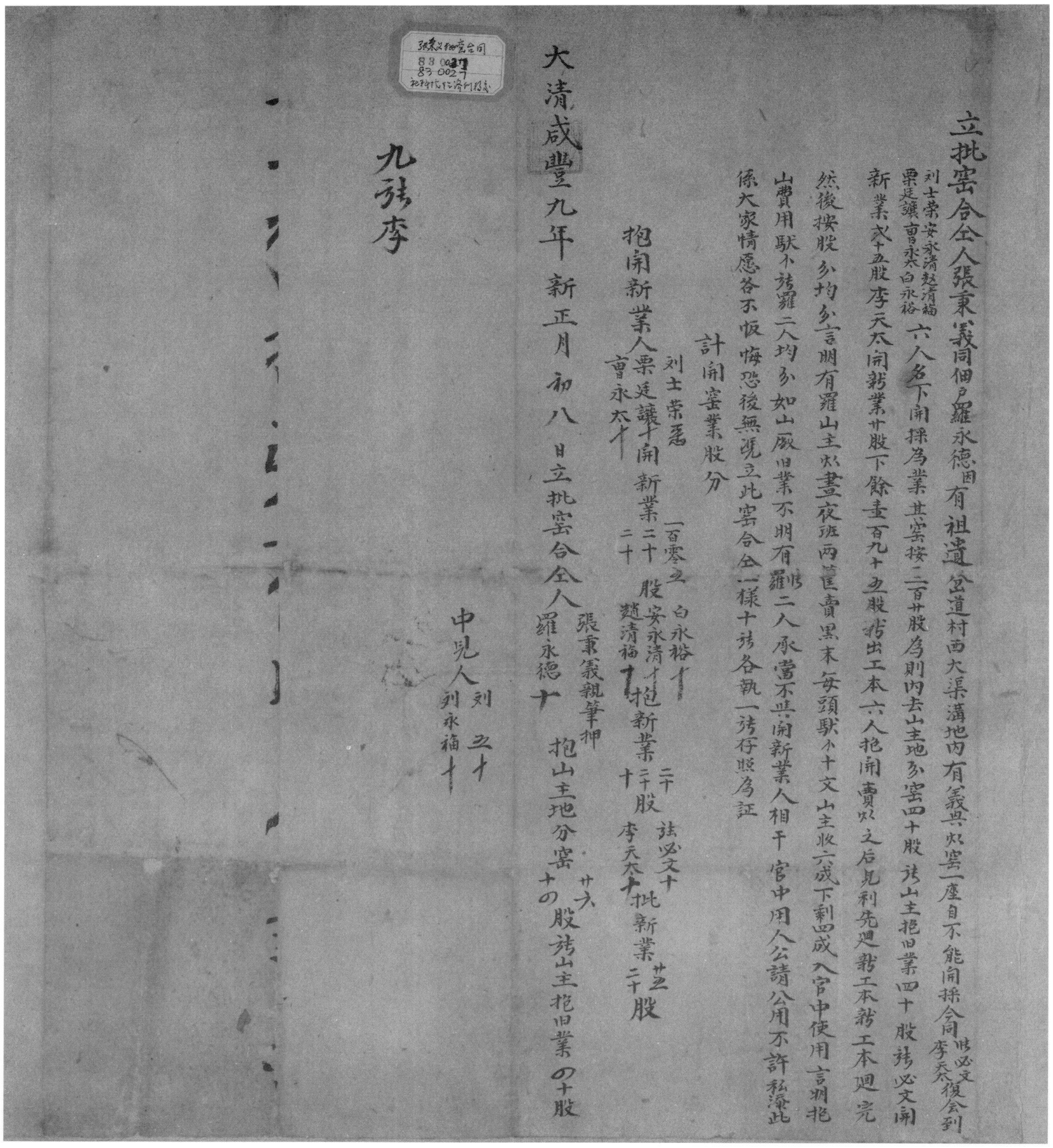

立批窑合仝人張東義同佃戶羅永德因有祖遺岔道村西大渠溝地內有義興炭窑一座自不能開採合同李天太咄必文復仝到
刘士荣安永清赵清福栗廷讓曾永太白永裕六人名下開採為業其窑按二百廿股為則內去山主地分窑四十股張山主抱田業四十股張必文開
新業式十五股李天太開新業廿股下餘壹百九十五股張出工本六人抱開賣炭之后見利先還張工本張工本還完
然後按股分均分言明有羅山主炭晝夜班兩筐賣黑末每頭馱小十文山主收六成下剩四成入官中使用言明抱
山費用馱小張羅二人均分如山廠旧業不明有張羅二人承當不與開新業人相干官中用人公請公用不許私濫此
係大家情愿各不反悔恐後無憑立此窑合仝一樣十張各執一張存照為証

計開窑業股分

抱開新業人 刘士荣 栗廷讓十 曾永太十 開新業二十 二十 一百零五股 白永裕十 安永清十 趙清福十 抱新業二十 十 二十股 張必文十 李天太十 批新業廿五 二十股

大清咸豐九年新正月初八日立批窑合仝人 張東義親筆押 羅永德十 抱山主地分窑廿六 十四股 張山主抱田業四十股

中見人 刘五十 刘永福十

九張李

一〇八　咸豐九年（1859）張秉義等批做義興窑合同

地點：岔道村西大渠溝

尺寸：縱52.5釐米、橫46釐米

門頭溝博物館藏

編號：830027

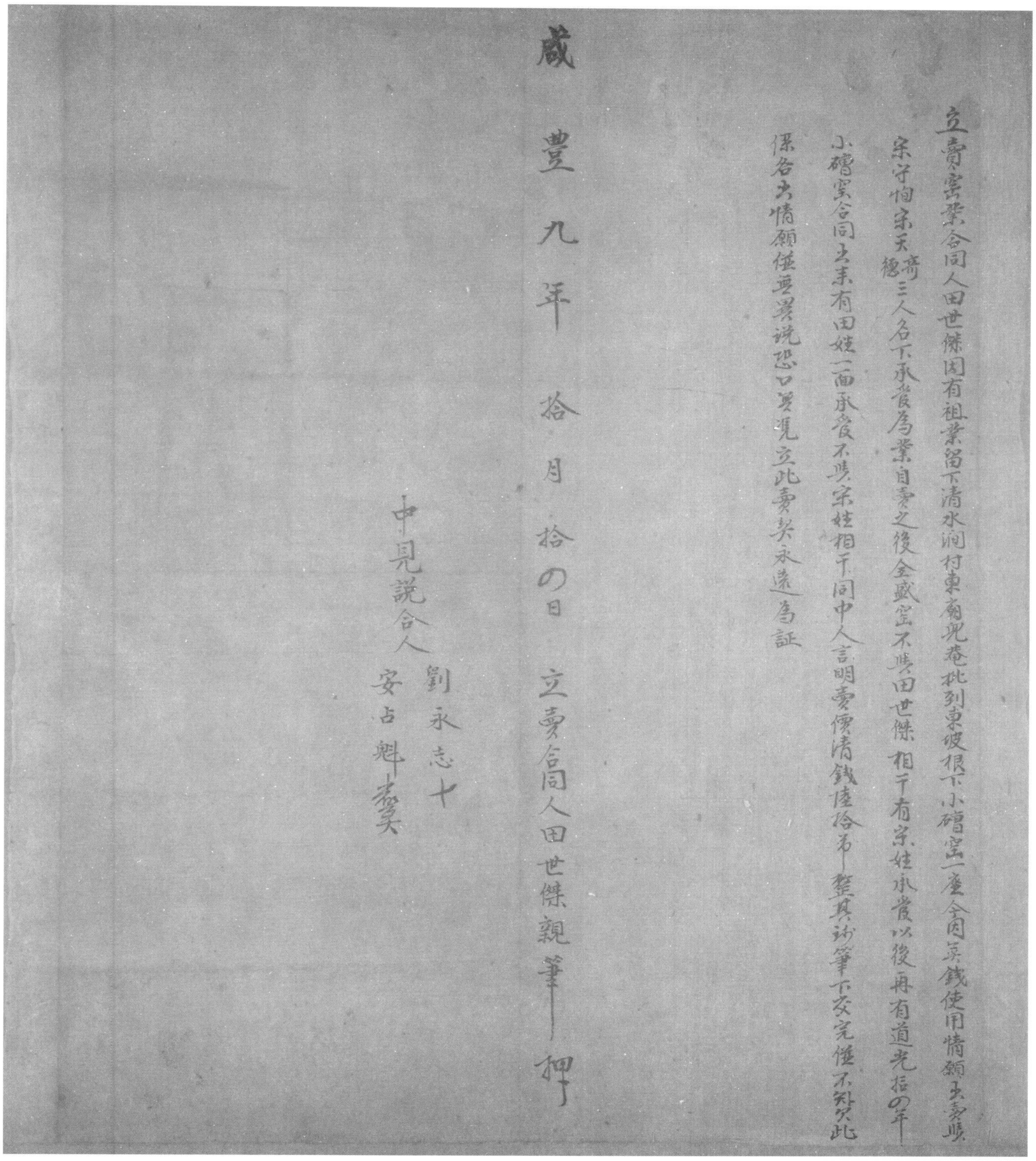

立賣窯業合同人田世傑因有祖業留下清水澗村東廟兒庵北列東坡根下小礦窯一座今因乏錢使用情願出賣與
宗守恂宗天爵德三人名下承管為業自賣之後全盛窯不與田世傑相干有宗姓承管以後再有道光拾四年
小礦窯合同出來有田姓一面承管不與宗姓相干同中人言明賣價清錢陸拾弔整其錢筆下交完並不短欠此
係各出情願並無異說恐口無憑立此賣契永遠為証

咸豐九年拾月拾四日　立賣合同人田世傑親筆　押

中見說合人　劉永志　十
安占魁　押

一〇九　咸豐九年（1859）田世傑賣全盛窯業合同

地點：清水澗村東廟兒庵
尺寸：縱55釐米、橫46釐米
首都博物館藏
編號：35.4.168

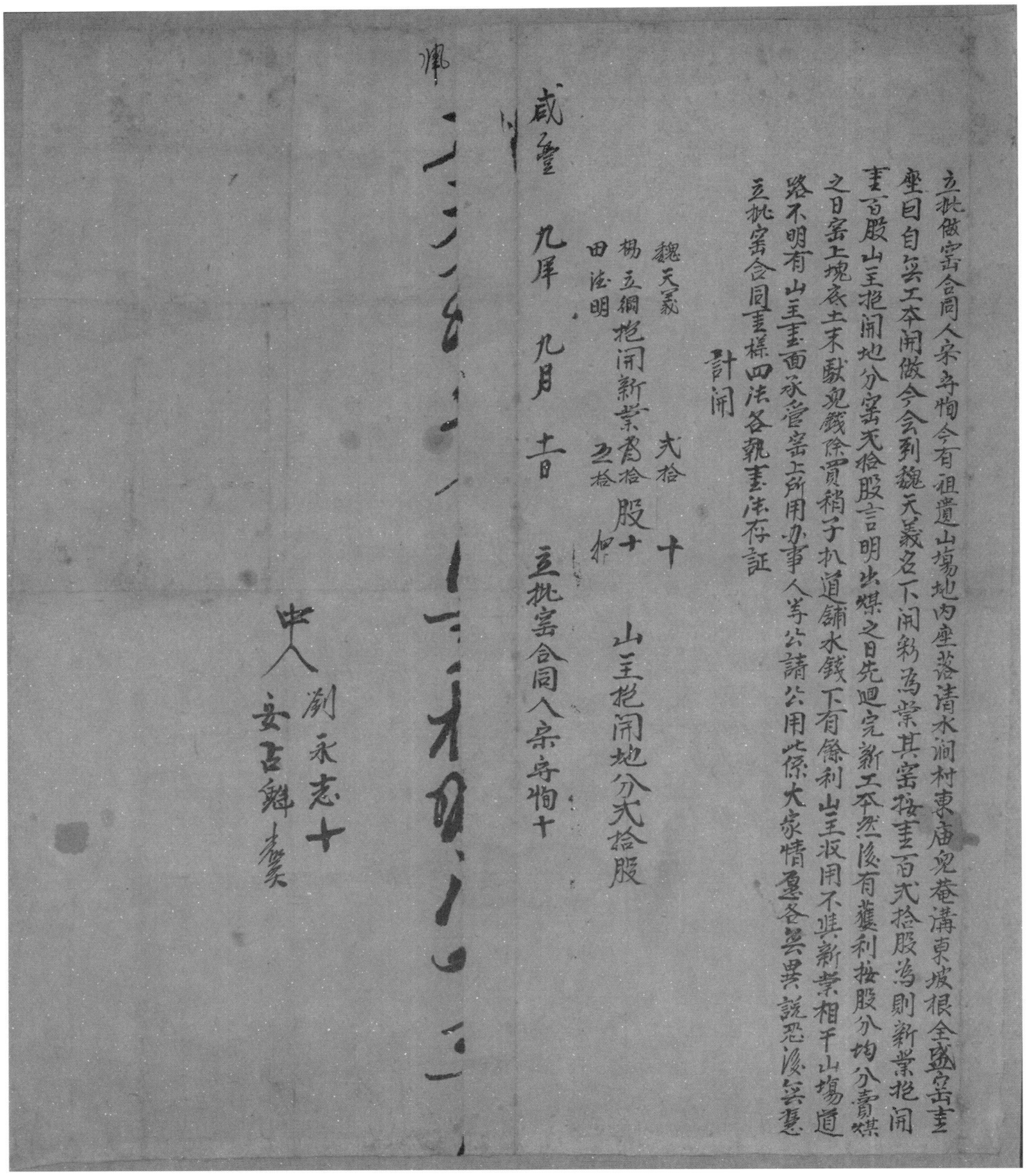
立批做窰合同人宋守恂今有祖遺山場地內座落清水澗村東廟兒菴溝東坡根全盛窰壹座自因無工本開做今会到魏天義名下開彩為業其窰按壹百弍拾股為則新業抱開壹百股山主抱開地分窰弍拾股言明出煤之日先迴完新工本然後有獲利按股分均分賣煤之日窰上塊底土末默兒錢除買稍子扎道鋪水錢下有餘利山主取用不與新業相干山場道路不明有山主壹面承管窰上所用办事人等公請公用此係大家情愿各無異說恐後無憑立批窰合同壹樣四法各執壹法存証

計開

魏天義 弍拾 十

楊五個 抱開新業叁拾股十

田法明 五拾 押

山主抱開地分弍拾股

咸豐 九年 九月 十一日 立批窰合同人宋守恂十

中人 劉永志十 安占魁 彙

一一〇 咸豐九年（1859）宋守恂批做全盛窑合同

地點：清水澗村東廟兒庵溝

尺寸：縱54釐米、橫44釐米

首都博物館藏

編號：35.4.166

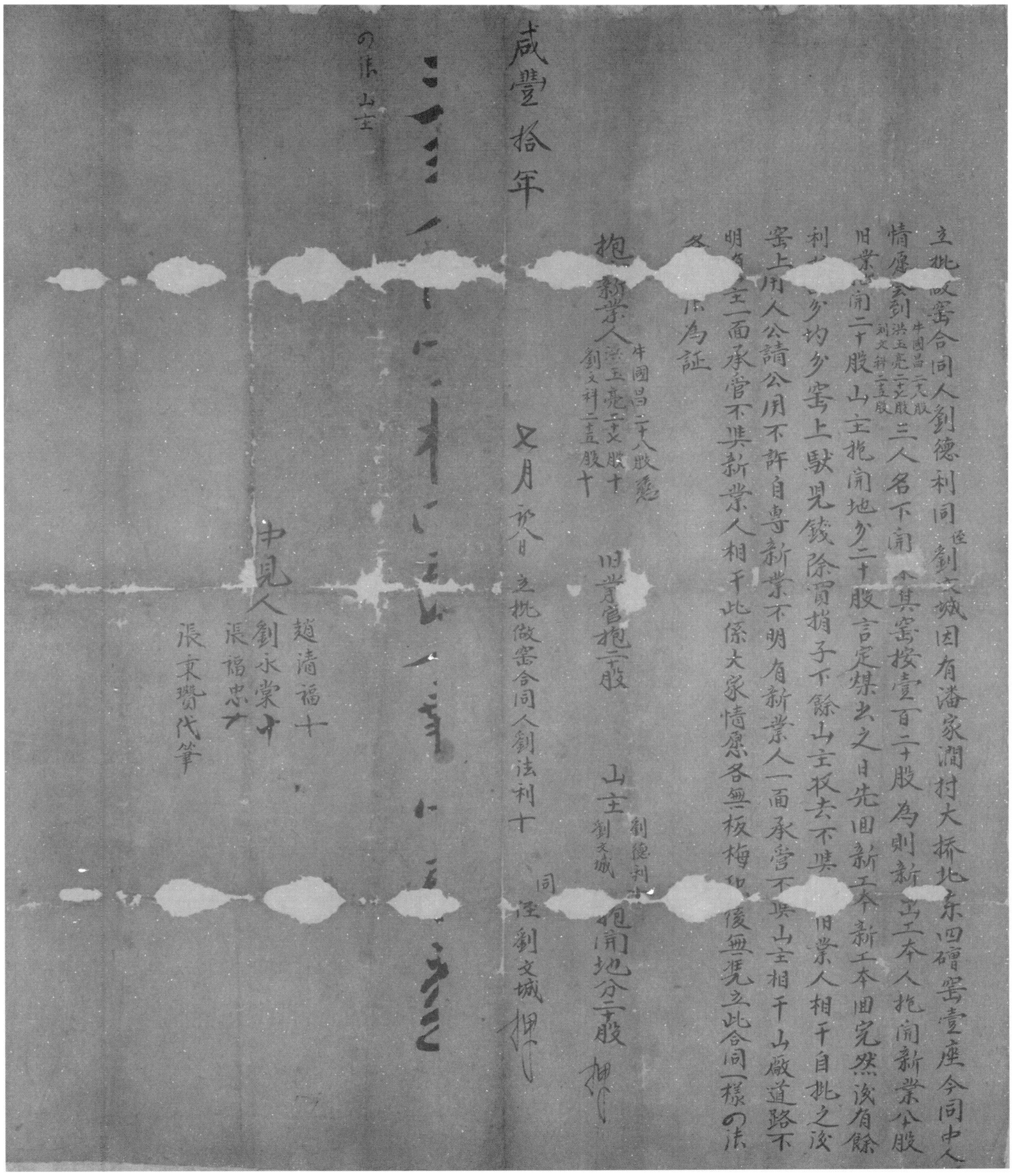

一一一　咸豐十年（1860）劉德利等批做東四礓窑合同

地點：潘家澗村大橋

尺寸：縱58釐米、横49釐米

首都博物館藏

編號：35.4.173

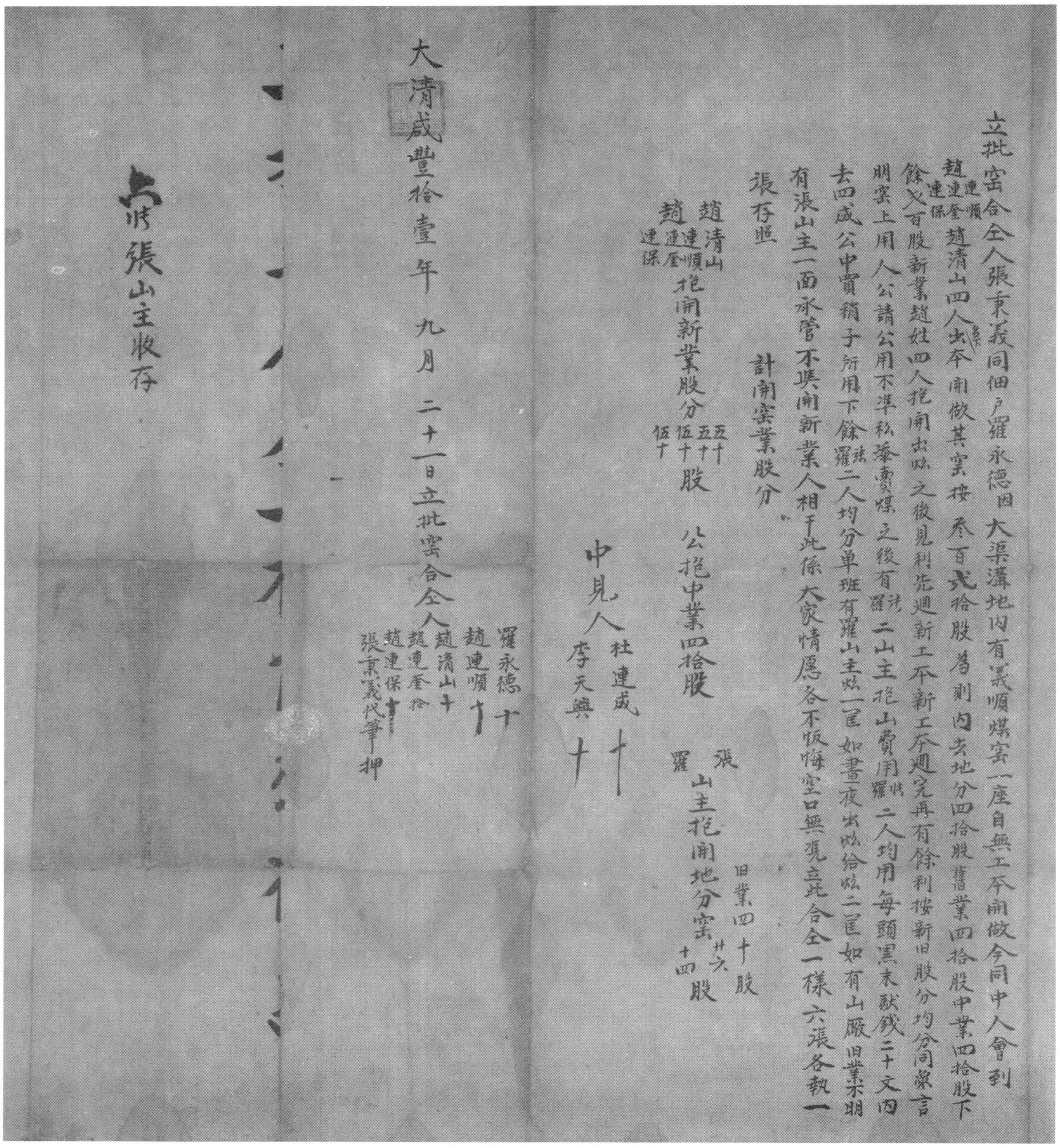

立批窑合仝人張秉義同佃户羅永德因大渠溝地内有義順煤窑一座自無工本開做今同中人會到趙連順、趙連壓、趙連保、趙清山四人出本開做其窑按叁百弍拾股為則内去地分四拾股舊業四拾股中業四拾股下餘弍百股新業趙姓四人抱開出炭之後見利先迴新工本新工本迴完再有餘利按新旧股分均分同衆言明窑上用人公請公用不準私添賣煤之後有張羅二山主抱山費用張羅二人均用每頭黑末馱錢二十文内去四成公中買稍子所用下餘張羅二人均分单班有羅山主炭一筐如晝夜出炭給炭二筐如有山廠旧業末明有張山主一面承管不與開新業人相干此係大家情愿各不恢悔空口無憑立此合仝一樣六張各執一張存照

計開窑業股分

趙清山、趙連順、趙連壓、趙連保抱開新業股分五十、五十、伍十、伍十股

公抱中業四拾股

張羅山主抱開地分窑廿六、十四股

旧業四十股

中見人 杜連成 十
李天興 十

大清咸豐拾壹年九月二十一日立批窑合仝人
羅永德 十
趙連順 十
趙清山 十
趙連壓 十
趙連保 十
張秉義代筆押

張山主收存

一一二　咸豐十一年（1861）張秉義等批做義順窑合同

尺寸：縱53.5釐米、横47.3釐米

門頭溝博物館藏

編號：830025

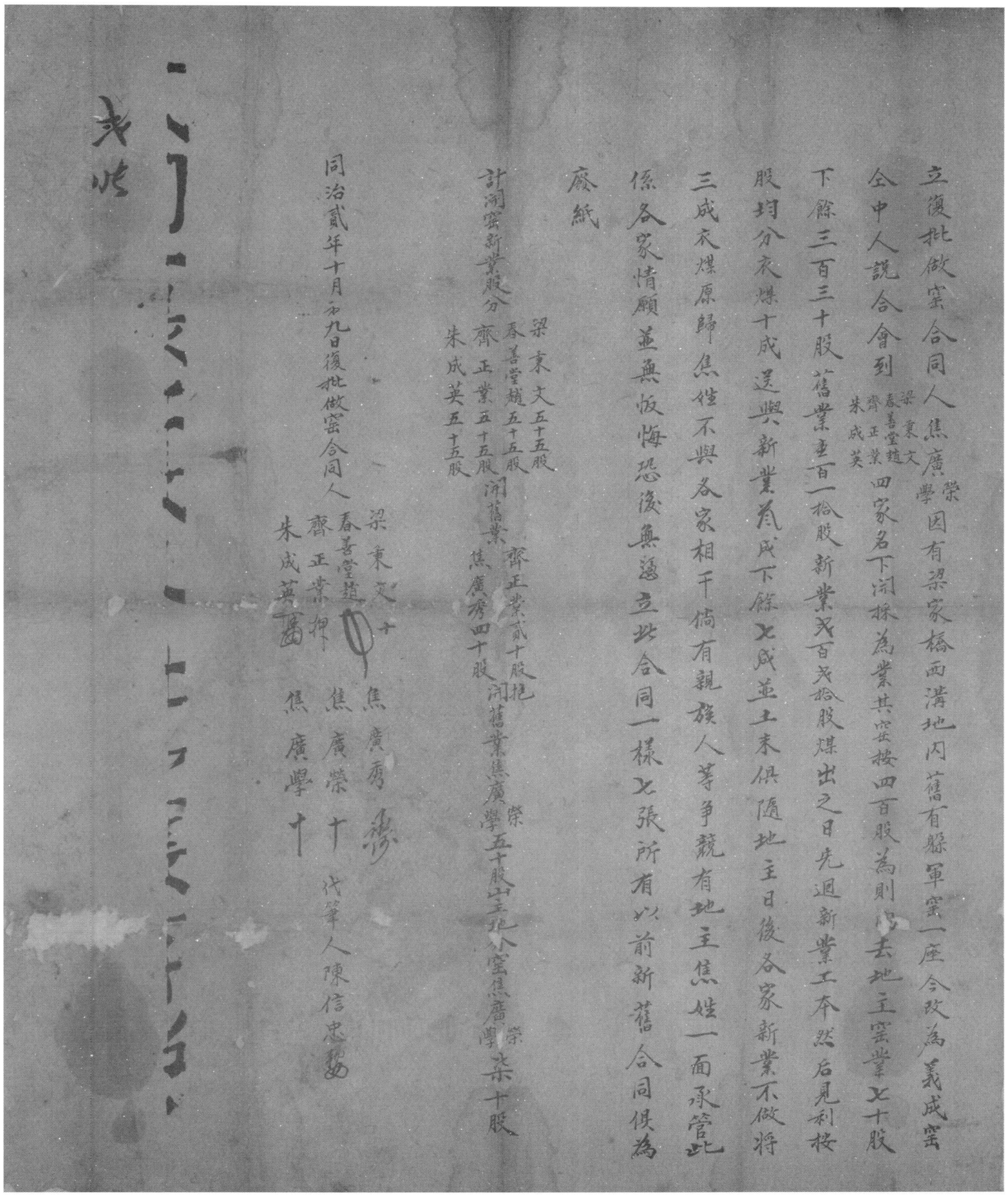

立復批做窑合同人焦廣榮廣學，因有梁家橋西溝地内舊有縣軍窑一座，今改為義成窑，仝中人説合，會到梁東文、春善堂趙、齊正業、朱成英四家名下閘採為業。共窑按四百股為則，除去地主窑業七十股，下餘三百三十股，舊業壹百一拾股，新業貳百貳拾股。煤出之日，先迴新業工本，然后見利按股均分。衣煤十成，還與新業叁成，下餘七成並土末俱隨地主。日後各家新業不做，將三成衣煤原歸焦姓，不與各家相干。倘有親族人等爭競，有地主焦姓一面承管。此係各家情願，並無反悔。恐後無憑，立此合同一樣七張。所有以前新舊合同俱為廢紙。

計開窑新業股分：梁東文五十五股，春善堂趙五十五股，齊正業五十五股，朱成英五十五股。閘舊業齊正業貳十股，焦廣秀四十股。閘舊業焦廣榮廣學五十股。山主地分窑焦廣榮廣學柒十股。

同治貳年十月初九日復批做窑合同人　梁東文十　春善堂趙　齊正業押　朱成英　焦廣秀　焦廣榮十　焦廣學十

代筆人陳信忠

一一三　同治二年（1863）焦廣榮等復批做義成窑合同

地點：梁家橋

尺寸：縱58釐米、橫47釐米

首都博物館藏

編號：35.4.179

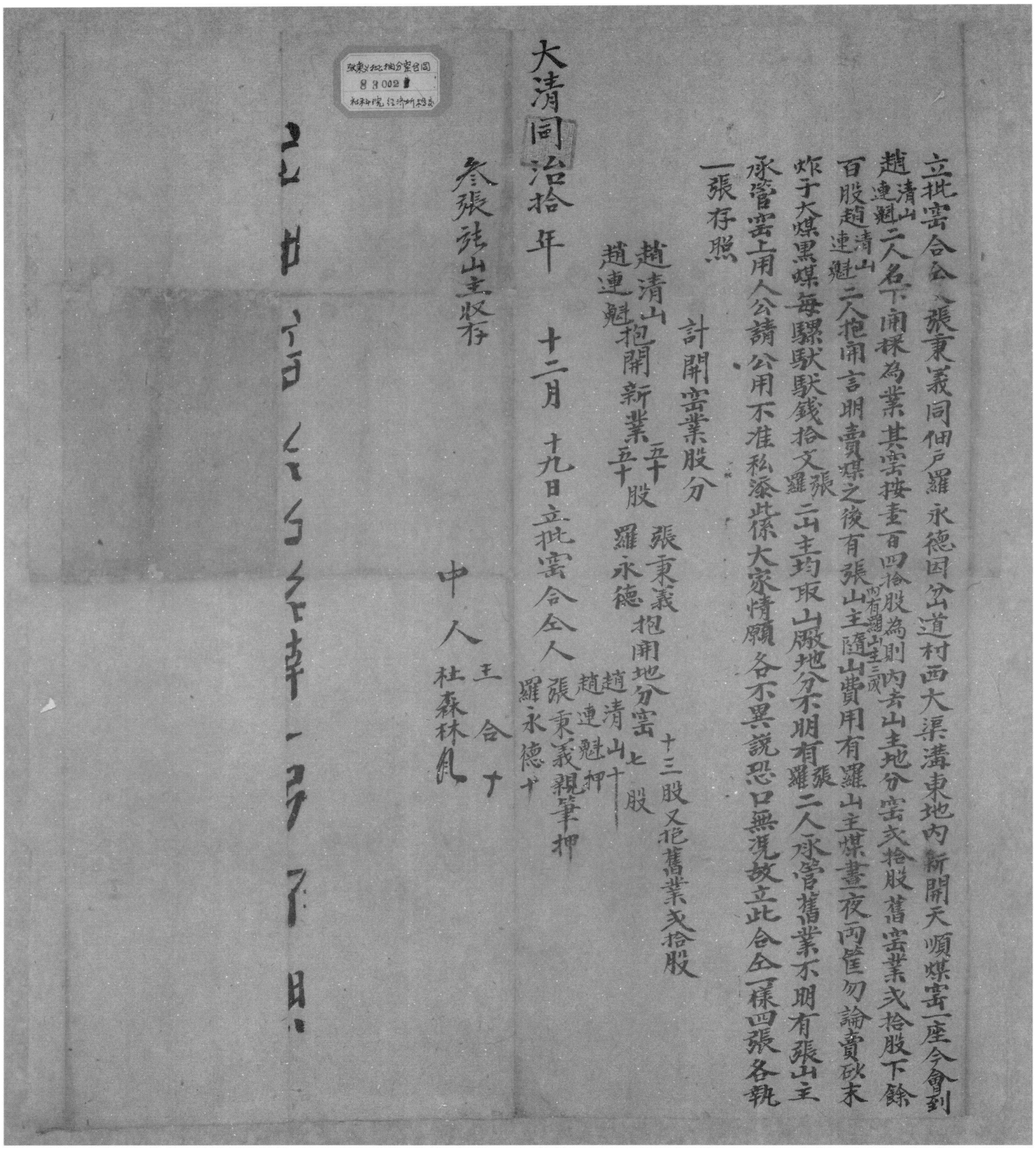
立批窑合仝人張東義同佃戶羅永德因岔道村西大渠溝東地内新開天順煤窑一座今會到
趙清山
連魁二人名下開採為業其窑按畫百四拾股為則内去山主地分窑弍拾股舊窑業弍拾股下餘
百股趙清山
連魁二人抱開言明賣煤之後有張山主隨山費用（内有羅山主三成）有羅山主煤晝夜兩筐勿論賣砍末
炸子大煤黑煤每騾馱馱錢拾文羅張二山主均取山廠地分不明有羅張二人承管舊業不明有張山主
承管窑上用人公請公用不准私添此係大家情願各不異說恐口無憑故立此合仝一樣四張各執
一張存照
計開窑業股分
趙清山
趙連魁抱開新業五十股 五十
張東義
羅永德抱開地分窑七股 十三股又抱舊業弍拾股
大清同治拾年十二月十九日立批窑合仝人 趙清山十 趙連魁押 張東義親筆押 羅永德十
中人 王合十 杜森林
叁張張山主收存

一一四　同治十年（1871）張秉義等批做天順窑合同

地點：岔道村西大渠溝
尺寸：縱54.5釐米、横48釐米
門頭溝博物館藏
編號：830021

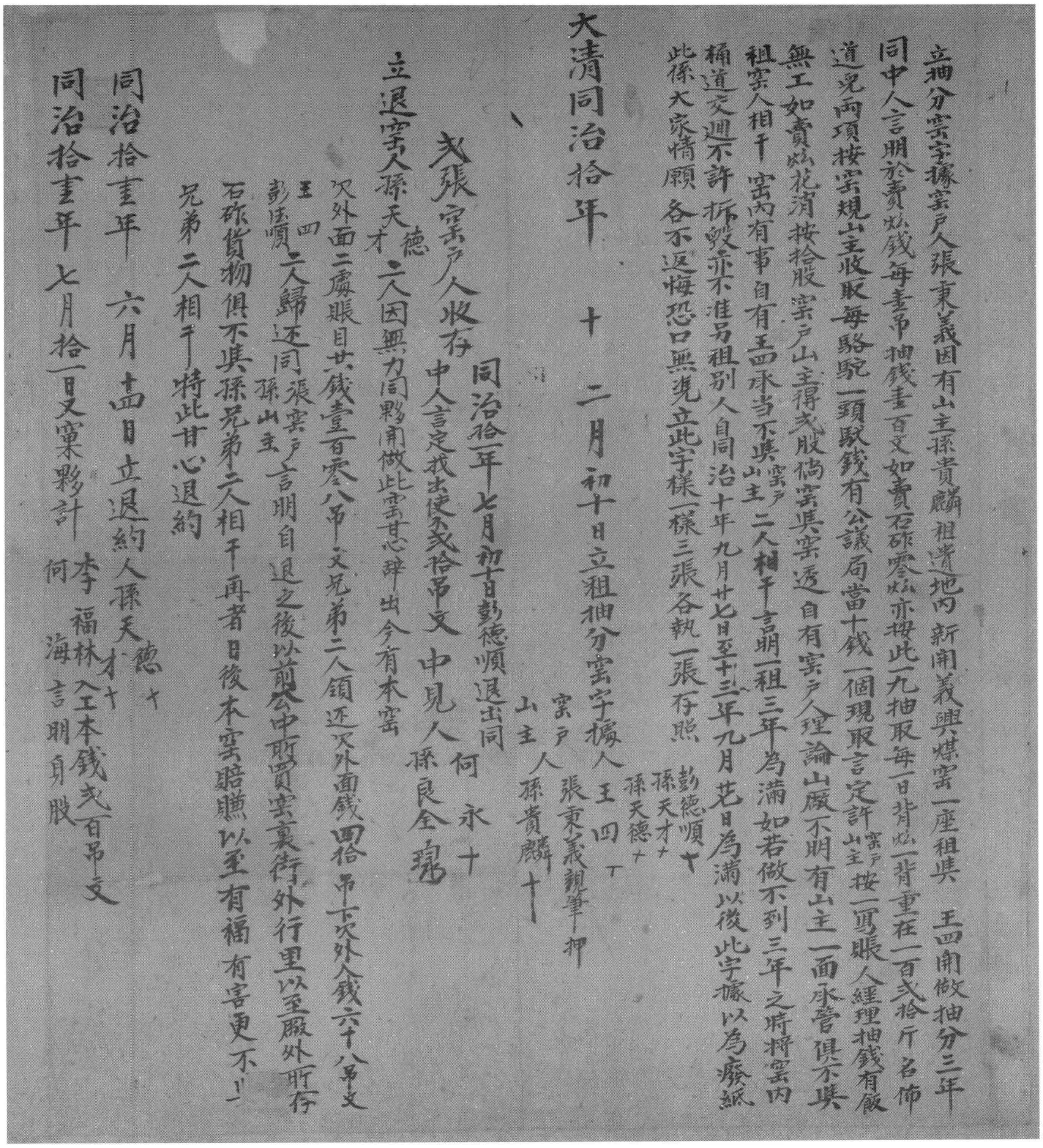
立抽分窑字據窑戶人張東義因有山主孫貴麟祖遺地內新開義興煤窑一座租與　王四開做抽分三年
同中人言明於賣炷錢每壹吊抽錢壹百文如賣石砟零炷亦按此一九抽取每一日背炷一背重在一百弍拾斤名佈
道兇兩項按窑規山主收取每駱駝一頭馱錢有公議局當十錢一個現取言定許窑戶山主按一寫賬人經理抽錢有廠
無工如賣炷花消按拾股窑戶山主得弍股倘窑與窑透自有窑戶人理論山廠不明有山主一面承管俱不與
租窑人相干窑內有事自有王四承当不與窑戶山主二人相干言明一租三年為滿如若做不到三年之時將窑內
桶道交迴不許拆毁亦不准另租別人自同治十年九月廿七日至十三年九月廿日為滿以後此字據以為廢紙
此係大家情願各不返悔恐口無憑立此字樣一樣三張各執一張存照
彭德順十
孫天才十
孫天德十
大清同治拾年十二月初十日立租抽分窑字據人王四十
窑戶人張東義親筆押
山主人孫貴麟十
、
同治拾一年七月初十日彭德順退出同中人言定找出使錢弍拾吊文　中見人何永十　孫良全押
弍張窑戶人收存
立退窑人孫天才　孫天德二人因無力同夥開做此窑甘心辭出今有本窑
欠外面二處賬目共錢壹百零八吊文兄弟二人領还欠外面錢四拾吊下欠外人錢六十八吊文
彭法順　王四二人歸还同張窑戶　孫山主言明自退之後以前公中所買窑裏街外行里以至廠外所存
石砟貨物俱不與孫兄弟二人相干再者日後本窑賠賺以至有福有害更不[illegible]
兄弟二人相干特此甘心退約
同治拾叁年六月十四日立退約人孫天才十　孫天德十
同治拾叁年七月拾一日又棄夥計李福林入工本錢弍百吊文
何海言明身股

一一五　同治十年（1871）張秉義出租義興窑抽分字據

尺寸：縱54.5釐米、橫48釐米

門頭溝博物館藏

編號：830020

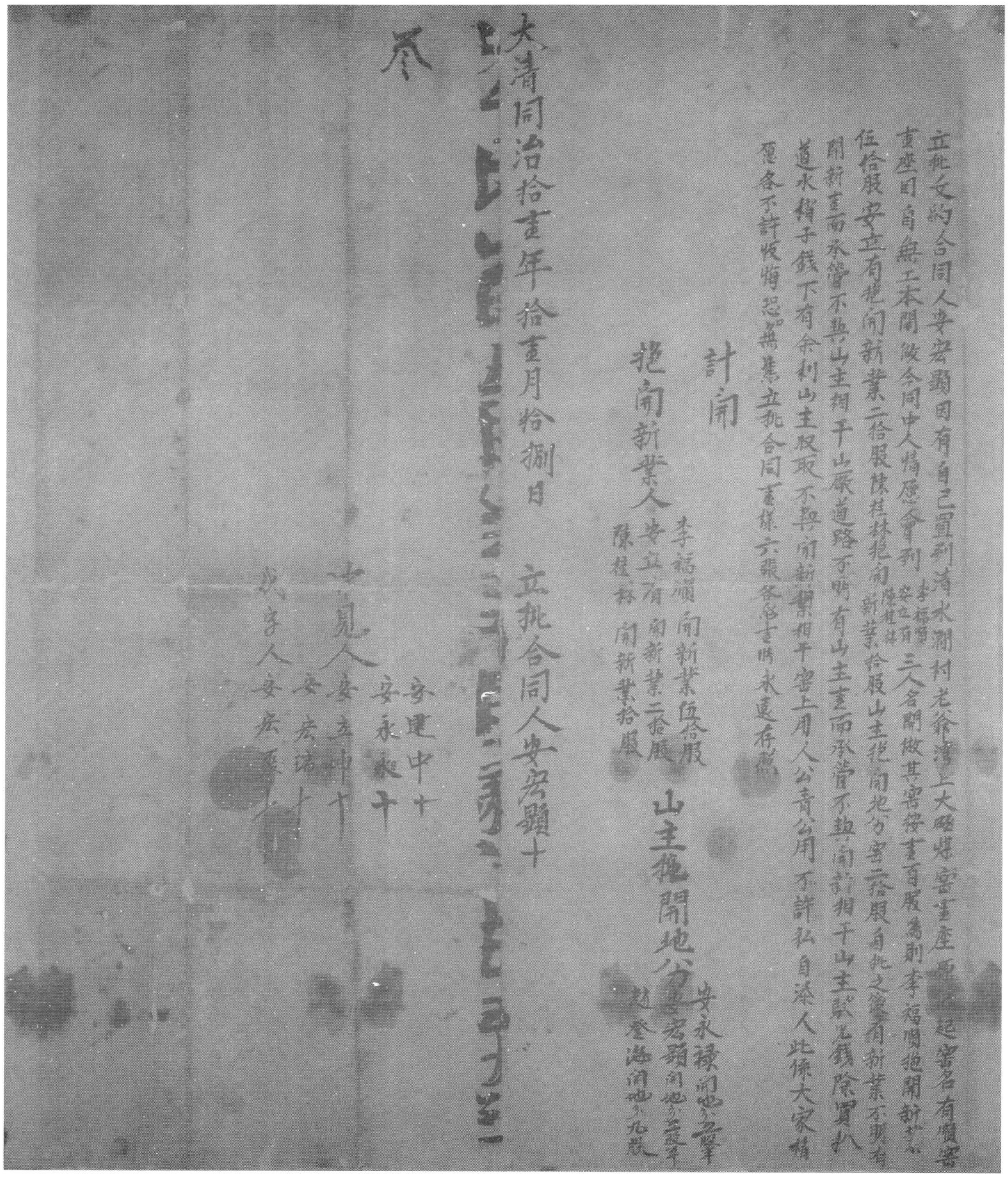

一一六　同治十一年（1872）安宏顯批有順窑合同

地點：清水澗村老爺灣
尺寸：縱58釐米、横45釐米
首都博物館藏
編號：35.4.181

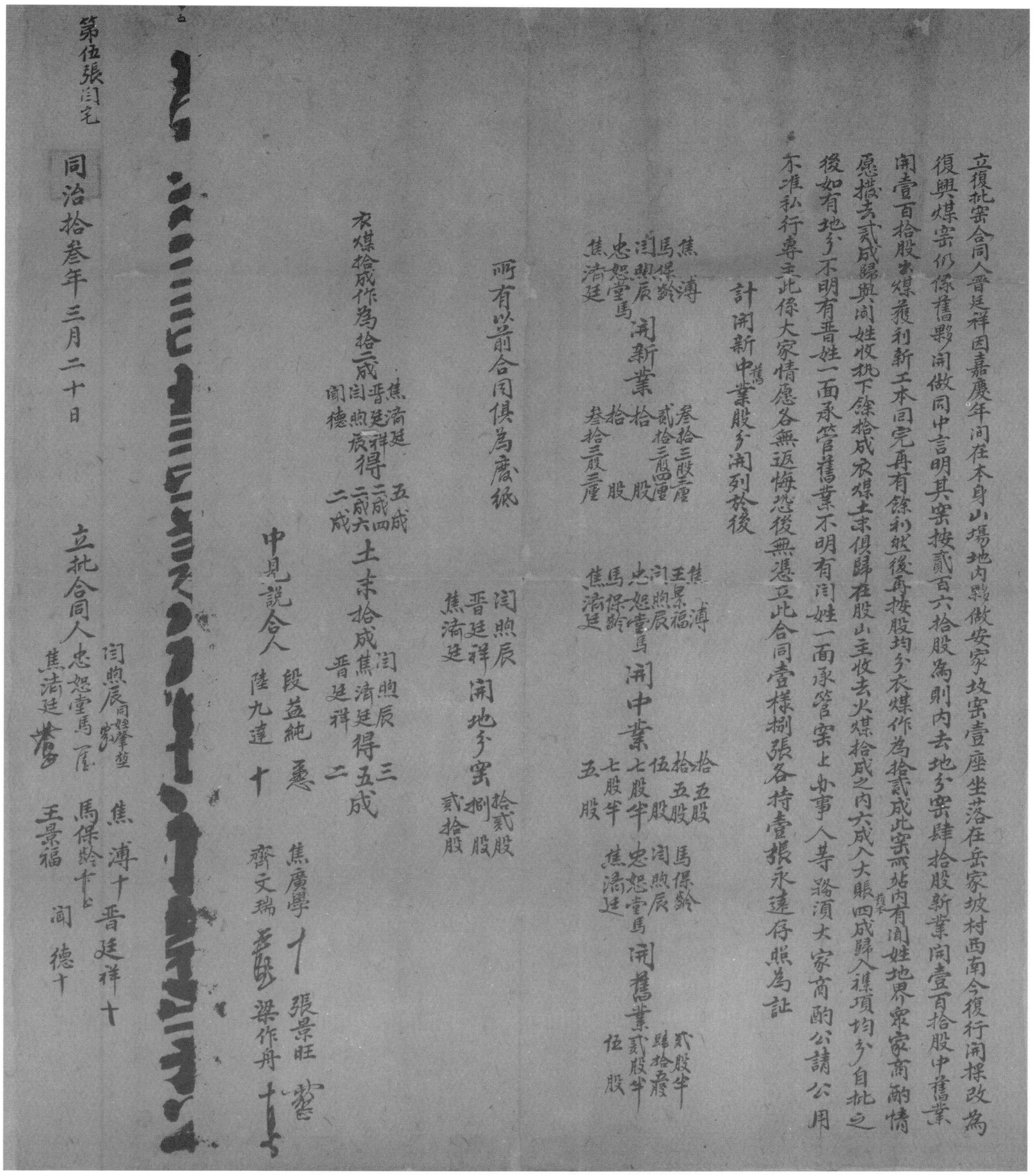

立復批窑合同人晉廷祥因嘉慶年间在本身山場地内𤸃做安家坡窑壹座坐落在岳家坡村西南今復行開採改為
復興煤窑仍係舊𤸃開做同中言明其窑按貳百六拾股為則内去地分窑肆拾股新業開壹百拾股中舊業
開壹百拾股出煤獲利新工本回完再有餘利然後再按股均分衣煤作為拾貳成此窑所站内有閻姓地界衆家商酌情
愿撥去貳成歸與閻姓收批下餘拾成衣煤土末俱歸在股山主收去火煤拾成之内六成入大賬四成歸入裡項均分自批之
後如有地分不明有晉姓一面承管舊業不明有閻姓一面承管窑上𠁅事人等務須大家商酌公請公用
不准私行專主此係大家情愿各無返悔恐後無憑立此合同壹樣捌張各持壹張永遠存照為証

計開新中舊業股分開列於後

開新業 焦溥 叁拾三股一釐 馬保齡 貳拾三股四釐 閻煦辰 拾股 忠恕堂馬 拾股 焦湳廷 叁拾三股三釐

開中業 焦溥 拾五股 王景福 拾五股 閻煦辰 伍股 忠恕堂馬 七股半 馬保齡 七股半 焦湳廷 五股

開舊業 馬保齡 貳股半 閻煦辰 肆拾叁釐 忠恕堂馬 貳股半 焦湳廷 伍股

開地分窑 閻煦辰 拾貳股 晉廷祥 捌股 焦湳廷 貳拾股

所有以前合同俱為廢紙

衣煤拾成作為拾二成 焦湳廷 五成 晉廷祥 二成四 閻煦辰 二成六 閻德 二成 得

土末拾成 閻煦辰 三 焦湳廷 五成 晉廷祥 二 得

中見說合人 段益純 押 陸九達 十 焦廣學 十 齊文瑞 押 張景旺 押 梁作舟 十

立批合同人 閻煦辰同姪肇堃 押 忠恕堂馬 押 焦湳廷 押 焦溥 十 馬保齡 十 王景福 晉廷祥 十 閻德 十

同治拾叁年三月二十日

第伍張閻宅

一一七 同治十三年（1874）晉廷祥等復批復興窑合同

地點：岳家坡村

尺寸：縱60釐米、橫48釐米

門頭溝博物館藏

編號：830024

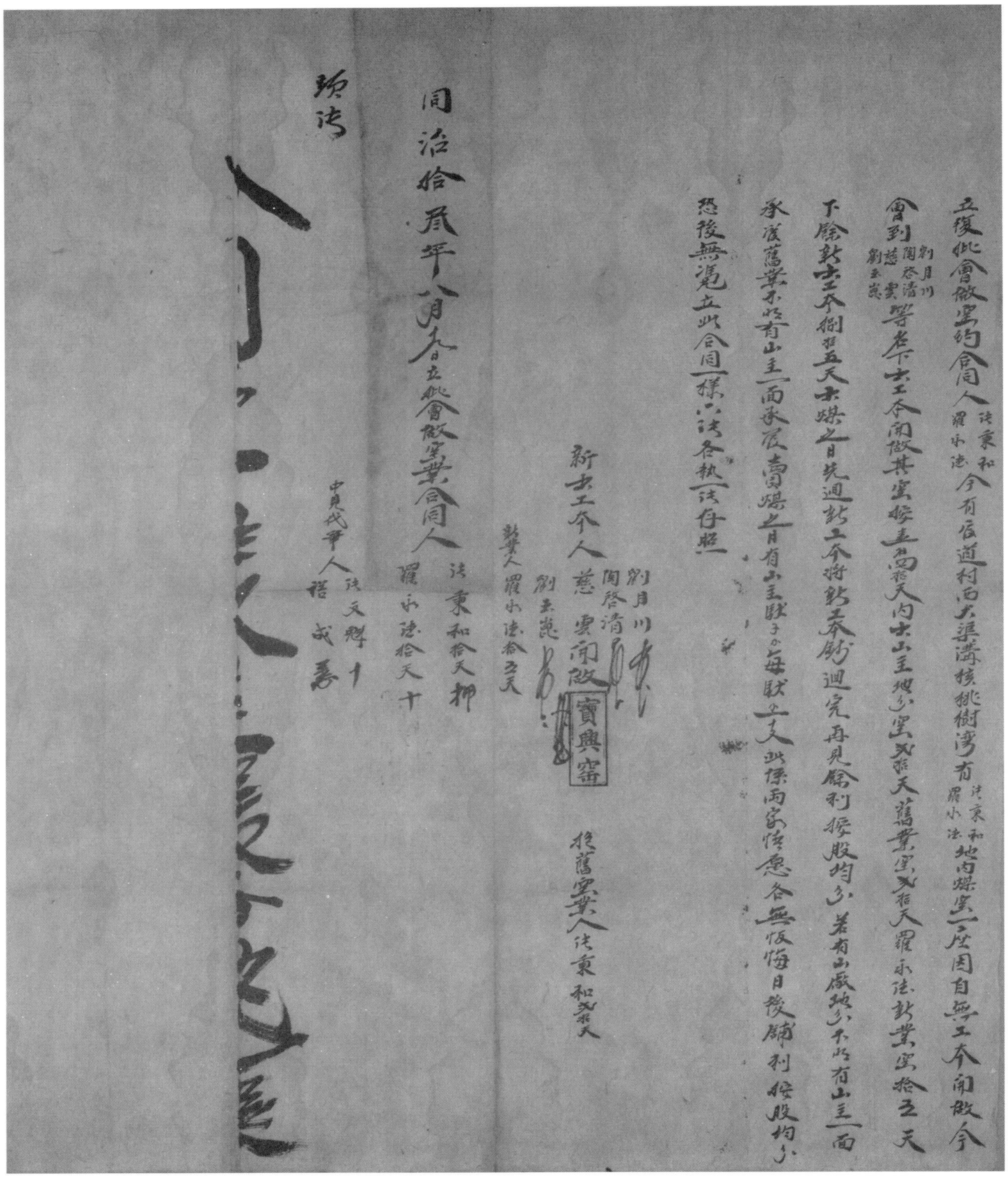

一一八　同治十三年（1874）張秉和等復批會做官道村煤窑合同

地點：官道村西大渠溝核桃樹灣

尺寸：縱60釐米、横48釐米

首都博物館藏

編號：35.4.178

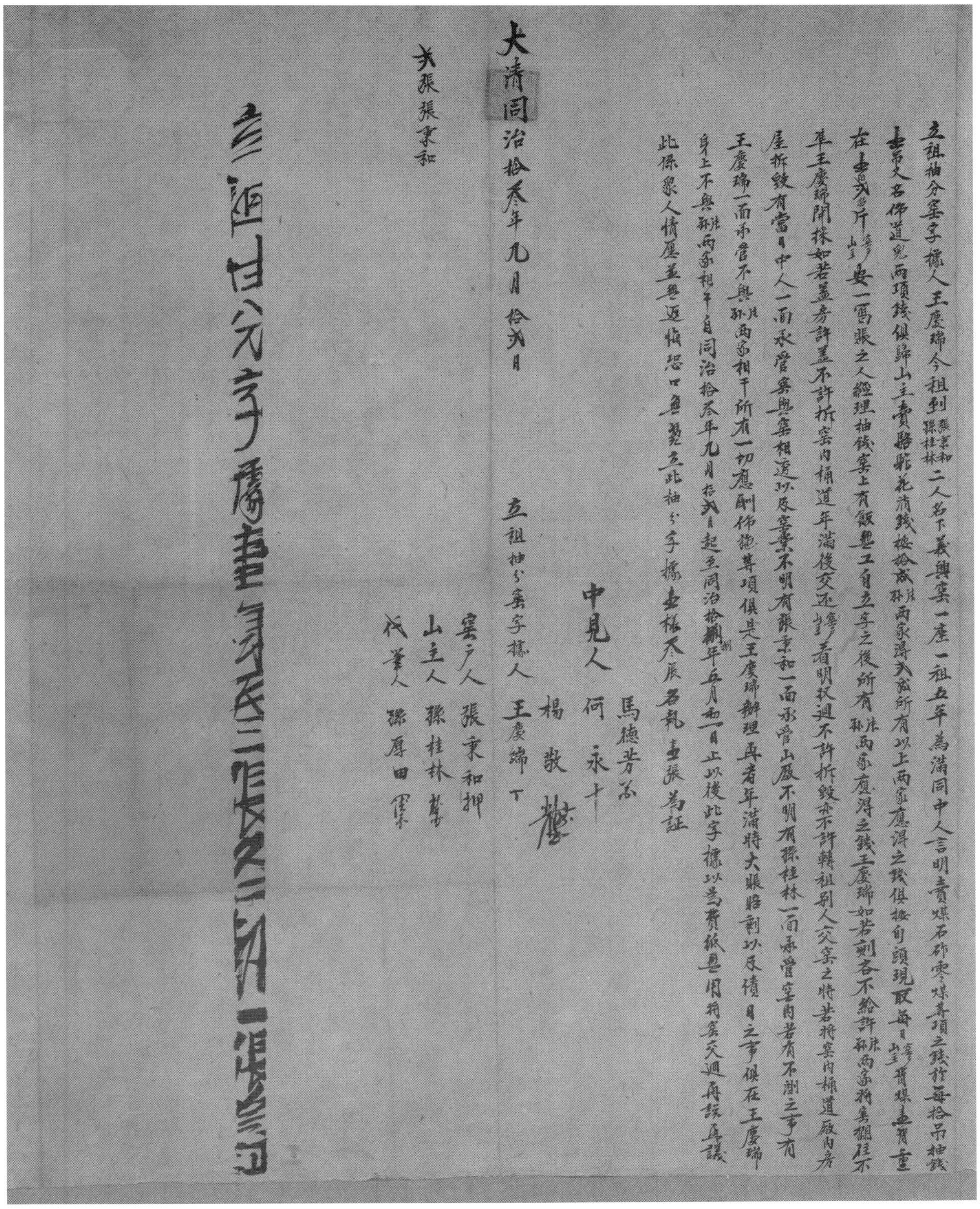
立租抽分窑字據人王慶瑞今租到張東和、孫桂林二人名下義興窑一座，租五年為滿，同中人言明：賣煤石砟零煤等項之錢，於每拾吊抽錢壹吊文，名作道兒，兩項錢俱歸山主，賣賠靴花消錢按拾成，張、孫兩家得弍成，所有以上兩家應得之錢俱按旬頭現取，每月窑戶、山主貼煤壹百重在壹弍拾斤。窑戶、山主安一寫賬之人經理抽錢，窑上有飯無工。自立字之後，所有張、孫兩家應得之錢，王慶瑞如若剋吝不給，許張、孫兩家將窑棚柱不准王慶瑞開採。如若蓋房，許蓋不許拆，窑內桶道年滿後交還窑戶、山主看明，攻通不許拆毀，亦不許轉租別人。交窑之時若將窑內桶道、廠內房屋拆毀，有當日中人一面承管。窑與窑相通以及窑業不明，有張東和一面承管；山廠不明，有孫桂林一面承管；窑內若有不測之事，有王慶瑞一面承管，不與張、孫兩家相干。所有一切應酬作踐等項，俱是王慶瑞辦理。再者，年滿時大賬賠剩以及債目之事，俱在王慶瑞身上，不與張、孫兩家相干。自同治拾叁年九月拾弍日起，至同治拾捌年五月初一日止，以後此字據以為廢紙無用，將窑交過，再無異議。此係衆人情願，並無返悔。恐口無憑，立此抽分字據壹樣叁張，各執壹張為証。

中見人　馬德芳　十
何永　十
楊敬　（押）

立租抽分窑字據人　王慶瑞　十
窑戶人　張東和　押
山主人　孫桂林　押
代筆人　孫厚田　（押）

大清同治拾叁年九月拾弍日

弍張　張東和

一一九　同治十三年（1874）王慶瑞租義興窑抽分字據

尺寸：縱58.5釐米、横48釐米

門頭溝博物館藏

編號：830023

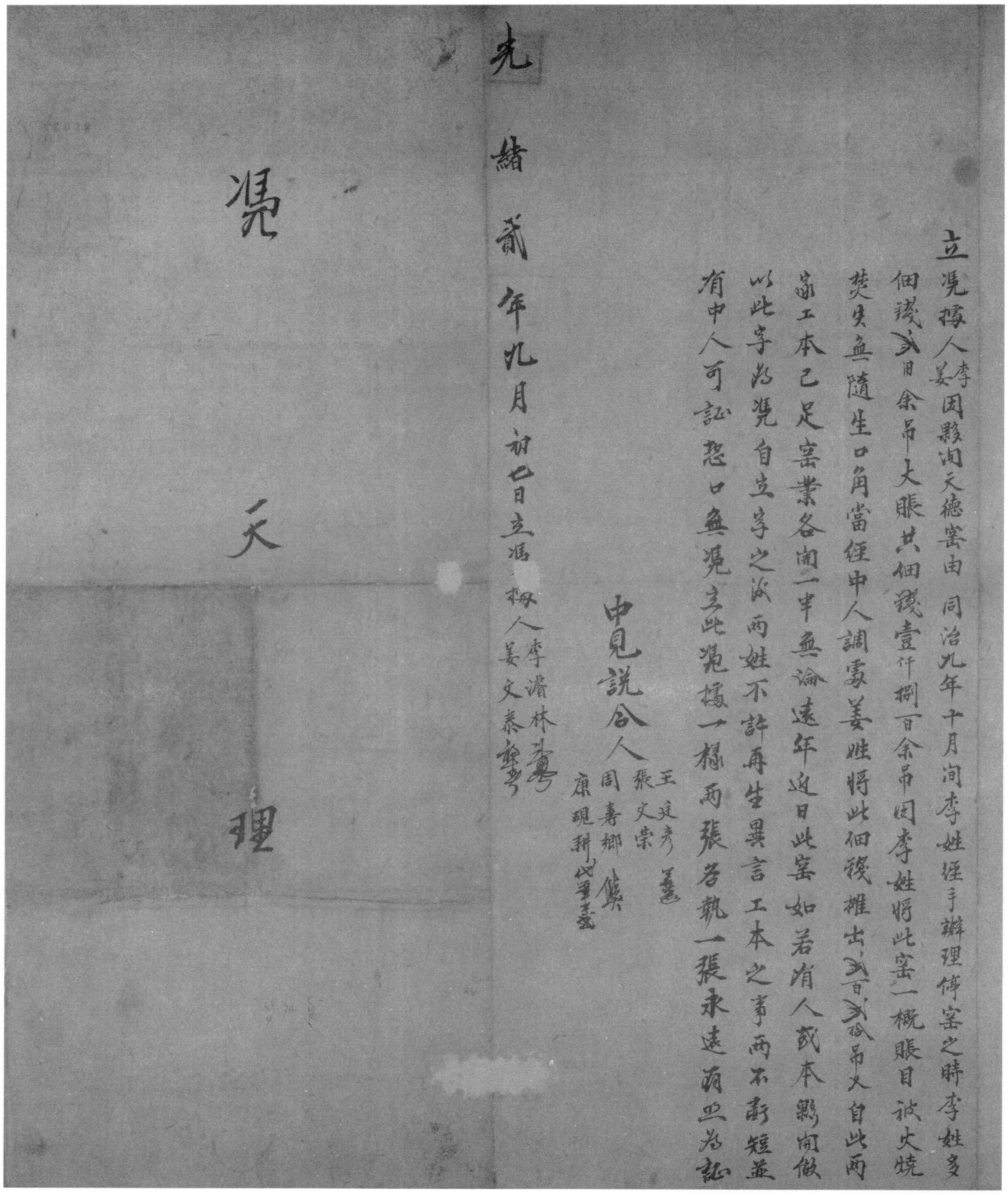

立凴據人姜李因夥開天德窰由同治九年十月間李姓經手辦理停窰之時李姓多
佃錢贰佰余吊大賬共佃錢壹仟捌百余吊因李姓將此窰一概賬目被火燒
焚失無隨生口角當經中人調處姜姓將此佃錢攤出贰百贰拾吊文自此兩
家工本已足窰業各開一半無論遠年近日此窰如若有人或本夥開做
以此字為凴自立字之後兩姓不許再生異言工本之事兩不虧短並
有中人可証恐口無凴立此凴據一樣兩張各執一張永遠存照為証

中見說合人 王廷秀 張文崇 周壽鄉 康硯耕代筆

光緒貳年九月初七日立凴據人李濬林 姜文泰

凴天理

一二〇 光緒二年（1876）李濬林等天德窑糾紛調解憑據

尺寸：縱58釐米、横49釐米

門頭溝博物館藏

編號：830017

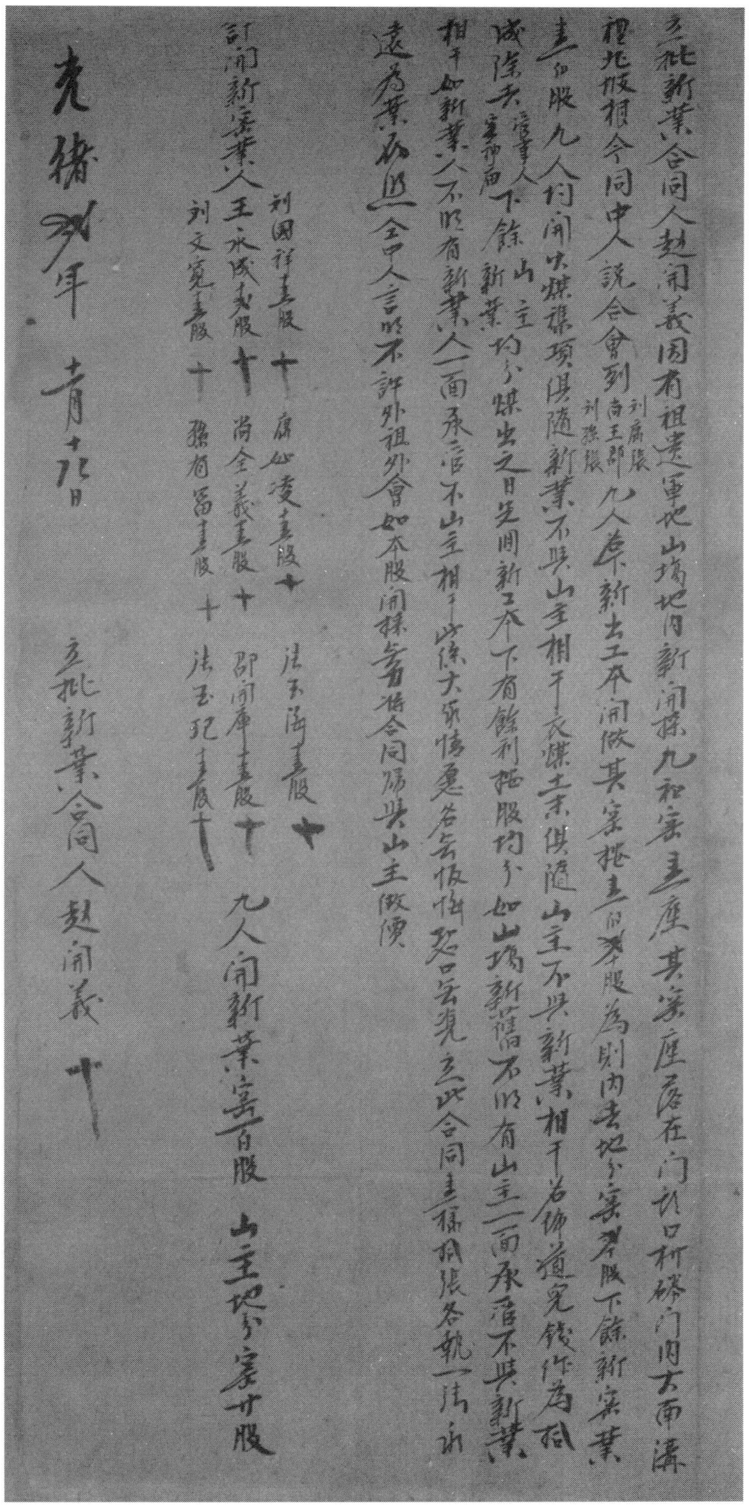
立批新業合同人趙開義因有祖遺軍地山場地內新開採九和窑壹座其窑座落在門頭口村碌門內大南溝
裡九股相合同中人說合會到劉廣緣高玉部劉孫緣九人原新出工本開做其窑攏壹百廿股為則內去地分窑廿股下餘新窑業
壹百股九人均開此煤窑項俱隨新業不與山主相干衣煤土末俱隨山主不與新業相干若餘道克錢作為拭
誠陰夫湊事人窑神廟下餘山主新業均分煤出之日先開新工本下有餘利按股均分如山場新舊不明有山主一面承管不與新業
相干如新業人不明有新業人一面承管不與山主相干此係大家情愿各無反悔恐口無憑立此合同壹樣兩張各執一張永
遠為業存照全中人言明不許外祖外會如本股開採無有按合同歸與山主做便

計開新業人
劉國祥壹股十　廣如凌壹股十　法玉海壹股十
王永成壹股十　尚全義壹股十　邵開庫壹股十
劉文寬壹股十　孫有富壹股十　法玉玘壹股十

九人開新業窑百股　山主地分窑廿股

光緒貳年十月十六日

立批新業合同人趙開義　十

一二一　光緒二年（1876）趙開義批九和窑新業合同

地點：門頭口村

尺寸：縱50釐米、橫25釐米

首都博物館藏

編號：35.4.183

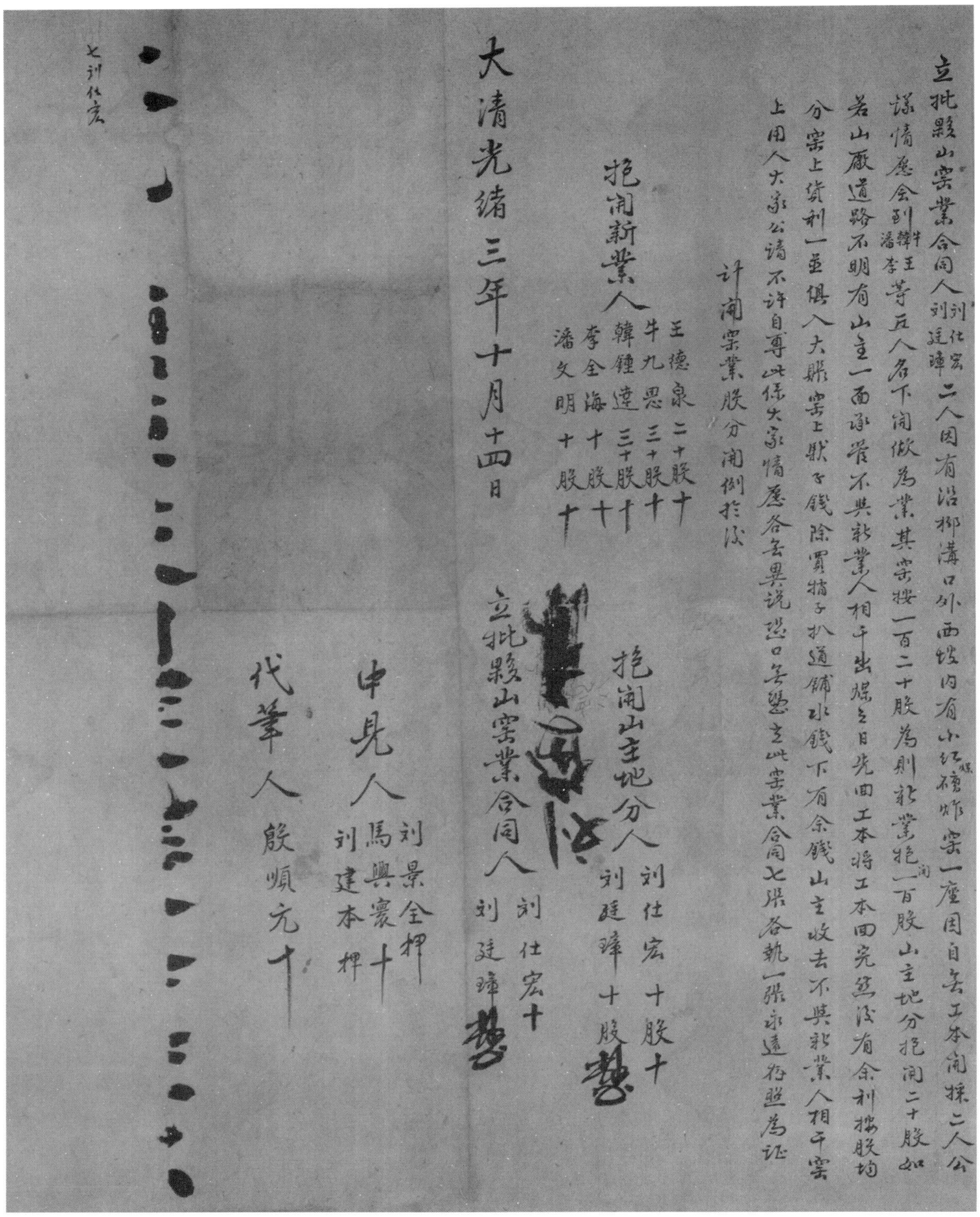
立批夥山窑業合同人刘仕宏 刘廷瑋二人因有沿柳溝口外西坡内有小紅煤礶炸窑一座因自無工本開採二人公議情愿会到韓牛王潘李等五人名下開做為業其窑按一百二十股為則新業抱開一百股山主地分抱開二十股如若山廠道路不明有山主一面承當不與新業人相干出煤之日先回工本將工本回完然後有余利按股均分窑上賃利一并俱入大衆窑上賬子錢除買樁子扒道鋪水錢下有余錢山主收去不與新業人相干窑上用人大家公請不許自專此係大家情愿各無異説恐口無憑立此窑業合同七張各執一張永遠存照為証

計開窑業股分開列於後

抱開新業人 王德泉 二十股 十
牛九思 三十股 十
韓鍾遠 三十股 十
李全海 十股 十
潘文明 十股 十

大清光緒三年十月十四日

抱開山主地分人 刘仕宏 十股 十
刘廷瑋 十股 押

立批夥山窑業合同人 刘仕宏 十
刘廷瑋 押

中見人 刘景全 押
馬興寰 十
刘建本 押

代筆人 殷順元 十

七刘仕宏

一二二 光緒三年（1877）劉仕宏等批夥做小紅煤礶炸窑合同

地點：沿柳溝
尺寸：縱54釐米、橫46釐米
首都博物館藏
編號：35.4.189

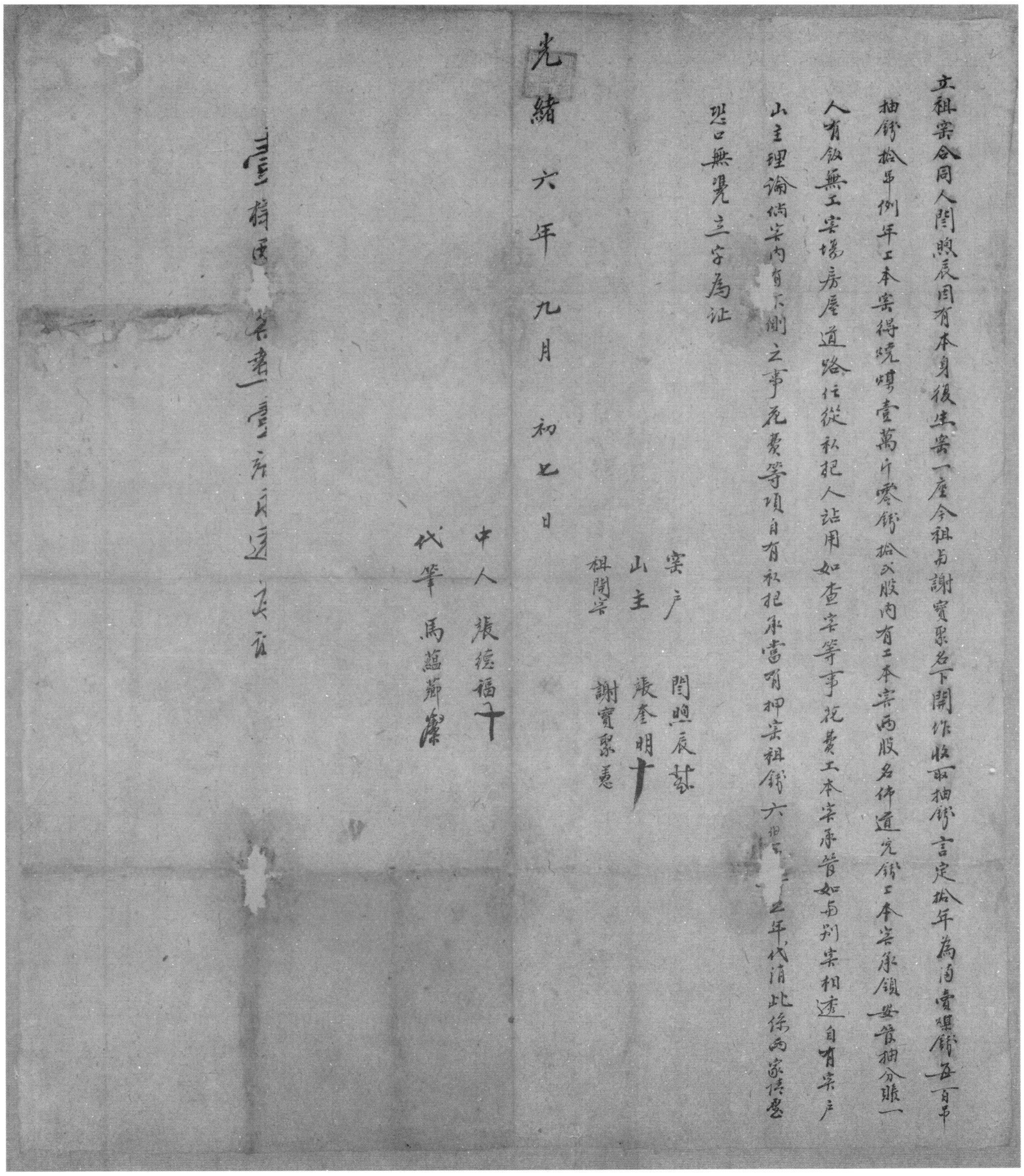

立租窑合同人閆煦辰因有本身後生窑一座今租与謝寶聚名下開作收取抽錢言定拾年爲滿賣煤錢每百吊
抽錢拾吊例年工本窑得燒煤壹萬斤零錢拾弍股內有工本窑兩股名係道光錢工本窑承領安管抽分賬一
人有欽無工窑場房屋道路任從私挖人諸用如查窑等事花費工本窑承管如与別窑相連自有窑户
山主理論倘窑內有不測之事花費等項自有私挖承當預押窑租錢六[illegible]年代清此係兩家情愿
恐口無憑立字爲証

光緒六年九月初七日

窑户　閆煦辰　畫押
山主　張奎明　十
租閆辛　謝寶聚　畫
中人　張德福　十
代筆　馬蘊芳　押

一二三　光緒六年（1880）閆煦辰出租復生窑合同

尺寸：縱47釐米、橫40釐米

門頭溝博物館藏

編號：830019

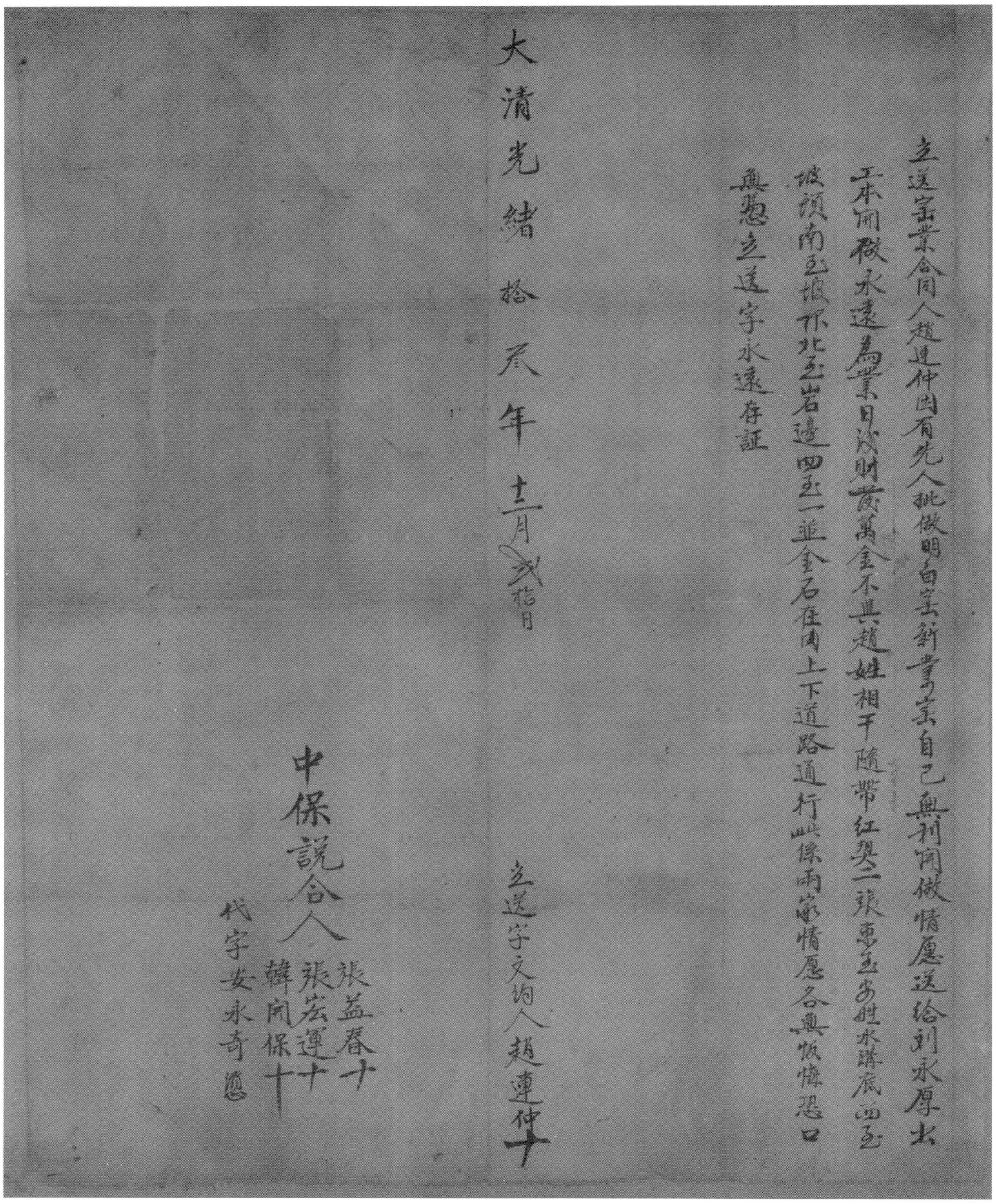

立送窑業合同人趙連仲因有先人挑做明白窑新業窑自己無利開做情愿送給劉永厚出工本開做永遠為業日後財發萬金不與趙姓相干隨帶紅契一張東至安胜水溝底西至坡頭南至坡坏北至岩邊四至一並金石在內上下道路通行此係兩家情愿各無返悔恐口無憑立送字永遠存証

大清光緒拾叁年十二月弍拾日

立送字文約人趙連仲十

中保說合人
張益春十
張宏運十
韓開保十

代字安永奇

一二四　光緒十三年（1887）趙連仲送明白窑等窑業合同

尺寸：縱57釐米、横42釐米

首都博物館藏

編號：35.4.188

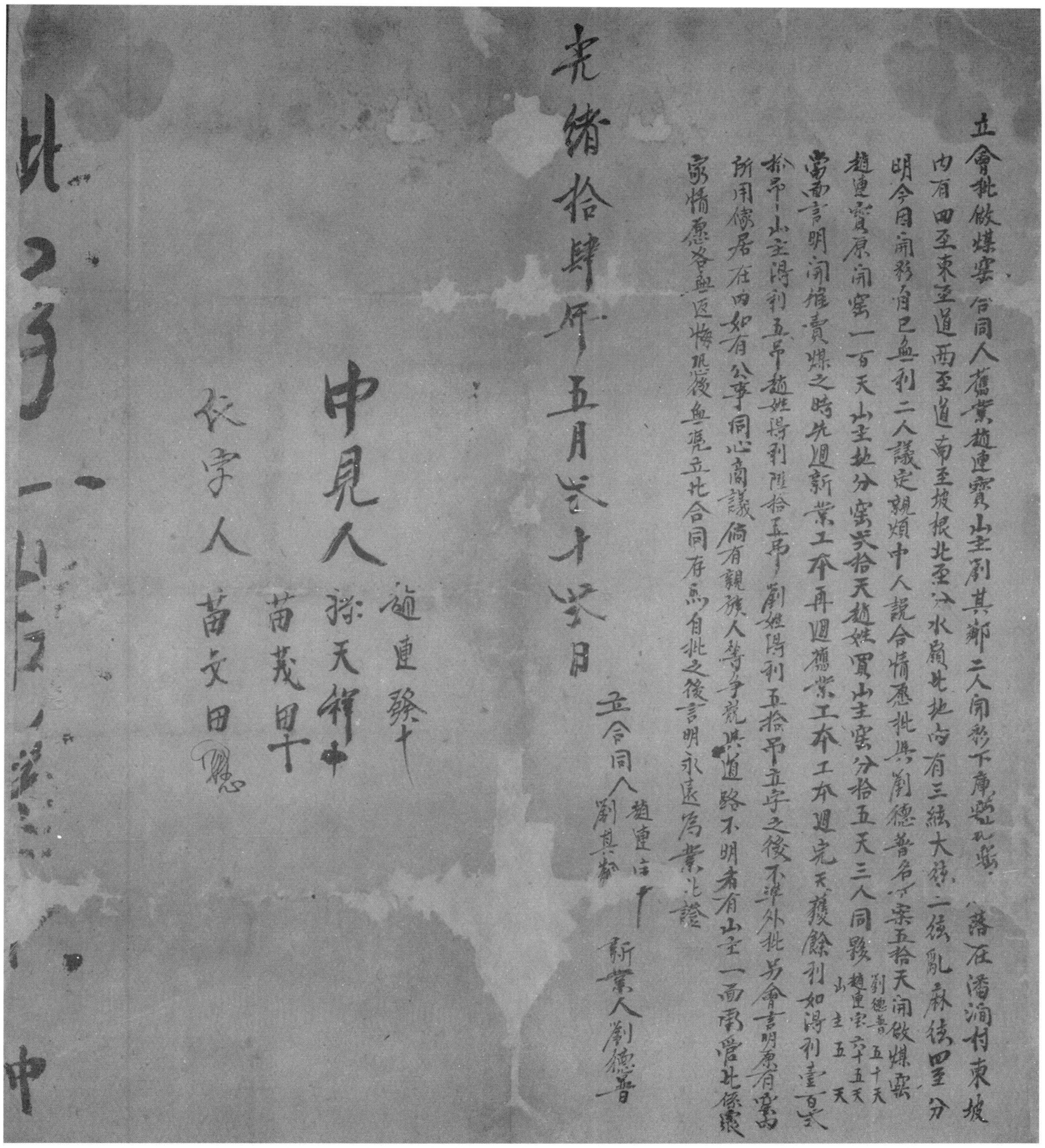

立會批做煤窑合同人舊業趙連寶山主劉其鄉二人開彩下庫窑一座落在潘澗村東坡
內有四至東至道西至道南至坡根北至分水嶺此地內有三絲大簽二條亂麻條四至分
明今因開彩自己無利二人議定覲煩中人說合情愿批與劉德普名下窑五拾天開做煤窑
趙連寶原開窑一百天山主批分窑叁拾天趙姓買山主窑分拾五天三人同股 劉德普五十天 趙連寶六十五天 山主五天
當面言明開雇賣煤之時先週新業工本再週舊業工本工本週完天獲餘利如得利壹百吊
拾吊山主得利五吊趙姓得利陸拾五吊劉姓得利五拾吊立字之後不準外批另會言明原有窑內
所用傢居在內如有公事同心商議倘有親族人等爭競與道路不明者有山主一面承管此係兩
家情愿各無返悔恐後無憑立此合同存照自批之後言明永遠為業此證

光緒拾肆年五月廿六日

立合同人 趙連寶十 劉其鄉 新業人劉德普

中見人 趙連發十 孫天祥十 苗茂田十

代字人 苗文田

一二五　光緒十四年（1888）趙連寶等會批做下庫窑合同

地點：潘澗村東坡
尺寸：縱55釐米、橫46釐米
首都博物館藏
編號：35.4.190

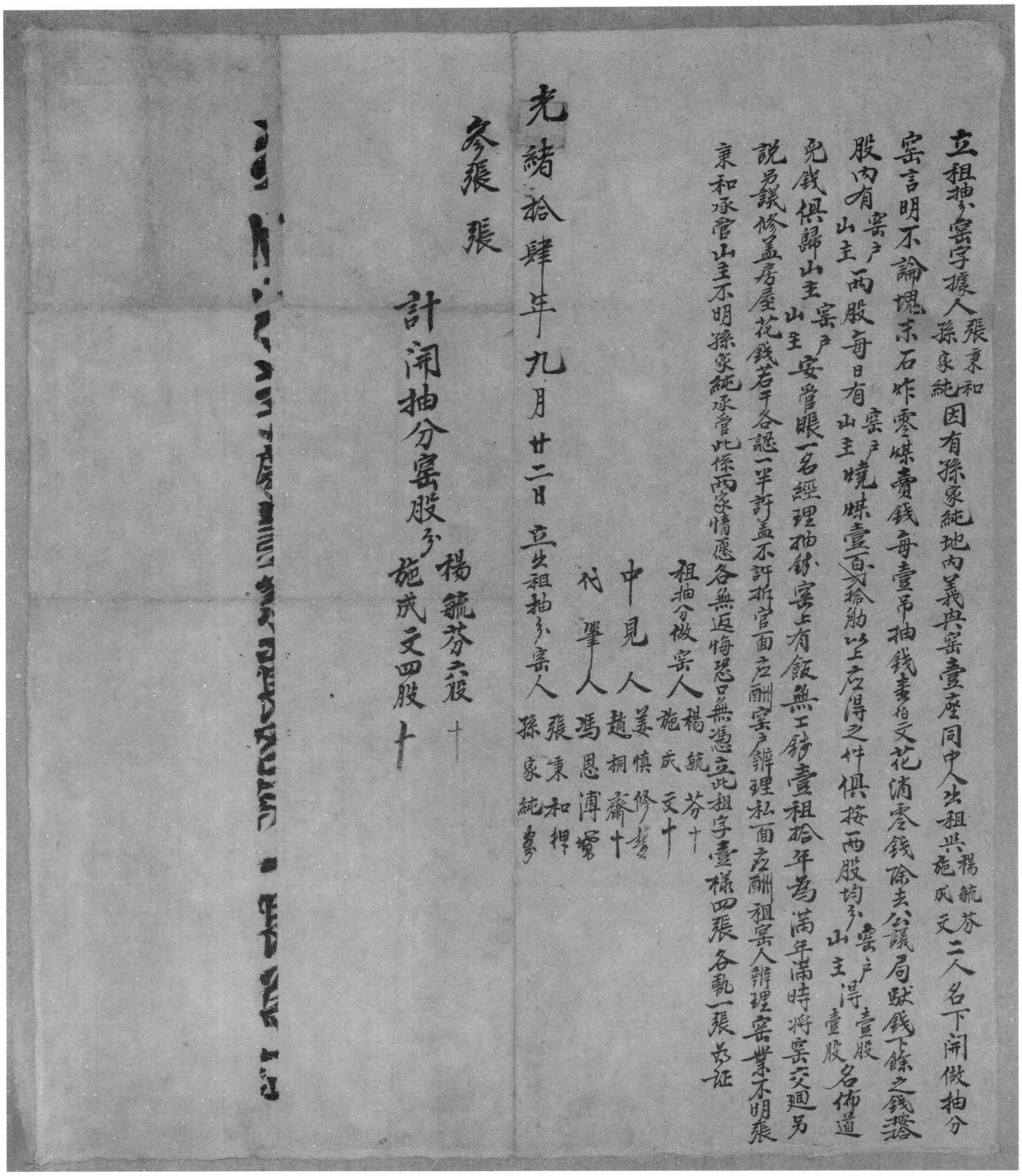
立租抽分窑字據人張秉和、孫家純，因有孫家純地內義興窑壹座，同中人出租與楊毓芬、施成文二人名下開做抽分
窑，言明不論塊末石炸零煤賣錢，每壹吊抽錢壹佰文，花消零錢除去，公議局馱錢下餘之錢，按
股內有窑戶、山主兩股，每日有窑戶、山主燒煤壹百[illegible]拾觔，以上所得之件，俱按兩股均分，窑戶、山主得壹股，名佈道
免錢，俱歸山主、窑戶；山主、窑戶安管賬一名經理抽分，窑上有飯無工錢，壹租拾年為滿，年滿時將窑交回，另
說另議。修蓋房屋花錢若干，各認一半，許蓋不許拆。官面應酬窑戶辦理，私面應酬租窑人辦理。窑業不明，張
秉和承管；山主不明，孫家純承管。此係兩家情愿，各無返悔，恐口無憑，立此租字壹樣四張，各執一張為証。

祖抽分做窑人 楊毓芬十 施成文十

中見人 姜慎修[押] 趙桐齋十

代筆人 馮恩溥[押]

光緒拾肆年九月廿二日 立出租抽分窑人 張秉和押 孫家純[押]

參張 張

計開抽分窑股分 楊毓芬六股 十 施成文四股 十

一二六 光緒十四年（1888）張秉和等租義興窑抽分字據

尺寸：縱58釐米、横48.7釐米
門頭溝博物館藏
編號：830015

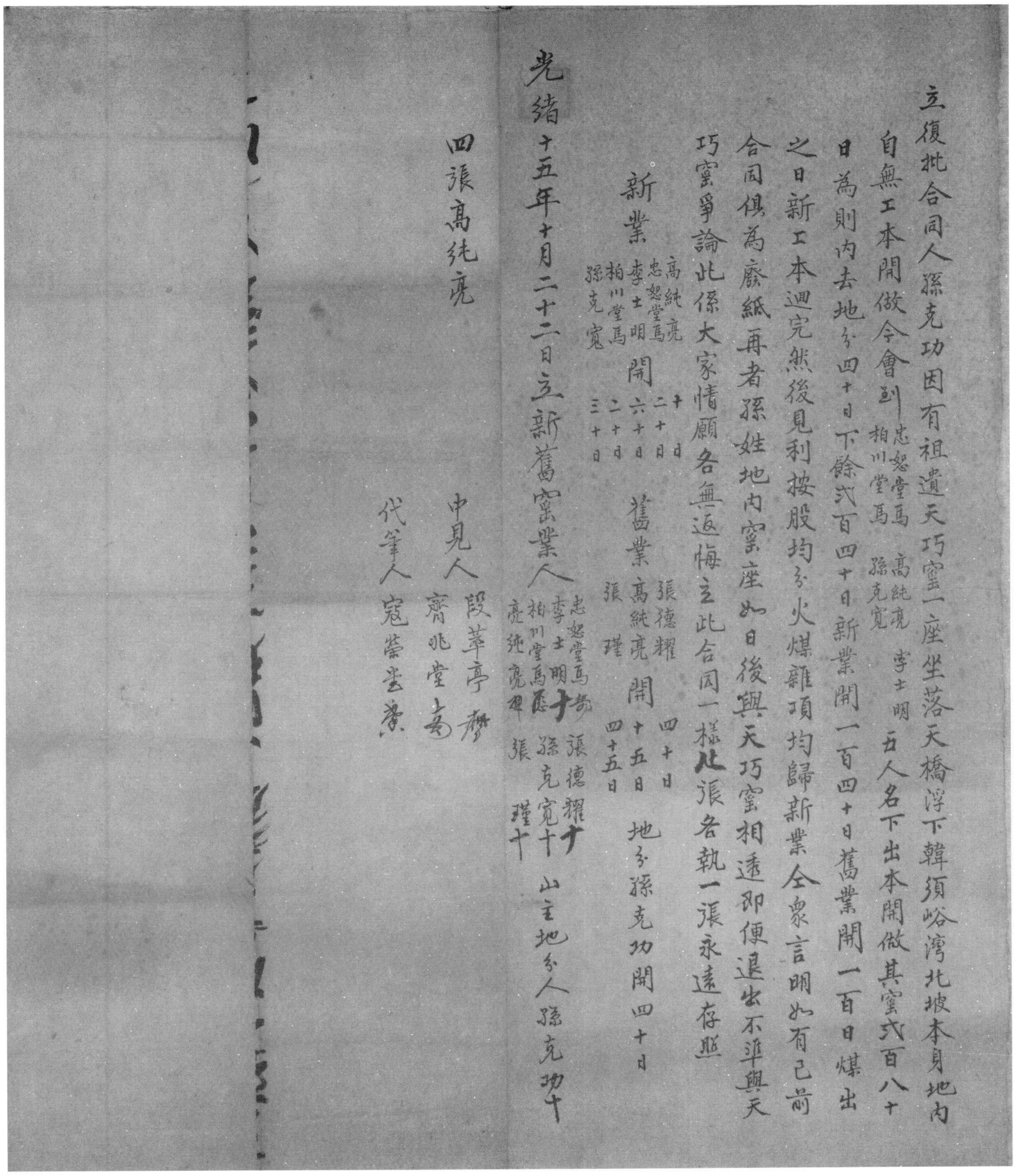

立復批合同人孫克功因有祖遺天巧窰一座坐落天橋浮下韓須峪灣北坡本身地內
自無工本開做仝會到忠恕堂馬 柏川堂馬 高純亮 孫克寬 李士明五人名下出本開做其窰弍百八十
日爲則內去地分四十日下餘弍百四十日新業開一百四十日舊業開一百日煤出
之日新工本迴完然後見利按股均分火煤雜項均歸新業仝衆言明如有已前
合同俱爲廢紙再者孫姓地內窰座如日後與天巧窰相透即便退出不準與天
巧窰爭論此係大家情願各無返悔立此合同一樣四張各執一張永遠存照

新業 高純亮 開 十日
忠恕堂馬 二十日
李士明 六十日
柏川堂馬 二十日
孫克寬 三十日

舊業 張德耀 開 四十日
高純亮 十五日
張瑾 四十五日

地分孫克功開四十日

光緒十五年十月二十二日立新舊窰業人 忠恕堂馬 李士明十 柏川堂馬 高純亮 張德耀十 孫克寬十 張瑾十 山主地分人孫克功十

四張高純亮

中見人 段萃亭 齊兆堂
代筆人 寇崇尝

一二七　光緒十五年（1889）孫克功等復批開做天巧窰合同

地點：天橋浮下韓須峪灣
尺寸：縱58.2釐米、横48.7釐米
門頭溝博物館藏
編號：830018

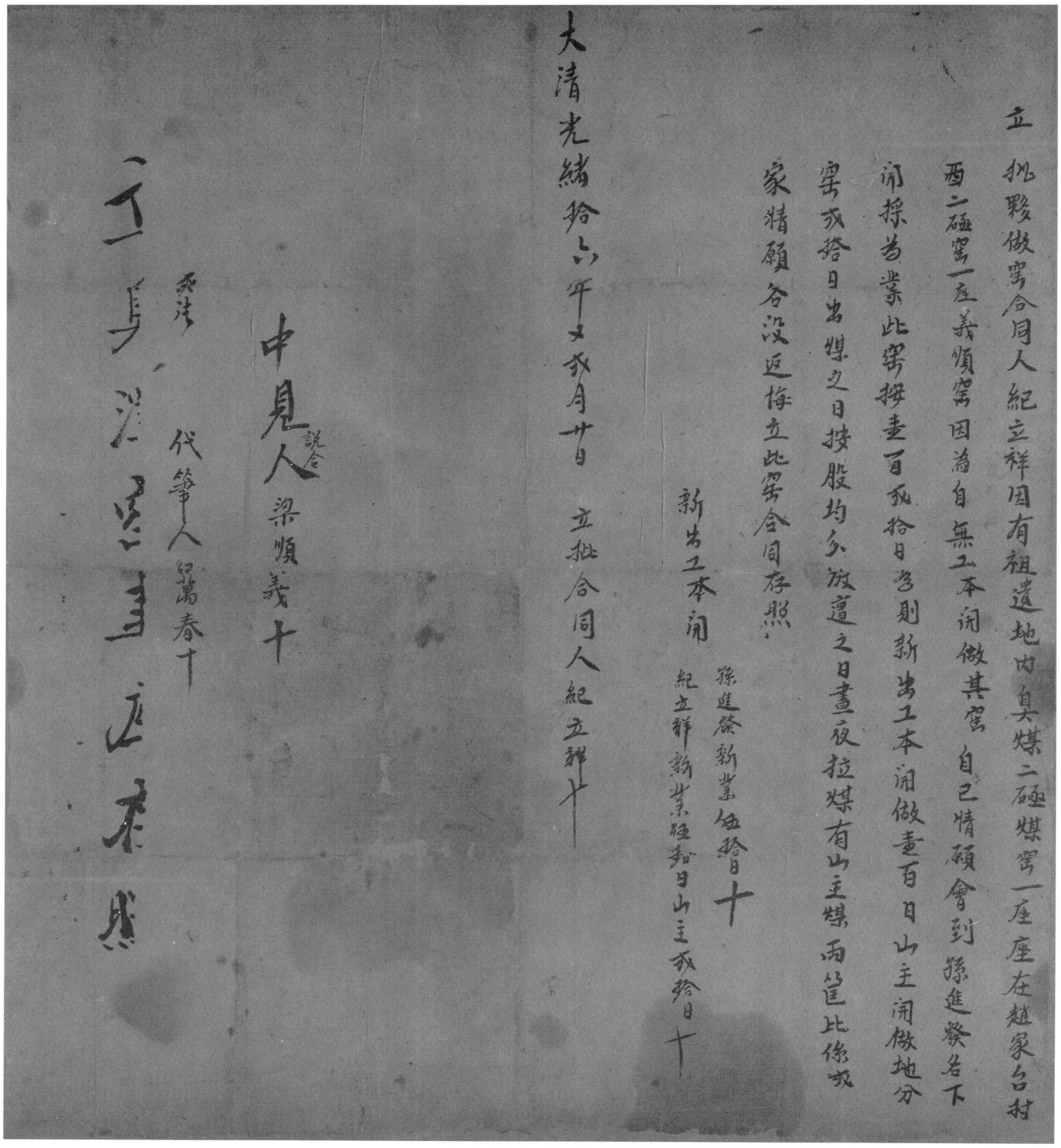

立

批夥做窰合同人紀立祥因有祖遺地内𡋯煤二硒煤窰一座座在趙家台村

西二硒窰一座義順窰因為自無工本開做其窰自己情願會到孫進發名下

開採為業此窰撥壹百貳拾日歸則新出工本開做壹百日山主開做地分

窰貳拾日出煤之日按股均分放道之日晝夜拉煤有山主煤兩筐比係貳

家情願各没返悔立此窰合同存照

新出工本開

孫進發新業伍拾日十

紀立祥新業貳拾日山主貳拾日十

大清光緒拾六年又貳月廿日　立批合同人紀立祥十

中見人說合梁順義十

代筆人紀萬春十

[illegible]

一二八　光緒十六年（1890）紀立祥批夥做義順窰合同

地點：趙家台村

尺寸：縱55釐米、橫48釐米

首都博物館藏

編號：35.4.182

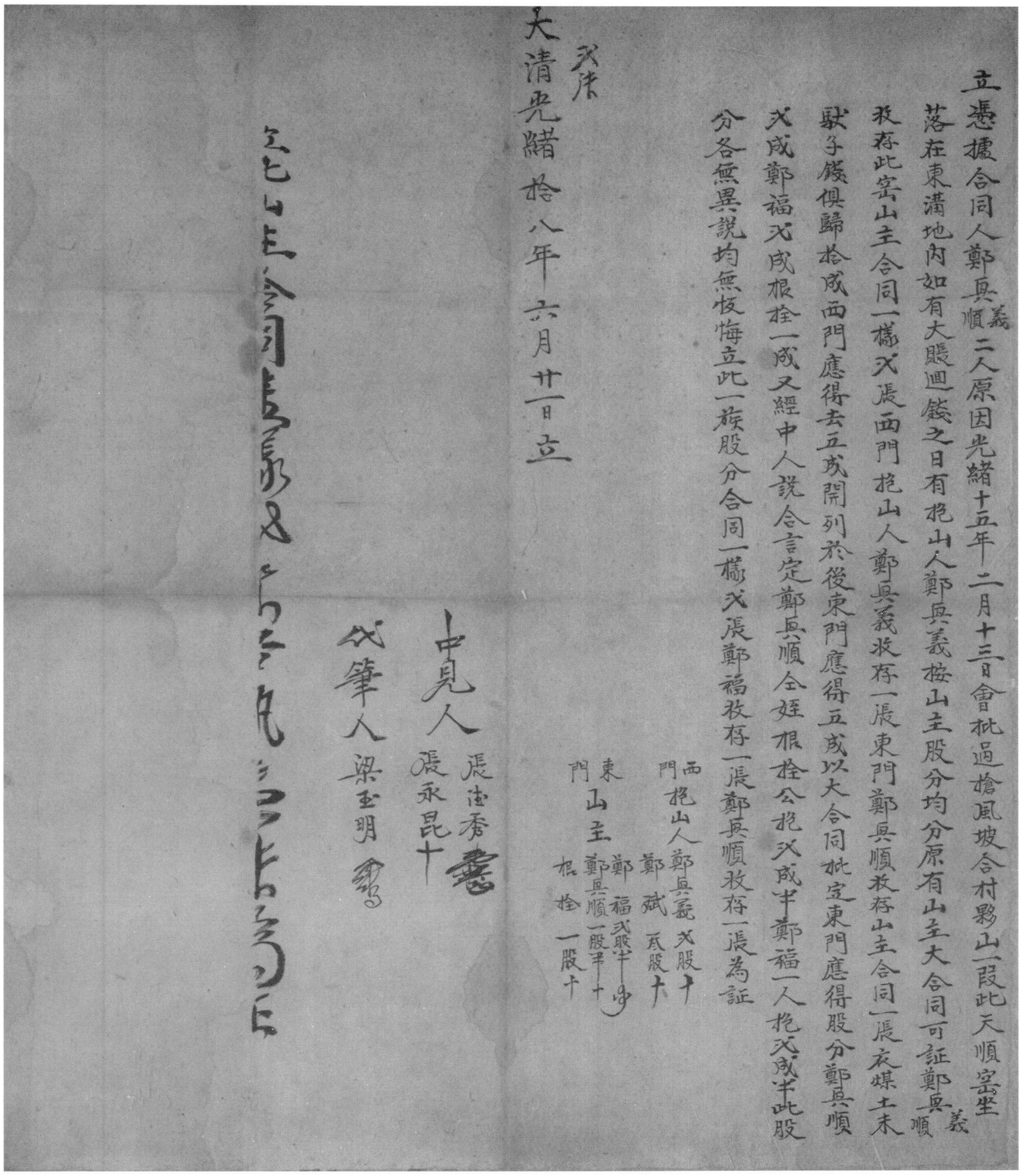

立憑據合同人鄭興順義二人原因光緒十五年二月十三日會批過搶風坡合村夥山一段此天順窑坐
落在東溝地內如有大賬回錢之日有抱山人鄭興義按山主股分均分原有山主大合同可証鄭興義順
收存此窑山主合同一樣弍張西門抱山人鄭興義收存一張東門鄭興順收存山主合同一張衣煤土木
馱子錢俱歸拾成西門應得去五成開列於後東門應得五成以大合同批定東門應得股分鄭興順
弍成鄭福弍成根拴一成又經中人說合言定鄭興順仝姪根拴公抱弍成半鄭福一人抱弍成半此股
分各無異說均無反悔立此一樣股分合同一樣弍張鄭福收存一張鄭興順收存一張為証

西門　抱山人　鄭興義　弍股十
　　　　　　　鄭斌　壹股十
東門　山主　鄭福　弍股半十
　　　　　　鄭興順　一股半十
　　　　　　根拴　一股十

弍張
大清光緒拾八年六月廿一日立

中見人　張法秀
　　　　張永昆十
代筆人　梁玉明

一二九　光緒十八年（1892）鄭興順等會批天順窑夥山合同

地點：搶風坡村
尺寸：縱60釐米、橫55釐米
首都博物館藏
編號：35.4.184

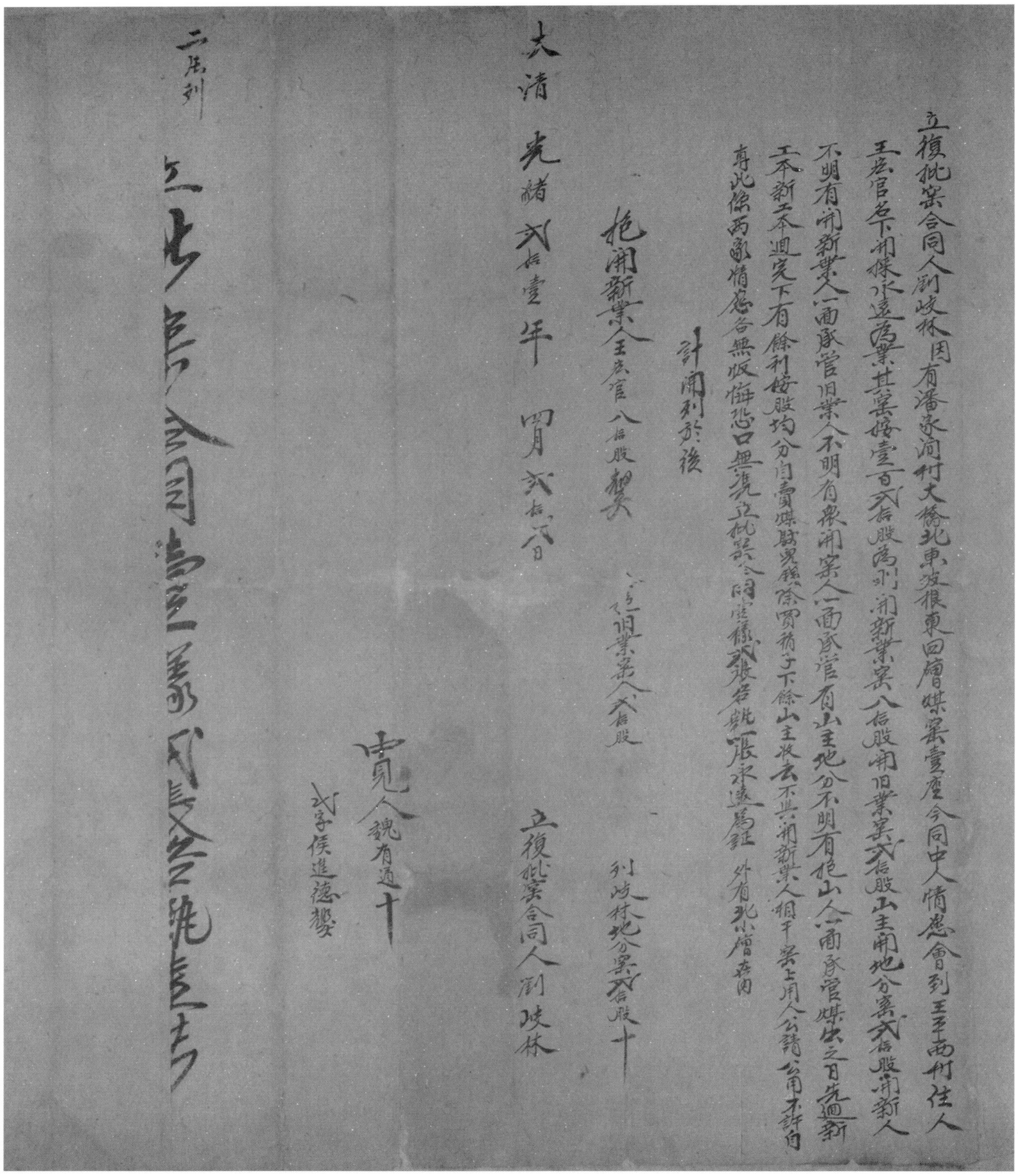

立複批窑合同人劉岐林，因有潘家澗村大橋北東坡根東四礓煤窑壹座，今同中人情愿會到王平西村住人王呑官名下開採，永遠爲業。其窑按壹百貳拾股爲則，開新業窑八拾股，開旧業窑貳拾股，山主開地分窑貳拾股。開新人不明，有開新業人一面承管；旧業人不明，有衆開窑人一面承管；有山主地分不明，有把山人一面承管。煤出之日，先迴新工本，新工本迴完，下有餘利按股均分。自賣煤錢，除買稍子下餘山主收去，不與開新業人相干。窑上用人公請公用，不許自專。此係兩家情愿，各無反悔。恐口無憑，立批窑合同壹樣貳張，各執一張，永遠爲証。外有北小層在內。

計開利於後

把開新業人王呑官 八拾股 押

旧業窑人 貳拾股

劉岐村地分窑貳拾股 十

大清光緒貳拾壹年四月貳拾六日

立複批窑合同人劉岐林

中見人魏有通 十

代字侯進德 押

一三〇 光緒二十一年（1895）劉岐林復批做東四礓煤窑合同

地點：潘家澗村大橋

尺寸：縱55釐米、橫42釐米

首都博物館藏

編號：35.4.186

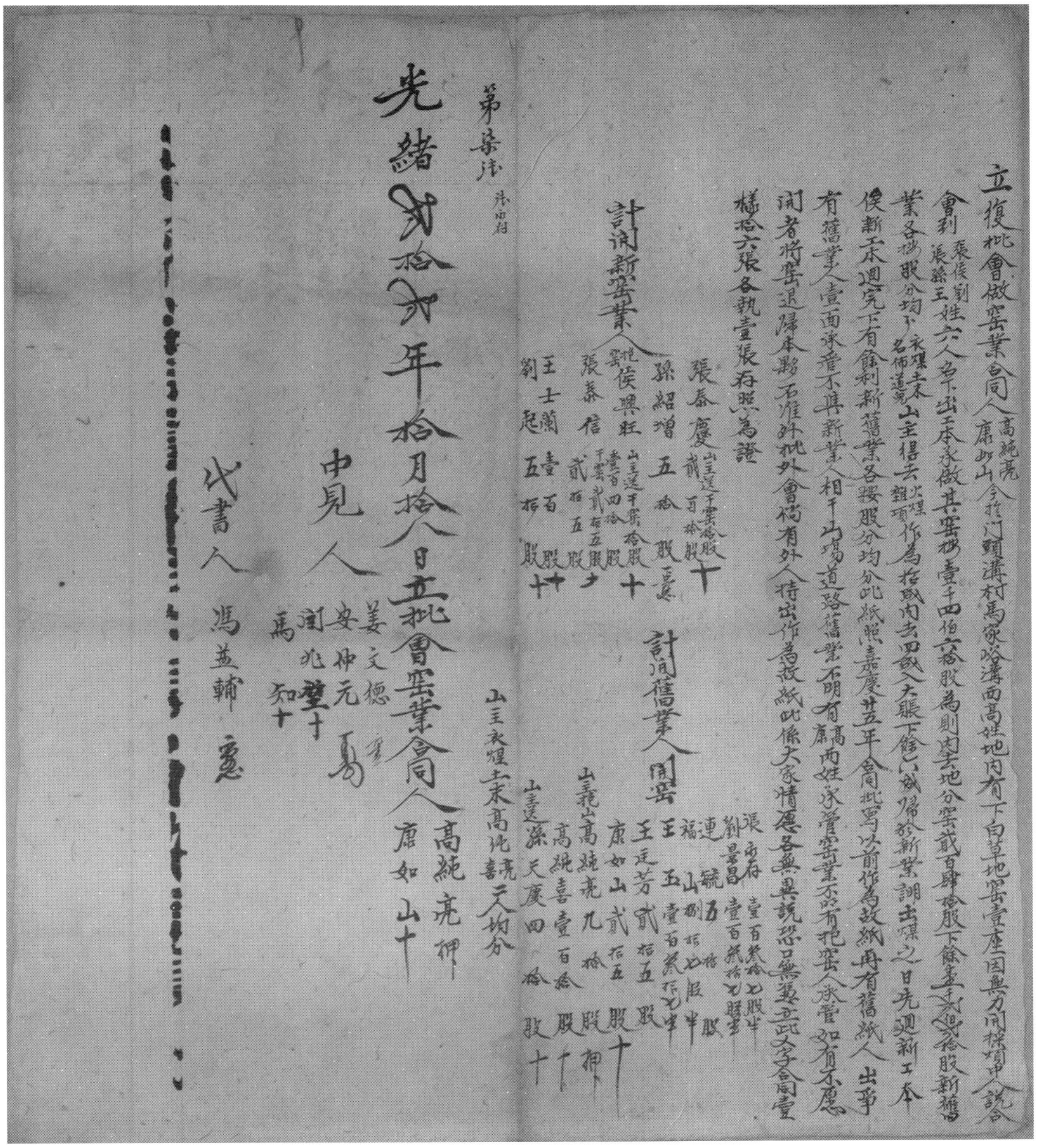

立復批會做窑業合同人高純亮 康如山今於門頭溝村馬家峪溝西高姓地內有下白草地窑壹座，因無力開採，煩中人說合
會到張侯劉 張孫王姓六人名下出工本承做。其窑按壹千四伯六拾股為則，內去地分窑貳百肆拾股，下餘壹千貳伯貳拾股，新舊
業各按股分均下。衣煤土末名佈道照 山主得去 火煤雜項作為拾成，內去四成入大賬，下餘六成歸於新業。謝出煤之日先還新工本
俟新工本還完，下有餘利，新舊業各按股分均分。此紙照嘉慶廿五年合同批寫，以前作為故紙，再有舊紙人出爭
有舊業人壹面承管，不與新業人相干。山場道路舊業不明，有康高兩姓承管，窑業不明有把窑人承管。如有不應
開者，將窑退歸本股，不准外批外會，倘有外人持出作為故紙。此係大家情愿，各無異說，恐口無憑，立此文字合同壹
樣拾六張，各執壹張存照為證

計開新窑業人
張泰慶　山主送干窑拾股　貳百拾股　十
孫紹增　五拾股
抱窑 侯興旺　山主送干窑拾股　壹百四拾股　十
張泰信　干窑貳拾五股　貳拾五股
王士蘭　壹百拾股　十
劉起五　拾股　十

計開舊業人　開窑
張丙存　壹百叁拾七股半
劉景昌　壹百叁拾七股半
連毓珍　拾股
福山　捌拾七股半
王五　壹百叁拾七股半
王廷芳　貳拾五股
康如山　貳拾五股　十
山主 高純亮　九拾股　押
高純喜　壹百拾股　十
山主送 孫天慶　四拾股　十

山主衣煤土末高純亮 高純喜二人均分

第柒張　孫丙存

光緒貳拾貳年拾月拾八日 立批會窑業合同人 高純亮 押 康如山 十
中見人　姜文德　安仲元　閻兆璧 十　馬知 十
代書人　馮益輔

一三一　光緒二十二年（1896）高純亮等批做下白草地窑合同

地點：門頭溝村馬家峪溝
尺寸：縱55釐米、横50釐米
首都博物館藏
編號：35.4.185

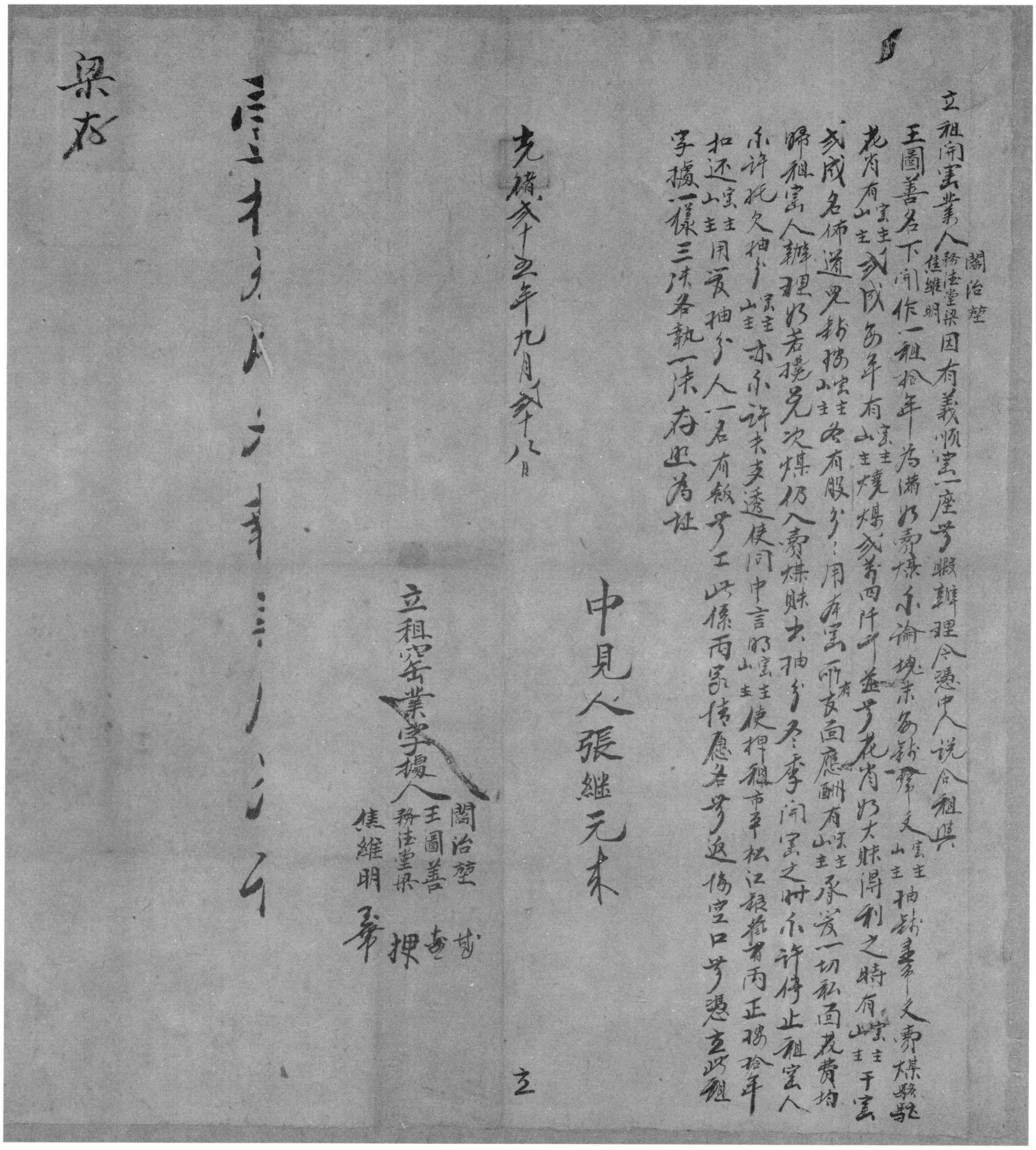
立租開窑業人閻治堃、務德堂梁、佳維明因有義順窑一座，無暇辦理，今憑中人説合租與
王圖善名下開作，一租拾年為滿。所賣煤不論塊末，每斤錢壹文，窑主山主抽錢壹文。賣煤驢駝
花費有山主窑主，每年有山主窑主燒煤叁萬四仟斤，並無花費。如大昧得利之時，有山主窑主干窑
錢成名佈，道兒新撥，窑主山主亦有股分。用本窑所支，向應酬，有山主窑主承當，一切私酒花費，均
歸租窑人辦理。如若攪兑次煤，仍入賣煤賬內抽分，不季開窑之時，不許停止。租窑人
不許拖欠抽分，窑主山主亦不許支透使。同中言明，窑主山主使押租市平松江銀拾兩正，租拾年
扣還。窑主山主用錢抽分人一名，有飯無工。此係兩家情愿，各無返悔。空口無憑，立此租
字據一樣三紙，各執一紙，存照為証。

中見人張繼元朱

光緒二十五年九月二十八日

立租窑業字據人閻治堃、王圖善、務德堂梁、佳維明畫押

立

梁校

一三二　光緒二十五年（1899）閻治堃等批租義順窑合同

尺寸：縱54釐米、横47.5釐米

門頭溝博物館藏

編號：830013

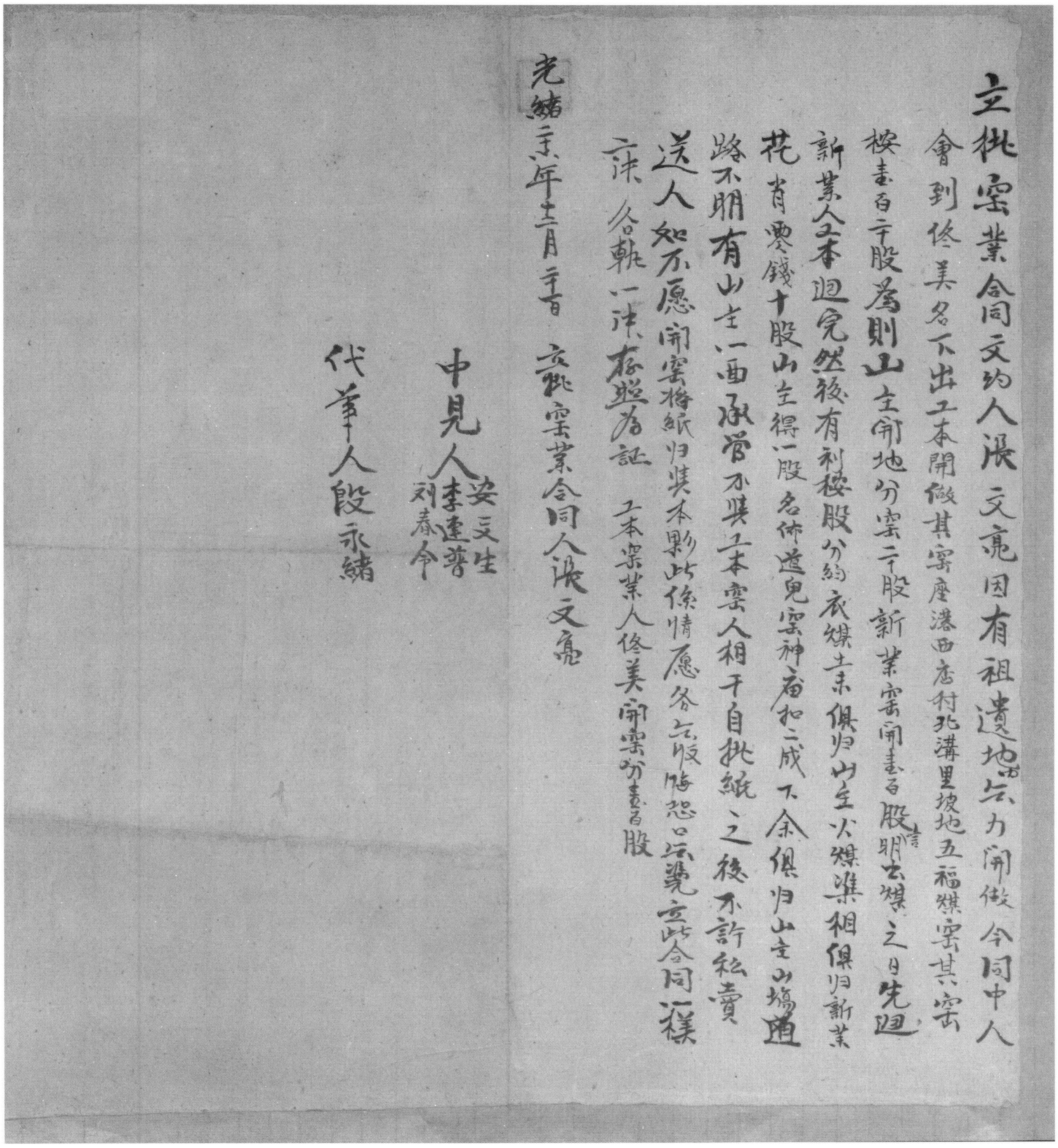

立批窯業合同文約人張文亮因有祖遺地土無力開做今同中人
會到佟美名下出工本開做其窯座落西店村北溝里坡地五福煤窯其窯
按壹百二十股爲則山主所地分窯二十股新業窯開壹百股言明出煤之日先廻
新業人工本廻完然後有利按股分約衣煤土末俱归山主火煤渠相俱归新業
花背零錢十股山主得一股名佈道兒窯神廟和二成下余俱归山主山場道
路不明有山主一面承管不與工本窯人相干自批紙之後不許私賣
送人如不愿開窯將紙归與本影此係情愿各無反悔恐口無憑立此合同一樣
二張各執一張存照爲証　工本窯業人佟美開窯分壹百股
光緒二十六年十二月二十二日　立批窯業合同人張文亮
中見人　安文生　李連普　刘春令
代筆人　段永緒

一三三　光緒二十六年（1900）張文亮批五福煤窯窯業合同

地點：西店村
尺寸：縱47釐米、橫40釐米
門頭溝博物館藏
編號：830014

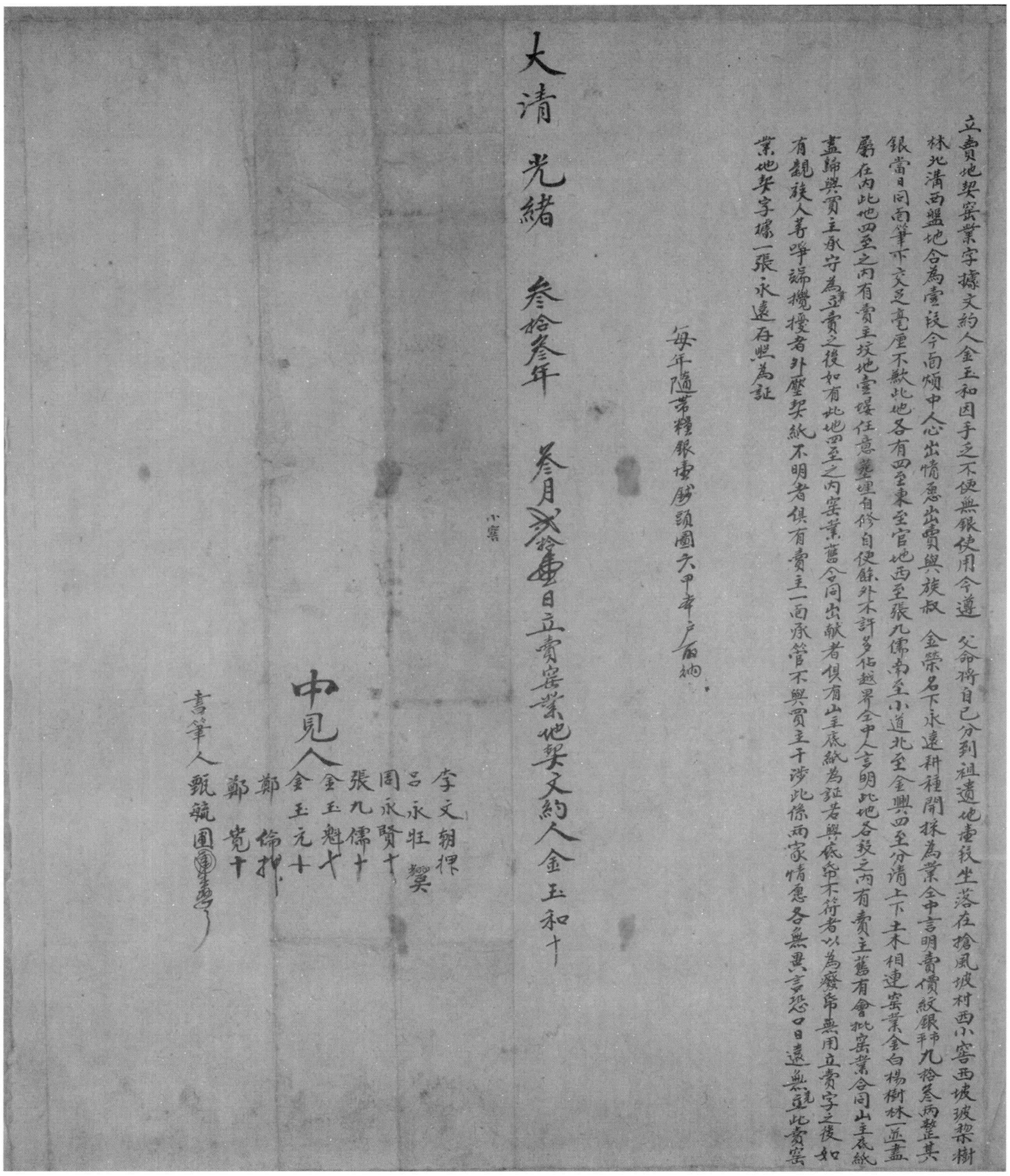
立賣地契窑業字據文約人金玉和因手乏不便無銀使用今遵 父命將自已分到祖遺地壹段坐落在搶風坡村西小窑西坡玻梨樹林北溝西鹽地合為壹段今面煩中人心出情愿出賣與族叔 金榮名下永遠耕種開採為業全中言明賣價紋銀[illegible]九拾叁两整其銀當日同面筆下交足毫厘不欠此地各有四至東至官地西至張九儒南至小道北至金興四至分清上下土木相連窑業全白楊樹林一並盡屬在內此地四至之內有賣主坟地壹塊任意[illegible]理自修自便除外不許多佔越界全中人言明此地各段之內有賣主舊有會批窑業合同山主底紙盡歸與買主永守為業立賣之後如有此地四至之內窑業舊合同出献者俱有山主底紙為証若與底紙不符者以為廢紙無用立賣字之後如有親族人等爭論攪擾者外壓契紙不明者俱有賣主一面承管不與買主干涉此係兩家情愿各無異言恐口日遠無憑立此賣窑業地契字據一張永遠存照為証

每年隨帯糧銀壹[illegible]頭圖大甲本户[illegible]納

大清 光緒 叁拾叁年 叁月[illegible]日立賣窑業地契文約人金玉和十

小窑

中見人 李文翔 押 呂永壯 押 周永賢十 張九儒十 金玉魁七 金玉元十 鄭倫押 鄭覚十

書筆人 甄毓圃

一三四　光緒三十三年（1907）金玉和賣地契窑業字據

地點：搶風坡村西小窑西坡玻梨樹林北溝西

尺寸：縱58釐米、横44釐米

首都博物館藏

編號：35.4.194

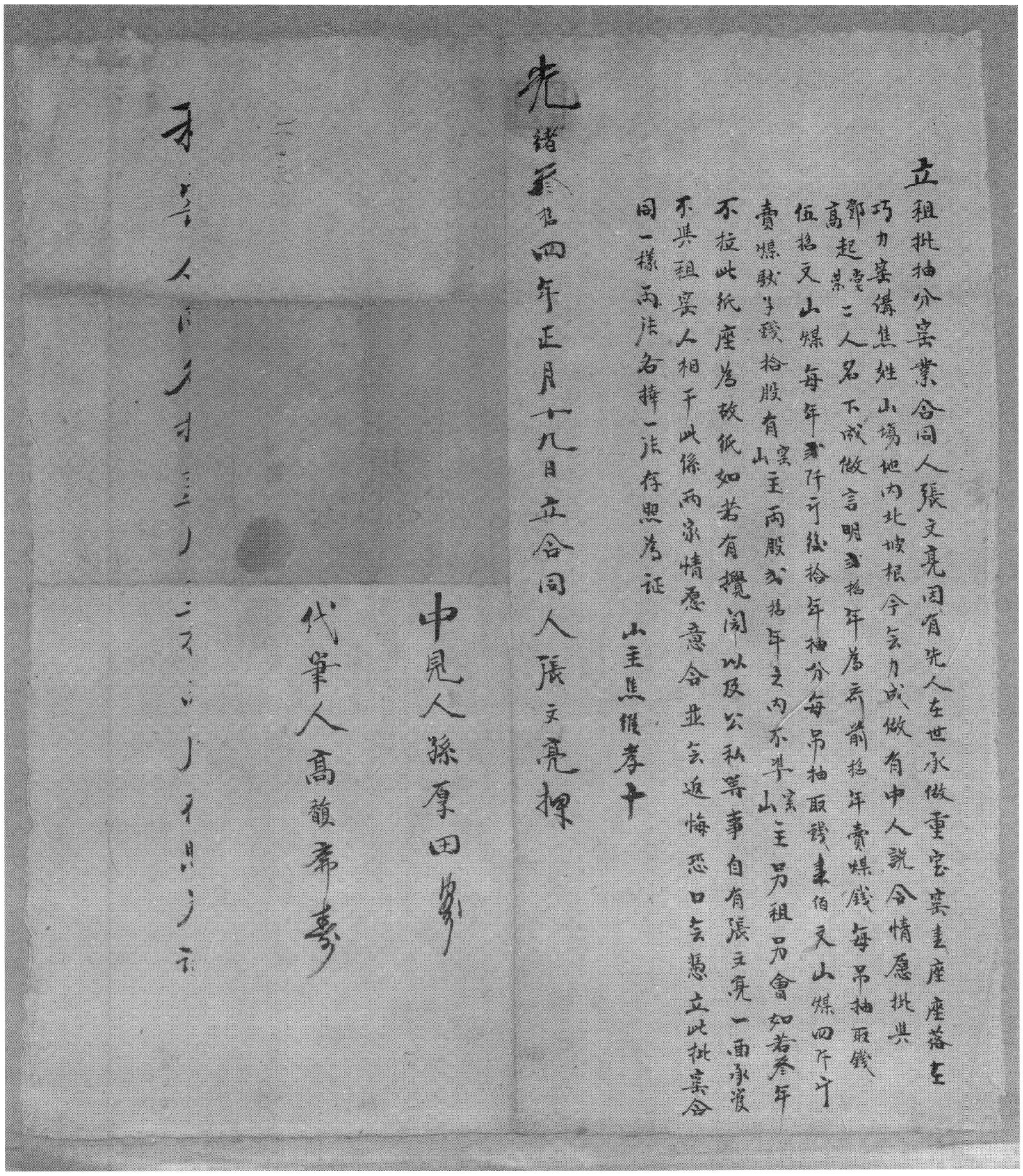

立租批抽分窑業合同人張文亮因有先人在世承做重寶窑壹座坐落在
巧力窑偏焦姓山場地内北坡根今無力成做有中人説合情愿批與
鄭起堂高榮二人名下成做言明貳拾年為期前拾年賣煤錢每吊抽取錢
伍拾文山煤每年貳仟斤後拾年抽分每吊抽取錢壹佰文山煤四仟斤
賣煤駄子錢拾股有山窑山主兩股貳拾年之内不準山窑山主另租另會如若叁年
不拉此紙作為故紙如若有攪閙以及公私等事自有張文亮一面承管
不與租窑人相干此係兩家情愿意合並無返悔恐口無憑立此批窑合
同一樣兩張各執一張存照為証

山主焦繼孝十

光緒叁拾四年正月十九日　立合同人張文亮押

中見人孫厚田押

代筆人高韻齋押

一三五　光緒三十四年（1908）張文亮批租抽分重寶窑業合同

尺寸：縱55釐米、橫47釐米

門頭溝博物館藏

編號：830011

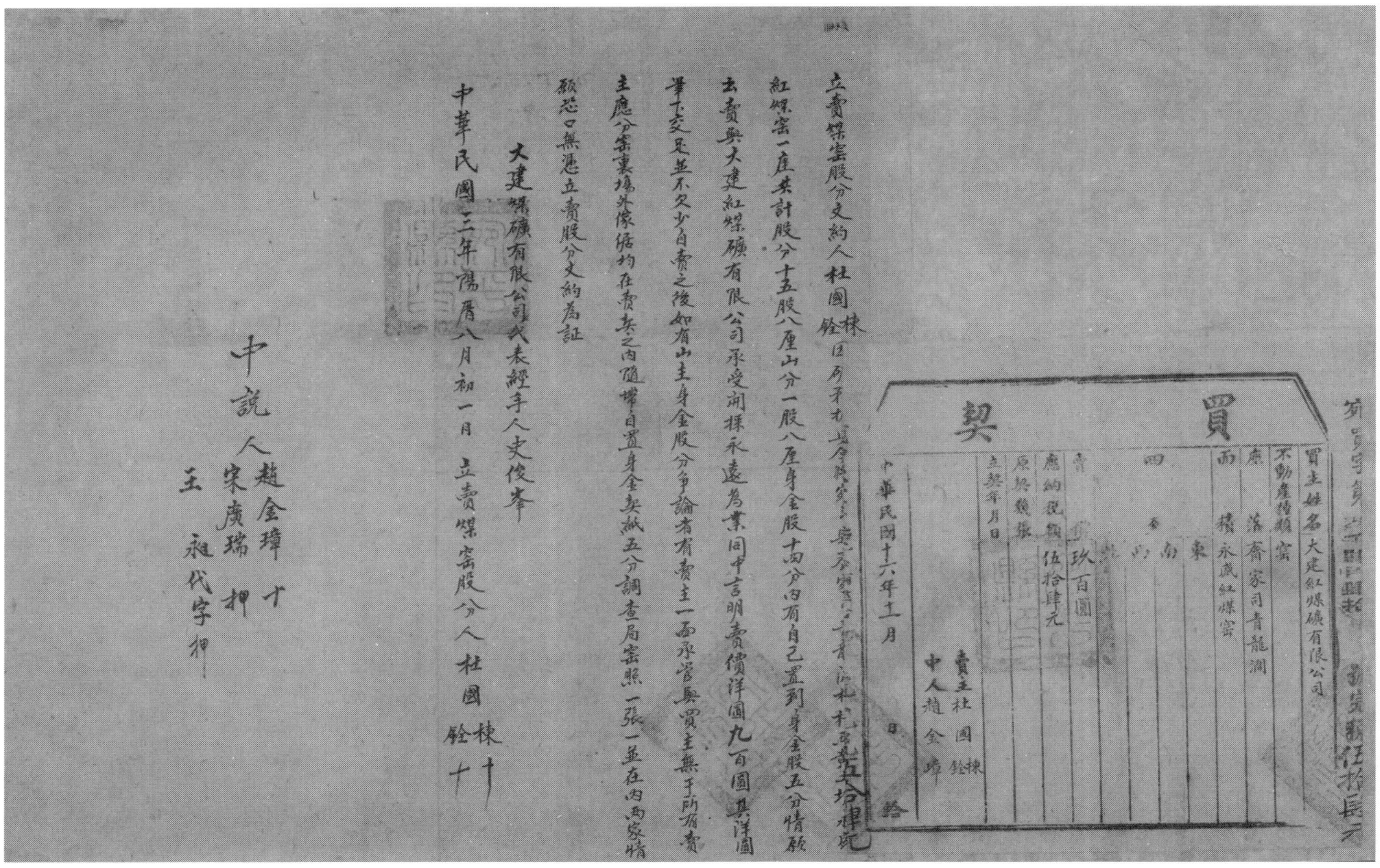

立賣煤窑股分文約人杜國棟銓[illegible]
紅煤窑一座共計股分十五股八厘山分一股八厘身金股十兩分內有自己置到身金股五分情願
出賣與大建紅煤礦有限公司承受開採永遠為業同中言明賣價洋圓九百圓其洋圓
筆下交足並不欠少自賣之後如有山主身金股分爭論者有賣主一面承當與買主無干所有賣
主應分窑裏場外傢俱均在賣契之內隨帶自置身金契紙五分調查局窑照一張一並在內兩家情
願恐口無憑立賣股分文約為証

大建煤礦有限公司代表經手人史俊峯

中華民國三年陽曆八月初一日 立賣煤窑股分人杜國棟十 銓十

中說人 趙金璋十 宋廣瑞押 王昶代字押

買契

買主姓名 大建紅煤礦有限公司
不動產種類 窑
坐落 齊家司青龍澗
價 玖百圓
應納稅額 伍拾肆元
立契年月日
賣主 杜國棟銓
中人 趙金璋
中華民國十六年十一月 日

一三六 民國三年（1914）杜國棟等賣永盛紅煤窑股份文約

地點：宛平縣齊家司青龍澗村
尺寸：縱45釐米、橫68釐米
首都博物館藏
編號：35.4.193

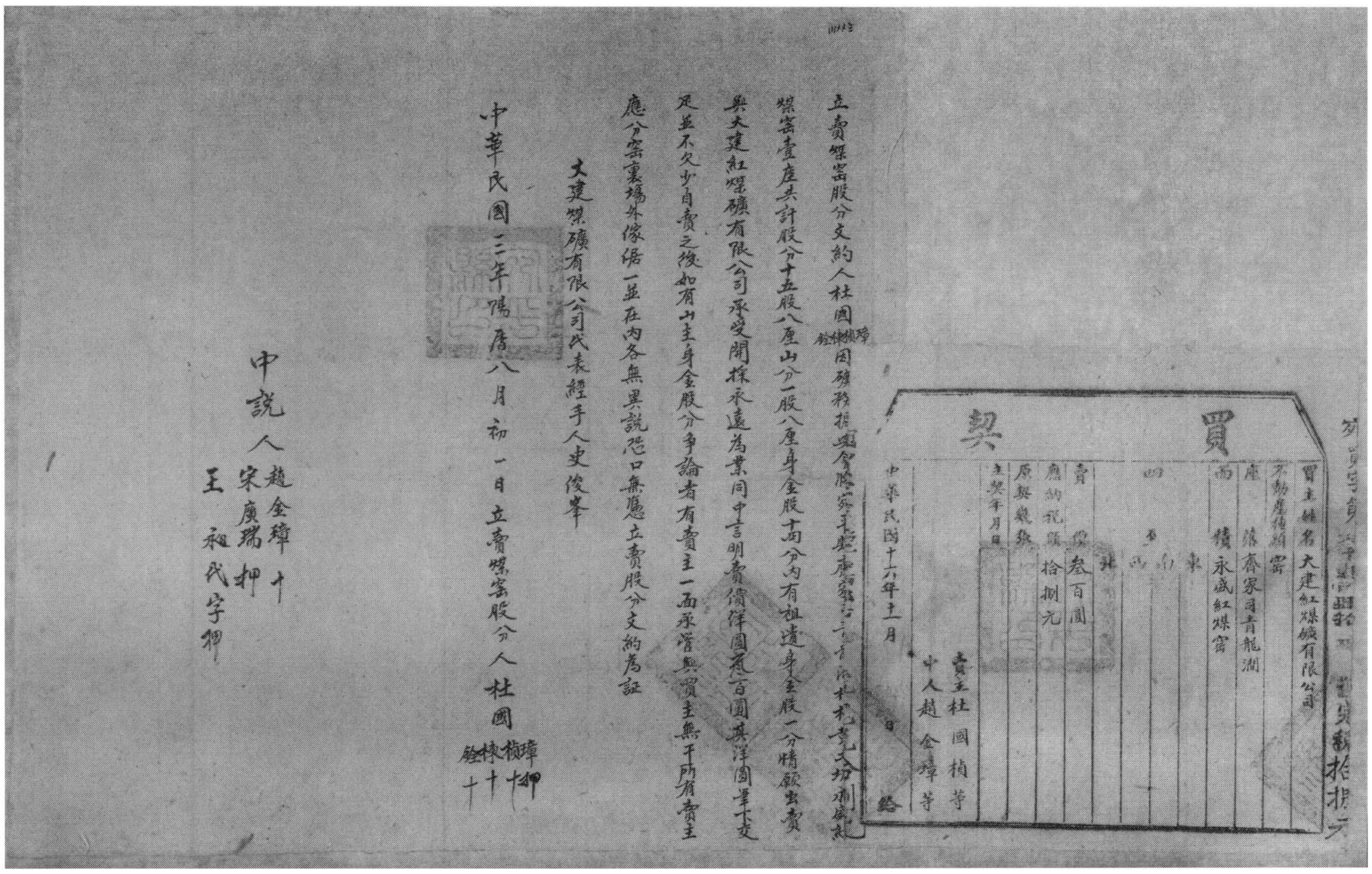

一三七 民國三年（1914）杜國璋等賣永盛紅煤窑股份文約

地點：宛平縣齊家司青龍澗村

尺寸：縱43釐米、橫69釐米

首都博物館藏

編號：35.4.195

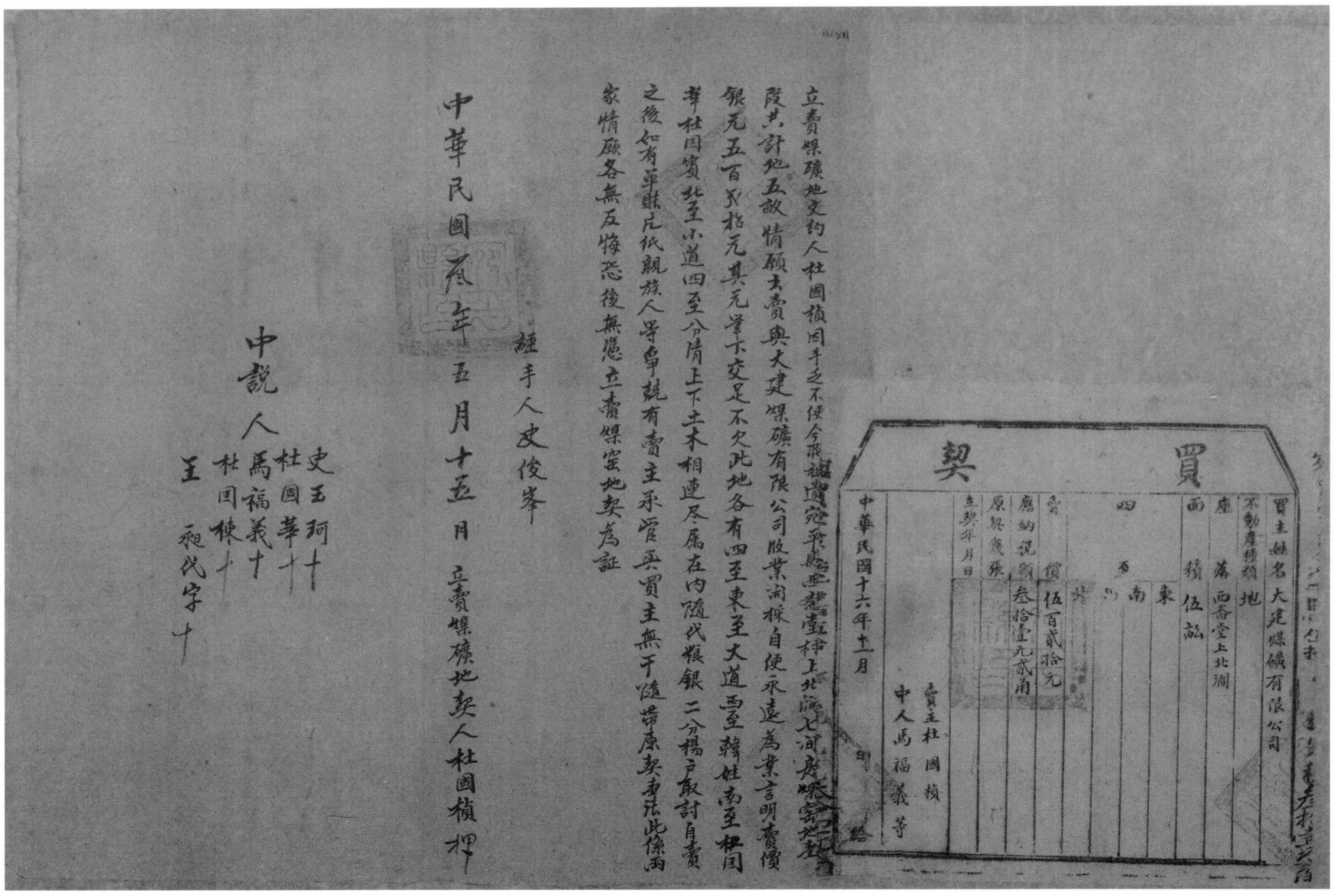
買契
買主姓名 大建煤礦有限公司
不動產種類 地
坐落 西齋堂上北澗
面積 伍畝
四至 東 南 西 北
賣價 伍百貳拾元
應納稅額 叁拾壹元貳角
原契幾張
立契年月日
中華民國十六年十一月
賣主杜國楨
中人馬福義等

立賣煤礦地文約人杜國楨因手乏不便今將祖遺宛平縣西齋堂村上北澗七河房煤窑地壹段共計地五畝情願出賣與大建煤礦有限公司股業開採自便永遠為業言明賣價銀元五百貳拾元其元筆下交足不欠此地各有四至東至大道西至韓姓南至杜國華杜國賓北至小道四至分清上下土木相連盡屬在內隨代粮銀二分楊户取討自賣之後如有爭競戶族親族人等爭競有賣主承管與買主無干隨帶原契壹紙此係兩家情願各無反悔恐後無憑立賣煤窑地契為証

經手人史俊峯

中華民國叁年五月十五日 立賣煤礦地契人杜國楨押

中說人 史玉珂十 杜國華十 馬福義十 杜國棟十 王 和代字十

一三八 民國三年（1914）杜國楨賣七間房煤窑礦地紅契

地點：宛平縣西齋堂村上北澗
尺寸：縱43釐米、橫66釐米
首都博物館藏
編號：35.4.196

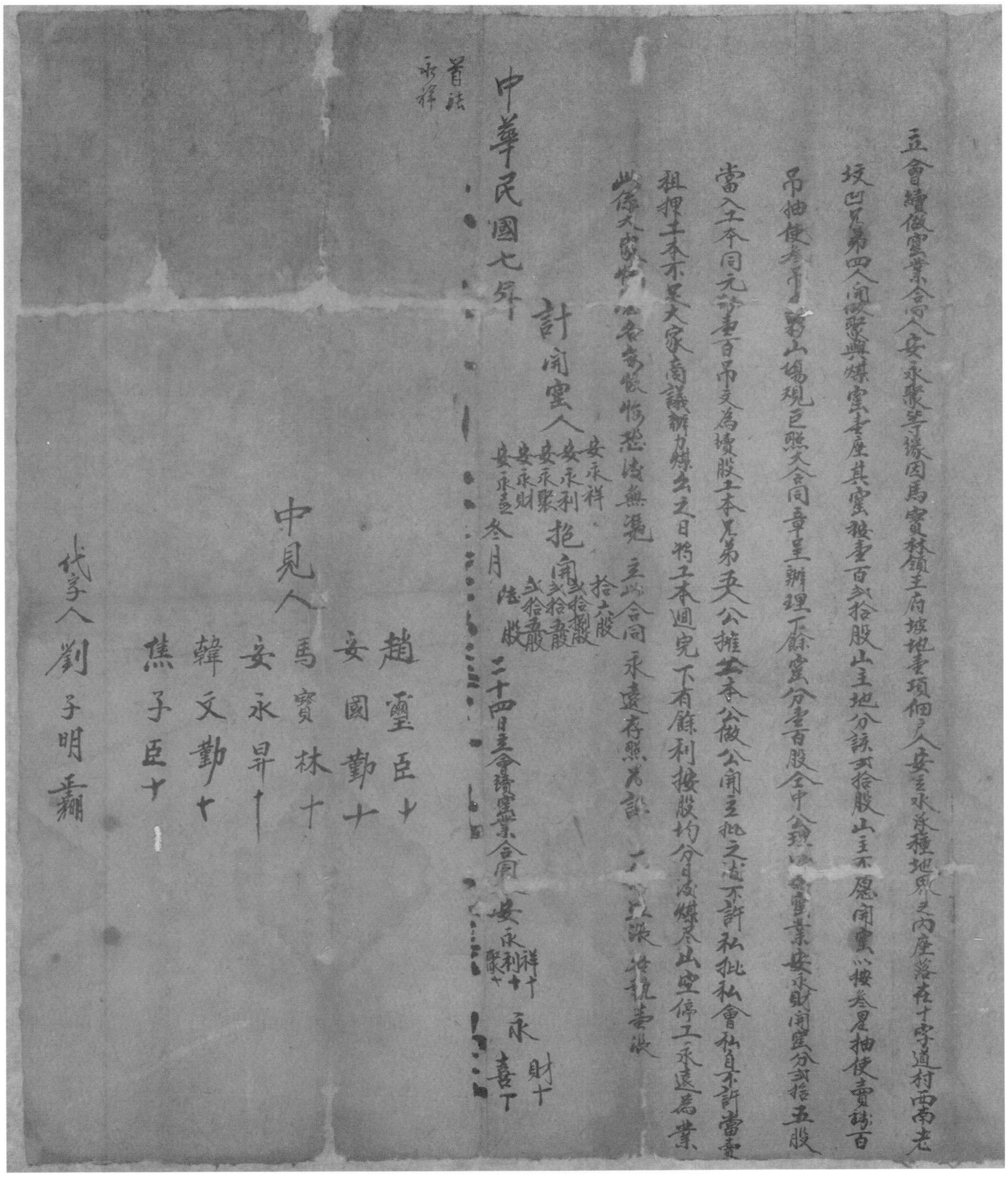

立會續做窰業合同人安永聚等緣因馬寶林領王府坡地壹項佃戶人安玉永承種地界之內座落在十字道村西南老
坟凹兄弟四人開做聚興煤窰壹座其窰按壹百貳拾股山主地分該貳拾股山主不願開窰以按叁吊抽使壹佰
吊抽使叁千[illegible]山場現已照大合同章呈辦理下餘窰分壹百股今中公議[illegible]窰業安永財開窰分貳拾五股
當入工本同允許壹百吊文為續股工本兄弟五人公攤共本公做公開立批之后不許私批私會私自不許當賣
租押工本不足大家商議辦力煤出之日將工本週完下有餘利按股均分日後煤盡山空停工永遠為業
此係大家[illegible]各無反悔恐後無憑立此合同永遠存照為証　一[illegible]張　各執壹張

首法
永祥

中華民國七年　冬月　二十四日　立會續窰業合同人　安永祥十　永利十　聚十　永財十　永喜丁

討開窰人　安永祥　安永利　安永聚　安永財　安永喜　抱開　拾六股　貳拾捌股　貳拾叁股　貳拾叁股　陸股

中見人　趙璽臣十　安國勤十　馬寶林十　安永昇|　韓文勤十　焦子臣十

代字人　劉子明

一三九　民國七年（1918）安永聚等會續做聚興煤窰合同

地點：十字道村
尺寸：縱58釐米、橫43釐米
首都博物館藏
編號：35.4.199

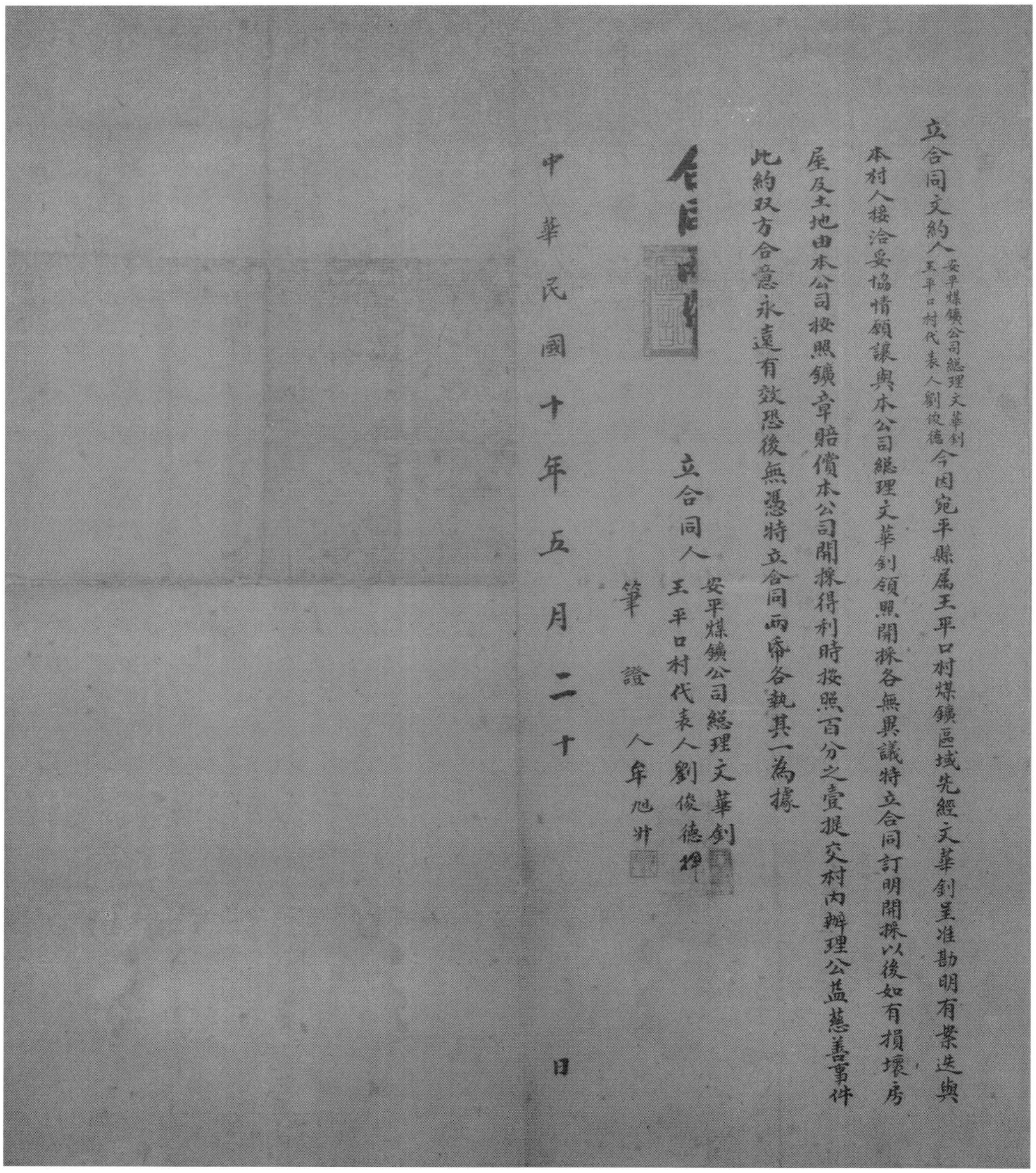
立合同文約人安平煤鑛公司總理文華釗王平口村代表人劉俊德今因宛平縣屬王平口村煤鑛區域先經文華釗呈准勘明有案迭與本村人接洽妥協情願讓與本公司總理文華釗領照開採各無異議特立合同訂明開採以後如有損壞房屋及土地由本公司按照鑛章賠償本公司開採得利時按照百分之壹提交村內辦理公益慈善事件此約双方合意永遠有效恐後無憑特立合同兩帋各執其一為據

立合同人 安平煤鑛公司總理文華釗 王平口村代表人劉俊德

筆證人 牟旭升

中華民國十年五月二十 日

一四〇 民國十年（1921）文華釗與王平口村開安平煤礦後續合同

地點：宛平縣王平口村

尺寸：縱52釐米、橫43釐米

首都博物館藏

編號：35.4.002

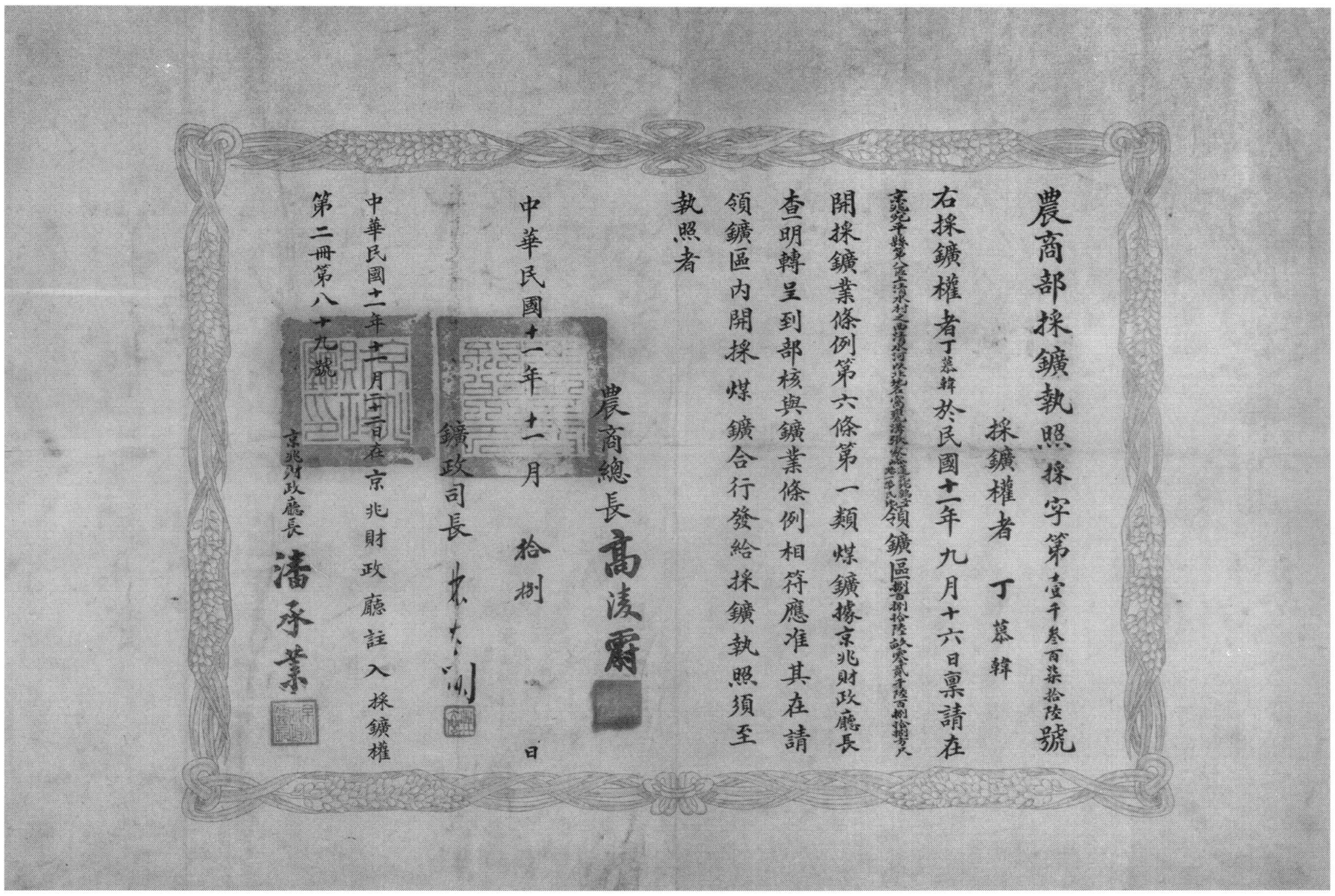

農商部採鑛執照採字第壹千叁百柒拾陸號

採鑛權者　丁慕韓

右採鑛權者丁慕韓於民國十一年九月十六日稟請在京兆宛平縣第八區上清水村之西清水河以北[illegible]蓮花坨鴿子港[illegible]領鑛區[illegible]開採鑛業條例第六條第一類煤鑛據京兆財政廳長查明轉呈到部核與鑛業條例相符應准其在請領鑛區内開採煤鑛合行發給採鑛執照須至執照者

農商總長　高淩霨

中華民國十一年十一月　拾捌　日

鑛政司長　朱大鍋

中華民國十二年十二月二十二日在京兆財政廳註入採鑛權第二冊第八十九號

京兆財政廳長　潘承業

一四一　民國十一年（1922）農商部給丁慕韓蓮花坨鴿子港礦區採礦執照

地點：宛平縣第八區上清水村張家峪蓮花坨鴿子港

尺寸：縱45釐米、橫71釐米

首都博物館藏

編號：35.4.198

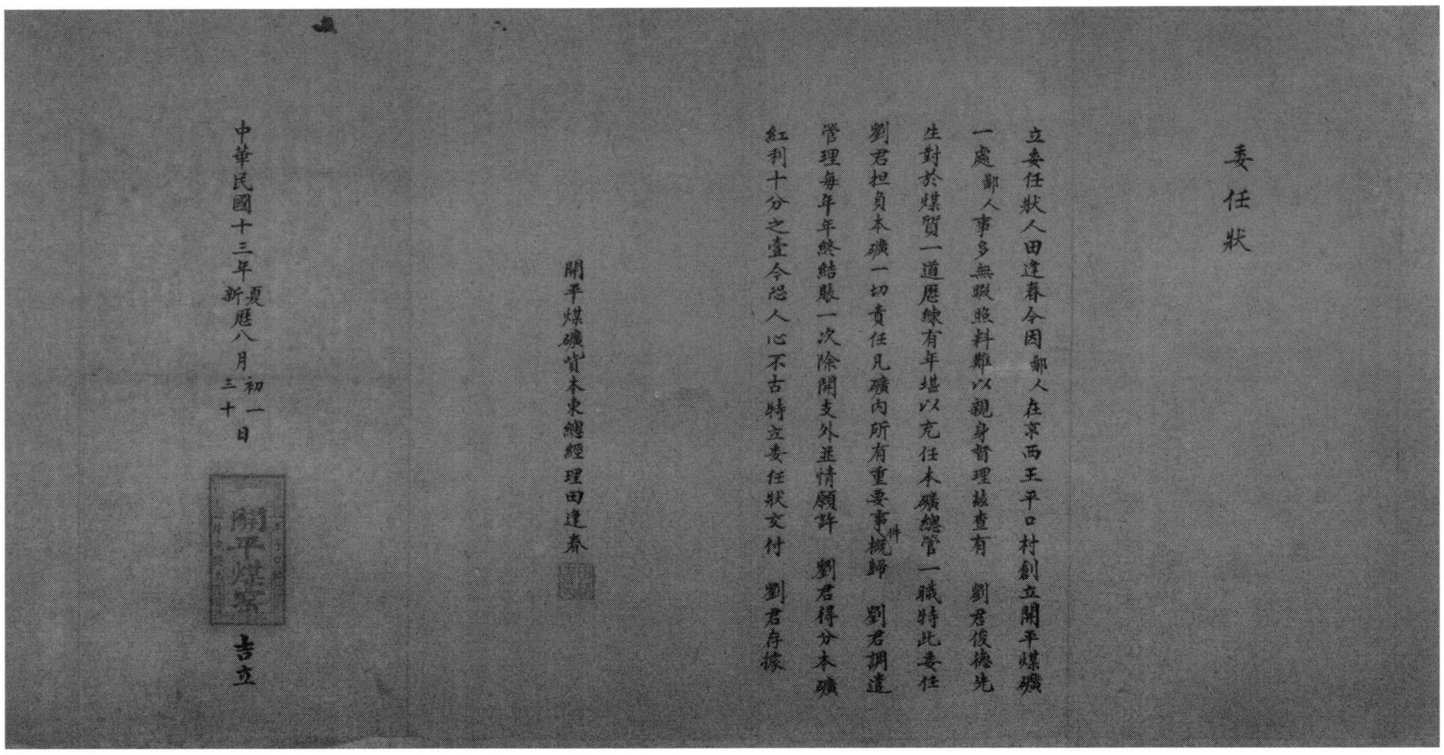

委任狀

立委任狀人田達春今因鄙人在京西王平口村創立開平煤礦
一處鄙人事多無暇照料難以親身管理茲查有　劉君俊德先
生對於煤質一道歷練有年堪以充任本礦總管一職特此委任
劉君担負本礦一切責任凡礦內所有重要事件概歸　劉君調遣
管理每年年終結賬一次除開支外並情願許　劉君得分本礦
紅利十分之壹令恐人心不古特立委任狀交付　劉君存據

開平煤礦資本東總經理田達春

中華民國十三年夏歷八月初一日
新歷八月三十日

開平煤窑

吉立

一四二　民國十三年（1924）劉俊德任開平煤礦總管委任狀

地點：王平口村
尺寸：縱25釐米、橫44釐米
首都博物館藏
編號：35.4.197

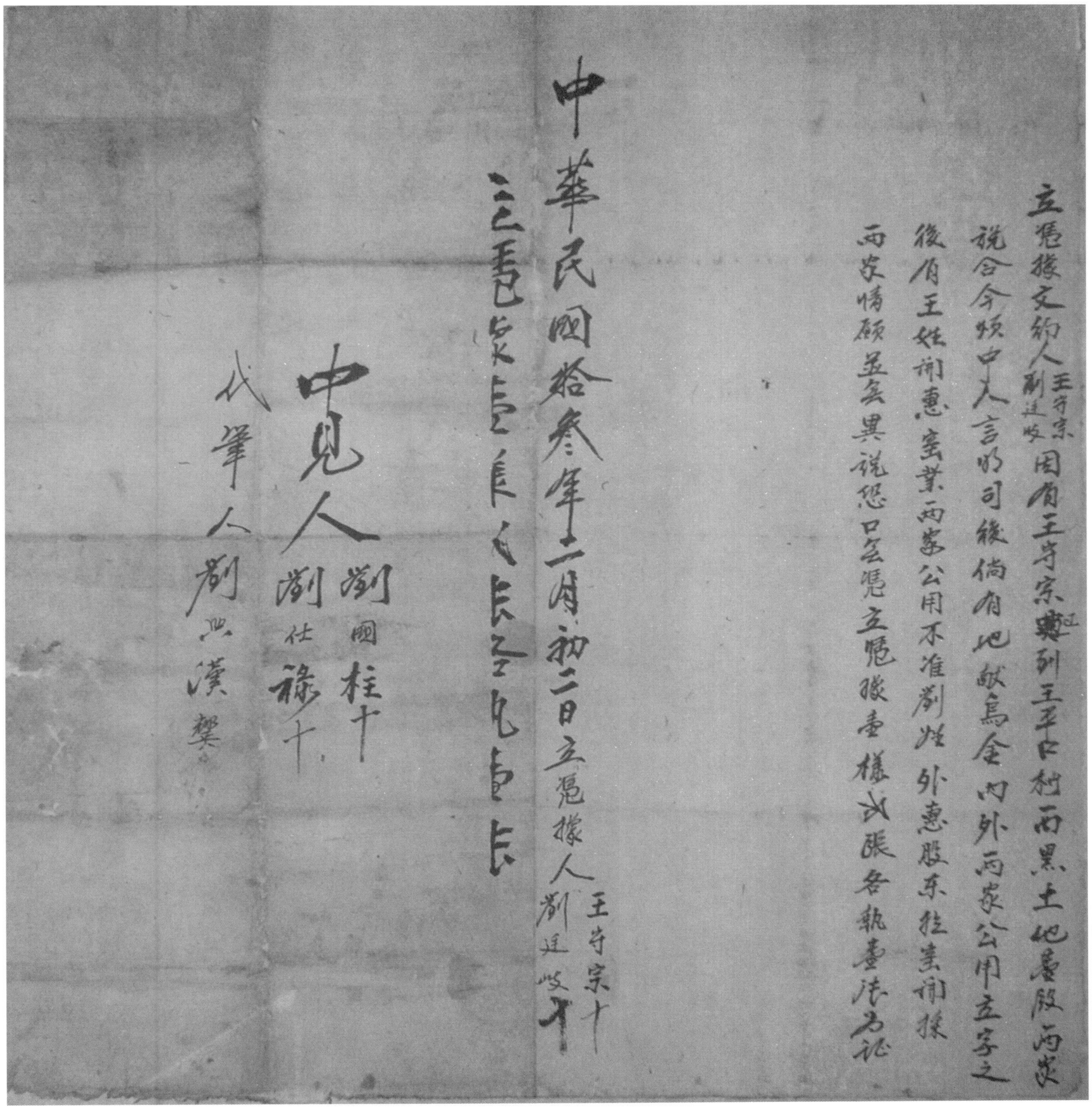
立憑據文約人王守宗劉廷岐因有王守宗劉廷岐到王平口村西黑土地壹段兩家
說合今煩中人言明可後倘有地畝爲金內外兩家公用立字之
兩家情願並無異說恐口無憑立憑據壹樣式張各執壹張爲記
中華民國拾叁年二月初二日立憑據人王守宗十 劉廷岐十
中見人 劉國柱十 劉仕祿十
代筆人劉興漢契

一四三　民國十三年（1924）王守宗等土地使用憑據

地點：王平口村

尺寸：縱50釐米、橫49釐米

首都博物館藏

編號：35.4.322

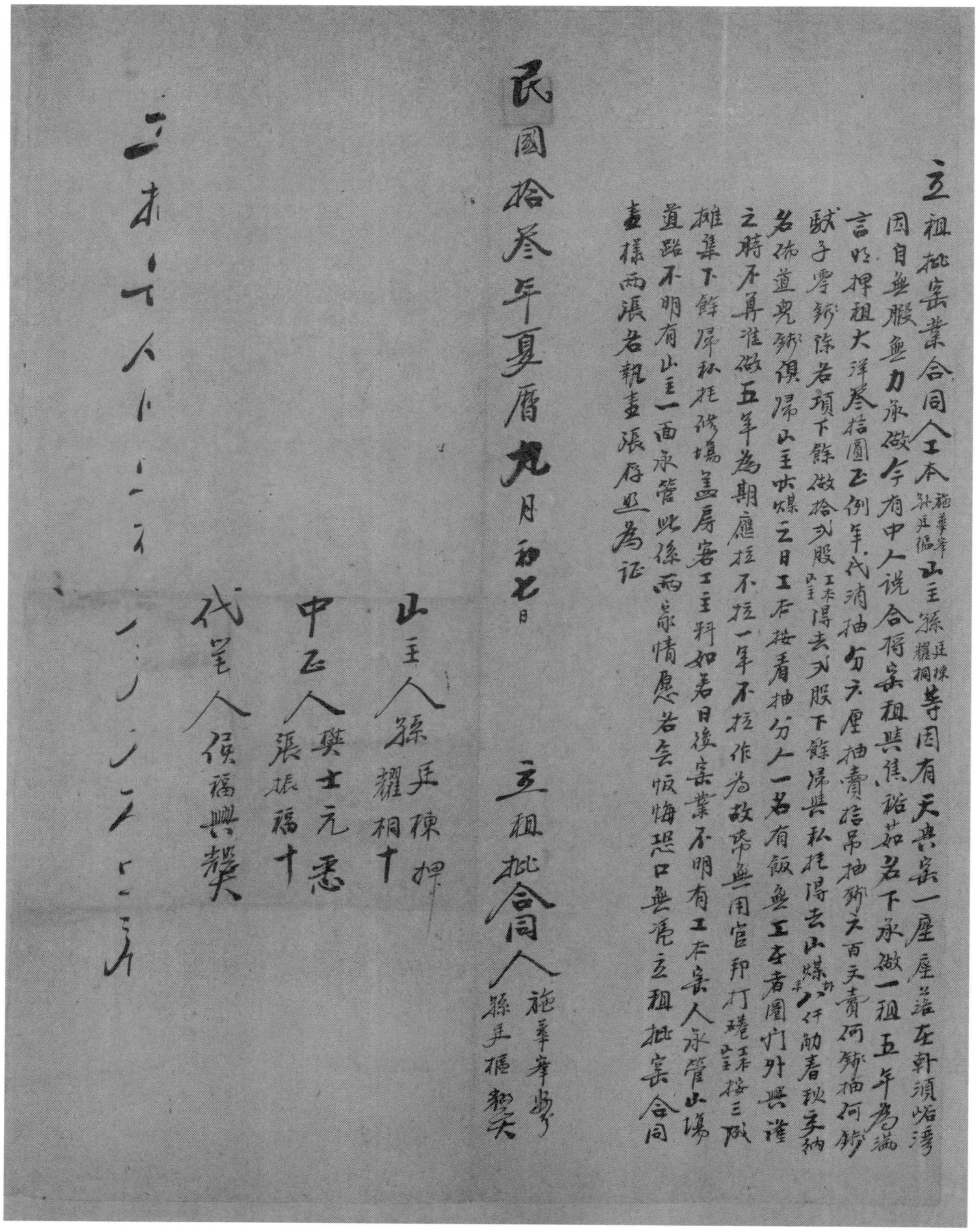

立租批窑業合同人工本施華峯、孫乒偘，山主孫乒楝、耀桐等，因有天興窑一座，座落在軒須峪灣，因自無暇無力承做，今有中人說合，將窑租與焦裕茹名下承做，一租五年為滿。言明押租大洋叁拾圓正，例年代消抽分，天座抽賣信吊抽錢六百，天賣何錢抽何錢，馱子零錢，除若頂下餘做拾弍股，工本正主得去弍股，下餘歸與私夥得去。山煤每月八仟觔，春秋季納名佈道兜錢，俱歸山主。吹煤之日，工本接看，抽分人一名，有飯無工，李者圍門外與謹之時，不準准做。五年為期，應拉不拉，一年不拉，作為故廢無用，官邦打磚，工本正主按三成攤集，下餘歸私夥。塲基房窑，工主料。如若日後窑業不明，有工本窑人永管山場；道路不明，有山主一面承管。此係兩家情愿，若有恢悔，恐口無憑，立租批窑合同壹樣兩張，各執壹張存照為証。

民國拾叁年夏曆九月初七日

立租批合同人 施華峯、孫乒偘 押

山主人 孫乒楝 押、耀桐 十

中正人 樊士元 押、張振福 十

代筆人 侯福興 押

一四四　民國十三年（1924）施華峰等租批天興窑合同

地點：韓須峪灣

尺寸：縱59.9釐米，横45.7釐米

門頭溝博物館藏

編號：830010

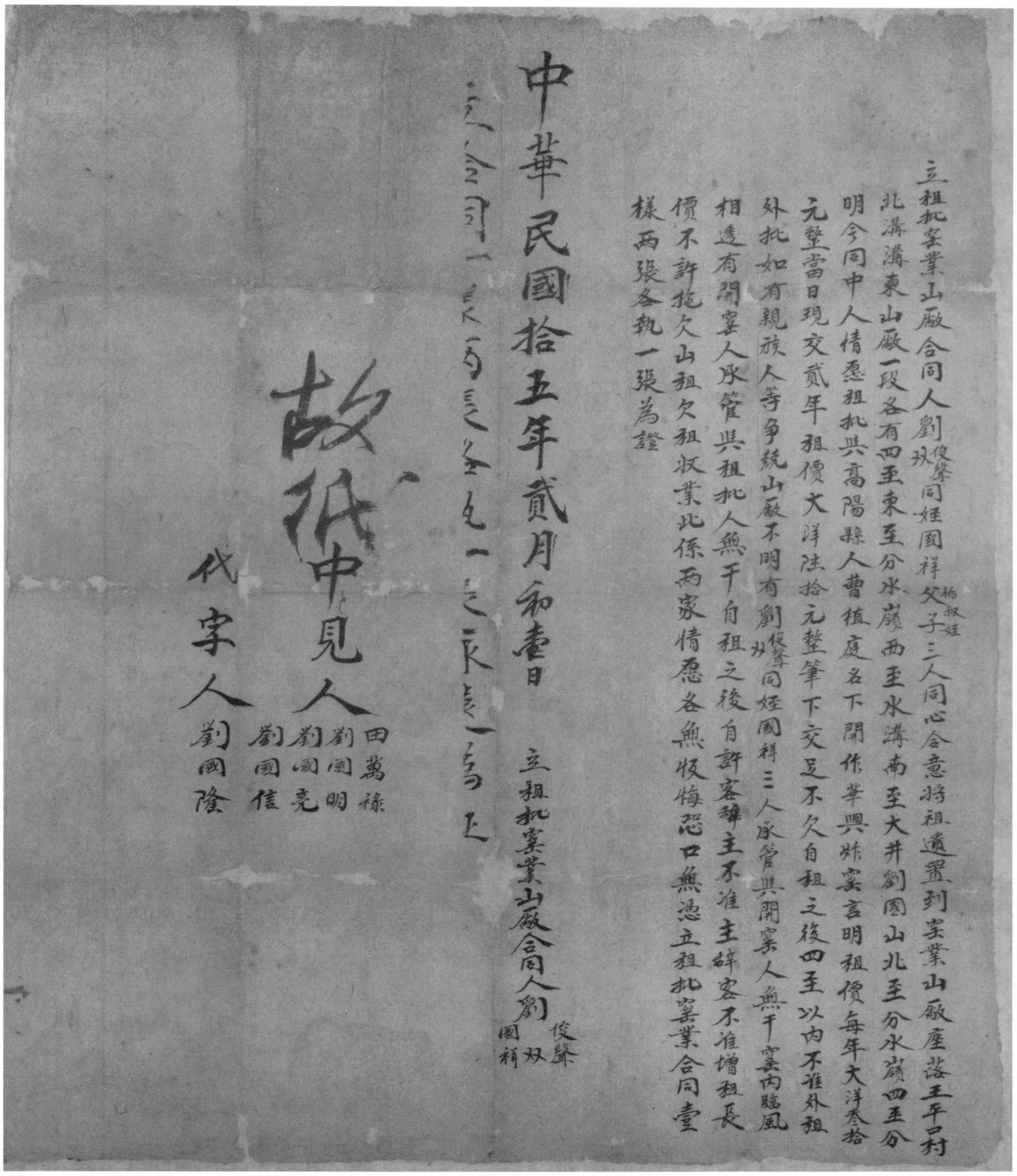

立租批窑業山廠合同人劉俊聲、玖同姪國祥伯叔姪父子三人同心合意將祖遺置到窑業山廠座落王平口村北溝滿東山廠一段各有四至東至分水嶺西至水溝南至大井劉國山北至分水嶺四至分明今同中人情愿租批與高陽縣人曹植庭名下開作華興炸窑言明租價每年大洋叁拾元整當日現交貳年租價大洋陸拾元整筆下交足不欠自租之後四至以內不准外租外批如有親族人等爭毓山廠不明有劉俊聲、玖同姪國祥三人承管與開窑人無干窑內臨風相透有開窑人承管與租批人無干自租之後自許客辭主不准主辭客不准增租長價不許拖欠山租欠租收業此係兩家情愿各無反悔恐口無憑立租批窑業合同壹樣兩張各執一張為證

中華民國拾五年貳月初壹日

立租批窑業山廠合同人劉俊聲、玖　國祥

故紙

中見人　田萬祿　劉國明　劉國堯　劉國信

代字人　劉國隆

一四五　民國十五年（1926）劉俊聲等租批華興窑業合同

地點：王平口村

尺寸：縱56釐米、横43釐米

首都博物館藏

編號：35.4.191

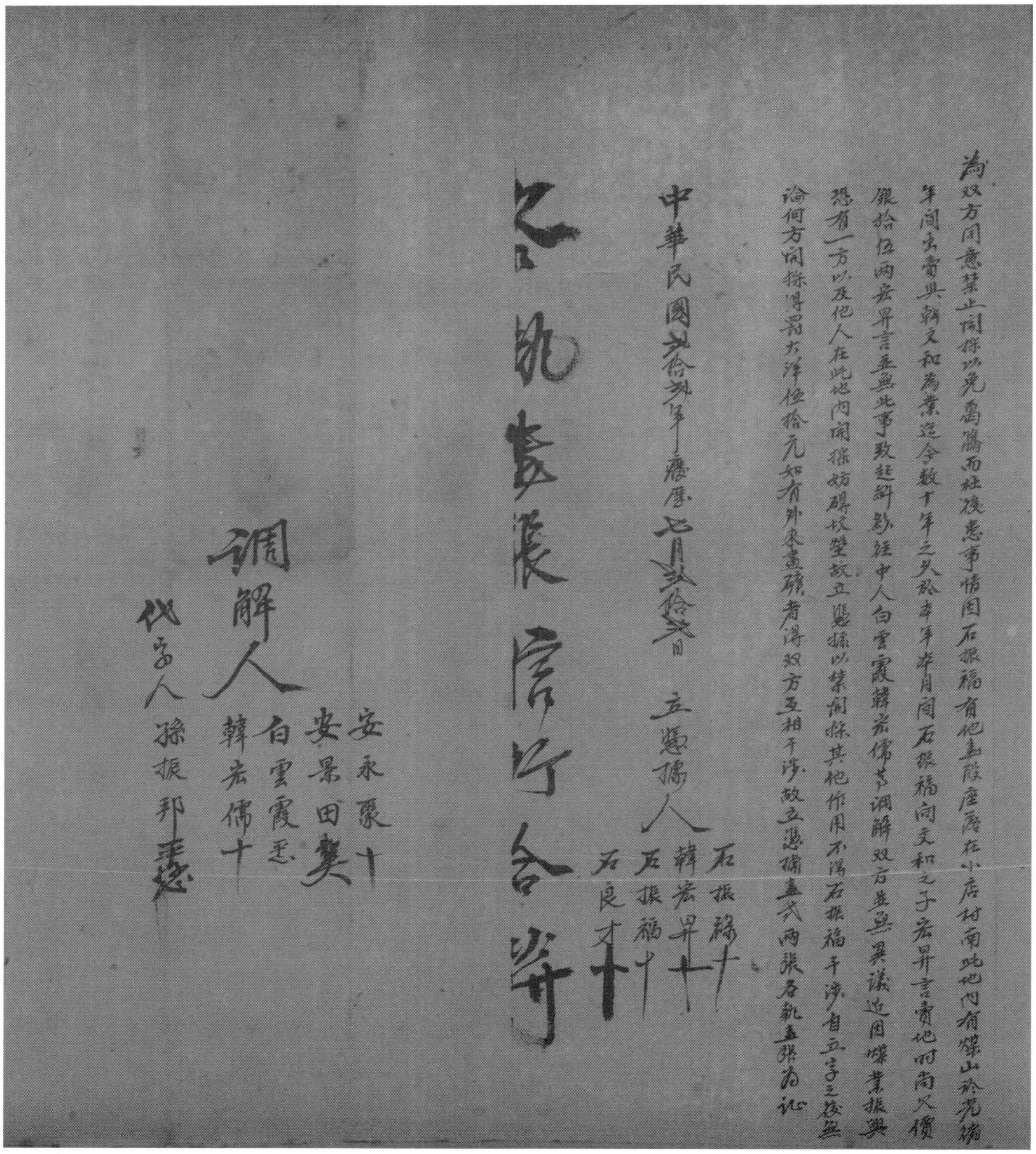

為双方同意禁止開採以免盜礦而杜後患事情因石振福有他壹段座落在小店村南此地內有煤山於光緒年間出賣與韓文和為業迄今數十年之久於本年本月間石振福向文和之子宏昇言賣地時尚欠價銀拾伍兩宏昇言並無此事致起糾紛經中人白雲霞韓宏儒等調解双方並無異議近因煤業振興恐有一方以及他人在此地內開採妨礙坟塋故立憑據以禁開採其他作用不得石振福干涉自立字之後無論何方開採得罰大洋伍拾元如有外來盜礦者得双方互相干涉故立憑據壹式兩張各執壹張為証

中華民國弍拾弍年夏曆七月弍拾弍日　立憑據人　石振祿十　韓宏昇十　石振福十　石良才十

調解人　安永聚十　安景田　白雲霞　韓宏儒十

代字人　孫振邦

一四六　民國二十二年（1933）石振福等禁開煤礦憑據

地點：小店村

尺寸：縱54釐米、橫43釐米

首都博物館藏

編號：35.4.200

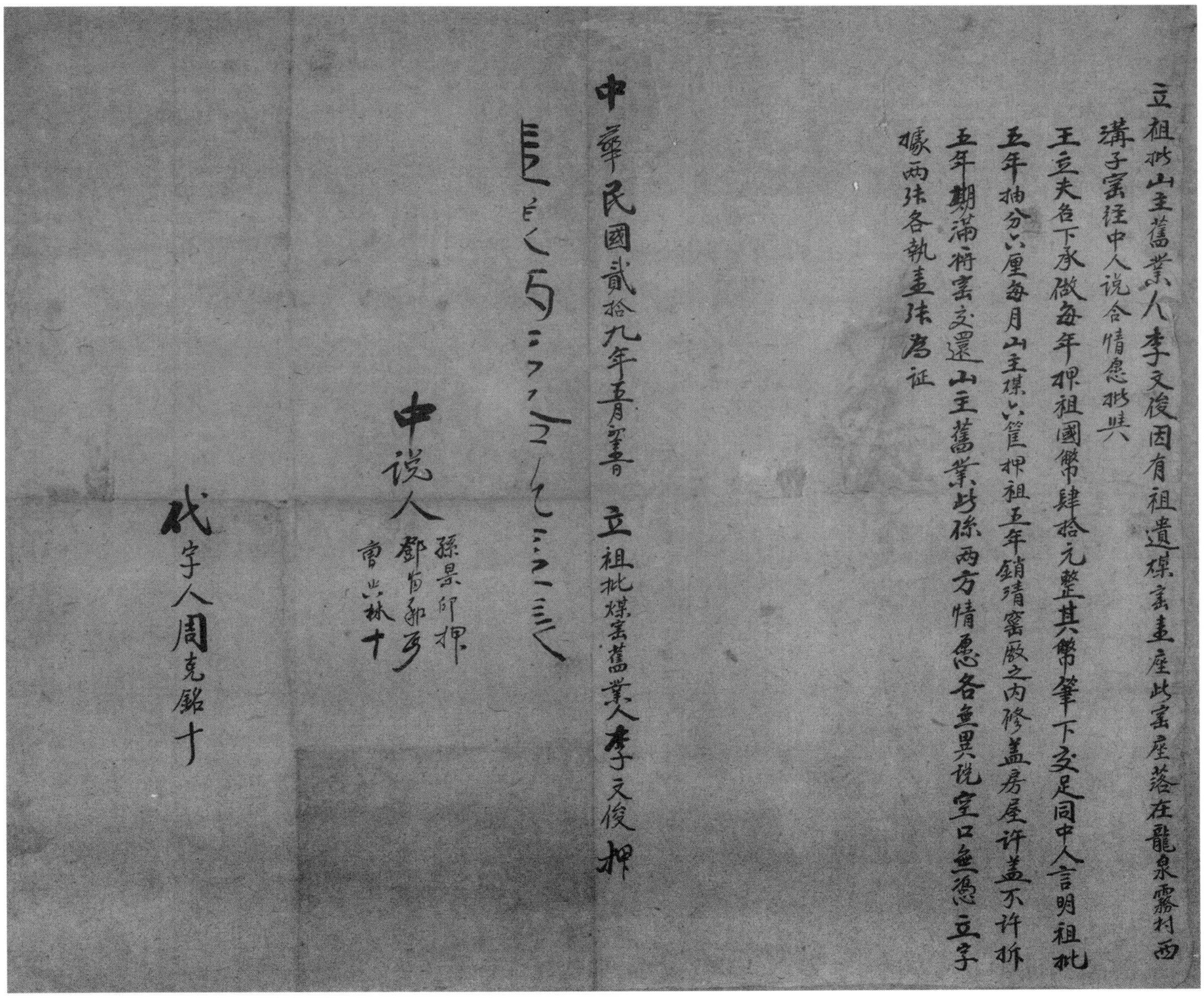
立租批山主舊業人李文俊因有祖遺煤窑壹座此窑座落在龍泉霧村西
溝子窑經中人說合情愿批與
王立夫名下承做每年租祖國幣肆拾元整其幣筆下交足同中人言明租批
五年抽分六厘每月山主煤六筐押租五年銷清窑廠之內修蓋房屋許蓋不許拆
五年期滿將窑交還山主舊業此係兩方情愿各無異說空口無憑立字
據兩張各執壹張為証
中華民國貳拾九年五月　日　立租批煤窑舊業人李文俊　押
中說人　孫景印　押　鄧百和　曹正林　十
代字人周克銘　十

一四七　民國二十九年（1940）李文俊租批溝子窑合同

地點：龍泉霧村
尺寸：縱53釐米、橫56釐米
首都博物館藏
編號：35.4.192

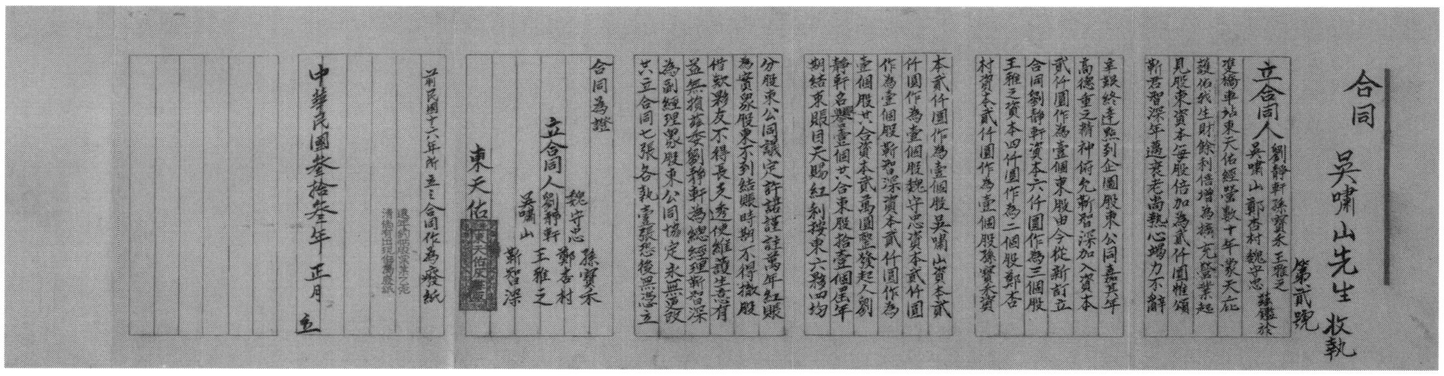
合同　吳嘯山先生收執
第貳號
立合同人劉靜軒 孫寶禾 王雅之 吳嘯山 鄭杏村 魏守忠 茲緣於
雙橋車站東天佑經營數十年蒙天庇
護佑我生財餘利倍增為擴充營業起
見股東資本每股倍加為貳仟圓惟領
靳君智深年邁衰老尚熱心竭力不辭
辛勞終達點到企圖股東公同嘉其年
高德重之精神俯允靳智深加入資本
貳仟圓作為壹個東股由今從新訂立
合同劉靜軒資本六仟圓作為三個股
王雅之資本四仟圓作為二個股鄭杏
村資本貳仟圓作為壹個股孫寶禾資
本貳仟圓作為壹個股吳嘯山資本貳
仟圓作為壹個股魏守忠資本貳仟圓
作為壹個股靳智深資本貳仟圓作為
壹個股共合資本貳萬圓整發起人劉
靜軒名譽壹個共合東股拾壹個屆年
劃結東賬目天賜紅利按東六夥四均
分股東公同議定許諾謹詳萬年紅賬
為資眾股東不到結賬時斷不得撤股
借款夥友不得長支透使雖議生意有
益無損爾安劉靜軒為總經理靳智深
為副經理眾股東公同協定永無更改
共立合同七張各執壹張恐後無憑立
合同為證
立合同人 劉靜軒 魏守忠 孫寶禾 鄭杏村 王雅之 吳嘯山 靳智深
東天佑
前民國十六年所立之合同作為廢紙
中華民國叁拾叁年　正月　立

一四八　民國三十三年（1944）劉靜軒等擴充東天佑灰煤廠合同

地點：雙橋車站

尺寸：縱22釐米、橫85釐米

首都博物館藏

編號：35.4.60

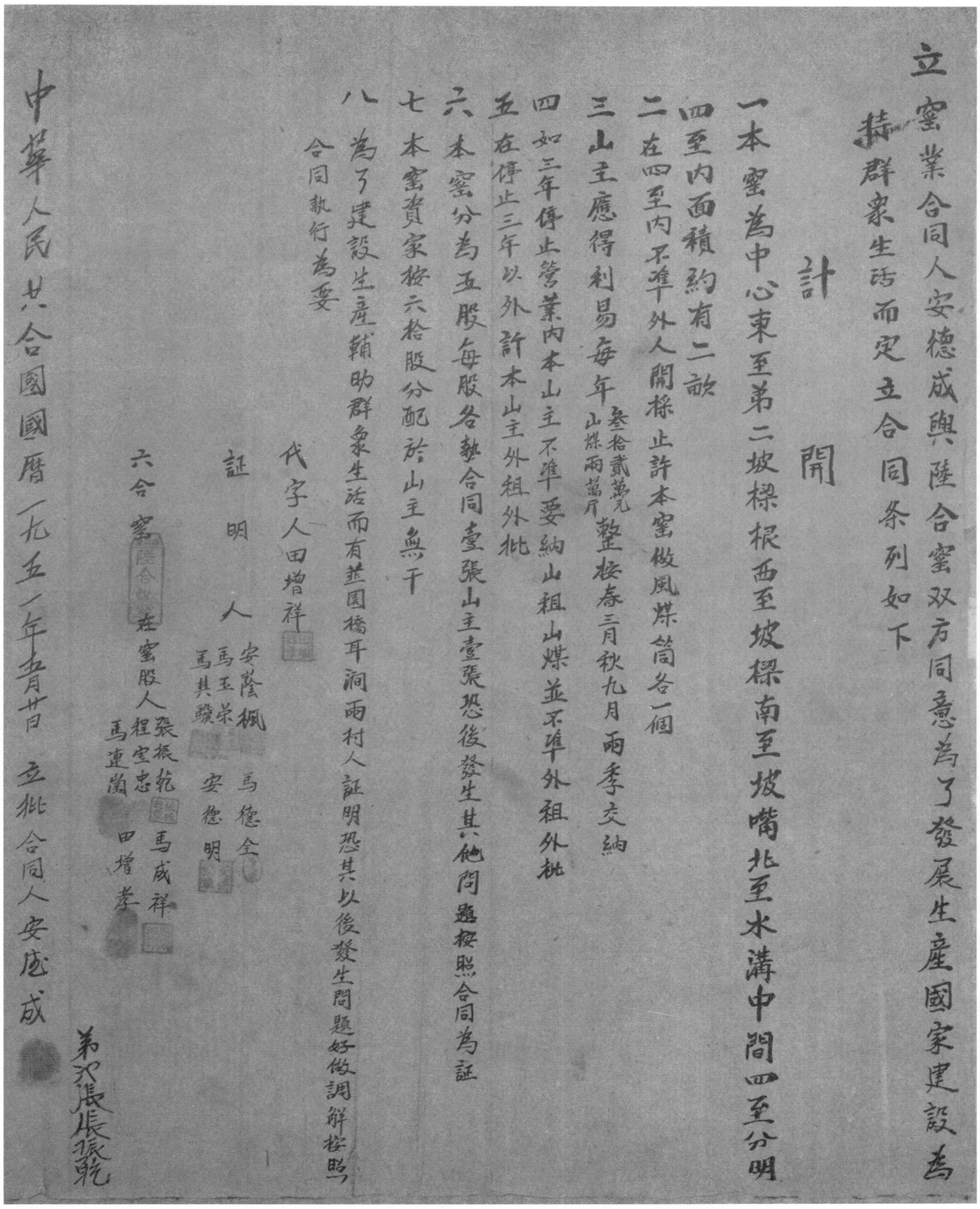

立窰業合同人安德成與陸合窰双方同意為了發展生產國家建設為
持群衆生活而定立合同条列如下

計　開

一本窰為中心東至第二坡樑根西至坡樑南至坡嘴北至水溝中間四至分明
四至内面積約有二畝
二在四至内不準外人開採止許本窰做風煤筒各一個
三山主應得利易每年叁拾貳萬元山煤兩萬斤整按春三月秋九月兩季交納
四如三年停止營業内本山主不準要納山租山煤並不準外租外批
五在停止三年以外許本山主外租外批
六本窰分為五股每股各執合同壹張山主壹張恐後發生其他問題按照合同為証
七本窰資家按六拾股分配於山主無干
八為了建設生產輔助群衆生活而有韮園橋耳洞兩村人証明恐其以後發生問題好做調解按照
合同執行為要

代字人田增祥

証明人　安蔭楓　馬玉崇　馬其發　馬德全　安德明

六合窰在窰股人　張振乾　程宝忠　馬連崗　馬成祥　田增孝

中華人民共和國國曆一九五一年十二月廿日　立批合同人安德成

第六股長張振乾

一四九　1951年安德成等做陸合窑合同

地點：韭菜園村、橋耳澗村
尺寸：縱53釐米、横49釐米
首都博物館藏
編號：35.4.203

圖錄

第二部分　京畿其他經濟契約文書

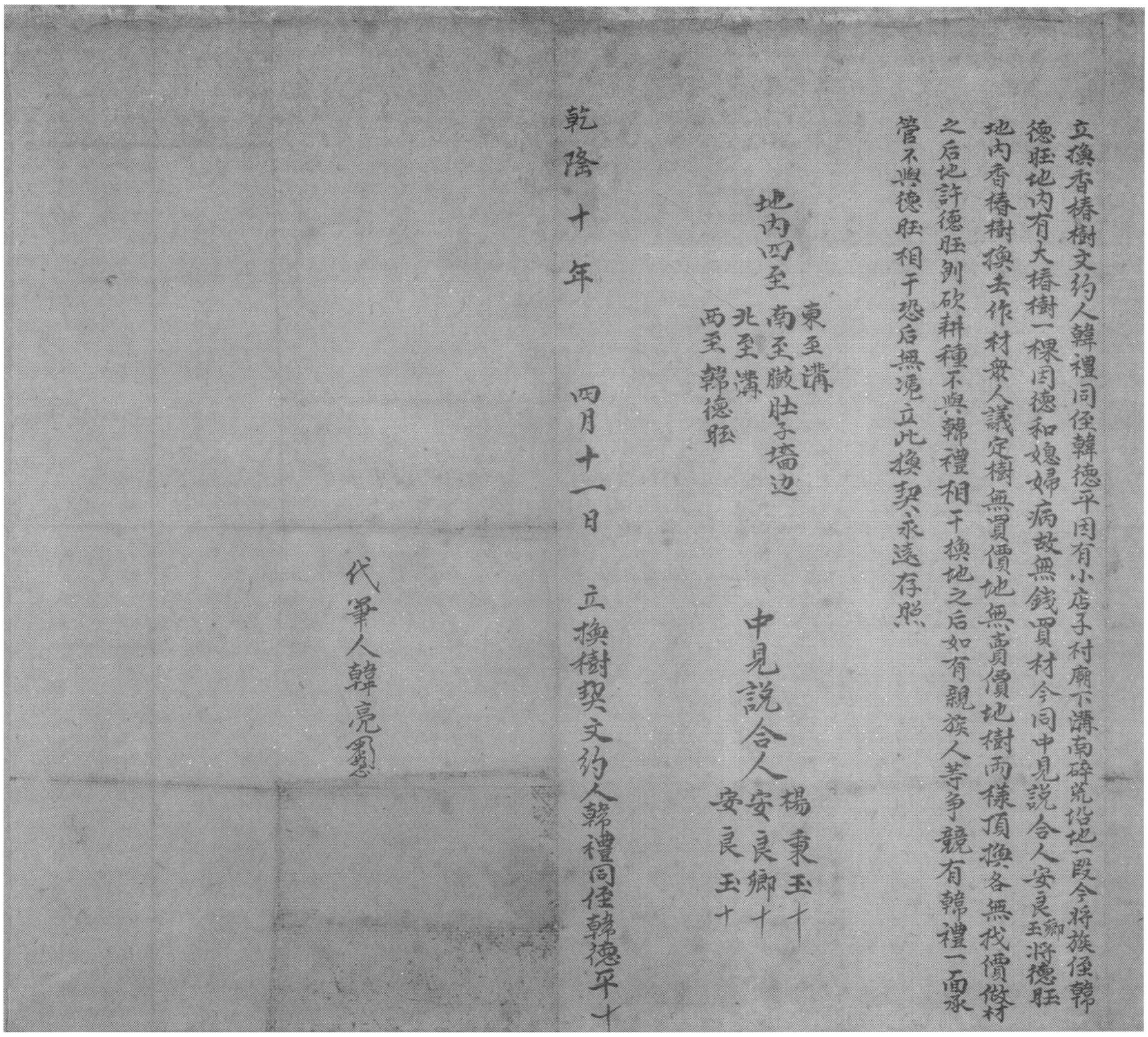

立換香椿樹文約人韓禮同侄韓德平因有小店子村廟下溝南碎坑沿地一段今将族侄韓
德旺地內有大椿樹一棵因德和媳婦病故無錢買材今同中見說合人安良玉卿将德旺
地內香椿樹換去作材衆人議定樹無買價地無賣價地樹兩樣頂換各無找價做材
之后地許德旺刨砍耕種不與韓禮相干換地之后如有親族人等爭競有韓禮一面承
管不與德旺相干恐后無憑立此換契永遠存照

地內四至　東至溝　南至厰肚子墻边　北至溝　西至韓德旺

中見說合人　楊東玉十　安良卿十　安良玉十

乾隆十年　四月十一日　立換樹契文約人韓禮同侄韓德平十

代筆人韓亮(押)

一五〇　乾隆十年（1745）韓禮等以地換樹文約

地點：小店子村

尺寸：縱38釐米、横45釐米

首都博物館藏

編號：35.4.230

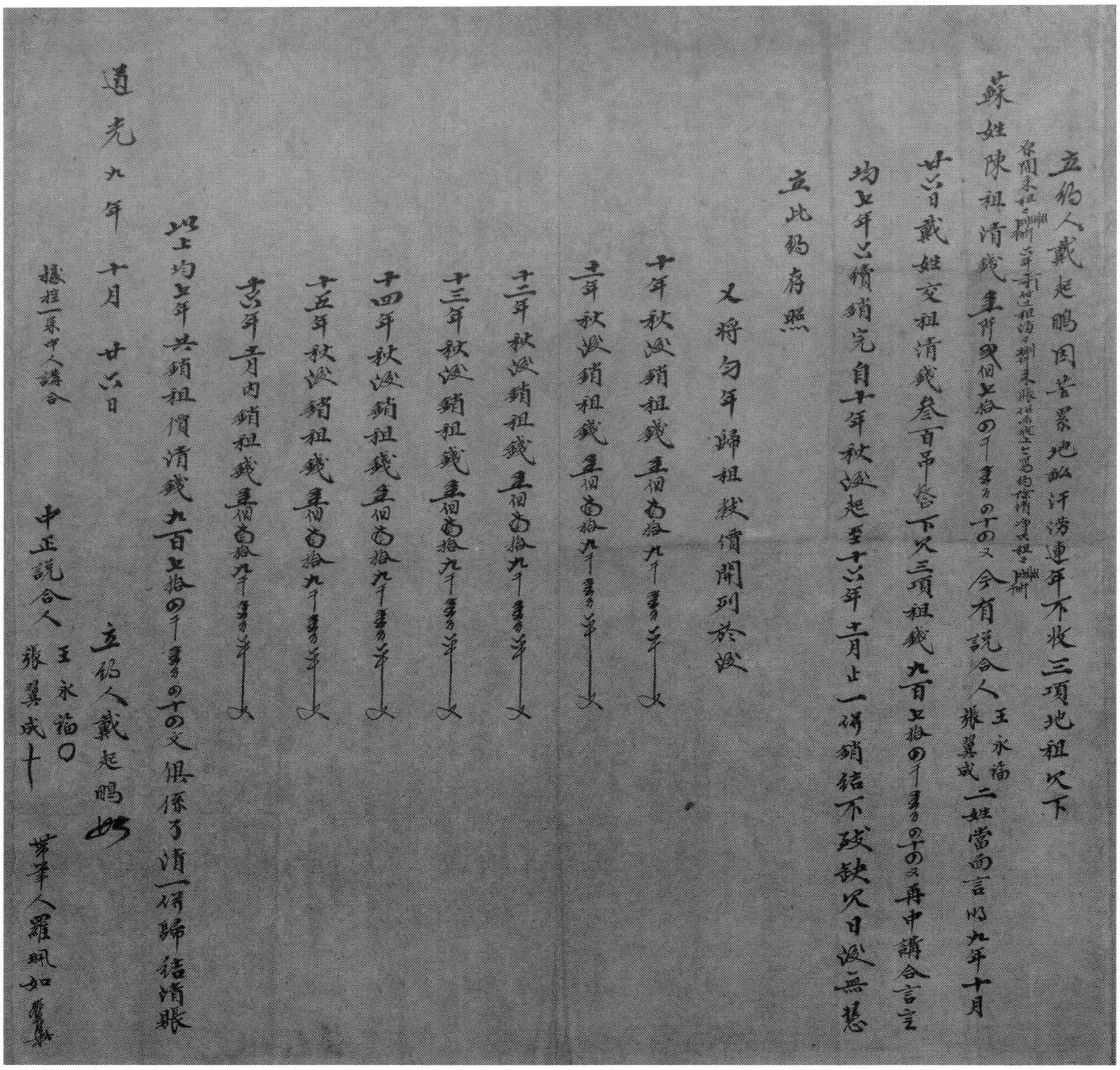

立約人戴起鵬因苦累地畝汗澇連年不收三項地租以下
[illegible]
蘇姓陳祖清錢[illegible]今有説合人王永福、張翼成二姓當面言明九年十月
廿六日戴姓交租清錢叁百吊叁下以三項租錢九百〇拾〇千〇〇〇十〇文再中講合言定
均以年續銷完自十年秋後起至十六年十二月止一併銷結不致缺少日後無悔
立此約存照
又將每年歸租找價開列於後
十年秋後銷租錢[illegible]文
十一年秋後銷租錢[illegible]文
十二年秋後銷租錢[illegible]文
十三年秋後銷租錢[illegible]文
十四年秋後銷租錢[illegible]文
十五年秋後銷租錢[illegible]文
十六年十二月内銷租錢[illegible]文
以上均以年共銷租價清錢九百[illegible]文俱係了清一併歸結清賬
立約人戴起鵬
中正説合人王永福○
張翼成十
道光九年十月廿六日
據往一某中人講合
帶筆人羅珮如

一五一　道光九年（1829）戴起鵬還款文約

尺寸：縱52釐米、横54釐米

首都博物館藏

編號：35.4.430

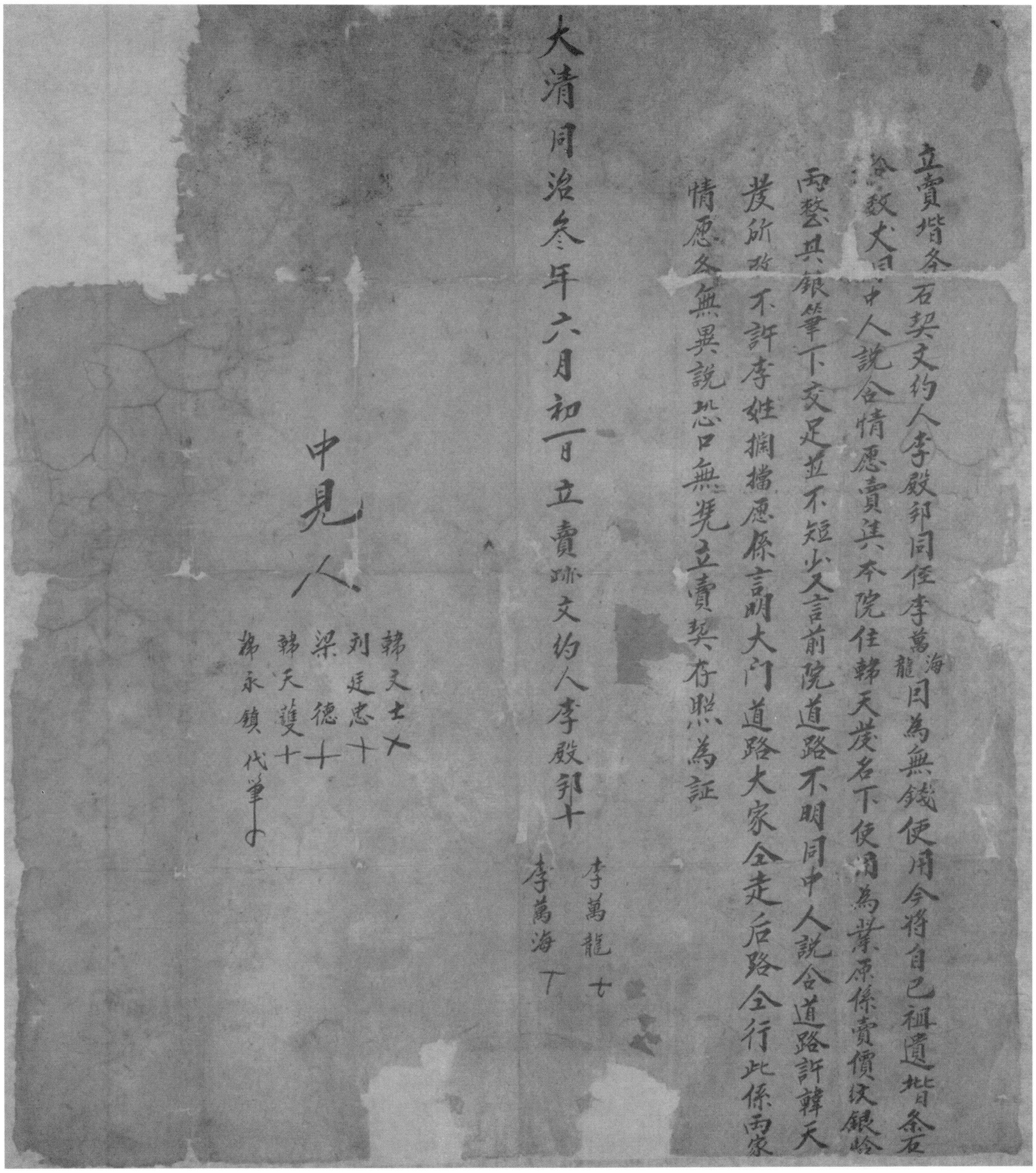
立賣階條石契文約人李殿邦同侄李萬海龍因為無錢使用今將自己祖遺階條石
拾數丈憑中人說合情愿賣與本院住韓天茂名下使用為業原係賣價紋銀拾
兩整其銀筆下交足並不短少又言前院道路不明同中人說合道路許韓天
茂所有不許李姓攔擋愿係言明大門道路大家全走后路全行此係兩家
情愿各無異說恐口無憑立賣契存照為証

大清同治叁年六月初一日立賣階文約人李殿邦十

李萬龍十
李萬海十

中見人
韓文士十
刘廷忠十
梁德十
韓天護十
韓永鎮代筆

一五二　同治三年（1864）李殿邦等賣階條石文約

尺寸：縱56釐米、橫40釐米

首都博物館藏

編號：35.4.235

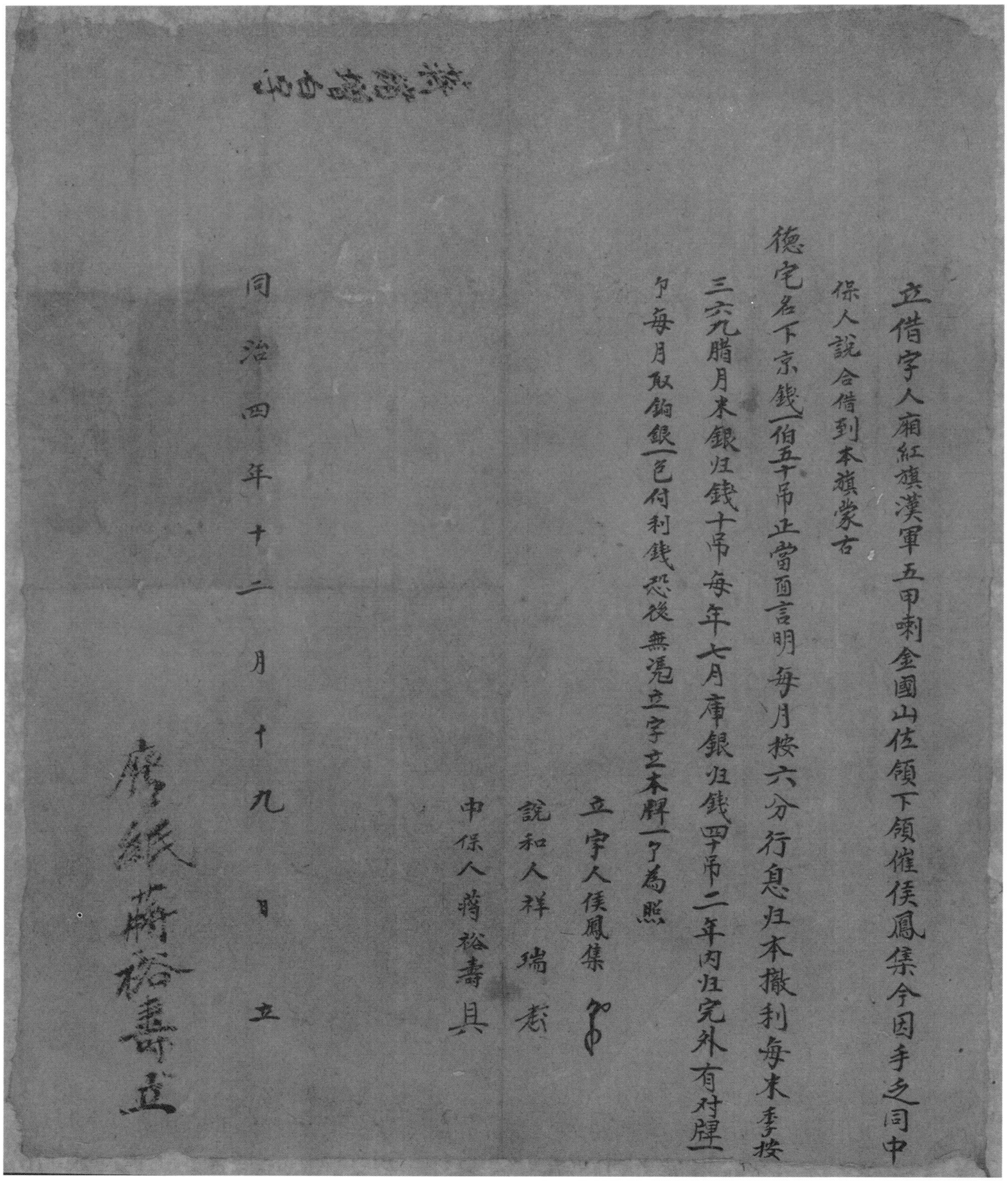
立借字人廂紅旗漢軍五甲喇金國山佐領下領催侯鳳集今因手乏同中
保人說合借到本旗蒙古
德宅名下京錢一伯五十吊正當面言明每月按六分行息歸本撤利每末季按
三六九臘月末銀歸錢十吊每年七月庫銀歸錢四十吊二年內歸完外有對牌一
分每月取餉銀一包付利錢恐後無憑立字立本牌一分為照
立字人侯鳳集
說和人祥瑞
中保人蔣裕壽具
同治四年十二月十九日立
廉紙蔣裕壽立

一五三　同治四年（1865）侯鳳集借錢字據
尺寸：縱54釐米、橫41釐米
首都博物館藏
編號：35.4.249

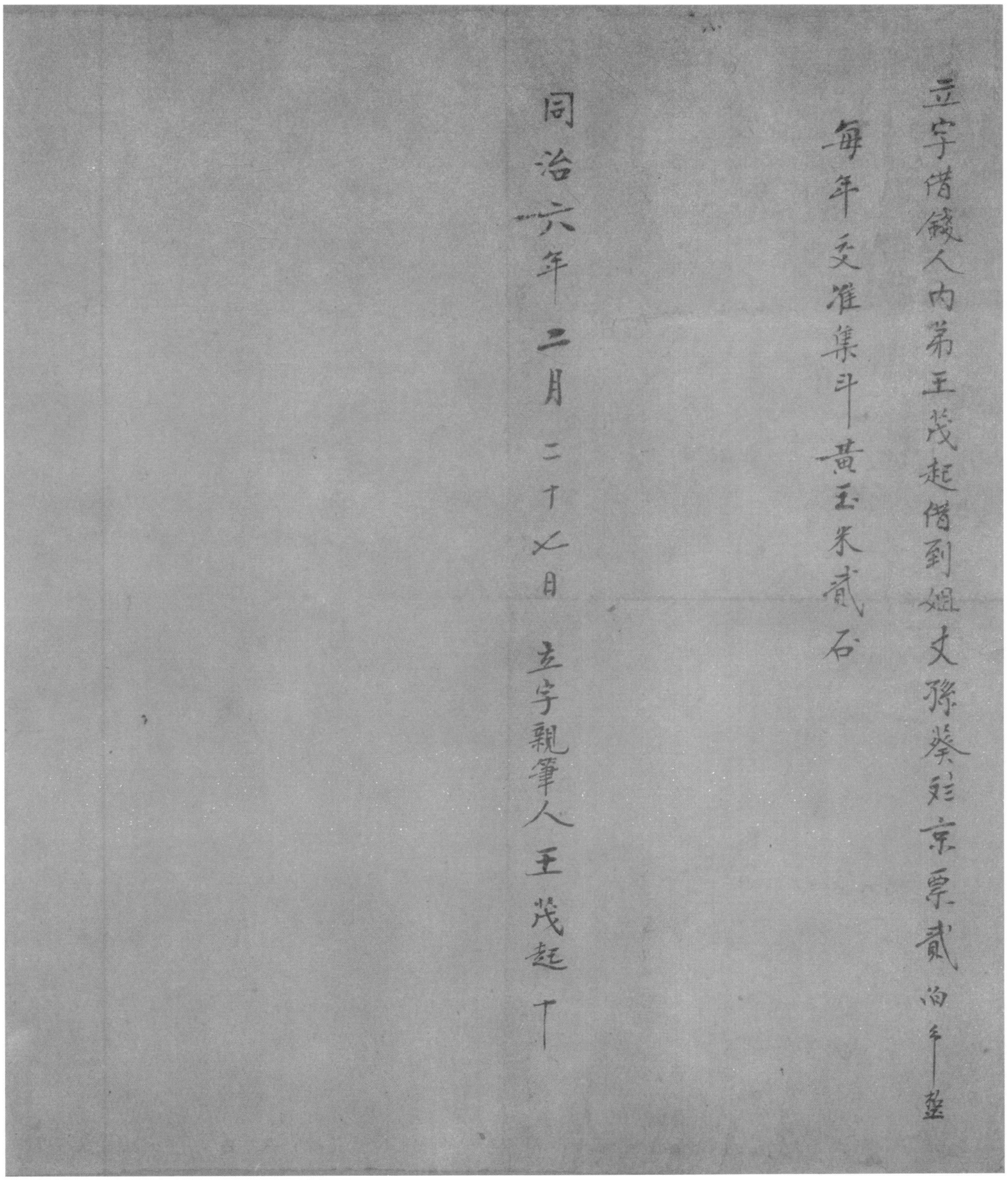

立字借錢人内弟王茂起借到姐丈孫榮廷京票貳佰千整

每年交准集斗黄玉米貳石

同治六年二月二十七日　立字親筆人王茂起十

一五四　同治六年（1867）王茂起借錢字據

尺寸：縱56釐米、横45釐米

首都博物館藏

編號：35.4.248

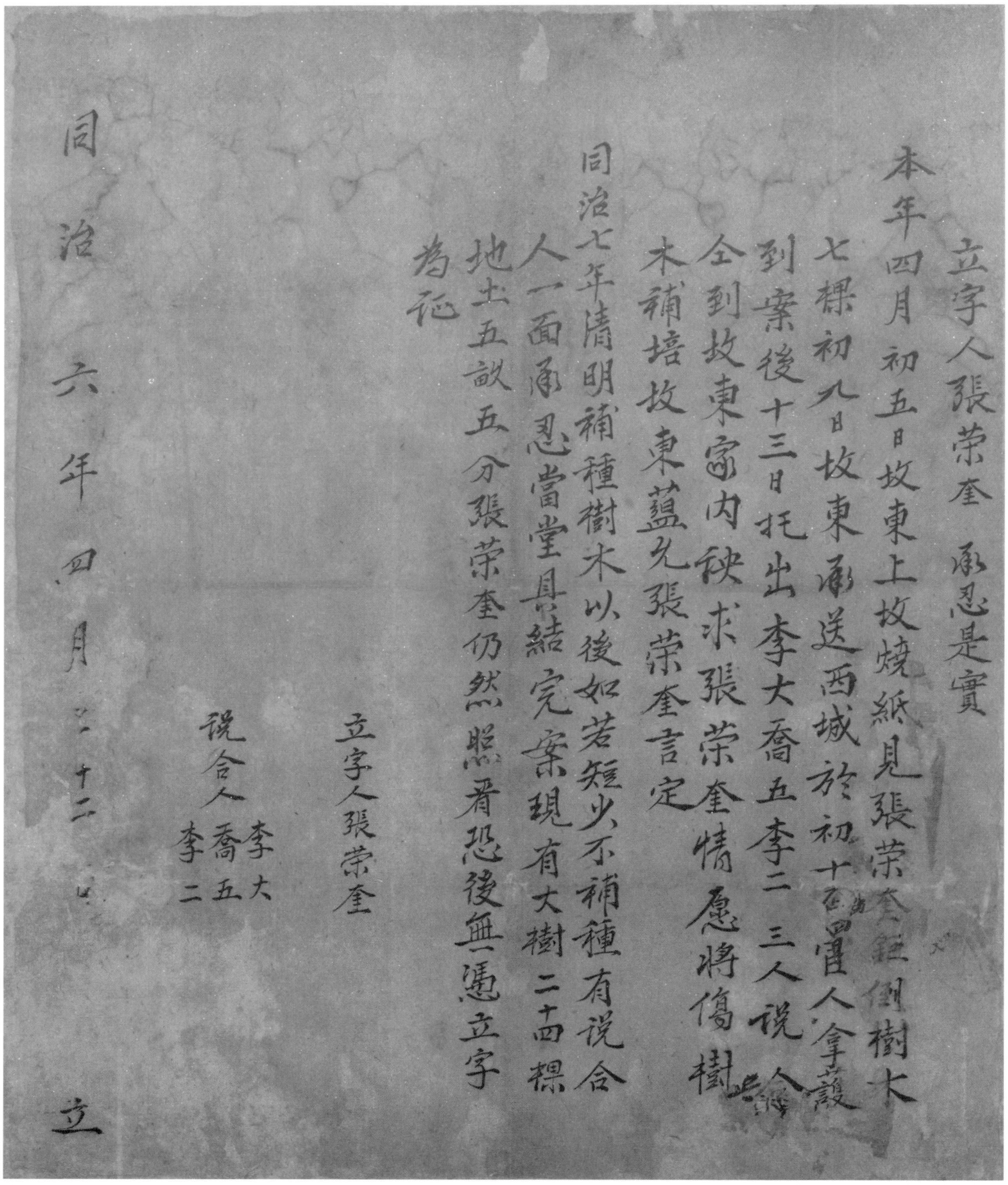

立字人張荣奎　承認是實
本年四月初五日故東上坟燒紙，見張荣奎鋸倒樹木
七棵，初九日故東承送西城，於初十日官人拿獲
到案後，十三日托出李大、喬五、李二　三人說合
仝到故東家內，懇求張荣奎情愿將傷樹
木補培，故東蕰允，張荣奎言定
同治七年清明補種樹木，以後如若短少不補種，有說合
人一面承認，當堂具結完案。現有大樹二十四棵
地土五畝五分，張荣奎仍然照看，恐後無憑，立字
為証
立字人張荣奎
說合人　李大　喬五　李二
同治六年四月二十二日　立

一五五　同治六年（1867）張榮奎樹木補賠具結字據

尺寸：縱57釐米、橫46釐米

首都博物館藏

編號：35.4.323

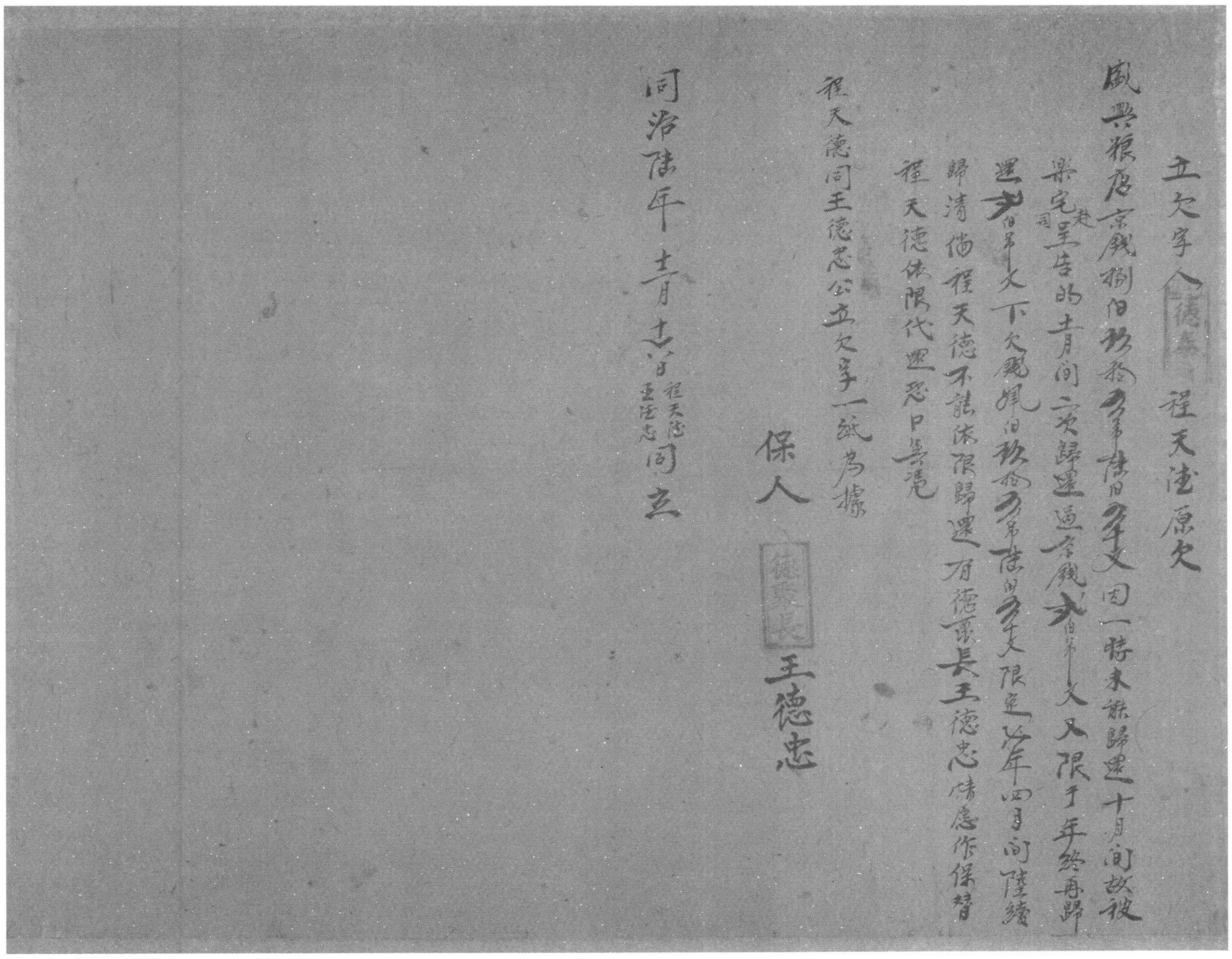
立欠字人程天德原欠
同興粮店京錢捌佰玖拾[illegible]千[illegible]文因一時未能歸還十月間故被
樂完赴司呈告的十二月間二次歸還過京錢[illegible]文又限于年終再歸
還[illegible]文下欠錢捌佰玖拾[illegible]文限定次年四月間陸續
歸清倘程天德不能依限歸還有德彙長王德忠情愿作保替
程天德依限代還恐口無憑
程天德同王德忠公立欠字一紙為據
保人　王德忠
同治陸年十二月十二日　程天德　王德忠　同立

一五六　同治六年（1867）程天德欠款王德忠作保字據

尺寸：縱39釐米、横46釐米
首都博物館藏
編號：35.4.251

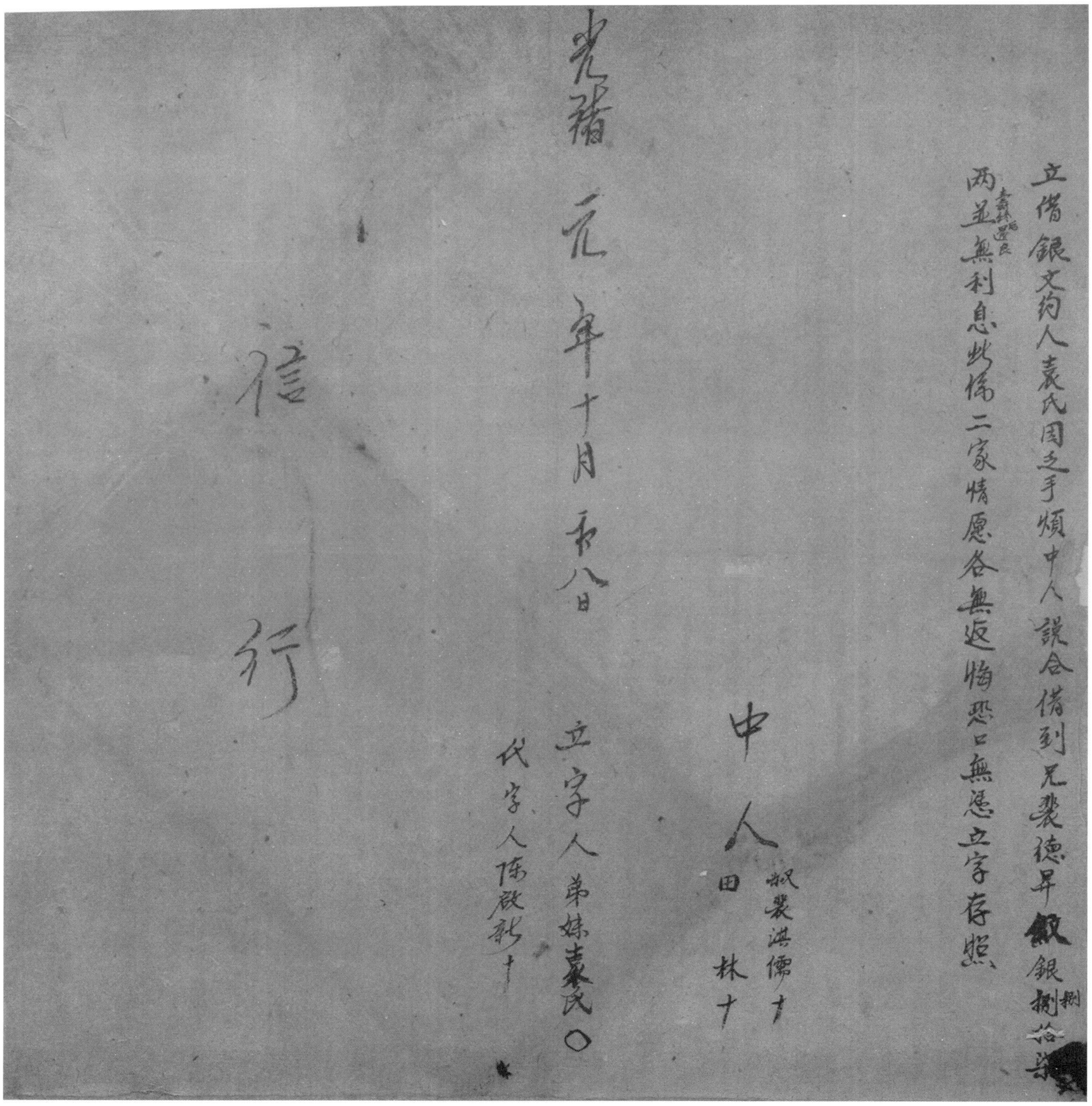
立借銀文約人袁氏因乏手煩中人説合借到兄裴德昇紋銀捌拾柒

兩並無利息此係二家情願各無返悔恐口無憑立字存照

中人 叔裴洪儒十 田林十

立字人弟妹袁氏〇

代字人陳啓新十

光緒元年十月初八日

信行

一五七 光緒元年（1875）袁氏借銀字據

尺寸：縱44釐米、横41釐米

首都博物館藏

編號：35.4.253

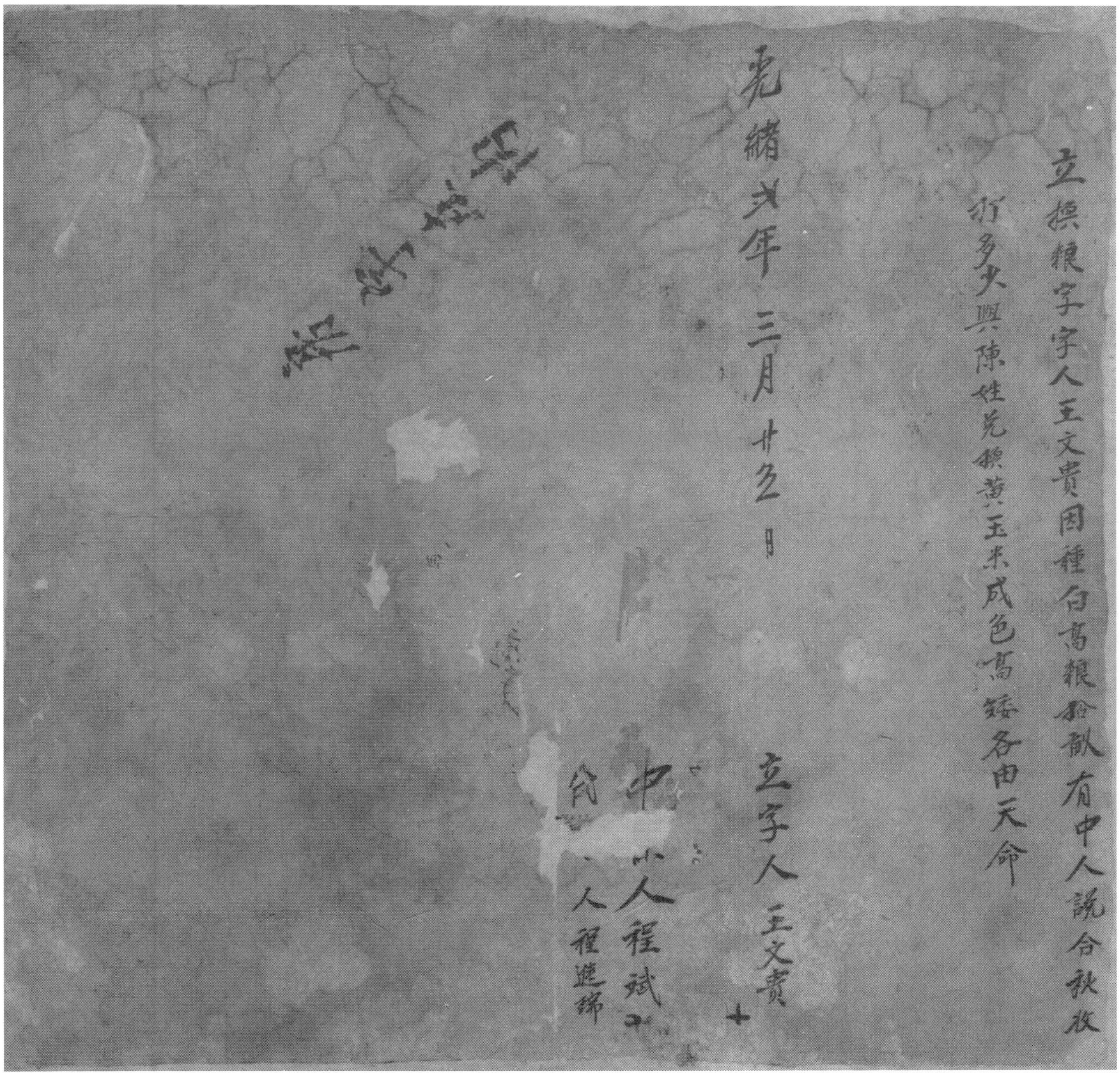
立換粮字字人王文貴因種白高粮拾畝有中人説合秋收
行多少與陳姓先換黄玉米成色高矮各由天命
光緒弍年三月廿五日
立字人王文貴 +
中人程斌 十
代字人程進瑞

一五八　光緒二年（1876）王文貴换糧字據

尺寸：縱48釐米、横49釐米

首都博物館藏

編號：35.4.318

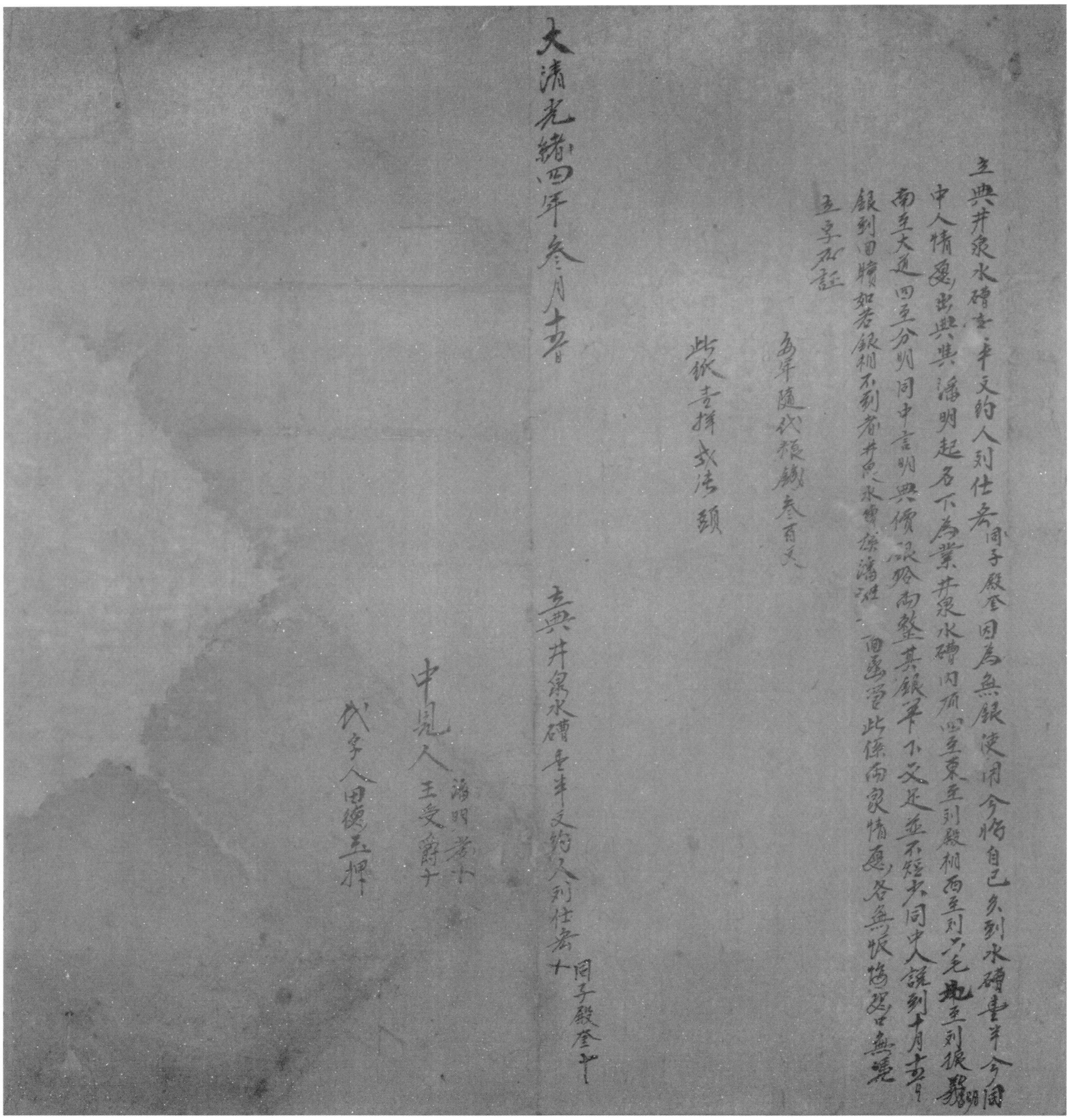

立典井泉水礶壹半文約人劉仕宏同子殿奎，因為無銀使用，今將自己分到水礶壹半，今同
中人情愿出典與潘明起名下為業。井泉水礶內項四至：東至劉殿相，西至劉六毛，北至劉振聲，南至大道，四至分明。同中言明典價銀拾兩整，其銀筆下交足，並不短少。同中人說到十月十五日
銀到回贖，如若銀相不到者，井泉水礶係潘姓一面承管。此係兩家情愿，各無返悔，恐口無憑，
立字為証。

每年隨代糧錢叁百文

此紙壹樣式張頭

大清光緒四年叁月十五日

立典井泉水礶壹半文約人劉仕宏十 同子殿奎十

中見人 潘明孝十 王受爵十

代字人田德三押

一五九　光緒四年（1878）劉仕宏等出典部分水礶文約

尺寸：縱53釐米、橫50釐米

首都博物館藏

編號：35.4.233

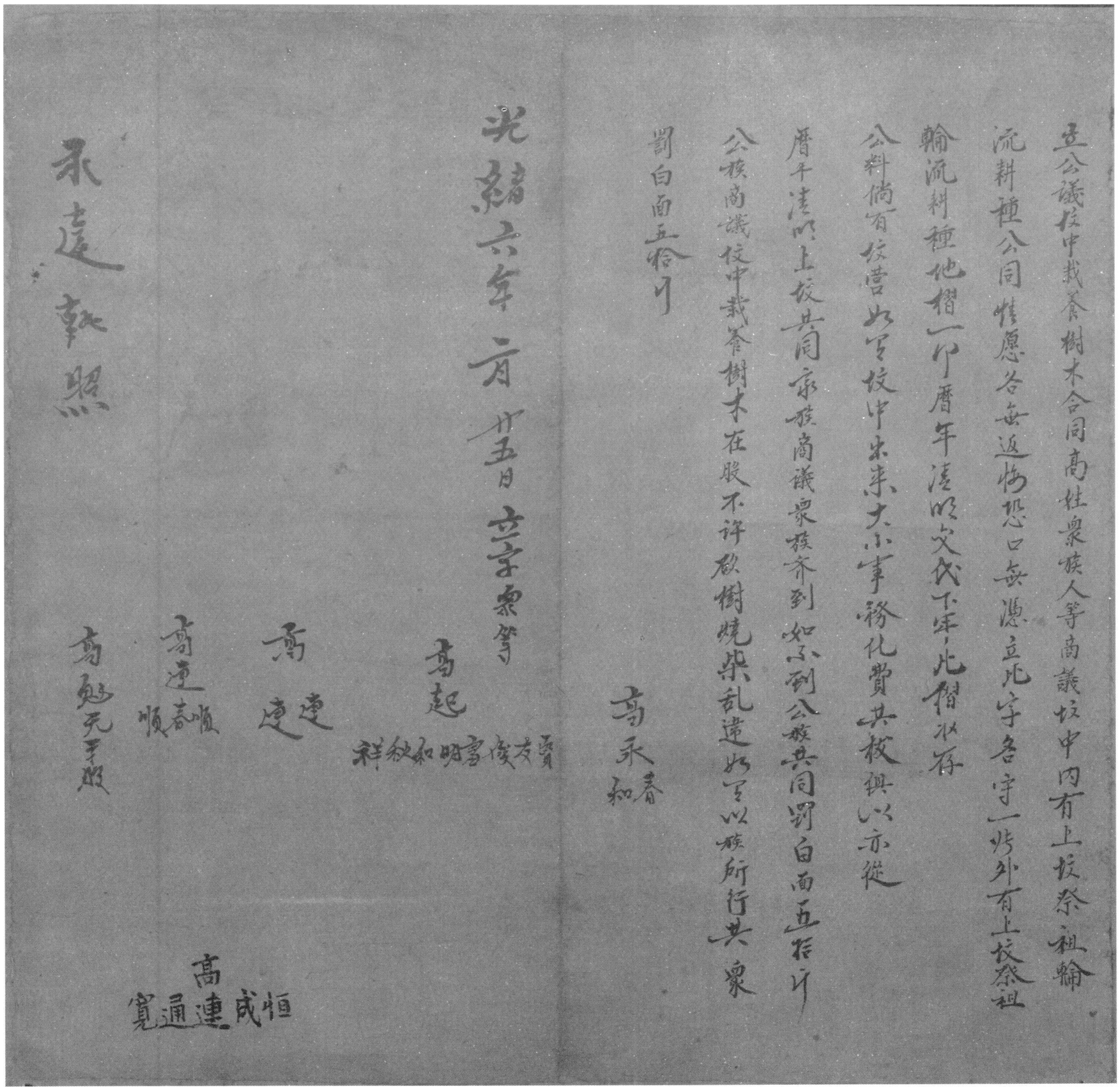

立公議坟中栽養樹木合同高姓衆族人等商議坟中內有上坟祭祖輪
流耕種公同情愿各無返悔恐口無憑立此字各守一步外有上坟祭祖
輪流耕種地畝一分歷年清明交代下年此畝以存
公料倘有坟營此照坟中出來大小事務化費共族與以亦從
歷年清明上坟共同京族商議衆族齊到如不到公族共同罰白面五拾斤
公族商議坟中栽養樹木在股不許砍樹燒柴亂違此照以族所行共衆
罰白面五拾斤

高永春 知

光緒六年三月廿五日 立字衆等

高起 賢 友 俊 富 明 和 秋 祥

高連 連

高連春 順 嶺

高魁元

高 恒 成 連 通 寬

永遠執照

一六〇　光緒六年（1880）高氏家族墳中栽樹合同

尺寸：縱51釐米、橫52釐米

首都博物館藏

編號：35.4.315

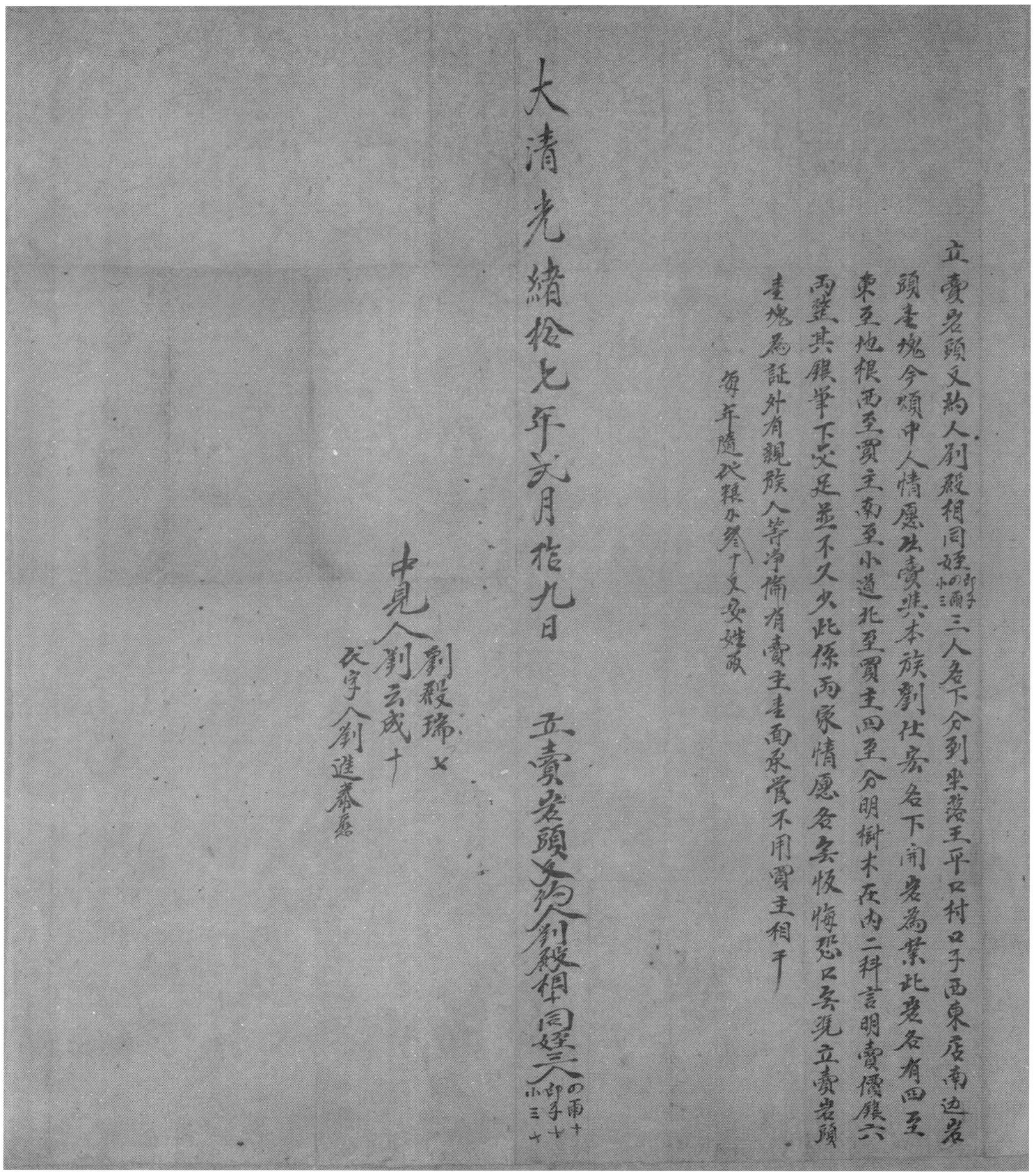
立賣岩頭文約人劉殿相同侄郎子小三三人名下分到坐落王平口村口子西東店南边岩
頭壹塊今煩中人情愿出賣與本族劉仕宏名下開岩為業此岩各有四至
東至地根西至買主南至小道北至買主四至分明樹木在内二科言明賣價銀六
兩整其銀筆下交足並不欠少此係兩家情愿各無反悔恐口無憑立賣岩頭
壹塊為証外有親族人等净備有賣主壹面承當不用買主相干
每年隨代粮小錢十文要姓取

大清光緒拾七年六月拾九日

立賣岩頭文約人劉殿相同侄二人 四兩十 郎子十 小三十

中見人 劉殿瑞十 劉云成十

代字人劉進泰

一六一 光緒十七年（1891）劉殿相等賣岩頭文約

地點：王平口村

尺寸：縱55釐米、橫43釐米

首都博物館藏

編號：35.4.231

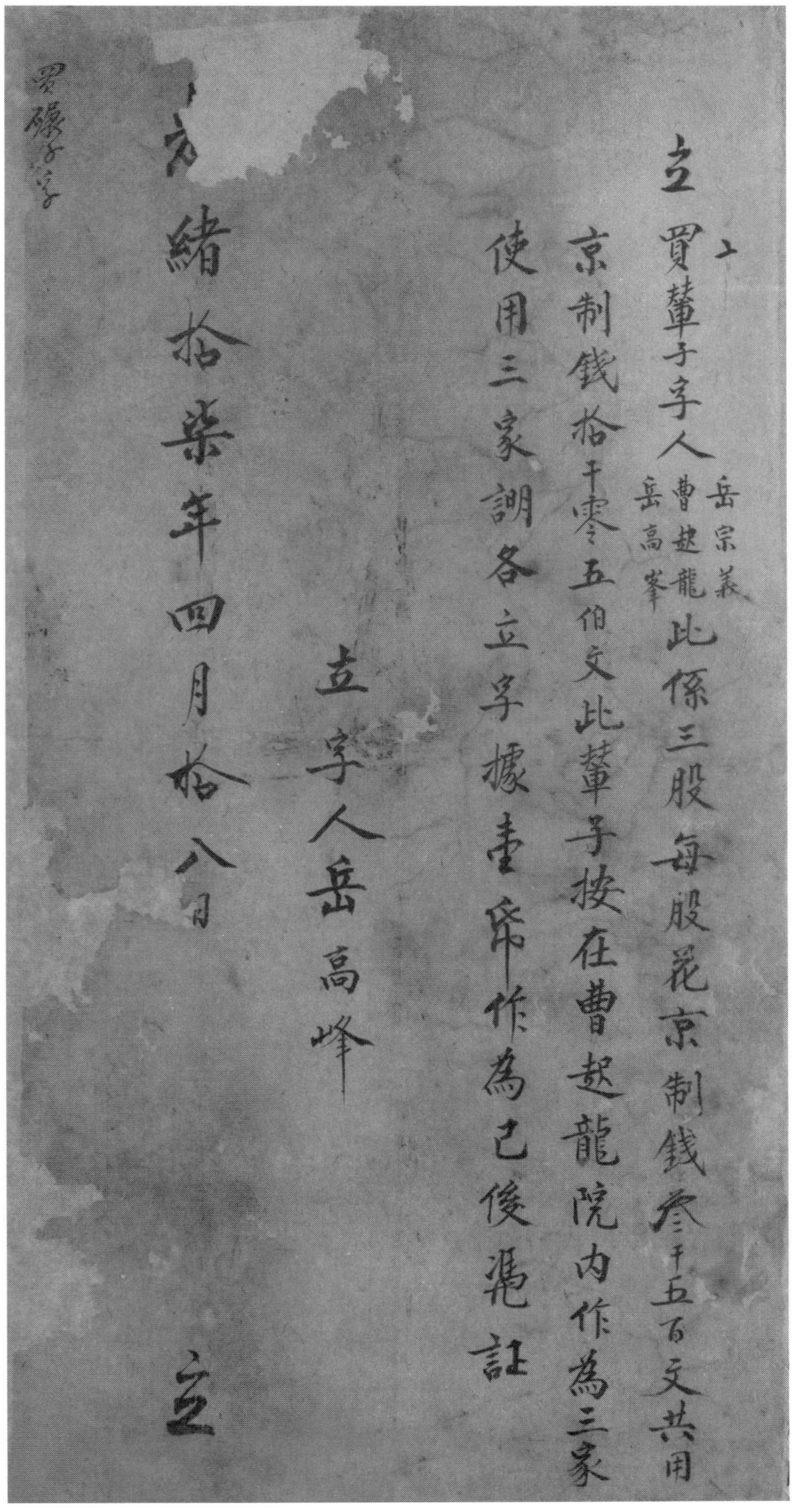

立買上碾子字人岳宗義、曹起龍、岳高峯此係三股每股花京制銭叁千五百文共用京制銭拾千零五伯文此碾子按在曹起龍院内作為三家使用三家議各立字據壹帋作為已後憑証

立字人岳高峯

光緒拾柒年四月拾八日　立

買碾子字

一六二　光緒十七年（1891）岳高峰等夥買碾子字據

尺寸：縱53釐米、橫25釐米

首都博物館藏

編號：35.4.238

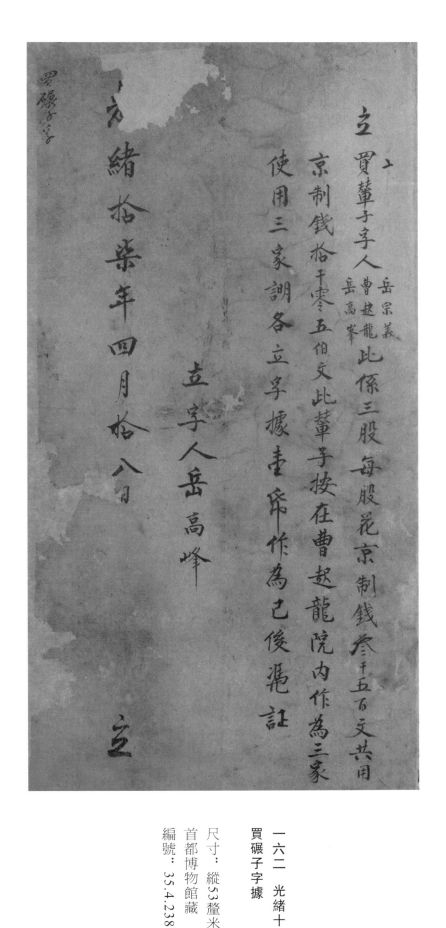

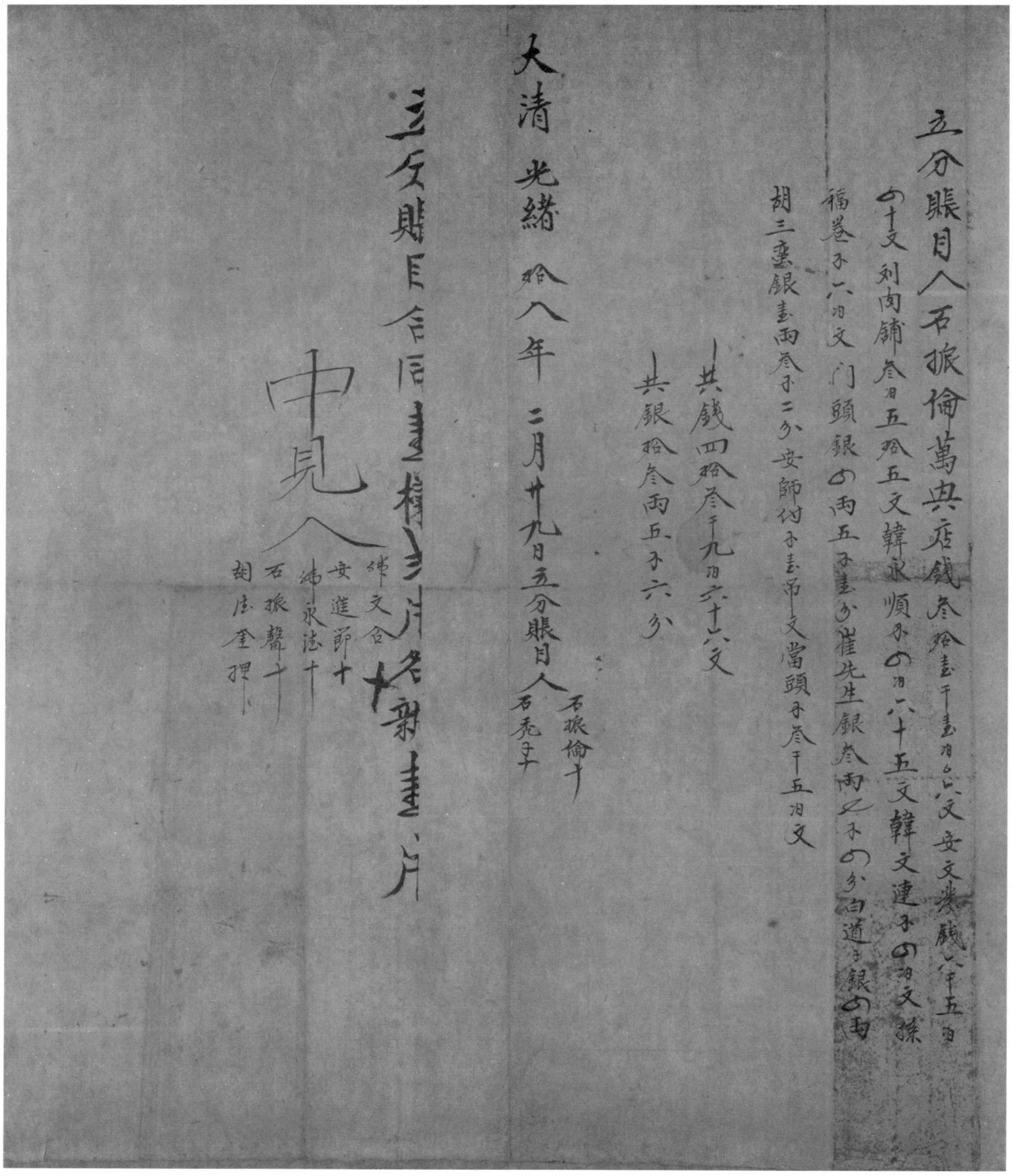
立分賬目人石振倫萬興店錢叁拾壹千壹百□六文安文發錢六千五百四十文劉肉鋪叁百五拾五文韓永順四百六十五文韓文連四百文孫福巷一千八百文門頭銀四兩五錢壹分崔先生銀叁兩八錢四分白道銀四兩胡三□銀壹兩叁錢二分安師付壹吊文當頭叁千五百文

共錢四拾叁千九百六十六文

共銀拾叁兩五錢六分

大清光緒拾八年二月廿九日立分賬目人 石振倫十 石秃子十

立分賬目合同壹樣三張各執壹張

中見人 佛文合 安進節十 佛永德十 石振聲十 胡法奎押

一六三　光緒十八年（1892）萬興店石振倫等分賬合同

尺寸：縱57釐米、横47釐米

首都博物館藏

編號：35.4.345

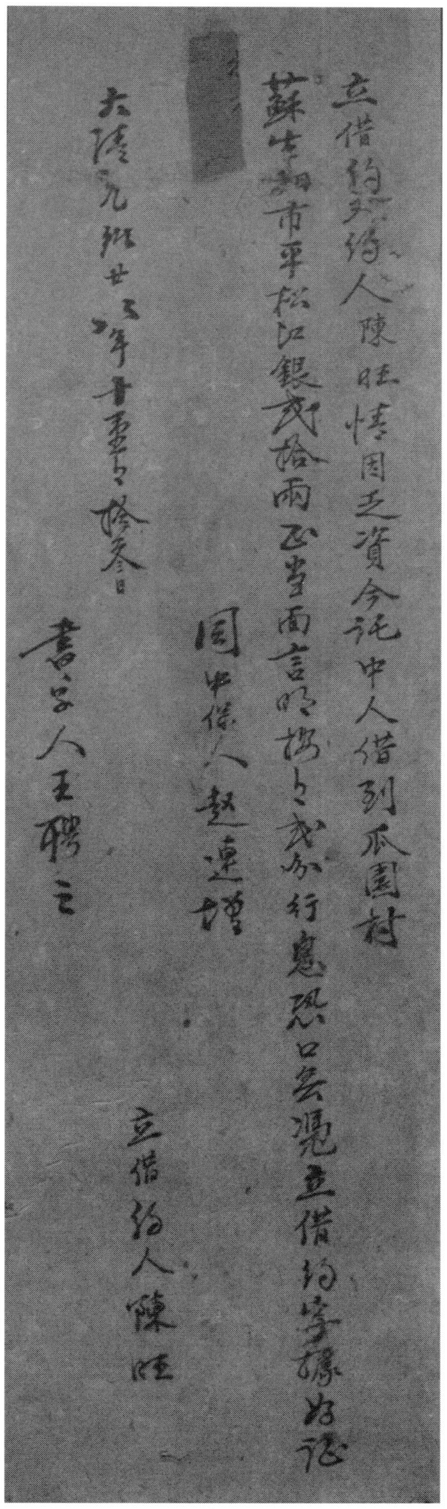
立借約文約人陳旺情因乏資今託中人借到瓜園村
蘇步瀛市平松江銀貳拾兩正當面言明按月貳分行息恐口無憑立借約字據為證
同中保人趙連增
大清光緒廿八年十二月拾叁日
書字人王聘三
立借約人陳旺

一六四　光緒二十八年（1902）陳旺借銀文約

地點：瓜園村
尺寸：縱50釐米、橫13釐米
首都博物館藏
編號：35.4.250

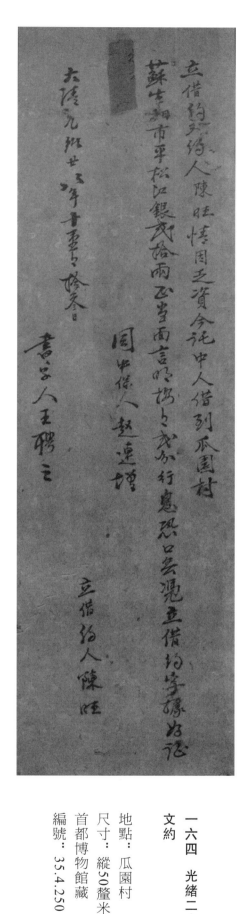

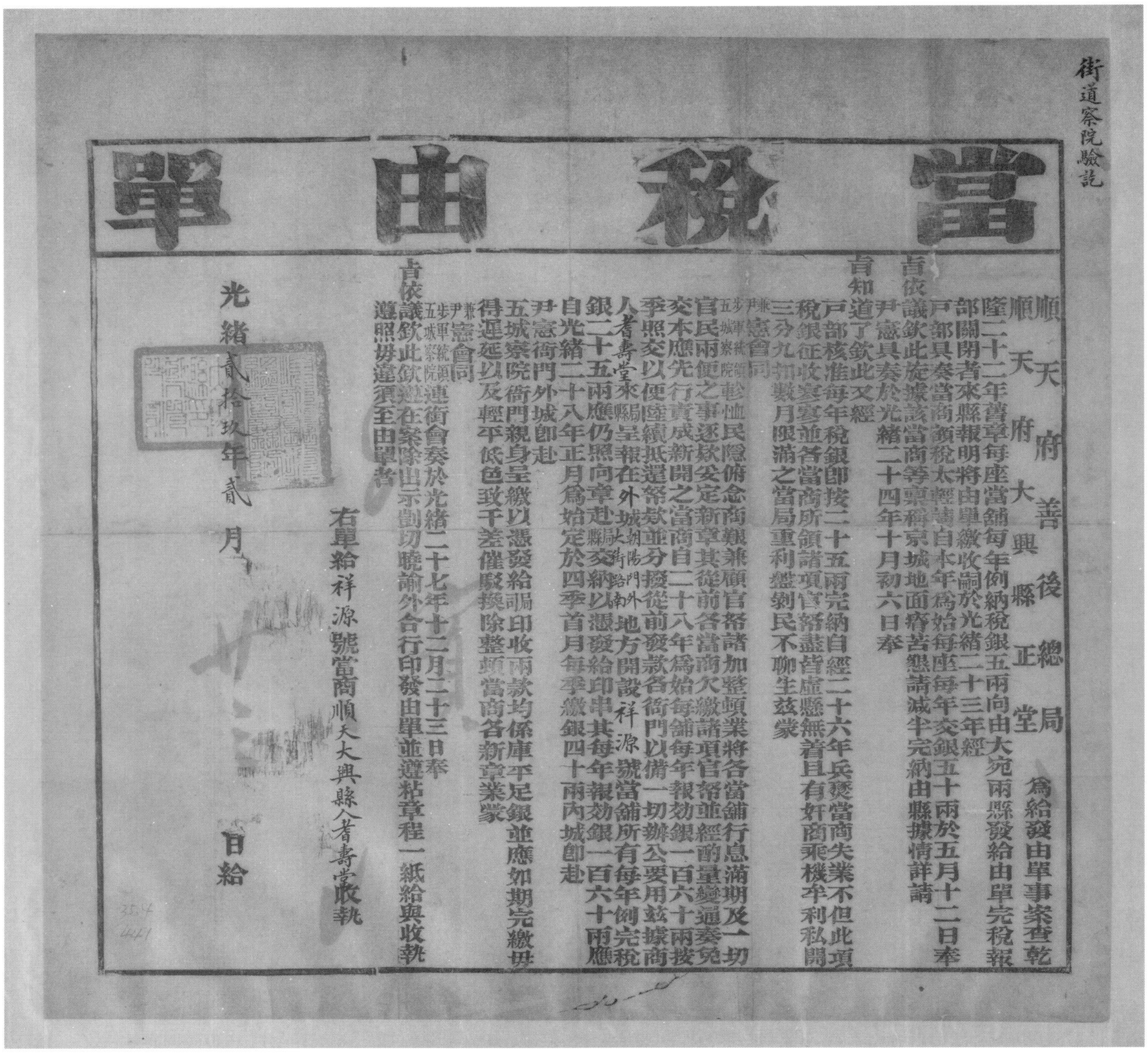
街道察院驗訖

當稅由單

順天府善後總局
順天府大興縣正堂　為給發由單事案查乾
隆二十二年舊章每座當鋪每年例納稅銀五兩向由大宛兩縣發給由單完稅報
部關閉者來縣報明將由單繳收嗣於光緒二十三年經
戶部具奏當商額稅太輕請自本年為始每座每年交銀五十兩於五月十二日奉
旨依議欽此旋據該當商等稟稱京城地面瘠苦懇請減半完納由縣據情詳請
府尹憲具奏於光緒二十四年十月初六日奉
旨知道了欽此又經
戶部核准每年稅銀即按二十五兩完納自經二十六年兵燹當商失業不但此項
稅銀征收寥寥並各當商所領諸項官帑盡皆虛懸無着且有奸商乘機牟利私開
三分九扣數月限滿之當局重利盤剝民不聊生茲蒙
兼尹步軍統領五城察院憲會同軫恤民隱俯念商艱兼顧官帑諸加整頓業將各當鋪行息滿期及一切
官民兩便之事逐款妥定新章其從前各當商欠繳諸項官帑並經酌量變通奏免
交本應先行責成新開之當商自二十八年為始每舖每年報効銀一百六十兩按
季照交以便陸續抵還帑款並分撥從前發款各衙門以備一切辦公要用茲據商
人耆壽堂來縣局呈報在外城朝陽門外大街路南地方開設祥源號當舖所有每年例完稅
銀二十五兩應仍照向章赴縣局交納以憑發給印串其每年報効銀一百六十兩應
自光緒二十八年正月為始定於四季首月每季繳銀四十兩內城卽赴
尹憲衙門外城卽赴
五城察院衙門親身呈繳以憑發給司局印收兩款均係庫平足銀並應如期完繳毋
得遲延以及輕平低色致干差催駁換除整頓當商各新章業蒙
兼尹步軍統領五城察院憲會同連銜會奏於光緒二十七年十二月二十三日奉
旨依議欽此欽遵在案除出示剴切曉諭外合行印發由單並遵粘章程一紙給與收執
遵照毋違須至由單者
右單給祥源號當商順天大興縣人耆壽堂收執
光緒貳拾玖年貳月　日給

一六五　光緒二十九年（1903）大興縣等給耆壽堂祥源號當稅由單

地點：外城朝陽門外大街路南
尺寸：縱64釐米、橫67釐米
首都博物館藏
編號：35.4.441

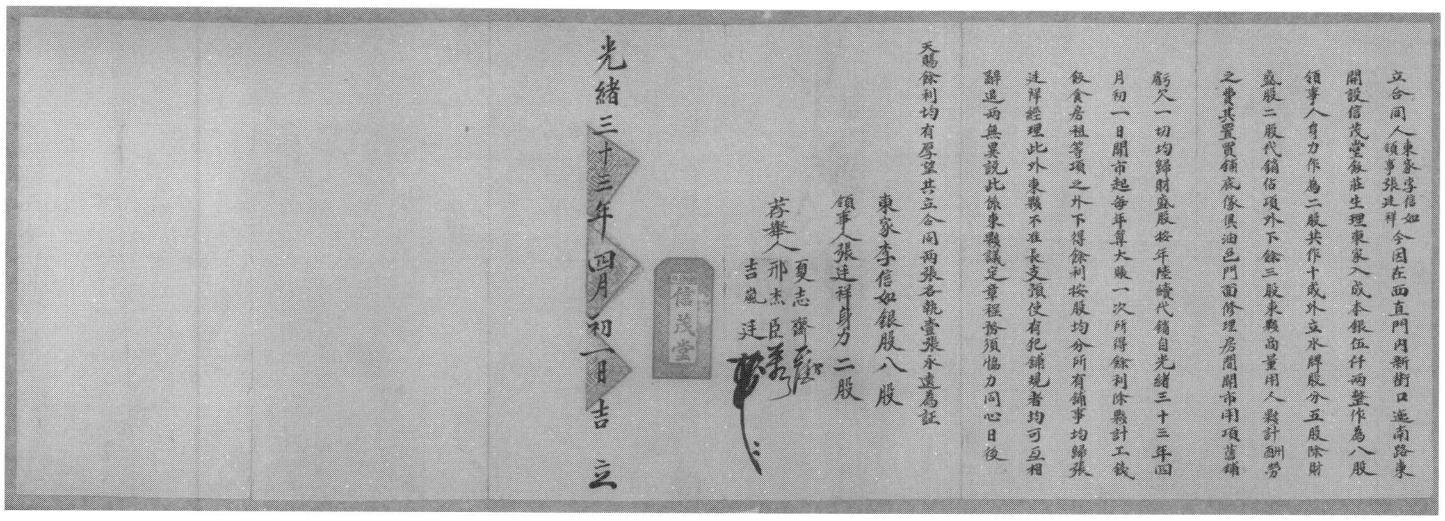
立合同人東家李信如
領事張廷祥今因在西直門內新街口迤南路東
開設信茂堂飯莊生理東家入成本銀伍仟兩整作為八股
領事人身力作為二股共作十成外立水牌股分五股除財
盛股二股代鋪佔項外下餘三股東夥商量用人夥計酬勞
之費其置買鋪底傢俱油色門面修理房間開市用項舊鋪
虧欠一切均歸財盛股按年陸續代鋪自光緒三十三年四
月初一日開市起每年算大賬一次所得餘利除夥計工錢
飯食房租等項之外下得餘利按股均分所有鋪事均歸張
廷祥經理此外東夥不准長支預使有犯鋪規者均可互相
辭退兩無異說此係東夥議定章程務須協力同心日後
天賜餘利均有厚望共立合同兩張各執壹張永遠為証
東家李信如銀股八股
領事人張廷祥身力二股
薦舉人　夏志齋　邢杰臣　吉鳳廷
信茂堂
光緒三十三年四月初一日吉立

一六六　光緒三十三年（1907）李信如等夥開信茂堂飯莊合同

地點：西直門內新街口迤南路東
尺寸：縱19釐米、橫54釐米
首都博物館藏
編號：35.4.064

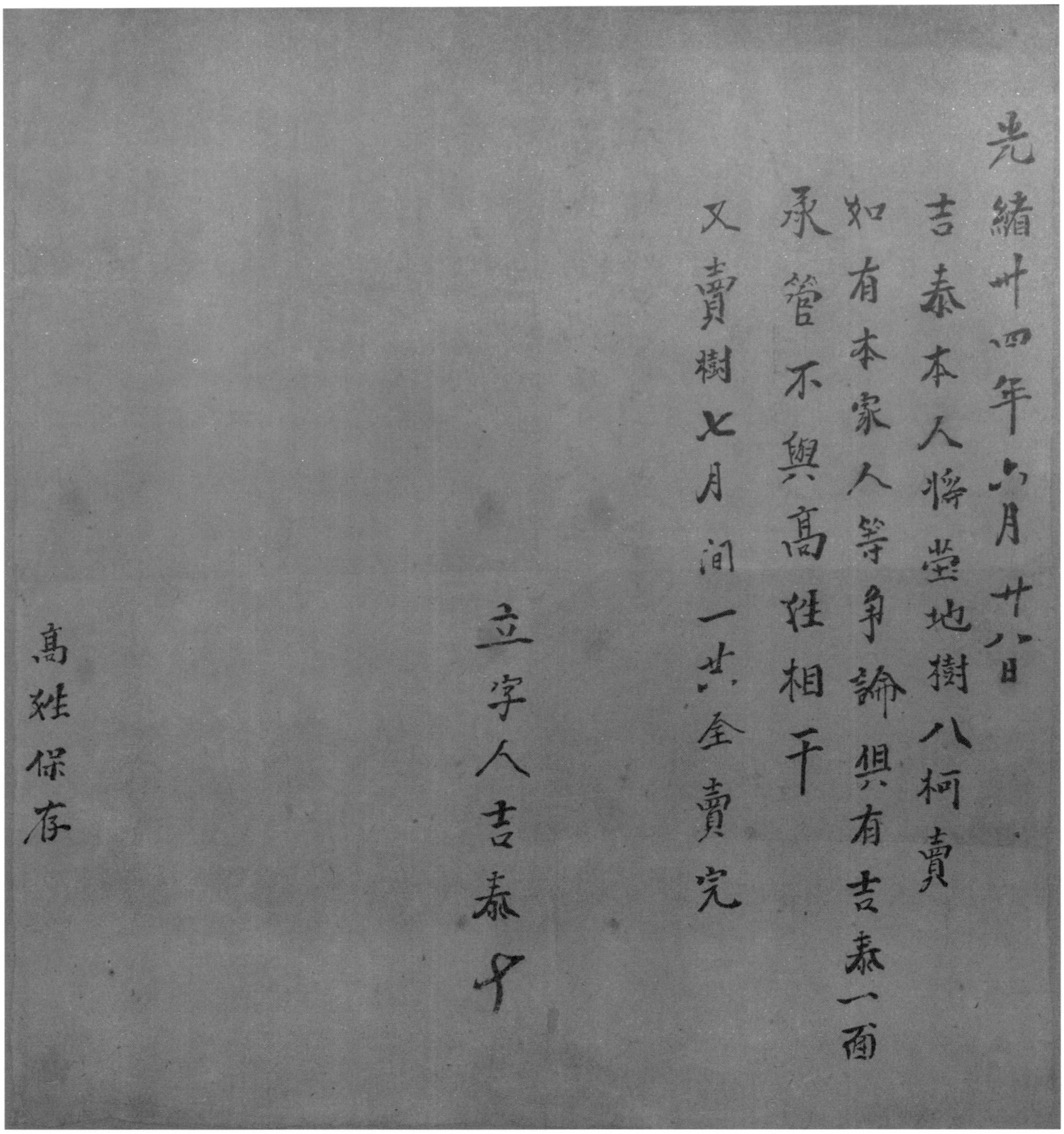

光緒卅四年六月廿八日
吉泰本人將塋地樹八柯賣
如有本家人等爭論俱有吉泰一面
承管不與高姓相干
又賣樹七月間一共全賣完
立字人吉泰十
高姓保存

一六七　光緒三十四年（1908）吉泰賣樹字據

尺寸：縱50釐米、橫40釐米
首都博物館藏
編號：35.4.222

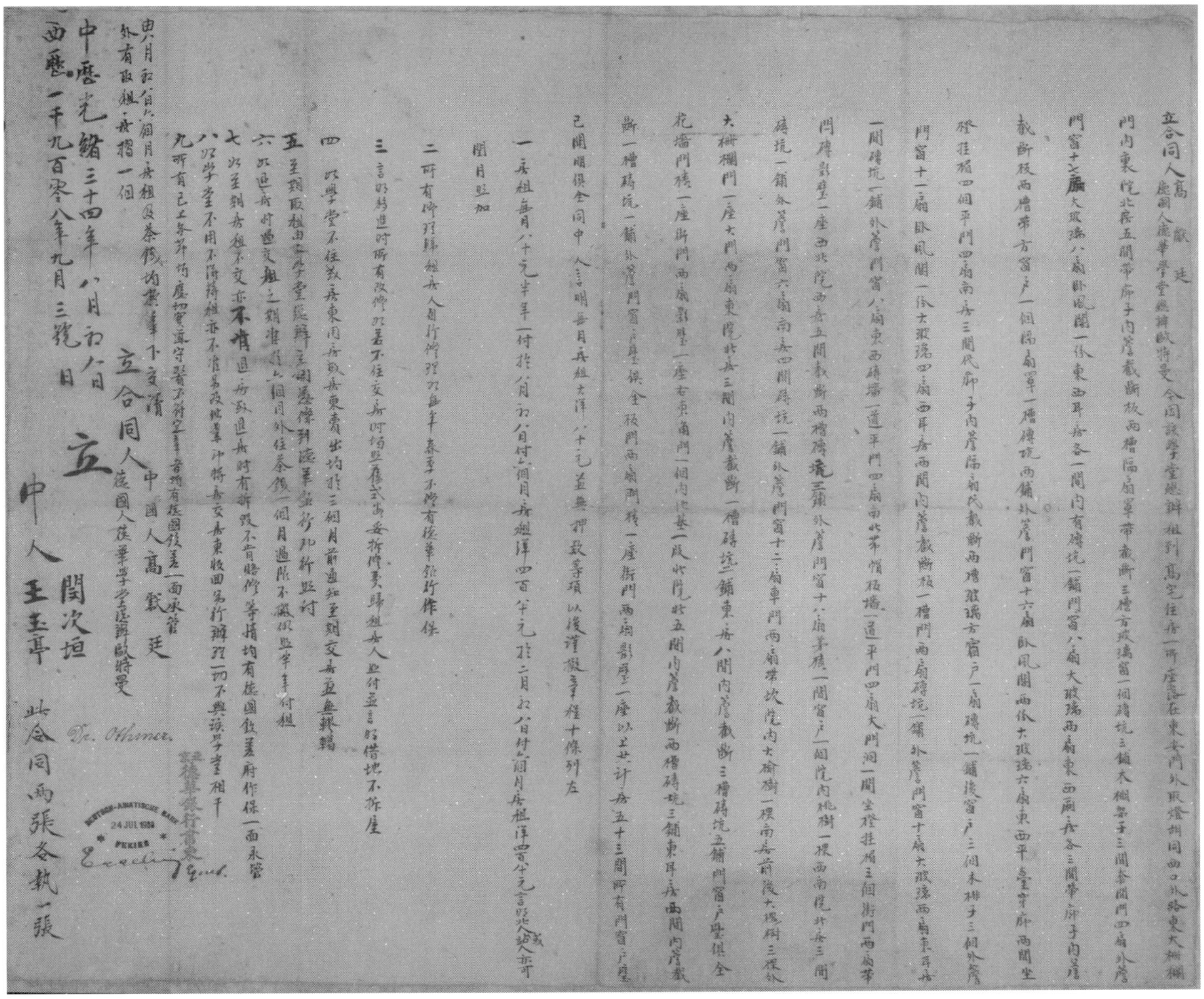

一六八　光緒三十四年（1908）德華學堂

歐特曼租用高宅房屋合同

地點：東安門外取燈胡同西口外路東

尺寸：縱51釐米、橫56釐米

首都博物館藏

編號：35.4.232

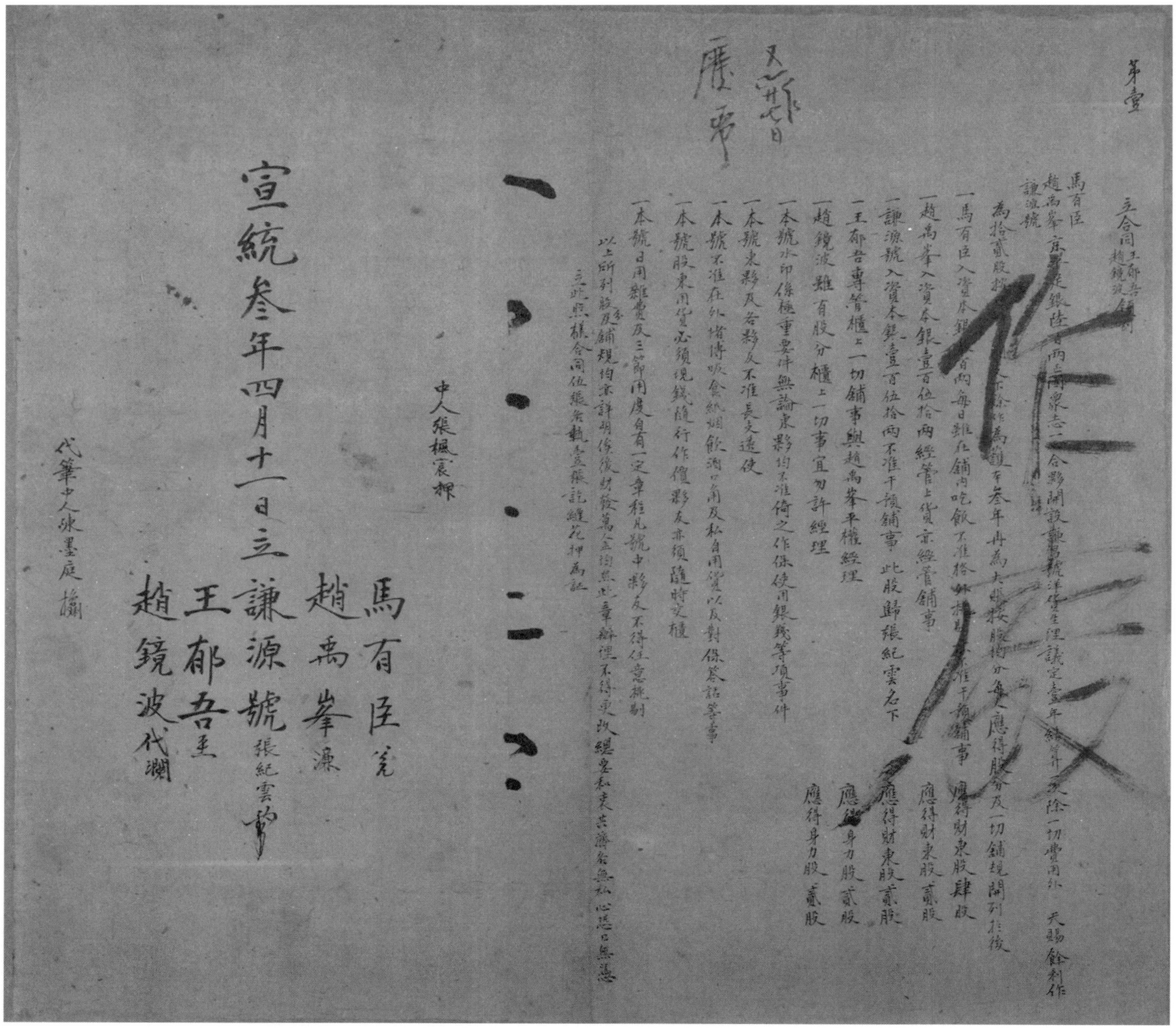
中人張楓宸押

宣統叁年四月十一日立

馬有臣

趙禹峯

謙源號

王郁吾

趙鏡波

代筆中人陳墨庭

一六九　宣統三年（1911）馬有臣等夥開謙昌號洋貨店合同

尺寸：縱47釐米、橫52釐米

首都博物館藏

編號：35.4.63

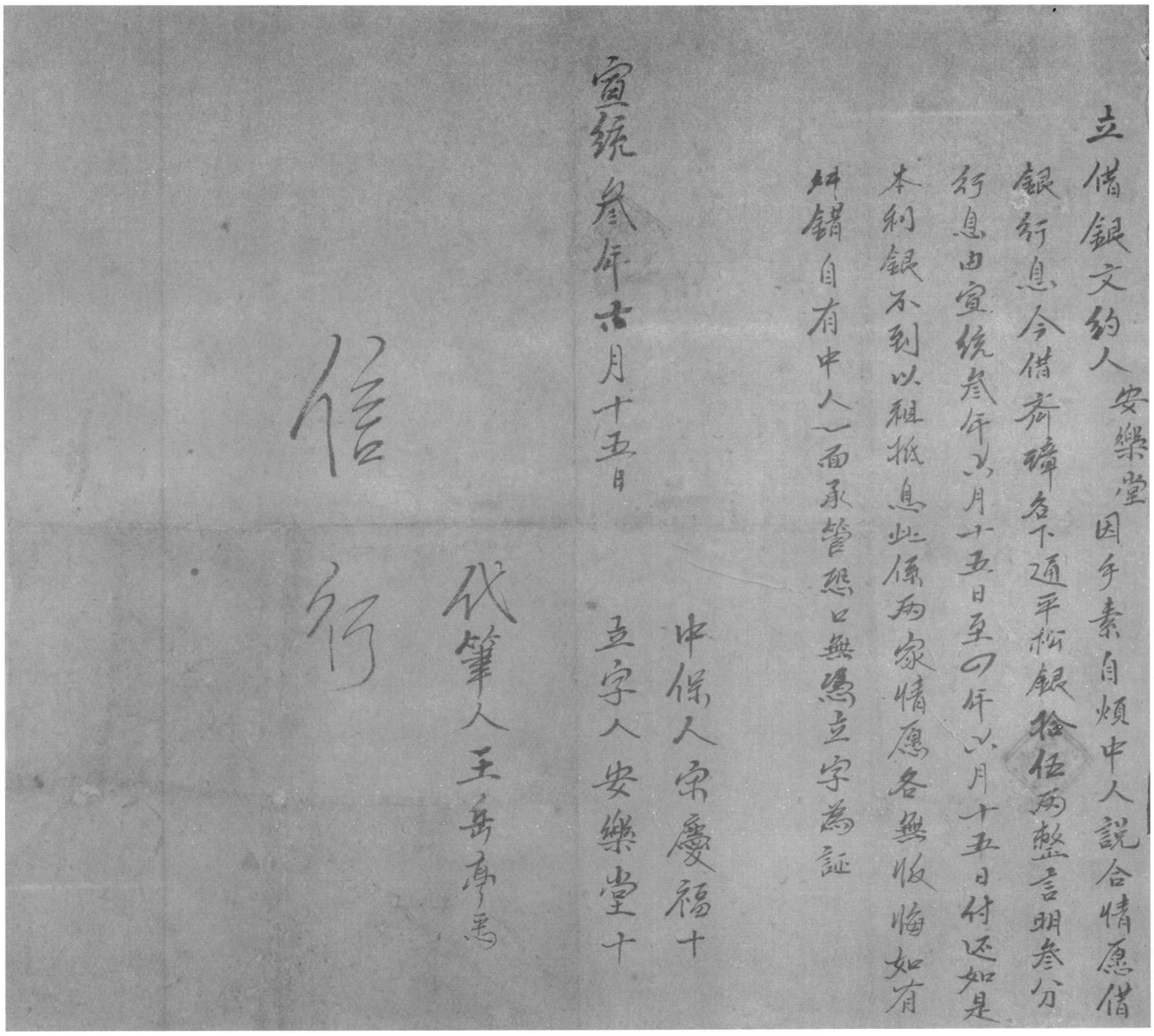
立借銀文約人安樂堂因手素自煩中人說合情愿借
銀行息今借斎璋名下通平松銀拾伍兩整言明叁分
行息由宣統叁年六月十五日至四年六月十五日付还如是
本利銀不到以租抵息此係兩家情愿各無反悔如有
糾錯自有中人一面承管恐口無憑立字為証
中保人宋慶福十
立字人安樂堂十
代筆人王岳亭寫
宣統叁年六月十五日
信行

一七〇　宣統三年（1911）安樂堂借銀字據

尺寸：縱47釐米、橫51釐米

首都博物館藏

編號：35.4.252

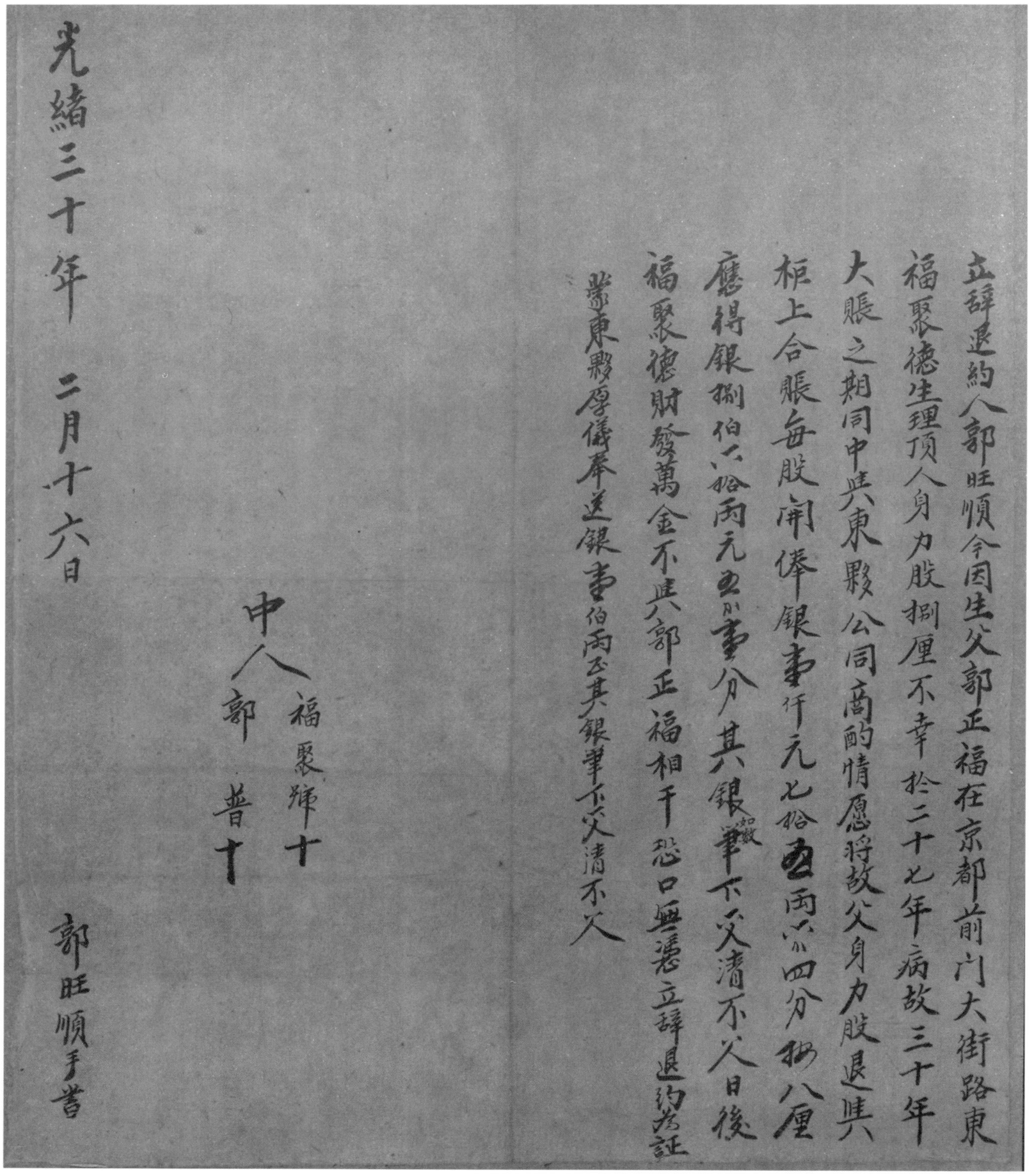
立辭退約人郭旺順今因生父郭正福在京都前門大街路東
福聚德生理頂人身力股捌厘不幸於二十七年病故三十年
大賬之期同中與東夥公同商酌情願將故父身力股退與
柜上合賬每股開俸銀壹仟元七拾五兩六錢四分捌八厘
應得銀捌伯六拾兩元五錢壹分其銀如數筆下交清不欠日後
福聚德財發萬金不與郭正福相干恐口無憑立辭退約為証
當東夥厚儀奉送銀壹伯兩正其銀筆下交清不欠

中人 福聚輝 十
郭普 十

光緒三十年 二月十六日

郭旺順手書

一七一 光緒三十年（1904）郭旺順退福聚德股份文約

地點：前門大街路東
尺寸：縱57釐米、橫48釐米
首都博物館藏
編號：35.4.067

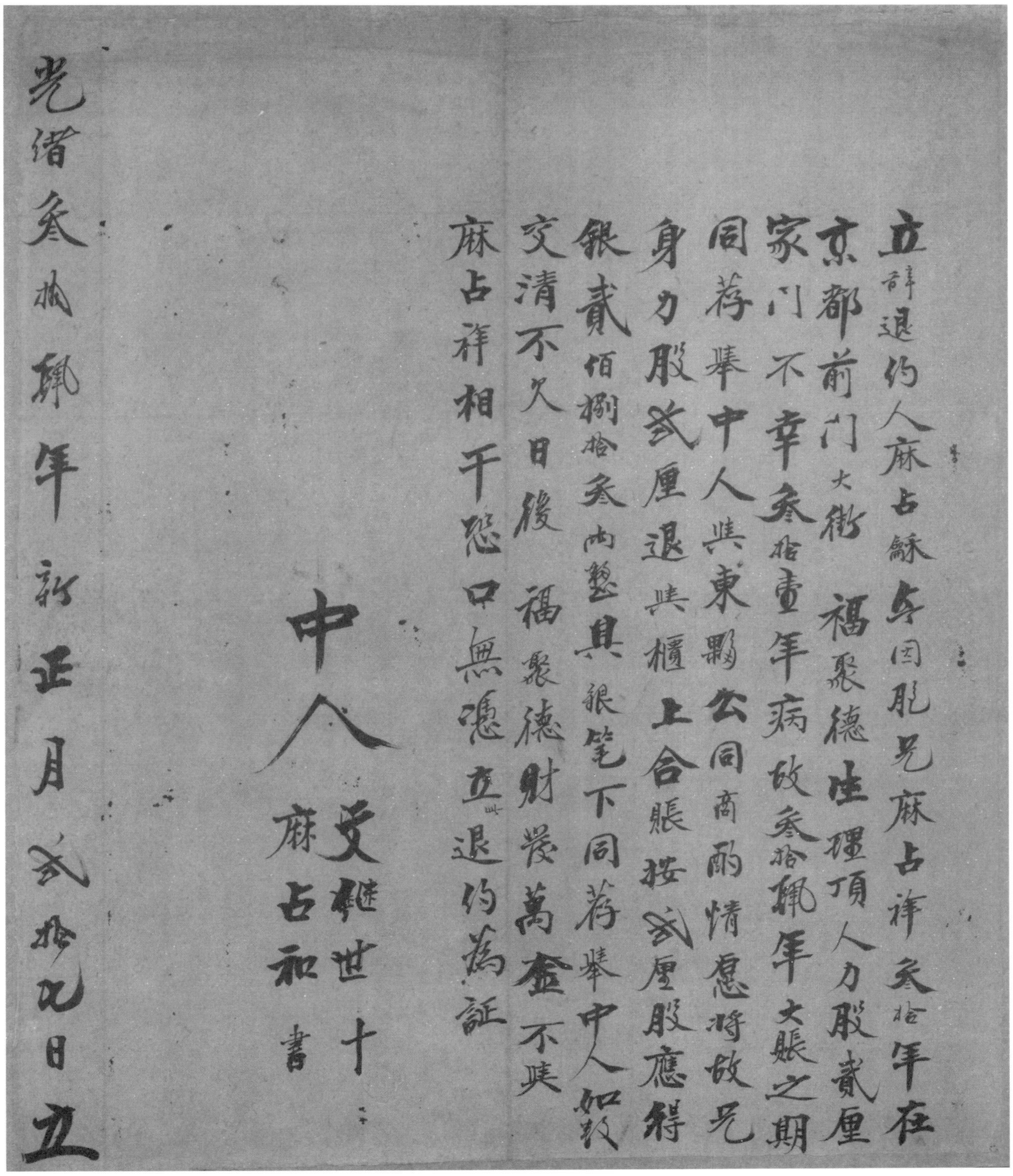

立辭退約人麻占鯀今因胞兄麻占祥叁拾年在
京都前門大街　福聚德生理頂人力股貳厘
家門不幸叁拾壹年病故叁拾柒年大賬之期
同薦舉中人與東夥公同商酌情愿將故兄
身力股貳厘退與櫃上合賬按貳厘股應得
銀貳佰捌拾叁兩整其銀筆下同薦舉中人如數
交清不欠日後　福聚德財發萬金不與
麻占祥相干恐口無憑立此退約為証

中人　艾繼世十
麻占和　書

光緒叁拾肆年新正月貳拾九日立

一七二　光緒三十四年（1908）麻占鯀退福聚德股份文約

地點：前門大街
尺寸：縱57釐米、橫47釐米
首都博物館藏
編號：35.4.068

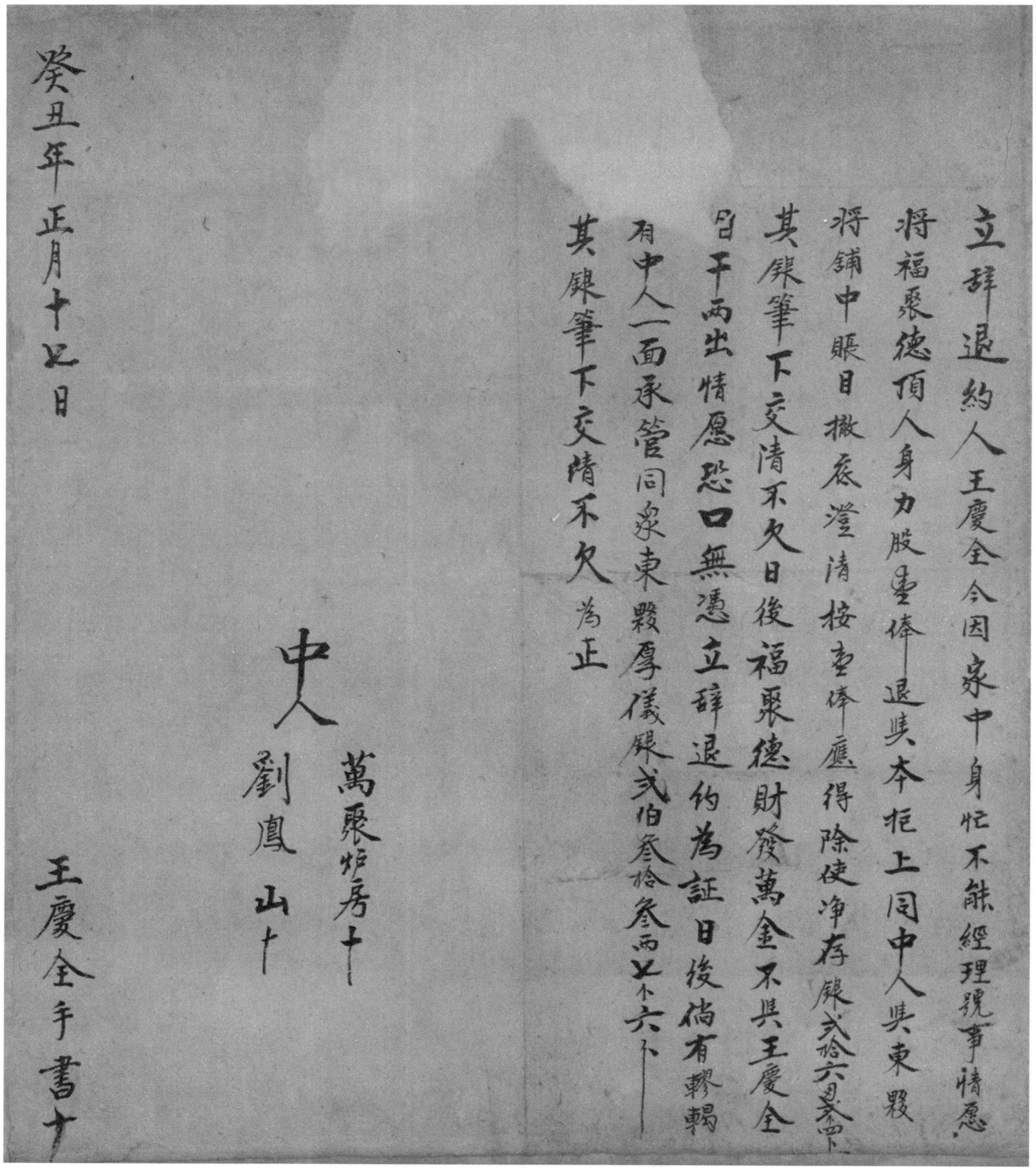
立辭退約人王慶全今因家中身忙不能經理號事情愿
將福聚德頂人身力股壹俸退與本柜上同中人與東夥
將鋪中賬目撤底澄清按壹俸應得除使淨存銀式拾六兩叁卜
其銀筆下交清不欠日後福聚德財發萬金不與王慶全
另干兩出情愿恐口無憑立辭退約為証日後倘有轇轕
有中人一面承管同衆東夥厚儀銀式伯叁拾叁兩七卜六卜
其銀筆下交清不欠為正
中人 萬聚炉房十
劉鳳山十
癸丑年正月十七日
王慶全手書十

一七三 民國二年（1913）王慶全退福聚德股份文約

地点：前門大街
尺寸：縱56釐米、橫47釐米
首都博物館藏
編號：35.4.69

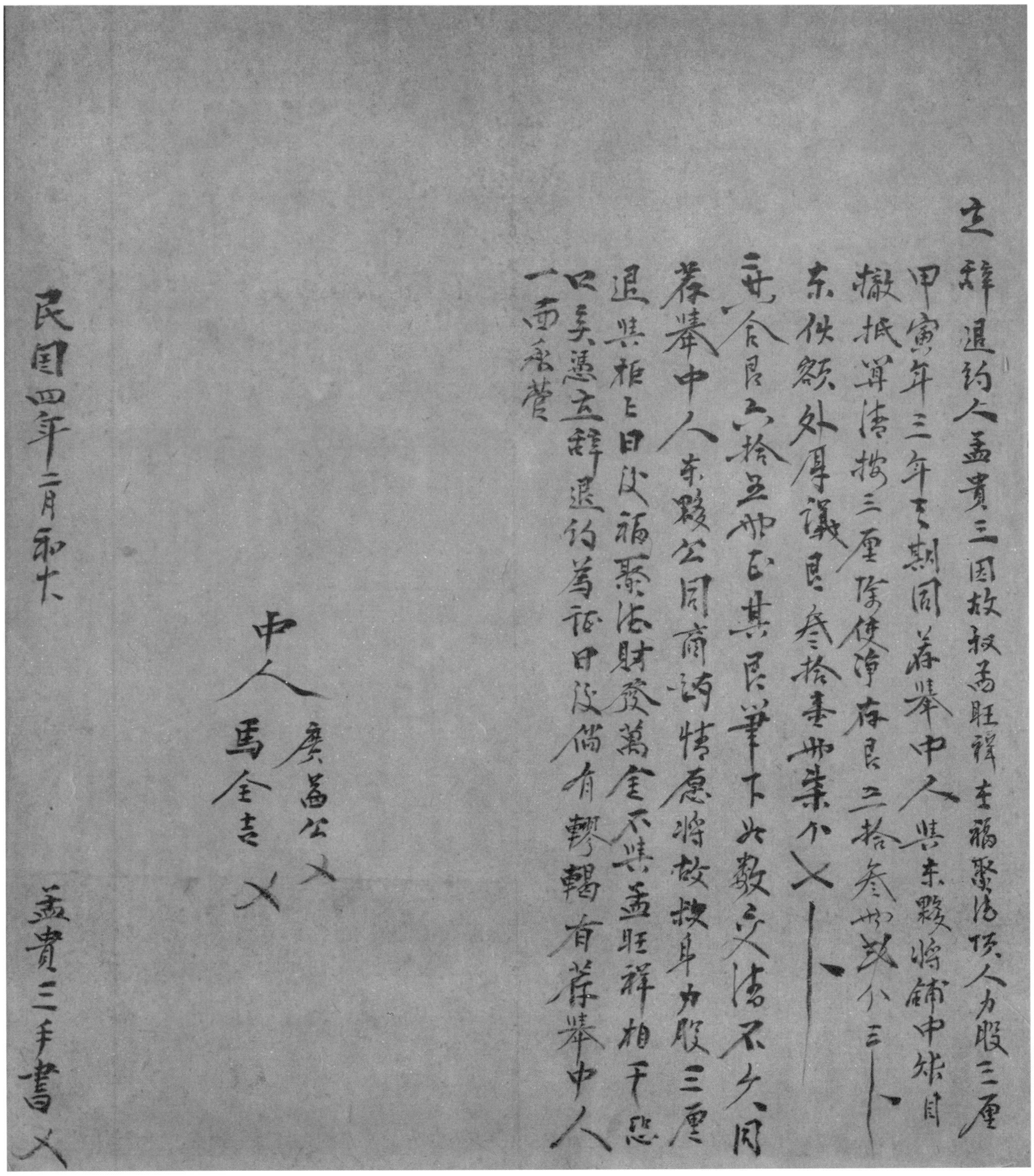

立辭退約人孟貴三因故叔孟旺祥在福聚德領人力股三厘
甲寅年三年期滿同族舉中人將東股將鋪中俗目
撤抵算清按三厘除使淨存銀二拾叁兩叁錢三卜
東伙額外厚議銀叁拾壹兩柒錢ㄨ卜
再合銀五拾五兩零其銀筆下如數交清不欠同
族舉中人東夥公同商酌情願將故叔身力股三厘
退與柜上日後福聚德財發萬金不與孟旺祥相干恐
口無憑立辭退約為證日後倘有轇轕有族舉中人
一面承管

民國四年二月初六

中人　廣益公　ㄨ
馬全吉　ㄨ

孟貴三手書　ㄨ

一七四　民國四年（1915）孟貴三退福聚德股份文約

地点：前門大街
尺寸：縱57釐米、横45釐米
首都博物館藏
編號：35.4.070

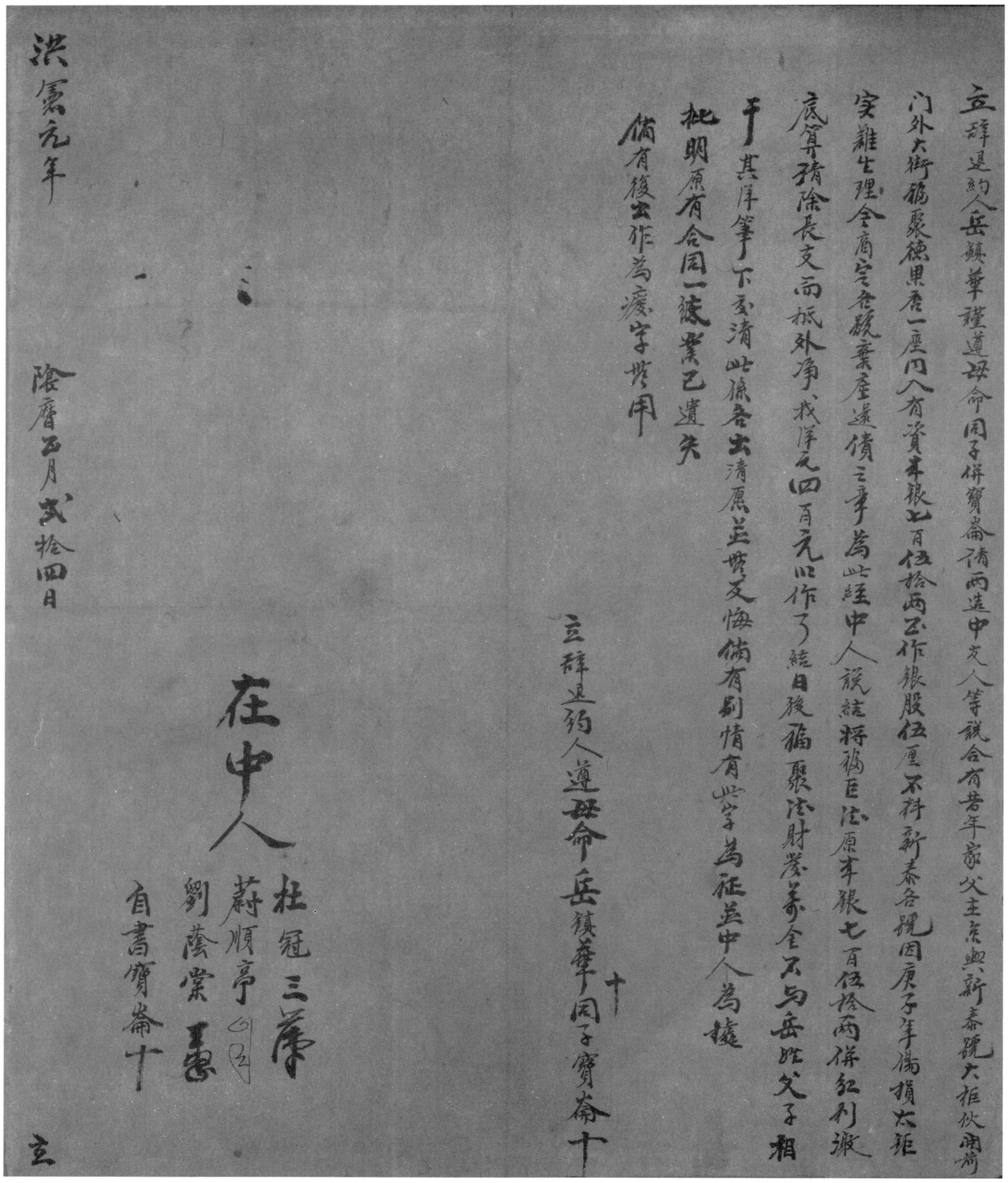
立辞退約人岳鎮華謹遵母命同子保寶崙請兩造中友人等說合有昔年家父主京與新泰號大桓伙開前
门外大街福聚德果店一座門人有資本銀七百伍拾兩正作銀股伍厘不料新泰合號因庚子年偏損太鉅
安雜生理全局宣告歇業産遂債之事為此經中人說結將福聚號原本銀七百伍拾兩併紅利概
底算清除長支而抵外淨找洋元四百元以作了結日後福聚德財發萬金不与岳姓父子相
干其洋筆下交清此係各出情愿並無反悔倘有別情有此字為征並中人為據
批明原有合同一紙業已遺失
倘有後出作為廢字無用

立辞退約人遵母命岳鎮華十 同子寶崙十

在中人
杜冠三
蔚順亭
劉蔭棠
自書寶崙十

洪憲元年
陰曆五月貳拾四日
立

一七五　民國五年（1916）岳鎮華等退福聚德股份文約

地點：前門外大街
尺寸：縱58釐米、橫46釐米
首都博物館藏
編號：35.4.74

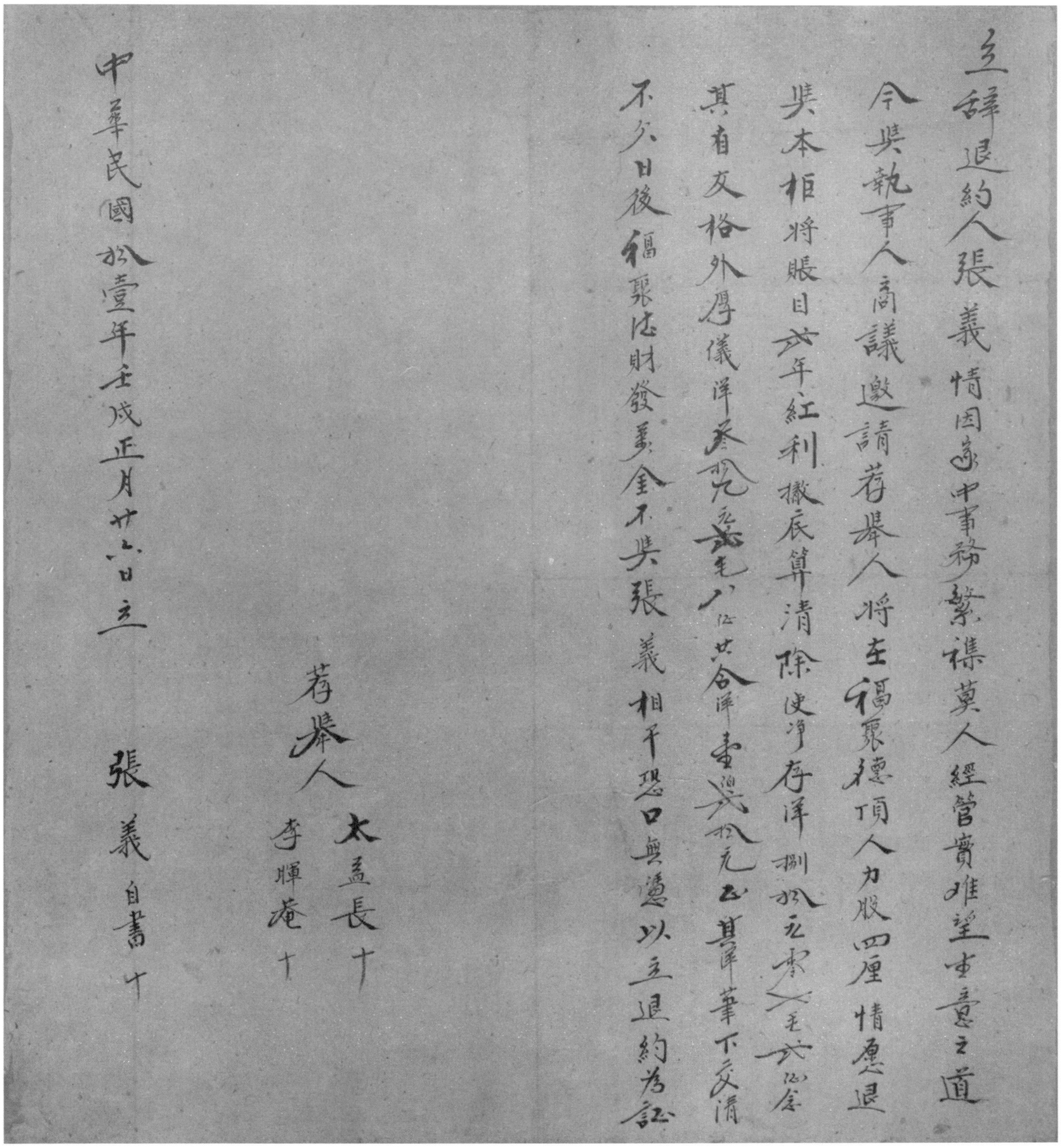
立辭退約人張義情因[illegible]中事務繁雜莫人經管實難望生意之道
今與執事人商議邀請著舉人將在福聚德頂人力股四厘情愿退
與本櫃將賬目六年紅利撤底算清除使淨存洋捌拾元零八毛六仙仝
其有友恪外厚儀洋叁拾九元五毛八仙共合洋壹佰貳拾元正其洋筆下交清
不欠日後福聚德財發萬金不與張義相干恐口無憑以立退約為証
著舉人 太孟長 十 李暉庵 十
中華民國拾壹年壬戌正月廿六日立 張義自書 十

一七六 民國十一年（1922）張義退福聚德股份文約

地點：前門大街路東
尺寸：縱56釐米、橫48釐米
首都博物館藏
編號：35.4.71

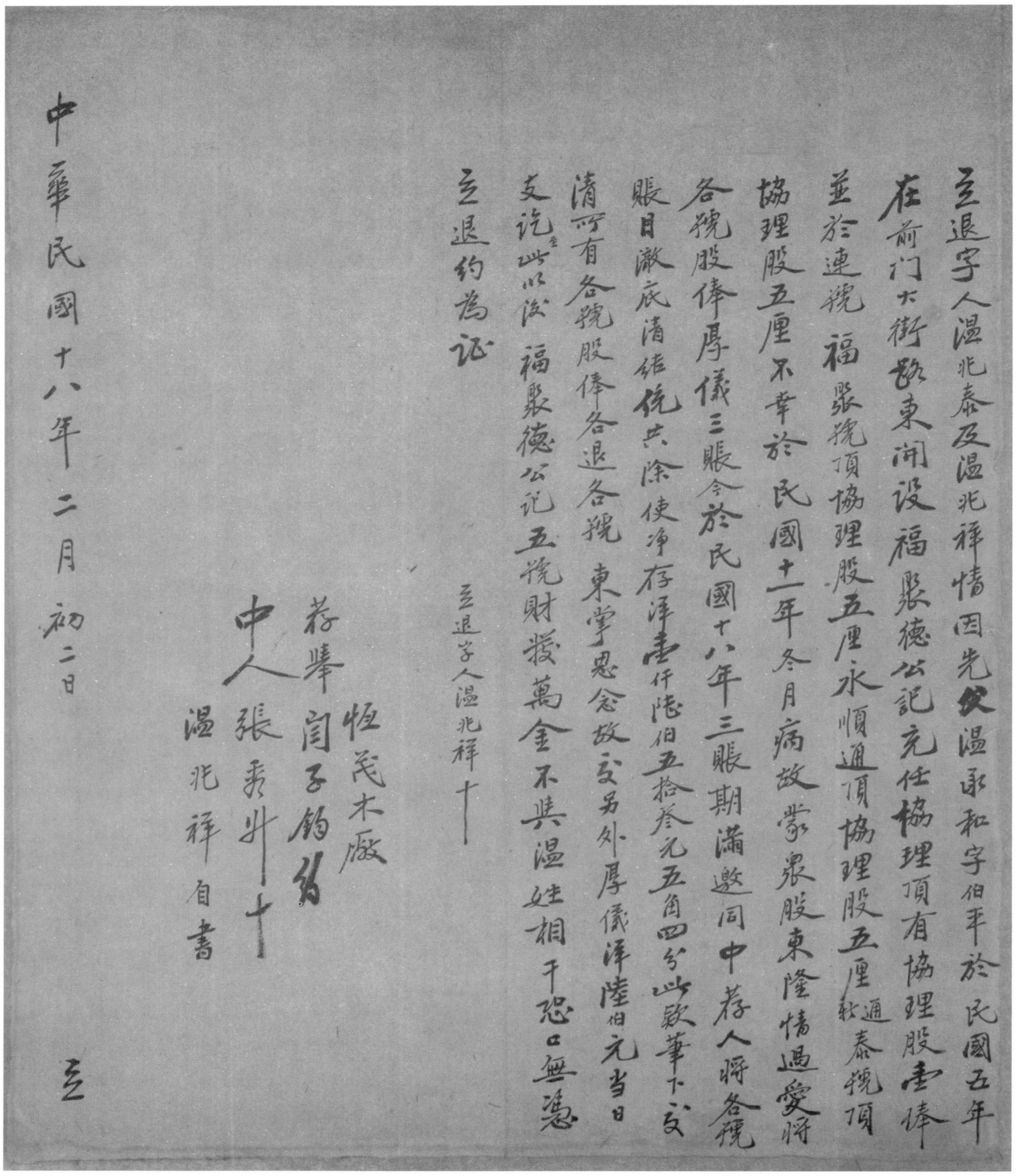
立退字人溫兆泰及溫兆祥情因先父溫承和字伯平於民國五年
在前門大街路東開設福聚德公記充任協理頂有協理股壹俸
並於連號福聚號頂協理股五厘、永順通頂協理股五厘、秋通泰號頂
協理股五厘不幸於民國十一年冬月病故蒙眾股東隆情渥愛將
各號股俸厚儀三賬令於民國十八年三賬期滿邀同中存人將各號
賬目澈底清結統共除使淨存洋壹仟陸佰五拾叁元五角四分此款筆下交
清所有各號股俸各退各號東掌思念故父另外厚儀洋陸佰元當日
交訖至此以後福聚德公記五號財發萬金不與溫姓相干恐口無憑
立退約為証
立退字人溫兆祥 十
存峯中人 恆茂木廠 閆子鈞
張秀升 十
溫兆祥 自書
中華民國十八年二月初二日 立

一七七 民國十八年（1929）溫兆祥等退福聚德股份字據

地點：前門大街路東
尺寸：縱58釐米、橫48釐米
首都博物館藏
編號：35.4.72

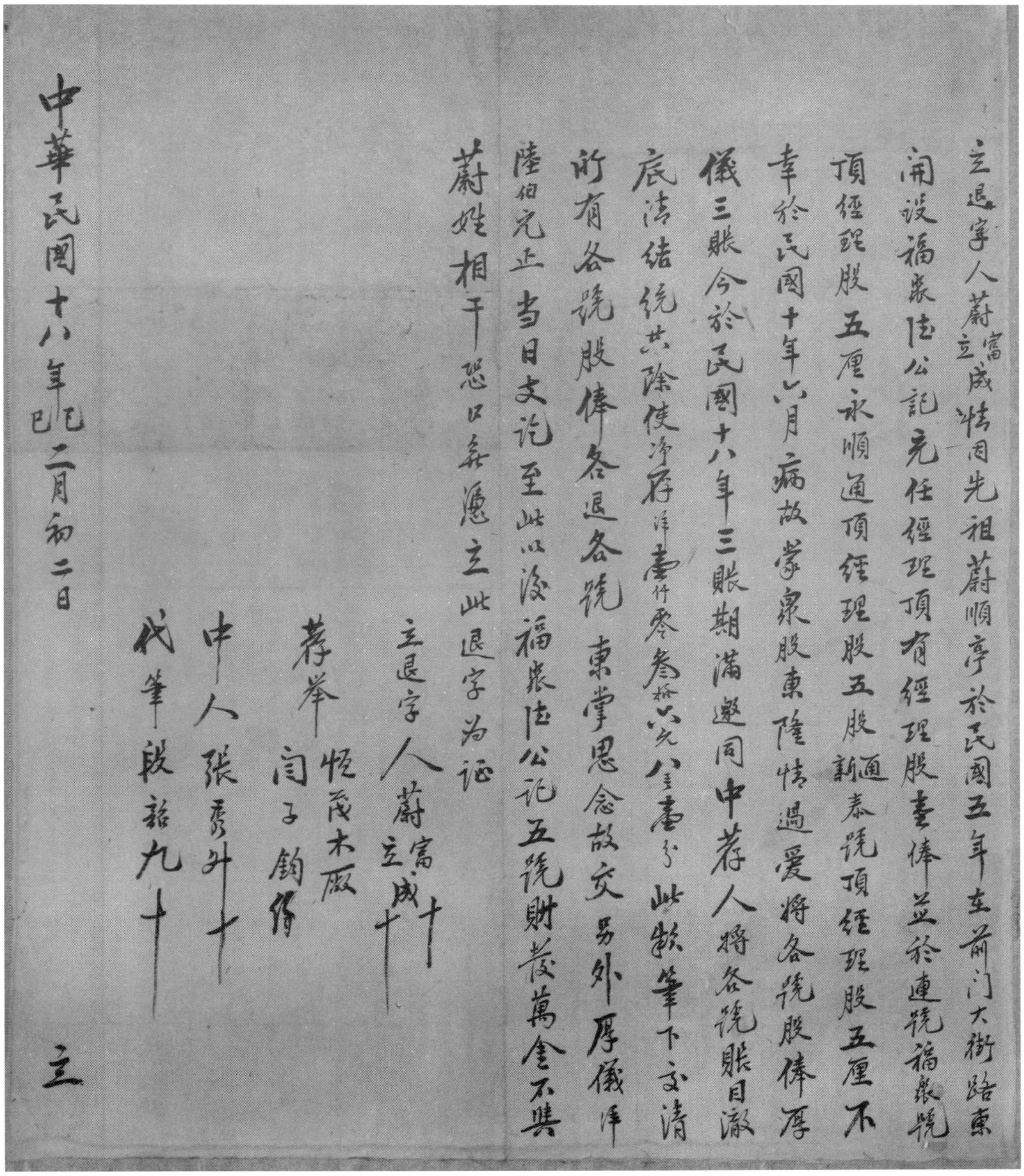
立退字人蔚富成、立情因先祖蔚順亭於民國五年在前門大街路東
開設福聚德公記充任經理頂有經理股壹俸並於連號福聚號
頂經理股五厘永順通頂經理股五股新通泰號頂經理股五厘不
幸於民國十年六月病故掌櫃股東隆情過愛將各號股俸厚
儀三賬今於民國十八年三賬期滿邀同中薦人將各號賬目澈
底清結統共除使淨存洋壹仟零叁拾陸元八角壹分此款筆下交清
所有各號股俸各退各號東掌思念故交另外厚儀洋
陸伯元正當日交訖至此以後福聚德公記五號財發萬金不與
蔚姓相干恐口無憑立此退字為証
立退字人蔚富成、立 十 十
薦舉 恒茂木廠 閆子鈞 押
中人 張霽升 十
代筆 段韶九 十
中華民國十八年己巳二月初二日 立

一七八 民國十八年（1929）蔚富成等退福聚德股份字據

地點：前門大街路東
尺寸：縱55釐米、橫48釐米
首都博物館藏
編號：35.4.73

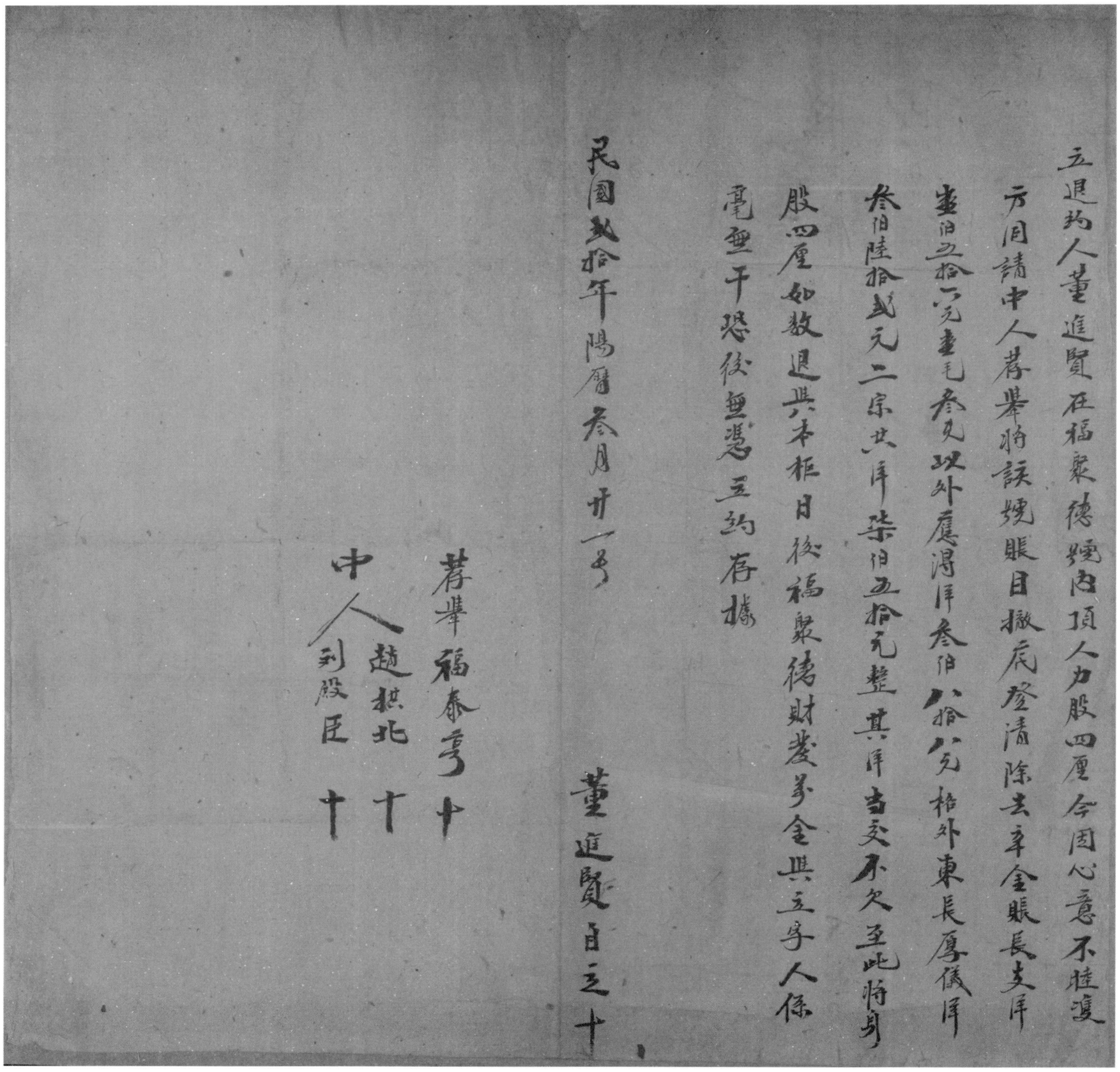
立退約人董進賢在福聚德窰內頂人力股四厘今因心意不能湊
方同請中人蔣舉將該窰賬目撤底澄清除去本金賬長支洋
壹伯五拾八元壹毛叁分以外應得洋叁伯八拾八元拾外東長厚儀洋
叁伯陸拾貳元二宗共洋柒伯五拾元整其洋當交不欠至此將身
股四厘如數退與本櫃日後福聚德財發萬金與立字人係
毫無干涉恐後無憑立約存據
民國貳拾年陽曆叁月廿一日
董進賢自立十
蔣舉福泰亨十
中人 趙撰北十
刘殿臣十

一七九　民國二十年（1931）董進賢退福聚德股份文約

地點：前門大街路東
尺寸：縱56釐米、橫56釐米
首都博物館藏
編號：35.4.76

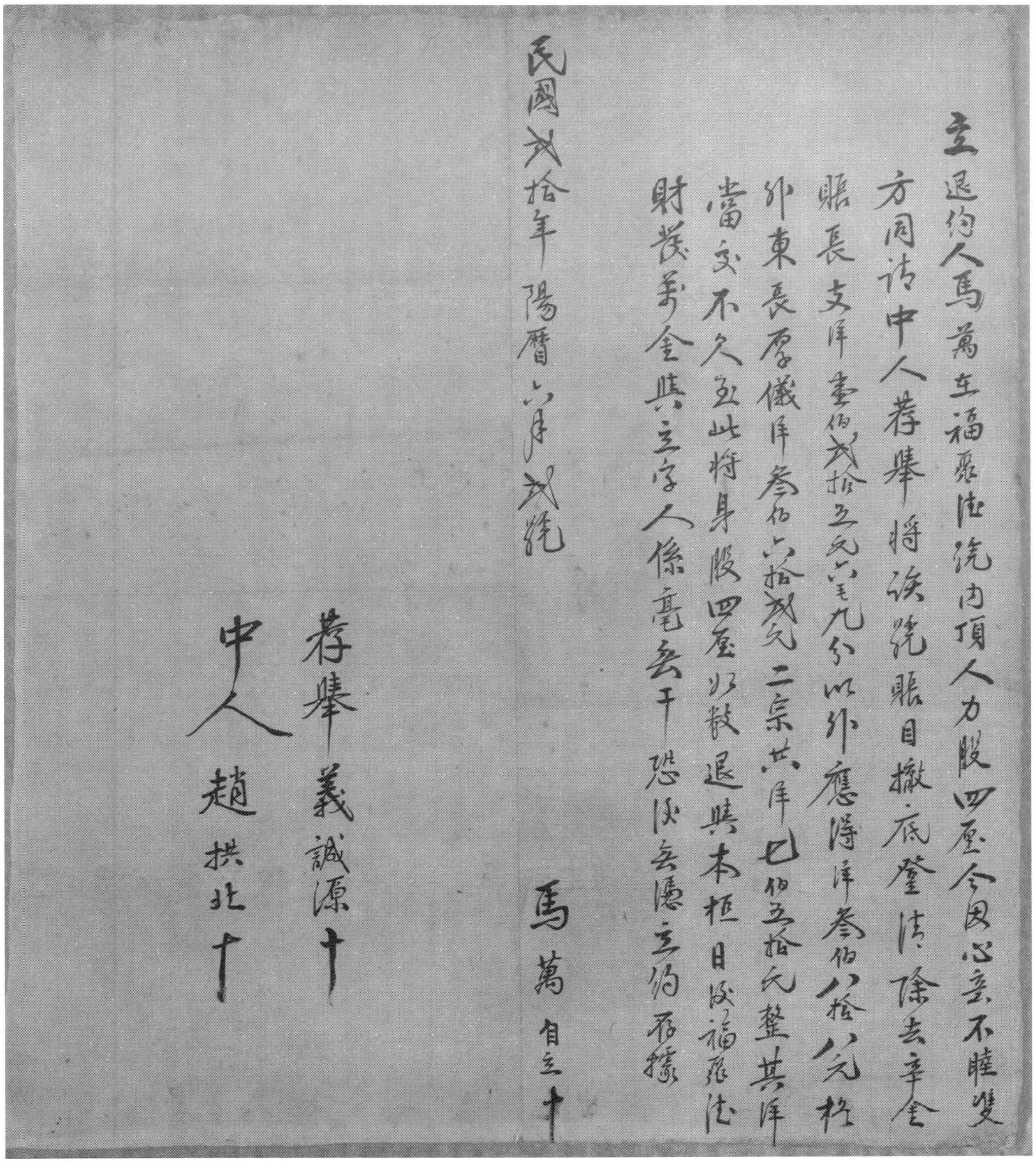
立退約人馬萬在福聚德內頂人力股四厘今因心意不睦雙
方同請中人薦舉將該號賬目徹底釐清除去本金
賬長支洋壹佰貳拾五元六毛九分以外應得洋叁佰八拾八元按
外東長厚儀洋叁佰六拾貳元二宗共洋七佰五拾元整其洋
當交不欠自此將身股四厘以數退與本櫃日後福聚德
財發萬金與立字人係毫無干涉恐後無憑立約為據

馬萬　自立　十

薦舉　義誠源　十

中人　趙　拱北　十

民國貳拾年　陽曆　六月　貳號

一八〇　民國二十年（1931）馬萬退福聚德股份文約

地點：前門外大街
尺寸：縱56釐米、橫47釐米
首都博物館藏
編號：35.4.75

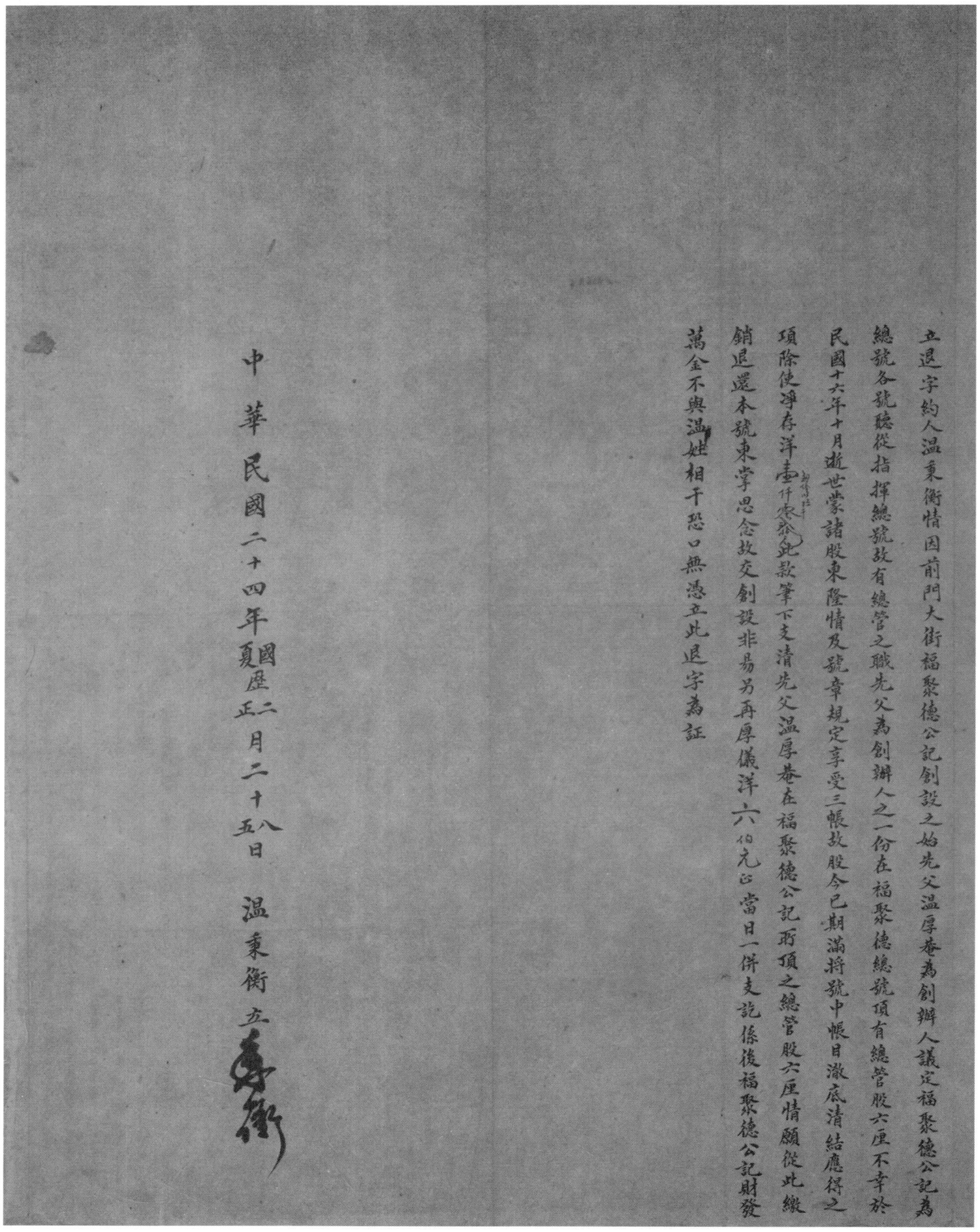
立退字約人溫秉衡情因前門大街福聚德公記創設之始先父溫厚菴為創辦人議定福聚德公記為
總號各號聽從指揮總號故有總管之職先父為創辦人之一份在福聚德總號須有總管股六厘不幸於
民國十六年十月逝世蒙諸股東隆情及號章規定享受三帳故股今已期滿將號中帳目澈底清結應得之
項除使淨存洋壹仟零叁此款筆下支清先父溫厚菴在福聚德公記所須之總管股六厘情願從此繳
銷退還本號東掌思念故交創設非易另再厚儀洋六佰元正當日一併支訖係後福聚德公記財發
萬金不與溫姓相干恐口無憑立此退字為証

中華民國二十四年國歷二月二十八日
夏歷正月二十五日 溫秉衡立 秉衡

一八一 民國二十四年（1935）溫秉衡退福聚德股分字據

地點：前門大街路東
尺寸：縱56釐米、橫48釐米
首都博物館藏
編號：35.4.77

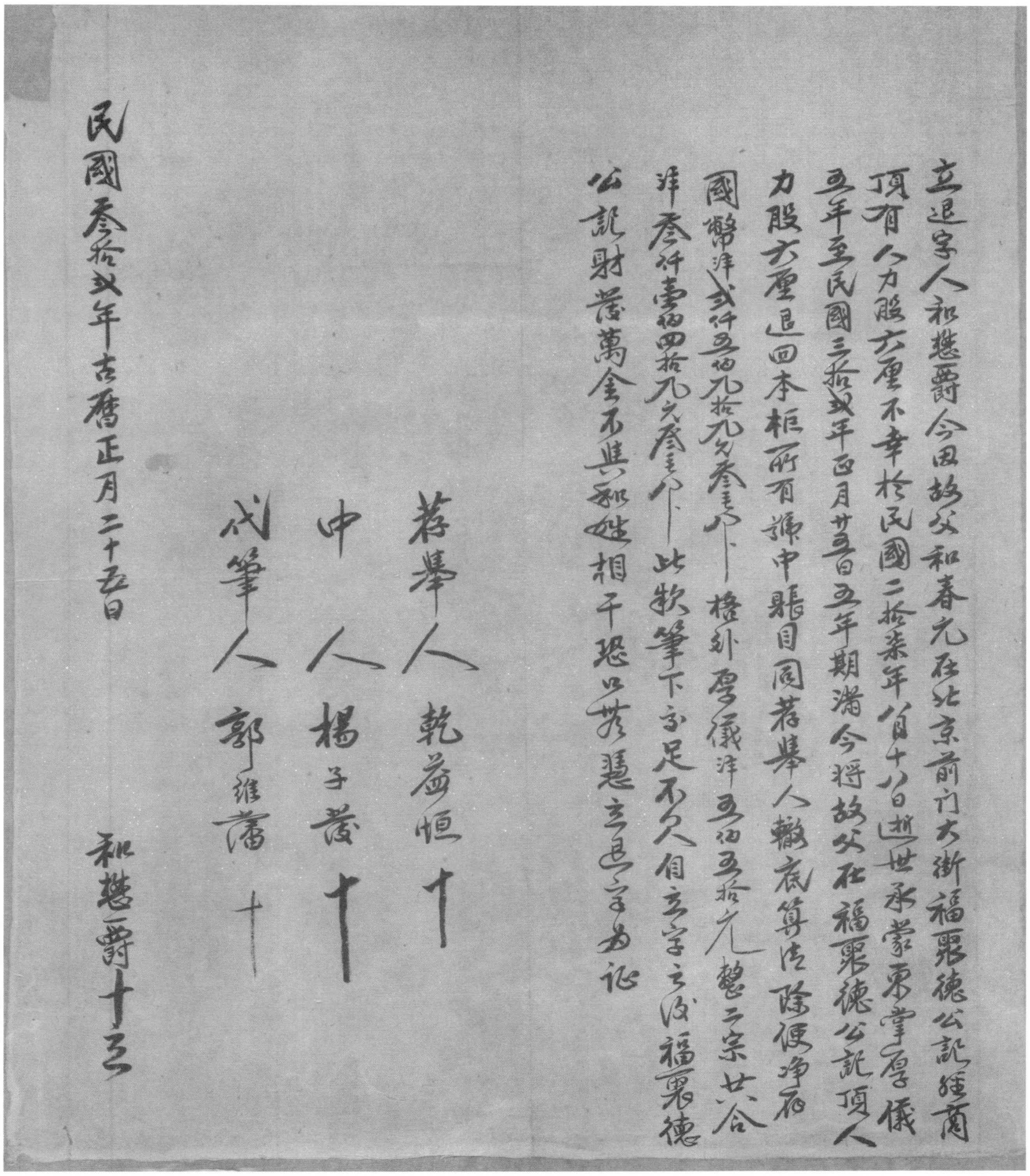
立退字人和懋爵今因故父和春元在北京前門大街福聚德公記經商
頂有人力股六厘不幸於民國二拾柒年舊十月逝世承蒙東掌厚儀
五年至民國三拾弍年正月廿五日五年期滿今將故父在福聚德公記頂人
力股六厘退回本櫃所有歸中賬目同薦舉人徹底算清除使淨存
國幣洋弍仟五佰九拾九元叁角八分　外厚儀洋五佰五拾元整二宗共合
洋叁仟壹佰四拾九元叁角八分　此款筆下交足不欠　自立字之後福聚德
公記財發萬金不與和姓相干恐口無憑立退字為証

薦舉人　乾益恒　十
中人　楊子蔭　十
代筆人　郭維藩　十

民國叁拾弍年古曆正月二十五日　和懋爵　十字

一八二　民國三十二年（1943）和懋爵退福聚德股份字據

地點：前門大街
尺寸：縱56釐米、橫47釐米
首都博物館藏
編號：35.4.78

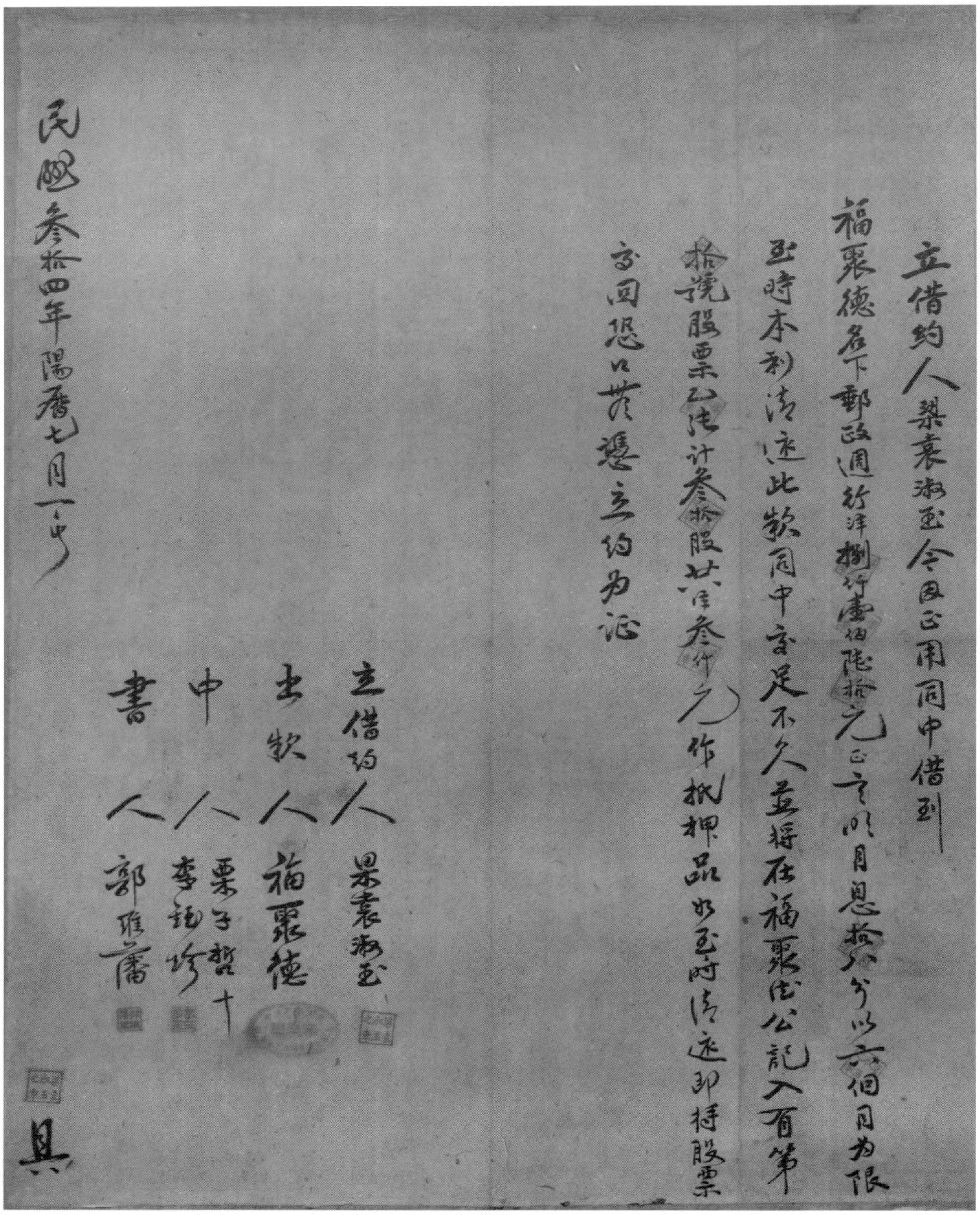
立借約人梁袁淑玉今因正用同中借到
福聚德名下郵政週行洋捌仟壹佰陸拾元正言明月息拾八分以六個月為限
到時本利清還此款同中交足不欠並將在福聚德公記入有第
拾攬股票乙張計叁拾股共洋叁仟元作抵押品如到時清還即將股票
交回恐口無憑立約為證
立借約人　梁袁淑玉
出款人　福聚德
中人　栗子哲十　李鍾玲
書人　郭維藩
民國叁拾四年陽曆七月一日　具

一八三　民國三十四年（1945）梁袁淑玉抵押福聚德股票借款文約

地點：前門大街

尺寸：縱57釐米、橫45釐米

首都博物館藏

編號：35.4.066

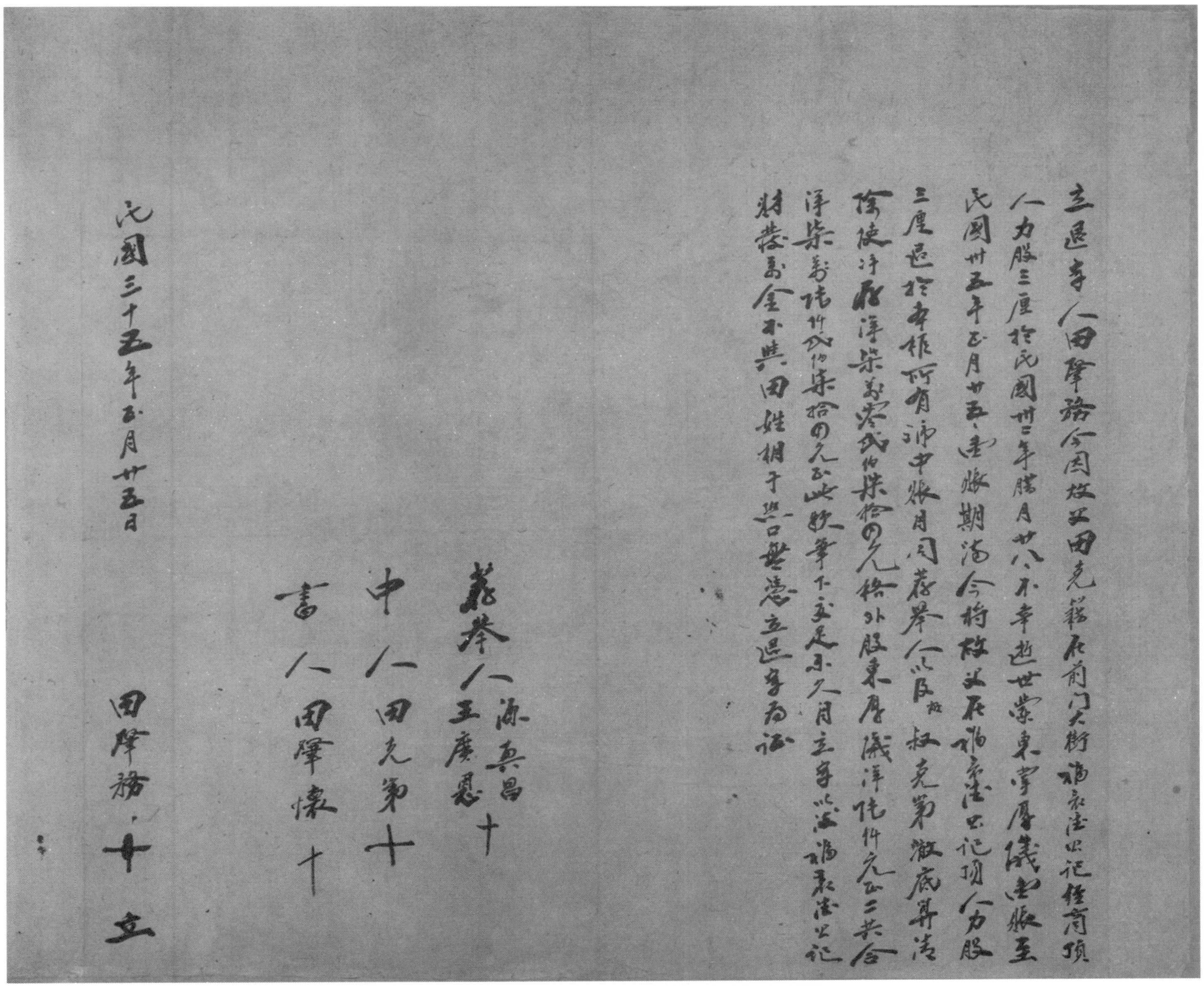
立退字人田肇務今因故父田克猷在前門大街福聚德記經商頂
人力股三厘於民國卅三年臘月廿八不幸逝世眾東掌厚儀出賬至
民國卅五年五月廿五日出賬期滿今將故父在福聚德記頂人力股
三厘退於本號所有號中賬目同族舉人仝故叔克第徹底算清
除使外欠洋柒萬零貳佰柒拾四元外股東厚儀洋伍仟元正二共合
洋柒萬伍仟貳佰柒拾四元正此欵筆下交足不欠自立字以後福聚德記
財營虧全不與田姓相干空口無憑立退字為証

族舉人 涂真昌 王廣恩 十
中人 田克第 十
書人 田肇懷 十

民國三十五年五月廿五日

田肇務 十 立

一八四　民國三十五年（1946）田肇務退福聚德股份字據

地點：前門大街
尺寸：縱49釐米、橫52釐米
首都博物館藏
編號：35.4.079

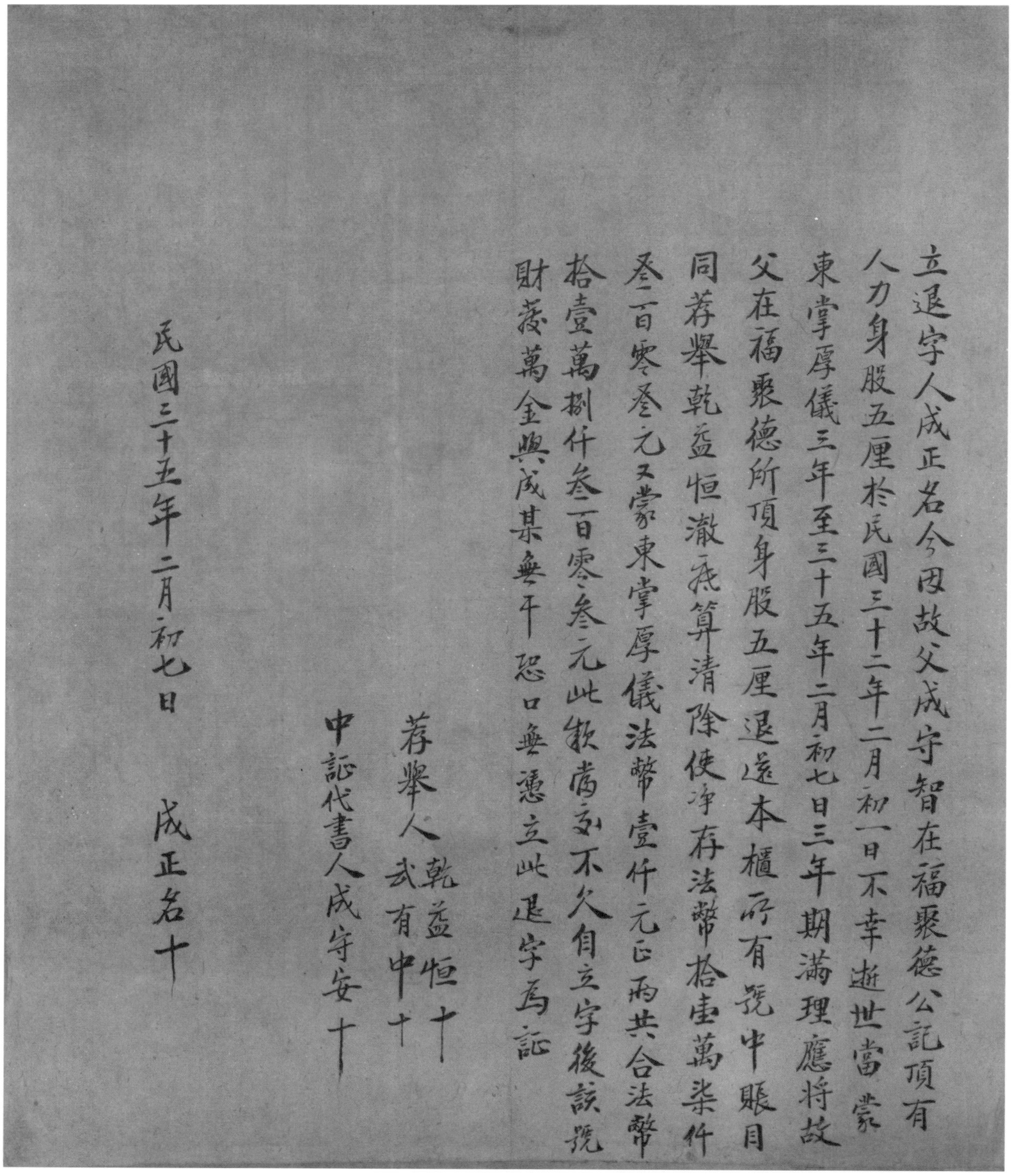

立退字人成正名今因故父成守智在福聚德公記頂有
人力身股五厘於民國三十二年二月初一日不幸逝世當蒙
東掌厚儀三年至三十五年二月初七日三年期滿理應將故
父在福聚德所頂身股五厘退還本櫃所有號中賬目
同薦舉乾益恒澈底算清除使淨存法幣拾壹萬柒仟
叁百零叁元又蒙東掌厚儀法幣壹仟元正兩共合法幣
拾壹萬捌仟叁百零叁元此款當面不欠自立字後該號
財發萬金與成某無干恐口無憑立此退字為証

薦舉人　乾益恒十
　　　　武有中十
中証代書人成守安十

民國三十五年二月初七日　　成正名十

一八五　民國三十五年（1946）成正名退福聚德股份字據

地點：前門大街
尺寸：縱54釐米、橫47釐米
首都博物館藏
編號：35.4.081

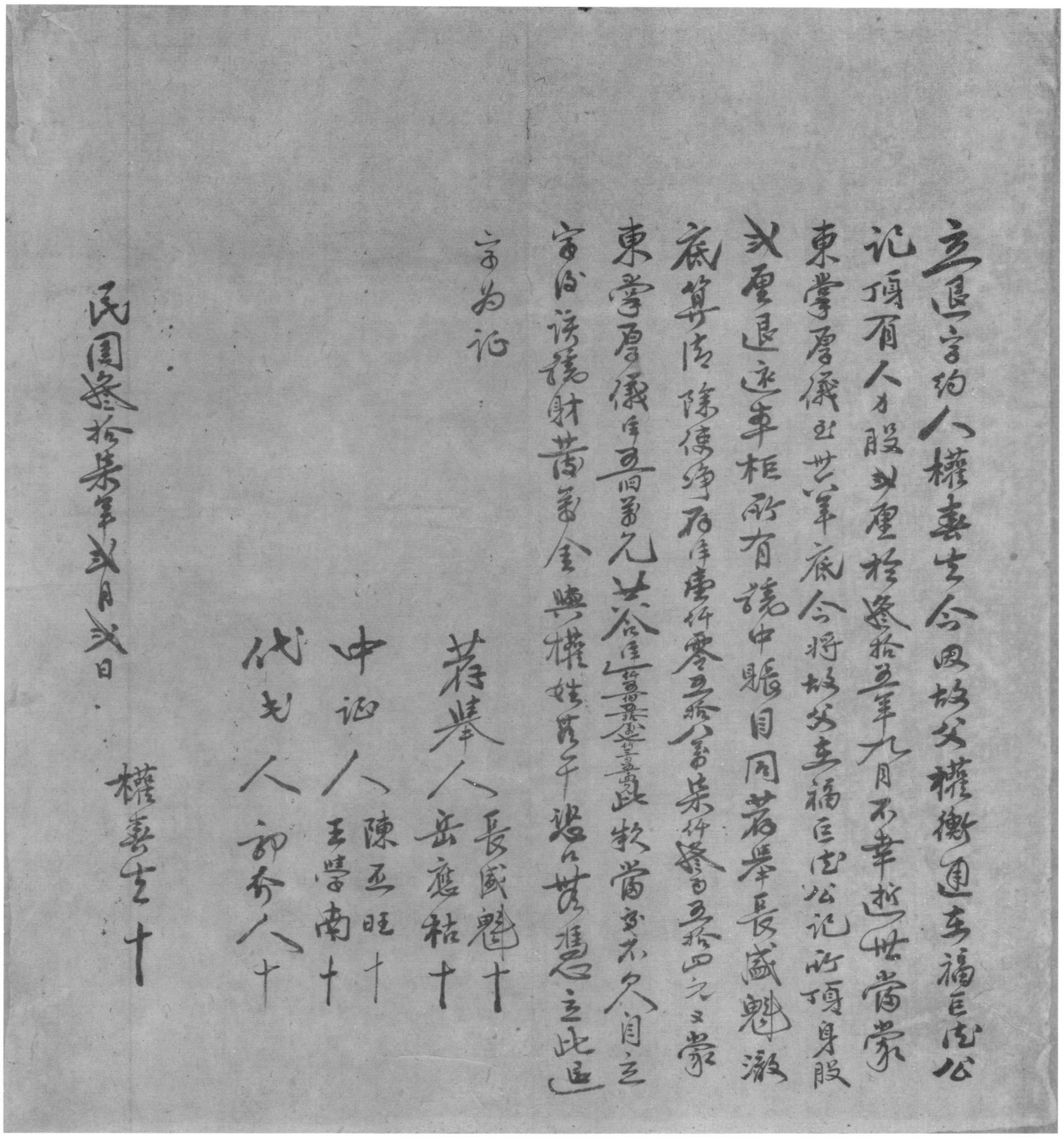
立退字約人權春生今因故父權衡通在福聚德公
記頂有人力股貳厘於叁拾五年九月不幸逝世當蒙
東掌厚儀照世年底分將故父在福聚德公記所頂身股
貳厘退还本櫃所有號中賬目同薦舉長盛魁澈
底算清除使淨存洋壹仟零五拾八萬柒仟叁百五拾四元又蒙
東掌厚儀洋五佰萬元共合洋[illegible]此款當交不欠自立
字後該號財薦等全與權姓毫無干涉恐口無憑立此退
字為記

薦舉人 長盛魁十
岳鹿祜十

中說人 陳五旺十
王學南十

代筆人 郭奇八十

民國叁拾柒年貳月貳日 權春生十

一八六 民國三十七年（1948）權春生退福聚德股份字據

地點：前門大街

尺寸：縱51釐米、橫48釐米

首都博物館藏

編號：35.4.082

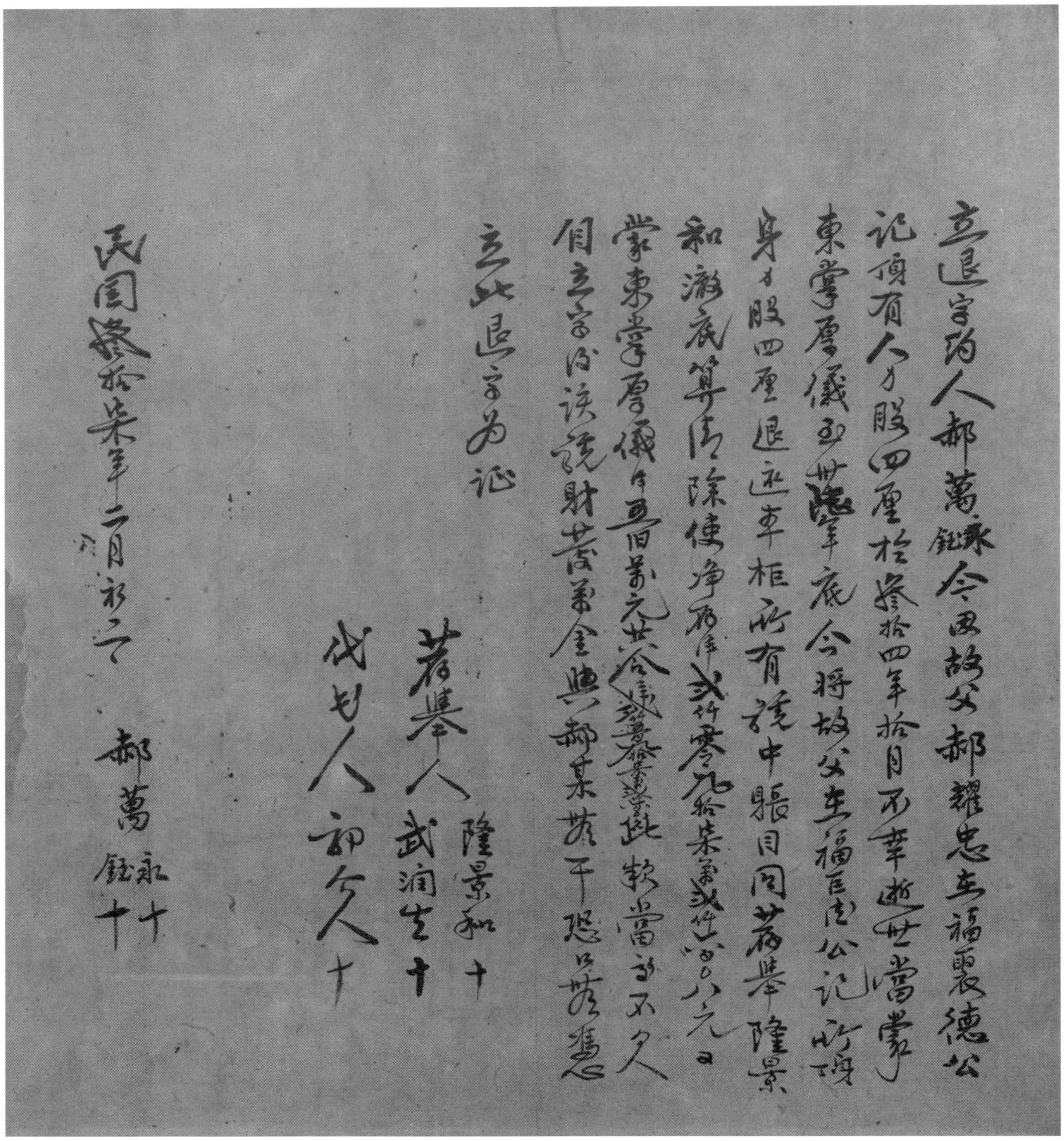
立退字約人郝萬鈺永今因故父郝耀忠在福聚德公記頂有人力股四厘於叁拾四年拾月不幸逝世當蒙東掌厚儀至卅六年底今將故父在福聚德公記所頂身力股四厘退還本櫃所有該號中賬目同薦舉隆景和激底算清除使淨存洋貳仟零玖拾柒萬貳仟肆佰八元正蒙東掌厚儀洋五百萬元共合洋貳仟伍佰玖拾柒萬貳仟肆佰八元此款當面交不欠自立字以後該號財産等全與郝某某無干恐口無憑立此退字為証

薦舉人 隆景和 十 武潤生 十

代筆人 郝合人 十

民國叁拾柒年二月初二日 郝萬鈺 十 永 十

一八七　民國三十七年（1948）郝萬永等退福聚德股份字據

地點：前門大街

尺寸：縱54釐米、橫48釐米

首都博物館藏

編號：35.4.083

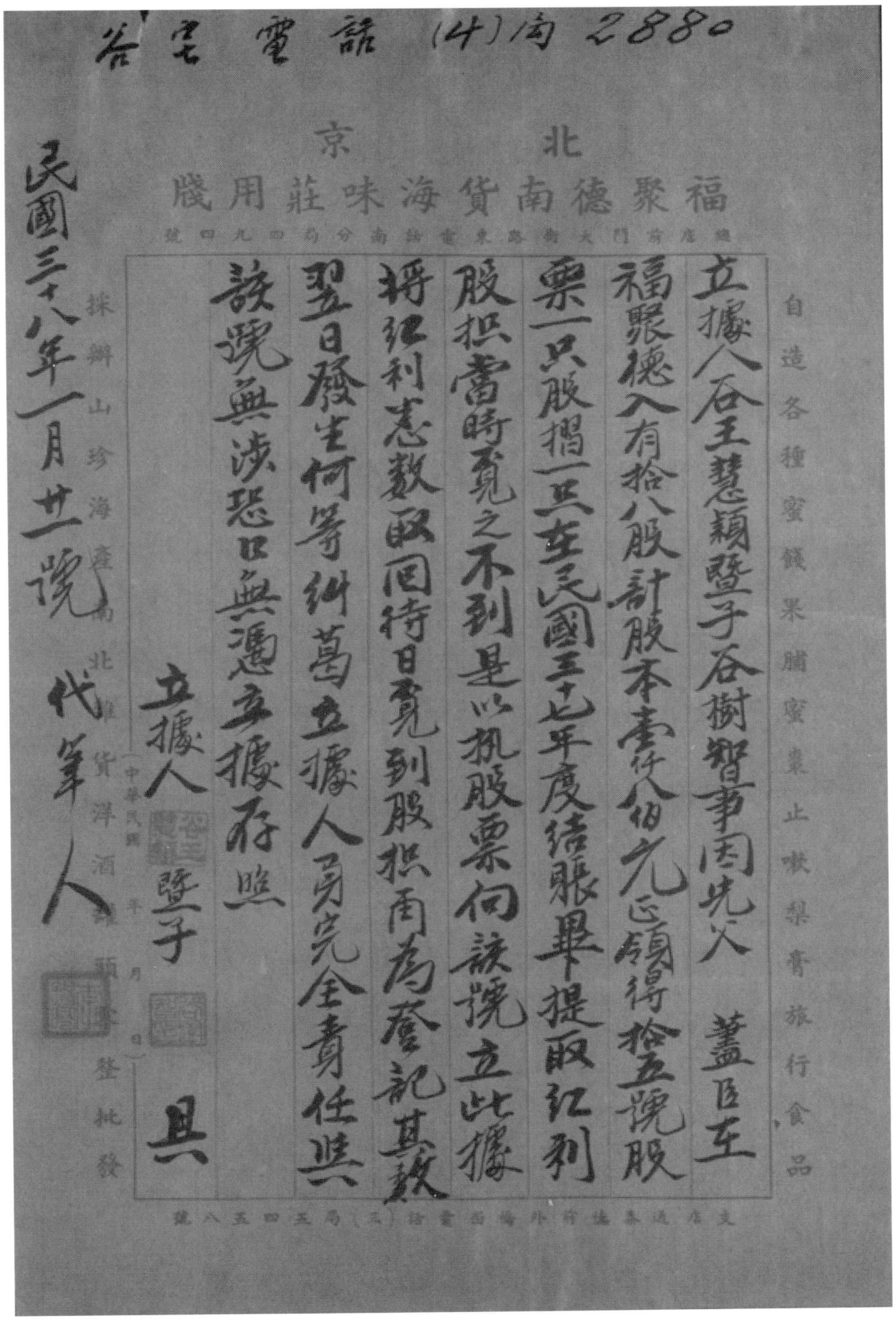

谷宅電話(4)南2880

北京
福聚德南貨海味莊用箋
總店前門大街路東電話南分局四九四號

自造各種蜜餞果脯蜜棗止嗽梨膏旅行食品

立據人谷王慧穎暨子谷樹智事因先父　蓋臣在
福聚德入有拾八股計股本壹仟八佰元正領得拾五塊股
票一只股摺一只在民國三十七年度結賬畢提取紅利
股摺當時覓之不到是以執股票向該號立此據
將紅利悉數取回待日覓到股摺再為登記其數
翌日發生何等糾葛立據人負完全責任與
該號無涉恐口無憑立據存照
立據人谷王慧穎暨子

中華民國　年　月　日

採辦山珍海產南北雜貨洋酒罐頭整批發

民國三十八年一月廿一號　代筆人　具

支店[illegible]前門外[illegible]西電話（三）局五四五八號

一八八　民國三十八年（1949）谷王慧穎等提取紅利字據

地點：前門大街路東
尺寸：縱21釐米、橫14釐米
首都博物館藏
編號：35.4.084-1

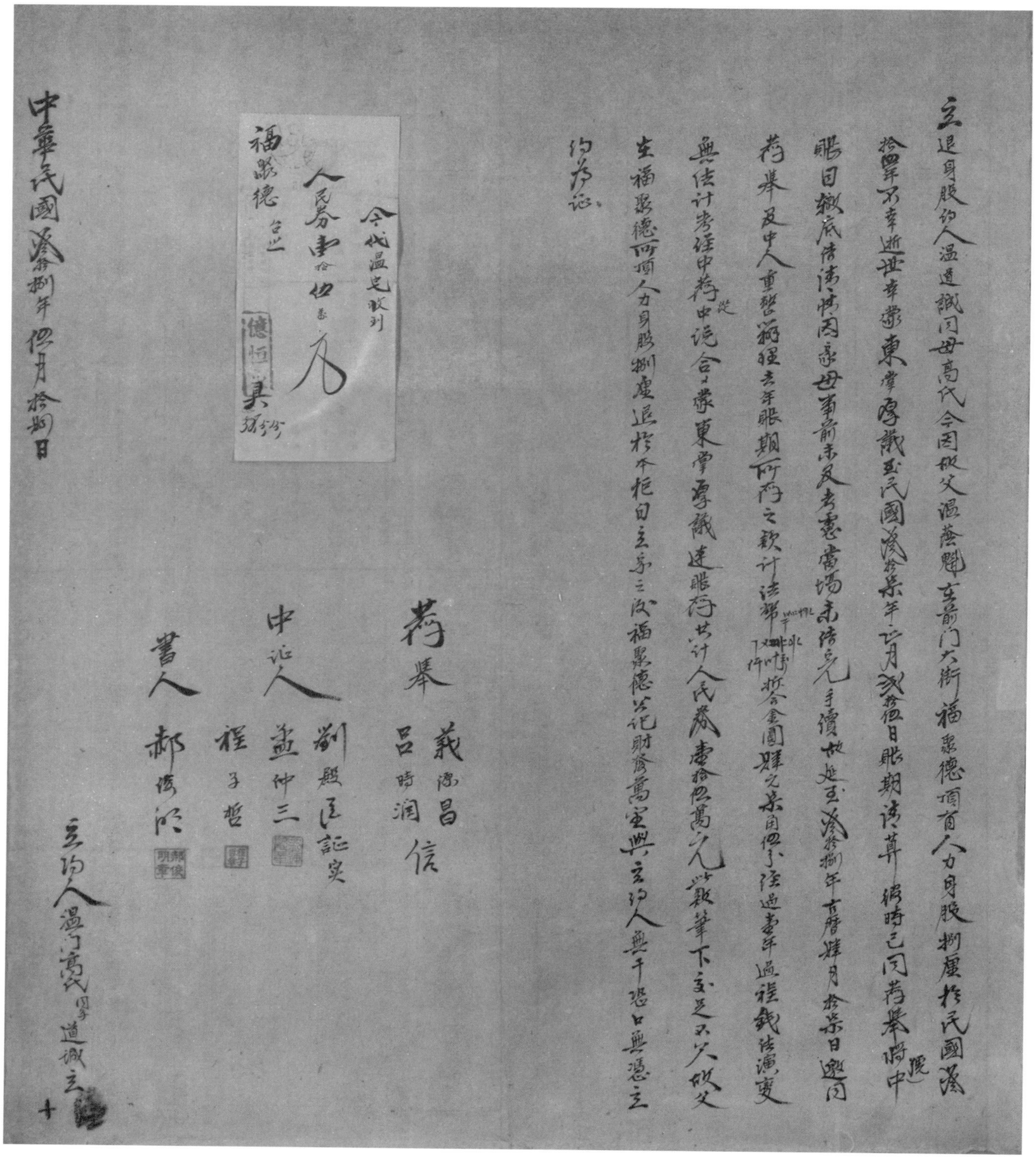

立退身股約人温道誠同母高氏，今因故父温蔭魁在前門大街福聚德頂有人力身股捌厘，於民國叁拾四年不幸逝世，本號東掌學識于民國叁拾柒年六月貳拾伍日賬期清算，彼時已同薦舉（援）中賬目徹底清結，惟因家母事前未及來京，當場未清之手續，故延至叁拾捌年古曆肆月拾柒日邀同薦舉及中人重整前經去年賬期所得之款，計法幣……折合金圓肆元柒角伍分，經過本年過程錢法演變，無法計算，經中薦中說合，由東掌學識述賬存共計人民券壹拾伍萬元，此款筆下交足，不欠。故父在福聚德所頂人力身股捌厘，退於本柜，自立字之後，福聚德若化財發萬寶，興立約人無干，恐口無憑，立約為証。

今收温宅收到人民券壹拾伍萬元

福聚德 台照

德恒……具

薦舉 義德昌 呂時潤 信

中証人 劉毓臣 証 益仲三 程子哲

書人 郝德……

立約人 温門高氏 學 道誠 立 十

中華民國叁拾捌年伍月拾捌日

一八九 民國三十八年（1949）温道誠等退福聚德股份文約

地點：前門大街

尺寸：縱52釐米、橫47釐米

首都博物館藏

編號：35.4.80

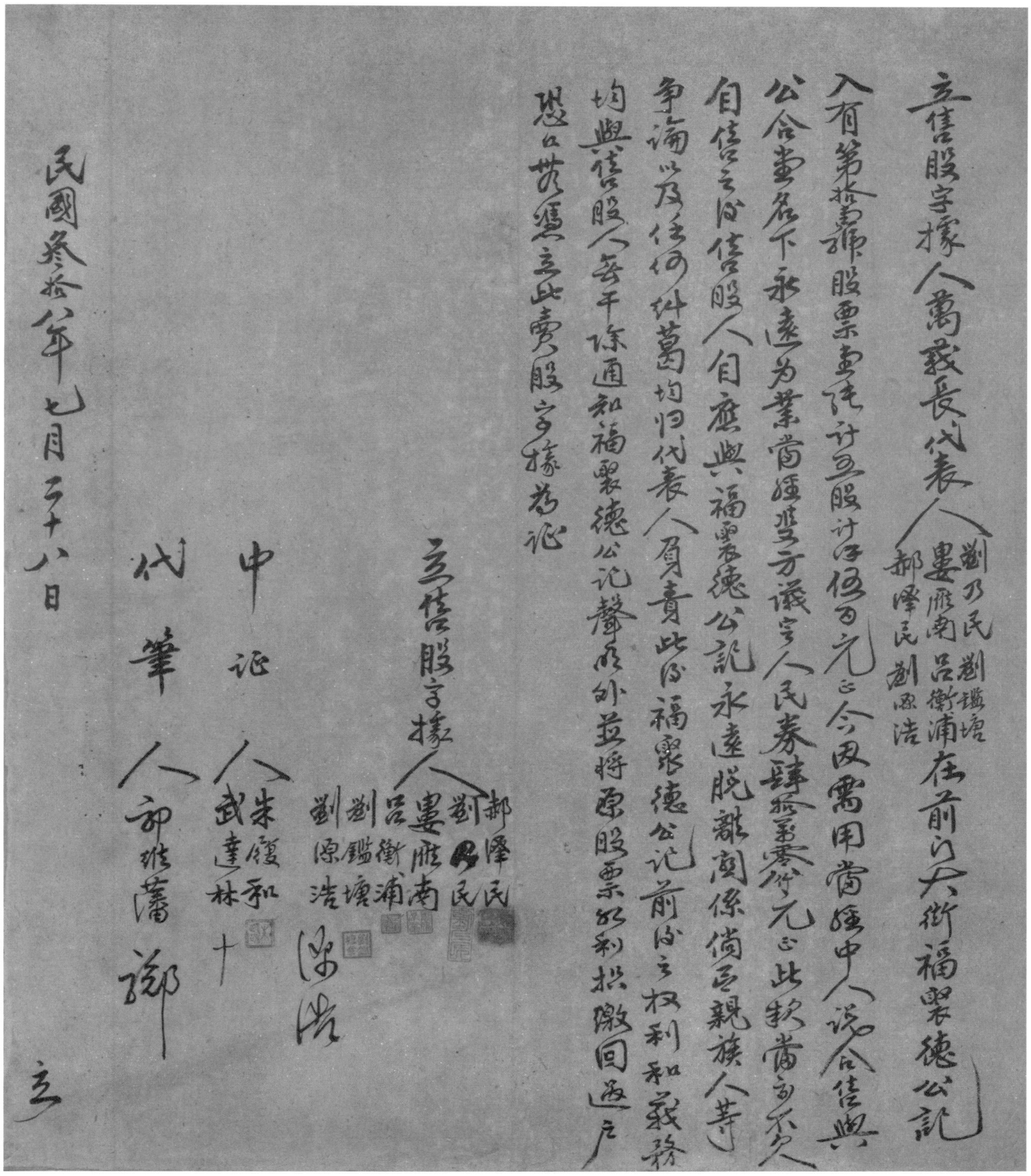

立售股字據人萬義長代表人劉乃民 劉鐵壇 婁雁南 呂衡浦 郝澤民 劉源浩在前門大街福聚德公記
入有第拾壹號股票壹張計五股計洋伍百元正今因需用當經中人說合售與
公合壹名下永遠爲業當經雙方議定人民券肆拾萬零仟元正此款當面交[illegible]
自售之後售股人自應與福聚德公記永遠脫離關係倘有親族人等
爭論以及任何糾葛均歸代表人負責此後福聚德公記前後之權利和義務
均與售股人無干除通知福聚德公記聲明外並將原股票收[illegible]撤回[illegible]
恐口無憑立此賣股字據爲証

立售股字據人 郝澤民 劉乃民 婁雁南 呂衡浦 劉鐵壇 劉源浩
中証人 朱復和 武達林 十
代筆人 郝雅藩
民國叁拾八年七月二十八日 立

一九〇　民國三十八年（1949）劉乃民等賣福聚德股票字據

地點：前門大街
尺寸：縱57釐米、橫48釐米
首都博物館藏
編號：35.4.084

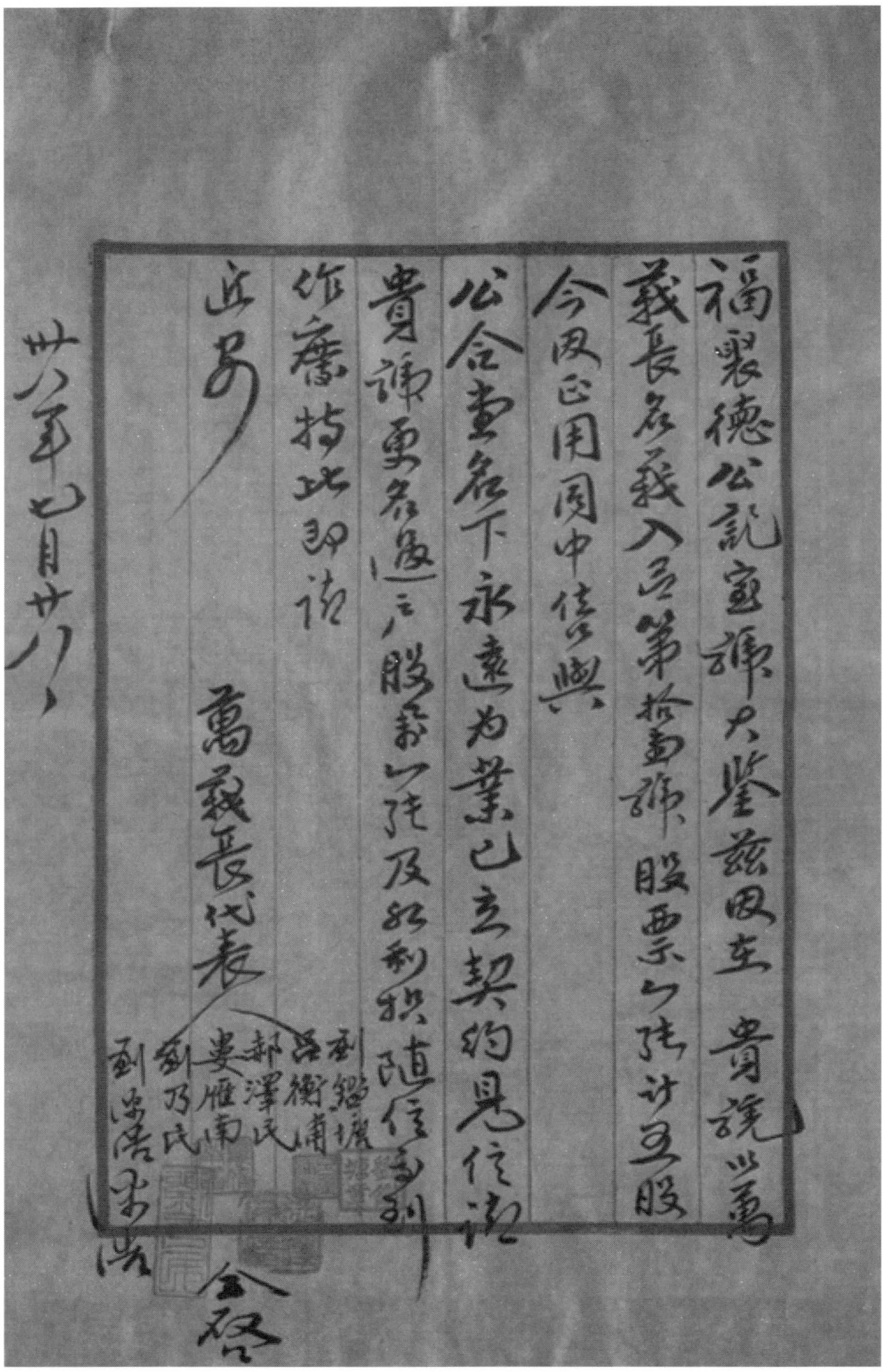

福聚德公記寶號大鑒：茲因左 貴號以萬
義長名義入股第拾壹號股票乙張計壹股
今因退關同中作與
公合堂名下永遠為業，已立契約憑信，請
貴號更名過戶，股票乙張及紅利摺隨信寄到
作廢。特此即請
近安
萬義長代表
劉鑑塘
呂衡甫
郝澤民
婁雁南
劉乃民
劉海清
公啟
卅八年七月廿八

一九一　民國三十八年（1949）劉鑑塘等賣福聚德股票要求過户信函

尺寸：縱28.4釐米、横17.8釐米

首都博物館藏

編號：35.4.084-4

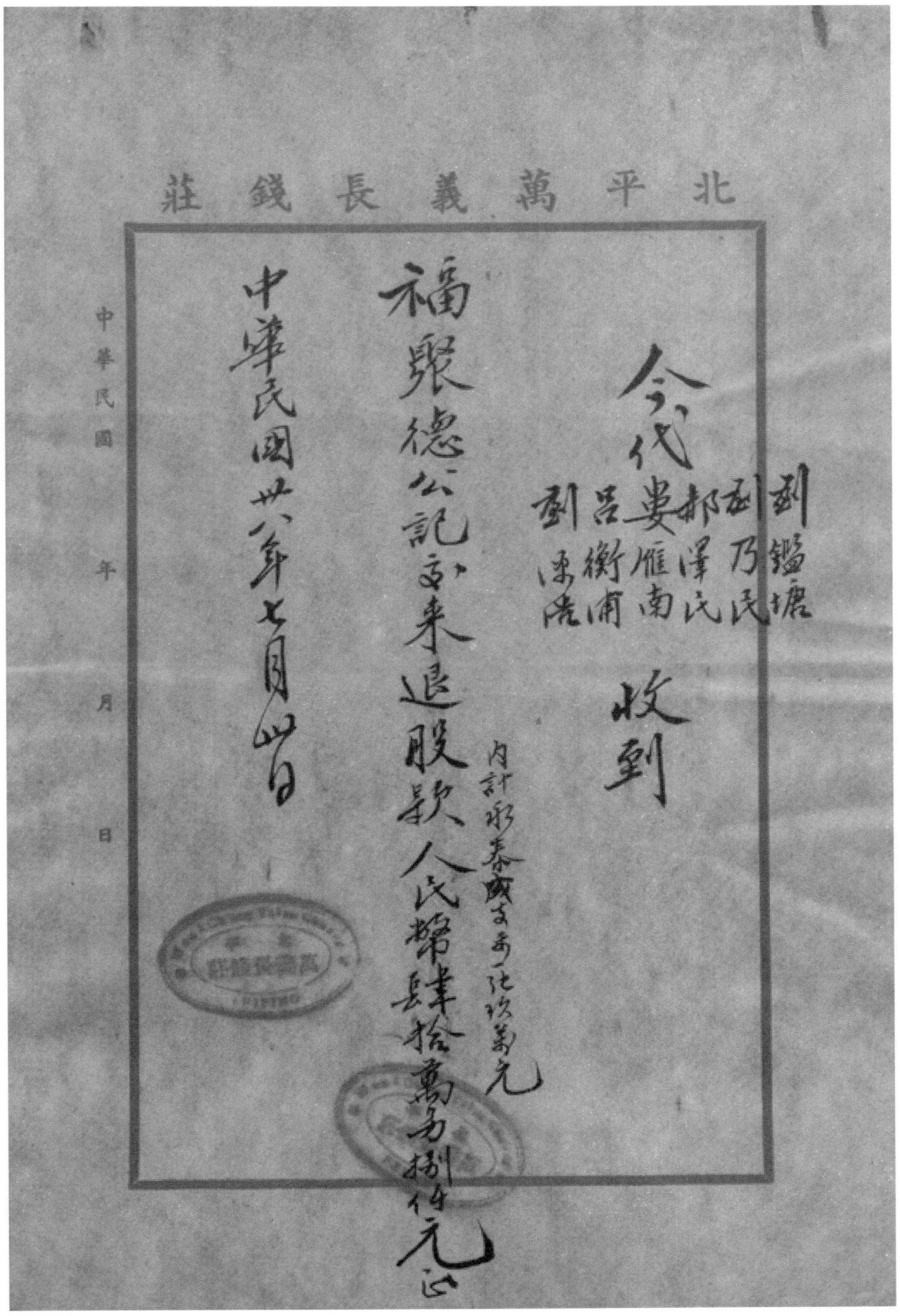
北平萬義長錢莊

今代 劉鎰塘 劉乃民 郝澤民 婁雁南 呂衡甫 劉濟德 收到

福聚德公記交來退股款人民幣肆拾萬另捌仟元正

內計邢泰盛交來一佰玖萬元

中華民國卅八年七月四日

一九二　民國三十八年（1949）萬義長錢莊代收福聚德股款收據

尺寸：縱27.9釐米、橫18.4釐米

首都博物館藏

編號：35.4.084-2

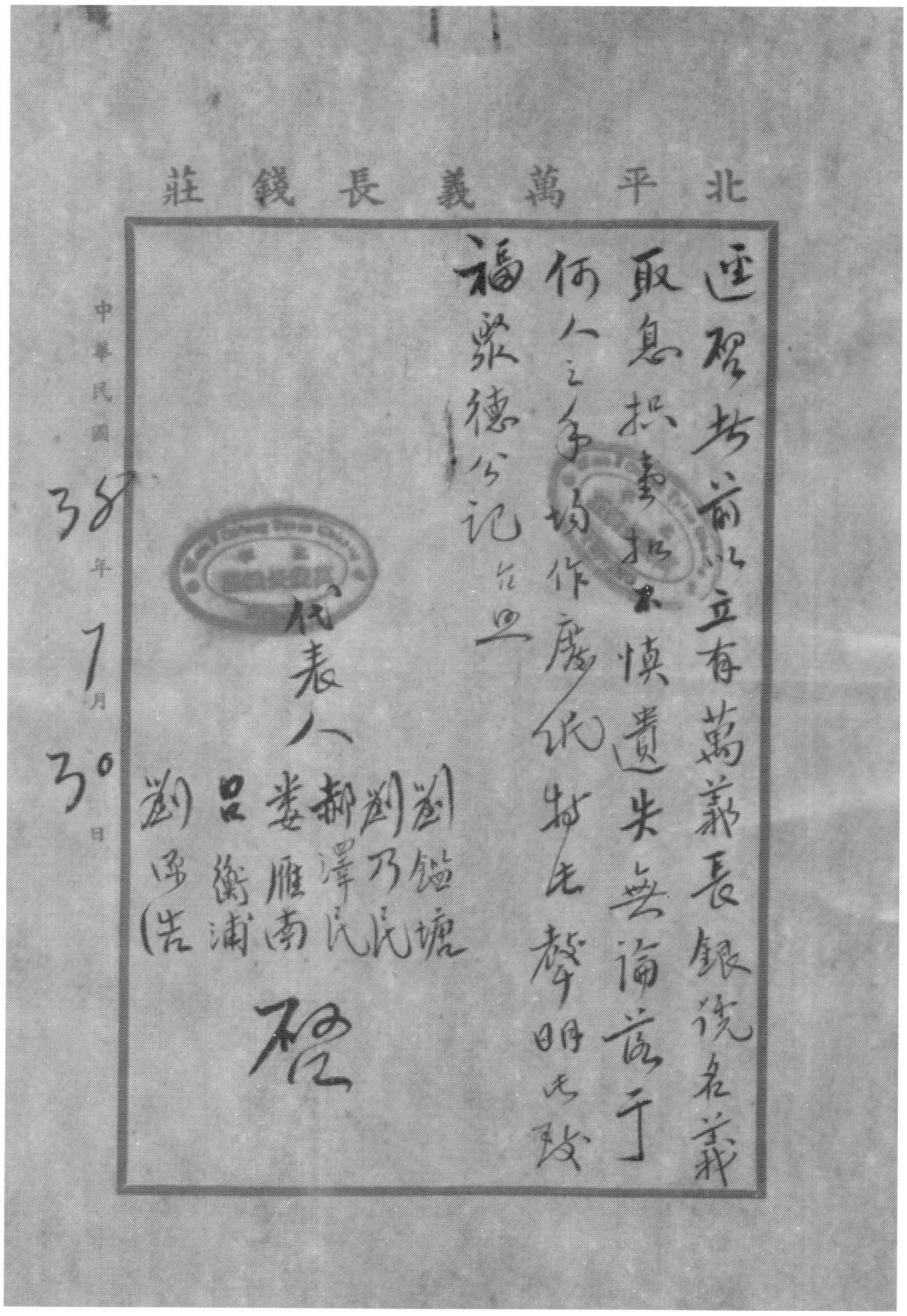

北平萬義長錢莊

逕啓者前以立有萬義長銀號名義
取息摺壹扣不慎遺失無論落于
何人之手均作廢紙特此聲明此致
福聚德公記 台照

代表人
劉鑑塘
劉乃民
鄒澤民
婁雁南
呂衛浦
劉陞浩
啓

中華民國38年7月30日

一九三　民國三十八年（1949）劉鑑塘等取息摺遺失作廢聲明

尺寸：縱20釐米、横13釐米

首都博物館藏

編號：35.4.084-3

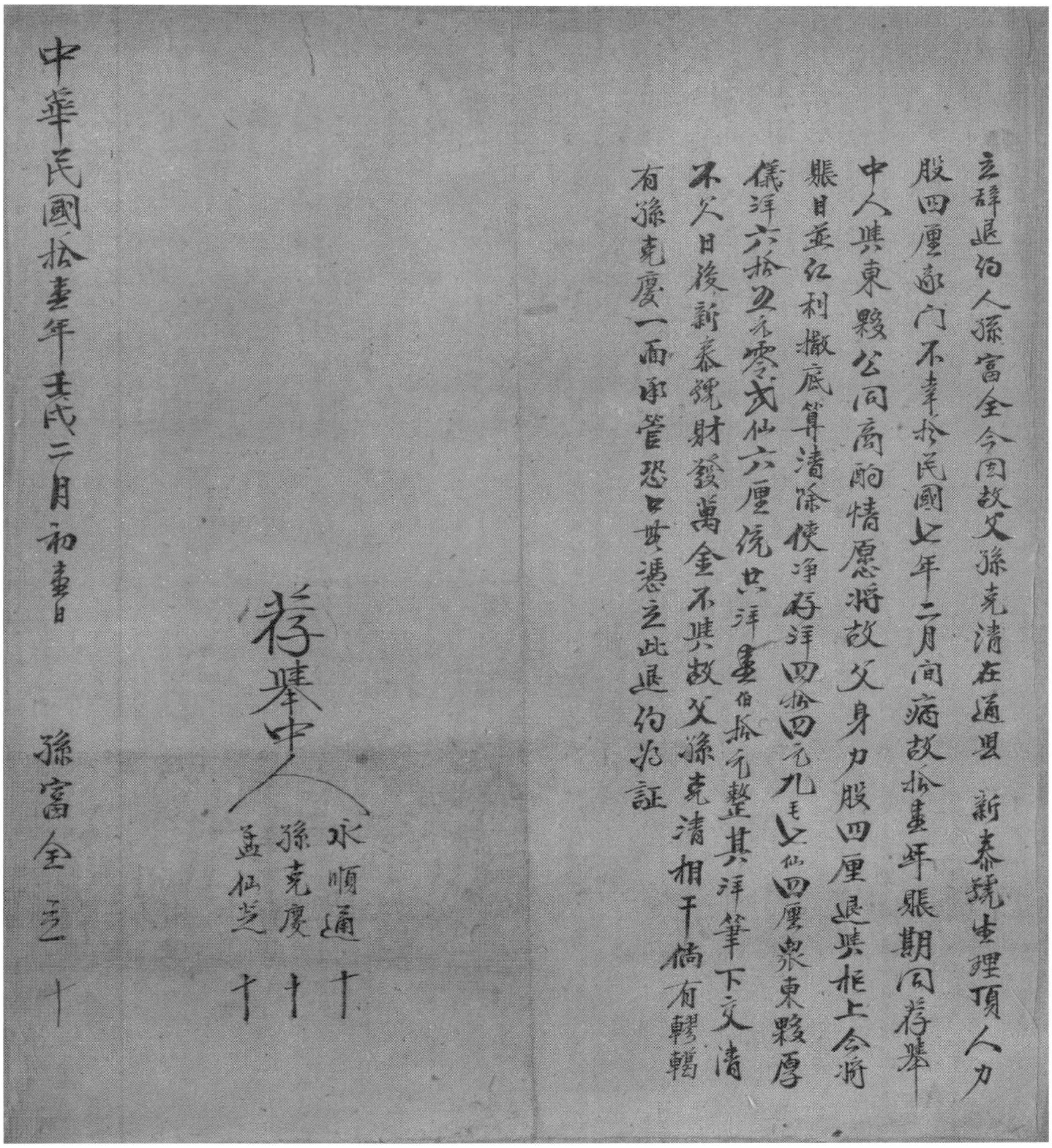

立辭退約人孫富全今因故父孫克清在通縣　新泰號生理頂人力
股四厘，迨门不幸於民國七年二月間病故，於拾壹年賬期同薦舉
中人與東夥公同商酌，情愿將故父身力股四厘退與柜上，今將
賬目並紅利撤底算清，除使淨存洋四拾四元九毛七仙四厘，衆東夥厚
儀洋六拾五元零弍仙六厘，統共洋壹伯拾元整，其洋筆下交清
不欠，日後新泰號財發萬金，不與故父孫克清相干，倘有轇轕
有孫克慶一面承管。恐口無憑，立此退約為証。

薦舉中人　永順通　十
孫克慶　十
孟仙芝　十

中華民國拾壹年壬戌二月初壹日

孫富全　立　十

一九四　民國十一年（1922）孫富全退新泰號股份文約

地點：通縣鼓樓後
尺寸：縱55釐米、橫48釐米
首都博物館藏
編號：35.4.39

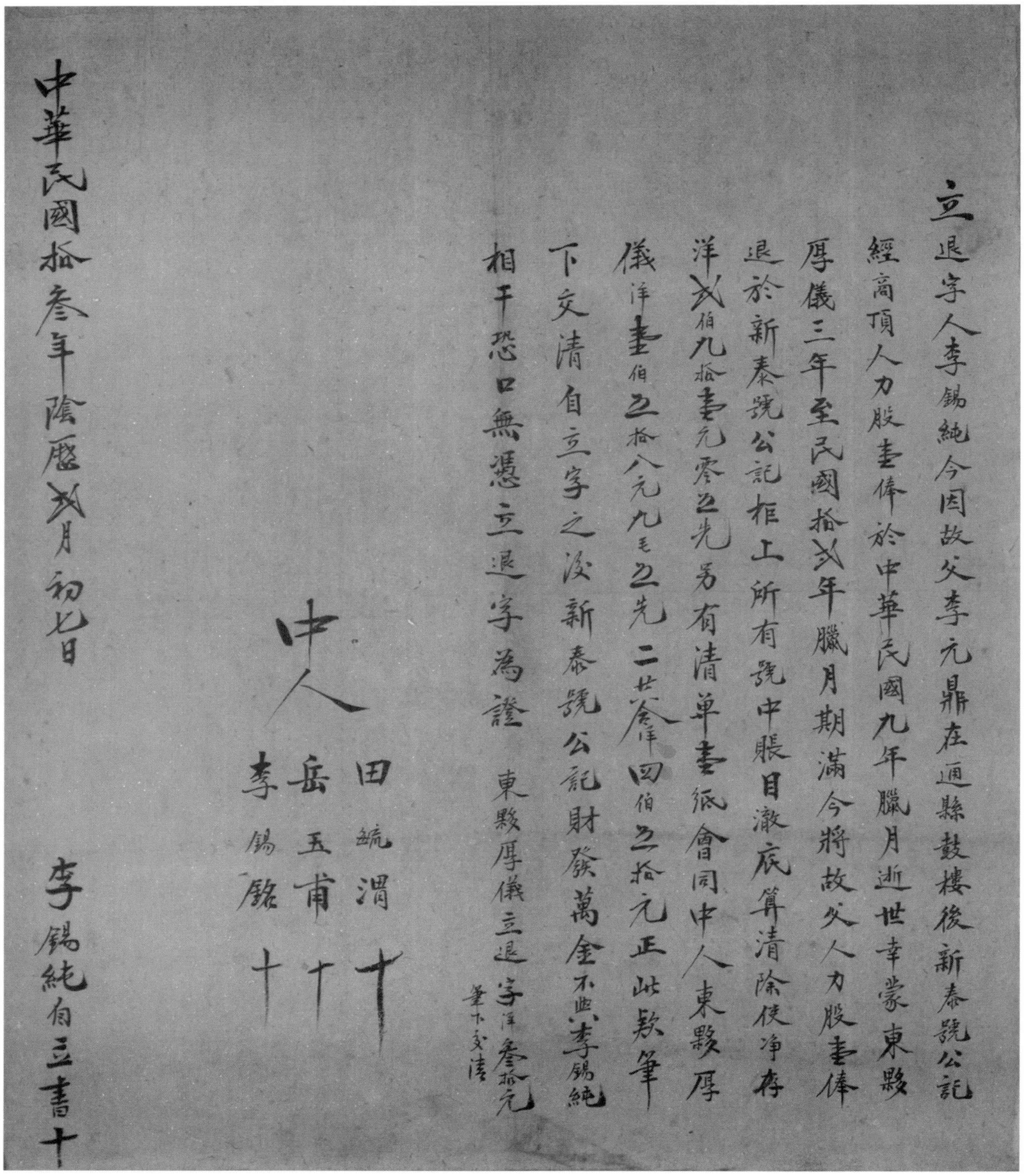
立退字人李錫純今因故父李元鼎在通縣鼓樓後新泰號公記經商頂人力股壹俸於中華民國九年臘月逝世幸蒙東夥厚儀三年至民國拾弍年臘月期滿今將故父人力股壹俸退於新泰號公記柜上所有號中賬目澈底算清除使净存洋弍伯九拾壹元零乙先另有清单壹紙會同中人東夥厚儀洋壹伯乙拾八元九毛乙先二共叁洋四伯乙拾元正此款筆下交清自立字之後新泰號公記財發萬金不與李錫純相干恐口無憑立退字為證

東夥厚儀立退字洋叁拾元筆下交清

中人　田毓渭十　岳玉甫十　李錫銘十

中華民國拾叁年陰歷弍月初七日

李錫純自立書十

一九五　民國十三年（1924）李錫純退新泰號股份字據

地點：通縣鼓樓後

尺寸：縱55釐米、横47釐米

首都博物館藏

編號：35.4.37

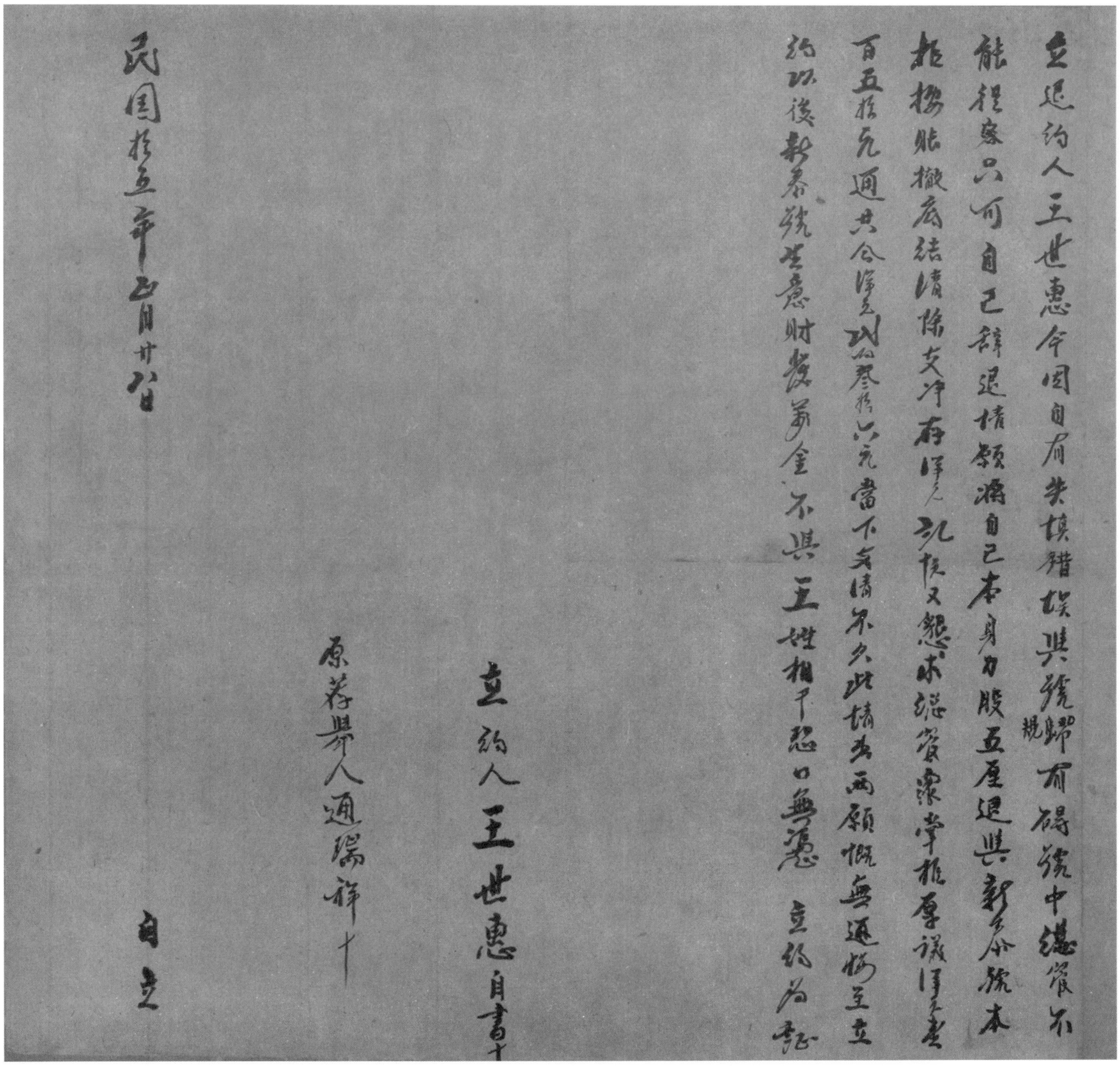
立退約人王世惠今因自有失慎錯誤與號規有碍號中總帳不能經管只可自己辭退情願將自己本身力股五厘退與新泰號本櫃撥賬撤底結清除支淨存洋元說後又懇求調處衆掌櫃原議洋叁百五拾元通共合洋元以叁拾六元當下交清不欠此情出兩願概無返悔至立約以後新泰號生意財發萬金不與王姓相干恐口無憑立約為証

立約人王世惠自書十

原薦舉人通瑞祥十

民國拾五年五月廿六日　自立

一九六　民國十五年（1926）王世惠退新泰號股份文約

地點：通縣

尺寸：縱52釐米、橫58釐米

首都博物館藏

編號：35.4.36

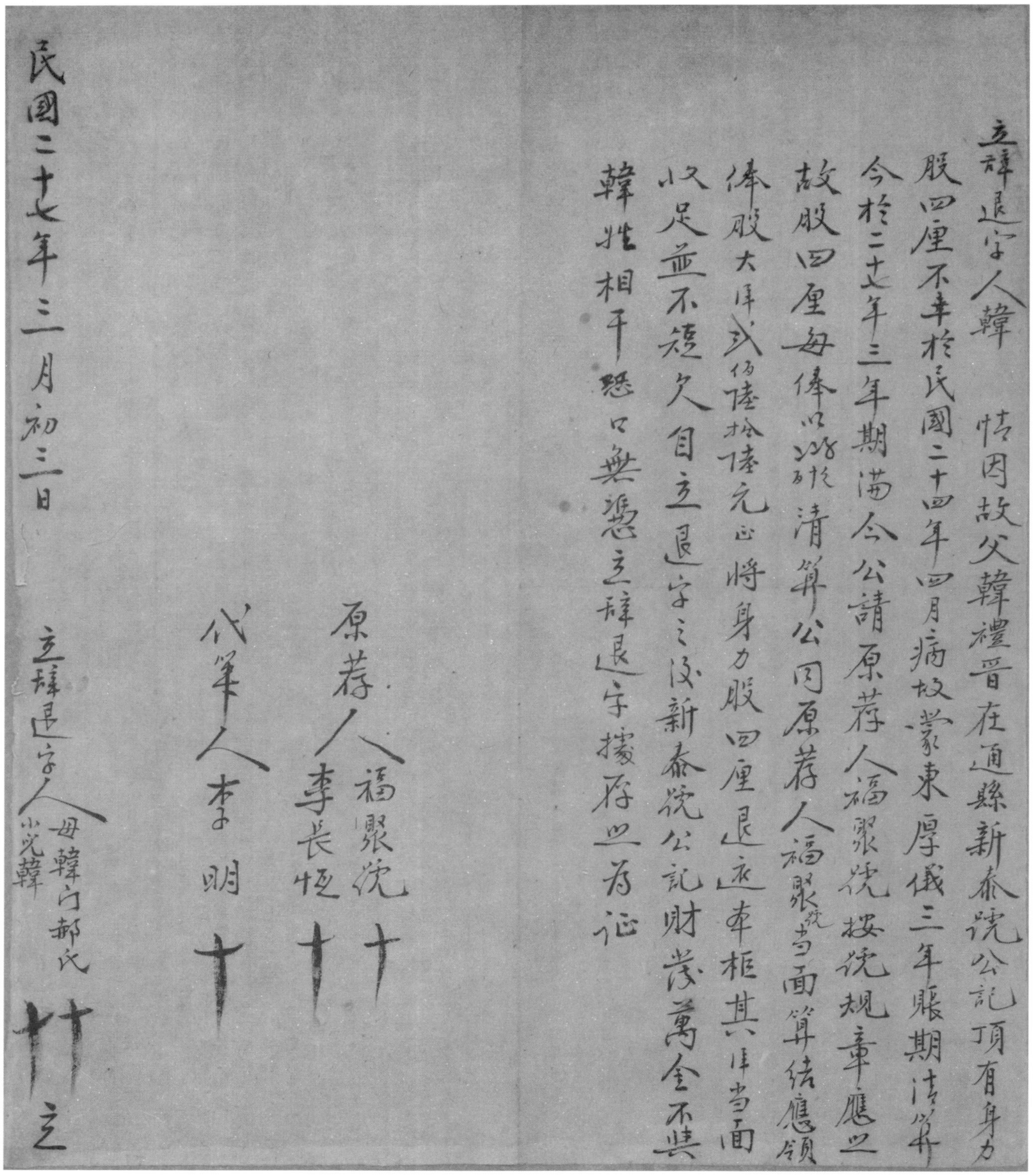
立辭退字人韓　恬因故父韓禮晋在通縣新泰號公記頂有身力
股四厘不幸於民國二十四年四月病故蒙東厚俄三年賬期清算
今於二十七年三年期滿公同公請原薦人福聚號按號規章應照
故股四厘每俸以洋八拾於清算公同原薦人福聚號當面算結應領
俸股大洋貳佰陸拾陸元正將身力股四厘退還本柜其洋當面
收足並不短欠自立退字之後新泰號公記財發萬金不與
韓姓相干恐口無憑立辭退字據存照為證

原薦人福聚號 十
李長恒 十
代筆人李明 十

立辭退字人母韓門郝氏 小光韓 十十之

民國二十七年三月初三日

一九七　民國二十七年（1938）韓郝氏等退新泰號股份字據

地點：通縣
尺寸：縱54釐米、橫38釐米
首都博物館藏
編號：35.4.30

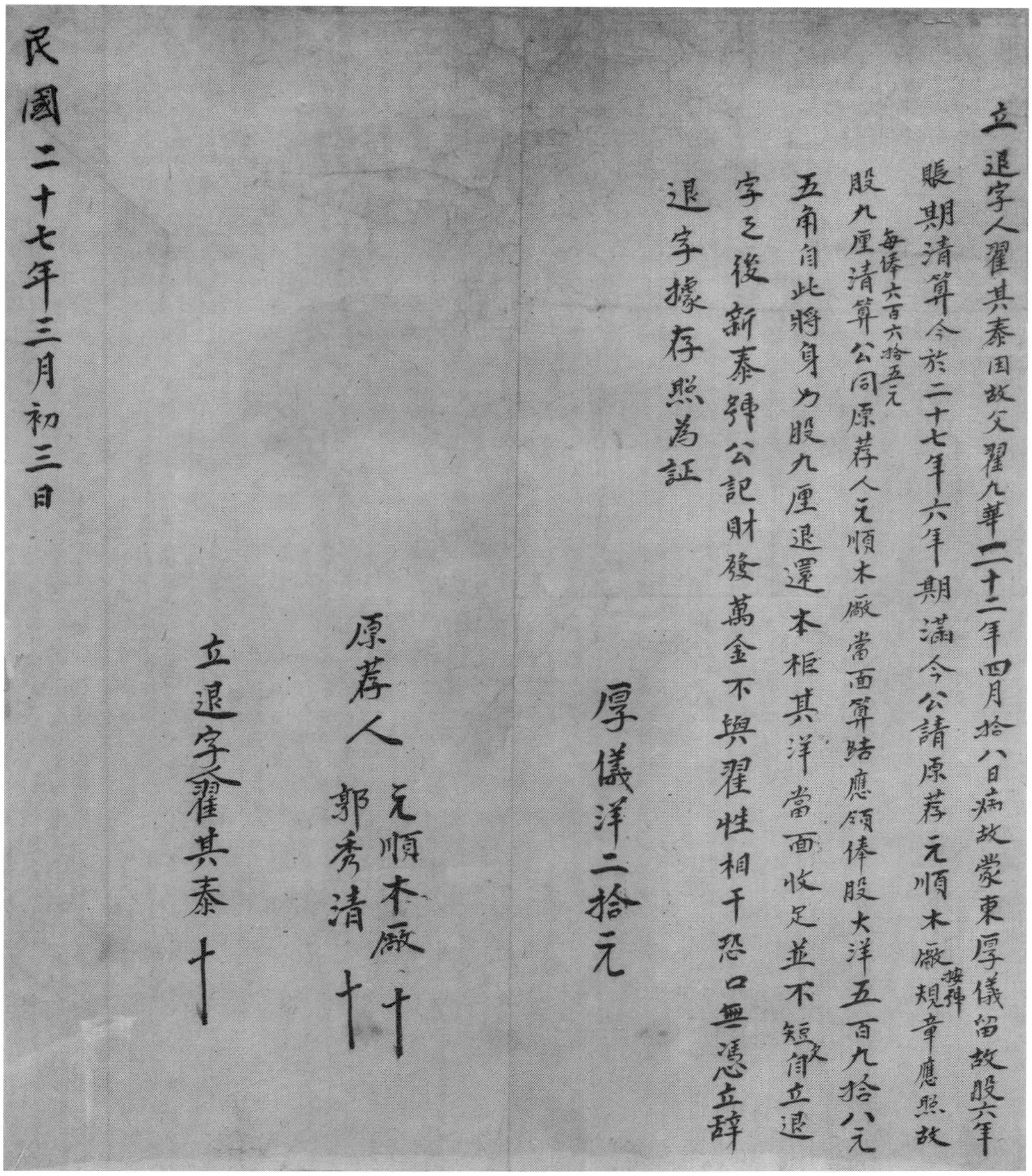

立退字人翟其泰因故父翟九華二十二年四月拾八日病故蒙東厚儀留故股六年賬期清算今於二十七年六年期滿今公請原荐元順木廠按彈規章應照故股九厘清算公同原荐人元順木廠當面算結應領俸股大洋五百九拾八元五角自此將身力股九厘退還本柜其洋當面收足並不短欠立退字之後新泰號公記財發萬金不與翟姓相干恐口無憑立辭退字據存照為証

每俸六百六拾五元

厚儀洋二拾元

原荐人　元順木廠　郭秀清　十　十

立退字人翟其泰　十

民國二十七年三月初三日

一九八　民國二十七年（1938）翟其泰退新泰號股份字據

尺寸：縱54釐米、橫38釐米

首都博物館藏

編號：35.4.29

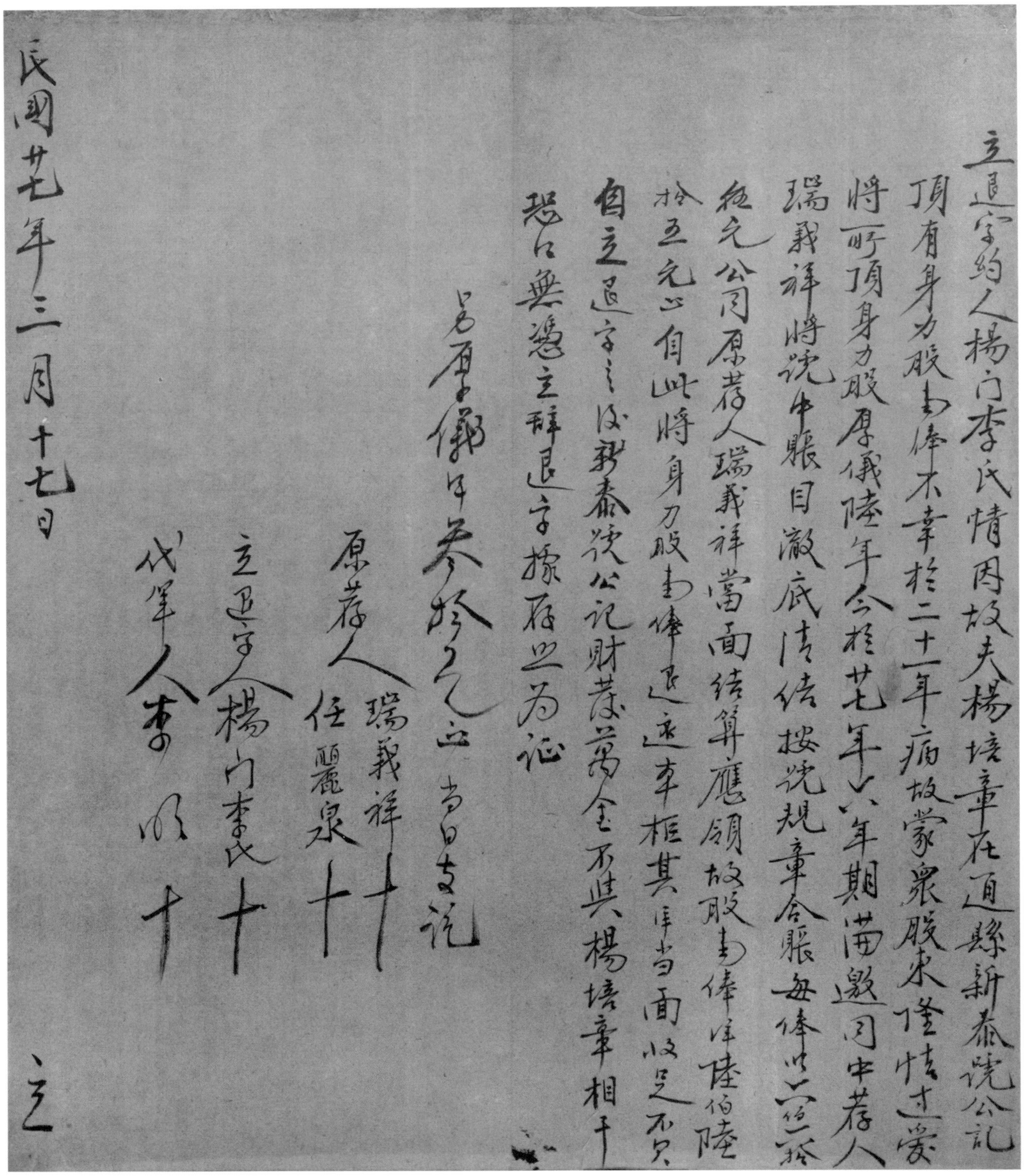
立退字約人楊門李氏情因故夫楊培章在通縣新泰號公記
頂有身力股壹俸不幸於二十一年病故蒙衆股東憐恤遺孀
將所頂身力股厚俄陸年分於廿六年期滿邀同中保人
瑞義祥將號中賬目徹底清結按號規章合賬每俸得大洋
伍元公同原保人瑞義祥當面結算應領故股壹俸洋陸佰陸
拾五元正自此將身力股壹俸退還本櫃其洋當面收足不欠
自立退字之後新泰號公記財產萬金不與楊培章相干
恐口無憑立辭退字據存照為證
另厚俄洋叁拾元正當日交訖
原保人 瑞義祥 十
任麗泉 十
立退字人 楊門李氏 十
代筆人 李明 十
民國廿七年三月十七日 立

一九九　民國二十七年（1938）楊李氏退新泰號股份字據

地點：通縣
尺寸：縱55釐米、橫47釐米
首都博物館藏
編號：35.4.31

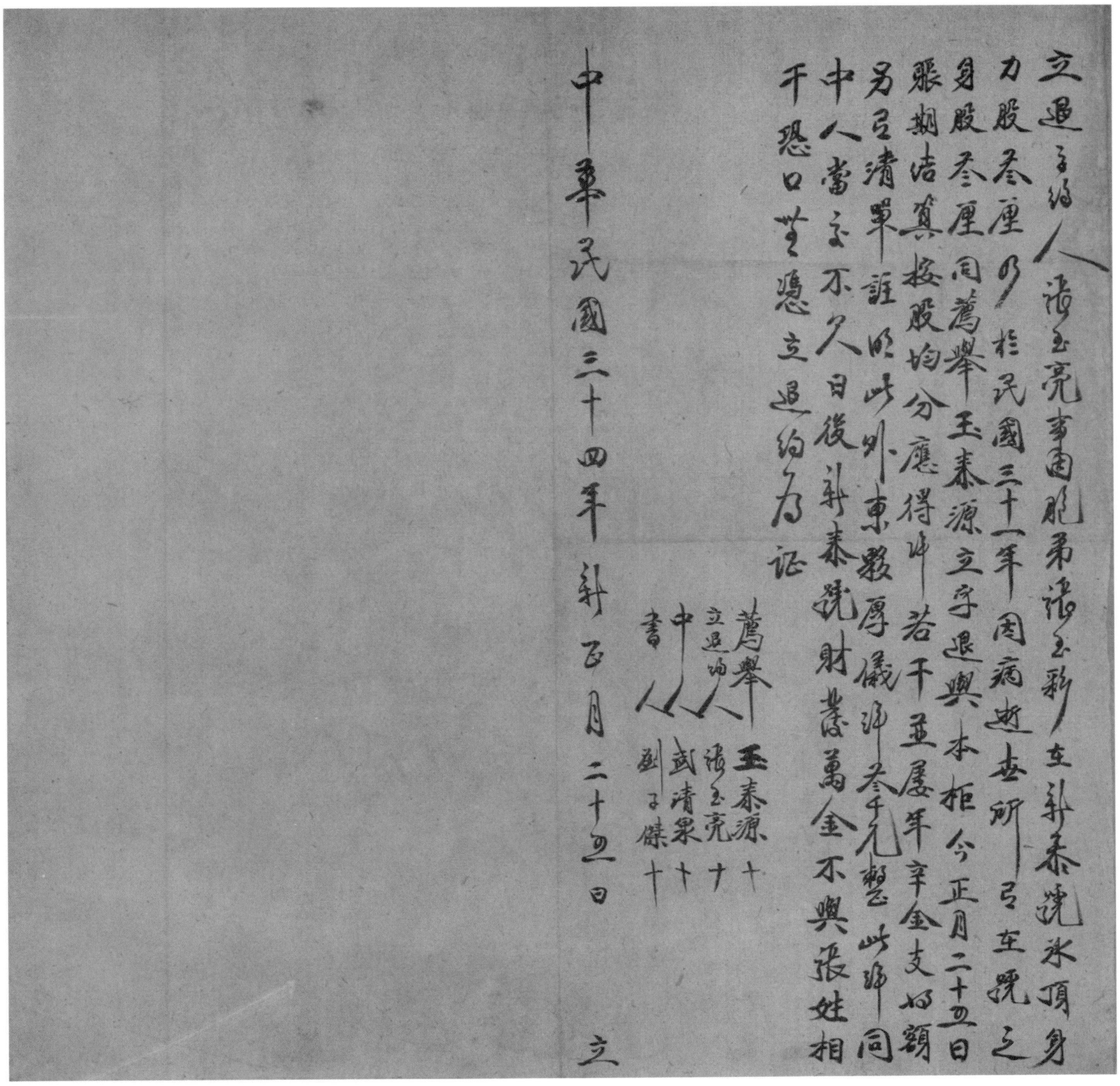

立退字約人張玉亮，事因胞弟張玉彩在新泰號永頂身力股叁厘，乃於民國三十一年因病逝世，所有在號之身股叁厘，同薦舉玉泰源立字退與本櫃。今正月二十五日賬期結算，按股均分，應得洋若干，並歷年辛金支項額另立清單証明。此外東夥厚儀洋叁千元整，此係同中人當面交不欠。日後新泰號財發萬金，不與張姓相干。恐口無憑，立退約爲証。

薦舉人　玉泰源　十
立退約人　張玉亮　十
中人　武清泉　十
書人　劉子傑　十

中華民國三十四年新正月二十五日　立

二〇〇　民國三十四年（1945）張玉亮退新泰號股份文約

地點：通縣
尺寸：縱50釐米、橫53釐米
首都博物館藏
編號：35.4.35

錄文

第一部分　京畿煤窑契約文書

〇〇一 順治元年（1644）高義等復開下嘴窑合同

立合同人高義、趙明，因門頭村地方下嘴窯一座。先年舊例，直開九日，騰開七日，路開八日，明、義、選各開五日。今因黎乱之後，鄉親議和，其窯按六分開採。同鄉親講明，見錢先除騰、直、路大費用錢貳百肆拾文，其餘按六分均分。日後月課賠累六分均納。再無更端返悔，恐後無憑，故立合同，一樣六張六分，各執一張，以爲永遠之照。

順治元年拾月初二日

立合同人：焦雲路（畫押）、李秉直+、趙明+、高義+、高應選+、高騰（畫押）

中人：梁衍祚+、馬體忠+、安汝魁+

書字人：李問學（畫押）

（中間對縫字一行）

下嘴合同

〇〇二 順治十二年（1655）王從廉等合夥復做大興窑合同

立合夥做窑合同人王從廉等，因先年做到静[一]明寺大興窑壹座。今又復做，工本短少，憑中人張應吉說合，會通孫、馬二宅出本夥做。其窑按肆拾伍日爲則。內有地主明祥，性還開伍日，張、王二宅開貳拾肆日，孫、馬二宅出本開拾陸日。其窑煤出之日，先除完新工本，後除王舊工本拾千零三百文，除完之日，見利照則均分。眾家情愿，並無返悔，恐後無憑，立此夥合同壹樣貳張存照。

順治十二年八月初三日

立合夥做窑合同人：王從廉（畫押）、張宅（畫押）

地主：明祥+、性還+

出本人：馬朝龍+、孫國棟+

中人：張應吉+、楊璽+

書字人：孫國銓+

左側對縫字一行：合夥做窑合同壹樣貳張存照

大興窑在淨明寺

[一] 静：「静」作「淨」。

〇〇三 順治十七年（1660）姜維詔等夥做椿樹窑合同

立夥做窑合同人姜維詔、（姜維）垣，因有祖遺椿樹窑壹座，坐落馬家峪，自做無力。今憑中人劉虔宇說合，情愿會同安等出工本開做，以三十五日爲則。安開做二十一日、姜維垣開做六日、姜維詔開做三日，又乾開地主五日。各家情愿，亦無返悔，恐後無憑，立此夥做窑合同爲炤用者。

順治十七年十月十三日

立夥做窑合同人：姜維詔+、姜維垣+、安敬（畫押）

中人：劉虔宇（畫押）

二

（中間對縫字一行）

倒寫：椿樹窑合同

〇〇四 康熙八年（1669）高應明等夥做興盛窑、德勝窑合同

立夥做窑合同人高應明、（高應）弟，有白園坡本身地內煤窑二座：興盛窑、德勝窑。其窑按一百十五日爲則。內有范聞趙抱做七十日，地主十五日，應明、（應）弟抱做叁拾日。因爲無本，憑中人傅之淵說合，會同劉中興出本開十日，高應捷出本開十日，高應明、高應第、高鼎新出本開十日。恐後無憑，立此夥窑合同，一樣四張，各收一張存照。

康熙八年九月二十二日

立夥做窑合同人：高鼎新+、高應明+、劉中興（畫押）、高應捷（畫押）、高應第+

中人：傅之淵+

左側對縫字一行：立夥做窑合同一樣四張

白園坡興德二勝窑合同

〇〇五 康熙九年（1670）高應捷等批夥做脇肢窑合同

立批夥窑合同人高應捷等因有祖遺脇肢窑一座，坐落正黄旗炸軍孫起龍地內，因年深無本，今会同眾家出本開做，按壹百柒拾五日爲則。內去窑業高應捷等拾日、孫起龍開地主拾日、于廂黄旗下媽媽府拾日，下剩壹百肆拾五日，照日分出本開做。日后一家工本不到，將窑捐入夥中。煤出之日，先完工本，

得利按日分均開。恐后無憑，立此合同，一樣六張存照。

日分開列于后：

廂黄旗尹大出本開肆拾五日、安敬出本開肆拾五日、馬承援出本開拾五日、孫起龍出本開拾五日、焦承澤出本開拾日、高應第、（高應）捷、（高應）明、（高）鼎新等出本開肆拾五日。

康熙九年四月初六日日[一]　立夥做窑合同人：焦承澤+、馬承援+、尹大+、安敬（畫押）、高應捷+、孫起龍+

中人：趙国政+、王尙文+

五

中間對縫字一行：立夥做窑合同一樣六張存照口口口

〇〇六　康熙九年（1670）高應捷等夥做白草地窑合同

立夥做窑合同人高應捷，本身地内有白草地窑一座，因無本開做，今憑中人周之望等會同眾家出本開做。言明按一百五十五日爲則，内干窑業地主二十日，下剩一百卅五日出本開做。安敬出本開二十日、馬承援出本開二十日、尹大出本開十一日半、劉中興出本開十日、安九達出本開十日、馬育龍出本開十日、趙国興出本開十一日半、高應捷出本開十五日、高應明出本開十二日、高應第出本開五日、高鼎新出本開五日。煤出之日，先完工本，按一百五十五日開採。各不返悔，如有先悔之人，甘罰白米五十石入官公用。恐後無憑，立此合同。一樣十二張存炤。

其窑業十日高家三門均開

康熙九年五月初七日　立夥做窑合同人：孫文曜+、高應明+、趙国興+、高鼎新+、刘中興（畫押）、安敬（畫押）、馬承援+、尹大+、馬育龍+、高應捷（畫押）、高應第+、安九達+

中人：周之望+、范魁+、趙国政+

[一] 日：衍文。

（中間對縫字一行）

在正文上第四行補寫：孫文曜出本開五日

〇〇七　康熙九年（1670）姜維垣等夥做桃樹窑合同

立夥做窑合同人姜維垣，今有門頭村馬家峪地方本身地内桃樹窑一座，原父置己業，缺本開做。今同中人趙国政說合，会通本村安敬出本開做。言定乙伯[二]貳拾日爲則。窑業十日安開，地主十日姜開。安出本做伍十日，姜出本做伍十日。煤出之日，先完工本，然后見利，按日分均分。兩家情愿，各不許返悔，恐無憑據，故立此合同存照。

康熙九年九月初六日　立合同人：姜維垣+、安敬（畫押）

中人：趙国政+

左側對縫字一行：立夥做窑合同一樣兩張

〇〇八　康熙十四年（1675）劉國安等夥做馬家峪冷窑合同

立夥做窑合同人劉国安、安敬、高應明，因有馬家峪劉國安地内冷窑一座，原係安、高二家用價買到的，今憑中人劉三用、趙國正說合，會同眾家出本開做其窑。言明按貳百肆拾日爲則。太太府中開做捌拾日，下剩壹百陸拾日，均壹百柒拾日爲則。干窑業拾五日：安敬開柒日半，高應明開柒日半，劉國安、（劉國）昌開地主拾伍日。安敬出本開做叁拾日，高應明出本開做叁拾日，高應捷、（高應）錄出本開做弍拾伍日，劉國安出本開做拾日，王禧出本開拾日，楊璽出本開拾日，趙二出本開拾日，高鼎新出本開拾日，孫文耀出本開伍日。煤出之日，見利按日分均分。恐後無憑，立此合同，一樣七張存照。

康熙十四年十月初十日　立夥做窑合同人：楊璽+、王禧+、趙二+、高應捷+、安敬（畫押）、高應明+、劉國安+、高鼎新+

中見人：劉三用+、趙國正+

一

（右側對縫字一行）

[二] 乙伯：一百。

○○九　康熙十九年（1680）姜金等夥做破石窑合同

立夥窑合同人姜金、（姜）碧，因有祖遺破石窑一座，今因無本開做，憑中會到眾家出本。窑按二百七十日爲則，廂黄旗下馬宅、蘇雲路、濮伯京開地主十五日，又開出本窑五十日。高應明開窑業五日，又開出本窑四十五日。黄新禧出本開四十五日。闞宅開出本窑四十日。姜金、（姜）碧開窑業五日。姜金開出本窑四十五日。姜碧開出本窑二十日。煤出之日，先完做窑工本，見利按分均分。恐後無憑，立此合同，一樣六張，分执存照。

康熙十九年九月初九日

立夥做窑合同人：姜金+、黄新禧+、闞宅+、高應明+、蘇雲路+、馬宅（畫押）、濮伯京（畫押）、姜碧（畫押）

中人：李光科+、楊玺+、姜祥+

（中間對縫字一行）

二

○一○　康熙十九年（1680）姜金等夥做破石頭窑合同

立夥窑合同人姜金、（姜）碧，因□遺破石頭窑一座，今因無本開做。憑中會到索府等名下出本開做，窑按二百七十日爲則。索府開做八十日，廂黄旗馬宅、蘇雲路開地主十五日，高應明開窑業五日，姜金、（姜）碧開窑業五日，梁化疆開窑業五日，梁化疆開出本窑二十日，黄新禧開出本窑四十五日，高應明開出本窑四十五日，姜金開出本窑三十日，姜碧開出本窑二十日。煤出之日，先完工本，見利按分均分。恐後無憑，立此合同，一樣六張，分执存照。

康熙十九年　月　日

中人：李光科+、楊璽+、姜祥+

立夥□合同人：梁化疆+、蘇雲路+、高應明+、索府+、黄新禧+、姜碧+、姜金+

（中間對縫字一行）

○一一　康熙二十一年（1682）孟惟統等批做小砸窑合同

立批座窑合同人孟惟統，因有祖業遺留家北溝內新座小砸[一]窑壹座，自無本，今會到曹應龍出本開座。今憑中見人張大軍、李先明、秦国柱説合，情願會到曹應龍開座，三言議定，其窑按壹伯廿日爲則。曹應龍開新窑壹伯日、地主孟惟統開地分十三日、曹應龍開地七日。李[二]面言明，出煤之日，先面工本，後按日分均分。如有親族人等爭競，係地主一面承管。各家情願，不許返悔，如有先返悔者，罰白米十石入官公用。恐后無憑，立字存照。

康熙廿一年九月十三日

批座窑合同人：曹應龍、孟惟統

代字人：王国梁

○一二　康熙二十一年（1682）李國貞等會做店樹窑、柿子樹窑合同

立會本做窑人李国貞，因祖遺下石坡峪上本身地內有店樹窑、柿子樹，共窑二坐，缺□工本不能開。今憑中見人説合，情愿會同眾家，出本開做。言定其按叁百肆拾伍日爲則。內有李国貞開地主窑業四十伍日，下剩叁百日出本。眾言煤出之日，除完工本見利□分例均分。衣煤掃廠李国貞全收。如有親族人等爭競一面成[三]管。眾言議定，各不返悔，恐后無憑，立此夥做窑合同，一樣十張存照。

計開日分：

皮有榮抱開叁拾日、井之洌抱開叁拾日、金元瑞抱開叁拾日、馬显祿抱開叁拾日、金元祥抱開叁拾日、馬承惠抱開叁拾日、焦承澤抱開叁拾日、王熺抱開叁拾日、范魁抱開陸拾日、地主窑業李國貞開四十伍日。

康熙弍拾壹年七月廿一日

立合同人：皮有榮+、王熺+、金元祥+、馬承惠+、井之洌+、焦承澤+、金元瑞+、馬显祿+、范魁+、李國貞+

中見人：趙起龍+、刘朝許+

[一] 砸：「砸」爲門頭溝地區自創字，音「線」，讀時有兒化韻，即「弦兒」。有時也將煤砸寫成煤弦兒，或寫成煤線兒。砸指煤層。
[二] 李：「李」作「當」。
[三] 成：「成」作「承」。

○一三 康熙二十八年（1689）姜興等會做松樹窑等六窑合同

立會做夥窯合同人姜興、朱成龍、李世謹、梁坤等，有祖遺下窯六座：松樹窯、曹風窯、椹子海窯、尾子窯、李樂窯、院子窯等，其六窯係一脉，自無力開做。今憑中見人曹培成、張洪振説合，會到王来泰等夥本開做。其窯按七百廿日爲則。姜興抱開下椹子海窯，窯業地主七十日。下剩六百五十日，王来泰等抱開。其尾子窯落各窯之水，衆家爭討。衆家情愿，各不許返悔，恐後無憑，立此合同，一樣式張存照。

康熙二十八年十月二十日

立會夥做窯合同人：李世謹+、朱成龍+、姜興+、梁坤+

中見人：張洪振+、曹培成+

代書人：孫承□+

二

左側對縫字一行：天理合同

○一四 康熙三十一年（1692）余之斌等夥做皂角樹窑合同

立夥做窑合同人余之斌仝兄余奇等，有祖遺下皂角樹壹座，東西三人乃係一氣，同中人陳善會合本村人刘、曹、張出本開做。其窑按壹伯伍拾伍日爲則。刘、曹、張夥出工本公開壹伯日，高開舊窑拾伍日、楊開舊窑業拾伍日、余開地主貳拾伍日。衣煤土末，俱随地主。其窑煤出之日，先回完工本，工本回完，然後按日分均分。衆家情愿，各無返悔，若有先悔日月，自領罰約。恐後無憑，立夥做窑合同存照。

康熙叁拾壹年玖月初八日

舊窑業人：高鼎維+、楊應化+

立夥做窑合同人：余之斌+

新出工本人：刘宗富+、曹爾公+、張華+

代書人：楊應魁+

中見（人）：陳善+

二

（中間對縫字一行）

○一五 康熙三十三年（1694）陳進孝等會做上墳窑合同

立會做窑合同人陳、孟，因爲上墳窑缺少工本，今憑衆窑分情愿會到崇、從二人名下出本開做，其窑按肆大分爲則。内去水錢壹分，新出工本壹分，下剩貳分便作叁百弍拾日均開。

地主開叁拾日、傅二開壹百日、陳進賢開肆拾叁日半、陳進孝開拾肆日、匡奇才開弍拾日、栗宅開弍拾日、馬承援開弍拾日、曹倍德開叁拾日、孫起龍開拾肆日、王熹開拾日。

如有工本有老陳、孟二人成攬。如有煤出之日，先完新工本，然後見利，按四大分均分。如有爭競，衆窑分一面承管。

衣煤土末，具[一]随地主，衆家情愿。恐后無憑，立此存照。

康熙叁拾叁年拾月弍十六日

立做窑合同人：栗宅、王熹、陳進孝、地主孟學孔、曹倍德、孫起龍、傅二、陳進賢、馬承援、匡奇才

巢[二]紙

外有匝便（不規則書寫）

○一六 康熙三十九年（1700）李久玉等批做水港窑合同

立批做窑合同人李久玉，溂溂湖地方内栗宅大牆下有水港窑，年深日久，無人開彩[三]。今同中人會到魏京、杜春二人開做。其窑按百廿日爲則。地主旧窑地分開七十日，魏京出工本開廿五日，杜春出本開廿五日，共計百廿日。地主旧業有人净[四]，地主李久玉一面承管。衣煤土末，具與地主，不與新分相干。出煤之日，先迴新工本，迴完然後見利按日的[五]分。此係三人情愿，各不返悔，恐後無憑，立此存照，一樣三張，各帋[六]一張存照。

[一]具：「具」作「俱」。
[二]巢：「巢」作「抄」。
[三]彩：「彩」作「採」。
[四]净：「净」作「争」。
[五]的：「的」作「均」。
[六]帋：「帋」作「執」。

康熙三十九年三月十日

中見說合人：張興代字 押

立合仝人：魏京+、李久玉+、杜春+

○一七 康熙四十五年（1706）姜興等批做姜家墳窑合同

立批做窑合同人姜興、姜興周，有祖遺本身地內姜家墳煤窑壹座，因自無工本開做，憑中人劉瑞說合，會到孫名下出本開做。其窑按壹百貳拾日爲則。地主開二十日，新出工本開□□日，姜抱旧窑業五十日。煤出之日，先囬完新工本，然後見利照分均分。眾家情愿，各無返悔，恐後無憑，立此合同，一樣二張，各執一張存照。

中見說合人：劉瑞+

康熙四十五年柒月初五日

立合同人：姜興周（畫押）、姜興+、孫國斌（畫押）

右側對縫字一行：康熙肆拾伍年柒月初五日□□□□

右上隅有三字：姜□□

○一八 康熙四十五年（1706）孟紹統等會做上墳窑合同

立會做窑合同人孟紹統、（孟）維（統），因有祖遺下涮涮湖村上坟窑一座，今同陳、曹二人復會到杜有義名下開做。其窑按壹千弍百七十六日爲則。內去地主壹百十六日，下剩壹千壹百六十日，按新旧二分均開。煤出之日，先囬完新工本，然後見利均分。如有工本不接，半路停止，此合同以爲故紙。衣煤土末，俱隨地主收管。如有旧窑業爭競，曹、陳、孟三人一面承管。恐後无憑，立此合同，一樣四張，各止[一]一張存照。

計開：

杜有義出本開伍百八十日，旧窑業開伍百八十日，地主開壹百十六日。

康熙四拾五年正月十八日

立會做窑合同人：陳進賢、杜有義、曹尔功

地主：孟紹統、孟維統

中見人：趙龍、魏興

倒斜書寫：本地

[一] 止：「止」作「執」。

○一九 康熙四十六年（1707）孫旺等會做小碰窑合同

立會做窑合同人孫旺，本身地內有旧小碰窑一座，坐落天橋湾。因爲工本不接，今憑中人姜科說合，會到閆士福、高鵬出新工本，其窑按貳百日爲則。閆士福出本開做四十五日，高鵬出本開做四十五日，李永蔭抱開旧日分九十日，地主孫旺開做地分二十日。煤出之日，先完新工本，然後見利，按分均分。恐後無憑，立此合同，一樣二張，分執存照。

康熙四十六年十月二十九日

立此做窑合同人：高鵬+、閆士福+、李永蔭+、孫旺+

中人：姜科+、高標+

右側對縫字一行：立會做窑合同一樣二張各執一張

○二〇 康熙四十六年（1707）馬芝俊等夥做馬家窑合同

立夥做煤窑合同人馬芝俊、（馬芝）秀，有祖父至[二]到山場一段，坐落安口村內，有馬家窑一座。因自無工本開做，今有旧窑業劉士君、（劉士）維，無本開做。又仝說合人安鳳[三]會到草店水村人王、李二人名下出工本開做。其窑按百四十日爲則。新本開做八十日，舊窑業開做四十日，地主開做二十日，四家共計百四十日正。其地分若有人爭競，有馬芝俊、（馬芝）秀一面承管。旧窑業有人爭競，有刘世君、（刘世）維一面承管。其工本無数，盡利開做。如有做的半頭而費[四]，工本不接，此爲故紙。衣煤土末，俱隨地主。四家情愿，各不許返悔，如有先悔之人，干[五]罰白銀十兩入官公用。立此合同一樣三張，各正[六]一張存照。

康熙四十六年拾月二十九日立此存照

說合人[七]：馬芝俊、刘世君、王大福、李真、刘世維、馬芝秀、安國鳳

[二] 至：「至」作「置」。
[三] 安鳳：應與落款處的「安國鳳」爲同一人。
[四] 半頭而費：應作「半途而廢」。
[五] 干：「干」作「甘」。
[六] 正：「正」作「執」。
[七] 說合人：此處有誤，應作「立夥做窑合同人」，「說合人」只有一人：「安鳳（安國鳳）」。

代字人：曹志興

外有紙全（排列不正）

○二一 康熙五十年（1711）孫汝桂等會做脇肢窑合同

立會做窑合同人孫汝桂、（孫汝）枝，因有祖遺馬家峪当差地內西脇肢窯一坐[一]，自無本開做。憑中説合，會同眾家出本開座[二]，其窑按叁百六十五日爲則。孫汝桂、（孫汝）枝開地主五十日，高鵲、（高）鵬開旧窑業十五日，楊德昌開出本窯六十日，安九經開出本窯三十日，安九域開出本窯三十日，馬承聚開出本窯三十日，聞士璨開出本窯三十日，高鵬開出本窯三十日，高標開出本窯十五日，劉應魁開出本窯十五日，孫汝桂、（孫汝）枝開出本窯叁十日，閆文燭開出本窯三十日。先面完新工本，見利按日分均分。衣煤土末，俱随地主。如有高姓親族前來爭競窯分者，有高鵬、（高）鵲與説合鄉親白印盒、柳維官、鄧雲成、焦承泌一面承管。先前合同以爲故紙。恐後無憑，立此合同，一樣拾壹張，各執一張存照。

康熙五十年九月十三日

立會做窑合同人：馬承聚+、安九經+、楊德昌+、安九域+、聞士璨+、高標+、高鵬+、（高）鵲+、劉應魁+、閆文燭+

地主：孫汝桂+、（孫汝）枝+

中見説合人：白印盒+、柳維官+、郭成恩+、鄧雲成+、焦承泌+

二

（中間對縫字一行）

○二二 康熙五十一年（1712）焦嗣鑒等會做酸棗樹窑合同

立會做窯合同人焦嗣鑑，因祖遺下北山坡地一段內有酸枣樹窐一座，自無工本。同説合人楊德林會到高朋出新工本開做。其窐按壹百廿日爲則。地主開廿日，出新工本開做壹百日。煤出之日，先面工本。衣煤土末，居[三]随地主，然後按日分均分。恐後無憑，立此合同存照。一樣式張，各執一張。

康熙伍拾壹年拾壹月日

立會做窑合同人：焦嗣鑑+、高朋+

代書人：（未寫人名）

右側對縫字一行：一樣合同貳各一張

○二三 康熙五十二年（1713）申朝德等復做扒王港窑合同

立覆[四]做窑合同文約人申朝德，因祖遺本身地內有□扒王港窑一座，自無本開做，同中會到陶鴨思哈、刘化德名下出本開做。其窑按式百日爲則。鴨思□開新出工本窑四十日，刘化德開新出工本窑五十日。張玉抱旧業三十日，段玉開旧業十日，地主申朝德開□□窑三十日，抱旧窑業十日，高永祥抱千窑三十日。□出之日，先面完新工本，然後按日分，見利均分。□□土末俱随地主，如有人爭競者，有張玉一面承管。恐後無憑，立合同一樣五張，永遠爲照。

中見人：張進忠+、刘江+、高永祥+、陸興+、刘福德+

康熙五十二年十二月二十一日

立復做窑合同人：段玉+、申朝德+、鴨思哈+、刘化德+、張玉+

（中間對縫字一行）

四

代字人：李禎+

○二四 康熙五十三年（1714）孫明魁等會做喜鵲窑合同

立會做窑合同人孫明魁、孫明科，因有祖遺官亭村水泉溝南喜鵲窯一座，自無工本開做。今憑中人馬之俊説合，會到眾家出本開做，其窑按壹伯叁[五]日爲則。內去孫明魁、孫明科抱地主叁拾日，下捶[六]壹伯日出本：安有出本開做貳拾伍日，安昇出本開做貳拾伍日，王占出本開做貳拾伍日，高鵬出本開做貳

[一]一坐：「一坐」作「一座」。
[二]座：「座」作「做」。
[三]居：「居」作「俱」。
[四]覆：「覆」作「復」。
[五]叁：後脱「拾」字。
[六]捶：「捶」作「剩」。

拾伍日。衣煤土末，具隨地主。如有親戚人等爭競[一]，有魁、科一面承管。恐后無憑，立此合同，一樣伍張，各執一張，永遠存照。先迴完工本，然后見利，按⿰土怱[二]均分。

康熙伍拾叁年正月初十日　立會做窯合同人：王占+、安有+、安昇+、高鵬+

地主人：孫明魁+、孫明科+、孫其+、孫必+

說合人：馬之俊+、蕭守亮+

代書人：劉應召+

中間對縫字一行：立會做窑合同一樣伍張各一張存照

三

〇二五　康熙五十四年（1715）高鵬等批會做彩意窑合同

立批會做窑合同人高鵬、（高）標、（高）見，因祖遺墳地內有彩意窑一座，自無本開做。今憑中人說合，會到衆家出本開做。其窑按二白[三]五十日爲則。去地主四十日，下剩二白十日出本開做。田童出本開做四十日、劉琮出本開做四十日、仝子玉出本開做四十日、劉現出本開做四十日、劉應詔出本開做四十日、高模出本開做十日。煤出之日，先完工本，然後見利，按日分均分，衣煤土末，俱隨地主。如有親族人等爭竟[四]，地主三人一面承管。恐後無憑，立此合同，一樣七張，各執一張，永遠存照。

地主：高鵬+、高標+、高見+

康熙五十四年拾月二十一日　立批會做窑合同人：劉琮+、田童+、仝子玉+、劉現+、劉應詔+、高模+

中人：鄧雲成（畫押）

七

（中間對縫字一行）

[一] 競：「競」作「兢」。
[二] ⿰土怱：「⿰土怱」作「分」。
[三] 白：「白」作「百」。
[四] 竟：「竟」作「競」。

〇二六　康熙五十五年（1716）焦嗣代等會做黃蒿窑合同

立會本做窑合同人焦嗣代，因有祖遺圈門外地方磵中地內黃蒿窑一座。會到衆家出□開設[五]。其窑按壹百八十二日爲則。焦嗣代地主四十二日、王嘉賓出本窑廿日、楊德昌出本窑□五日、閆寶出本窑十五日、安九域出本窑十日、李永陰出本窑十五日、焦承泌出本窑九日、焦嗣鑑出本窑八日、焦嗣孔出本窑八日、閆文煥出本窑十日、馬世琦出本窑十日、孫文登出本窑十日、馬世璁出本窑十日。言明煤出之日，先囬工本，然後見利，按分均分。恐後無憑，立此存照。

康熙五十五年八月初三日　立合同人：孫文登+、焦嗣代+、閆文煥+、焦嗣鑑+、李永陰+、閆寶+、王嘉賓+、楊德昌+、安九域+、焦承泌+、焦嗣孔+、馬世璁+、馬世琦+

中間說合人：劉承榮+

攵[六]

（中間對縫字一行）

〇二七　康熙五十五年（1716）趙國良等復做白石窑合同

立復做窑合同人趙國良，地內有白石窯一座，今憑說人會到王嘉瑞、閻文煥出本開。其窯按弍佰八十日爲則。地內窯業八十日，下剩弍佰日。去旧業一佰日，新窯出工本開做一伯。王嘉賓抱開工本窯五十日，閆文炳出工本開做十日，閻文煥出本開做煤窯廿日，閻文燭出本開十日，閻文熿出工本開做十日。衣煤土末，俱隨地主。煤出之日，先囬工本，然后見利，均分按日。恐后無憑，立此存照。合同一樣四張，各執一張。

立此出工本人：閆文燭+、王嘉賓+、閆文炳+、閆文煥+、閆文熿+

地主：趙國良+

旧窑業人：閆文煒+、王嘉瑞+

說合人：姬裔周+、張夢兆+、馬世琦+

康熙五十五年十月十五日

[五] 設：「設」作「做」。
[六] 攵：蘇州碼，爲原窑契數張中的第九張。

二

中間對縫字一行：批窑合同一樣四張各執一張

〇二八　康熙五十八年（1719）高應祿等批做盈庫窑合同

立批做窑合同人高應祿，因祖坟地下有盈庫窑一座，座落門頭口龍王庙後溝北，自無工本開做，今同中見人王應林説合，情愿會到眾家出本開做。其窑按貳伯四十日爲則。地主高應祿抱開地主窑業四十日，歐宅出本開做伍十日、焦嗣代出本開做伍十日、安良臣出本開做伍十日、安銘出本開做伍十日。衣煤土末，俱随地主。煤出之日，先迴工本，然後見利，按日均分。如有親族人等爭競，地主一面承管。恐後無憑，立此天理合同，一樣五張，各執一張，永遠存照。

地主：高應祿+、高昌+、（高）傑+、（高）鑑+

康熙五十八年八月初四日　立批做窑合同人：焦嗣代+、歐宅+、安良臣+、安銘+

説合人：王應林+

代書人：田蔭+

中間對縫字一行：立批做窑合同一樣五張各執一張存照

四

〇二九　康熙六十一年（1722）孫汝枝等會做永盛窑合同

立會本做窑合同人孫汝枝、姜成英，因有安家台後孫、姜地內有永盛窑一座，因先年做過，工本不接，同中見説合人安鸞、郝君輔，復會到眾家出本開做。其窑按壹伯玖拾日爲則，去地主叁拾日、舊窑業陸拾日，下剩壹伯日開做。煤出之日，先回新工本，然後見利均分。衣煤土末，俱随地主。如有親族人等前來爭竞，有孫、姜二人一面承管。恐後無憑，立此合同，一樣拾貳張，各執一張，永遠存照。　計開：

楊興邦出本開做貳拾日、蔡澤玖出本開做貳拾伍日、黄國禎出本開做拾日、高模出本開做貳拾日、楊國相出本開做拾日、張茂出本開做拾伍日、佟子玉開旧窑業拾伍日、劉永慧開旧窑業拾伍日、高標開旧窑業拾伍日、姜宜鳳開旧窑業拾伍日、孫汝枝開地主拾伍日、姜成英開地主拾伍日。

康熙陸拾壹年捌月貳拾壹日　立做窑合同人：楊國相+、黄國禎+、楊興邦+、蔡澤玖+、高模+、張茂+、孫汝枝+、高標+、仝子玉+、劉永慧+、姜宜鳳+、姜成英+

説合人：安鸞+、郝君輔+

衣煤土末：孫汝枝三成+、姜成英七成+

（中間對縫字一行）

十一

〇三〇　雍正二年（1724）孟紹統等會做地興窑合同

立會做窑合同人孟紹統、（孟）維（統），因涮湖祖墳地内欲新做地興窑一座，奈自己無力，令[一]憑中見人李鳳説合，情願會到康海、張国英、王鈺三人出本開做。其窑按四大分均開。煤出之日，先迴完工本，然後見利，按四分均分。康海出本開壹分，張国英出本開壹分，王鈺出本開壹分，地主孟紹統、（孟）維（統）開壹分。衣煤土末，俱随地主。此係眾人情愿，各無返悔，恐後無憑，立此合同，一樣四張，各執一張存照。

雍正二年十月初八日　立做窑合同人：孟紹統、張国英、康海、王鈺、孟維統

中見説合人：李鳳

外有西（不規則書寫）

巢紙

〇三一　雍正三年（1725）趙琦珍等會做白草地窑合同

立會做窑合同人趙琦珍、京召[二]全、高鵬、李景龍，地內有白草地窑一座，合[三]同中見説合人張守儀，會到胡名下新出工本開做。其窑按六百九十日爲則。

[一] 令：「令」作「今」。
[二] 召：據下文，「召」疑爲「趙」。
[三] 合：「合」作「今」。

去地主開做九十日，下剩六百日。新出工本胡倫開做叁百日，旧業開做叁百日，京趙全開做一百五十日，趙琦珍開做七十五日，李景龍開做五十日，高鵬開做廿五日。衣煤土末，俱隨地主。出煤之日，先囬新工本，然後按日分均分。恐後無憑，立此合同，一樣五張，各執一張，永遠存照。以前合同俱爲故紙。

地主：高鵬+

雍正三年八月　日　　立做窑合同人：京趙全（畫押）、趙琦珍（畫押）、李景龍+、胡倫（畫押）

代書人：張錄+

中見說合人：張守儀+

〥[一]

左側對縫字一行：立會做窑□□一樣五張□□一張□□存照

〇三二　雍正四年（1726）張從善等會做寬普水溝窑合同

立會做窑合同人張從善院內會做寬普水溝窯一座，今憑中見人王義貴、安良才、孫文士說合，會到王、張、范、路名下開做。其窯按壹伯弍十日爲則。王嘉賓出本開四十日，張永錫出本開四十日，范可英、路學文出本開弍十日，地主張從善弍十日。衣煤土末，俱隨地主。出煤之日，先迴工本，然後見利，按窯分均分。雜項錢俱各按窯分均分。如有窯業不明，地主一面承管。恐後無憑，立此合同，一樣四張，各執一張，永遠存照。

中見說合人：王義貴+、安良才+、孫文士+

地主：張從善+

雍正四年六月拾一日　　立做寬普水溝窯合同人：王嘉賓+、張永錫+、范可英+、路學文+

代書人：韓傑+

四

右側對縫字一行：立會做窑天理合同一樣四張各執一張

[一]〥：爲此窑契五張中的第五張。

〇三三　雍正十一年（1733）姜承英等批會做東坡根窑合同

立批會做窑合同人姜承英、侄姜七兒，因祖遺本身地內東坡根窑壹座，坐落安家臺西溝。自無工本開做，今同中見人秦喜、王印說合，會到眾家出本。其窑按壹伯弍十日爲則，去地主廿日，姜窑業廿日，下剩八十日，四家出本開做。韓文華出本開做廿日、張國英出本開做廿日、姜出本開做廿日、張瑞出本開做廿日。煤出之日，先囬新本，所有在帳雜項等錢按壹百廿日均分。衣煤土末貨利，俱隨地主。恐后無憑，立此合同，一樣肆張，各執一張，永遠存照。

雍正十一年弍月　日　　立做窑合同人：姜七兒、姜承英、張國英、韓文華、張瑞

中見人：秦喜、王印

二

中間對縫字一行：□□□□合同一樣肆張各執一張存照

〇三四　雍正十三年（1735）胡戴清等批夥做上椹子海窑等三窑合同

立批夥做窑合同人胡戴清、李玉玖、安鑑等，因有上椹子海窑、巧利窑、沙菓樹窑，三窑原係一脉。巧利窑、上椹子海窑弍窑与沙菓樹窑洩水。三窑非夥不能生利。今同中見人龍起、吳文煥、陳龍說合，三窑同出工本，夥做夥開。其三窑按三百日爲則，見利按三百日均分，每一窑分一伯日。此係三窑同心合意，一夥到底，永遠爲業。恐後無憑，立此天理合同一樣三章[二]，各窑一章存照。

雍正十三年三月十五日　　立夥做窑合同人：李玉玖+、胡戴清+、安鑑+

中見人：龍起+、吳文煥+、陳龍+

代書人：楊成捷+、刘志+

一

右側對縫字一行：立批□做窑合同壹樣叁張各窑壹張存照

〇三五　乾隆三年（1738）曹弘業賣杏樹窑業合同

立賣窑仝人曹弘業，因爲無錢使用，有韓須玉彎西坡地內有杏樹窑，分

[二]章：「章」作「張」。

百日爲則，內有窑分二十五日。忠[一]人趙世英説和[二]，情愿賣与張姓爲業，賣價清錢拾吊正，其錢当面交足，外無欠少。若有親族人等爭競者，有弘業一面承管。並無恨[三]悔，恐後無憑，立賣契永遠存照。

中見人：趙世英+

乾隆三年四月二十九日　立賣契人：曹弘業+

代字：趙世雄（畫押）

○三六 乾隆六年（1741）張從善等復批做寬普水溝窑合同

立復批做窑合同人張從善，因院內有寬普水溝窑貳座，自無工本開做，今同中見人張希賢、劉志說合，情愿會到安良臣新出工本開做。其窑按貳百四十日爲則。去地主窑業四十日，安良臣新出工本開做壹百日，張永錫、王嘉賓開旧窑業捌十日，路學文、范可英開旧窑業貳十日。煤出之日，先迴工本，然後見利，按新旧窑分均分。衣煤土末，俱随地主。如窑[四]不明，有地主一面承管。此係眾家情愿，恐後無憑，立此天理合同，一様四張，各執一張，永遠存照。

中見人：張希賢+、劉志+

乾隆六年拾貳月二十日　立復批做窑合同人：王嘉賓+、張永錫+、安良臣+、路學文+、范可英+

地主：張從善+

代書人：劉志+

右側對縫字一行：口口天理合同一様四張口口存照

四

○三七 乾隆七年（1742）邊國桂等七人復批做吉祥窑合同

立復批合同文約人邊國桂等，因栗樹溝有自做吉祥窑一座。因自無工本，會到楊名下開做，言明新舊弍百四十日開做。楊文壅開出本新窑一百貳十日，邊国桂開旧窑弍十五日，張希賢開舊窑貳十五日，孫世林開舊窑貳十五日，高鵬開旧窑貳十五日，張福開旧窑十日，李亮開旧窑十日。煤出之日，先迴完做窑新工本。然後見利，按日分均分。如有杂煤按新舊均分，再有舊分欠人賬目，有舊分一面承應，與新分無干。此係大家情愿，各無返悔，故立合同一様七張，各執壹張，永遠存照。

乾隆柒年貳月初八日　立復批合同文約人：張福+、孫世林+、邊国桂+、楊文壅+、張希賢+、高鵬+、李亮+

（左側對縫字一行）

七

○三八 乾隆七年（1742）邊國桂等十一人復批做吉祥窑合同

立復批做窑合同文約人邊國桂等，因有栗樹溝地方有吉祥窑一座。自無工本開做，今同中見人皮臣說合，情願會到眾家出本開做。其窑按弍百四十日爲則。楊文壅新出工本開做三十日、安良臣新出工本開做三十日、孫汝枝新出工本開做弍十日、刘永正新出工本開做弍十日、張希賢新出工本開做拾日、楊國治新出工本開做拾日，邊國桂開旧窑廿五日、張福開旧窑拾日、孫世林開旧窑廿五日、張希賢開旧窑廿五日、高鵬開旧窑廿五日、李亮開旧窑業拾日。煤出之日，先迴工本，然後見利，按新旧窑分均分。如有等項襍煤，亦按新旧均分。再有旧分欠人帳目，有旧分一面承管，不與新分相干。此係眾家情願，各無返悔，恐後無憑，立此天理合同，一樣十弍張，分執存照。

乾隆柒年三月十七日　立復批做窑合同人：楊國治+、張希賢+、安良臣+、楊文壅+、孫汝枝+、刘永正+、張希賢+、高鵬+、孫世林+、邊國桂+、張福+、李亮+

中見人：皮臣（畫押）

乂[五]

（中間對縫字一行）

[一] 忠：「忠」作「中」。
[二] 和：「和」作「合」。
[三] 恨：「恨」作「反」。
[四] 窑：後脫「業」字。
[五] 乂：爲原窑契十二張中的第四張。

〇三九　乾隆八年（1743）張廷輔等復批做寬普水溝窑合同

立復批做窑合同人張廷輔，因院内有寬普水溝窑弍座，自無工本開做，今同中見人張希賢、刘志説合，情愿會到眾家新出本開做。其窑按貳百肆拾日爲則。去地主窑業四十日，安良臣新出工本開做三十四日，楊文璭新出工本開做三十三日，安國璽新出工本開三十三日，張永錫、王嘉賓開旧窑業捌十日，路學文、范可英開旧窑業弍十日。煤出之日，先迴新工本，然後見利，按新旧窑分均分。衣煤土末，俱随地主。如窑業不明，有地主一面承管。此係眾家情愿，恐後無憑，立此天理合同，一樣六[一]張，分執存照。

乾隆八年三月十二日　　立復批做窑合同人：張永錫+、王嘉賓+、楊文璭+、

安良臣+、安國璽+、路學文+、

范可英+

地主：張廷輔+

中見人：張希賢+、刘志+

代書人：楊國相+

四

中間對縫字一行：天理合同一樣七張分執口口

〇四〇　乾隆九年（1744）張廷輔批夥做岩下窑合同

立批夥做窑合同人張廷輔，因有清[二]山嶺村西大渠溝岔道岩下窑一座。今同中見説合人情願會到安名下出本開做。其窑按一百日爲則。地主開廿日。新出工本開六十日。舊窑業開廿日。煤出之日，先囬完工本，然後獲利，按日分均分。其岔道山場各有四至：東至刘思宏，西至大溝，南至道，北至安二創自己。四至之内窑座，許做窑夥計們開做，不許另會別人開做。此係眾家情願，故立批合同，一樣三張，永遠存照。

舊窑業開窑分廿日+　　新出工本人：安國用開窑分四十日（畫押）、馬明開窑分廿日+

開地分人：張廷輔開窑分十五日+、安國用開窑分五日（畫押）

[一]六：有七人，應爲「七」。但有「七」改爲「六」的痕跡。
[二]清：「清」作「青」。

乾隆九年二月拾伍日　　立批合同人：張廷輔+

書字人：張德功（畫押）

右側對縫字一行：天理合同一樣三張

一

〇四一　乾隆九年（1744）焦從雨等批做吉祥窑合同

立批做窑合同人焦從雨，因祖遺下厢紅旗焦家地内有吉祥窑一座，坐落在樱桃園内。今同中見人説合，會到四家出本開做。其窑按乙[三]百十日爲則。内去地主窑十日，四家開做乙百日。申祿開做三十七日，張廷輔開做弍十一日，田藍玉開做弍十一日，張廷佑開做弍十一日。衣煤土末，俱随地主。煤出之日，見利按日分均分。此係眾家情愿，各無返悔，恐後無憑，立此合同，一樣五張，各執一張存照。一[四]前合同以爲故紙。

地主人：焦從雨+

乾隆九年十一月三十日　　立批合同人：張廷輔+、申祿+、田藍玉+、張廷佑+

中見人：張才+

（中間對縫字一行）

三（在右上角）

〇四二　乾隆九年（1744）安國用等批夥開做桃樹窑、道下窑合同

立批倆窑係夥開做煤窑合同人安國用、張廷輔、趙世英、劉士貴，有岔道坡桃樹窑、道下窑貳座，因爲風水不通，今同眾夥計和議，情願倆窑合夥開做。其窑按壹百廿日爲則。山主開地分廿日，開出工本廿日，安國用開出工本四十日，劉士貴開出工本廿日，趙世英開出工本廿日。自己煤出之日，先囬完工本，然後得利，按日分均分。此係眾家情願，並無異説，故立合同，一樣四張，各執一張，永遠存照。

計開：

山主張廷輔開地分廿日開新出工本窑廿日、趙世英開新出工本窑廿日、安

[三]乙：「乙」作「一」。
[四]一：「一」作「以」。

國用開出工本窑四十日、劉士貴開出工本窑廿日

乾隆九年十二月十五日　立批係夥合同：安國用+、張廷輔+、趙世英+、劉士貴+

代書人：李應文+

三（在右上角）

合仝一張

〇四三 乾隆二十二年（1757）劉思宏等復批做窑合同

立復批做窑合同人舊業刘思宏、石宗琳、山主刘元舜，因有祖遺山場内有煤窑一座，坐落潘家澗東腰石䃶[一]煤□□□□□無工本開做，情願會到刘茂隆、刘昇隆、吕君玉名下開做，其窑按壹百貳拾日爲則。各名下窑分開例[二]於後，言明煤出□□□□□新工本，然後見利，按日分均分。如有鋪中買賣見利，按拾成均分，窐抱鋪中，鋪中抱窐。此係六家情愿，各不許返悔，恐後無憑，立字永遠存照。如有窐上馱兒錢，不與新舊窑業相干，係山主承管。從前合同以爲故紙。

計開

刘思宏抱開舊業窑拾日，買賣三成。石宗琳抱開舊業窑伍日，買賣一成。山主刘元舜開地分窑拾日。刘茂隆抱開新窑業三十日，買賣三成。吕君玉、刘昇隆抱開新窑業三十日，買賣三成。孫德昌抱開落水窑三十日，本身窑五日。

乾隆貳拾二年二月初三日　立復批做窑合同人：孫德昌+、刘昇隆+、刘元舜（畫押）、刘思宏+、石宗琳+、刘茂隆+、吕君玉+

（中間對縫字一行）　書字人：侯成紀+

五

[一] 石䃶：「䃶」作「槽」，指煤層。

[二] 例：「例」作「列」。

〇四四 乾隆二十二年（1757）陳雄會做德勝窑合同

立會做窑合同人陳雄，因門頭溝鄭家坡有德勝窑一座。因缺少工本，憑中見説合人屈銀、韓昇，今復會到褚斯傑、閆自芳名下出新工本開做。其窑按貳百肆拾日開做。内去地主肆拾日，褚斯傑出新工本開做伍拾日，閆自芳出新工本開做伍拾日，陳雄抱開旧業壹百日。出煤之日，先迴完新工本，然後見利，按日分均分。衣煤土末，俱随地主。倘有旧業人等爭競，有陳雄同山主一面承攬。俱係衆等情愿，並無返悔，恐後無憑，立此一樣四張，永遠存照。

乾隆二十二年七月十九日　中見説合人：屈銀+、韓昇+

地主：鄭財+

立會做窑合同人：陳雄+

代書人：金振遠（畫押）

左側對縫字一行：天理合同

〇四五 乾隆三十一年（1766）劉元舜等批夥做四槽煤窑合同

立批夥做窑合同人刘元舜、唐應忠、韓德耀、刘茂隆、韓振燊、孫廷煥、安明錦等，因爲乾隆十年十月初一日因有潘家澗東四槽[三]煤窑一座，因自無工本開做，今同中見人刘文玉，情愿轉與侯撫辰名下新出工本開做。其窑按弍伯日爲則。窑出煤之日，先回完新工本，然後見利，按日分均分。此係衆家情愿，並無異説。鋪利不與旧業相干。窑上所用之人官用。窑分日其開列于後：

計開：

侯撫辰新出工本窑壹佰日+、唐應忠開旧業廿日+、安明錦開旧業拾日+、韓德耀、刘茂隆、韓振燊開旧業廿日+、孫廷煥開旧業廿五日+、刘元舜開地分廿五日+、孫、刘二人水錢全無（畫押）

乾隆三十一年十二月廿二日　中見人：孫德馨+、刘文玉（畫押）

代字人：侯兆燕+

左側對縫字一行：口口合同一樣口張存照

[三] 四槽：指第四煤層。一層煤爲5米—10米厚。

〇四六　乾隆三十三年（1768）高懷明等復批做開庫窑合同

立復批做窑合同人高懷明，因有家後開庫窑一座，自無工本開採，今同中見人會到本村人閆鐸、閆釗、孫昌齡三人新出工本開做。其窑按四百八十四日爲則。內去地主窑業八十四日、高懷明抱開舊窑業一百六十日、閆鐸開新出本窑八十日、閆釗開新出本窑八十日、孫昌齡開新出本窑八十日。俟煤出之日，先迴完新工本，然後見利，按新舊四百八十四日均分。衣煤土末，俱隨地主。此係大家情願，各無返悔，恐後無憑，立此合同，一樣四張，各執一張，永遠存照。

俟煤出之日，舊窑一百六十日分爲二百二十日均分。

中見人：孫世琇+

乾隆三十三年十月三十日　立復批做窑合同人：閆釗+、閆鐸+、孫昌齡+

地主人：高懷明+

代書人：安仕袗（畫押）

第弍張

右側對縫字一行：立復批合同一樣肆張各執壹張永遠存照

〇四七　乾隆三十三年（1768）張德君等復批夥做興盛窑合同

立復批夥做煤窑合同人張德君，因有祖遺到北青山嶺村西岔道坡地壹段，內有興盛煤窑壹座，因自無工本開做，今同中人會到侯元良、趙士魁、趙伏、安国用四人名下，新出工本開做。其窑按壹百貳拾日爲則。趙士魁新出工本開做拾日、趙伏新出工本開做拾日、侯元良新出工本開做貳拾日、安國用新出工本開做四十日，舊業拾日。山主張德君開地分窑貳拾日，舊窑業五日。范文得開舊窑業五日。同眾言明，煤出之日，先囬完新工本，然後得利，按窑股份均分。此係眾家情愿，各無異說，恐後無憑，故立夥做煤窑合同壹樣六張，各執壹張，永遠存照。

中見人：彭雲+、安富代書

乾隆卅三年拾壹月二十六日　立批夥做煤窑合同人：趙士魁+、侯元良+、趙伏+、張德君+、安國用（畫押）、范文得+

道光拾四年五月初三日，興盛煤窑改做窑名坩子窑。

中間對縫字一行：天理合同壹樣六張各執壹張存照

〇四八　乾隆四十三年（1778）劉思韶等四人批做合和窑合同

立批做窑合同人劉思韶，有祖遺王平口村北地內有合和窑壹座，自無工本開做，會到張殿選、李德山、僧永太三人名下開做，其窑按壹百叁拾日爲則，地分山主旧業在內。張殿選抱開新出本窑肆拾日、李德山抱出新工本窑肆拾日、僧人永太抱開新出本窑拾日、劉思韶開地分貳拾日，抱開旧業貳拾日。言明新工本囬完，日後見利按日分均分。舖中户[一]利，自[二]許新業地分所得，多少不余[三]□業無[四]干。如有旧業不明，有山主一面承管，不與新出本人相干。窑上買稍子、馱兒錢，官買官收。窑上所用之人，官添官用。此係眾家情愿，各不許返悔，恐後無憑，故立存照。

乾隆肆拾叁年七月廿一日　立合同人：劉思韶+、張殿選+、李德山+、永太+

中見人：劉會隆代筆+

四

左側對縫字一行：囗囗合同一樣四張各執一張

〇四九　乾隆四十三年（1778）劉思韶等三人批做合和窑合同

立批做窑合同人刘思韶有祖遺王平口村北地內有合和窑壹座，自無工本開做。會到張殿選、李的[五]山二人名下開做。言明按新旧壹伯叁拾日爲側[六]，連地分、山主旧業在內。張殿選出新工本四拾五日、李的山新出工本四十五日、刘思韶開地分二十日、又抱開旧業二十日。言明將新工本囬完，日后見利，按日均分。又言明舖利自許新業地分所得，多少不許[七]旧業相干。如有旧業地分

[一] 户：「户」作「獲」。
[二] 自：「自」作「只」。
[三] 余：「余」作「與」。
[四] 無：「無」作「相」。
[五] 的：「的」48號窑契中作「德」，本窑契落款爲「得」。
[六] 側：「側」作「則」。
[七] 許：「許」作「與」。

不明，自有山主一面承管，不與出新工本人相干，其窑所用之人，許公天[一]公用。此係眾家情愿，各不許返迴[二]，恐後無憑，故立合同，各執一張存照。

大清乾隆肆拾叁年七月二十一日　　立合同人：刘思韶+、張殿選+、李得山+

右側對縫字一行：天理合同□□

〇五〇 乾隆四十五年（1780）孫成批做長盛煤窑合同

立批煤窑合同人搶峰坡孫成，因有祖遺置到搶峰坡村西北六道灣子道下，內有孫姓地內有長盛煤窑壹座。因自無工本開採，今會到孫、侯二人名下開採，永遠爲業。其窑按壹百五拾日爲則。新業抱開壹百弍拾日，山主抱開叁拾日。言明煤出之日，先迴新工本，工本迴完，見利按股均分。山廠道路不明，俱有山主一面承管。窑不明，俱有新業一面承管。此係大家情愿，各無返悔，恐後無憑，立此合同，一樣叁張，各執一張，永遠存照。

計開窑分開列於後：

孫德興抱開新業六拾日+、侯兆燕抱開新業六拾日+、山主孫成抱開地分窑卅日+

弍張

中間對縫字一行：口煤窑合同一樣叁張各執一張

中見人：侯忠良+、靳元瑞+、趙元祿代筆

乾隆四拾五年二月初十日　　立批合同窑業人：孫成+

〇五一 乾隆五十年（1785）高懷璧等復批做盈庫窑合同

立復批做窑合同人高懷璧，因有祖遺坟地下空地一段有盈庫窑一座，坐落在門頭口內龍王廟後溝北。今同中人會到楊、魏二姓出本開做，其窑按叁伯陸拾日爲則。內去地主窑業陸拾日，下剩叁伯日。楊昱開出本新窑柒拾五日、魏之輔開出本新窑業□拾伍日、安國璧開舊窑業伍拾日、安世泰開舊窑業伍拾日、焦士璞開舊窑業伍十日。煤出之日，先迴完新工本，然後見利，按日分均分。衣煤土末，俱隨地主。如有親族人等爭論者，有地主一面承管。以前舊合同已爲故紙。恐後無憑，立此合同，一樣陸張，各執一張，永遠存照。

[一] 天：「天」作「添」。
[二] 迴：「迴」作「悔」。

乾隆伍拾年正月二十日　　中見人：杜珍+

立復批做窑合同人：安國璧（畫押）、魏之輔（畫押）、楊昱（畫押）、焦士璞+、安世泰+

地主人：高懷璧+

代字人：安廷芳（畫押）

叁

中間對縫字一行：立復批做窑合同壹樣陸張各執一張永遠存照

〇五二 乾隆五十年（1785）安士玉賣寬普水溝窑窑業文約

立賣窑業文約人安士玉，因爲無錢使用，今將祖遺做到張家院內寬普水溝窑的窑業卅三日，出賣與本村住人張廷興名下，永遠爲業。言明賣價清錢弍千伍伯整，其錢筆下交足，外無欠少。恐后無憑，立賣窑業文約存照。隨代[三]原合同一張。

乾隆伍拾年伍月十一日　　立賣字人：安士玉親筆押

中見人：張国仁+

信行

〇五三 乾隆五十一年（1786）張德文會批做寬普水溝窑合同

立會批做窑合同人張德文，舊有院內寬普水溝窑一坐。因自己無工本開做，今仝中見人王天宝說合，情愿會到龐起凤、沈世龍、王德重三位新出工本開做。其窑按四百捌拾日爲則。內去地主窑捌拾日，下剩四百日。沈世龍、王德重、龐起凤三位出工本開做新窑弍百叁拾弍日，張德文抱舊窑業壹百陸拾捌日。如有舊業爭競，有山主壹面承管。出煤之日，先回完新工本，然后見利，按日分均分。衣煤土末，俱隨地主。如若工本不接，將窑退回。眾家情愿，各無返悔，合同一樣三張，各執一張存照。

沈世龍開做四十日、王德重開做四十日、龐起鳳開做四十日，三人抱開新業弍百叁十弍日+。張德文抱舊業壹百六十八日、開地分窑八十日。

[三] 代：「代」作「帶」。

乾隆伍拾壹年二月十一日　　立會批做窑合同人：張德文+

中見代書說合人：王天宝+

一

右側對縫字一行：天理合同一樣三張各執一份存照

○五四　乾隆五十一年（1786）張希虎批會做萬順窑合同

立批會做窑合同人張希虎，因有本身地座落青山嶺下大衢[一]溝，內有萬順窑一座，其窑情愿批與趙鼎美名下開做。其窑按壹伯肆拾日爲則。趙鼎美開工本窑五十五日，地主人開地分、工本窑四十日，冉大相開工本窑五日、侯清山開工本窑五日，段二開工本窑五日、蘇傑開工本窑十日。下剩旧業二十日其官所抱。如若煤出之日，先囬工本，然后見利，按窑分均分。再者窑上設立官舖，所有利息按分均分。窑內用稍子，官買官用。所有駄子錢入官。日後倘有□□□□□□[二]承管等情，其官所攬。此係大家情愿，並無返悔，恐后無憑，立此合同一樣六□□□□□□□□□□[三]許外批。

開做窑人：冉大相+、蘇傑+、趙鼎美+、侯清山+、段二+

乾隆五十一年拾一月廿六日立

地主人：張希虎+

代字人：冉大相（畫押）

中間對縫字一行：□□會做□合同一樣六□爲証

○五五　乾隆五十一年（1786）張希虎批會做廣泰窑合同

立批會做窑合同人張希虎，因有本身地座落青山嶺下大衢溝內有廣泰窑一座，情愿批與姜名下開做。其窑按壹伯肆拾日爲則。姜脩五開工本窑六十五日，山主開地分窑二十日、新業（窑）十五日。范廷玉開旧業窑二十日、新業（窑）十日。冉大相開新業十日。如若煤出之日，先囬工本，然后見利，按窑分均分。再者窑上設立官舖，所有利息按分均分。窑內用稍子，官買官用。所有駄子錢入官公用。日后倘有旧業不明，有范廷玉承管。地分有山主張希虎承攬。此山場不許外人在此開採，此一帶由姜姓開做，山主不得阻挡。此係大家情愿，各無返悔，恐后无憑，立此合同，一樣四張，各執一張爲証。

開做窑人：姜脩五+、張希虎+、范廷玉+、冉大相代笔（畫押）

乾隆五十一年拾弍月初四日立

叁

中間對縫字一行：立批囗囗囗合同一樣四張各執一張爲証

○五六　乾隆五十四年（1789）梁永成賣南井眼加井門窑窑業文約

立賣地分衣煤土末小甫煤窑業文約人梁永成，囙爲無錢使用，今將趙家地內南井眼加井門窑一座，其地分衣煤土末小甫煤按三分賣一分。其窑按一百四十日。內有地分窑叁十日，今同說合人情愿賣與王名下永遠爲業。言定賣價清錢叁千五百文，其錢當面交足，外無欠少。如有親族人等爭競，有賣主一面承管。恐後返悔，如有返悔者，罰白銀拾兩。恐後無憑，立此賣契存照。

乾隆五十四年七月二十四日

中見人：張成

立賣地分衣煤土末小甫煤窑業文約人：梁永成+

親筆梁永成+

信　行

○五七　乾隆五十五年（1790）焦枝潤等復批會做三義窑合同

立復批會做窑合同人焦枝潤、楊悅、陳宗堂，因有焦姓當差地內有三義窑一座。此窑坐落北坡捨家地南溝。今因無力開做，同中說合復會到張文宗、焦璵璋、焦開泰、焦開業四位名下新出工本開做，其窑按叁伯弍拾日爲則。內去地主窑業肆拾日，下剩弍伯捌拾日，按新舊弍分均開。新窑業壹伯肆拾日，舊窑業壹伯肆拾日。煤出之日，先迴完新工本，然后見利，按日分均分。衣煤土末，俱隨地主。立字之后，如有舊業不明，有楊悅一面承管。山主窑業不明，有焦枝潤一面承管。再山主舊業見利，先迴完新工本，然後見利，按山主舊業

[一] 衢：「衢」作「渠」。

[二] 據鄧拓《從萬曆到乾隆——關於中國資本主義萌芽時期的一個論證》（《歷史研究》1956年第10期第22頁），應爲「地分不明，有山主」。

[三] 同上。應爲「張，各執一張存照爲証。永遠不」。

日分均分。此係衆家情愿，各無返悔，恐后無憑，立此合同，一樣十弍張，各執一張存照。如有旧紙合同以爲故紙。

計開：

張文宗開新窑業肆拾日、焦瑍璋開新窑業肆拾日、焦開泰開新窑業叁拾日、焦開業開新窑業叁拾日、陳宗堂開舊窑業弍拾日、張文廷開舊窑業弍拾日、彭進功開舊窑業弍拾日、焦枝潤開舊窑業拾日、侯元良開舊窑業弍拾日、楊悅開舊窑業拾六日、楊瑞開舊窑業拾七日、楊鐸開舊窑業拾七日、山主開地分窑肆拾日

中見人：尤永興　代筆

乾隆五十五年五月初十日　立復批做窑合同人：焦開泰+、彭進功+、楊瑞+、張文宗+、陳宗堂+、侯元良+、焦瑍璋+、張文廷+、楊悅（畫押）、焦開業+、焦枝潤+、楊鐸+

〇五八　乾隆五十七年（1792）張德文等會批做寬普水溝窑合同

立會批做窑合同人張德文，因有自己院內舊有寬普水溝窑二座，因自己無工本開做，今同中人說合人劉自风、劉自琦，會到鞠程修名下新出工本開做。其窑按三百六十日開做。內去山主地分舊窑業壹百四十日。鞠程修開做新窑業弍百日。抱窑人開弍十日。共是三百六十日開做。出煤之日，先囬新工本，囬完得利之日，按日分均分。衣煤土末，俱随地主。此事兩家情愿，並無返悔，如有旧窑業親族人等爭競者，有山主壹面承管。恐後無憑，立此合同，壹樣兩張，各執一張存照。

乾隆伍拾七年弍月拾壹日

做窑合同人：張得文+、鞠程修+

中見說合人：劉自琦+、（劉自）风

代字人：劉瑞林+

〇五九　乾隆五十七年（1792）于憲等批做西尾巴窑合同

立批窑合同人于憲、武作棟等，有批到刘天佑之東四礶，與安、孫二姓西尾把二窑合夥，坐落在潘家澗橋北。因無力承開，今同山主旧業議定，其窑仍按壹伯伍拾日爲則，情願批與張其檍、黎勳、于憲三人陸拾日，偹新工本開做。至賣煤之日，先迴工本，將工本囬完，窑上得利，先除去水錢弍成。其餘之利，按窑分均分。窑上執事之人，公添公用。窑上吃水並稍子，係地分窑自買。駄子錢亦係地分窑自收。自立合同之後，向日旧合同俱爲故紙。今立合同一樣八張，各執存照。再將各人窐分開列於後：

計開

黎勳抱新工本窐叁拾日。于憲抱新工本窑拾伍日、旧業弍拾伍日。于白貞旧業拾日。張騰龍旧業伍日。武作棟抱旧業窑弍拾日。張其檍抱新工本窐拾伍日。刘天佑抱地分窑拾伍日，駄子錢壹半。孫宏儒抱駄錢弍成半，水分壹成，此水錢□與王寧邦壹成。王寧邦抱旧業拾日，水錢壹成。安有錫、（安有）荣、昆玉等抱地分窑伍日、駄錢貳成半。

中正人：李哲中+

乾隆五十七年十二月十五日立

書字人：孫廷琨+

右側對縫字一行：立□批合同□□

（中間對縫字一行）

張其檍

左下角：伍

〇六〇　嘉慶元年（1796）馬秉達等做戲臺窑合同

立會做窑合同人馬秉達、馬天森、（馬天）福，因有劵門外祖遺地內有戲台窑一座，今憑中會到衆家出本開做，其窑按九伯四十日開採，內去地主窑一伯四十日，下剩八伯日，閆本初開出本窑一伯日、焦士英開出本窑一伯日、蕭雲清開出本窑一伯日、董秀開出本窑一伯日、焦士琮開旧窑一伯日、梁錫公開旧窑五十日、董秀開旧窑五十日、馬秉達、馬天森開旧窑卅日、姜儒抱開旧窑五十日，焦士英開旧窑十五日、孫國俊開旧窑十五日、閆本初開旧窑十五日、曹彪開旧窑十五日、閆鐸抱開旧窑六十日。煤出之日，先迴完新工本，然后見利，按新旧日分均分。衣煤土末，俱随地主。此係衆家情愿，各無返悔，恐后無憑，立此合同，一樣十四張，各執一張，永遠存照。

中見說合人：陳旺+

嘉慶元年四月初八日　　立復批做窑合同人：焦士琮+、閆本初+、焦士英+、蕭雲清+、董秀（畫押）、梁錫公+、孫國俊+、閆鐸+、姜儒+、曹彪+、

地主人：馬秉達+、馬天森+、（馬天）福+

代字人：闻成銘+

（中間對縫字一行）

第拾貳

〇六一　嘉慶元年（1796）尤永隆等復批會做上坑子窑合同

立復批會做窑合同人尤永隆，因有本身當差地內有上坑子窑一座，其窑坐落九天廟後，因自無工本開做，今憑中人會到眾家出本開做。其窑按貳百四拾日開採，內去地主窑四拾日，下剩貳百日。胡炭窑宋利寶等開新出工本廿五日、安家坟窑王景福等開新出工本窑廿五日、岩子窑焦士琳等開新出工本窑廿五日、施泰盛等開新出工本窑廿五日、楊三位抱開中舊業五拾日、閆鐸開老舊業廿五日、尤永隆抱開老舊業廿五日。如日后中舊業不明，有楊三位一面承管。如老舊業不明，有尤永隆一面承管。衣煤土末，俱隨地主。此係眾家情願，各無返悔，恐后無憑，立此合同，一樣七張，各執一張，永遠存照。

中見人：趙佐+、陳旺+

嘉慶元年十一月初九日　　立復批做窑合同人：楊三位+、焦士琳+、宋利寶+、王景福（畫押）、施泰盛+、閆鐸+。

地主人：尤永隆+

代筆人：孫昌奇+

第七

第一尤永隆、第二岩子窑、第三施泰盛、第四安家墳窑、第五胡炭窑、第六楊三位、第七閆鐸

左側對縫字一行：批會做窑合同一樣七張各執一張永遠存照

〇六二　嘉慶元年（1796）趙才等典南加井門窑窑業文約

立典契文約人趙才、（趙）倉，因爲無錢使用，今將南加井門窑衣煤土末十日之內典二日，情愿典張德斌名下。言明典價清錢弍拾弍吊正，其錢當面交足，並不短少。兩家情愿，各無返悔，向有家族爭競，有典主一面承管。恐後無憑，立契存照。言明出煤三年，錢到迴贖，爲証。

嘉慶元年十一月十七日　　立典契人：趙才+、趙倉+

代筆人：楊越千+

〇六三　嘉慶三年（1798）李文明等批西門窑地分合同

立批地分合同人李文明、焦士荣、趙廷翔，有岳家坡村下西門窑地分十五日，內有焦士荣拾日、李文明三日、趙廷翔兩日。恐後遠年無憑，今同中人分劈明白，永遠存照。

中見代筆人：高文翰+

嘉慶三年十一月二十五日　　立。李文明+、焦士荣+、趙廷翔（畫押）

中間對縫字一行：□□合同

二

〇六四　嘉慶三年（1798）焦士榮等批會做寶開窑合同

立復批會窑合同人焦士荣，因有岳家坡村西祖遺地內有西門窑一座，改名寶開窑，無力開做，今仝中人說合，轉會到□□菴覺安名下開做。其窑按壹千弍百八十日爲則，內去地主窑業弍百四十日，下剩壹千零四十日，新業五百弍十日，舊業五百弍□□。煤出之日，先迴完本年十一月廿五日工本，然後再迴覺、趙、劉三人工本。前後工本迴完，得利再按新中舊日分均分。如有舊業山□□有地主焦姓一面承管。衣煤土末，俱隨地主。恐后無憑，立此合同，一樣八張，各執一張，永遠存照。

覺安開□□本窑五百弍十日、趙廷翔開中業壹百叁十日、劉文慧開中業壹百叁十日、趙廷驥開老旧業六十日、魏宅開□□業壹百日、關宅開老旧業壹百日、焦士荣送李文明干窑一百日、焦士荣開地主窑一百四十日。

嘉慶三年十一月二十五日　　立復批會做窑合同人：趙廷翔（畫押）、覺安+、劉文慧+、魏宅+、趙廷

驥+、關宅+、李文明+

地主人：焦士榮+

中見說合人：刘啓昌+、李文明+

代字人：闻自新+

中間對縫字一行：立復批會做窑合同□□□□□□□

四

〇六五　嘉慶三年（1798）岳玉買韓家凹窑窑業憑據

立憑據人岳玉，因買張德明韓家凹窑一座拾五天，今仝中人言明，窑價清錢肆拾吊〇九伯整，言定十一月初壹日歸還。此係兩家情愿，並無異說。如返悔者，有中人一面承管。恐後無憑，立憑據存照。

中人：李文貴+、陸国興+

嘉慶叁年七月拾四日

立憑據人：岳玉（畫押）

代字人：楊寬（畫押）

家凹窑□

〇六六　嘉慶四年（1799）周廷代等批會做天德窑合同

立批會做窑合同人周廷代、周良棟，今有烏煤溝本身地內有天德窑壹座，自無工本開做，今憑說合人王治龙，會到曺姓、閆姓、周姓、焦姓名下出工本開做。其窑按貳佰玖拾日爲則。去地主二人四十日，去旧葉[一]五十日，出本開做新窑葉貳伯日。曺銀做五十日、閆本義做五十日、焦士玢五十日、周英做五十日爲則。出煤至[二]日，先迴新工本，見利按日均分。如有親族人等爭競，有地主壹面承管。恐后無憑，立合同壹樣陸張，各紙[三]壹張，永[四]爲葉存照。

管中抱開旧葉五十日陸人開做。周良棟+

中見人：王治龙+

[一] 葉：「葉」作「業」。
[二] 至：「至」作「之」。
[三] 紙：「紙」作「執」。
[四] 永：後脱「遠」字。

嘉慶四年拾月拾柒日

立合同人：曺銀+、閆本義（畫押）、焦士玢（畫押）、周英+

地主人：周廷代+、周良棟+

代筆人：周自泰+

中間對縫字一行：□□□□

貳張

〇六七　嘉慶四年（1799）焦枝潤等復批做豐盛窑合同

立復批合同人焦枝潤、申亮，因有祖遺豐盛窑二座，座落在天橋淳村北峪口內蘿卜窑北溝內，因無工本開做，今會到楊哲、曹嘉武、韓用奇、曹輔明四人名下開做，其窑按四百八十日爲則。新出工本開做弍百拾日，王成業開舊業壹百拾日，申亮開舊業柒拾日，趙姓開舊業弍拾日，申姓送尤姓開舊業拾日，山主開地分六十日。煤出之日，先迴完新工本，然後見利，按窑日分均分。衣煤土末，俱隨山主。自批之後，倘有舊業地分不明等情事，有焦、申二人一面承管，不與新業相干。恐後無憑，立此合同，一樣九張，各執一張，永遠存照。

楊哲開新業弍拾日+、曹嘉武開新業柒拾日+、曹輔明開新業柒拾日+、韓用奇開新業伍拾日+

地分人：王成業開舊業壹百拾日+、申亮開舊業柒拾日+、焦枝潤開地分陸拾日+、尤永興開舊業拾日+、趙姓開舊業弍拾日+

嘉慶四年十二月初六日

立復批合同人：焦枝潤+、申亮+

中見人：韓佶+、馬川+

中間對縫字一行：立批合同一樣九張各執一張

代筆人：沈有蘭（畫押）

肆

〇六八　嘉慶五年（1800）曹德等批會做開庫窑合同

立批會做窑合同人曺德，因自志[五]地內有開庫窑一座，坐落在龍門村東溝

[五] 志：「志」爲「置」。

山根地內，囘無工本開採，同中人會到新業名下出工本開做。其窑按弍百日爲則，內去地分窑拾日，有送地分窑拾日。煤出之日，先迴新工本，然后見利，按日均分。衣煤土末，俱隨地主。自批之后，如山主地分不明，有曺德一面承管。此係眾家情愿，並不返悔，恐口無憑，立此合同，一樣九張，各執一張，永遠存照。

勝意新出工本窑三十日、任入敬新出工本窑十日、李通新出工本窑十日、任貴新出工本窑十日、閆本益新出工本窑弍十日、梁俊新出工本窑十日、梁傑新出工本窑十日、眾人馬有臣地分窑十日、下剩八十日山主新業抱開

嘉慶五年十弍月廿二日　立批合同人：馬有臣+、李通+、梁俊+、任入敬+、勝意+、閆本益+、梁傑+、任貴+、

山主：曺德+

代筆人：張本仁+

（對縫字一行）

弍張

○六九　嘉慶五年（1800）劉士俊退寶庫窑業字據

立退新窑業人劉士俊，因有本身批到寶庫窑新窑業四十日，今自身工本不接，情愿將此新業四十日退與族叔劉文智名下出本開做。自退之後，如出煤得利，俱是族叔收取，不與刘士俊相干。倘有弟兄人等爭論等情，有刘士俊一面承管，不與族叔相干。恐後無憑，立此退契，永遠存照。

原批契紙劉士俊手存。

中見說合人：劉照（畫押）、劉士傑+、梁錫瑤+

嘉慶五年十弍月初三日　立退窑業人：劉士俊+

代筆人：高文煥+

信行

○七〇　嘉慶六年（1801）閆本深等復批做上楨子海窑合同

立復批做窑合同人閆本深、張富功，因嘉慶元年三月有姜姓本身軍地內上楨子海窑一座，批與徐友松名下新出工本錢壹千吊開做。其窑按柒百貳拾股爲則，已批立合同。今於四年九月典軍姜趙氏之子報故，以外甥張富功爲子。所有姜姓砟軍，係本村閆本深頂替軍差，管領軍地，其地內之上楨子海窑應得山主股分。閆本深情愿作爲貳股，閆本深、張富功各得壹股，將從前所批之合同仍留存查。復批新合同，所有新舊各股分仍照前議開列于後。自批之後，如所會工本不敷使用，公同措借或轉會收煤均可。倘有從前夥窑合同，以及小批並舊分股分一應大小不清等事，均不與開新分人相干，俱有安顯中一面承管。衣煤土末，俱隨地主。倘地分有人爭競並軍差等事，俱有開地分窑閆本深、張富功一面承管，亦不與開新分相干。俟興工出煤迴本獲有餘利之日，按後開股分均分。倘有不愿開此業賣棄于夥外之人者，此合同做爲廢紙。此係當面議定，各無返悔，恐口無憑，立此合同，一樣陸張，各執壹張，存爲後照。

計　開

徐友松開新窑業叁百陸拾股、安顯中開舊窑業捌拾股、安世裕開舊窑業捌拾股、劉秉義開舊窑業捌拾股、閆本深開地分窑業陸拾股、張富功開地分窑業陸拾股。

中見人：楊鐸+、張紘（畫押）

（中間對縫字一行）

刘

嘉慶陸年貳月初一日　立合同人：閆本深+、安世裕（畫押）、徐友松（畫押）、安顯中（畫押）、劉秉義+、張富功+

肆

○七一　嘉慶八年（1803）李文明復批做常平窑合同

立復批做窑合同人李文明，因有祖遺本身地內有常平窑一座，此窑坐落在券門外東北坡。自無工本開做，今會到眾家新出工本開做。言定此窑按玖百陸拾日爲則。內去地主窑業壹百陸拾日。下剩捌百日，新出工本開窑業肆百日，中業開窑業貳百日，舊業開窑業壹百日，老舊業開窑業壹百日。如煤出之日，先迴完新工本，然後見利，新中舊業山主等按日分均分。如中業不明，有張德湖承管，不与新業相干；如舊業不明，有舊業人承管；如老舊業不明，有閆本

溥、楊鐸、關亮三人承管，不与中舊業相干。衣煤土末，俱随地主。此係眾家情愿，各無返悔，恐後無憑，立此合同，一樣拾六張，各執一張，永遠存照。以前合同俱爲故紙。再者有關姓合同不明，有關亮承管；有翏姓合同不明，有李文明承管；如郭生富、李全宝二人另有異説，有張德湖承管。

計開窑分於後：

新出工本人：閆本溥開老舊業弍拾日、舊業弍拾日、新窑業八拾日+。李承基開新窑業四拾八日+、宋振先開新窑業七拾弍日+、尤永隆開新窑業捌拾日+、楊三位開新窑業四拾日+、楊增開新窑業捌拾日+

中業人：張積開壹百日+、張德湖開七拾日+、魏君用開叁拾日+

舊業人：郭生富開弍拾日+、張得斌開弍拾日+、武貴寛開弍拾日+、李全寶開弍拾日+、舊業公中買到王廷寿窑拾日

老舊業人：楊鐸開六拾日+、關亮開拾日+

嘉慶八年十一月十五日　　立復批做窑合同人：李文明開地分窑業壹百陸拾日+

中見説合人：王國旺+、龐起鳳+、王斌+

代字人：魏連璧（畫押）

第拾四張

中間對縫字一行：合同一樣拾六張各執一張存照

○七二 嘉慶九年（1804）閆起等會做下椹子海窑合同

立會做窑合同人閆起，因以前姜姓地內有下椹子海窑壹坐，今閆姓頂軍當差地，地随閆姓，不與姜姓相干。今同中人批到焦士璧名下出今[一]開做，其窑桉[二]壹百貳拾日爲則。內去山主地分窑業貳拾日，焦士璧出本開新窑業五拾日、馬登元開舊窑業五拾日、楊順開地分窑業拾日、閆起開地分窑業五日、張福功開地分窑業五日。煤出之日，先回完新工本，然後見利，按日分均分。衣煤随閆、楊二姓，土末随地基[三]。如有舊窑業不明，有馬登元壹面承管；如山主不明，有閆、楊二姓壹面承管。如地畝不明，有閆姓壹面承管，不與別姓相干。此係眾家情愿，各無返悔，恐後無憑，立此天理合同，一樣五張，各執一張，永遠存照。以前如有遺漏合同以爲廢紙。衣煤土末另有字據。

中見人：朱自荣+、王永泰（畫押）

嘉慶九年九月十二日　　立批會做窑合同人：焦士璧+頭張；馬登元+貳張

山主地基人：楊順+三張、閆起+四張、張福功+伍張

右側對縫字一行：立批會做窑合同一樣五張各執一張永遠存照

○七三 嘉慶十一年（1806）劉天錫等復批做大有煤窑合同

立復批做窑合同人劉天錫、（劉天）德，因王平口村北港溝有祖遺小場地內有大有炸[四]窑壹座，因工本不結[五]，不能開採。今同中人情愿批與李景彥、張永哲新出工本開做。其窑按壹伯弍拾日爲則，新約[六]開做捌拾日，旧約開弍拾日，山主開弍拾日。炸出之日，先迴完新工本，工本迴完，有獲利按□均分。惟有旧約窑分弍拾日，李景彥抱拾日、山主抱拾日。日後有老旧約不明，山主一面承管。新旧約不明，抱窑人一面承管。此係眾家情愿，各無返悔。稍子馱兒錢官用。恐口難憑，立此合同，一樣四張，各執一張，永遠存照。

如有前者合同以爲故紙。

嘉慶十一年九日初一日　　立□窑合同人：劉天錫、（劉天）德

代字人：王足錫+

第四張刘天錫、（刘天）德

（中間對縫字一行）

○七四 嘉慶十四年（1809）馬德川批做小碰煤窑合同

立批做窑合同人馬德川，因有祖遺自身分到小碰煤窑一座，坐落南峪村東坡上，因自無工本開做，今會到候[七]應選等名下，新出工本開採。其窑按壹百

[一] 今：「今」作「本」。
[二] 桉：「桉」作「按」。
[三] 基：「基」可作「主」。

[四] 炸：「炸」作「煤」。
[五] 結：「結」作「接」。
[六] 約：「約」作「業」。
[七] 候：「候」作「侯」。

貳拾日爲則，新出工本開做八十日，舊業開做貳拾日，山主地分開做貳拾日，共計壹百貳拾日。煤出之日，先迴新工本，新工本迴完，然後得利，按日分均分。衣煤土末，各項名字錢與賣塊子、廠內土末俱隨山主。拉占工衣煤二鍬，火煤一鍬，衣煤山主收用。火煤新業分用。馱子錢按三股均分，山主分一股，官中分二股，入官賬隨山費用。新工本迴完，山主開使。此係眾家情愿，各無返悔，恐後無憑，立此合同，一樣三張，各執一張存照。

計開窑分于後：

候應選開新出工本窑貳拾日+、馬德川開新出工本窑六拾日、山主地分窑貳拾日（畫押）。田豐廣開舊業窑三日七厘半+、官中抱開舊業窑拾六日弍厘半

嘉慶十四年九月二十七日立。

貳張　　代字人：馬德邠（畫押）

侯存首張

田存二張

馬存三張

中間對縫字一行：立批天理合同一樣叁張各執一張永遠存照

○七五 嘉慶十四年（1809）梁俊等會批做窑合同

立會本做窑合同人梁俊、（梁）志，因有祖遺西龍門澗山場內原有煤碰，今同中會到眾家出本開[二]口口口口 拾弍股爲則，內去地主窑業弍股，閆本溥出本開做弍股，閆權出本開做弍股，李通出口口口口口口口口口口口弍股，梁俊出本開做弍股。如山場內舊日不明之事，梁俊、（梁）志二人承管，與出本新股無干。口口口口口口口口口口口 憑，立此合同。一樣六張，各執一張，永遠存照。

中見人：任敬+

嘉慶拾四年十月初八日　　立會批做窑合同人：閆權+、閆本溥押、李通+、任貴+

地主人：梁俊+、梁志+

[二] 開：此窑契殘斷三節，現存上半部和中間，下半部分遺失。

代字人：閆成銘+

（中間對縫字一行）

弍張閆權

○七六 嘉慶十四年（1809）高貴等復批會做白草地窑合同

立復批會做窑合同人高貴、（高）福，因祖遺地內有白草地窑一座。因無工本，今會到眾家出本開做，其窑按三千三伯日爲則。內去地主窑業五伯四十日，下剩弍千七伯六十日。新出工本開做壹千三伯八十日，舊窑業壹千三伯八十日。煤出之日，先迴完新工本，然後見利，按日分均分。衣煤土末，俱隨地主。如舊業不明，有高福新業一面承管。開舊業之人將舊紙換新紙。此字如送賣別人，以爲故紙。或日後再查出舊合同，以爲廢紙無用。此係眾家情愿，各無返悔，恐後無憑，立此合同，一樣拾弍張，各執一張，永遠存照。

新舊業地分開列於後　計開：

楊三位、尤祚恒、楊三魁抱開新窑業壹千三伯八十日。孫開舊窑業五十七日半。廣泰號開舊窑業壹伯拾五日。要開舊窑業壹伯拾五日。楊三位、楊三魁、尤祚恒、高福抱開舊窑業六伯卅日。安士珍開舊窑業壹伯拾五日。劉開舊窑業六十日。高福、高貴開地主窑業五伯四十日。安如阜開舊窑業弍伯卅日。杜開舊窑業五十七日半。

嘉慶拾四年拾月二十八日　　立開新窑業人：楊三位（畫押）、尤祚恒（畫押）、楊三魁（畫押）

開舊窑業人：廣泰號、安士珍、安如阜、要德成+、孫+、劉+、杜+

拾一張高貴　　地主人：高福+、（高）貴+

中見代筆人：趙明+

（中間對縫字一行）

○七七 嘉慶十五年（1810）劉天錫等夥做東窑、西窑合同

立夥窑合同人刘天錫、潘世亮，因有潘家澗東大碰、西弍碰窑两窑，彼此相和，今同鄉親會到情愿康興祿、李克峻名下開採，其窑按弍百四拾日爲則。

新出工本開做壹百六十日，山主旧業開做八拾日。煤出之後，先迴新工本，將工本迴完，鋪中得利，按窑分均分。窑上用人，公請公儀，不許添人等。言明東窑山場與西窑二乘[一]，馱子錢除買稍水，山主收去，若有山場不明，有山主一面承管。旧業不明，有夥計承管。西窑工本若干，與東窑所迴，若有老年旧合同，一爲故紙。大家情愿，恐後無憑，立夥窑合同，一樣六張存照。

計開窑人：康興祿抱開新業窑壹百弍十日、李克峻抱開新業窑四拾日、刘天錫、（刘天）德抱開地分窑四拾日、潘世連、（潘世）亮抱開地分窑弍乘、李杰、賈元佩、張允師、張建功、安成均新旧業窑廿日

嘉慶拾五年三月初八日

立夥窑合同人：刘天錫+、潘世亮+；關姓、馬天貴、（馬天）爵抱開老旧業窑廿日、唐姓

中見人：刘荣昌+、王玉文代筆

（中間對縫字一行）

〇七八 嘉慶二十一年（1816）聶金玉批做白煤礶窑合同

立批窑業合同人聶金玉，因有祖父遺留坐洛[二]清水澗村東太子峪西坡根，有白煤礶窑壹座，自無工本，今會到安立田名下開做。其窑按壹百二十日爲則，新業抱開壹百日，山主抱開地分二十日。煤出之日，先迴新工本，然後有餘利，按窑股分均分。窑上馱子錢，除買捎水，山主收用，不與新業相干。窑上办事人等公請公用。自批之后，若有地分不明，係山主一面承管，不與新業相干。此係大家情愿，各無返悔，恐口無憑，立此合同，一樣四張，各執一張，永遠存照。

計開：

安立田抱開新業五拾日+、安立業抱開新業廿五日+、地分五日+、趙貴抱開新業廿五日+

嘉慶二十一年六月廿一日

立批窑合同人：聶金玉抱開地分拾五日+

中見人：安文魁+、王鵬九代字（畫押）

[一] 乘：「乘」作「成」。下文相同處不再出註。
[二] 洛：「洛」作「落」。

叁

中間對縫字一行：口口口口壹樣四張存照

〇七九 嘉慶二十五年（1820）張得福等賣金燈窑等窑業文約

立賣山主地分窑業人張得貴、（張得）福、同侄希顏因手乏需用，今將祖遺山場一段四至內有窑六座，央中人說合情愿賣與王井泉、路鵬陞、王魁寗三人名下[三]遠爲業。將六窑山主衣煤土末做爲十七股半，賣與王、路三人十二股半，自留五股爲業。其餘十二股半，言明價銀伍百两正。其銀筆下交足，並不短少，亦無準折等情。倘有不明以及葛藤不清之事，俱有賣主與中人一面承管，與受業主毫無干涉。所有十二股半，每股派分銀肆拾两。路五股，出銀貳百两。王五股，出銀貳百两。其餘貳股半，王魁寗出銀壹百两，共合五百两正。日後得利，與業主按股均分。立此合同，一樣四張，各执一張存照。所有四至、窑名開載于後，旧窑契六張，永遠在路、王二姓收存。

坐落在安口村、槐樹村，東至水溝魏姓，西（至）黑波尖，北至西霸王巷[四]流水小溝，南（至）大哈嗎石。

窑名六座：康石窐、金燈窐、柳樹窐、馬家窐、槐樹窐、復盛窐、

中保人：李存志+、程萬邦+、高永茂（書押）

嘉慶廿五年六月初二日

立賣契：張得貴+、（張得）福、同侄希顏+

元[五]紙十七股半今做爲弍十弍股，內中送與李存志壹股，程萬邦貳股半、高永茂壹股。

（中間對縫字兩行）

三張張

〇八〇 道光元年（1821）劉士興等復批做寶庫窑合同

立復批做窑合同人刘士興，因有馬家峪溝西坡根地內有寶庫窑壹座，因多

[三] 下：後脫「永」字。
[四] 霸王巷：「巷」爲「港」。港，此處讀音爲「講」。23號合同中有「扒王港」，應是一地。
[五] 元：「元」通「原」。

年不能開採，今煩中人說合，情愿會到田、張、韓、田、邊、何六人名下，出工本開採。其窑按新中旧窑業九百六拾日爲則，內去地主窑壹百六十日，下剩八百日。新出工本窑業四百日，中旧窑業四百日。衣煤土末，俱隨地主。

計開

邊棟開新業窑壹百日。何敏智開新業窑五十日。田福興開新業窑五十日。張明開新業窑六十七日。田福山開新業窑六十七日。韓德興開新業窑六十六日。高文煥開中窑業六十日、旧（窑業）廿五日。刘士興開中窑業壹百日、旧（窑業）八十二日半。刘士傑開中窑業四十日、旧窑業廿五日。刘士俊開旧窑業五十日。李芳林開旧窑業十七日半。刘士興開地主窑九十六日。刘士傑、（刘士）俊開地主窑六十四日。言定煤出之日，先迴完新工本，然後獲利，按窑日分均分。大家情愿，各無返悔，恐後無憑，立此合同，一樣十一張，各執一張，永遠存照。刘士興開舊業窑九拾六日，地主窑八十二日半。

道光元年十二月廿一日　　立復批窑合同人：田福山（畫押）、張明+、邊棟+、何敏智+、韓德興（畫押）、田福興+、刘士傑+、刘士興+、高文煥+、刘士俊+、李芳林+

中見人：劉璽+

代筆（人）：孫兆玉+

三

（中間對縫字一行）

○八一　道光元年（1821）張希顏等送金燈窑窑業字據

立送字人張希顏、路鵬陞、王井泉、（王）魁寧，今安口村有窑六座，日後有人開彩，出煤之日，衣煤土末十七股半，做爲弍十弍股爲則。送于李存志名下壹股，永遠爲業。當面言明，按弍十弍股与送業主，按股均分。彼此情愿，各無返悔，欲後有憑，立字存照。

窑名開載于後：金燈窑、康石窑、槐樹窑、馬家窑、桃樹窑、復盛窑。

道光元年正月初七日　　立送字人：張希顏+、路鵬陞+、王井泉（畫押）、王魁寧+

先有批字一張也已失落，如有已成廢紙。

（左側對縫字一行）

蔣

○八二　道光三年（1823）張榮等復批會做南新窑合同

立復批會做窑合同人張荣，今因祖遺有南新窑一座，坐落在門頭溝圈門外南坡根，安如阜、刘景芳當差地內。因停止多年，自無工本開做，今情愿復批到韓大成、趙祥、刘廷選、王世魁四人名下，新出工本開採。其窑按四百八拾股爲則，內去地主窑業八拾股，下剩四百股。新出工本開新窑業弍百股，中窑業百股，舊窑業百股。煤出之日，先迴新工本，新工本迴完，然後得利，按新、中、舊、地主窑業股分均分。衣煤土末，俱隨地主。自批之後，倘有山主不明，有安、刘二人一面承管。所有以前合同，俱爲廢紙。此係大家情愿，各無異說，恐口無憑，立此合同，一樣十壹張，各執一張，永遠爲業，存照爲証。

計開：

韓大成新出工本開新窑業六拾股、劉廷先新出工本開新窑業六拾股、趙祥新出工本開新窑業六拾股、王世魁新出工本開新窑業弍拾股、蕭雲清開中窑業四拾股、張輝剛開中窑業四拾五股、陳天保開中窑業拾五股。舊窑業百股，新業中業公抱。地主窑業八拾股，山主均開。

令[一]立合同：刘景芳+、張荣+、安如阜+、張紘+

代筆人：劉起宗+

道光叁年叁月廿二日　　立批做窑合同人：陳天保+、蕭雲清+、刘廷選+、韓大成+、趙祥+、王世魁（畫押）、張輝剛+

第四張王世魁

（中間對縫字一行）

[一] 令：「令」作「另」。

〇八三　道光四年（1824）高福等復批會做雙庫窑合同

立復批會做窑合同人高福，因祖遺地内有開庫窑一座，改名雙庫窑，坐落在馬家峪溝口西北坡根下。自無工本，仝中人會到賈永成、趙俊、孟長春名下開採，其窑按四百八拾股爲則。内去地主窑業四拾股，趙俊出本開新窑業壹百拾股，孟長春開新窑業壹百拾股，賈永成開新窑業弍拾股，李文學、李芳蘭公開中窑業八拾股，孫永寿開中窑八拾股，孫永寿抱開老舊業四拾股。山主不明，有高福一面承管。中旧業不明，孫永寿一面承管，不與新業相干。其衣煤，按拾弍股之内送與新業人叁股。土末俱隨地主。煤出之日，先迴新工本，囬完然後得利，按股均分。恐後無憑，立此合同，一樣七張，各執一張，永遠存照。

中見人：段士選+、馬天保+

立復批會做窑業合同人：賈永成+、趙俊+、孟長春+、孫永寿+、李文學+、李芳蘭+

道光四年捌月弍拾六日立

地主窑業人：高福+

代字人：竇振遠+

第七高福存

左側對縫字一行：立復批會做窑合同一樣七張各執一張

〇八四　道光十三年（1833）申福山等賣豊盛窑合同

立賣窑合同文約人申福山，因有祖遺豊盛窑合同一張，還有尤永興此窑合同壹張，今仝孀母安氏情愿賣與張希彥名下，永遠爲業。言明賣價錢弍拾吊整，其錢筆下交足，並不欠少。如有親族人等爭競，有賣主一面承管，不與買主相干。此係兩家情愿，各無反悔，恐後無憑，立賣契永遠爲証。

中見人：李三+

道光拾三年六月廿日

立賣窑合同文約人：申福山+、仝孀母安氏+

帶[一]筆人：秦廣泰+

[一] 帶：「帶」作「代」。

〇八五　道光十四年（1834）安成玉等夥通順窑山廠地分合同

立夥山廠地分合仝人安成玉、張希彥，有安家灘西南大渠溝，東至岩根，西至本溝，南至張希彥，北至安成玉通順煤窑。仝中人言明，此窑日後山廠地分窑業得利，案[二]一家一半平分，收用承業。從此日後地畝安成玉耕種。窑上有利，安、張二人平分。此係兩家情愿，各無異説，立夥合同，一樣二張，各收一張，永遠爲証。

道光拾四年四月初日

立批夥合同人：安成玉+、張希彥+

代筆人：張明書

頭張

中見人：柳興魁+、龔有惪+

右側對縫字一行：立夥山廠地分合同一樣二張各收壹張爲証

〇八六　道光十四年（1834）張希彥會坩子煤窑窑業合同

立會窑業合同人地主張希彥，有祖遺地壹段，坐落大渠溝地内，有坩子煤窑，因自無力，不能挖採。今同地戶羅守福情愿會到柳興魁、弓茂泰、弓有惪三人名下開採。其窑按壹伯肆拾股爲則，新業開壹佰股，山廠地分開弍拾股，舊業開弍拾股。山廠地分不明，有張希彥、羅守福壹面承管。新業不明，有弓茂泰壹面承管。舊業不明，有張希彥壹面承管。地内有四至，東至領[三]頭，西至大溝，南至大道，北至溝。四至地内自許本窑新業挖採，永遠不許山分舊業外批外作。此係兩家情愿。煤出之日，先囬新業工本，新業工本囬完，在[四]有餘利，按窑股均分。賣黑末子，每頭騾錢十文。此馱子錢羅守福取六成，四成歸於新業。窑上用人，公請公用，不許私自按[五]人。大家情愿，各無異説，恐後無憑，立此合同，壹樣五張，各執壹張，永遠爲証。

計開新業人：柳興魁叁拾股+、弓茂泰肆拾股+、弓有惪叁拾股+。張希彥抱開舊業弍拾股+。　地主張希彥十三股+。（地）戶羅守福七股+。

道光拾肆年五月初三日

立會批窑合同人：張希彥+

[二] 案：「案」作「按」。
[三] 領：「領」作「岭」。
[四] 在：「在」作「再」。
[五] 按：「按」作「安」。

（右側對縫字一行）

中見說合人：邊棟+
代筆人：曹永立+

第五張張希彥
右側上隅有「五張」二字。
有後人補寫，字跡與正文不同：「此合同當面言廢紙」、「永遠不用」。

〇八七　道光十四年（1834）宋玘林會批做小礶窑合同

立會批做窑合同人宋玘林，因祖遺置到清水澗村東庙兒庵東南溝東坡根下有小礶窑壹座，批與田履堂名下開採，其窑按壹伯弍拾日爲則。新出工本開做壹伯日，山主開做弍拾日。言定煤出之日，先廻新工本，新工本廻完以後有利按日均分。窑上用人，公請公用。駄子錢除買稍子水，下有餘利，山主收去。此係兩家情愿，各無返悔，恐口难憑，立此合同，一樣二張，各執一張存照。

田履堂抱開新窑業壹伯股+、山主宋玘林抱開地分窑業弍拾股+

道光拾四年八月廿日　　立批窑業合同人：宋玘林+
中見說合人：安殿相+、安名遠+、王猷
可筆

右側對縫字一行：清水澗村東廟兒庵合同壹樣弍張各執壹張爲照

〇八八　道光十五年（1835）劉士興等栗樹窑分執合同字據

立分执合同字據人劉士興、馬遇清，因劉姓將本身栗樹窑窑業合同過與馬姓名下收存。仝中人言明，兩家窑業股分日後以照賣字大合同爲憑。恐後無憑，今同中人立此分执字據，一樣兩章，各執一章爲証。

中保人：安如阜（畫押）、焦廣譽（畫押）
道光十五年八月初七日　　立分执合同字據人：劉士興（畫押）、馬遇清（畫押）

左側對縫字一行：立分執合同字據一樣兩章各執一章爲証

〇八九　道光十六年（1836）李永德等復批做通順窑合同

立復批做窑合同人李永德、段延昌二人，因有十字道村南坨[一]坡根夥山場地內，旧有杏樹煤窑一座，奈自力乏，無本開做，今同中人情愿會到杜清秀、韓天弼、韓永豐、韓永順、李永德五人名下出本開做，永遠爲業。其窑按壹伯八拾股爲則。新出工本開做新業窑壹伯弍拾股，新業人公抱開旧業窑拾五股，中業窑開弍拾五股，山主開地分窑弍拾股。煤出之日，言定山主得山煤一拉筐。廻錢之時，先將新工本廻完，然後獲利，按股分均分。賣煤之時，駄子錢山主收去，荆笆稍子山主所買。廠地道分不明，自有山主一面承管，不與新業相干。旧業不明，有新業人承管。中業不明，有中業一面承管。所有窑上用人，不論親疎，公請公用。自批之後，坨坡根地內不許山主外批外會，杏樹窑改爲通順窑。此係大家情愿，各無恢悔，恐後無憑，立此合同，一樣捌張，各执一張，永遠爲照。以前合同故紙無用。

開新業人：
李永德弍拾股+、韓天弼叁拾股+、杜清□□□股+、韓永豐拾五股+、韓永順拾五股+。五人公抱開舊業拾五股+、中業人牛秉成、□□江抱開中業弍拾五股（畫押）

山主人：李永德、段延昌開地分窑弍拾股+
道光拾六年拾月初六日　　立復批做窑合同人：李永德+、段延昌+
弍張韓天弼　　中見人：韓天培+、楊國有+
代筆（人）：李永福（畫押）

中間對縫字一行：□□□□□合同一樣捌張各執一張永遠爲照

〇九〇　道光十六年（1836）張希彥等會批通泰窑合同

立會批窑業合同人張希彥、安成玉，二人地內有煤窑座落岔道溝大岩根通泰窑。因自無工本，情愿會到四人名下出本開採。其窑按壹百五拾股爲則。新業壹百股，中業弍拾股，舊業拾股，山廠地分開弍拾股。賣煤之日，先廻工本，後有餘利，按窑業股分均分。駄兒錢官收，稍子官買。當面言明，本地界內永遠不許山主外批另會。新業、中業不明，有柳性[二]一面承管；舊業山廠地

[一] 坨：「坨」作「峪」。
[二] 性：「性」作「姓」。

分不明，有張、安二人一面承管。窰上用人，公情[一]公用，不許自添。大家情愿，各無異説，立此合同，一樣五張爲証，各執一張，永遠存照。

計開窰分：

新業人：龔有亶抱開弍拾股+、馬廷稳（抱開）弍拾五股+、柳興魁（抱開）弍拾五股+、張希彥（抱開）叁拾股+、龔有亶、馬廷稳、柳興魁三人夥開中舊業叁拾股+。張希彥、安成玉二人夥開地分窰弍拾股+。

道光拾六年伍月弍拾三日　立會批窰合同人：張希彥+、安成玉+

代筆人：張明書押

叁張　中見人：李永順+、孫頭楊+

中間對縫字一行：通泰窰口口合同壹樣五張各執壹張爲証

二張柳興魁、頭張馬廷稳、三張弓有亶、四張張希彥、五張安成玉

○九一　道光十六年（1836）張希彥會批坩子窰合同

立會批窰業合同人張希彥，祖遺地座落青山嶺村西大渠溝地壹段，地內煤窰，仝地戶羅守福情愿會到批與馬廷稳、柳興魁、弓有亶三人名下出本開採爲業，窰名起號坩子煤窰。其窰分按壹百陸拾股爲則。當面言定，出工本人開新業窰分壹佰弍拾股。張希彥開地分窰弍拾股、旧業弍拾股。地界內有四至：東至山頂，西至溝底，南至大道，北至溝。地界內只許本窰開新業人挖採，永遠不許山主旧業外批另會。賣煤之日，先迴工本，後有餘利，按窰股均分。新業不不[二]名[三]，柳興魁壹面承管。山廠地界旧業不名，張、羅二人承管，不與新業人相干。所有窰上用人，公請公用，不許自添。賣黑末，每頭騾馱兒錢拾文，羅守福取六文，四文歸與新業人。此係大家情愿，各無異説，恐後無憑，立此合同爲証。壹樣五張，各執壹張，永遠存照。

計開

新業窰分人：馬廷稳抱開四拾股+、柳興魁（抱開）伍拾股（畫押）、弓有亶（抱開）叁拾股+、張希彥山廠窰分弍十股、旧業拾叁股。羅守福旧業七股。

道光拾陸年伍月弍十三日　立會批窰業合同人：張希彥+

代字人：張明書押

羅　中見人：李永順+

左側對縫字一行：口天理合同壹樣五張各執壹張爲証

五號

[一] 情：「情」作「請」。
[二] 不：衍文。
[三] 名：「名」作「明」。

○九二　道光十八年（1838）劉士興同姪劉永德等復批會做定寶窰合同

立復批會做窰合同人劉士興同姪劉永德，因祖遺地內有栗樹窰一座，今改爲定寶窰。此窰坐落在馬家峪溝內溝西。因自無工本開做，今同中人復會到蕭、汪、劉三人名下新出工本開做。其窰按九百六十股爲則，內去地分窰業壹百六十股，下剩八百股，新業開做五百四十股，中業開做六十四股，舊業開做壹百九十六股，按新中舊股分分明。同眾言明，衣煤按拾股，地主情愿送與開新業人二股，如將來蕭、汪、劉三人新本迴完之日，仍將此二股衣煤歸还地主。再者蕭、汪、劉三人情愿將新業送與劉士興四十股。同眾言定，煤出之日，先迴新業工本，廻完之後，再按新中舊窰業股分均分；掃廠土末，俱隨地主。报窰当家，安人辨[四]事，俱隨新業。如中舊業地分股分不明，有地主劉士興、劉永德二人一面承管，不與新業人相涉。自批此次合同之後，以前合同俱爲廢紙。此係眾家情愿，各無返悔，恐後無憑，立此復批合同，一樣九張，各执一張，永遠爲証。

計開新中舊窰於後：

開新業人：蕭受亭開壹百七十股、劉旺（開）壹百六十五股、汪達椿（開）壹百六十五股、劉士興（開）四拾股。

開中業人：馬遇清六十四股。

開舊業人：杜廷珍卅壹股、任清尚六十三股、趙明六十四股、劉永德卅八股。

開地分窰業：劉永德六十四股、劉士興四十八股。馬遇清衣煤四股、地分窰四十八股、土末叁成。

道光拾八年五月二十日　立復做窰業人：趙明+、劉士興+、汪達椿（畫

[四] 辨：「辨」作「辦」。

押）、蕭受亭（畫押）、劉旺+、馬遇清（畫押）、任清尚（畫押：劉抱）、劉永德+、杜廷珍（畫押：劉抱）

中見人：梁秉俊（畫押）

代筆人：張毓濂（畫押）

中間對縫字一行：立復批會合同一樣九張□□存照

第七張

頭張蕭受亭存、二張汪達椿存、三張劉旺存、四張劉士興存、五張馬遇清存、六張趙明存、七張任清尚存、八張杜廷珍存、九張劉永德存。

○九三　道光十八年（1838）安文錦等新批開做窑業合同

立新批開做窑合同人安文錦、（安）立邦，因祖遺置到清水澗南口（下殘）趙、安、張、安四人名下開做，其窑按壹伯弍拾日爲則。新出工本口（下殘）窑股分均分。山主馱子錢，除買稍子水，下餘山主收去。□（下殘）分不明，自有山主承管，不與新業相干。窑上用（下殘）一張永遠爲□。計開窑分：

趙玉楨開新業叁拾日+、張綸（開新業）叁拾日+、安立功（開新業）弍拾日+、安立坤（開新業）弍拾日+（下殘）

道光十八年五月初七日　立新做窑合（下殘）

五張 王安文錦

（中間對縫字一行）

○九四　道光二十年（1840）安成天賣桃樹窑等窑業合同

立賣窑業合仝人安成天，因有祖遺批做張希彥山廠地界內有桃樹窑、道下窑二座。原係合夥合仝一張，興盛窑一座，合仝一張，共二張。同中人情愿賣與本山廠人收迴。同中言定，賣價清錢弍拾吊文，其錢筆下交完，并不欠少。日後在有安成天祖上本山廠內有旧合仝，找要爭競，有安成天一面承管，不與買主相干。此係三言異[一]定，並無恢悔，恐後無憑，立賣字永遠爲照。

隨代旧合仝二張。

中人：李永清+

代字人：羅永德+

立賣字人：安成天+

道光弍拾年四月廿四日

信　行

○九五　道光二十五年（1845）張希彥等批做寶盛窑合同

立批窑合同人張希彥同佃戶安名遠，因有安家灘村西南大渠溝岩下有煤窑壹座，因自無工本開做，今仝中人情愿會到趙應宝、楊進財二人名下開採爲業，議名宝盛窑。其窑按壹佰弍拾天爲則。出煤之日，先囬新工本，將新工本囬完，在有獲利，按壹伯弍拾天均分。窑上有中旧業不明，有張希彥一面承管。有山場地分不明，有山主張、安姓一面承[二]。此係大家情愿，各不返悔，恐后無憑，立此合同，一樣四張，各執一張，永遠存照。

新業人趙應宝抱開陸拾日押、楊進財（抱開）弍拾日+

中旧業人張希彥抱開弍拾日+

山主張希彥抱開地分窑拾日+、安名遠（抱開地分窑）拾日+

道光弍拾五年拾一月初九日　立。山主：張希彥+、安名遠+

右側對縫字一行：合同四張各人一張　中見：李明剛+、張珍+

頭張

○九六　道光二十七年（1847）趙貴賣定寶窑窑業字據

立賣窑業字據人趙貴，因乏手，仝中將祖遺定寶窑賣與馬登墀爲業，其窑按弍仟壹伯六拾股。內有本身旧業六拾四股。煩中人將此窑業賣與馬登墀名下爲業。言明賣價清錢弍拾吊整。其錢笔下交足，並無欠少。自賣之後，倘有親族人等爭論，有趙貴一面承管。此係兩家情願，均無返悔，恐口無憑，立此賣字一紙存証。隨代道光二十四年原合同一張爲照。

[一] 異：「異」作「議」。

[二] 承：後脫「管」字。

中見代笔人：劉漢基+

道光二十七年十月卅日　立賣窑業合同人：趙貴+

○九七　道光二十七年（1847）張福元等通興窑割藤字據

立割藤字據人張福元、刘文城等，因去年十一月間張姓將本身野猪砮石姓地內通興窑、橫活大小礶窑一座，会與刘姓等開做。今因彼此不愿合夥，同中言明張姓情愿將通興窑內橫活以西四礶新門窑歸與刘姓等開採，新門以東弍拾庹之外，連別礶眼，除四礶之外，東西俱不與刘姓相干。所有花費工本至張姓先使錢文一概化爲烏有。此係两家情愿，各無反悔，立此字據，一樣两張，各執壹張，永遠爲據。日後两窑風水相通。

中人：徐懷玉+、安良玉+、唐貴方+、梁秉俊（畫押）、周汝和（畫押）

道光弍拾柒年十二月初四日　立字據人：張福元 親筆、刘文成（畫押）

左側對縫字一行：立此字據一樣兩張各執一張永遠存照

○九八　道光二十八年（1848）馬運通批會做乾會窑合同

立批會做窑山主馬運通，係宛平縣民，原有祖遺山場地一段座落在京西大窖村香子港五虎澗溝地方，原有舊做過窑口三座，俱係無力開採。今同說合人孫顯緒情愿批與彥伯爺宅同領商人趙成，出新公[一]本開做乾會窑，口按壹百肆拾天爲則。新業開公本窑壹百天，舊業貳拾天，山主地分窑貳拾天。此地分內情愿送與新業伍天，以防墊辦公本之用。又言明舊業貳拾天歸爲新業官抱。其衣煤歸爲地分窑分用。出煤之日，□□□公本，回完後有餘利，按股均分。此山場地內不準另批別姓開採。並無 恢悔，立批合同叁張，內有送與新業地分窑伍天合同壹張，爲此立批合同，永遠爲業，存照。

定字第壹號

右側對縫字一行：合同執照永遠爲業

新業領商人：趙成（畫押）

道光二十八年九月初三日　立批合同人山主：馬運通+

[一] 公：「公」作「工」。

原先批立文約說合人：孫顯緒+

○九九　道光二十九年（1849）張希彥批會做坩子窑合同

立會批窑業合同人張希彥，因有祖遺地座落青山嶺村西大渠溝地壹段，地內有煤窑，今地戶羅守福情願會到批與安寧堂、福德堂、柳澤霖、弓有盡、馬廷稳五人名下開採爲業。窑名起號「坩子煤窑」。其窑分按壹百六拾股爲則。當面言定，出工本開採新業窑分壹百弍拾股。張希彥開地分窑弍拾股，舊業窑弍拾股。地界內有四至：東至山頂，西至溝底，南至大道，北至溝。地界內只許本窑開新業人挖採，永遠不許山主舊業外批另會。賣煤之日，先迴新工本，後有餘利，按股均分。新業不明，有柳澤霖壹面承管。山廠地界舊業不明，有張、羅二人承管，不與新業人相干。所有窑上用人，公請公用，不許自添。賣黑末每頭騾馱兒錢十文，羅守福取六文，四文歸與新業人。此係大家情願，各無異說，恐後無憑，立此合同爲証。壹樣七張，各執壹張，永遠存照。

計開：

新業窑分人：安寧堂廿五股+、福德堂廿五（股）+、馬廷稳廿（股）+、柳澤霖卅（股）+、弓有盡廿（股）+、張希彥山廠窑廿（股）、旧業十三股、羅守福旧業七股

所有以前欠外賬目不與開新業人安寧堂、福德堂相干。

大清道光貳拾玖年八月初拾日　立會批窑業合同人：張希彥+

六張張希彥　中見人：許大全、福德堂、安寧（堂）

有許[二]面承管+

代字人：弓显桂（畫押）

（中間對縫字一行）

一〇〇　道光年間（1821-1850）劉得明等批做大碰、弍碰煤窑合同

立批做煤窑合同人劉得明，同侄劉文經，因有祖遺潘家澗村東坡上戶兒窑地內有大碰、弍碰煤窑壹座。因自無工本開採，情愿出批與麻起林、席萬祥、王有富、潘仲義四人名下開採爲業。言定其窑按壹百弍拾股爲則。出工本人開

[二] 許：後脫「一」字。

做捌拾股，旧業抱開弍拾股，山主抱開地分窑弍拾股。煤出之日，先廻工本，工本廻[一]，然後得利者按股分均分。如若窑上舖利，亦按股分均分。窑上用人，公請公用，不許私自安請。如变夥計不恕者，不許講[二]自己的合同私賣小批。山主馱子錢，除買稍子，下余山主收去，不與開新旧業人相干。窑上場道不明，係山主壹面承管，亦不與開新旧業人相干。此係大家情愿，各無返悔，恐口無憑，立此合同，壹樣四張，各執壹張，永遠存照。

出工本人：痲起林+、席萬祥抱開二人叁拾叁股、王有富（抱開）叁拾弍股押、潘仲義（抱開）拾五股+。旧業公抱開弍拾股+

山主抱開地分：刘得明拾股+、刘文經拾股+

大清道光□□拾弍月初八日　立批做煤窑合同人：劉得明+、同侄劉文經+

中間對縫字一行：□□□□天理窑合同一樣四張各執一張

中見人：常瑞+、潘有荣+、潘仲仁+、孫吉齡草字

叁張

一〇一 咸豐二年（1852）劉文城等抵押東來窑借錢合同

立押合同文約人劉文城、郭永青，因有東來窑短欠外客賬，同中人情愿將本窑合同弍張押與唐桂芳名下，使錢捌拾吊正。其錢筆下交足，並不欠少。其錢言定叁年五月交還，如若交還不到者，許唐桂芳管業。此係兩家情愿，各無恆悔，恐口無憑，立字爲証。

大清咸豐弍年拾壹月廿九日　立押契人：劉文城+、郭永青+

中人代筆：劉吉順+

一〇二 咸豐四年（1854）石顯貴等東來窑會請墊錢收煤字據

立批會請墊錢收煤字據人山主石顯貴，開窑人高廷舉、刘文城、侯永光、田迎春、郭永清，因東來窑五人無錢開做，今煩中人情愿會請安景和名下，永遠墊錢收煤。自立字以後，出煤之日，不論出煤多少，只許安姓自收自賣，不許開窑人外賣。仝中人定議，出煤小爐塊子每個騾馱價作爲京錢四伯文、末（子每個騾馱價作爲京錢）壹（伯文）。先將墊錢原本廻完，然後有餘利，開窑人收取。窑裡街口口事人等，俱由安姓請用。仝中言明，自立字以後，只許安姓辞開窑人，不許開窑人辞安姓。立字以後，拉窑門如有阻撹[三]，有開窑五人一面承管。即至走道喫水，有人阻撹，有開窑人山主承管。此係大家情愿，永無返悔，恐後無憑，立此字據。一樣弍張，各執一張，永遠存照。

墊錢收煤人：安景和+

大清咸豐四年叁月拾叁日　立批會請墊錢人：山主石顯貴+、高廷舉+、刘文城（畫押）、侯永光+、田迎春+、郭永清+

左側對縫字一行：立此字據壹樣弍張各執壹張永遠存照

中見人：岳德林+、馮廣全代筆

一〇三 咸豐四年（1854）高弼我等出租東來窑合同

立租窑業合同人高弼我、刘文城、田迎春、郭永清同山主石顯貴等，因有五人公[四]夥批到石姓地內東來窑、協通南橫活東西大小煤礶一並在內，北坯兒在外。自元年眾夥計工本短少，公同會到唐桂芳名下，佃過京錢肆百弍拾吊整，至今到期未還。眾夥計同山主定議明白，煩中人說合，將四礶以南大小礶，同中情愿租與唐桂芳名下開做，至咸豐六年六月初一日爲滿，佃過錢財肆百弍拾吊整，做爲租價。此窑內做活出煤買賣由唐桂芳一人承管，此窑賠剩利害俱不與眾開窑人山主相干，自有唐桂芳一人承管；如有用抱窑人，有高弼我一人承管。言明四礶以橫活入礶拾丈，許修不許壞，別礶不許填活。隨帶傢居等物有单子可証。山主馱兒錢，除買稍子、租廠道，下餘山主收去。倘日後如有合同窑照，官吏不明，有人擾鬧擋窑，按租價加倍還錢。言明年限到期，租價清完。唐姓將傢居按单子交還清完，兩不相干。此係大家情愿，各無異說，恐口無憑，立合同壹樣兩張，各執一張。

咸豐四年叁月弍拾壹日　立租窑業合同人：田迎春+、高弼我+、刘文城親筆、郭永清+　同山主石顯貴+

[一] 廻：後脱「完」字。
[二] 講：「講」作「將」。
[三] 撹：「撹」作「擋」。
[四] 公：「公」作「共」。

公立

中見人：包瑞林+、楊起龍+、李德臨+

右側對縫字一行：立此合同壹樣兩張各執壹張爲証

一〇四　咸豐四年（1854）安寶在等復批會做大興窑合同

立復批會做窑合同人安寶在，因有祖遺置到小店村北石板窖地內有大興窑壹座，與梁正玉、安進財、安永春、樊寶林四人夥山，因自無工本開採，復會到刘、梁、嘉興寺、韓、安五家開採，其窑按壹百陸拾股为則。新業開壹百股，中業開弍拾股，老舊業開弍拾股，山主開弍拾股，其窑青膠脊石地岸，年久窑門擁塌，另採吉處拉門，座落誰人地內，山主分山主窑壹半，下餘壹半归與夥山主均分。出煤之日，先迴完新工本，新工本迴完，然後得利，按壹百陸拾股均分，舊業弍拾股公抱。此夥山場之內淨許本窑夥開採，不许小批送人等情，如有小批送人等情，他人執此合同爲廢紙無用。恐後無憑，立此合同，壹樣拾壹張，各執壹張爲证。從前合同以爲舊紙。

計開窑分：

梁正玉開新業拾伍股+、劉士榮（開新業）叁拾（股）+、韓大成（開新業）叁拾（股）（畫押）、安景福（開新業）拾伍（股）+、嘉興寺（開新業）拾（股）+

安永春開地分弍股半+、安進財（開地分）弍股半+、安寶在（開地分）拾股+、樊寶林（開地分）弍股半+、梁正玉（開地分）弍股半+

田立順開中業弍拾股+、公抱舊業弍拾股

咸豐肆年拾弍月弍拾日　　立復批會做窑合同人：梁正玉+、安寶在+、樊寶林+、安永春+、安進財+

第十一張樊寶林　　從先韓大成花費過工本錢陸百吊作爲新業窑叁拾股

中見人：劉士元（畫押）、石得喜+、葉汝芝代筆

（左側對縫字一行）

一〇五　咸豐七年（1857）張秉義等批做義興窑合同

立批窑合仝人張秉義同佃戶羅永德，因本身就有岔道村西大渠溝地內有義興窑一座，自不能開採。今同中人會到趙連順、栗廷讓、刘士榮、安永清四人名下開採爲業。其窑按三百二十股爲則，內去山主地分四拾股，旧業四拾股，下餘新業股分二百四十股，趙、栗、刘、安四人抱開。如日後賣煤見利，先回新工本，新工本迴完，然後得利，按股均分。同眾言明，賣黑末，每頭馱錢六文。出煤之後，單班煤一筐俱歸羅山主承收，賣煤之後，有張山主隨山費用。如有山廠旧業不明，有張、羅二人承当，不與開新業人相干。所有用人，公請公用，不許私添。再者，此合仝不許小批外賣，如若小批外會等情，作爲廢紙。此係眾家情愿，各不反悔，恐後無憑，立此窑業合仝，一樣六張，各執一張，存照爲業。

新業人：趙連順抱開股分二十股+、栗廷讓（抱開股分）五十股+、刘士榮（抱開股分）一百廿股（畫押）、安永清（抱開股分）五十股+

抱山主股分人：張秉義抱開廿六股，又抱旧業四十股+、羅永德（抱開）十四股+

大清咸豐七年又五月二十三日　　立批窑合仝人：張秉義 代筆 押、羅永德+

四張張　　中見人：李永德+、白廣元+

中間對縫字一行：□□□合同壹樣六張各執壹張存照□□□

一〇六　咸豐七年（1857）焦廣榮等復批做躲軍窑（太平窑）合同

立復批做窑合同人焦廣榮，因有梁家桥西溝廂[一]紅旗地內舊有躲軍窑一座，今改爲太平窑。仝中人說合會到梁景賢、朱傑軒二人名下開採爲業。其窑按五百弍十股爲則，內去地主窑業捌拾股，下餘四百四十股，新業窑弍百弍十股，中業窑壹百弍十股，舊業窑壹百股。煤出之日，先迴完工本，然后見利，按日分均分。衣煤十成，送與新業三成，下餘七成並土末俱隨地主。日后梁、朱二姓新業不做，將三成衣煤原歸焦姓，不與梁、朱二姓相干。倘有親族人等爭競，有地主焦廣榮一面承管，此係眾家情愿，各無反悔，恐后無凴，立此合同，一樣六張，各執一張，永遠存照。

[一] 廂：「廂」作「鑲」。

計開窑業股分：
梁景賢開新業壹百捌拾股、朱傑軒開新業四拾股、韓文華開中業四拾股、申嘉謨開中業四拾股、李世謹開中業四拾股。焦廣榮開地分窑捌拾股、抱開舊窑業壹百股

咸豐七年正月二十七日　　中見代筆人：古锈+

立復批做窑合同人：梁景賢（畫押）、朱傑軒（畫押）、韓文華+、申嘉謨+、李世謹+、焦廣榮押

第一張梁景賢

（右側對縫字一行）

一〇七　咸豐八年（1858）安永清復批做水泉窑合同

立復批做窑合同人安永清，因有祖遺平地村西山場地內旧有水泉窑一座，奈自無本開做，今仝原業主會到趙、胡、佘、洪、黃五人名下新出工本開做。其窑按壹千六百日爲則。新出工本人開做八百日，中業人開做四百日，中旧業捌拾日，老旧業開做壹百弍拾日，山主人開地分窑弍伯日。大家言明，出煤之日，先將新佃工本迴完，然後再口中業工本錢壹千弍百餘吊，新中工本迴完，然後再有餘利，各按股分均分。所有每拉[一]工本人應有衣煤拾斤，山主人收去火煤拾口作爲拾成，新業人得去六成，中業人得去四成。馱子錢作爲弍股，新業人得去壹股，山主人得去壹股。土末隨山主收去，柱底口口作爲拾成，新業人得去七成，中旧業、老旧業得去三成。眾家言明，中旧業不明，自有中旧業一面承管；老旧業不明，自有老旧業一面承管；山主地分廠道不明，自有山主一面承管，俱不與新業人相干。至於窑上用人，公請公用。此係眾家情愿，各無恢悔，恐後無憑，立此合同，一樣拾九張，各執一張，永遠存照。

新開窑分人開列於後：

開新業人：黃玉滿壹伯六十日+、趙永順壹伯六十日+、胡通海壹伯六十日+、佘本海壹伯六十日+、洪亮壹伯六十日（畫押）

中業人：黃玉滿四十日+、佘本海四十日+、候口口四十日+、德順四十日+、李文彥四十日+、韓天弼四十日+、范宗仁四十日+、張天敘四十日+、安成美四十日+、魏有声四十日+

中旧業：周玉武六拾五日+、魏有声拾五日+

老旧業：侯希聖九拾日+、魏有声廿七日半+、安永寿弍日半+

山主開地分窑：安永寿壹佰日+、（安永）清五拾日+、（安）永慶廿五日+、（安永）天廿五日+

咸豐八年三月十六日

立復批做窑合同人：安永清+

中見人：李大謙+

代筆（人）：李永福（畫押）

玖韓天弼

（中間對縫字一行）

[一] 拉：「拉」作「位」。

一〇八　咸豐九年（1859）張秉義等批做義興窑合同

立批窑合仝人張秉義同佃戶羅永德，因有祖遺岔道村西大渠溝地內有義興煤窑一座，自不能開採，今同張必文、李天太，復会到刘士荣、安永清、赵清福、栗廷讓、曹永太、白永裕六人名下開採爲業。其窑按三百廿股爲則。內去山主、地分窑四十股，張山主抱旧業四十股，張必文開新業弍十五股，李天太開新業廿股。下餘壹百九十五股，新出工本六人抱開。賣煤之后，見利先迴新工本，新工本迴完，然後按股分均分。言明有羅山主煤晝夜班兩筐。賣煤末，每頭馱錢十文，山主收六成，下剩四成入官中使用。言明抱山費用馱錢，張、羅二人均分。如有山廠旧業不明，有張、羅二人承當，不與開新業人相干。官中用人，公請公用，不准私添。此係大家情愿，各不恢悔，恐後無憑，立此窑合仝一樣十張，各執一張，存照爲証。

計開窑業股分：

抱開新業人：刘士荣（畫押）開新業一百零五股、栗廷讓+（開新業）二十（股）、曹永太+、（開新業）二十（股）。白永裕+抱新業二十股、安永清+（抱新業）二十（股）、趙清福+（抱新業）十（股）、張必文+批新業廿五股、李天太+（批新業）二十股

大清咸豐九年新正月初八日　　立批窑合仝人：張秉義親筆押，抱山主地分窑廿六股、羅永德+

（抱山主地分窑）十四

（股）、張山主抱旧業

四十股

中見人：刘五+、刘永福+

九張李

（中間對縫字一行）

一〇九 咸豐九年（1859）田世傑賣全盛窑業合同

立賣窑業合同人田世傑，因有祖業留下清水澗村東廟兒菴批到東坡根下小礶窑一座，今因無錢使用，情願出賣與宋守恂、宋天奇、（宋天）德三人名下承管爲業。自賣之後，全盛窑不與田世傑相干，有宋姓承管。以後再有道光拾四年小礶窑合同出來，有田姓一面承管，不與宋姓相干。同中人言明，賣價清錢陸拾吊整，其錢筆下交完，並不短欠。此係各出情願，併無異说，恐口無凴，立此賣契，永遠爲証。

咸豐九年拾月拾四日

立賣合同人：田世傑 親筆 押

中見說合人：劉永志+、安占魁（畫押）

一一〇 咸豐九年（1859）宋守恂批做全盛窑合同

立批做窑合同人宋守恂，今有祖遺山場地內座落清水澗村東廟兒菴溝東坡根全盛窑壹座。曰自無工本開做，今会到魏天義名下開彩爲業。其窑按壹百弍拾股爲則。新業抱開壹百股，山主抱開地分窑弍拾股。言明出煤之日，先迴完新工本，然後有獲利，按股分均分。賣煤之日，窑上塊底、土末、駄兒錢，除買稍子、扒道、鋪水錢，下有餘利，山主收用，不與新業相干。山場道路不明，有山主壹面承管。窑上所用辦事人等，公請公用。此係大家情愿，各無異說，恐後無憑，立批窑合同壹樣四張，各執壹張存証。

計開：

魏天義抱開新業弍拾股+、楊立綱（抱開新業）叁拾（股）+、田德明（抱開新業）五拾（股）押、山主抱開地分弍拾股

咸豐九年九月十一日

立批窑合同人：宋守恂+

中人：劉永志+、安占魁（畫押）

肆

左側對縫字一行：立天理窑合同一樣肆張各執壹張

一一一 咸豐十年（1860）劉德利等批做東四礶窑合同

立批做窑合同人劉德利同侄劉文城，因有潘家澗村大桥北东四礶窑壹座，今同中人情愿会到牛國昌二十八股、洪玉亮二十七股、刘文科二十五股，三人名下開採。其窑按壹百二十股爲則。新出工本人抱開新業八十股，旧業抱開二十股，山主抱開地分二十股。言定煤出之日，先回新工本，新工本回完，然後有餘利，按股分均分，窑上駄兒錢除買捎子，下餘山主收去，不與新旧業人相干。自批之後，窑上用人，公請公用，不許自專。新業不明，有新業人一面承管，不與山主相干；山廠道路不明，有山主一面承管，不與新業人相干。此係大家情愿，各無板梅[一]，恐後無憑，立此合同，一樣四張，各執一張爲証。

抱開新業人：牛國昌二十八股（畫押） 洪玉亮二十七股+ 劉文科二十五股+。旧業官抱二十股。山主劉德利+、劉文城抱開地分二十股 押

咸豐拾年七月初八日

立批做窑合同人：劉德利+、同侄劉文城 押

左側對縫字一行：天理合同壹樣四張各執壹張

四張山主

中見人：趙清福+、劉永棠+、張福忠+、張秉瓚代筆

一一二 咸豐十一年（1861）張秉義等批做義順窑合同

立批窑合仝人張秉義同佃戶羅永德，因大渠溝地內有義順煤窑一座，自無工本開做，今同中人會到趙連順、（趙）連奎、（趙）連保、趙清山四人名下出本開做。其窑按叁百弍拾股爲則，內去地分四拾股，舊業四拾股，中業四拾股。下餘弍百股，新業趙姓四人抱開。出煤之後，見利先迴新工本，新工本迴完，再有餘利，按新旧股分均分。同眾言明，窑上用人，公請公用，不準私添。賣煤之後，有張、羅二山主抱山費用，張、羅二人均用。每頭黑末駄錢二十文，內去四成公中買稍子所用，下餘張、羅二人均分。单班有羅山主煤一筐，如晝夜出煤，給煤二筐。如有山廠旧業不明，有張山主一面承管，不與新業人相干。此係大家情愿，各不恢悔，空口無凴，立此合仝，一樣六張，各執

[一] 板梅：「板梅」作「反悔」。

一張存照。

計開窑業股分：

趙清山抱開新業股分五十股、（趙）連順（抱開新業股分）五十（股）、趙連奎（抱開新業股分）五十（股）、（趙）連保（抱開新業股分）五十（股）。公抱中業四拾股。張山主抱開地分窑廿六股、旧業四十股。羅（山主抱開地分窑）十四股。

中見人：杜連成+、李天興+

大清咸豐拾壹年九月二十一日　　立批窑合仝人：羅永德+、趙連順+、趙清山+、趙連奎拾、趙連保+、張秉義代筆押

（左側對縫字一行）

六張張山主收存

一一三　同治二年（1863）焦廣榮等復批做義成窑合同

立復批做窑合同人焦廣榮、（焦廣）學，因有梁家橋西溝地內舊有躲軍窑一座，今改爲義成窑。仝中人說合會到梁秉文、春善堂趙、齊正業、朱成英四家名下開採爲業。其窑按四百股爲則，內去地主窑業七十股，下餘三百三十股，舊業壹百一拾股，新業弍百弍拾股。煤出之日，先迴新業工本，然后見利，按股均分。衣煤十成，送與新業叁成，下餘七成，並土末俱隨地主。日後各家新業不做，將三成衣煤原歸焦姓，不與各家相干。倘有親族人等爭競，有地主焦姓一面承管。此係各家情願，並無悔悔。恐後無憑，立此合同，一樣七張。所有以前新舊合同俱爲廢紙。

計開窑新業股分：梁秉文五十五股、春善堂趙五十五股、齊正業五十五股、朱成英五十五股。開舊業：齊正業貳十股、焦廣秀四十股。抱開舊業：焦廣榮、（焦廣）學五十股。山主地分窑：焦廣榮、（焦廣）學柒十股。

同治貳年十月初九日復批做窑合同人：梁秉文+、春善堂趙（畫押）、齊正業押、朱成英（畫押）、焦廣秀（畫押）、焦廣榮+、焦廣學+

代筆人：陳信忠（畫押）

中間對縫字一行：合同一樣七張各執一張存照

貳張

一一四　同治十年（1871）張秉義等批做天順窑合同

立批窑合仝人張秉義同佃戶羅永德，因岔道村西大渠溝東地內新開天順煤窑一座，今會到趙清山、（趙）連魁二人名下開採爲業。其窑按壹百四拾股爲則，內去山主地分窑弍拾股，舊窑業弍十股。下餘百股，趙清山、（趙）連魁二人抱開。言明賣煤之後，有張山主隨山費用，內有羅山主三成。有羅山主煤晝夜兩筐。勿論賣砂末、炸子[一]、大煤、黑煤，每騾馱馱錢拾文，張、羅二山主均取。山廠地分不明，有張、羅二人承管。舊業不明，有張山主承管。窑上用人，公請公用，不准私添。此係大家情願，各不異說，恐口無憑，故立此合仝，一樣四張，各執一張存照。

計開窑業股分：

趙清山抱開新業五十股、趙連魁（抱開新業）五十（股）、張秉義抱開地分窑十三股、又抱舊業弍拾股。羅永德（抱開地分窑）七股。

大清同治拾年十二月十九日　　立批窑合仝人：趙清山+、趙連魁押、張秉義親筆押、羅永德+

中人：王合+、杜森林（畫押）

中間對縫字一行：立批窑合仝各執一張存照

叁張張山主收存

一一五　同治十年（1871）張秉義出租義興窑抽分字據

立抽分窑字據窑戶人張秉義，因有山主孫貴麟祖遺地內新開義興煤窑一座，租與王四開做，抽分三年。同中人言明，於賣煤錢每壹吊抽錢壹百文，如賣石砟零煤亦按此一九抽取。每一日背煤一背，重在一百弍拾斤。名佈、道兒兩項，按窑規山主收取。每駱駝一頭，馱錢有[二]公議局當十錢一個現取。言定許窑戶、山主按一寫賬人經理抽錢，有飯無工。如賣煤花消[三]按拾股，窑戶、山主得弍股。倘窑與窑透，自有窑戶人理論。山廠不明，有山主一面承管，俱

[一] 炸子：「炸子」作「砟子」。
[二] 有：「有」作「由」。
[三] 消：「消」作「銷」。

不與租窑人相干。窑內有事，自有王四承当，不與窑戶、山主二人相干。言明一租三年爲滿，如若做不到三年之時，將窑內桶[一]道交迴，不許拆毀，亦不准另租別人。自同治十年九月廿七日至十三年九月廿七日爲滿。以後此字據以爲廢紙。此係大家情願，各不返悔，恐口無凴，立此字樣。一樣三張，各執一張存照。

大清同治拾年十二月初十日　　立租抽分窑字據人：彭德順+、孫天才+、孫天德+、王四+、

窑戶人：張秉義親筆押

山主（人）：孫貴麟+

中見人：何永+、孫良全琭

弎張窑戶人收存

同治拾一年七月初十日彭德順退出，同中人言定，找出使錢弎拾吊文。

立退窯人孫天德、（孫天）才二人，因無力同夥開做此窑，甘心辞出。今有本窑欠外面二處賬目，共錢壹百零八吊文，兄弟二人領还欠外面錢四拾吊，下欠外人錢六十八吊文，王四、彭德順二人歸还。同張窑戶、孫山主言明，自退之後，以前公中所買，窑裏、街外、行里，以至廠外所存石砟貨物，俱不與孫兄弟二人相干。再者日後本窑賠賺，以至有福有害，更不與兄弟二人相干。特此甘心退約。

同治拾壹年六月十四日　　立退約人：孫天德+、（孫天）才+

同治拾壹年七月拾一日又窠夥計李福林、何海入工本錢弎百吊文，言明身股。

一一六　同治十一年（1872）安宏顯批有順窑合同

立批文約合同人安宏顯，因有自己置到清水澗村老爺湾上大礁煤窑壹座，原係起窑名有順窑壹座。因自無工本開做，今同中人情愿會到李福順、安立有、陳桂林三人名[二]開做。其窑按壹百股爲則。李福順抱開新業伍拾股，安立有抱開新業二拾股，陳桂林抱開新業拾股，山主抱開地分窑二拾股。自批之後，有新業不明，有開新[三]壹面承管，不與山主相干。山廠道路不明，有山主壹面承管，不與開新[四]相干。山主馱兒錢，除買扒道水[五]、梢子錢，下有余利，山主收取，不與開新業相干。窑上用人公青[六]公用，不許私自添人。此係大家情愿，各不許恢悔，恐口無憑，立批合同壹樣六張，各紙壹張，永遠存照。

計開：

抱開新業人：李福順開新業伍拾股、安立有開新業二拾股、陳桂林開新業拾股

山主抱開地分：安永祿開地分五股半、安宏顯開地分五股半、趙登海開地分九股

大清同治拾壹年拾壹月拾捌日　　立批合同人：安宏顯+

（中間對縫字一行）

叁　　中見人：安建中+、安永昶+、安之坤+、安宏瑞+

代字人：安宏聚+

一一七　同治十三年（1874）晋廷祥等復批復興窑合同

立復批窑合同人晋廷祥，因嘉慶年間在本身山場地內夥做安家坟窑壹座，坐落在岳家坡村西南，今復行開採，改爲復興煤窑，仍係舊夥開做。同中言明，其窑按貳百六拾股爲則。內去地分窑肆拾股，新業開壹百拾股，中舊業開壹百拾股。出煤獲利，新工本回完，再有餘利，然後再按股均分。衣煤作爲拾貳成。此窑所站[七]內有闫姓地界，眾家商酌，情愿撥去貳成歸與闫姓收执。下餘拾成衣煤土末，俱歸在股山主收去。火煤拾成之內，六成入大賬護本，四成歸入雜項均分。自批之後，如有地分不明，有晋姓一面承管。舊業不明，有閆姓一面承管。窑上办事人等，務須大家商酌，公請公用，不准私行專主。此係大家情愿，各無返悔，恐後無憑，立此合同，壹樣捌張，各持壹張，永遠存照

[一] 桶：「桶」爲「通」。
[二] 名：後脫「下」字。
[三] 新後脫「業」字。
[四] 同上。
[五] 「扒道水」：「扒道水」作「扒水道」。
[六] 青：「青」作「請」。
[七] 「站」作「占」。

爲証。

計開新中舊業股分開列於後：

焦溥開新業叁拾三股三厘、馬保齡（開新業）貳拾三股四厘、閆煦辰（開新業）拾股、忠恕堂馬（開新業）拾股、焦濟廷（開新業）叁拾三股三厘。焦溥（開中業）拾五股、王景福（開中業）拾伍股、閆煦辰（開中業）五股、忠恕堂馬（開中業）七股半、馬保齡（開中業）七股半、焦濟廷（開中業）五股。馬保齡開舊業貳股半、閆煦辰（開舊業）肆拾五股、忠恕堂馬（開舊業）貳股半、焦濟廷（開舊業）伍股。閆煦辰開地分窑拾貳股、晉廷祥（開地分窑）捌股、焦濟廷（開地分窑）貳拾股。

所有以前合同俱爲廢紙。

衣煤拾成作爲拾二成：焦濟廷得五成、晉廷祥（得）二成四、閆煦辰（得）二成六、闻德（得）二成。土末拾成：閆煦辰得三成、焦濟廷（得）五成、晉廷祥（得）二成。

中見説合人：段益純（畫押）、陸九達+、焦廣學+、齊文瑞（畫押）、張景旺（畫押）、梁作舟（畫押）

中間對縫字一行：口口合同壹樣捌張各執壹張爲証

同治拾叁年三月二十日　立批合同人：閆煦辰同姪肇堃（畫押）、忠恕堂馬（畫押）、焦濟廷（畫押）、焦溥+、馬保齡+、王景福、晉廷祥+、闻德+

第伍張閆宅

一一八　同治十三年（1874）張秉和等復批會做官道村煤窑合同

立復批會做窑約合同人張秉和、羅永德，今有官道村西大渠溝核桃樹湾有張秉和、羅永德地內煤窑一座。因自無本開做，今會到劉月川、陶啓清、慈雲、劉玉崑等名下出工本開做。其窑按壹百四拾天，內出山主地分窑弍拾天，舊業窑弍拾天，羅永德新業窑拾五天，下餘新出工本捌拾五天。出煤之日，先迴新工本，將新工本錢迴完，再見餘利，按股均分。若有山廠地分不明，有山主一面承管；舊業不明，有山主一面承管。賣煤之日，有山主馱子錢，每馱錢一十文。此係兩家情愿，各無悔悔，日後鋪利按股均分。恐後無憑，立此合同，一樣六張，各執一張存照。

新出工本人：劉月川（畫押）、陶啓清（畫押）、慈雲開做（寶興窑印）（畫押）、劉玉昆（畫押）

抱舊窑業人：張秉和 弍拾天

新業人：羅永德拾五天

同治拾叁年八月十九日　立批會做窑業合同人：張秉和拾天押、羅永德拾天+

頭張　中見代筆人：張文魁+、𥳑（裕）成（畫押）

右側對縫字一行：合同壹樣六張各執一張

一一九　同治十三年（1874）王慶瑞租義興窑抽分字據

立租抽分窑字據人王慶瑞，今租到張秉和、孫桂林二人名下義興窑一座，一租五年爲滿，同中人言明，賣煤、石砟、零煤等項之錢，於每拾吊抽錢壹吊文。名佈、道兒兩項錢俱歸山主。賣駱駝花消錢按拾成，張、孫兩家得弍成。所有以上兩家應得之錢，俱按旬頭現取。每日窑戶、山主背煤壹背，重在壹百弍拾斤。窑戶、山主安一寫賬之人，經理抽錢，窑上有飯無工。自立字之後，所有張、孫兩家應得之錢，王慶瑞如若刻吝不給，許張、孫兩家將窑攔住不準王慶瑞開採。如若蓋房，許蓋不許拆。窑內桶道年滿後交還，窑戶、山主看明收迴。不許拆毀，亦不許轉租別人。交窑之時，若將窑內桶道廠內房屋拆毀，有當日中人一面承管。窑與窑相透，以及窑業不明，有張秉和一面承管。山廠不明，有孫桂林一面承管。窑內若有不測之事，有王慶瑞一面承管，不與張、孫兩家相干。所有一切應酬佈施等項俱是王慶瑞辦理。再者年滿時，大賬賠剩，以及債目之事，俱在王慶瑞身上，不與張、孫兩家相干。自同治拾叁年九月拾弍日起，至同治拾捌年五月初一日止，以後此字據以爲費[二]紙無用，將窑交迴，再說再議。此係眾人情愿，並無返悔，恐口無憑，立此抽分字據，壹樣

[二] 費：「費」作「廢」。

叁張，各執壹張爲証。

中見人：馬德芳（畫押）、何永+、楊敏（畫押）

大清同治拾叁年九月拾弍日

立租抽分窑字據人：王慶瑞+

窑戶人：張秉和押

山主人：孫桂林（畫押）

代筆人：孫厚田（畫押）

弍張張秉和

中間對縫字一行：立租抽分字據壹樣叁張各執壹張爲証

一二〇 光緒二年（1876）李濬林等天德窑糾紛調解憑據

立憑據人李、姜，因夥開天德窑由。同治九年十月間李姓經手辦理停窑之時，李姓多佃錢弍百余吊，大賬共佃錢壹仟捌百余吊。因李姓將此窑一槪賬目被火燒焚失無，隨生口角，當經中人調處，姜姓將此佃錢攤出弍百弍拾吊文。自此两家工本已足。窑業各開一半。無論遠年近日，此窑如若有人或本夥開做，以此字爲凴。自立字之後，两姓不許再生異言。工本之事两不虧短，並有中人可証。恐口無憑，立此凴據，一樣两張，各執一張，永遠存照爲証。

中見說合人：王廷彥（畫押）、張文荣、周壽鄉（畫押）、康硯耕代筆（畫押）

光緒貳年九月初七日

立憑據人：李濬林（畫押）、姜文泰（畫押）

凴天理

一二一 光緒二年（1876）趙開義批九和窑新業合同

立批新業合同人趙開義，因有祖遺軍地山場地內新開採九和窑壹座，其窑座落在门頭口村磅门內大南溝裡北坡根。今同中人說合，會到刘、尙、刘、康、王、孫、張、邵、張九人名下新出工本開做。其窑按壹伯弍十股爲則。內去地分窑弍十股，下餘新窑業壹伯股，九人均開。火煤雜項俱隨新業，不與山主相干。衣煤土末俱隨山主，不與新業相干。名佈道兒錢作爲拾成，除去管事人、窑神廟，下餘山主、新業均分。煤出之日，先囬新工本，下有餘利按股均分。如山場新舊不明，有山主一面承管，不與新業相干；如新業人不明，有新業人一面承管，不[一]山主相干。此係大家情愿，各無反悔，恐口無憑，立此合同，壹樣拾張，各執一張，永遠爲業存照。仝中人言明，不許外租外會，如本股開採無力，將合同歸與山主做價。

計開新窑業人：

刘國祥十壹股+、王永成十貳股+、刘文寬十壹股+、康如淩十壹股+、尙全羲十壹股+、孫有富十壹股+、張玉海十壹股+、邵開庫十壹股+、張玉玘十壹股+、九人開新業窑一百股、山主地分窑廿股

光緒弍年十一月十八日

立批新業人合同人：趙開義+

一二二 光緒三年（1877）劉仕宏等批夥做小紅煤礶炸窑合同

立批夥山窑業合同人刘仕宏、刘廷璋二人，因有沿柳溝口外西坡內有小紅煤礶炸窑一座，因自無工本開採，二人公議，情愿会到牛、韓、潘、王、李等五人名下開做爲業。其窑按一百二十股爲則，新業抱開一百股，山主地分抱開二十股。如若山廠道路不明，有山主一面承管，不與新業人相干。出煤之日，先囬工本，將工本囬完，然後有余利按股均分。窑上貨[二]利，一並俱入大賬。窑上駄子錢，除買梢子、扒道鋪、水錢，下有余錢，山主收去，不與新業人相干。窑上用人，大家公請，不許自專。此係大家情愿，各無異说，恐口無憑，立此窑業合同七張，各執一張，永遠存照爲证。

計開窑業股份開例[三]於後：

抱開新業人：王德泉二十股+、牛九思三十股+、韓鐘達三十股+、李全海十股+、潘文明十股+

抱開山主地分人：刘仕宏十股+、刘廷璋十股（畫押）

大清光緒三年十月十四日

立批夥山窑業合同人：刘仕宏+、刘廷璋（畫押）

中見人：刘景仝押、馬興寰+、刘建本押

代筆人：殷順元+

[一] 不：後脫「與」字。

[二] 貨：「貨」作「獲」。

[三] 例：「例」作「列」。

（右側對縫字一行）

七刘仕宏

（文中倒寫有刘口口）

一二三　光緒六年（1880）閻煦辰出租復生窑合同

立租窑合同人閻煦辰，因有本身復生窑一座，今租與謝寶聚名下開作，收取抽錢，言定拾年爲滿，賣煤錢每百吊抽錢拾吊。例年工本窑得燒煤壹萬斤。零錢拾式股，內有工本窑兩股。名佈道兒錢，工本窑承領。安管抽分賬一人，有飯無工。窑場房屋道路任從私把人站用。如査窑等事花費，工本窑承管。如与別窑相透，自有窑戶、山主理論。倘窑內有不測之事，花費等項，自有私把承當。有押窑租錢六百吊，□□年代消。此係两家情愿，恐口無凴，立字爲证。

窑戶：閻煦辰（畫押）

山主：張奎明+

租用窑：謝寶聚（畫押）

光緒六年九月初七日　中人：張德福+

代筆：馬蘊薌（畫押）

左側對縫字一行：壹樣兩張各執一張永遠爲证

一二四　光緒十三年（1887）趙連仲送明白窑等窑業合同

立送窑業合同人趙連仲，因有先人批做明白窑、新業窑，自己無利[一]開做，情愿送給刘永厚出工本開做，永遠爲業。日後財發萬金，不與趙姓相干。隨帶紅契二張。東至安姓水溝底，西至坡頭，南至坡根，北至岩邊，四至一並金石在內，上下道路通行。此係兩家情愿，各無恢悔，恐口無憑，立送字永遠存証。

大清光緒拾叁年十二月式拾日　立送字文約人：趙連仲+

中保說合人：張益春+、張宏運+、韓開保+

[一] 利：「利」作「力」。

代　字：安永奇（畫押）

一二五　光緒十四年（1888）趙連寶等會批做下庫窑合同

立會批做煤窑合同人舊業趙連寶、山主劉其鄰二人開彩下庫窑。此窑座落在潘澗村東坡。內有四至：東至道，西至道，南至坡根，北至分水嶺。此地內有三絃[二]、大絃、二絃、亂麻絃。四至分明。今因開彩自己無利。二人議定，親煩中人說合，情愿批與劉德普名下，案[三]五拾天開做煤窑，趙連寶原開窑一百天，山主地分窑式拾天，趙姓買山主窑分拾五天。三人同夥：劉德普五十天、趙連宝六十五天、山主五天。當面言明，開堆賣煤之時，先迴新業工本，再迴舊業工本，工本迴完，天獲餘利，如得利壹百式拾吊，山主得利五吊，趙姓得利陸拾五吊，劉姓得利五拾吊。立字之後，不準外批另會。言明原有窑內所用傢居[四]在內，如有公事，同心商議。倘有親族人等爭競，與道路不明者，有山主一面承管。此係眾家情愿，各無返悔，恐後無憑，立此合同存照。自批之後，言明永遠爲業，此證。

立合同人：趙連宝+、劉其鄰

新業人：劉德普

光緒拾肆年五月式十式日　中見人：趙連發+、孫天祥+、苗茂田+

代字人：苗文田（畫押）

（右側對縫字一行）

一二六　光緒十四年（1888）張秉和等租義興窑抽分字據

立租抽分窑字據人張秉和、孫家純，因有孫家純地內義興窑壹座，同中人出租與楊毓芬、施成文二人名下開做抽分窑，言明不論塊末、石炸[五]、零煤，賣錢每壹吊抽錢壹伯文。花消零錢，除去公議局馱錢，下餘之錢按拾股，內有窑戶、山主兩股。每日有窑戶、山主燒煤壹百式拾觔。以上应得之件，俱按兩股均分，窑戶得壹股、山主（得）壹股。名佈道兒錢俱歸山主。窑戶、山主安

[二] 絃：「絃」即「碰」，指煤層。

[三] 案：「案」作「按」。

[四] 居：「居」作「具」。

[五] 炸：「炸」作「砟」。

管賬一名經理抽錢，窑上有飯無工錢。壹租拾年爲滿，年滿時將窑交迴，另說另議，修盖房屋花錢若干，各認一半，許蓋不許拆。官面应酬，窑戶辦理。私面应酬，租窑人辦理。窑業不明，張秉和承管。山主不明，孫家純承管。此係两家情愿，各無返悔，恐口無憑，立此租字，壹樣四張，各執一張爲证。

租抽分做窑人：楊毓芬+、施成文+

中見人：姜慎修（畫押）、趙桐齋+

代筆人：馮恩溥（畫押）

立出租抽分窑人：張秉和 押、孫家純（畫押）

光緒拾肆年九月廿二日

計開抽分窑股分：楊毓芬六股+、施成文四股+

叁張張

中間對縫字一行：租抽分窑字據壹樣四張各執一張爲证

一二七 光緒十五年（1889）孫克功等復批開做天巧窑合同

立復批合同人孫克功，因有祖遺天巧窑一座，坐落天橋浮下韓須峪湾北坡本身地內，自無工本開做。今會到忠恕堂馬、柏川堂馬、高純亮、孫克寬、李士明五人名下出本開做，其窑弍百八十日爲則。內去地分四十日，下餘弍百四十日，新業開一百四十日，舊業開一百日。煤出之日，新工本迴完，然後見利，按股均分，火煤雜項均歸新業。仝衆言明，如有已[一]前合同俱爲廢紙。再者孫姓地內窑座如日後與天巧窑相透，即便退出，不準與天巧窑爭論。此係大家情願，各無返悔，立此合同，一樣八張，各執一張，永遠存照。

新業：高純亮開十日、忠恕堂馬（開）二十日、李士明（開）六十日、柏川堂馬（開）二十日、孫克寬（開）三十日。

舊業：張德耀開四十日、高純亮（開）十五日、張瑾（開）四十五日。

地分：孫克功開四十日。

光緒十五年十月二十二日

[一]已：「已」作「以」。

立新舊窑業人：忠恕堂馬（畫押）、李士明+、柏川堂馬（畫押）、高純亮 押、張德耀+、孫克寬+、張瑾+

山主地分人：孫克功+

中見人：段萃亭（畫押）、齊兆堂（畫押）

代筆人：寇榮堂（畫押）

四張高純亮

（左側對縫字一行）

一二八 光緒十六年（1890）紀立祥批夥做義順窑合同

立批夥做窑合同人紀立祥，因有祖遺地內臭煤二砨煤窑一座，座在趙家台村西，二砨窑一座義順窑。因爲自無工本開做其窑，自己情願會到孫進發名下開採爲業。此窑按壹百弍拾日爲則，新出工本開做壹百日，山主開做地分窑弍拾日。出煤之日，按股均分。放遭之日，晝夜拉煤，有山主煤兩筐。此係弍家情願，各沒返悔，立此窑合同存照。

新出工本開：孫進發新業伍拾日+紀立祥新業伍拾日山主弍拾日+

大清光緒拾六年又弍月廿日

立批合同人：紀立祥+

中見說合人：梁順義+

代筆人：紀萬春+

弍張

左側對縫字一行：立臭窪窑壹座存照

一二九 光緒十八年（1892）鄭興順等會批天順窑夥山合同

立憑據合同人鄭興義、（鄭興）順二人，原因光緒十五年二月十三日會批過搶風坡合村夥山一段，此天順窑坐落在東溝地內，如有大賬迴錢之日，有抱山人鄭興義按山主股份均分，原有山主大合同可証。鄭興義、（鄭興）順收存此窑山主合同一樣弍張，西門抱山人鄭興義收存一張，東門鄭興順收存山主合同一張。衣煤土末、馱子錢俱歸拾成，西門應得去五成，開列於後；東門應得五成，以大合同批定東門應得股分：鄭興順弍成、鄭福弍成、根拴一成。又經中人說合，言定鄭興順仝姪根拴公抱弍成半，鄭福一人抱弍成半。此股分各無異說，均無恢悔，立此一族股份合同，一樣弍張，鄭福收存一張，鄭興順收存一張爲証。

弍張

大清光緒拾八年六月廿一日立　　西門抱山人：鄭興義弍股+、鄭斌叁股+

東門山主：鄭福弍股半（畫押）、鄭興順一股半+、根拴一股+

中見人：張德秀（畫押）張永昆+

代筆人：梁玉明（畫押）

右側對縫字一行：立批山主合同壹樣弍張各執一張爲証

一三〇　光緒二十一年（1895）劉岐林復批做東四礶煤窑合同

立復批窑合同人劉岐林，因有潘家澗村大橋北東坡根東四礶煤窑壹座，今同中人情愿會到王平西村住人王宏官名下開採，永遠爲業。其窑按壹百弍拾股爲則，開新業窑八拾股，開旧業窑弍拾股，山主開地分窑弍拾股，開新[一]人不明，有開新業人一面承管；旧業人不明，有眾開窑人一面承管；有山主地分不明，有抱山人一面承管。煤出之日，先迴新工本，新工本迴完，下有餘利，按股均分。自賣煤駄兒錢除買梢子，下餘山主收去，不與開新業人相干。窑上用人，公請公用，不許自專。此係兩家情愿，各無恢悔，恐口無憑，立批窑合同壹樣弍張，各執一張，永遠爲証。外有北小礶在內。

計開列於後：

抱開新業人王宏官八拾股（畫押）、公抱旧業窑人弍拾股、刘岐林地分窑弍拾股+

大清光緒弍拾壹年四月弍拾弍日　　立復批窑合同人：劉岐林

中見人：魏有通+

代字：侯進德（畫押）

二張刘

右側對縫字一行：立批窑合同壹樣弍張各執壹張

[一] 新：後脫「業」字。

一三一　光緒二十二年（1896）高純亮等批做下白草地窑合同

立復批會做窑業合同人高純亮、康如山，今於门頭溝村馬家峪溝西高姓地內有下白草地窑壹座，因無力開採，煩中人說合，會到張姓、張（姓）、侯（姓）、孫（姓）、劉（姓）、王（姓）六人名下出工本承做。其窑按壹千四伯六拾股爲則，內去地分窑貳百肆拾股，下餘壹千弍伯弍拾股，新舊業各按股分均分。衣煤土末，名佈道兒，山主得去。火煤雜項，作爲拾成，內去四成入大賬，下餘六成，歸於新業。明言出煤之日，先迴新工本，俟新工本迴完，下有餘利，新舊業各按股分均分。此紙照嘉慶廿五年合同批寫。以前作爲故紙，再有舊紙人出爭，有舊業人壹面承管，不與新業人相干。山場道路舊業不明，有高、康兩姓承管。窑業不明，有抱窑人承管。如有不愿開者，將窑退歸本夥，不准外批外會，倘有外人持出作爲故紙。此係大家情愿，各無異說，恐口無憑，立此文字合同，壹樣拾六張各執壹張存照爲證。

計開新窑業人抱窑：張泰慶山主送干窑拾股、貳百拾股+。孫紹增五拾股（畫押）。侯興旺山主送干窑拾股、壹百四拾股+。

張泰信干窯貳拾五股、貳拾五股+。王士蘭壹百股+。

劉起五拾股+。

計開舊業人開窑：張永存壹百叁拾七股半、劉景昌壹百叁拾七股半、連毓五拾股、福山捌拾七股半、王玉壹百叁拾七[二]半　王廷芳貳拾五股、康如山貳拾五股+

山主抱山：高純亮九拾股押、高純喜壹百拾股+

山主送孫天慶四拾股+

山主衣煤土末：高純亮、（高純）喜　二人均分

第柒張　張永存

光緒弍拾弍年拾月拾八日　　立批會窑業合同人：高純亮押、康如山+

中見人：姜文德（畫押）、安仲元（畫押）、閆兆堃+、馬知+

代書人：馮益輔（畫押）

中間對縫字一行：字合同壹樣拾六張各執壹張証

[二] 七：後脫「股」字。

一三二 光緒二十五年（1899）閻治堃等批租義順窑合同

立租開窑業人閻治堃、務德堂梁、焦維明，因有義順窑一座，無暇辦理，今憑中人説合，租與王圖善名下開作，一租拾年爲滿。如賣煤不論塊末，每錢一拾吊文，窑主、山主抽錢壹吊文。賣煤駱駝花肖[一]有窑主、山主弍成。每年有窑主、山主燒煤弍萬四仟斤，並無花肖。如大賬得利之時，有窑主、山主干窑弍成。名佈道兒錢按窑主、山主各有股分分用。本窑所有官面應酬，有窑主、山主承管。一切私面花費，均歸租窑人辦理。如若攙兑次煤，仍入賣煤賬出抽分，冬季開窑之時不許停止。租窑人不許托[二]欠抽分，窑主、山主亦不許長支透使。同中言明，窑主、山主使押租市平松江銀叁百兩正，按拾年扣还。窑主、山主用管抽分人一名，有飯無工。此係兩家情愿，各無返悔，空口無憑，立此租字據，一樣三張，各執一張，存照爲证。

中見人：張繼元（畫押）

光緒弍十五年九月弍十八日立　　立租窑業字據人：閻治堃（畫押）、王圖善（畫押）、務德堂梁（畫押）、焦維明（畫押）

左側對縫字一行：壹樣叁張各執壹張爲证

左上隅：梁存

一三三 光緒二十六年（1900）張文亮批五福煤窑窑業合同

立批窑業合同文約人張文亮，因有祖遺地內無力開做，今同中人會到佟美名下出工本開做。其窑座落西店村北溝里坡地五福煤窑，其窑按壹百二十股爲則。山主開地分窑二十股，新業窑開壹百股。言明出煤之日，先迴新業人工本，迴完然後有利，按股分均。衣煤土末俱归山主。火煤雜相[三]俱归新業。花肖零錢十股，山主得一股，名佈道兒、窑神廟扣二成。下余俱归山主。山場道路不明，有山主一面承管，不與工本窑人相干。自批紙之後，不許私賣送人。如不愿意開窑，將紙归與本夥。此係情愿，各無恢悔，恐口無凴，立此合同，一樣二張，各執一張，存照爲証。　工本窑業人佟美開窑分壹百股。

光緒二十六年十二月廿一日

立批窑業合同人：張文亮

中見人：安文生、李連普、刘春令

代筆人：殷永緒

[一] 肖：「肖」作「銷」。
[二] 托：「托」作「拖」。
[三] 相：「相」作「項」。

一三四 光緒三十三年（1907）金玉和賣地契窑業字據

立賣地契窑業字據文約人金玉和，因手乏不便，無銀使用，今遵父命，將自己分到祖遺地壹段，坐落在搶風坡村西小窖西坡玻梨樹林北溝西盤地合爲壹段。今面煩中人，心出情愿，出賣與族叔金榮名下，永遠耕種，開採爲業。仝中言明，賣價紋銀市平九拾叁兩整，其銀當日同面筆下交足，毫厘不欠。此地各有四至：東至官地，西至張九儒，南至小道，北至金興，四至分清，上下土木相連，窑業、金白楊樹林一並盡屬在內。此地四至之內有賣主坟地壹堰，任意葬埋，自修自便。餘外不許多占越界。仝中人言明，此地各段之內有賣主舊有會批窑業合同，山主底紙盡歸與買主承守爲業。立賣之後，如有此地四至之內窑業舊合同出献[四]者，俱有山主底紙爲証。若與底紙不符者，以爲廢紙無用。立賣字之後，如有親族人等爭端攪擾者，外壓[五]契紙不明者，俱有賣主一面承管，不與買主干涉。此係两家情愿，各無異言。恐口日遠無憑，立此賣窑業地契字據一張，永遠存照爲証。

每年隨帶糧銀壹錢頭圖六甲本户取納。

大清光緒叁拾叁年叁月弍拾壹日　　立賣窑業地契文約人：金玉和+

中見人：李文朝押、呂永旺（畫押）、周永賢+、張九儒+、金玉魁+、金玉元+、鄭倫押、鄭寬+

書筆人：甄毓圃（畫押）

一三五 光緒三十四年（1908）張文亮批租抽分重寶窑業合同

立租批抽分窑業合同人張文亮，因有先人在世承做重宝窑壹座，座落在巧

[四] 献：「献」作「現」。
[五] 壓：「壓」作「押」。

力窑溝焦姓山場地内北坡根。今無力成[一]做。有中人説合，情愿批與鄧起堂、高（起）荣二人名下成做。言明弍拾年爲齊[二]，前拾年賣煤錢，每吊抽取錢伍拾文，山煤每年弍仟斤。後拾年抽分，每吊抽取錢壹佰文，山煤四仟斤。賣煤馱子錢拾股，有窑主、山（主）兩股。弍拾年之内不準窑主、山（主）另租另會，如若叁年不拉，此紙座[三]爲故紙。如若有攪闹，以及公私等事，自有張文亮一面承管，不與租窑人相干。此係两家情愿意合，並無返悔，恐口無憑，立此批窑合同，一樣兩張，各捧[四]一張，存照爲证。

山主：焦維孝+、

立合同人：張文亮 押

中見人：孫厚田（畫押）

代筆人：高馥斋（畫押）

光緒叁拾四年正月十九日

左側對縫字一行：租窑合同各捧壹張□□□□存照爲证

一三六 民國三年（1914）杜國楝等賣永盛紅煤窑股份文約

立賣煤窑股份文約人杜國楝、（杜國）銓，因礦務振興，今將宛平縣齊家司青龍澗村村西黄土坑永盛紅煤窑一座，共計股分十五股八厘。山分一股八厘，身金股十四分。内有自己置到身金股五分，情願出賣與大建紅煤礦有限公司承受開採，永遠爲業。同中言明賣價洋圓九百圓，其洋圓筆下交足，並不欠少。自賣之後，如有山主身金股分争論者，有賣主一面承管，與買主無干。所有賣主應分窑裏場外傢俱均在賣契之内，隨帶自置身金契紙五分，調查局窑照一張，一並在内。兩家情願，恐口無憑，立賣股份文約爲証。

大建煤礦有限公司代表經手人：史俊峰

立賣煤窑股分人：杜國楝+、（杜國）銓+

中説人：趙金璋+、宋廣瑞 押

王昶 代字 押

中華民國三年陽曆八月初一日

（宛平縣印）（紅印）

[一] 成：「成」作「承」。

[二] 齊：「齊」作「期」。

[三] 座：「座」作「作」。

[四] 捧：「捧」作「執」。

契　買

買主姓名	不動産種類	座落	面積	四至				賣價	應納税額	原契幾張	立契年月日		
				东	南	西	北					賣主杜國楝 中人趙金璋銓	中華民國十六年十一月　日　給
大建紅煤礦有限公司	窑	齊家司青龍澗	永盛紅煤窑					玖百圓 （宛平縣印） （紅印）	伍拾肆元				

左側對縫字一行：宛買字第叁千肆佰肆拾玖號完税伍拾肆元（骑縫章宛平縣印）

一三七 民國三年（1914）杜國璋等賣永盛紅煤窑股份文約

立賣煤窑股分文約人杜國璋、（杜國）楨、（杜國）楝、（杜國）銓，因礦務振興，今將宛平縣齊家司青龍澗村村西黄土坑永盛紅煤窑壹座，共計股分十五股八厘。山分一股八厘，身金股十四分。内有祖遺身金股一分，情願出賣與大建紅煤礦有限公司承受開採，永遠爲業。同中言明賣價洋圓叁百圓。其洋圓筆下交足並不欠少。自賣之後，如有山主身金股分争論者，有賣主一面承管，與買主無干。所有賣主應分窑裏場外傢俱一並在内。各無異説，恐口無憑，立賣股分文約爲證。

大建煤礦有限公司代表經手人：史俊峰

立賣煤窑股分人：杜國璋 押、（杜國）楨+、（杜國）

中華民國三年陽曆八月初一日

（宛平縣印）（紅印）

棟+、（杜國）銓+

中說人：趙金璋+、宋廣瑞 押、

王昶 代字押

買契

買主姓名	不動產種類	座落	面積	四至 东	四至 南	四至 西	四至 北	賣價	應納稅額	原契幾張	立契年月日
大建紅煤礦有限公司	窑	齊家司青龍澗	永盛紅煤窑					叁百圓（宛平縣印）（紅印）	拾捌元		

賣主杜國楨等
中人趙金璋等
中華民國十六年十一月 日給

左側對縫字一行：宛買字第叁千肆佰肆拾捌號完稅拾捌元（宛平縣印）

一三八　民國三年（1914）杜國楨賣七間房煤礦窑地紅契

立賣煤礦地文約人杜國楨，因手乏不便，今將祖遺宛平縣西斋堂村上北澗七間房煤窑地壹段，共計地五畝，情願出賣與大建煤礦有限公司收業開採自便，永遠爲業。言明賣價銀元五百弍拾元。其元筆下交足不欠。此地各有四至，東至大道，西至韓姓，南至杜国華、杜国賓，北至小道。四至分清，上下土木相連尽属在內。隨代粮銀二分，楊戶取討。自賣之後，如有單賬片紙，親族人等爭兢，有賣主承管，與買主無干。隨帶原契壹張，此係兩家情願，各無反悔，恐後無憑，立賣煤窑地契爲証。

中華民國叁年五月十五日

（宛平縣印）（紅印）

經手人：史俊峰

立賣煤礦地契人：杜國楨 押

中說人：史玉珂+、杜國華+、馬福義+、

杜国棟+

王昶 代字+

買契

買主姓名	不動產種類	座落	面積	四至 东	四至 南	四至 西	四至 北	賣價	應納稅額	原契幾張	立契年月日
大建煤礦有限公司	地	西斋堂上北澗	伍畝					伍百貳拾元（宛平縣印）（紅印）	叁拾壹元貳角		

賣主杜國楨
中人馬福義等
中華民國十六年十一月 日給

左側對縫字一行：宛買字第叁千肆佰伍拾貳號完稅叁拾壹元弍角（宛平縣印）

一三九　民國七年（1918）安永聚等會續做聚興煤窯合同

立會續做窑業合同人安永聚等，緣因馬寶林領王府坡地壹項，佃戶人安立水承種地界之內，座落在十字道村西南老坟凹，兄弟四人開做聚興煤窑壹座。其窑按壹百弍拾股，山主地分該弍拾股。山主不愿開窑，以按叁厘抽使，賣錢百吊抽使叁吊。夥山場規巨[一]照大合同章呈[二]辦理。下餘窑分壹百股，仝中

[一] 巨：「巨」作「矩」。

[二] 呈：「呈」作「程」。

公理口口窑業，安永財開窑分式拾五股，當入工本同元錢壹百吊文，爲續股工本。兄弟五人公攤工本，公做公開。立批之後，不許私批私會，私自不許當、賣、租、押。工本不足，大家商議辦力[二]。煤出之日，將工本週完。下有餘利，按股均分。日後煤尽山空停工，永遠爲業。此係大家情愿，各無恢悔，恐後無憑，立此合同，永遠存照爲証。一樣五張，各執壹張。

計開窑人：

安永祥抱開拾六股、安永利（抱開）弍拾捌股、安永聚（抱開）弍拾五股

安永財（抱開）弍拾五股、安永喜（抱開）陸股

立會續窑業合同人：安永祥+

（安永）利+

（安永）聚+

（安永）財+

（安永）喜+

中華民國七年冬月二十四日

中見人：趙璽臣+、安國勤+、馬寶林+、

安永昇+、韓文勤+、焦子臣+

代字人：劉子明（畫押「正大光明」）

（有中間對縫字一行）

首張

永祥

一四〇　民國十年（1921）文華釗與王平口村開安平煤礦後續合同

立合同文約人安平煤鑛公司總理文華釗、王平口村代表人劉俊德，今因宛平縣屬王平口村煤鑛區域，先經文華釗呈准勘明有案，迭與本村人接洽妥協，情願讓與本公司總理文華釗領照開採。各無異議，特立合同訂明，開採以後，如有損壞房屋及土地，由本公司按照鑛章賠償。本公司開採得利時，按照百分之壹提交村內辦理公益慈善事件。此約双方合意，永遠有效。恐後無憑，特立合同兩紙，各執其一爲據。

（左側對縫字合同兩紙及左側對縫印章）

立合同人：安平煤鑛公司總理文華釗（「文華釗」印）

王平口村代表人劉俊德押

筆證人：牟旭升（「旭升」印）

中華民國十年五月二十日

[二] 力：「力」作「理」。

一四一　民國十一年（1922）農商部給丁慕韓蓮花坨鵓子港礦區採礦執照

農商部採鑛執照　　採字第壹千叁百柒拾陸號

採鑛權者　丁慕韓

右採鑛權者丁慕韓，於民國十一年九月十六日稟請在京兆宛平縣第八區上清水村之西清水河以北，地名窩甕溝張家峪蓮花坨鵓子港一帶民地，領鑛區捌百捌拾陸畝零貳千陸百捌拾捌方尺，開採鑛業條例第六條第一類煤鑛。據京兆財政廳長查明，轉呈到部，核與鑛業條例相符，應准其在請領鑛區內開採煤鑛。合行發給採鑛執照須至執照者。

農商總長：高凌霨（「農商總長」印）

中華民國十一年十一月拾捌日

鑛政司長：林大閭（「林大閭」印）

京兆財政廳長：潘承業（「京兆財政廳長」印）

中華民國十一年十一月二十二日在京兆財政廳註入採鑛權第二冊第八十九號

年款處有：「農商部印」、「京兆財政廳印」兩枚。

一四二　民國十三年（1924）劉俊德任開平煤礦總管委任狀

立委任狀人田逢春，今因鄙人在京西王平口村創立開平煤礦一處，鄙人事多無暇照料，難以親身督理。茲查有劉君俊德先生對於煤質一道歷練有年，堪以充任本礦總管一職。特此委任劉君担負本礦一切責任。凡礦內所有重要事件概歸劉君調遣管理。每年年終結賬一次，除開支外，並情願許劉君得分本礦紅利十分之壹。今恐人心不古，特立委任狀交付劉君存據。

開平煤礦貲本東總經理田逢春（田逢春印）

中華民國十三年夏曆八月初一日、新（曆八月）三十日　（「開平煤窑」紅印）吉立。

一四三　民國十三年（1924）王守宗等土地使用憑據

立憑據文約人王守宗、劉廷岐，因有王守宗过到王平口村西黑土地壹段，两家説合，今烦中人言明，司後倘有地獻烏金，内外两家公用。立字之後，有王姓開惠[一]窑業，两家公用，不准劉姓外惠股東拉窑開採。两家情願，並無異説，恐口無憑，立憑據壹様弍張，各執壹張爲证。

中華民國拾叁年二月初二日　　立憑據人：王守宗+

劉廷岐+

右側對縫字一行：立憑據壹様弍張各執壹張

中見人：劉國柱+、劉仕祿+

代筆人：劉興漢（畫押）

一四四　民國十三年（1924）施華峰等租批天興窑合同

立租批窑業合同人工本施華峰、孫廷楓、山主孫廷棟、（孫）耀桐等，因有天興窑一座，座落在韓須峪湾。因自無暇無力承做，今有中人说合，將窑租與焦裕茹名下承做。一租五年爲滿，言明押租大洋叁拾圓正。例年代消，抽分六厘，抽賣拾吊抽錢六百文。賣何錢，抽何錢。馱子零錢除各項，下餘做拾弍股。工本、山主得去弍股，下餘歸與私把得去。山煤塊、（煤）末八仟觔，春秋交納。名佈道兒錢，俱歸山主。出煤之日，工本按看抽分人一名，有飯無工。在者圈門外興隆之時不算。准做五年爲期。應拉不拉，一年不拉作爲故紙無用。官邦打磯[二]。工本、山主按三成攤集，下餘歸私把，修場蓋房，客工主料。如若日後窑業不明，有工本窑人承管。山場道路不明，有山主一面承管。此係两家情愿，各無悔悔，恐口無凴，立租批窑合同壹様两張，各執壹張，存照爲证。

民國拾叁年夏曆九月初七日　　立租批合同人：施華峰（畫押）、孫廷楓（畫押）

山主人：孫廷棟押、（孫）耀桐+

中正人：樊士元（畫押）、張振福+

[一] 惠：「惠」作「會」。

[二] 磯：門頭溝地區行業用語，「磯」作「券」，讀音爲「勸」。礦井中開闢巷道，稱之爲「打券」。

代筆人：侯福興（畫押）

左側對縫字一行：立批窑合同壹様口張存照爲証

一四五　民國十五年（1926）劉俊聲等租批華興窑合同

立租批窑業山廠合同人劉俊聲、（劉）双，同姪國祥，父子伯叔姪三人同心合意，將祖遺置到窑業山廠，座落王平口村北溝溝東山廠一段，各有四至：東至分水嶺，西至水溝，南至大井劉國山，北至分水嶺，四至分明。今同中人情愿租批與高陽縣人曹植庭名下，開作華興炸[三]窑。言明租價每年大洋叁拾元整。當日現交貳年租價大洋陸拾元整，筆下交足不欠。自租之後，四至以內不准外租外批。如有親族人等爭競，山廠不明，有劉俊聲、（劉）双同姪國祥三人承管，與開窑人無干。窑內臨風相透，有開窑人承管，與租批人無干。自租之後，自許客辞主，不准主辞客。不准增租長價；不許拖欠山租，欠租收業。此係两家情愿，各無悔悔，恐口無憑，立租批窑業合同壹様两張，各執一張爲證。

中華民國拾五年貳月初壹日　　立租批窑業山廠合同人：劉俊聲、（劉）双、（劉）國祥

右側對縫字一行：立合同一様兩張各執一張永遠爲証故紙

中見人：田萬祿、劉國明、劉國亮、劉國信

代字人：劉國隆

一四六　民國二十二年（1933）石振福等禁開煤礦憑據

爲双方同意禁止開採，以免葛藤而杜後患事情。因石振福有地壹段，座落在小店村南，此地内有煤山，於光緒年間出賣與韓文和爲業，迄今数十年之久。於本年本月間石振福向文和之子宏昇言賣地時尚欠價銀拾伍兩。宏昇言並無此事，致起糾紛。經中人白雲霞、韓宏儒等调解，双方並無異議。近因煤業振興，恐有一方以及他人在此地内開採，妨碍坟塋，故立憑據，以禁開採，其他作用不得石振福干涉。自立字之後，無論何方開採得罰大洋伍拾元。如有外來畫[四]礦者，得双方互相干涉。故立憑據壹式两張，各執壹張爲证。

[三] 炸：「炸」作「煤」。

[四] 畫：「畫」作「劃」。

中華民國弍拾弍年農曆七月弍拾弍日　　立憑據人：石振祿+、韓宏昇+、石振福+、石良才+

右側對縫字一行：各執壹張信行合符

調解人：安永聚+、安景田（畫押）、白雲霞（畫押「平心」）、韓宏儒+

代字人：孫振邦（畫押）

一四七　民國二十九年（1940）李文俊租批溝子窑合同

立租批山主舊業人李文俊，因有祖遺煤窑壹座，此窑座落在龍泉霧村西，溝子窑。经中人说合，情愿批與王立夫名下承做。每年押租國幣肆拾元整，其幣筆下交足。同中人言明，租批五年，抽分六厘，每月山主煤六筐，押租五年銷清。窑廠之內修盖房屋，许盖不许拆。五年期滿，將窑交還山主舊業。此係兩方情愿，各無異说，空口無憑，立字據兩張，各執壹張爲证。

中華民國貳拾九年五月初壹日　　立租批煤窑舊業人：李文俊　押

右側對縫字一行：壹樣兩張各執壹張

中说人：孫景印　押、鄧富和（畫押）、曹兴林+

代字人：周克銘+

一四八　民國三十三年（1944）劉靜軒等擴充東天佑灰煤厂合同

合同　吳嘯山　先生　收執

第貳號

立合同人劉靜軒、孫寶禾、王雅之、吳嘯山、鄭杏村、魏守忠，茲鑑於雙橋車站東天佑經營數十年，蒙天庇護，佑我生財，餘利倍增。爲擴充營業起見，股東資本每股倍加爲貳仟圓。惟頌靳君智深年邁衰老，尙熱心竭力不辭辛艱，終達點到企圖，股東嘉其年高德重之精神，俯允靳智深加入資本貳仟圓，作爲壹個東股。由今從新訂立合同，劉靜軒資本六仟圓，作爲三個股；王雅之資本四仟圓，作爲二個股；鄭杏村資本貳仟圓，作爲壹個股；孫寶禾資本貳仟圓，作爲壹個股；吳嘯山資本貳仟圓，作爲壹個股；魏守忠資本貳仟圓，作爲壹個股；靳智深資本貳仟圓，作爲壹個股；共合資本貳萬圓整；發起人劉靜軒名譽股壹個；共合東股拾壹個。屆年期結束賬目，天賜紅利，按東六夥四均分。股東公同議定，許諾謹註萬年紅賬爲實，眾股東不到結賬時期不得撤股、借欸，夥友不得長支透使，維護生意有益無損。茲委劉靜軒爲總經理，靳智深爲副經理，眾股東公同協定，永無更改。

共立合同七張，各執壹張，恐後無憑，立合同爲證。

立合同人：魏守忠　劉靜軒　吳嘯山

孫寶禾　鄭杏村　王雅之

靳智深

東天佑（印：東天佑灰煤廠）

前民國十六年所立之合同作爲廢紙。

原注（紅）：遠年約帖股票業乙完清，倘有出現作爲廢紙。

中華民國叁拾叁年正月立

一四九　1951年安德成等做陸合窑合同

立窑業合同人安德成與陸合窑，双方同意爲了發展生產，國家建設，爲[一]持群眾生活而定立合同。条列如下：

計開

一、本窑爲中心，東至弟二坡樑根，西至坡樑，南至坡嘴，北至水溝中間。四至分明。四至內面積約有二畝。

二、在四至內不準外人開採，止許本窑做風、煤筒各一個。

三、山主應得利易[二]，每年叁拾貳萬元整，山煤兩萬斤。按春三月、秋九月，兩季交納。

四、如三年停止營業內，本山主不準要納山租山煤，並不準外租外批。

五、在停止三年以外，許本山主外租外批。

六、本窑分爲五股，每股各執合同壹張，山主壹張。恐後發生其他問

[一]爲：「爲」作「維」。

[二]易：「易」作「益」。

題，按照合同爲証。

七、本窑資家按六拾股分配，於山主無干。

八、爲了建設生產，輔助群衆生活，而有韭園、橋耳澗兩村人証明，恐其以後發生問題，好做調解，按照合同執行爲要。

代字人：田增祥（印）「田增祥章」

証明人：安蔭楓（印）「安蔭楓章」

馬玉荣（印）「馬玉榮章」

馬其驥（印）「馬其驥章」

馬德全（印）「馬德全」

安德明（印）「安德銘章」

六合窑（印：「陸合煤窑」）

在窑股人：張振乾（印）「張振乾章」、程宝忠（手印）、馬連崗（手印）、馬成祥（印）「馬成祥印」、田增孝（手印）

中華人民共合[一]國國曆一九五一年五月廿日　立批合同人：安德成（手印）

弟式張　張振乾

[一]合：「合」作「和」。

錄文

第二部分 京畿其他經濟契約文書

一、清代其他經濟契約文書

一五〇 乾隆十年（1745）韓禮等以地換樹文約

立換香椿樹文约人韓禮同侄韓德平，因有小店子村廟下溝南碎荒坮地一段，今將族侄韓德旺地內有大椿樹一棵，因德和媳婦病故無錢買材，今同中見説合人安良卿、（安良）玉將德旺地內香椿樹換去作材，眾人議定樹無買價，地無賣價。地樹兩樣頂換，各無找價。做材之后，地許德旺刨砍耕種，不與韓禮相干。換地之后，如有親族人等爭競，有韓禮一面承管，不與德旺相干。恐后無凴，立此換契，永遠存照。

地內四至：東至溝、南至臟肚子牆边、北至溝、西至韓德旺　中見説合人：楊秉玉+、安良卿+、安良玉+

立換樹契文約人：韓禮同侄韓德平+

代筆人：韓亮（畫押）

乾隆十年　四月十一日

一五一 道光九年（1829）戴起鵬還款文約

立约人戴起鵬因苦累地畝汗[一]澇連年不收，三項地租欠下（原注：原開來租錢一千三百二十三千三百四十四文[二]，六年十一[三]卅付过租满钱四十九千二百文[四]，來賬併未收上，今寫約除清淨欠租錢一千二百七十四千一百四十四文[五]。）蘇姓陳租清錢壹仟弍佰七拾四千壹百四十四文，今有説合人王永福、張翼成二姓，當面言明九年十月廿六日戴姓交租清錢叁百吊整，下欠三項租錢九百七拾四千壹百四十四文，再中講合言定均七年六續[六]銷完，自十年秋後起至十六年十一月止，一併銷結，不致缺欠。日後無憑，立此約存照。

又將匀年歸租数價開列於後：

十年秋後銷租錢壹佰叁拾九千壹百六十文；

[一] 汗：「汗」作「旱」。

[二] 一千三百二十三千三百四十四文：原文此處數字用蘇州碼書寫。

[三] 十一：據上下文推測此處脱漏「月」字。

[四] 四十九千二百文：原文此處數字用蘇州碼書寫。

[五] 一千二百七十四千一百四十四文：原文此處數字用蘇州碼書寫。

[六] 六續：「六續」作「陸續」。

十一年秋後銷租錢壹佰叁拾九千壹百六十文；

十二年秋後銷租錢壹佰叁拾九千壹百六十文；

十三年秋後銷租錢壹佰叁拾九千壹百六十文；

十四年秋後銷租錢壹佰叁拾九千壹百六十文；

十五年秋後銷租錢壹佰叁拾九千壹百六十文；

十六年秋後銷租錢壹佰叁拾九千壹百六十文。

以上均七年共銷租價清錢九百七拾四千壹百四十四文，俱係了清，一併歸結清賬。

立约人：戴起鵬（畫押）

中正説合人：王永福〇

張翼成+

帯[七]筆人：羅珮如（畫押）

道光九年十月廿六日

據控一案中人講合

一五二 同治三年（1864）李殿邦等賣階條石文約

立賣堦条石契文約人李殿邦同侄李萬海、（李萬）龍，曰爲無錢使用，今將自己祖遺堦条石拾数丈，同中人説合情愿賣與本院住韓天發名下使用爲業。原係賣價紋銀拾兩整，其銀筆下交足，並不短少。又言前院道路不明，同中人説合，道路許韓天發所改，不許李姓攔擋。愿係言明大門道路大家仝走，后路仝行，此係兩家情愿，各無異説，恐口無凴，立賣契存照爲証。

立賣跡文約人：李殿邦+、李萬龍+、李萬海+

中見人：韓文士+、刘廷忠+、梁德+、韓天護+

韓永鎮代筆+

大清同治叁年六月初一日

一五三 同治四年（1865）侯鳳集借錢字據

立借字人廂紅旗漢軍五甲喇金國山佐領下領催侯鳳集，今因手乏，同中保人説合，借到本旗蒙古德宅名下京錢一佰五十吊正，當面言明每月按六分行息，归本撤利。每末季[八]按三六九腊月末[九]銀归錢十吊；每年七月庫銀归錢

[七] 帯：「帯」作「代」。

[八] 末季：據上下文，應爲「季末」。

[九] 據上下文，此處疑脱漏「庫」字，應爲「庫銀」。

四十吊，二年内归完。外有対牌一个，每月取鉤銀一包付利錢。恐後無凴，立字立木牌一个爲照。

立字人：侯鳳集（畫押）

說和人：祥瑞（畫押）

中保人：蔣裕壽 具

立。

同治四年十二月十九日

字頭有倒寫：蔣緒增白字

廢紙 蔣裕壽立

一五四 同治六年（1867）王茂起借錢字據

立字借錢人內弟王茂起借到姐丈孫葵九八[一]京票貳佰吊整，每年交准集斗黄玉米貳石。

同治六年二月二十七日　　立字親筆人：王茂起+

一五五 同治六年（1867）張榮奎樹木補賠具結字據

立字人張荣奎承忍是實

本年四月初五日坟東上坟燒紙，見張荣奎鉅[二]倒樹木七棵。初九日坟東承送[三]西城，於初十日官人拿護[四]到案後，十三日托出李大、喬五、李二三人說合，仝到坟東家內秧求[五]，張榮奎情愿將傷樹木補培[六]，坟東蘊允[七]張榮奎，言定同治七年清明補種樹木，以後如若短少不補種，有说合人一面承忍[八]，當堂具結完案。現有大樹二十四棵、地土五畝五分，張荣奎仍然照看，恐後無憑，立字爲证。

立字人：張荣奎

[一] 九八：原文此處數字用蘇州碼書寫。
[二] 鉅：「鉅」作「鋸」。
[三] 承送：「承送」作「呈送」。
[四] 拿護：「拿護」作「拿獲」。
[五] 秧求：「秧求」作「央求」。
[六] 培：「培」作「賠」。
[七] 蘊允：「蘊允」作「應允」。
[八] 承忍：「承忍」作「承管」。

说合人：李大、喬五、李二

同治六年四月二十二日　　立

一五六 同治六年（1867）程天德欠款王德忠作保字據

立欠字人（红章：德泰□）程天德原欠盛興粮店京錢捌佰玖拾五吊陆佰五十文，因一時未能歸還，十月間故被欒宅赴司呈告的[九]。十一月間二次歸還過京錢弍佰吊文，又限于年終再歸還弍百吊文，下欠錢肆佰玖拾五吊陆佰五十文，限定七年四月間陸續歸清。倘程天德不能依限歸還，有德聚長[一〇]王德忠情愿作保，替程天德依限代還。恐口無凴，程天德同王德忠公立欠字一紙爲據。

保人：德聚長（红章）　王德忠

同治陆年十二月十六日　程天德、王德忠　同立

一五七 光緒元年（1875）袁氏借銀字據

立借銀文約人袁氏因乏手，煩中人說合，借到兄裴德昇紋銀捌拾柒两，（原注：壽终后還良[一一]。）並無利息。此係二家情愿，各無返悔，恐口無憑，立字存照。

中人：叔裴洪儒+
田林+

立字人：弟妹袁氏（畫押）

代字人：陳啟新+

光緒元年十月初八日

信　行

一五八 光緒二年（1876）王文貴換糧字據

立換粮字字[一二]人王文贵因種白高粮[一三]拾畝，有中人說合，秋收打多少與陳姓兌換黄玉米，成色高矮各由天命。

光緒弍年三月廿五日　　立字人：王文贵+

[九] 的：疑爲衍文。
[一〇] 德聚長：保人王德忠所在商號名稱。
[一一] 良：「良」作「銀」。
[一二] 字字：「字字」作「字據」。
[一三] 高粮：「高粮」作「高粱」。

中保人：程斌（畫押）
代筆人：程進瑞
不規則書寫：房字在內

一五九　光緒四年（1878）劉仕宏等出典部分水礶文約

立典井泉水礶壹半文約人刘仕宏同子殿奎，因爲無銀使用，今將自己分到水礶壹半，今同中人情愿出典與潘明起名下爲業。井泉水礶內有四至：東至刘殿相，西至刘六毛，北至刘振明，南至大道，四至分明。同中言明，典價銀拾兩整，其銀筆下交足，並不短少。同中人說到十月十五日銀到回贖，如若銀相[一]不到者，井泉水礶係潘姓一面承管。此係兩家情愿，各無恢悔，恐口無凴，立字爲証。

每年隨代粮錢叁百文。

此紙壹樣弍張。頭

大清光緒四年叁月十五日　立典井泉水礶壹半文約人：刘仕宏+　同子殿奎+
中見人：潘明發+　王受爵+
代字人：田德玉押

一六〇　光緒六年（1880）高氏家族墳中栽樹合同

立公議坟中栽養樹木合同。高姓衆族人等商議坟中內有上坟祭祖，輪流耕種，公同情愿，各無返悔，恐口無憑，立此字各守一張；外有上坟祭祖輪流耕種地摺一个，曆年清明交代下年此摺收存。公料倘有坟营，如有坟中出来大小事務，化費共拔[二]，俱以亦從。曆年清明上坟，共同家族商議，衆族齐到，如不到，公族共同罰白面五拾斤。公族商議，坟中栽養樹木在股，不许砍樹燒柴。乱違如有以族所行，共衆罰白面五拾斤。

高永春、（高永）和、高起賢、（高起）友、（高起）俊、（高起）富、（高起）明、（高起）和、（高起）秋、（高起）祥、高連、（高）連、高連顺、（高連）春、（高連）顺、高恒、（高）成、（高）連、（高）通、（高）寬

光緒六年二月廿五日　立字　衆等。
永遠執照　高魁元半股

[一] 相：「相」作「項」。
[二] 化費共拔：「化費共拔」作「花費共拨」。

一六一　光緒十七年（1891）劉殿相等賣岩頭文約

立賣岩頭文約人劉殿相同姪印子、四雨、小三三人名下分到坐落王平口村口子西東店南边岩頭壹塊，今煩中人情愿出賣與本族劉仕宏名下開岩爲業。此岩各有四至：東至地根，西至買主，南至小道，北至買主，四至分明。樹木在內二科[三]。言明賣價銀六兩整，其銀筆下交足，並不欠少。此係兩家情愿，各無恢悔，恐口無凴，立賣岩頭壹塊[四]爲証。外有親族人等净倫[五]有賣主壹面承管，不用[六]買主相干。

每年隨代粮錢叁十文，安姓取。

大清光緒拾七年弍月拾九日　立賣岩頭文約人：劉殿相+同姪三人：四雨+、印子+、小三+
中見人：劉殿瑞+、劉云成+
代字人：劉進泰（畫押）

一六二　光緒十七年（1891）岳高峰等夥買碾子字據

立買輦子[七]字人岳宗義、曹起龍、岳高峯，此係三股，每股花京制錢叁千五百文，共用京制錢拾千零五佰文。此輦子按在曹起龍院內，作爲三家使用，三家言明各立字據壹帋，作爲已後[八]凴証。

立字人：岳高峰
光緒拾柒年四月拾八日　立
買碾子字

[三] 科：「科」作「棵」。
[四] 壹塊：據上下文，此處疑脫漏「文約」二字。
[五] 净倫：「净倫」作「爭論」。
[六] 不用：「不用」作「不與」。
[七] 輦子：「輦子」作「碾子」。
[八] 已後：「已後」作「以後」。

一六三　光緒十八年（1892）萬興店石振倫等分賬合同

立分賬目人石振倫萬興店錢叁拾壹千壹百〇六文，安文發錢六千五佰四十文，刘肉鋪叁佰五拾五文，韓永順錢四佰六十五文，韓文連錢四佰文，孫福卷錢六佰文；门頭銀四兩五錢壹分，崔先生銀叁兩七錢四分，白道子銀四兩，胡三蠻銀壹兩叁錢二分，安師付錢壹吊文，當頭錢叁千五佰文。

共錢四拾叁千九佰六十六文。

共銀拾叁兩五錢六分。

大清光緒拾八年二月廿九日　　立分賬目人：石振倫+、石禿子+

左側對縫字一行：立分賬目合同壹樣式張各執壹張

中見人：韓文合+、安進節+、韓永德+、

石振聲+、胡德奎　押

一六四　光緒二十八年（1902）陳旺借銀文約

立借約文約人陳旺情因乏資，今托中人借到瓜園村蘇生和市平松江銀式拾兩正，当面言明按月弍分行息，恐口無凴，立借约字據爲证。

同中保人：赵連增

大清光緒廿八年十壹月拾叁日　　立借约人：陳旺

書字人：王聘之

一六五　光緒二十九年（1903）耆壽堂祥源號當稅由單

街道察院驗訖

當稅由單[一]

順天府善後總局、順天府大興縣正堂　爲給發由單事。案查乾隆二十二年舊章：每座當舖每年例納稅銀五兩，向由大宛兩縣發給由單完稅報部，關閉者來縣報明，將由單繳收。嗣於光緒二十三年經戶部具奏當商額稅太輕，請自本年爲始，每座每年交銀五十兩。於五月十二日奉旨：「依議。欽此。」旋據該當商等稟稱，京城地面瘠苦，懇請減半完納。由縣據情詳請尹憲具奏。於光緒二十四年十月初六日奉旨：「知道了。欽此。」又經戶部核准，每年稅銀即按二十五兩完納。自經二十六年兵燹，當商失業，不但此項稅銀征收寥寥，並各當商所領諸項官帑盡皆虛懸無着，且有奸商乘機牟利，私開三分九扣數月限滿之當局，重利盤剝，民不聊生。茲蒙兼尹憲會同步軍統領、五城察院軫恤民隱，俯念商艱，兼顧官帑，諸加整頓，業將各當舖行息滿期及一切官民兩便之事，逐欵妥定新章。其從前各當商欠繳諸項官帑並經酌量變通奏免交本，應先行責成新開之當商自二十八年爲始，每舖每年報効銀一百六十兩，按季照交，以便陸續抵還帑欵，並分撥從前發款各衙門，以備一切辦公要用。茲據商人耆壽堂來局、縣呈報：在外城朝陽門外大街路南地方開設祥源號當舖。所有每年例完稅銀二十五兩應仍照向章赴局、縣交納，以凴發給印串。其每年報効銀一百六十兩，應自光緒二十八年正月爲始，定於四季首月，每季繳銀四十兩。內城即赴尹憲衙門，外城即赴五城察院衙門親身呈繳，以凴發給局、司印收。兩款均係庫平足銀，並應如期完繳，毋得遲延，以及輕平低色，致干差催駁換除。整頓當商各新章，業蒙兼尹憲會同步軍統領、五城察院連銜會奏。於光緒二十七年十二月二十三日奉旨：「依議。欽此。」欽遵在案，除出示剴切曉諭外，合行印發由單，並遵粘章程一紙，給與收執。遵照毋違。須至由單者。

右單給祥源號當商順天大興縣人耆壽堂收執。

光緒貳拾玖年貳月廿三日給

朱文印二枚：「大興縣印」（满汉文合璧）、「順天善後總局關防」

一六六　光緒三十三年（1907）李信如等夥開信茂堂飯莊合同

立合同人東家李信如、領事張廷祥，今因在西直門內新街口迤南路東開設信茂堂飯莊生理。東家入成本銀伍仟兩整，作爲八股；領事人身力作爲二股，共作十成。外立水牌股分五股，除財盛股二股代銷佔項外，下餘三股，東夥商量用人夥計酬勞之費，其置買舖底傢俱[二]、油色門面，修理房間，開市用項，舊舖虧欠，一切均歸財盛股，按年陸續代銷。自光緒三十三年四月初一日開市起，每年算大賬一次，所得餘利除夥計工錢、飯食、房租等項之外，下得餘利按股均分，所有舖事均歸張廷祥經理。此外東夥不准長支預使。有犯舖規者均可互相辭退，兩無異說。此係東夥議定章程，務須協力同心，日後天賜餘利均

[一] 由單：賦稅定額凭證。

[二] 傢俱：「傢俱」作「家具」。

有厚望。共立合同兩張，各執壹張，永遠爲証。

東家李信如銀股八股

領事人張廷祥身力二股

荐舉人：夏志齋（畫押）、邢杰臣（畫押）、吉嵐廷（畫押）

長方印：新街口信茂堂

光緒三十三年四月初一日　吉立

（字上有三枚「信茂堂記」半邊紅印）

一六七　光緒三十四年（1908）吉泰賣樹字據

光緒卅四年六月廿八日

吉泰本人將塋地樹八柯[一]賣[二]，如有本家人等爭論，俱有吉泰一面承管，不與高姓相干。

又賣樹七月間一共全賣完。

立字人：吉泰+

高姓保存

一六八　光緒三十四年（1908）德華學堂歐特曼租用高宅房屋合同

立合同人高獻廷、德國人德華學堂總辦歐特曼，今因該學堂總辦租到高宅住房一所，座落在東安門外取燈胡同西口外路東大柵欄門內。裏院北房五間，帶廊子，內簷截斷板兩槽，隔扇罩帯截斷三槽，方玻璃窗一個，磚坑[三]三鋪，木棚架子三間，套間門四扇，外簷門窗十七扇，大玻璃八扇，臥風閣一份。東西耳房各一間，內有磚坑一鋪，門窗八扇，大玻璃兩扇。東西廂房各三間，帶廊子，內簷截斷板兩槽，带方窗戶一個，隔扇罩一槽，磚坑兩鋪，外簷門窗十六扇，臥風閣兩份，大玻璃六扇。東西平臺，穿廊兩間，坐橙挂楣四個，平門四扇。南房三間，代廊子，內簷隔扇代截斷兩槽，玻璃方窗户一扇，磚坑一鋪，後窗戶三個，木桲子三個，外簷門窗十一扇，臥風閣一份，大玻璃四扇。西耳房兩間，內簷截斷板一槽，門兩扇，磚坑一鋪，外簷門窗十扇，大玻璃兩扇。東耳房一間，磚坑一鋪，外簷門窗八扇，東西磚牆一道，平門四扇，南北帶帽板牆一道，平門四扇。大門洞一間，坐橙掛楣三個，街門兩扇，帶門。磚影壁[四]一座。西北院西房五間，截斷兩槽，磚坑三鋪，外簷門窗十八扇。茅楼[五]一間，窗戶一個。院內桃樹一棵。西南院北房三間，磚坑一鋪，外簷門窗六扇。南房四間，磚坑一鋪，外簷門窗十二扇，車門兩扇，帶坎。院內大榆樹一棵，南房前後大槐樹三棵。外大柵欄門一座，大門兩扇。東院北房三間，內簷截斷一槽，磚坑二鋪。東房八間，內簷截斷三槽，磚坑五鋪，門窗戶壁俱全。花牆門楼一座，街門兩扇，影壁一座，右東角門一個，內地基一段。北院北[六]五間，內簷截斷兩槽，磚坑三鋪。東耳房兩間，內簷截斷一槽，磚坑一鋪，外簷門窗户壁俱全，板門兩扇，門楼一座，街門兩扇，影壁一座。以上共计房五十三間，所有門窗戶璧已開明俱全，同中人言明每月房租大洋八十元，並無押欵等項。以後謹擬章程十條列左：

一、房租每月八十元，半年一付，於八月初八日付六個月房租洋四百八十元，於二月初八日付六個月房租洋四百八十元。言明北人或站人亦可，閏月照加。

二、所有修理歸租房人自行修理，如每年春季不修，有德華銀行作保。

三、言明移進时所有改修，如若不住，交房時均照舊式安妥，拆修費歸租房人照付，並言明借地不拆屋。

四、如學堂不住或房東用房或房東賣出均於三個月前通知，至期交房，並無轇轕。

五、至期取租由本學堂總辦立開憑像[七]到德華銀行即行照付。

六、如退房时過交租之期，准於六個月外住茶錢一個月，過限不搬仍照半年付租。

七、如至期房租不交，亦不肯退房，或退房时有拆毁不肯賠修等情，均

[一] 柯：「柯」作「棵」。
[二] 據上下文，此處脫漏「與高姓」三字。
[三] 坑：「坑」作「炕」。

[四] 璧：「璧」作「壁」。
[五] 茅楼：北方俗稱厠所爲茅樓。
[六] 北：疑脫「房」字，應作「北房」。
[七] 像：「像」作「據」。

有德國欽差府作保，一面承管。

八、如学堂不用不得轉租，亦不准另改他業，即將房交房東收回，另行辦理，一切不與該学堂相干。

九、所有已上各節均應切實遵守，如有不符定章者，均有德國欽差一面承管。

由八月初八日六個月房租及茶錢均於筆下交清。

外有取租房摺一個。

立合同人：中國人高獻廷

德國人德華學堂總辦歐特曼（德文簽字）

北京德華銀行書柬（紅章）（德文簽字）

（德文藍章）

中曆光緒三十四年八月初八日

西曆一千九百零八年九月三號 日 立

中人：閔次垣、王玉亭

此合同兩張，各執一張。

一六九 宣統三年（1911）馬有臣等夥開謙昌號洋貨店合同

第壹

立合同[一]王郁吾、趙鏡波領到馬有臣、趙禹峯、謙源號京平足銀陸百兩正，因衆志一心，合夥開設謙昌號洋貨生理。議定壹年結算一次，除一切費用外，天賜餘利作爲拾貳股，按照折半開支，下餘作爲護本，叁年再爲大賬，按股均分。每人應得股分及一切鋪規開列於後。

—馬有臣入資本銀叁百兩。每日雖在舖內吃飯，不准格外挑剔，亦不准干預舖事。應得財東股肆股。

—趙禹峯入資本銀壹百伍拾兩。經管上貨，亦經管舖事。應得財東股貳股。

—謙源號入資本銀壹百伍拾兩。不准干預舖事。此股歸張紀雲名下。應得財東股貳股。

[一] 立合同：疑脫漏「人」字，應作「立合同人」。

—王郁吾專管櫃上一切鋪事，與趙禹峯平權經理。應得身力股貳股。

—趙鏡波雖有股份，櫃上一切事宜勿許經理。應得身力股貳股。

—本號水印係極重要件，無論東夥均不准倚之作保使用銀錢等項事件。

—本號東夥及各夥友不准長支透使。

—本號不准在外堵博[二]、吸食紙烟、飲酒、口角及私自用貨以及對保答話等事。

—本號股東用貨必須現錢隨行作價，夥友亦須隨時交櫃。

—本號日用雜費及三節用度，自有一定章程。凡號中夥友不得任意挑剔。

以上列股分及舖規均亦詳明，俟後財發萬金均照此章辦理，不得更改。總要和衷共濟，各無私心，恐口無憑，立此照樣合同伍張，各執壹張，訖縫花押[三]爲証。

対縫字四个：囗囗遵守

中人：張楓宸押

宣統三年四月十一日立

馬有臣公允（畫押）、趙禹峯濂（畫押）、謙源號張紀雲（畫押）、王郁吾平心（畫押）、趙鏡波代瀾（畫押）

代筆中人：陳墨庭（畫押）

不規則書寫：又六月廿七日廢紙 作廢

一七〇 宣統三年（1911）安樂堂借銀字據

立借銀文约人安樂堂因手素，自煩中人說合情愿借銀行息，今借齊璋名下通平松銀拾伍（印章「安樂堂記」）兩整，言明叁分行息，由宣統叁年六月十五日至四年六月十五日付还，如是本利銀不到以租抵息，此係两家情愿，各無恢悔，如有舛錯，自有中人一面承管，恐口無憑，立字爲証。

中保人：宋慶福+

宣統叁年（红章「安樂堂記」）六月十五日 立字人：安樂堂+

代筆人：王岳亭（畫押）

信 行

[二] 堵博：「堵博」作「賭博」。

[三] 花押：「花押」作「畫押」。

二、有關福聚德契約文書

一七一 光緒三十年（1904）郭旺順退福聚德股份文約

立辞退約人郭旺順，今因生父郭正福在京都前门大街路東福聚德[一]生理頂人身力股捌厘，不幸於二十七年病故，三十年大賬之期[二]同中與東夥公同商酌，情愿將故父身力股退與柜上。合賬每股開俸銀壹仟元七拾五兩六錢四分，按八厘應得銀捌佰六拾兩元五錢壹分，其銀如数筆下交清不欠，日後福聚德財發萬金，不與郭正福相干。恐口無憑，立辞退約爲証。蒙東夥厚儀奉送銀壹佰兩正，其銀筆下交清不欠。

中人：福聚號[三]+、郭普+

郭旺順手書

光緒三十年二月十六日

一七二 光緒三十四年（1908）麻占龢退福聚德股份文約

立辞退约人麻占龢，今因胞兄麻占祥叁拾年在京都前门大街福聚德生理，頂人力股貳厘，家门不幸，叁拾壹年病故。叁拾肆年大賬之期同荐舉中人與東夥公同商酌，情愿将故兄身力股弍厘退與櫃上，合賬按貳厘股應得銀貳佰捌拾叁兩整，其銀笔下同荐舉中人如数交清不欠，日後福聚德財發萬金不與麻占祥相干。恐口無憑，立此退约爲証。

中人：文继世+、麻占和書

光绪叁拾肆年　新正月弍拾七日

立

一七三 民國二年（1913）王慶全退福聚德股份文約

立辞退約人王慶全，今因家中身忙，不能经理號事，情愿将福聚德頂人身力股壹俸退與本柜上，同中人與東夥将舖中賬目撤底[四]澄清，按壹俸應得除使净存銀弍拾六兩弍錢四分，其銀筆下交清不欠。日後福聚德財發萬金，不與王慶全相干。兩出情愿，恐口無憑，立辞退约爲証。日後倘有轇轕，有中人一面承管。同衆東夥厚儀銀弍佰叁拾叁两七錢六分，其銀筆下交清不欠。爲正。

中人：萬聚炉房+、劉鳳山+

王慶全手書+

癸丑年正月十七日

一七四 民国四年（1915）孟貴三退福聚德股份文約

立辞退约人孟貴三，因故叔孟旺祥在福聚德顶人力股三厘。甲寅年三年之期同荐舉中人與东夥将舖中账目撤抵[五]算清，按三厘除使净存艮[六]三拾叁兩弍錢三分，东伙额外厚議艮[七]叁拾壹兩柒錢七分，二共合艮六拾五兩正，其艮筆下如数交清不欠，同荐舉中人东夥公同商酌，情愿将故叔身力股三厘退與柜上。日後福聚德財發萬金，不與孟旺祥相干。恐口無憑，立辞退约爲证。日後倘有轇轕，有荐舉中人一面承管。

中人：廣益公[八]乂、馬全吉乂

孟貴三手書乂

民国四年二月初十

一七五 民國五年（1916）岳鎮華等退福聚德股份文約

立辞退約人岳鎮華謹遵母命同子併寶崙请两造中友人等說合，有昔年家父在京與新泰號大柜伙開前门外大街福聚德果店一座，内入有資本銀七百伍拾两正，作银股伍厘。不料新泰各號因庚子年傷損太鉅，实難生理，今商定各號棄産還債之章，爲此經中人說結，将福巨德[九]原本銀七百伍拾两併红利澈底算清，除長支而抵外，净找洋元四百元以作了結。日後福聚德財發萬金，不与岳姓父子相干，其洋筆下交清。此係各出清愿[一〇]，並無反悔，倘有別情，有此字爲证，並中人爲據。

批明原有合同一紙，業已遺失，倘有復出作爲廢字無用。

[一] 福聚德：位於北京前門大街路東，全名福聚德公記南貨海味莊。在前門外橋西有支店通泰德，另外還有福聚號、永順通、新泰號、通泰號等連號。主要經營各種自造蜜餞果脯，止咳梨膏，旅行食品，採辦山珍海產、南北雜貨、洋酒罐頭。兼營批發零售。

[二] 大賬之期：指結算的時期。

[三] 福聚號：中保商號名稱，爲福聚德的連號。

[四] 撤底：「撤底」作「徹底」。

[五] 撤抵：「撤抵」作「徹底」。

[六] 艮：「艮」作「銀」。

[七] 厚議艮：「厚議艮」作「厚儀銀」。

[八] 廣益公：中保商號名稱。

[九] 福巨德：「福巨德」作「福聚德」。

[一〇] 清愿：「清愿」作「情願」。

立辭退约人遵母命岳鎮華+　同子寶崙+

在中人：杜冠三（畫押）、蔚順亭（畫押）、

劉蔭棠（畫押）

自書寶崙+

洪憲元年　　陰曆正月弍拾四日　　立

一七六　民国十一年（1922）張義退福聚德股份文約

立辭退約人張義，情因家中事務繁䨾，莫人經管，實难望生意之道。今與執事人商議，邀請荐舉人，將在福聚德頂人力股四厘情愿退與本柜，將賬目弍年紅利撤底算清，除使淨存洋捌拾元零七毛弍仙[一]，念其自友，格外厚儀洋叁拾九元弍毛八仙，共合洋壹佰弍拾元正，其洋筆下交清不欠。日後福聚德財發萬金，不與張義相干。恐口無憑，以立退約爲証。

荐舉人：太益長[二]+、李暉菴+

中華民國拾壹年壬戌正月廿六日立　　張義自書+

一七七　民國十八年（1929）溫兆祥等退福聚德股份字據

立退字人溫兆泰及溫兆祥，情因先父溫承和，字伯平，於民國五年在前門大街路東開设福聚德公記充任協理，頂有協理股壹俸，並於連號福聚號頂協理股五厘，永順通頂協理股五厘，通泰號、新（泰號）頂協理股五厘。不幸於民國十一年冬月病故。蒙眾股東隆情過愛，將各號股俸厚儀三賬[三]。今於民國十八年三賬期滿，邀同中荐人將各號賬目澈底清結，統共除使淨存洋壹仟陸佰五拾叁元五角四分，此欵筆下交清，所有各號股俸各退各號。東掌思念故交，另外厚儀洋陸佰元，当日支讫。至此以後，福聚德公记五號[四]財發萬金，不與溫姓相干。恐口無憑，立退约爲证。

立退字人：溫兆祥+

荐舉：恒茂木廠、闫子鈞

[一] 仙：亦作「先」，意爲「分」。下同。
[二] 太益長：荐舉商號名稱。
[三] 三賬：一賬指一個結賬周期，三賬指在三個周期内可領取原有股俸。下同。
[四] 五號：指福聚德公記及福聚號、永順通、通泰號、新泰號四家連號。

（畫押）

中人：張秀升+

溫兆祥自書

中華民國十八年二月初二日　　立

一七八　民國十八年（1929）蔚富成等退福聚德股份字據

立退字人蔚富成、（蔚）立（成），情因先祖蔚順亭於民國五年在前门大街路東開设福聚德公記充任經理，頂有經理股壹俸，並於連號福聚號頂經理股五厘，永順通頂經理股五股[五]，通泰號、新（泰號）頂經理股五厘。不幸於民國十年六月病故。蒙衆股東隆情過爱，将各號股俸厚儀三賬，今於民國十八年三賬期滿，邀同中荐人将各號賬目澈底清結，統共除使净存洋壹仟零叁拾六元八毛壹分。此款筆下交清，所有各號股俸各退各號。東掌思念故交，另外厚儀洋陸佰元正，当日支讫。至此以後，福聚德公记五號財發萬金，不與蔚姓相干。恐口無憑，立此退字为证。

立退字人：蔚富成+、（蔚）立（成）+

荐　举：恒茂木廠、闫子鈞（畫押）

中　人：張秀升+

代　筆：段韶九+

中華民國十八年己巳二月初二日　　立

一七九　民國二十年（1931）董進賢退福聚德股份文約

立退约人董進賢在福聚德號内頂人力股四厘，今因心意不睦，雙方同請中人荐舉，將該號賬目撤底登清[六]。除去辛金[七]賬長支洋壹佰五拾六元壹毛叁先以外，應得洋叁佰八拾八元，格外東長厚儀洋叁百陸拾弍元，二宗共洋柒佰五拾元整，其洋当交不欠，至此將身股四厘如数退與本柜，日後福聚德財發萬

[五] 股：據上下文，應爲「厘」字之誤。
[六] 登清：「登清」作「澄清」。
[七] 辛金：「辛金」作「薪金」。

金，與立字人係毫無干，恐後無憑，立约存據。

民國弍拾年陽曆叁月廿一号　　董進賢自立+

荐舉：福泰亭[一]+

中人：趙拱北+、刘殿臣+

一八〇　民國二十年（1931）馬萬退福聚德股份文約

立退约人馬萬在福聚德號內頂人力股四厘，今因心意不睦，雙方同請中人荐舉，將該號賬目撤底登清。除去辛金賬長支洋壹佰弍拾五元六毛九分以外，應得洋叁佰八拾八元，格外東長厚儀洋叁佰六拾弍元，二宗共洋七佰五拾元整，其洋當交不欠。至此將身股四厘如数退與本柜，日後福聚德財發萬金，與立字人係毫無干。恐後無憑，立约存據。

民國弍拾年陽曆六月弍號

馬萬自立+

荐舉：義誠源[二]+

中人：趙拱北+

一八一　民國二十四年（1935）溫秉衡退福聚德股份字據

立退字約人溫秉衡，情因前門大街福聚德公記創設之始，先父溫厚菴爲創辦人，議定福聚德公記爲總號，各號聽從指揮，總號故有總管之職。先父爲創辦人之一份，在福聚德總號頂有總管股六厘。不幸於民國十六年十月逝世，蒙諸股東隆情及號章規定享受三帳故股。今已期滿，將號中帳目澈底清結，應得之項除使淨存洋壹仟零弍拾元（原注：每俸以一千七百[三]），此款筆下支清。東掌先父溫厚菴在福聚德公記所頂之總管股六厘，情願從此繳銷，退還本號。東掌思念故交，創設非易，另再厚儀洋六佰元正，當日一併支訖。係後福聚德公記財發萬金，不與溫姓相干。恐口無憑，立此退字爲証。

中華民國二十四年國曆二月二十八日

夏（曆）正（月二十）五（日）溫秉衡立。秉衡（簽字）

[一] 福泰亭：薦舉商號名稱。

[二] 義誠源：薦舉商號名稱。

[三] 一千七百：原文此處數字爲蘇州碼書寫。

一八二　民國三十二年（1943）和懋爵退福聚德股份字據

立退字人和懋爵，今因故父和春元在北京前门大街福聚德公記經商，頂有人力股六厘，不幸於民國二拾柒年八月十八日逝世，承蒙東掌厚儀五年，至民國三拾弍年正月廿五日，五年期滿。今將故父在福聚德公記頂人力股六厘退回本柜，所有號中賬目同荐舉人轍底算清，除使淨存國幣洋弍仟五佰九拾九元叁毛八分，格外厚儀洋五佰五拾元整，二宗共合洋叁仟壹佰四拾九元叁毛八分，此款筆下交足不欠。自立字之後，福聚德公記財發萬金，不與和姓相干，恐口無憑，立退字为证。

荐舉人：乾益恒[四]+

中　人：楊子發+

代筆人：郭維藩+

民國叁拾弍年古曆正月二十五日　　和懋爵+立

一八三　民國三十四年（1945）梁袁淑玉抵押福聚德股票借款文約

立借约人梁袁淑玉，今因正用同中借到福聚德名下郵政週行洋捌仟壹佰陆拾元正，言明月息拾八分，以六個月为限，至時本利清還。此款同中交足不欠，並將在福聚德公記入有第拾號股票一张，计叁拾股，共洋叁仟元作抵押品，如至时清還，即将股票交回。恐口無憑，立约为证。

立借约人：梁袁淑玉（「梁袁淑玉之章」）

出款人：福聚德（朱文印）

中　人：栗子哲+、李钰珍（「李钰珍章」）

書　人：郭维藩（「郭维藩章」）

民國叁拾四年陽曆七月一号　（朱文印「梁袁淑玉之章」）具

（錢款數字上共有「梁袁淑玉之章」朱文章九枚）

一八四　民國三十五年（1946）田肇務退福聚德股份字據

立退字人田肇務，今因故父田克籍在前门大街福聚德公记经商，頂人力股三厘，於民國卅二年腊月廿八不幸逝世，蒙東掌厚儀壹賬，至民國卅五年正月

[四] 乾益恒：薦舉商號名稱。

廿五，壹賬期满。今将故父在福聚德公记頂人力股三厘退於本柜，所有號中賬目同荐举人以及敝叔克第澈底算清，除使净存洋柒萬零弍佰柒拾四元，格外股東厚儀洋陆仟元正，二共合洋柒萬陆仟弍佰柒拾四元正，此款筆下交足未欠，自立字以後，福聚德公记財發萬金，不與田姓相干，恐口無憑，立退字爲证。

荐舉人：源興昌[一]+、王廣恩（+）

中　人：田克第+

書　人：田肇懷+

田肇務+　立

民國三十五年正月廿五日

一八五　民國三十五年（1946）成正名退福聚德股份字據

立退字人成正名，今因故父成守智在福聚德公記頂有人力身股五厘，於民國三十二年二月初一日不幸逝世，當蒙東掌厚儀三年，至三十五年二月初七日三年期満，理應将故父在福聚德所頂身股五厘退還本櫃。所有號中賬目同荐舉乾益恒澈底算清，除使净存法幣拾壹萬柒仟叁百零叁元，又蒙東掌厚儀法幣壹仟元正，兩共合法幣拾壹萬捌仟叁百零叁元，此款當交不欠。自立字後，該號財發萬金與成某無干，恐口無憑，立此退字爲証。

荐舉人：乾益恒+、武有中+

中証代書人：成守安+

成正名+

民國三十五年二月初七日

一八六　民國三十七年（1948）權春生退福聚德股份字據

立退字约人權春生，今因故父權衡通在福巨德公记頂有人力股弍厘，於叁拾五年九月不幸逝世，當蒙東掌厚儀至卅六年底，今将故父在福巨德公记所頂身股弍厘退還本柜，所有號中賬目同荐舉長盛魁[二]澈底算清，除使净存洋壹仟零五拾八萬柒仟叁百五拾四元，又蒙東掌厚儀洋五佰萬元，共合洋一仟五佰五拾八萬七仟三百五十四元，此款當交不欠。自立字後，该號財發萬金與權姓無干，恐口無憑，立此退字为证。

[一] 源興昌：薦舉商號名稱。

[二] 長盛魁：荐舉商号名稱。

民國叁拾柒年弍月弍日

荐舉人：長盛魁+、岳應祜+

中证人：陳丕旺+、王學南+

代书人：郭介人+

權春生+

一八七　民国三十七年（1948）郝萬永等退福聚德股份字據

立退字约人郝萬永、（郝萬）钰，今因故父郝耀忠在福聚德公记頂有人力股四厘，於叁拾四年拾月不幸逝世，當蒙東掌厚儀至卅陆年底。今将故父在福巨德公记所頂身力股四厘退還本柜，所有號中賬目同荐舉隆景和[三]澈底算清，除使净存洋弍仟零九拾柒萬弍仟六百〇八元，又蒙東掌厚儀洋五佰萬元，共合洋弍仟五百九拾柒萬弍仟六百〇八元，此款當交不欠。自立字後，该號財發萬金與郝某無干，恐口無憑，立此退字为证。

荐舉人：隆景和+、武润生+

代书人：郭介人+

郝萬永+、（郝萬）钰+

民国叁拾柒年二月初二

一八八　民國三十八年（1949）谷王慧顯等提取紅利字據

立據人谷王慧顯暨子谷樹智，事因先父盡臣在福聚德入有拾八股，計股本壹仟八佰元正，領得拾五號股票一只、股抧一只。在民國三十七年度结賬畢，提取红利。股抧[四]當时覓之不到，是以執股票向该號立此據，将红利悉数取回。待日覓到股抧再爲登記其數。翌日發生何等纠葛，立據人負完全責任，與该號無涉，恐口無憑，立據存照。

立據人：（「谷王慧顯」朱文印）暨子（「谷樹智印」）具

民國三十八年一月廿一號　代筆人：（「李錫亮」朱文印）

（横寫）谷宅電話（4）局2880

一八九　民國三十八年（1949）溫道誠等退福聚德股份文約

立退身股约人溫道誠同母高氏，今因故父溫蔭魁在前门大街福聚德頂有

[三] 隆景和：薦舉商號名稱。

[四] 抧：「抧」爲「摺」。

人力身股捌厘，於民國叁拾四年不幸逝世，幸蒙東掌厚議，至民國叁拾柒年正月弍拾伍日賬期清算。彼時已同荐舉將號中賬目徹底結清。情因家母事前未及考慮，當場未結完手續，故延至叁拾捌年古曆肆月拾柒日，邀同荐舉及中人重整辦理去年賬期所存之欵，计法幣一仟四百二十二萬二千零一十六[一]，折合金圓肆元柒角伍分，經過壹年過程，錢法演變，無法计考，经中荐從中说合，又蒙東掌厚議，连賬存共计人民券壹拾伍萬元，此欵筆下交足不欠。故父在福聚德所頂人力身股捌厘退於本柜。自立字之後，福聚德公记財發萬金與立約人無干。恐口無憑，立約爲证。

荐舉：義源昌[二] 吕時润信

中证人：劉殿臣証实、孟仲三（朱文：孟蓮農章）、程子哲（朱文：程子哲章）

書人：郝俊明（朱文：郝俊明章）

立約人溫門高氏同子道誠立＋（手印）

中華民國叁拾捌年伍月拾肆日

（另貼附紙條：今代温宅收到人民券壹拾伍萬元。福聚德台照。（朱文章「億恒□」具。38.5.15)

一九〇 民國三十八年（1949）劉乃民等賣福聚德股票字據

立售股字據人萬義長[三]代表人劉乃民、劉鑑塘、婁雁南、吕衡浦、郝澤民、劉源浩在前门大街福聚德公記入有第拾壹號股票壹张，计五股，计洋伍百元正。今因需用，當經中人说合，售與公合堂名下永遠为業，當經雙方議定人民劵肆拾萬零八仟元正，此款當交不欠。自售之後，售股人自應與福聚德公記永遠脫離關係，倘有親族人等争論以及任何纠葛，均归代表人負責。此後福聚德公记前後之权利和義務均與售股人無干。除通知福聚德公记聲明外，並将原股票红利摺缴回過户。恐口無憑，立此賣股字據爲证。

立售股字據人：郝澤民（朱文「郝澤民章」）

劉乃民（朱文「劉乃民」）

婁雁南（朱文「婁雁南章」）

吕衡浦（朱文「吕衡浦章」）

劉鑑塘（朱文「劉鑑塘章」）

劉源浩源浩（签字）

中证人：朱履和（朱文「朱履和」）、武達林＋

代筆人：郭维藩（画押）

民國叁拾八年七月二十八日 立

一九一 民國三十八年（1949）劉鑑塘等賣福聚德股票要求過户信函

福聚德公記宝號大鉴：兹因在貴號以萬義長名義入有第拾壹號股票一张，计五股。今因正用，同中售與公合堂名下永遠为業，已立契约。見信请貴號更名過户。股票一张及红利摺随信交到作廢。特此即请

近安。

萬義長代表人：劉鑑塘（朱文「劉鑑塘章」）

吕衡浦（朱文「吕衡浦章」）

郝澤民（朱文「郝澤民章」）

婁雁南（朱文「婁雁南章」）

劉乃民（朱文「劉乃民」）

劉源浩源浩（签字）仝啓

卅八年七月廿八

一九二 民國三十八年（1949）萬義長錢莊代收福聚德股款收據

今代劉鑑塘、劉乃民、郝澤民、婁雁南、吕衡浦、劉源浩收到福聚德公記交来退股款人民幣肆拾萬另捌仟（中英文朱文印：北平萬義長錢莊）元正。

（原注：內計永泰盛支票一張玖萬元。）

中華民國卅八年七月卅日 （中英文朱文印「北平萬義長錢莊」）

一九三 民國三十八年（1949）劉鑑塘等取息摺遺失作廢聲明

逕啓者前以立有萬義長銀號名義取息摺（中英文朱文印：「北平萬義長錢莊」）壹扣，不慎遺失，無論落于何人之手，均作廢纸，特此聲明。此致福聚德公记台照。

[一] 一千四百二十二萬二千零一十六：原文此處數字用蘇州碼書寫。
[二] 義源昌：薦舉商號名稱。
[三] 萬義長：北平萬義長錢莊。

（中英文朱文印）「北平萬義長錢莊」代表人：劉鑑塘、劉乃民、郝澤民、婁雁南、呂衡浦、劉源浩啓

中華民國卅年七月卅日

三、有關新泰號契約文書

一九四　民國十一年（1922）孫富全退新泰號股份文約

立辭退約人孫富全，今因故父孫克清在通縣新泰號生理頂人力股四厘，家門不幸，於民國七年二月間病故。拾壹年賬期同荐舉中人與東夥公同商酌，情愿將故父身力股四厘退與柜上，今將賬目並紅利撤底算清，除使淨存洋四拾四元九毛七仙四厘，眾東夥厚儀洋六拾五元零弍仙六厘，統共洋壹佰拾元整，其洋筆下交清不欠。日後新泰號財發萬金，不與故父孫克清相干，倘有轇轕，有孫克慶一面承管。恐口無憑，立此退約爲証。

荐舉中人：永順通+、孫克慶+、孟仙芝+

中華民國拾壹年壬戌二月初壹日　孫富全立+

一九五　民國十三年（1924）李錫純退新泰號股份字據

立退字人李錫純，今因故父李元鼎在通縣鼓樓後新泰號公記經商，頂人力股壹俸，於中華民國九年臘月逝世，幸蒙東夥厚儀三年，至民國拾弍年臘月期滿。今將故父人力股壹俸退於新泰號公記柜上，所有號中賬目澈底算清，除使淨存洋弍佰九拾壹元零五先，另有清單壹紙，會同中人東夥厚儀洋壹佰五拾八元九毛五先，二共合洋四佰五拾元正。此欵筆下交清。自立字之後，新泰號公記財發萬金，不與李錫純相干。恐口無憑，立退字爲證。東夥厚儀立退字洋叁拾元，筆下交清。

中人：田毓渭+、岳玉甫+、李錫銘+

中華民國拾叁年陰曆弍月初七日　李錫純自立書+

一九六　民國十五年（1926）王世惠退新泰號股份文約

立退约人王世惠，今因自有失慎錯誤，與號規有碍，號中総管不能從容，只可自己辭退，情願将自己本身力股五厘退與新泰號本柜，按账撤底結清，除支淨存洋元八十六[一]元，又懇求総管衆掌櫃厚議洋元壹百五拾元，通共合洋元弍百叁拾六元，當下支清不欠。此情出两願，慨[二]無返悔。至立约以後，新泰號生意财發萬金不與王姓相干。恐口無憑，立约爲証。

立约人：王世惠自書+

原荐舉人：通瑞祥[三]+

民国拾五年正月廿八日　自立

一九七　民國二十七年（1938）韓郝氏等退新泰號股份字據

立辭退字人韓，情因故父韓禮晋在通縣新泰號公記頂有身力股四厘，不幸於民國二十四年四月病故，蒙東厚儀三年賬期清算。今於二十七年三年期滿，今公請原荐人福聚號，按號規章應照故股四厘，每俸以六百六十五元[四]清算，公同原荐人福聚號当面算結，應領俸股大洋弍佰陸拾陸元正，將身力股四厘退還本柜，其洋当面收足，並不短欠。自立退字之後，新泰號公記財發萬金不與韓姓相干。恐口無憑，立辭退字據存照爲证。

原荐人：福聚號+、李長恒+

代筆人：李明+

民國二十七年三月初三日　立辭退字人母韓門郝氏+、小兒韓+　立

一九八　民國二十七年（1938）翟其泰退新泰號股份字據

立退字人翟其泰，因故父翟九華二十二年四月拾八日病故，蒙東厚儀留故股六年賬期清算。今於二十七年六年期滿。今公請原荐元順木廠，按號規章，應照故股九厘清算（原註：每俸六百六拾五元），公同原荐人元順木廠當面算結，應領俸股大洋五百九拾八元五角。自此將身力股九厘退還本柜，其洋當面

[一] 八十六：原文此處數字爲蘇州碼書寫。
[二] 慨：「慨」作「槪」。
[三] 通瑞祥：舉薦商號名稱。
[四] 六百六十五元：原文此處數字爲蘇州碼書寫。

收足，並不短欠。自立退字之後，新泰號公記財發萬金不與翟姓相干，恐口無憑，立辭退字據存照爲証。

厚儀洋二拾元。

原荐人：元順木廠+、郭秀清+
立退字人：翟其泰+

民國二十七年三月初三日

一九九 民國二十七年（1938）楊李氏退新泰號股份字據

立退字约人楊門李氏，情因故夫楊培章在通縣新泰號公記頂有身力股壹俸，不幸於二十一年病故，蒙眾股東隆情过爱，將所頂身力股厚儀陸年。今於廿七年六年期滿，邀同中荐人瑞義祥[一]，將號中賬目澈底清結。按號規章合賬每俸以六佰六拾伍元，公同原荐人瑞義祥當面結算，應領故股壹俸洋陸佰陸拾五元正，自此將身力股壹俸退還本柜，其洋当面收足不欠。自立退字之後，新泰號公记財發萬金，不與楊培章相干。恐口無憑，立辭退字據存照为证。

另厚儀洋叁拾元正，当日支訖。

原荐人：瑞義祥+、任麗泉+
立退字人：楊門李氏+
代筆人：李明+

民國廿七年三月十七日　立

二〇〇 民國三十四年（1945）張玉亮退新泰號股份文約

立退文約人張玉亮，事因胞弟張玉彩在新泰號承頂身力股叁厘，乃於民國三十一年因病逝世，所有在號之身股叁厘同薦舉玉泰源[二]立字退與本柜。今正月二十五日賬期結算，按股均分，應得洋若干，並屢年辛金支等額另有清單註明。此外，東夥厚儀洋叁千元整，此洋同中人當交不欠。日後新泰號財發萬金，不與張姓相干。恐口無憑，立退約爲证。

薦　舉：玉泰源+
立退約人：張玉亮+
中　人：武清泉+
書　人：劉子傑+

中華民國三十四年新正月二十五日　立

[一] 瑞義祥：薦舉商號名稱。
[二] 玉泰源：薦舉商號名稱。